BARUN LAW
법무법인(유한) 바른

KB043867

바른 '조세팀' 구성원

바른 길을 가는 든든한 파트너!

이원일
대표 변호사
조세쟁송/자문

하종대
파트너 변호사
조세쟁송/자문

최주영
팀장 변호사
조세쟁송/자문

손삼락
파트너 변호사
조세쟁송/자문

박성호
파트너 변호사
조세쟁송/자문

최문기
파트너 변호사
조세쟁송/자문

조현관
세무사
세무조사/자문

김기복
세무사
세무조사/자문

심재복
세무사
세무조사/불복

김현석
세무사
세무조사/불복

추교진
파트너 변호사
조세쟁송/자문

이수경
변호사
조세쟁송/자문

구성원 소개

이정호	파트너변호사	조세쟁송/자문	박소영	변호사	조세쟁송/자문	유상화	변호사	조세쟁송/자문
이보상	파트너변호사	조세쟁송/자문	안민주	변호사	조세쟁송/자문	정찬호	변호사	조세쟁송/자문
김지은	변호사	조세쟁송/자문	김준호	변호사	조세쟁송/자문			
김정준	변호사	조세쟁송/자문	김영미	변호사	조세쟁송/자문			

Barun Law
Capabilities

법무법인(유한) 바른
서울 강남구 테헤란로 92길 7 바른빌딩 (리셉션: 5층, 12층)
TEL 02-3476-5599 FAX 02-3476-5995 CONTACT@BARUNLAW.COM

01

목차

목차

목차

瑞賢 PKF
Logos & WISE

서현파트너스
서현회계법인
이현세무법인
서 현 I C T

서울시 강남구 테헤란로 440 **포스코센터 서관 3층**
Tel : 02-3011-1100 | 02-3218-8000
www.shacc.kr | www.ehyuntax.com | www.shcgr.kr
광주지점 : 062-384-8211 | **부산지점** : 051-710-1470

조직화된 One-Firm, 서현
경륜과 실무적 능력이 조화를 이룬 최고의 전문가 조직

회계, 세무, IT · M&A · 경영컨설팅 등
분야별 최강의 전문가 272명이 함께 합니다

█ 서현파트너스

성 명	직 책	주요 경력
오재구	고문	중부지방국세청장
강성원	서현회계법인 회장	한국공인회계사회 회장 · KPMG 삼정회계법인 대표이사
신동복	이현세무법인 회장	금천세무서장 · 국세청 심사2과장
김용균	상임고문	중부지방국세청장 · 국세공무원교육원장
김학수	부회장	안진회계법인 대표

성 명	직 책	주요 경력
안만식	서현파트너스 그룹대표	
마숙룡	세무본부 본부장	서울청 · 중부청 조사구 · 준부천 국세신사위원
전갑종	종합서비스본부 본부장	산동 KPMG · 국세청심사위원 · 공인회계사회 세무감리위원
배홍기	컨설팅본부 본부장	산동 KPMG · 삼정회계법인 · 기재부 공공기관운영위원회 위원

업무 분야	성명	직책	주요 경력
회계감사 · 재무실사 · IPO 전담	김남국	파트너	삼일회계법인
	김주호	파트너	안건회계법인
	이종인 / 구양훈	파트너	한영회계법인
	김하연 / 이기원	파트너	안진회계법인
	이기현 / 정인례 / 현명기	파트너	
기업회생 · 구조조정 전담	권현택	파트너	한영회계법인
	오윤주	이사	한영회계법인
R&D 관련 사업비 정산	박희주	파트너	하나은행 · 서일회계법인
금융기관 여신거래처 경영컨설팅 전담	권현택	파트너	한영회계법인
	강정필	파트너	안진회계법인
국세회계 · 외투기업 선남	녹빈석	파트너	산동회계법인 · 한영회계법인
사업구조 Re-Design 및 Value Up	최상권	파트너	안진회계법인
ERM, Audit Analytics 내부감사 · 내부통제 기업지배구조 · 윤리 · 준법경영	권우철	파트너	안진회계법인 · 삼정회계법인
금융기관 전담	박상주	파트너	안진회계법인
내부회계관리제도	김진태 / 신호석	파트너	삼정회계법인
재무자문 (M&A, 실사, 가치평가) · 경영컨설팅전담	김병환	파트너	한영회계법인
	안상춘	상무	삼일회계법인
	박정환	상무	삼일회계법인
법인세 및 세무조사지원	마숙룡	대표	서울청 · 중부청 조사국 · 중부청 국세심사위원
	한성일	파트너	국세청
	송영석	파트너	삼정회계법인
조세불복 전담	송필재	고문	조세심판원 부이사관
	박환택	변호사	세무대학 7기 · 국세심사위원 · 사법연수원 33기
	김준동	변호사	두현법무법인 대표 · 주요 공공기관 자문변호사
재산제세 전담	김경률	파트너	국세청 조사국
국제조세 전담	박주일	파트너	고세청 고조 · 서울청 조사국 · 국세청
	강민하	파트너	
가업승계 전담	왕한길	상무	국세청
· IFRS (17, 6, 9) 컨설팅 · 정보분석 Platform 컨설팅 Digitalization 컨설팅, RPA 컨설팅	김만호	상무	IFRS 컨설팅 · IT컨설팅 · 전략컨설팅 · 전산감사
	백미선	이사	DT · 전략마케팅
	김용승	이사	정보계DW · 데이터모델링

瑞賢 PKF
Logos & WISE

서현파트너스
서현회계법인
이현세무법인
서 현 I C T

서울시 강남구 테헤란로 440 **포스코센터 서관 3층**
Tel : 02-3011-1100 ┃ 02-3218-8000
www.shacc.kr ┃ www.ehyuntax.com ┃ www.shcgr.kr
광주지점 : 062-384-8211 ┃ 부산지점 : 051-710-1470

금융의 모든 순간

"NH농협생명FC를 모집합니다!"

국내 유일한 순수 민족자본 NH농협금융의
대표자회사, NH농협생명에서 고객과 함께
평생을 같이 할 믿음직한 컨설턴트를 찾습니다

60년 생명보험 사업의 역사를 이어오고 있는 NH농협생명과
평생 은퇴 걱정없이 **NH농협생명FC**로 함께 하세요!

은퇴걱정없이
내일보장

* 현 NH농협생명FC

NH농협생명FC* 모집 *Financial Consultant

NH농협생명FC란? 상생과 협력의 가치로 고객과 함께 미래를 키워나가는 든든한 동반자입니다.

상담 및 문의

FC도입육성팀 02-3786-7353	**중부 사업단** 042-479-3302	**영남 사업단** 053-429-5245
서울 사업단 02-2052-3592	**광주 사업단** 062-385-2893	**강원 사업단** 070-4947-5615
경인 사업단 02-2193-2945	**부산 사업단** 051-639-8427	

NH농협생명

09

재무인의 가치를 높이는 변화
조세일보 정회원

온라인 재무인명부
수시 업데이트 되는 국세청, 정·관계 인사의 프로필, 국세청,
지방국세청, 전국세무서, 관세청, 공정위, 금감원등 인력배치 현황

조세일보 Plus
주요뉴스를 정리하여 격주로 발행

예규·판례
행정법원 판례를 포함한 20만건 이상의 최신 예규, 판례 제공

구인구직
조세일보 일평균 10만 온라인 독자에게 채용 홍보

업무용 서식
세무·회계 및 업무용 필수서식 3,000여개 제공

세무계산기

묶음 상품

정회원 기본형 : 조세일보 Plus + 유료기사 + 문자서비스 + 온라인 재무인명부 + 구인구직 = 15만원 / 연
정회원 통합형 : 정회원 기본형 + 예규·판례 = 30만원 / 연

개별 상품

온라인 재무인명부 : 10만원 / 연 ┃ **구인구직** : 10만원 / 연

※ 자세한 조세일보 정회원 서비스 안내 http://www.joseilbo.com/members/info/

1등 조세회계 경제신문
조세일보

세무·회계 전문 홈페이지 무료제작

DIAMONDCLUB

다이아몬드 클럽

다이아몬드 클럽은

세무사, 회계사, 관세사 등을 대상으로 한 조세일보의 온라인 홍보클럽으로
세무·회계에 특화된 홈페이지와 온라인 홍보 서비스를 받으실 수 있습니다.

01 경제적 효과
기본형 홈페이지 구축비용 일체무료 / 도메인·호스팅 무료
홈페이지 운영비 절감 / 전문적인 웹서비스

02 홍보 효과
월평균 방문자 150만명에 달하는
조세일보 메인화면 배너홍보

03 기능적 효과
실시간 뉴스·정보 제공 / 세무·회계 전문 솔루션 탑재
공지사항, 커뮤니티등 게시판 제공

가입문의 02-3146-8256

세금신고 가이드

http://www.joseilbo.com/taxguide

지방세
재산세
자동차세
법인세 세무일지
종합소득세
부가가치세
원천징수

한번에 CHECK!

연말정산
양도소득세
상속증여세
국민연금 증권거래세
건강보험료
고용보험료
산재보험료

1등 조세회계 경제신문
조세일보

경제성장률

가계비용절감

기업가치

회계가 바로 서야
경제가 바로 섭니다

투명 회계 선순환의 법칙을 아십니까?
기업의 회계가 투명해지면 기업가치가 높아지고,
국가의 회계가 투명해지면 경제성장률이 올라가 일자리가 많아지고,
생활 속 회계가 투명해지면 아파트 관리비가 절감되어
가계의 실질 소득이 늘어나고!
회계가 투명해지면 어제보다 살기 좋은 대한민국이 만들어집니다.

투명한 회계로 바로 서는 한국 경제!
경제 전문가 공인회계사가 함께하겠습니다

 KICPA 한국공인회계사회

THE KOREAN INSTITUTE OF
CERTIFIED PUBLIC ACCOUNTANTS

EY 한영

Building a better working world

세무본부장	고경태	Kyung-Tae.Ko@kr.ey.com
기업세무	우승엽	Seung-Yeop.Woo@kr.ey.com
	신장규	Jang-Kyu.Shin@kr.ey.com
	고연기	Yeonki.Ko@kr.ey.com
	신용범	Yongbum.Shin@kr.ey.com
	우승백	Seung-Baek.Woo@kr.ey.com
	이윤기	Yun-Ky.Lee@kr.ey.com
	이재훈	Jae-Hoon.Lee@kr.ey.com
	이정기	Jungkee.Lee@kr.ey.com
	이창근	Chang-Geun.Lee@kr.ey.com
M&A 자문	이가수	Ki-Soo.Lee@kr.ey.com
	정시영	Si-Young.Chung@kr.ey.com
	김영훈	Yung-Hun.Kim@kr.ey.com
국제조세 및 이전가격 자문	장남운	Nam-Wun.Jang@kr.ey.com
	정인식	In-Sik.Jeong@kr.ey.com
	김기세	Ki-Se.Kim@kr.ey.com
	남용훈	Yong-Hun.Nam@kr.ey.com
	안상민	Sang-Min.Ahn@kr.ey.com
	정일영	Ilyoung.Chung@kr.ey.com
인적자원 관련 서비스	서윤	Danielle.Suh@kr.ey.com
	김민아	Min-Ah.Kim@kr.ey.com
금융세무	유정훈	Jeong-Hun.You@kr.ey.com
	김동성	Dong-Sung.Kim@kr.ey.com
	김철	Cheol.Kim@kr.ey.com
	이덕재	Deok-Jae.Lee@kr.ey.com
	김스텔라	Stella.Kim@kr.ey.com
상속증여/재산세	유상학	Sang-Hak.Yoo@kr.ey.com

서울특별시 영등포구 여의공원로 111
02-3787-6600
www.ey.com/kr

한국딜로이트 그룹 (안진회계법인 포함)

서울시 영등포구 국제금융로 10 서울국제금융센터 One IFC 9층 (07326)　　　　Tel : 02-6676-1000

■ 세무자문본부 (리더 및 파트너 그룹)

전문분야	성명	전화번호	전문분야	성명	전화번호
본부장	권지원	02-6676-2416	금융조세	최국주	02-6676-2439
법인조세 및 국제조세	한홍석	02-6676-2585		박지현	02-6676-2360
	김중래	02-6676-2419		신창환	02-6099-4583
	권기태	02-6676-2415	이전가격	이용찬	02-6676-2828
	김지현	02-6676-2434		송성권	02-6676-2507
	김한기	02-6138-6167		인영수	02-6676-2448
	신기력	02-6676-2519		류풍년	02-6676-2820
	최승웅	02-6676-2517		이한나	02-6676-2421
	박종우	02-6676-2372		최은진	02-6676-2361
	오종화	02-6676-2598	세무조사대응 / 조세불복	조규범	02-6676-2889
	윤선중	02-6676-2455		홍장희	02-6676-2832
	이신호	02-6676-2375		이호석	02-6676-2527
	임홍님	02-6676-2336		정영석	02-6676-2438
	김선중	02-6676-2518		서일영	02-6676-2425
	이재우	02-6676-2536		김점동	02-6676-2332
	민윤기	02-6676-2504		최재석	02-6676-2509
	하민용	02-6676-2404	Business Process Solutions	박성한	02-6676-2521
지방세	장상록	02-6138-6904		정재필	02-6676-2593
M&A세무	Scott Oleson	02-6676-2012		이용현	02-6676-2355
	김영필	02-6676-2432	개인제세 / 재산제세	김중래	02-6676-2419
	우승수	02-6676-2452	해외주재원 세무서비스	서민수	02-6676-2590
	이석규	02-6676-2464		권혁기	02-6676-2840
	유경선	02-6676-2345	관세	정인영	02-6676-2804
일본세무	김명규	02-6676-1331		유정곤	02-6676-2561
	이성재	02-6676-1837		정진곤	02-6676-2508

17

		www.samdukcpa.co.kr	
Nexia Samduk 삼덕회계법인	본사	서울시 종로구 우정국로 48 S&S빌딩 12층	
Tel : 02-397-6700 Fax : 02-730-9559	E-mail : samdukcpa@nexiasamduk.kr		

삼덕회계법인 주요구성원

법인본부	이름	전화번호	E-mail
대표이사	이용모	02-397-6751	lymcpa@nexiasamduk.kr
경영본부장	유동현	02-397-6852	caspapa11@nexiasamduk.kr
품질관리실장	이기영	02-397-5175	kylee@nexiasamduk.kr
준법감시인	장영철	02-397-6764	ycjang@nexiasamduk.kr
국제부장	권영창	02-397-6654	youngchang.kwon@nexiasamduk.kr
감사	긴진수	02 2076 5468	kjssac@nexiasamduk.kr
감사	전용한	02-397-8376	jeonalex@naver.com

감사본부		본부장	전화번호	E-mail
본사	감사1본부	전근배	02-397-6786	kbjeoun@nexiasamduk.kr
	감사2본부	정깁성	02-2076-5401	ksjeong9@nexiasamduk.kr
	감사3본부	민경성	02-397-5122	keymin@nexiasamduk.kr
	감사4본부	강선기	02-397-6665	seonkee.kang@nexiasamduk.kr
	감사5본부	이재경	02-397-5174	jklee@nexiasamduk.kr
	감사6본부	정창모	02-397-6647	cmjung@kicpa.or.kr
	감사7본부	차국진	02-2076-5578	kukjcha@hanmail.net
	감사8본부	정규석	02-2076-5470	kyusukj@nexiasamduk.kr
	감사9본부	송인석	02-397-6605	isong@nexiasamduk.kr
	감사10본부	정운섭	02-397-5167	wsj90151@naver.com
	감사12본부	송석창	02-397-6879	sscsong@nexiasamduk.kr
	감사13본부	강진화	02-2076-5512	jhkang@samdukcpa.com
분사무소	감사11본부	조용희	02-408-1610	goodtax@nexiasamduk.kr

Tax Leader Partner **주정일** (709-0722)

국내 및 국제 조세

Partner

이중현 (709-0598)	오연관 (709-0342)	이영신 (709-4756)
이상도 (709-0288)	김상운 (709-0789)	김성영 (709-4752)
정민수 (709-0638)	남동진 (709-0656)	김진호 (709-0661)
나승도 (709-4068)	신현창 (709-7904)	남형석 (709-0382)
노영석 (709-0877)	정복석 (709-0914)	오남교 (709-4754)
이동복 (709-4768)	박태진 (709-8833)	정선흥 (709-0937)
정종만 (709-4767)	류성무 (709-4761)	조성욱 (709-8184)
조창호 (3781-3264)	장현준 (709-4004)	차일규 (3781-3173)
조한철 (3781-2577)	최혜원 (709-0990)	서백영 (709-0905)
선병오 (3781-9002)	신윤섭 (709-0906)	김광수 (709-4055)
김영옥 (709-7902)	성창석 (3781-9011)	최유철 (3781-9202)
박기운 (3781-9187)	서연정 (3781-9957)	허윤제 (709-0686)

이전가격 및 국제 물류관련 Tax 서비스

Partner

전원엽(3781-2599) | Henry An(3781-2594) | 조정환(709-8895) | 김영주 (709-4098) | 김찬규 (709-6415)

Global Tax Service

Partner **이중현**(709-0598) | **김주덕**(709-0707) | **이동열**(3781-9812) | **김홍현**(709-3320)

금융산업

Partner **정훈**(709-3383) | **박태진**(709-8833) | **박수연**(709-4088)

Private Equity / M&A 세무자문

Partner **탁정수**(3781-1481) | **정민수**(709-0638) | **김경호**(709-7975) | **이종형**(709-8185)

주재원 및 해외파견 소득세 자문

Partner **박주희**(3781-2387)

상속 증여 및 주식 변동

Partner **이현종**(709-6459) | **이용**(3781-9025)

지방세

Partner **조영재**(709-0932) | **양인병**(3781-3265)

산업별 진문가

분류	이름	전화번호
소비재	정낙열	709-3349
헬스케어/제약	서용범	3781-9110
도소매/호텔/레저	오종진	709-0954
화학	이기복	3781-9103
에너지/유틸리티	임지산	3781-9236
철강	김병묵	709-0330
운송/물류	백봉준	709-0657
자산운용	진휘철	709 0624
은행/저축은행/캐피탈	임성재	709-6480
보험	진봉재	709-0349
증권	유엽	709-8721
Private Equity	탁정수	3781-1481
핀테크	김경구	709-0326
자동차/부품	신승일/조동규	709-0648/709-0971
건설/조선	이승환/이정훈	3781-9863/709-0644
방위산업	김태성	709-0221
엔터테인먼트/미디어	한종엽	3781-9598
게임/블록체인	이재혁	709-8882
전자/반도체/전자상거래	홍준기	709-3313
통신	한호성	709-8956
부동산/SoC	신승철	709-0265
공공기관/공기업	윤규섭	709-0313

리더	직위	성명	사내번호
CEO	회장	김교태	02-2112-0401
COO	부대표	이호준	02-2112-0098
감사부문	대표	한은섭	02-2112-0479
세무부문	대표	윤학섭	02-2112-0441
재무자문부문	대표	구승회	02-2112-0841
컨설팅부문	대표	정대길	02-2112-0881

세무부문(Tax)

부서명	직위	성명	사내번호
기업세무	전무	한원식	02-2112-0931
	전무	박근우	02-2112-0960
	전무	이관범	02-2112-0908
	전무	이성태	02-2112-0921
	전무	김학주	02-2112-0908
	상무	김승모	02-2112-0960
	상무	나석환	02-2112-0931
	상무	이상길	02-2112-0931
	상무	장지훈	02-2112-0960
	상무	김병국	02-2112-6810
	상무	류용현	02-2112-0908
	상무	이근우	02-2112-0911
	상무	조수진	02-2112-0911
	상무	홍승모	02-2112-0911
	상무	최은영	02-2112-0911
	상무	김도경	02-2112-0911
	상무	김진현	02-2112-0921
상속·증여 및 경영권승계	전무	한원식	02-2112-0931
	상무	이상길	02-2112-0931
	상무	김병국	02-2112-6810

부서명	직위	성명	사내번호
국제조세	부대표	오상범	02-2112-0951
	전무	김동훈	02-2112-2882
	전무	이성욱	02-2112-2882
	상무	조상현	02-2112-0951
	상무	민우기	02-2112-2882
	상무	박상훈	02-2112-2882
	상무	서유진	02-2112-0951
국제조세(일본기업세무)	상무	김정은	02-2112-0269
	상무	오익환	02-2112-0269
M&A/PEF 세무	부대표	오상범	02-2112-0951
	전무	이성욱	02-2112-2882
	상무	서유진	02-2112-0951
	상무	민우기	02-2112-2882
이전가격&관세	부대표	강길원	02-2112-6676
	전무	백승목	02-2112-7401
	상무	윤용준	02-2112-6676
	상무	김상훈	02-2112-7401
	상무	김태준	02-2112-7401
	상무	김태주	02-2112-0595
	상무	김현만	02-2112-0595
금융조세	상무	계봉성	02-2112-0921
	상무	김성현	02-2112-0977
	상무	박정민	02-2112-0977
	상무	유승희	02-2112-0977
Accounting & Tax Outsourcing	전무	김경미	02-2112-0471
	상무	백승현	02-2112-7911
	상무	정소현	02-2112-7911
	상무	홍영준	02-2112-7911

감사부문(Audit)

부서명	직위	성명	사내번호
금융산업	부대표	조원덕	02-2112-0481
	부대표	최재범	02-2112-0411
	부대표	권영민	02-2112-0653
유통·소비재산업	부대표	신장훈	02-2112-0698
	부대표	한상일	02-2112-0691

정보·통신·엔터테인먼트산업	부대표	염승훈	02-2112-0331
	전무	박성배	02-2112-0581
제조산업	부대표	변영훈	02-2112-0851
	부대표	황재남	02-2112-0124
	부대표	위승훈	02-2112-3182
	전무	강정구	02-2112-0028
인프라·공공·헬스케어산업	전무	임근구	02-2112-0511
내부감사	부대표	신장훈	02-2112-0698
전산감사	부대표	조원덕	02-2112-0481
보험계리	상무	조영환	02-2112-6820

재무자문부문(Deal Advisory)

부서명	직위	성명	사내번호
M&A/기업재무/재무실사	부대표	하병제	02-2112-0741
구조조정/NPL	부대표	이재현	02-2112-0751
크로스보더	부대표	김진만	02-2112-0799
부동산자문/기업재무/재무실사	부대표	김광석	02-2112-0720
투자자문	전무	김이동	02-2112-6862
구조조정/인프라산업/스타트업	부대표	윤창규	02-2112-0757

컨설팅부문(Consulting Services)

부서명	직위	성명	사내번호
경영컨설팅	부대표	장지수	02-2112-0151
	부대표	박상원	02-2112-7501
	전무	박문구	02-2112-0881
	상무	봉찬식	02-2112-0601
리스크컨설팅·포렌직	부대표	박용수	02-2112-7741
Digital	전무	조재박	02-2112-3641
전략컨설팅	전무	이동석	02-2112-7961
	전무	윤권현	02-2112-2888

"신승회계법인은 기업의 성공을 돕고
납세자의 권리를 보호하는 세무 동반자인
세무전문 회계법인 입니다."
www.ssac.kr

□ 임원 소개

김충국 대표세무사

고려대학교 정책대학원 세정학과	국세청 심사2담당관
중앙대학교 경영학과	국세청 국제세원관리담당관
중부지방국세청 조사3국장	서울지방국세청 국제거래조사국 팀장
서울지방국세청 감사관	조세심판원 근무

신승회계법인은 회계사 60명, 세무사 10명 등 200여명의 전문인력이 상근하여
전문지식과 다양한 경험을 바탕으로 고객에 맞춤형 세무 서비스를 제공하는 조직입니다.

□ 주요업무소개

조세불복, 세무조사대응
과세전적부심사 / 불복업무 / 조세소송지원

상속 증여 컨설팅
상속 증여 신고 대행 / 절세방안 자문

병의원 세무
개원 행정절차 / 병과별 병의원 세무 / 교육

Outsourcing
기장대행 / 급여아웃소싱 / 경리아웃소싱

세무 신고 대행
소득세 / 부가세 / 법인세 등 신고서 작성 및 검토

기타 세무 서비스
비상장주식평가 / 기업승계 / 법인청산업무

서울특별시 강남구 삼성로85길 32
(대치동, 동보빌딩 5층)

T. 02-566-8401

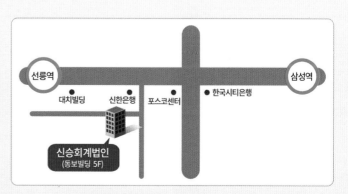

예일회계법인 주요구성원

구 분	성 명	직 책	전문분야
서 울 본 사	김 재 율	한국공인회계사	대표이사
	강 현 구	미국공인회계사	NPL / M&A
	권 한 조	한국공인회계사	NPL
	김 현 수	한국공인회계사	회계감사 / 기업구조조정
	김 현 일	세무사	세무조사 / 조세심판
	박 진 수	한국공인회계사	M&A / 투자자문
	박 진 용	한국공인회계사	회계감사 / 인증서비스
	배 원 기	한국공인회계사	NPL
	송 윤 화	한국공인회계사	회계감사 / 기업구조조정
	윤 태 영	한국공인회계사	NPL
	이 수 현	한국공인회계사	회계감사 / 품질관리
	이 재 민	미국공인회계사	M&A / 투자자문
	이 재 영	한국공인회계사	기업구조조정 / 기업회생 / 실사 및 평가
	이 태 경	한국공인회계사	국내외 인프라 부동산 투자자문 / 실사 및 평가
	주 상 철	한국공인회계사/한국변호사	정산감사 / 조세쟁송
	함 예 원	한국공인회계사	세무조정 / 세무자문 / 세무조사
부산 본부	강 대 영	한국공인회계사	회계감사 / 세무자문 / 컨설팅
	하 태 훈	한국공인회계사	회계감사 / 세무자문 / 컨설팅
Indonesia Desk	정 동 진	한국공인회계사	회계감사 / 세무자문
YEIL America LA	임 승 혁	한국공인회계사	회계감사 / 세무자문
YEIL America NY	최 호 성	한국공인회계사	회계감사 / 세무자문

예일회계법인

예일회계법인
우) 06737 서울시 서초구 효령로 해창빌딩 3~6층
T 02-2037-9290   **F** 02-2037-9280   **E** shyi@yeilac.co.kr   **H** www.yeilac.co.kr

우리회계법인

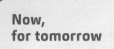
대표전화 : 02-565-1631 | www.bakertilly-woori@co.kr
본사 : 서울 강남구 영동대로86길 17 (대치동,육인빌딩)
분사무소 : 서울 영등포구 양산로53(양평로3가,월드메르디앙비즈센터)

우리회계법인 주요 구성원 및 연락처

[법인본부]

직위	성명	전화번호	E-mail
대표이사	김병익	567-0586	kbicpa@wooricpa.co.kr
관리본부장	김호준	569-1591	seehjk@wooricpa.co.kr
품질관리실장	김상수	565-1638	kss@wooricpa.co.kr

[감사본부]

구분	성명	전화번호	E-mail	성명	전화번호	E-mail
본사	고영일	566-8150	k1068919@wooricpa.co.kr	권승희	569-7700	shkwon@wooricpa.co.kr
	권홍철	569-7700	isarang3@wooricpa.co.kr	김경찬	2183-5100	kckim@wooricpa.co.kr
	김명주	6242-2560	myounqjoo.kim@wooricpa.co.kr	김명훈	566-8150	mhkim@wooricpa.co.kr
	김봉건	563-2878	milddays@wooricpa.co.kr	김용윤	569-7700	yy10819@wooricpa.co.kr
	김진성	2183-5100	jskim@wooricpa.co.kr	김진환	720-5769	woori55@wooricpa.co.kr
	김태수	562-2792	consulting@wooricpa.co.kr	김현일	562-6698	wooricpa@wooricpa.co.kr
	류덕식	565-7744	dsryu@wooricpa.co.kr	박경진	569-9944	kjpark11@wooricpa.co.kr
	박길동	2088-1723	gilton@wooricpa.co.kr	박동진	2183-5100	djbark@wooricpa.co.kr
	박정민	554-7107	jmcpa@wooricpa.co.kr	박진순	567-0586	jsbio@wooricpa.co.kr
	박형건	569-9944	parkcpa@wooricpa.co.kr	박형주	6242-2560	hjpak@wooricpa.co.kr
	신민수	569-1591	zzbebe3@wooricpa.co.kr	신정일	3453-5984	sjicpa@wooricpa.co.kr
	심요순	2183-5100	yss625@wooricpa.co.kr	양현태	3463-8150	htyang@wooricpa.co.kr
	오유식	569-9274	cpa5415@wooricpa.co.kr	윤상호	566-0670	shyun@wooricpa.co.kr
	이두열	565-7083	ldy1613@wooricpa.co.kr	이성우	6242-2555	cpalsw@wooricpa.co.kr
	이신호	6242-2555	llee91@wooricpa.co.kr	이윤상	2088-1723	yoonlee@wooricpa.co.kr
	이윤희	562-6677	yhlee@wooricpa.co.kr	이태욱	569-5773	poshlark@wooricpa.co.kr
	임규한	3453-5985	khlim@wooricpa.co.kr	장성훈	566-8150	sunghunj@wooricpa.co.kr
	장원규	562-2792	jang10091@wooricpa.co.kr	정광채	563-2045	woori42@wooricpa.co.kr
	정금산	567-0586	ksancpa@wooricpa.co.kr	정이성	562-1466	ieschung@wooricpa.co.kr
	조성곤	3453-5984	cnpna@wooricpa.co.kr	조성태	552-6562	jstcpa@wooricpa.co.kr
	조용립	2088-1723	ylcho@wooricpa.co.kr	지창환	539-9580	chji@wooricpa.co.kr
	진남석	562-1466	nsjin@wooricpa.co.kr	채충석	562-4794	woori47@wooricpa.co.kr
	하성욱	569-1591	sungha@wooricpa.co.kr	한상현	562-6677	shhan@wooricpa.co.kr
	홍성주	562-6677	sjhong@wooricpa.co.kr	홍창식	2088-2313	chahong@wooricpa.co.kr
분사무소	김덕호	2165-8907	duckim3@wooricpa.co.kr	김연봉	738-8437	ybon@wooricpa.co.kr
	김용수	738-8433	eaaoe@wooricpa.co.kr	류선영	2165-8681	syryucpa@wooricpa.co.kr
	문상미	732-6043	moon@wooricpa.co.kr	박광문	2138-1690	gmpark@wooricpa.co.kr
	박진현	733-8770	pjh@wooricpa.co.kr	송우헌	6933-7410	whsong@wooricpa.co.kr
	유상호	2165-0560	cpayoosh@wooricpa.co.kr	유영구	2165-8661	yyg21@wooricpa.co.kr
	이현태	2165-8828	htleecpa@wooricpa.co.kr	전성현	733-5070	jeonsh@wooricpa.co.kr
	조현석	2165-0560	hyunseokcho@wooricpa.co.kr	채규당	2138-1690	reyyep@wooricpa.co.kr
	최석은	6953-7671	sukchoi@wooricpa.co.kr	최정호	733-8770	finecjh@wooricpa.co.kr

Morison KSi | 이촌회계법인
Independent member

" 이촌회계법인은 고객과 함께 성장하고,
고객의 가치증대를 최우선으로 합니다. "

주요구성원(Partner)

대표이사 **김명진**　　02-6671-7215

본점	서울특별시 영등포구 국제금융로 70 (여의도동)

변성용	02-761-6958	신해수	02-761-6259	이한선	02-761-1056
노재현	02-6671-7221	김칠규	02-783-3404	강동우	02-761-6957
정석용	02-761-6426	공익준	02-6671-7213	임현수	070-8857-2102
최종혁	02-785-3431	신동진	02-3775-0066	이용석	02-780-0888

대전지점	대전광역시 서구 대덕대로176번길 51, 7층(둔산동)

전선초　　042-472-2124

부산지점	부산광역시 해운대구 센텀중앙로48, 10층(우동)

이재홍　　051-715-0100

2021
4th Edition

상속을 지금 준비하라

공인회계사 · 세무사 · 경영학박사 **나철호**

여러분!
상속을 왜 지금 준비해야 합니까?

그것은 바로 세금의 절세를 넘어서
가족을 지키는 것입니다.

상속재산은 많고 적음을 떠나 그 자체가
다툼과 분쟁의 대상이기 때문입니다.

맑은샘

나철호 공인회계사 · 경영학박사

- 재정회계법인 대표이사
- 한국공인회계사회 선출부회장
- 한국세무학회 부회장

재정회계법인
Philosophy of Measure

서울시 강남구 강남대로 320 (역삼동 , 황화빌딩 4층)
Tel: 02-555-6426~7 Fax: 02-555-4681 E-mail:jjcpaac@naver.com

세금신고, 장부작성, 재무(기업)진단
고용산재보험 사무대행

장부작성

재무(기업)진단

세금신고

세무사를 만나면
한 번에 해결된다

복잡한 세금신고와 까다로운 장부작성은 물론
재무(기업)진단에 고용산재보험 사무대행까지-
세무사의 원스톱 세무서비스는 다릅니다.
당신의 사업을 위해 꼭 필요한 든든한 파트너,
세무사를 알아두는 것이 생활의 지혜입니다.

Since 1962
한국세무사회

한국세무사회 임원진

원경희 회장

서울시 강남구 강남대로84길 23,
1609호(역삼동, 한라클래식)
TEL : 02-508-3939
FAX : 02-508-3336

장운길 부회장

서울시 서초구 신반포로 339, 402호
(잠원동, 논현빌딩)
TEL : 02-542-4909
FAX : 02-514-1910

고은경 부회장

경기도 군포시 엘에스로182번길
3 16, 601호(산본동, 우경타워)
TEL : 031-477-4144
FAX : 031-477-7458

김관균 부회장

경기도 수원시 영통구 봉영로 1612
301,302호(영통동, 보보스프리지)
TEL : 031-202-0208
FAX : 031-202-5598

이대규 부회장

서울시 영등포구 여의나루로 67,
902호(여의도동, 신송BD)
TEL : 02-3215-1300
FAX : 02-761-6640

박동규 상근부회장

서울시 서초구 명달로 105
TEL : 02-521-9451
FAX : 02-597-2945

한헌춘 윤리위원장

경기도 수원시 팔달구 매산로
56, 2층(매산로2가)
TEL : 031-257-0013/4
FAX : 031-257-0333

김겸순 감사

서울시 영등포구 선유동1로 33,
1층(양평동3가, 성도빌딩)
TEL : 02-2632-4588
FAX : 02-2632-3316

남창현 감사

서울시 도봉구 노해로69길 15,
703호(창동, 세정BD)
TEL : 02-906-8686
FAX : 02-906-8621

이동일 세무연수원장

서울시 영등포구 선유로 254,
402호(양평동4가, 대웅빌딩)
TEL : 02-2678-1727
FAX : 02-2679-4888

정동원 총무이사

서울시 동작구 여의대방로24길
16, 2층(신대방동, 우송BD)
TEL : 02-817-6739
FAX : 02-817-6740

유은순 회원이사

서울시 강서구 화곡로 296, 302호
(화곡동, 강서아이파크)
TEL : 02-2696-2011
FAX : 02-2696-2021

한근찬 연구이사

서울시 강남구 봉은사로 179,
15층(논현동, H타워)
TEL : 02-501-0021
FAX : 02-501-8858

전진관 법제이사

경기도 부천시 길주로 307, 503/4호
(중동, 로얄프라자)
TEL : 032-324-3100
FAX : 032-323-6012

박연근 업무이사

서울시 강남구 삼성로96길 6,
1301호(삼성동, LG트윈텔1)
TEL : 02-3487-4957
FAX : 02-6499-0646

정경훈 전산이사

경기도 고양시 일산동구 호수로
358-25, 203호(백석동, 동문타워2차)
TEL : 070-4420-1840
FAX : 031-906-2920

조진한 홍보이사

서울시 서초구 사임당로1길 10,
2층(서초동, 바우BD)
TEL : 02-585-2111
FAX : 02-585-2777

경준호 국제이사

서울시 영등포구 여의나루로 67,
902호(여의도동, 신송빌딩)
TEL : 02-3215-1300
FAX : 02-761-6640

박충원 감리이사

서울시 성북구 삼선교로 38,
2층(삼선동2가)
TEL : 02-745-8931
FAX : 02-745-8933

전태수 업무정화조사위원장

경기도 시흥시 수인로 3372,
703호(신천동, 신천프라자)
TEL : 031-314-2353
FAX : 031-314-2355

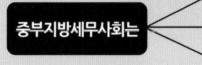

인천지방세무사회 초대 집행부

이금주 회장

"소통과 화합으로 품격있는
인천지방세무사회를 만들어 가겠습니다."

◼ 부회장, 상임이사, 이사, 위원장

유윤상
부회장

김명진
부회장

김성주
총무이사

송재원
연수이사

윤현자
연구이사

구현근
업무이사

박종렬
홍보이사

강갑영
국제이사

이기진
업무정화조사위원장

김석동
이 사

이명주
이 사

옥승찬
이 사

허덕무
이 사

조영문
이 사

권오항
이 사

배성효
이 사

임정완
자문위원장

변종화
연수교육위원장

김선일
청년세무사위원장

고영만
조세제도연구위원장

송정화
홍보상담위원장

채지원
국제협력위원장

홍석일
세무조정감리위원장

◼ 지역세무사회장

신현배
인 천

박정우
북인천

김한수
서인천

윤현자
남인천

주영진
연 수

김규헌
김 포

오형철
부 천

양성직
의정부

윤영복
포 천

최병곤
고 양

장창민
동고양

김준식
파 주

김한수
광 명

회원 우선 **인천회!**
균형잡힌 **인천회!**
함께하는 **인천회!**

인천지방세무사회 서울시 서초구 명달로22길 4, 401호 / 전화 (02)6251-9310 팩스 (02)6251-9311

한국세무사고시회

"회원과 하나되어 실천하는 세무사고시회는 회원 사업현장에서 답을 찾겠습니다."

■ 하나되는 고시회

▶ 회원에게 특화된 정보제공과 자질향상을 위한 연수교육실시
▶ 개정세법에 대해 논평개진 및 주요 조세문제에 대한 문제인식 및 회원전달
▶ 각종 주요 이슈에 대한 정책토론회 개최
▶ 지방고시회와의 긴밀한 교류 통한 지방회원간의 연대감과 유대감 조성
▶ 원활한 국제교류를 통한 회원의 국제조세에 대한 다양한 시야 확보

■ 실천하는 고시회

▶ 타 자격사의 직역침범에 과감하게 대응 세무사의 위상수호활동 전개
▶ 소책자 발간을 통해 회원들에게 실질적인 도움 제공
▶ 외부 단체와 연계하여 책자발행의 기회를 넓히고, 전문분야 강의확대
▶ 회원의 전문성을 통한 각종상담 등 재능기부 및 대국민 봉사활동 전개
▶ 회원들의 사업현장에 도움이 되는 세무실무편람 개편
▶ 세무사회의 건전한 발전을 위한 정체성 정립 및 성실한 옴부즈맨의 역할

제24대 한국세무사고시회 집행부

회장 곽장미	감사 나길식	감사 이강오	부산고시회장 박성일	광주고시회장 김진환	대구고시회장 강태욱	충청고시회장 김진세

총무부회장 이창식	기획부회장 이석정	연수부회장 김선명	연구부회장 장보원	사업부회장 김희철	지방·청년부회장 김진석	재무·대외협력부회장 윤수정	조직부회장 김범석	홍보부회장 천혜영

국제부회장 김현준	총무상임이사 박유리	기획상임이사 변현영	연수상임이사 강현삼	연구상임이사 이태혁	사업상임이사 장서환	지방·청년상임이사 김현배	재무·대외협력상임이사 배미영	조직상임이사 최영환

홍보상임이사 윤지영	국제상임이사 조덕희	자문위원장 이동기	회원연수센터장 박종철	국제·세무사제도센터장 최세영	회원지원센터장 황성훈	납세자지원센터장 주해진	청년세무사센터장 진성구	사무국장 최정인

사무국 : 서울시 강남구 봉은사로 516, 307호(삼성동, 미켈란147)
Tel. 02-581-6700 Fax. 02-581-6800 웹사이트 www.gosihoi.or.kr 이메일 gosihoi@hanmail.net

국립 세무대학 출신 세무사 모두는

납세자의 권익보호를 위해

최선을 다하겠습니다.

회장 안만식
국립 세무대학 세무사 일동

BnH | **Beyond Expectation**
Highest Satisfaction

BnH | 세무 법인   **BnH** | 회계 법인

광교세무법인이 함께합니다.

SINCE 1999
Gwang Gyo Tax Accounting Corp.

수원본점: 경기도 수원시 장안구 경수대로 1110-12 4층(광교빌딩) TEL: 031-8007-2900
서울지점: 서울시 강남구 언주로 337 8층(동영문화센터) TEL: 02-3453-8004

WWW.GWANGGYO.BIZ

지점		직책	성명	주요경력	전화번호
서울 지점		회장	전군표	국세청장 / 조사국장 / 대통령직 인수위원회 / 서울청 조사1국장 / 행시20회	02-3453-8004
		세무사	박종성	국무총리조세심판원장 / 조세심판원심판관 / 행시 25회	
		세무사	김영근	대전지방국세청장 / 서울청 납세지원국장 / 광주청 조사2국장 / 행시 23회	
		세무사	김명섭	중부청 조사3국장 / 국세청 조사1과장 / 서울청 조사1국 1과장	
		세무사	장남홍	종로,양천세무서장 / 서울청, 중부청 감사관 / 서울청 조사4국 4과장, 조사2국 1과장	
		세무사	송동복	경인청 국제조세과 / 서울청 이의신청 위원	
		세무사	고경희	한국여성세무사회 회장/ 국세공무원교육원 겸임교수/ 국세청 24년 근무	
		세무사	송우진	고양,동울산세무서장/ 서울청 조사1국,조사4국팀장/ 국세청, 대전청, 부산청 감사관실 / 세무대학 2기	
		세무사	길혜전	KEB하나은행 신탁본부/ 서울시 여성능력개발원 자문위원/ 인하대학교	
		고 문	은진수	부산지방법원 판사/ 서울지방검찰청 검사/ 공인회계사 / 감사원 감사위원	
		변호사	서지현	한양대 법학전문대학원/ 제41회 공인회계사/ 안진회계법인	
		변호사	배한빈	고려대 법학과/한양대 법학전문대학원/법무법인 태일	
서울	삼성	세무사	이용연	국세청 17년 근무/ 하나생명, 기업은행 PB근무/ 세무대학 7기	02-6203-8558
	성동	세무사	김대훈	국세청 법규과장/ 서울청 감사관/ 군산, 성동세무서장	02-462-7301
	금천	세무사	김영춘	한국세무사회 홍보상담위원/ 한국프렌차이즈 경영학회 감사/ 금천세무서 상담위원/ 제39회 세무사	02-804-3411
	광명	세무사	노기원	수원,시흥세무서 / 중부지방국세청 조사국 / 세무대학 7기	02-2683-0303
	경향	세무사	이영득	중부산세무서장/ 서울청 조사1국/ 국세청 심사2과/ 남양주 조사과장/ 서울청 감사관실	02-6959-9911

광교세무법인이 함께합니다.

SINCE 1999
Gwang Gyo Tax Accounting Corp.

수원본점: 경기도 수원시 장안구 경수대로 1110-12 4층(광교빌딩) TEL: 031-8007-2900
서울지점: 서울시 강남구 언주로 337 8층(동영문화센터) TEL: 02-3453-8004

WWW.GWANGGYO.BIZ

지점	직책	성명	주요경력	전화번호
수원 본점	세무사	이효연	조세심판원 상임심판관 / 행정실장 / 행시 제22회	031-8007-2900
	세무사	김운섭	동수원,순천세무서장/ 국세청 조사2과장/ 서울청 법인납세과장/ 세무대학 1기	
	세무사	정정복	중부청 조사3국/ 중부청 조사2국/ 동수원,수원,안양세무서/ 세무대학7기	
	세무사	이형진	성남, 전주세무서장 / 중부청 조사3국1과장/ 서울청 조사3국	
	세무사	김보남	전주세무서장 / 서울청 조사2국/국세공무원 교육원 교수	
	세무사	서정철	동수원 조사과장 / 중부청 조사 1,3국	
	세무사	오동기	국세청 조세담당관실/ 중부청 조사 1,2국/ 동안양 동안양.평택.수원.광주 세무서/ 세무대학 11기	
	세무사	김안섭	기흥세무서 조사과장/ 안산·용인세무서 재산세과장/ 중부·경인세청 법인납세과,국제조세과 근무	
	세무사	김일섭	중부지방국세청 조사1국1과4팀장/ 안산세무서 법인납세과장	
	세무사	이철균	중부청 조사2,3국/ 수원.안산.화성.북인천 세무서/ 부산대학교	
	세무사	김진희	경기도청 지방세 심의위원/ 충남대학교 경영학과/ 제38회 세무사	
수원 영통	세무사	신규명	수원,동대문,나주세무서장/ 국세청 감사담당관실 감사1,2팀장/ 동수원세무서 조사과장	031-202-5005
	세무사	배상진	동수원세무서 재산계장 / 중부청 조사3국 / 세무대학 5기	
	세무사	최병열	중부청 조사3국 / 평택세무서 / 세무대학 13기	
수원 팔달	세무사	류병하	중부청, 수원, 동수원, 안산, 평택세무서	031-255-8500
동수원	세무사	노익환	중부청 징세송무국, 조사3국 / 국세청 기획조정관실/ 평택세무서/ 세무대학 4기	031-206-3900

SINCE 1999
Gwang Gyo Tax Accounting Corp.

광교세무법인이 함께합니다.

수원본점: 경기도 수원시 장안구 경수대로 1110-12 4층(광교빌딩) TEL: 031-8007-2900
서울지점: 서울시 강남구 연주로 337 8층(동영문화센터) TEL: 02-3453-8004

WWW.GWANGGYO.BIZ

지점	직책	성명	주요경력	전화번호
화성	세무사	최봉순	화성지역세무사회장 / 중부청 조사국 / 재산제세 소송전문	031-355-4588
흥덕	세무사	유병관	중부청 법인세과, 조사국, 국제조세과 / 국세청 조세범조사전문요원	031-214-9488
동안양	세무사	이영은	동안양세무서 납세자권익존중위원 / 한국세무사회 법제위원 /중앙대학교	031-459-1700
안산	세무사	조준익	안산세무서장 / 국세청 감사계장	031-401-5800
안성	세무사	정재권	중부청 조사국 / 법인, 소득, 양도조사 전문 / 세무대학6기	031-674-4701
용인	세무사	김명돌	용인지역세무사회장 / 중부청 / 안동세무서	031-339-8811
경기 광주	세무사	정희상	이천세무서장 / 중부청조사2-1과장 / 해남세무서장 / 용인,남양주세무서	031-768-7488
남양주	세무사	정평조	남양주,포천,동울산세무서장/ 중부청 조사1국,조사3국/ 국세청 재산제국, 감사관실/ 세무대학 1기	031-554-3686
평택	세무사	지용찬	인천대학교 경제학과 / 제43회 세무사	031-8094-0016
고양	세무사	신종범	동고양·서대구·김천세무서장/ 중부청 조사3국 팀장 ·소비세팀장 / 세무대학 1기	031-969-3114
부천	세무사	나명수	부천세무서장/ 서울청 국제거래조사국 팀장/ 국세청 역외탈세담당관실/ 국립세무대학2회졸업,한양대학원 석사	032-229-2001
인천	세무사	조명석	남인천세무서 / 중부청 법인세과, 조사국 / 세무대학1기	032-817-8620
파주	세무사	이기철	파주,인천세무서장/ 수원.동래 세무서/ 중부청/ 기획재정부 세제실/ 경상대학교	031-948-8785
원주	세무사	권달오	동안양세무서 조사과장 / 중부지방국세청조사2,3,4국사무관	033-901-5951
울산	세무사	송정복	동울산세무서장 / 서울청조사3국,4국 / 금천세무서 /삼척세무서	052-915-3355
대전	세무사	장광순	예산세무서장 / 대전청조사2국관리과장 / 대전청 조사2국3과장	042-257-2893
광주	세무사	김성철	광주청 세원분석국장 / 광주청 조사1국 2과장	062-385-5017
제주	세무사	문승대	국세청 국세조세국,납보/중부청 조사3국/수원,구로,영등포,서대문과장	064-702-0931

"고객의 권익을 제대로 챙기겠습니다."

김 희 철 회장
· 서울지방국세청장
· 광주지방국세청장
· 서울청 조사 1국장

남 동 국 회장
· 대구지방국세청장
· 서울청 조사 3국장
· 서울청 납세자보호담당관실

김 종 봉 대표
· 서울청 국선세무대리인
· 중부청 국세심사위원
· 법무법인(유)율촌 조세그룹(팀장)

채 희 영 전무
· 서울청 조사 1국(팀장)
· 국세청 국제조세관리관실
· 서울청 조사 3국

박 정 기 상무
· 법무법인(유) 율촌
· 서울청 조사 4국 등

이 영 준 이사
· 국세청 조사국
· 국세청 조사 1국 등

이 진 규 이사
· 서울청 조사 2국
· 세무서 조사/법인세과 등

임 준 택 변호사
· 세무서 납세자보호담당관실
· 주식회사 E 등

임 종 윤 이사
· 서울청 조사 4국
· 세무서 소득/법인세과 등

김 수 진 이사
· 서울청 조사 1국
· 서울청 조사 3국 등

현 한 길 회계사
· S 회계법인
· H 금융투자 등

강 민 지 세무사
· S세무회계사무소
· 세무법인D 등

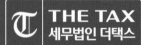

서울 강남구 테헤란로 524 삼성대세빌딩 8층
T. 02-567-5858 F. 02-567-5558 www.okthetax.com

"THE TAX 를 함께 이끌어 갈 여러분을 기다립니다."

40

 세무법인 삼륭   www.samryung.com

최고의 조세전문가 그룹 「삼륭」은 프로정신으로 기업경영에 보다
창의적이고 효율적인 세무서비스를 제공하도록 최선을 다하겠습니다.

☐ 주요업무

세무조사 대리 | 조세관련 불복대리 | 세무신고 대리 | 기업경영 컨설팅

☐ 구성원

서국환 회장/대표세무사
광주지방국세청장
서울청 조사2국장
서울청 조사4국 3과장
중부청 조사 1국 3과장
국세청 조사·심사·소득 과장
익산·안산세무서장 등 30년 경력

이정섭
본사·수원지사 대표세무사
중부청 조사 1국
목포·평택·수원세무서 등 16년 경력
전주대학교 관광경영학 박사

정인성
서초지사 대표세무사
서울청·용산·영등포세무서 등 23년 경력
세무사 실무 경력 20년

조병순
서초지사 대표세무사
서울청 조사4국 2과 조사팀장
서울청 조사2국 3과 조사팀장
서울청 법무2과 소송수행
국세청 전화상담센터
강남·동작·구로세무서 등 40년 경력

최상원
영통지사 대표세무사
중부지방국세청 법무과
중부지방국세청 특별조사국
세무사 41회
영남대학교 졸업

김대진
안양지사 대표세무사
세무사 48회
서울시립대학교 졸업

국승훈 세무사
세무사 55회
명지대학교 경영학과 졸업

백인협 세무사
세무사 55회
웅지 세무대학 세무 행정학과 졸업

김준태 세무사
웅지세무대학 회계정보학과 졸업
제56회 세무사시험 합격

 稅務法人 三隆

본　　사	서울시 강남구 강남대로84길 23, 1603호 (역삼동, 한라클래식)	Tel. 02-3453-7591	Fax. 02-3453-7594
수원지사	경기도 수원시 영통구 영통로 169, 3층(망포동 297-8)	Tel. 031-273-2304	Fax. 031-206-7304
서초지사	서울시 서초구 사임당로 174. 603호(서초동, 강남미래타워)	Tel. 02-567-6300	Fax. 02-569-9974
안양지사	경기도 안양시 동안구 관악대로 365번길 11, 4층(관양동, 백석빌딩)	Tel. 031-423-2900	Fax. 031-423-2166
영통지사	경기도 수원시 영통구 영통동 998-6 아셈 프라자 401호(동수원세무서 옆)	Tel. 031-273-7077	Fax. 031-273-7177

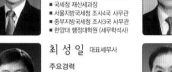

이안세무법인
IAN TAX FIRM

고객의 가치 창출을 위해
이안(耳眼) 세무법인은
귀 기울여 듣고, 더 크게 보겠습니다

장 호 강 고문

(전) 영등포세무서장
(전) 중부청 조사1국 조사1과장
(전) 포항세무서장
(전) 서울청 조사 1국·2국 서기관

윤 문 구 대표세무사

국립세무대학(2기) 졸
경영학박사 / 세무학박사
(현) 서울고검 국가송무상소심의위원
(현) 서울시 지방세 심사위원
(전) 국세청 국세심사위원
(전) 국세청 납세자보호위원
(전) 서울청 조세범칙심의위원

채 병 호 대표세무사

국립세무대학(2기) 졸
건국대학교 행정대학원 졸
(전) 서울청 국제조사1과장·2과장
(전) 서울청 조사1국·조사4국·국제조사국
　　조사팀장
(전) 국세청 조사국·기획조정관실
(전) 성북세무서장·서광주세무서장

(전) 서울청 조사1국·2국
(전) 강남·삼성·역삼·서초·
　　영등포세무서

이 동 선 전무

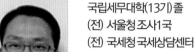

국립세무대학(13기) 졸
(전) 서울청 조사1국
(전) 국세청 국세상담센터
　　상속세 및 증여세법 상담관

이 경 근 상무

경기대학교 경영학과,
경제학과 졸

김 태 호 이사 (세무사)

서울시립대학교
행정학과 졸

최 은 경 이사 (세무사)

서울시립대학교
경영학부 졸

허 성 구 세무사

이안세무회계

(전) 서초세무서 국세심사위원
(전) 충정회계법인
(전) 서울청 국선세무대리인
(전) 서초세무서 납세자보호위원

박 만 재 대표회계사

(전) 한영회계법인

김 대 현 회계사/세무사

이안세무법인
IAN TAX FIRM

서울시 서초구 서초대로 40길 41 2층 (서초동, 대희IR빌딩)
TEL 02.2051.6800 FAX 02.2051.6006
www.iantax.co.kr

이안세무회계
IAN TAX ACCOUNTING

서울시 서초구 서초대로 40길 41 2층 (서초동, 대희IR빌딩)
TEL 02.2051.0297 FAX 02.2051.6651
www.iantax.co.kr

44

이촌세무법인
e-Chon Tax Accounting Corp.

서울시 종로구 종로5길 13 (청진동 136) 삼공빌딩 8층
전화 : 02-735-5780, 0114   팩스 : 02-735-5783
www.e-chontax.co.kr

회장 **이병국** (본점)

회장 **정태언** (본점)

부회장 **박외희** (대표)

부회장 **전희재** (서대문)

부회장 **박창규**
(서초중앙지점)

부회장 **박수영** (마포)

부회장 **류효석** (안양)

부회장 **이신희**
(구로디지털지점)

세무사 **최용택**
(종로지점)

세무사 **고세관**
(대치지점)

세무사 **곽상섭**
(구로지점)

세무사 **김현덕**
(강남1지점/서초)

세무사 **강태영**
(강남2지점/송파)

세무사 **정진희**
(제일지점/논현)

세무사 **정연형**
(영등포지점)

세무사 **전형국**
(동대문지점)

세무사 **최이규**
(명동지점)

세무사 **천행관**
(광주지점)

세무사 **김동현**
(반포지점)

세무사 **김유환**
(보령지점)

세무사 **박승연**
(충무로지점)

세무사 **주민규**
(남대문지점)

세무사 **박현상**
(본점)

세무사 **박병언**
(본점)

전무 **최광진**
(본점)

세무사 **윤주영**
(남부지점/관악)

세무사 **김종명**
(강남역지점)

세무사 **홍성택**
(재경지점)

세무사 **우진환**
(천안지점)

세무사 **변춘수**
(이화지점)

세무사 **이성배**
(여의도지점)

세무사 **이영지**
(문래지점)

세무사 **김명준**
(역삼지점)

"최고 품질의
세무서비스를
약속합니다"

회장
박창언
02-547-8854

상근부회장
제영광
02-547-8854

상근이사
우현광
02-547-8854

부회장
백명륜
031-217-0014

부회장
이상관
051-469-7334

부회장
이재흥
02-540-7691

[감사]　　　　　　　　　[지부장]

감사
박영준
02-511-8231

감사
이진용
051-464-6001

서울
윤철수
02-540-7867

구로
최성식
02-2672-7272

안양
유연혁
031-462-0303

대전충남
이종호
041-575-2171

충북
권용현
043-266-8311

인천공항
박중석
032-742-8443

부산
김성봉
051-988-0011

경남
김성준
055-293-7604

창원
견주필
055-283-2561

인천
이염휘
032-888-0202

부평
박동기
032-528-1311

수원
최희인
031-257-2061

안산
황주영
031-484-5272

대구
이종석
053-746-5900

구미
송재익
054-461-5800

울산
이재석
052-710-5220

광주
장희석
061-662-3955

전북
백창현
063-212-0020

평택
구섭본
031-658-1473

 한국관세사회
서울시 강남구 언주로 129길 20(논현동) (우) 06104

46

신한관세법인
수출입 통관과 글로벌 관세·무역 문제 해결

■ 주요 구성원

장흥진
대표관세사 / 회장

연세대학교 법과대학전공
·前 한국관세사회 사단법인관우회 부회장
·前 한국관세사회 서울지부고문
·前 사단법인 한국관세협회 상임이사
·前 서울세관, 인천세관 근무

장승희
대표관세사 / 대표이사

Virginia Tech State University 회계학석사
·現 관세청 관세심사위원회 위원
·現 관세청 보세판매장 특허심사위원회 위원
·現 기획재정부 국세예규심사위원회 민간위원
·現 관세청 관세품목분류위원회 위원

서영진
관세사 / 상무이사

·現 컨설팅본부 본부장
·現 관세평가분류원 관세평가협의회 위원
·前 서울세관 심사관 기업심사, 종합심사 담당
·前 관세청 심사정책과 관세평가

최대규
관세사 / 이사

·現 인천공항지사 지사장
·前 코트라 베트남(하노이) 전문위원
·前 FTA 원산지관리사 출제·선정 위원
·前 한국산업기술진흥원 책임연구원

전무열
관세사/본부장
서울본사 통관본부

김영훈
관세사/지사장
인천경기지사

손성곤
관세사/지사장
부산지사

윤현상
관세사/지사장
청주지사

송성환
관세사/지사장
구미지사

박은실
관세사/법인장
신한베트남관세법인

■ 컨설팅 본부

차미정 관세사/팀장　고객혁신팀
신종호 관세사/팀장　무역컨설팅팀
서은실 관세사　　　　법률컨설팅팀

■ 식품 검사/검역

원창수 고문　　　인천경기지사
서정용 연구원　　인천경기지사

■ 미국 수출(FDA,식품)

박금지 연구원　KORD Partners
(070-4343-7791/karenp@kordpartners.com)

■ 통관/FTA 전산팀

이명식 팀장　서울본사

■ 통관 전문가

최병한 사무장/이사　서울본사
조호형 사무장/이사　인천공항지사
남효우 관세사　　　　구미지사
박명규 사무장　　　　청주지사
류익현 사무장　　　　인천경기지사

서울본사

컨설팅본부) 서울특별시 강남구 언주로 716 4층　TEL. 02-3448-1181　FAX. 02-3448-1184　E-MAIL. consulting@shcs.kr
통 관 본 부) 서울특별시 강남구 언주로 716 3층　TEL. 02-542-1181　FAX. 02-544-9705~6　E-MAIL. customs@shcs.kr

인천공항지사
TEL. 032-744-9961~2
FAX. 032-744-9960
E-MAIL. incheon-air@shcs.kr

인천경기지사(식품)
TEL. 032-744-9961~2
FAX. 032-744-9960
E-MAIL. incheon-air@shcs.kr

부산지사
TEL. 051-463-1181
FAX. 051-465-1181
E-MAIL. busan@shcs.kr

대전지사
TEL. 042-933-1181
FAX. 042-931-1182
E-MAIL. daejeon@shcs.kr

청주지사
TEL. 043-273-3160~1
FAX. 043-273-3162
E-MAIL. cheongju@shcs.kr

구미지사
TEL. 054-464-1133
FAX. 054-464-1131
E-MAIL. gumi@shcs.kr

신한인비스타(물류법인)
TEL. 02-2663-1181
FAX. 02-2665-9114
E-MAIL. invista@shcs.kr

신한베트남관세법인
TEL. 84-24-7300-8630
E-MAIL. scv@shcs.kr

47

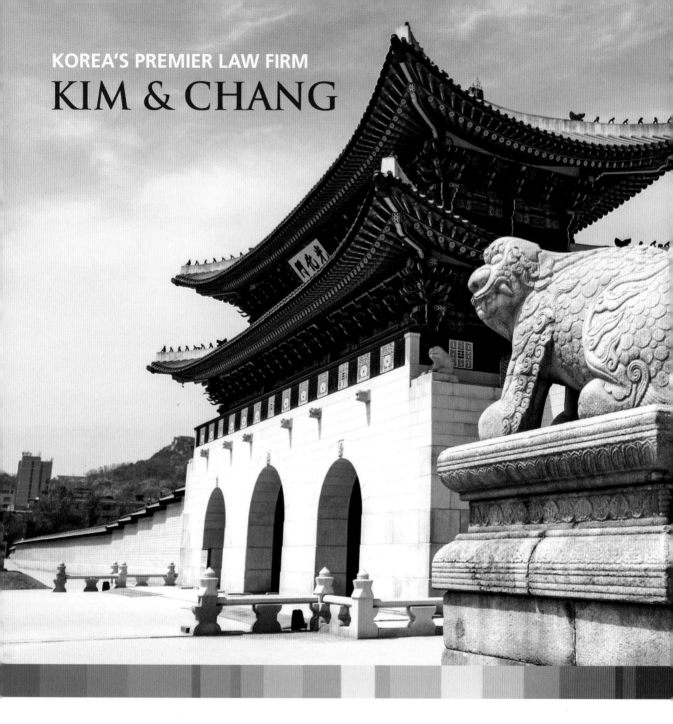

KOREA'S PREMIER LAW FIRM

KIM & CHANG

조세 분야 Top Tier Rankings 선정

Chambers Asia-Pacific 2020
The Legal 500 Asia Pacific 2020
Asialaw Profiles 2020
World Tax 2020

www.kimchang.com

다양한 조세 전문가들의 시너지를 통한 최적 솔루션 제시

김·장 법률사무소 조세 그룹

조세 일반

한만수 변호사 02-3703-1806	백우현 공인회계사 02-3703-1047	이종국 호주공인회계사 02-3703-1016	조용호 공인회계사 02-3703-1116	최임정 공인회계사 02-3703-1143
권은민 변호사 02-3703-1252	이지수 변호사 02-3703-1123	양규원 공인회계사 02-3703-1298	김요대 공인회계사 02-3703-1436	최효성 공인회계사 02-3703-1281
임송대 공인회계사 02-3703-1088	양승종 변호사 02-3703-1416	정광진 변호사 02-3703-4898	심윤상 미국 변호사 02-3703-1221	Sean Kahng 미국 변호사 02-3703-1694
곽장운 미국 변호사 02-3703-1708	서봉규 공인회계사 02-3703-1015	류재영 공인회계사 02-3703-1529	임양록 공인회계사 02-3703-4543	황찬연 공인회계사 02-3703-1807
전한준 호주공인회계사 02-3703-1770	김해마중 변호사 02-3703-1612	민경서 변호사 02-3703-1277	이송녕 변호사 02-3703-1915	

이전가격

여동준 공인회계사 02-3703-1061	남태연 공인회계사 02-3703-1028	한상익 공인회계사 02-3703-1127	이제연 공인회계사 02-3703-1079	이규호 공인회계사 02-3703-1169
Michael Quigley 미국 변호사 02-3703-1042	Christopher Sung 미국변호사 02-3703-1115	이상묵 공인회계사 02-3703-1278	박재석 공인회계사 02-3703-1160	

금융조세

김동소 공인회계사 02-3703-1013	임용택 공인회계사 02-3703-1089	박정일 공인회계사 02-3703-1040	백원기 공인회계사 02-3703-1659	이평재 공인회계사 02-3703-1156
이성창 조세전문위원 02-3703-1780	임동구 공인회계사 02-3703-1646	박종현 공인회계사 02-3703-1817		

세무조사 및 조세쟁송

정병문 변호사 02-3703-1576	김의환 변호사 02-3703-4601	백제흠 변호사 02-3703-1493	조성권 변호사 02-3703-1968	하상혁 변호사 02-3703-4893
하태흥 변호사 02-3703-4979	김희철 변호사 02-3703-5863	이상우 변호사 02-3703-1571	박재찬 변호사 02-3703-1808	이종광 공인회계사 02-3703-1056
정영민 공인회계사 02-3703-1449	박동희 공인회계사 02-3703-1279	진승환 공인회계사 02-3703-1267	박재홍 공인회계사 02-3703-5439	기상도 공인회계사 02-3703-1330
서재훈 공인회계사 02-3703-1845	안재혁 변호사 02-3703-1953			

Lee & KO 법무법인(유) 광장

주요 구성원

조세쟁송

이상기 변호사
기획재정부 고문변호사
한국조세협회 부이사장
Tel: 02-2191-3005

김성환 변호사
대법원조세전담재판연구관(총괄)
춘천지방법원 부장판사
Tel: 02-6386-7900

이인형 변호사
서울행정법원 부장판사
수원지방법원 평택지원장
Tel: 02-772-5990

김경태 변호사
대전지방법원 판사
한국세무학회 부학회장
Tel: 02-772-4414

손병준 변호사
대법원 조세전담 재판연구관
대전지방법원 부장판사
Tel: 02-772-4420

박영욱 변호사
국세청 과세품질혁신위원회 위원
변호사시험(조세법) 출제위원
Tel: 02-772-4422

마옥현 변호사
대법원 조세전담 재판연구관
광주지방법원 부장판사
Tel: 02-6386-6280

임수혁 변호사
중부세무서 납세자보호위원
미국 UC Berkeley School of Law 법학석사(LLM)
Tel: 02-772-4973

국제조세

심재진 미국변호사
AmCham Tax Committee Co-Chiar
PwC Moscow and Price Waterhouse, New York
Tel: 02-2191-3235

권오혁 미국변호사
Deloitte Anjin LLC
Deloitte Tax LLP
Tel: 02-6386-6627

류성현 변호사
대한변호사협회 세제위원회 위원
서울지방국세청 사무관
Tel: 02-2191-3251

인병춘 회계사
KPMG 국제조세본부장
KPMG Tax Partner
Tel: 02-6386-7844

이환구 변호사
중부세무서 납세자보호위원
UCLA Law School LLM(Tax track)
Tel: 02-772-4307

김태경 회계사
한국국제조세협회 이사
한국조세연구포럼 이사
Tel: 02-2191-3246

오혁 미국변호사
미국 RSM International Inc., International Tax
미국 Deloitte Tax LLP, Washington National Tax
Tel: 02-772-4349

박성한 미국회계사
EY한영회계법인
삼일회계법인
Tel: 02-6386-7952

고문

정병춘 고문
국세청 차장
광주지방국세청장
Tel: 02-772-4757

윤영선 고문
제24대 관세청장
기획재정부 세제실장
Tel: 02-6386-6640

원정희 고문
부산지방국세청장
국세청조사국장
Tel: 02-6386-6229

김재웅 고문
서울지방국세청장
중부지방국세청장
Tel: 02-6386-7890

"각 분야 최고의 전문가들이 한자리에 모였습니다"

조세소송 및 불복, Tax Planning and Consulting, 세무조사, 국제조세, 이전가격 등
한 분의 고객을 위해 변호사, 회계사, 세무사, 고문, 전문위원 등
조세 각 분야 최고 전문가들이 힘을 합치는 로펌, 그곳은 광장(Lee & Ko)입니다.

"조세분야 최고 등급(Top Tier)의 로펌입니다"

국제적으로 유명한 평가기관인 Legal 500, Tax Directors Handbook 등에서
최고 등급 평가를 받아온 로펌, 그곳은 광장(Lee & Ko)입니다.

"존경받는 로펌, 신뢰받는 로펌이 되겠습니다"

고객이 신뢰하고 고객에게 존경받는 로펌, 가장 기분좋은 수식어 입니다.
대외적으로 인정받고 신뢰받는 로펌, 그곳은 광장(Lee & Ko)입니다.

초심을 잃지 않고 자만하지 않으며 먼 미래를 내다보며 준비하겠습니다.
항상 고민하고 새로운 도약을 준비하는 로펌,

'법무법인(유) 광장(Lee & Ko)' 입니다.

조세자문

김상훈 변호사
한국지방세연구원 지방세구제업무 자문위원
중부세무서 국세심사위원회 위원
Tel: 02-772-4425

장연호 회계사
국세청 금융업 실무과정 강사
삼일회계법인 금융/보험조세팀 근무
(한국·미국 등록 회계사)
Tel: 02-772-5942

이인수 회계사
김·장 법률사무소
삼일회계법인
Tel: 02-6386-7905

정재훈 회계사
신한금융지주
삼일회계법인
Tel: 02-772-5931

세무조사 지원

조태복 세무사
성동, 중부산 세무서장
국세청 법인세과, 법령해석과
Tel: 02-6386-6572

장순남 세무사
서울지방국세청 조사4국 서기관
국세청 조사국 사무관
Tel: 02-772-5928

이호태 세무사
중부지방국세청
국세청
Tel: 02-6386-6602

배인수 세무사
서울지방국세청 조사4국
서울지방국세청 조사1국
Tel: 02-772-5986

조세예규 및 행정심판

강지현 변호사
국무총리 소속 조세심판원 사무관
기획재정부 세제실 사무관(조세특례제도과)
Tel: 02-772-4975

김병준 세무사
조세심판원 조정팀장
국세청 심사과
Tel: 02-6386-6376

관세

박영기 변호사
관세청 통관지원국 사무관
서울본부세관 고문변호사
Tel: 02-2191-3052

태정욱 변호사
관세청 관세평가자문위원
서울본부세관 관세심사위원
Tel: 02-6386-6373

지방세

김해철 전문위원
행정안전부 지방세특례제도과
한국지방세연구원 지방세 전문상담위원
Tel: 02-772-4354

형사

유재만 변호사
대검찰청 중수1,2과장
서울중앙지방검찰청 특수1,2,3부장
Tel: 02-772-5980

감사원

이세열 고문
감사원 심사담당과장
감사원 조세담당국 인사운영팀장
Tel: 02-6386-7840

법무법인(유) 지평
조세팀

지평은 조세, 헌법소송, 행정 등 분야에 탁월한
전문성을 가진 로펌입니다.

조세쟁송	세무 진단 및 세무조사 대응
조세자문	회계규제
조세형사	관세 및 국제통상

법무법인(유) 지평 조세팀 **주요 구성원**

엄상섭 변호사·공인회계사
대법원 재판연구관(조세조)

조세소송
02-6200-1667

김강산 변호사
광주지방법원 부장판사

조세형사
02-6200-1903

박성철 변호사
서울시 행정심판위원회 위원

조세위헌소송
02-6200-1777

김태형 변호사
관세청 정기 자문업무 수행

조세소송
02-6200-1767

김형우 변호사·공인회계사
삼일회계법인 금융자문본부
금융조세
02-6200-1839

고세훈 변호사
Texas Instruments
제조사업부(원가담당)
조세자문/해외투자
02-6200-1849

최정욱 공인회계사
경영학박사, 북한학박사
삼정KPMG 세무총괄리더
조세자문 일반
02-6200-1680

구상수 공인회계사
법학박사(조세)
조세자문 일반
02-6200-1738

서울

순천

부산

상하이

호치민시티

하노이

자카르타

프놈펜

비엔티안

양곤

모스크바

53

조세쟁송·자문

세무조사·기업세무

국제조세

관세

화우 조세전문그룹

TAX
EXPERTS

화우 조세전문그룹

화우 조세전문그룹은 대한민국 조세분야
최고수준의 전문가들로 구성되어 유기적으로
협업하고 있습니다. 그 동안 축적된 경험과
업무역량으로 고객들에게 격이 다른 법률
서비스를 제공하여 국내 뿐만 아니라
세계에서도 실력을 인정받고 있습니다.

화우 조세전문그룹 대표 구성원

임승순 대표변호사　전오영 대표변호사　김덕중 고문　서윤원 고문　박정수 변호사

오태환 변호사　이진석 변호사　정재웅 변호사　전완규 변호사　이경진 변호사

| 법무법인(유) 화우 조세전문그룹 |

임승순	대표변호사	서울행정법원 부장판사	전완규 파트너변호사	Southern Methodist University School of Law, LL.M.
전오영	대표변호사	국세청 조세법률고문	이경진 파트너변호사	서울지방국세청 송무국 송무과장
김덕중	고문	국세청장	김용택 파트너변호사	Southern Methodist University School of Law, LL.M.
서윤원	고문	서울본부 세관장	정종화 파트너변호사	Vanderbilt Law School, LL.M.
박정수	파트너변호사	대법원 재판연구관(조세조)	강 찬 파트너변호사	Northwestern University School of Law, LL.M.
오태환	파트너변호사	서울행정법원 판사	강우룡 회계사	삼정회계법인 세무본부
이진석	파트너변호사	대법원 재판연구관(조세조)	김대호 회계사	한영회계법인 세무본부
정재웅	파트너변호사	서울지방국세청 조세법률고문	박재우 미국변호사	KPMG LLP (New York), 미국 NY주 변호사

세무법인 화우

YOON & YANG TAX SERVICES GROUP

종합적이고 포괄적인 세무관리 및
법률서비스를 제공하는 세무전문법인

세무법인 화우는 국세청 조사국, 서울청조사1국, 조사4국 등에서 근무한 대표세무사를 비롯해 조세분야 25년 이상의 경력 세무
전문가로 구성돼 종합적으로 포괄적인 세무관리 및 법률서비스를 제공합니다.

앞으로 세무법인 화우는 2019년 ITR '올해의 한국 조세 로펌' 으로 선정된 법무법인(유) 화우 조세그룹과 관세통상분야 관련
전문가들이 포진한 관세법인 화우와의 유기적인 업무협조를 통해 늘 고객의 입장에서 고민하고 함께 해결하겠습니다.

세무법인 화우

이한종 대표세무사
삼성세무서장

정철환 세무사
국세청 기획조정관실

정충우 세무사
서울지방국세청 조사국

조형래 미국회계사
국세청 및 산하 세무서/미국공인회계사

이경진 세무사
서울지방국세청 조사국

김민정 세무사
이현회계법인

임기준 세무사
(주)케이씨씨 회계부 과장

권혁윤 세무사
제51회 세무사

세무법인 화우 서울시 강남구 영동대로 517 아셈타워 23층 우) 06164 | tax.hwawoo.com
T. 02) 6182-8800 F. 02) 6182-8900 E. tax@hwawoo.com

이한종 대표세무사 T. 02) 6182-8800 F. 02) 6182-8900 E. onebell2@hwawoo.com

세무법인 화우
YOON & YANG
TAX SERVICES GROUP

재무인의 가치를 높이는 변화

조세일보 정회원

온라인 재무인명부
수시 업데이트 되는 국세청, 정·관계 인사의 프로필, 국세청, 지방국세청, 전국세무서, 관세청, 공정위, 금감원등 인력배치 현황

조세일보 Plus
주요뉴스를 정리하여 격주로 발행

예규·판례
행정법원 판례를 포함한 20만건 이상의 최신 예규, 판례 제공

구인구직
조세일보 일평균 10만 온라인 독자에게 채용 홍보

업무용 서식
세무·회계 및 업무용 필수서식 3,000여개 제공

세무계산기

묶음 상품

정회원 기본형 : 조세일보 Plus + 유료기사 + 문자서비스 + 온라인 재무인명부 + 구인구직 = 15만원 / 연

정회원 통합형 : 정회원 기본형 + 예규·판례 = 30만원 / 연

개별 상품

온라인 재무인명부 : 10만원 / 연 ┃ **구인구직** : 10만원 / 연

※ 자세한 조세일보 정회원 서비스 안내 http://www.joseilbo.com/members/info/

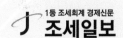

1등 조세회계 경제신문
조세일보

재무인명부

세무법인 | 회계법인 | 관세법인 | 로펌

국회기획재정위원회 | 감사원 | 기획재정부 | 금융위 | 금감원 | 상공회의소
중소기업중앙회 | 국세청 | 지방재정세제실 | 조세심판원 | 한국조세재정연구원

2020.9.1.현재

1등 조세회계 경제신문

조세일보

기관

국회기획재정위원회

주소	서울특별시 영등포구 의사당대로 1 (여의도동) (우) 07233
대표전화	02-6788-2114
사이트	finance.na.go.kr

위원장   윤후덕

(D) 02-6788-6901

위원회 조직	전화
정연호 수석전문위원 (차관보급)	02-6788-5141
송병철 전문위원 (2급)	02-6788-5142
김충섭 입법조사관 (3급)	02-6788-5147
윤동준 입법조사관 (3급)	02-6788-5143
김현중 입법조사관 (3급)	02-6788-5148
서재만 입법조사관 (4급)	02-6788-5154
김신애 입법조사관 (4급)	02-6788-5155
민병찬 입법조사관 (4급)	02-6788-5149
김민지 입법조사관 (5급)	02-6788-5156
최성찬 입법조사관 (5급)	02-6788-5150
한지은 입법조사관 (5급)	02-6788-5151
김지수 입법조사관 (5급)	02-6788-5157
박병규 입법조사관 (5급)	02-6788-5158
길기혁 입법조사관 (5급)	02-6788-5152
윤기영 입법조사관 (6급)	02-6788-5160
양경화 입법조사관 (6급)	02-6788-5153
최윤희 주무관 (6급)	02-6788-5144
임현숙 주무관 (6급)	02-6788-5142
이주광 입법조사관 (7급)	02-6788-5145
임현숙 주무관 (7급)	02-6788-5141
이미선 주무관 (7급)	02-6788-5146

국회기획재정위원회

DID: 02-6788-OOOO

위원장: **윤 후 덕**
DID: 02-6788-6901

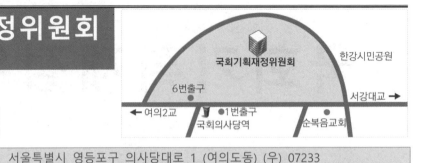

주소	서울특별시 영등포구 의사당대로 1 (여의도동) (우) 07233
홈페이지	finance.na.go.kr

구성	간사		위원			
위원명	고용진	류성걸	기동민	김경협	김두관	김수흥
소속	더불어민주당	미래통합당	더불어민주당	더불어민주당	더불어민주당	더불어민주당
보좌관	여경훈, 홍진옥	손정갑, 황영헌	김형식, 이지백	봉재현, 심재정	김경훈, 임근재	송병욱, 조남혁
전화	6061	6396	6106	6116	6141	6221

구성	위원					
위원명	김주영	박홍근	양경숙	양향자	우원식	이광재
소속	더불어민주당	더불어민주당	더불어민주당	더불어민주당	더불어민주당	더불어민주당
보좌관	이경호, 이정희	김동영, 장석원	김상일, 류경재	윤미혜, 조근희	박기영	김민욱, 서지연
전화	6316	6541	6721	6746	6786	6916

구성	위원					
위원명	정성호	정일영	홍익표	김태흠	박형수	서병수
소속	더불어민주당	더불어민주당	더불어민주당	미래통합당	미래통합당	미래통합당
보좌관	서준섭, 정원철	윤영승, 정종석	권오재, 박승민	조중연, 허정환	김상현, 박민구	김성수, 김홍식
전화	7201	7211	7471	6346	6536	6586

구성	위원						
위원명	서일준	유경준	윤희숙	조해진	추경호	장혜영	용혜인
소속	미래통합당	미래통합당	미래통합당	미래통합당	미래통합당	정의당	기본소득당
보좌관	박용안, 제방훈	이한수, 허남춘	권재필, 권태근	이우철, 차승훈	류희태, 최재훈	김진욱, 오현주	구형구, 장흥배
전화	6606	6796	6906	7306	7386	7156	6776

국회법제사법위원회

주소	서울시 영등포구 의사당대로 1(여의도동) (우) 07233
대표전화	02-6788-2114
사이트	legislation.na.go.kr

위원장   윤호중

(D) 02-6788-6896

위원회 조직	전화	위원회 조직	전화
박장호 수석전문위원 (차관보급)	02-6788-5041	이지선 입법조사관 (5급)	02-6788-5059
허병조 전문위원 (2급)	02-6788-5044	황성필 입법조사관 (5급)	02-6788-5063
박철호 전문위원 (2급)	02-6788-5043	설그린 입법조사관 (5급)	02-6788-5057
김용우 입법조사관 (3급)	02-6788-5048	현서린 입법조사관 (5급)	02-6788-5062
황충연 입법조사관 (3급)	02-6788-5049	양성민 입법조사관 (5급)	02-6788-5064
전광희 입법조사관 (4급)	02-6788-5053	정광주 입법조사관보 (6급)	02-6788-5065
황지현 입법조사관 (4급)	02-6788-5055	유정분 주무관 (6급)	02-6788-5066
임주현 입법조사관 (4급)	02-6788-5052	이향우 주무관 (6급)	02-6788-5067
조형근 입법조사관 (4급)	02-6788-5054	김란미 주무관 (6급)	02-6788-5041
정지영 입법조사관 (4급)	02-6788-5056	전진향 주무관 (7급)	02-6788-5069
김영찬 입법조사관 (4급)	02-6788-5071	이미경 주무관 (7급)	02 6788-5050
백상준 입법조사관 (4급)	02-6788-5051	권현라 주무관 (7급)	02-6788-5043
조진숙 입법조사관 (5급)	02-6788-5061	장승훈 입법조사관보 (7급)	02-6788-5068
전성민 입법조사관 (5급)	02-6788-5060	김진국 입법조사관보 (8급)	02-6788-5072
이광전 입법조사관 (5급)	02-6788-5058		

국회법제사법위원회

DID: 02-6788-OOOO

위원장: **윤 후 덕**
DID: 02-6788-6896

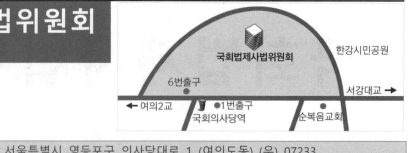

국회법제사법위원회
한강시민공원
6번출구
서강대교 →
← 여의2교
●1번출구
국회의사당역
순복음교회

주소	서울특별시 영등포구 의사당대로 1 (여의도동) (우) 07233
홈페이지	legislation.na.go.kr

구성	간사		위원			
위원명	백혜련	김도읍	김남국	김용민	김종민	박범계
소속	더불어민주당	미래통합당	더불어민주당	더불어민주당	더불어민주당	더불어민주당
보좌관	권훈, 전용두	이종환, 최성준		곽상민, 오지상	정운몽, 홍성신	문병남, 윤종우
전화	6566	6136	6131	6271	6311	6456

구성	위원					
위원명	박주민	소병철	송기헌	신동근	최기상	유상범
소속	더불어민주당	더불어민주당	더불어민주당	더불어민주당	더불어민주당	미래통합당
보좌관	김인아, 안진모	김진남, 이정원	김영호, 신수철	이상규, 홍웅표	김성준, 정우윤	김원호, 안중우
전화	6521	6626	6641	6671	7346	6811

구성	위원				
위원명	윤한홍	장제원	전주혜	조수진	김진애
소속	미래통합당	미래통합당	미래통합당	미래통합당	열린민주당
보좌관	남기석, 박태훈	김민수	박영미, 박종진	김춘식, 안준철	김승범, 맹영재
전화	6891	7146	7176	7271	6321

국회정무위원회

주소	서울특별시 영등포구 의사당대로 1 (여의도동) (우) 07233
대표전화	02-6788-2114
사이트	policy.na.go.kr

위원장   윤관석

(D) 02-6788-6831

위원회 조직	전화
이용준 수석전문위원 (차관보급)	02-6788-5101
김원모 전문위원 (2급)	02-6788-5103
정환철 전문위원 (2급)	02-6788-5102
박주연 입법조사관 (3급)	02-6788-5104
장석립 입법조사관 (4급)	02-6788-5109
김복현 행정실장 (4급)	02-6788-5105
정수현 입법조사관 (5급)	02-6788-5106
부길환 입법조사관 (4급)	02-6788-5107
심지헌 입법조사관 (4급)	02-6788-5108
전중인 입법조사관 (4급)	02-6788-5110
김강산 입법조사관 (5급)	02-6788-5111
문경미 입법조사관 (5급)	02-6788-5112
정한슬 행정사무관 (5급)	02-6788-5114
황현진 입법조사관보 (6급)	02-6788-5115
이주혁 입법조사관보 (7급)	02-6788-5117
이선희 행성수사 (6급)	02-6788-5102
박금숙 행정주사 (6급)	02-6788-5116
김민옥 행정주사보 (7급)	02-6788-5103
채정현 주무관 (7급)	02-6788-5101

국회정무위원회

DID: 02-6788-OOOO

위원장: **윤 관 석**
DID: 02-6788-6831

주소	서울특별시 영등포구 의사당대로 1 (여의도동) (우) 07233
홈페이지	policy.na.go.kr

구성	간사		위원			
위원명	**김병욱**	**성일종**	**김한정**	**민병덕**	**민형배**	**박용진**
소속	더불어민주당	미래통합당	더불어민주당	더불어민주당	더불어민주당	더불어민주당
보좌관	왕홍곤, 이응준	김태륜, 정만성	도보은, 최문희	안국형, 이재호	김지성, 이정기	박상필, 이시성
전화	6171	6621	6351	6421	6426	6506

구성	위원					
위원명	**송재호**	**오기형**	**유동수**	**이용우**	**이원욱**	**이정문**
소속	더불어민주당	더불어민주당	더불어민주당	더불어민주당	더불어민주당	더불어민주당
보좌관	강신혁, 윤정배	김종석, 신동림	김기석, 최창열	김성영, 이승현	서선미, 최면호	박종갑, 조기호
전화	6666	6761	6806	7016	7026	7056

구성	위원					
위원명	**전재수**	**홍성국**	**강민국**	**김희곤**	**유의동**	**윤두현**
소속	더불어민주당	더불어민주당	미래통합당	미래통합당	미래통합당	미래통합당
보좌관	선용규, 최지훈	임현종, 홍순식	강민승, 박진우	임병국, 진명구	김근용, 이은석	김시광, 이희동
전화	7171	7461	6016	6371	6816	6836

구성	위원				
위원명	**윤재옥**	**윤창현**	**이영**	**배진교**	**권은희**
소속	미래통합당	미래통합당	미래통합당	정의당	국민의당
보좌관	노병근, 임준홍	문주현, 박필동	권오훈, 이종태	안창현, 최승원	곽복률, 김주연
전화	6871	6886	6996	6551	6091

감 사 원

주소	서울특별시 종로구 북촌로 112 (삼청동 25-23) (우) 03050
대표전화	02-2011-2114
사이트	www.bai.go.kr

원장   최재형

(D) 02-2011-2000 (FAX) 02-2011-2009

비 서 실 장 최달영 (D) -

감사위원실
김진국 감사위원
강민아 감사위원
손창동 감사위원
유희상 감사위원
임찬우 감사위원

사무총장		
제1사무차장	최성호	02-2011-2070
제2사무차장	전광춘	02-2011-2080
공직감찰본부장	김명운	02-2011-2300
기획조정실장	김기영	02-2011-2171
감사교육원장	정상우	031-940-8802
감사연구원장	마광열	02-2011-3000

감사원

대표전화 : 02-2011-2114 / DID : 02-2011-OOOO

원장: **최 재 형**
DID: 02-2011-2000

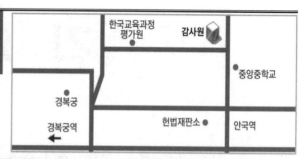

주소	서울특별시 종로구 북촌로 112 (삼청동 25-23) (우) 03050
홈페이지	www.bai.go.kr

국	재정경제감사국				산업금융감사국				국토해양감사국			
국장	김경호 02-2011-2110				이준재 02-2011-2210				유인재 02-2011-2311			
과	1	2	3	4	1	2	3	4	1	2	3	4
과장	임동혁 2111	이성훈 2121	남수환 2131	남가영 2141	전영진 2211	박기우 2221	정영채 2231	위응복 2241	김태경 2311	노희관 2321	전형철 2331	권은정 2341

국	공공기관감사국				전략감사단			시설안전감사단		사회복지감사국	
국장	유병호 02-2011-2351				이영하 02-2011-3060			김영관 02-2011-2601		현완교 02-2011-2411	
과	1	2	3	4	1	2	3	1	2	1	2
과장	김성진 2351	구경렬 2361	김병수 2371	염호열 2381	권태경 3060	안광훈 3070	임보영 3080	오준석 2601	조석훈 2602	김태우 2411	전우승 2421

국	사회복지감사국			행정안전감사국					지방행정감사1국			
국장	현완교 02-2011-2411			이상욱 02-2011-2511					박완기 02-2011-2611			
과	3	4	5	1	2	3	4	5	1	2	3	4
과장	우동호 2431	정의탁 2441	김준수 2451	정광명 2511	강민호 2521	홍정상 2531	정의종 2541	김만석 2551	최인수 2611	임상혁 2621	김용배 2631	이상철 2641

국	지방행정감사2국				국방감사단		특별조사국				
국장	강성덕 042-481-6731				윤승기 02-2011-2501		최정운 02-2011-2701				
과	대전	부산	대구	광주	1	2	1	2	3	4	5
과장	김원철 042-481-6731	신영일 051-718-2320	김건유 053-260-4300	박득서 062-717-5900	박경수 2501	최형주 2502	최재혁 2701	엄상헌 2711	권오복 2721	신현승 2731	박용준 2741

1등 조세회계전문 경제신문 조세일보

조세일보 정회원 가입(연구독료 15만원) 시 추가 비용없이
조세일보Plus를 발송해 드립니다.

국	감사청구조사국					공공감사운영단		민원조사단	
국장	이영웅 02-2011-2751					홍성재 02-2011-2101		김상문 02-2011-2191	
과	1	2	3	4	5	감사정책	감사운영심사	중앙	수원
과장	김동석 2751	이상혁 2752	장병원 2753	김태석 2754	박성대 2755	강승원 2101	심수경 2201	최현준 2191	이삼만 031-259-6580

국	심사관리관		기획조정실				심의실		
국장	장난주 02-2011-2291		김기영 02-2011-2171				김영신 02-2011-2281		
과	1	2	기획	결산	혁신전략	국제협력	법무	심의지원	감사품질지원
과장	김재신 2291	박성만 2296	황해식 2171	권기대 2156	최일동 2420	조윤정 2186	임승주 2281	김원형 2285	박득서, 임경훈, 조성익 2261

국	정보관리단		적극행정지원단		감찰관	대변인			
국장	홍성모 02-2011-2401		김종운 02-2011-2736		최상훈 02-2011-2676	유병호 02-2011-2491			
과	정보분석관리	시스템운영	적극행정지원	재심의	감찰담당	홍보담당		인사혁신	운영지원
과장	이진열 2401	이동규 2403	박상순 2736	배재일 2746	심재곤 2676	유동욱 2491		장주흠 2582	최익성 2576

실	비서실	원	감사교육원			감사연구원			
실장	최달영	원장	정상우 031-940-8802			마광열 02-2011-3000			
과		부장	번영힌 8830			김성진 02-2011-3050			
과장		과	교육지원	교육운영1	교육운영2	연구지원	연구1	연구2	연구3
		과장	손상호 8810	임정혁 8830	이지웅 8821	전본희 3040	김찬수 3010	오윤섭 3020	신상훈 3030

기획재정부

기 획 재 정 부

주소	세종특별자치시 갈매로 477 정부세종청사 기획재정부 (우) 30109
대표전화	044-215-2114
팩스	044-215-8033
계좌번호	011769
e-mail	forumnet@mosf.go.kr

부총리   홍남기

(D) 044-215-2114

비서실장	강완구 (D) 044-215-2114
비서관	김시동 (D) 044-215-2114
사무관	전홍규 (D) 044-215-2114
사무관	이홍섭 (D) 044-215-2114
사무원	정경옥 (D) 044-215-2114

차관	전화
김용범 제1차관	044-215-2001
안일환 제2차관	044-215-2002

기획재정부

DID: 044-215-OOOO

부총리 겸 장관: **홍 남 기**
DID: 044-215-2114

주소	세종특별자치시 갈매로 477 정부세종청사 기획재정부 (어진동) (우) 30109
홈페이지	www.mosf.go.kr

실	대변인				제1차관	
실장	김윤상 2410				김용범 2001	
관	홍보담당관	정책보좌관	감사관	감사담당관	차관보	국제경제관리관
관장	조현진 2410	박준모 2040 박금철 2090	지규택 2200	민철기 2210	방기선 2003	허장 2004
과						
과장						
팀장	임헌정 4960 김정애 2430			김만수 2211		
서기관				조민규 2212		
사무관	이석한 2411 문성호 2412 전광철 2419 홍종민 2413 서지연 2418 손민호 2431 이경달 2565 석란 02-731-1531			김성욱 2213 이철영 2217 이미자 2216 황신현 2215 정성관 2218 박윤우 2214		
주무관	이정훈 2417 박진영 2563 박현우 2564 박재영 2567 황은주 2437 이훈용			남순옥 2208 최현규 2219	이경아 2033	박준호 2376
직원	김준범 2420 최은영 7982 홍성욱 2568 유다영 7981 김소영 2435 전영종(연구원) 2432 최진실(연구원) 2421 박선솔(연구원) 2439 김대현(에디터) 02-731-1537 신동균(에디터) 02-731-1533 박영지(에디터) 02-731-1532	박예나 2041				이지현 2004
FAX	044-215-8033					

5년간 쌓아온 재무인의 역사를 돌려드립니다 '온라인 재무인명부'

수시 업데이트 되는 국세청, 정·관계 인사의 프로필과 국세청, 지방청, 전국세무서, 관세청, 유관기관등의 인력배치 현황을 볼 수 있는 온라인 재무인명부

1등 조세회계 경제신문 조세일보

실	제1차관	제2차관	기획조정실			
실장	김용범 2001	안일환 2002	백승주 2009			
관		재정관리관	정책기획관			
관장		양충모 2005	이대희			
과	인사과	운영지원과	기획재정 담당관	혁신정책담당관	규제개혁 법무담당관	정보화담당관
과장	이승욱 2230	조용수 2310	박성훈(담당관) 5490	이재완(담당관) 2530	강병중(담당관) 2570	이돈일(담당관) 2610
팀장	김도영 2250 손선영 2290	허진 2330 진강렬 2350		손창범 2550 도종록 02-739-5673 백누리 02-739-5675	박상영 2650	
서기관		마용재 2370	서진호 2511 김태겸			
사무관	전보람 2270 황성호 2294 손장식 2251 김도형 2292	김우태 2351	김문수 2519 김영돈 김지수 2512 석상훈 2522 김영욱 2515 김이현 2513 최경순 2529 김정진 2516	황규식 2551 김지선 2541 박경훈 2012 임동현 2533 김민정 2544 김경철 2534 이동훈 2531	오두현 2571 김영옥 2572 김윤희 2574 신수용 2573 홍규표 2651 송민익 2657 김충현 7183	권성철 2615 허정태 2612 방춘식 2631
주무관	김희운 2252 정재현 2253 이예솔 2254 정휘영 2255 추여미 2257 이승연 2259 현소형 2271 심유정 2258 전수정 2296 김항년 2297 정수진 2299 장윤정 2293	임은란 2372 임유순 2335 박해용 2371 강현순 2374 신혜조 2375 신용순 2334 이종성 2352 유미경 2369 송동춘 2354 연혜정 2353 박민희 2356 차연호 2355 이정학 2358	정해주 2520 최덕희 2514 김리나 2524 정명수 2518 황지선 2517 김유빈 정은주 2521	하은선 2559 이소영 2556 권민정 2554 장재용 2532 공숙영 2545	안윤정 2576 권혁찬 2575 강성준 2577 황운정 2579 이우철 2656 노은실 2654 양고운 2652	장해영 2619 전준고 2633 도의태 2614 문태웅 2632 구본옥 2635 이영욱 2617
직원	유지혜 2239 천지연 2295	서석제(연구관) 김대원 2373 이혜정 2357 박준형(사회복무) 2349 엄수용(계약직) 2347 엄희승(계약직) 2348	김희중 2523 임동범 2524	김선정(연구원) 2542	백시현 2578 심송욱 2658	서영수 2618 김영자(연구원) 2616
FAX	044-215-8033					

DID : 044-215-OOOO

실	기획조정실		예산실				
실장	백승주 2009		안도걸 2007				
관	정책기획관	비상안전기획관	예산총괄심의관				
관장	이대희	성인용 2670	최상대 7100				
과	마스크 수급안정TF	비상안전기획팀	예산총괄과	예산정책과	예산기준과	기금운용 계획과	예산관리과
과장			박준호 7110	박창환 7130	오기남 7150	신준호 7170	박정현 7190
팀장	신민철 2654	서종해 2680					정성원 7494
서기관			김영임 7111				
사무관		박칠군 2681 안창모 2683 강현정 2685	임대한 7114 최연규 7117 김한필 7115 신형진 7119 안광선 7116 이성민 7112 이재환 7113	박상우 7131 구정대 7132 이상희 7133 김정아 7134	이기훈 7151 강보형 7154 김영진 7158 전성현 7152 송성일 7153	정윤홍 7171 임주현 7174 김남효 7172 이영훈 7177	이기웅 7191 임영휘 7192 김진수 7199 권기환 7492
주무관		한인상 2684	김명옥 7122 천혜린 7120 최항 7118 김세은 7123	김재영 7137 남기범 7135	서혜경 7155 김경연 7156	이성국 7175 오상식 7176	배경은 7194
직원		김성학(경력관) 2682 최희주 2689 조용환(사회복무) 2687	오도영 7121	강화영 7139		강은영 7178 강연희(파견) 7182 박지훈(파견)	이창준(파견) 7195 진영범(파견) 7493 나한솔 (에디터) 7196
FAX	044-215-8033						

실	예산실											
실장	안도걸 2007											
관	사회예산심의관				경제예산심의관					복지안전예산심의관		
관장	김완섭 7200				한훈 7300					이용재 7500		
과	고용환경예산과	교육예산과	문화예산과	총사업비관리과	국토교통예산과	산업중소벤처예산과	농림해양예산과	연구개발예산과	정보통신예산과	복지예산과	연금보건예산과	안전예산과
과장	장윤정 7230	박호성 7250	유형선 7270	정동영 7210	임영진 7330	장보영 7310	김위정 7350	육현수 7370	이성원 7390	김태곤 7510	정유리 7530	한재용 7430
서기관	주휘택 7231											
사무관	이성택 7233 김진웅 7235 허성용 7232 박성준 7236 조영삼 7237	신경아 7251 정병완 7253 권혁순 7252 곽인수 7255	성기웅 7271 김낙현 7272 최동호 7274 박주선 7273	김일 7211 노영래 7213 황준우 7212 변영환 7214	류재현 7331 윤지원 7332 김금비 7342 임성빈 7336 공현철 7338	박민정 7311 정민철 7312 하치승 7316 김기문 7313	문희영 7351 성석언 7353 이미숙 7352 정주현 7363 장영훈 7354	조병규 7371 김병철 7373 전형용 7374 김다현 7372 조기문 7378 박철호 7379	성인영 7391 홍현문 7395 박성현 7397 정석현 7393 정호석 7392	최상구 7511 김형은 7512 박진훈 7514 박병선 7513	정록환 7531 김형욱 7534 정효상 7532 김정수 7533	유동훈 7431 김종석 7434 손우승 7432
주무관	문근기 7234 김민주 7238 이영미 7239	전효진 7254 진선홍 7256	김희태 7275 정사랑 7276	하승원 7215 김선주 7216	이용호 7337 임동옥 7341	홍단기 7315 오미화 7314	김성규 7356 윤동형 7355 조효숙 7357	임상균 7375 주상희 7377 박새롬 7376	신진욱 7394 최경남 7398	권동한 7516 천민지 7515 유정미 7517	박형민 7536 송유경 7535	김새날 7433 박선영 7433
직원	임백환 (파견) 7293 김쥬희 (파견) 임정미 (파견)	용혜인 7257	이은화 7277 김영수 (파견) 7278	송권수 (파견) 임현민 (파견)	김경훈 (파견) 문석찬 (파견) 7333 임상민 (파견)	이후경 7318 김만영 (파견) 정병욱 (파견) 채준기 (파견)	박기웅 (파견) 윤종철 (파견) 김종수 (파견)	박재현 (파견) 박창대 (파견) 이시형 (파견)	박민규 (파견) 이상훈 (파견)		김주영 (파견)	
FAX	044-215-8033											

DID : 044-215-OOOO

실	예산실					세제실						
실장	안도걸 2007					임재현 2006						
관	행정국방예산심의관					조세총괄정책관						
관장	김경희 7400					김태주 4100						
과	법사예산과	행정예산과	지역예산과	국방예산과	방위사업예산과	조세정책과	조세법령개혁팀	국제조세협력팀	조세분석과	조세특례제도과	조세법령 운용과	예규총괄팀
과장	허승철 7470	남동오 7410	김유정 7550	최병완 7450	김장훈 7460	김영노 4110			장영규 4120	배정훈 4130	류충선 4150	
팀장		박현창 7490					이한철 4190	조용래 4440				정형 4160
서기관		송기환 3202				김만수 4111						
사무관	이승도 7471 허영락 7472 강민기 7474 정채환 7476 유이슬 7473	김남희 7411 윤홍기 7413 이지훈 7412 조강훈 7416 이기석 7491 원선재 7495	이은숙 7551 박영식 7552 이선호 7554 이돈구 7553	이만구 7451 김재오 7454 김기동 7455 안준영 7457	김민석 7461 윤인형 7465 김혜은 7463 김길남 7466 홍주연 7462	강효석 4112 김정 4113 이진수 4114 한민희 4116	박종현 4193	박현애 4441 김지민 4445 황예진 4445	이도회 4123 차현종 4121 김민중 4122	김현수 4131 고대현 4132 김창일 4142 이신영 4133	권영민 4151 김서란 4153 김경수 4152	이창수 4161
주무관	황정현 7475 장영 7477 유승우 7478	송유민 7415 조성현 7418	양경모 7557 정철 7558	정민기 7459 문강기 7452		김철현 4117 오미영 4118			김태경 4126	이혜진 4141 윤현미 4138 전효선 4136	김원철 4154	박신영 4162
직원	구형준 (파견)	임정숙 7417 노국래 (파견)						서윤정 (연구원) 4448 박춘목 (에디터) 4447	전지영 (연구원) 4125		전경화 4155	
FAX	044-215-8033											

74

실	세제실							
실장	임재현 2006							
관	소득법인세정책관					재산소비세정책관		
관장	고광효 4200					정정훈 4300		
과	소득세제과	법인세제과	금융세제과	국제조세 제도과	디지털세 대응팀	재산세제과	부가가치세제과	환경에너지세제과
과장	이호근 4210	이재면 4220	김문건 4230	이영주 4240		변광욱 4310	박상영 4320	양순필 4330
팀장					조문균 4250			
서기관						최시영 4311		
사무관	백경원 4211 이원준 4212 김종완 4213 임재규 4215	박준영 4221 김만기 4222 박재광 4224	전성준 4231 정호진 4233 김웅 4237	김성수 4241 박지영 4243 박상기 4242	김윤 4251 국우진 4252	이경숙 4312 서은혜 4314 전동표 4313	김준하 4321 최종호 4323 조진희 4322	이석원 4331 남원우 4333
주무관	김진홍 4216 공동준 4217 주선경 4218	노예순 4228 이주윤 4226	황혜정 4236	남한샘 4246		강석훈 4316 양서영 4318 김순옥 4317	박재석 4326 노지희 4324	이희경 4337 정하석 4336
직원				왕수안 (연구원) 4245				
FAX	044-215-8033							

75

DID : 044-215-OOOO

국	세제실					경제정책국			
국장	임재현 2006					이형일 2700			
관	관세정책관					민생경제정책관			
관장	주태현 4400					김태경 2701			
과	관세제도과	산업관세과	관세협력과	다자관세팀	자유무역협정관세이행과	종합정책과	경제분석과	자금시장과	물가정책과
부이사관						고광희 2710			
과장	진승하 4410	이주현 4430	이호섭 4450		박지훈 4470	홍민석 2710	김영훈 2730	심규진 2830	이준범 2770
팀장				성용욱 4460		임홍기 2931	박진호		
서기관	방우리 4480						이중진 2731		
사무관	김영현 4411 이영주 4412 최관수 4413	김종락 4431 이찬호 4432 김성채 4433	오미영 4451 백종철 4452 김동현 4453 이태훈 4454		정연우 4471 김명환 4474 김성우 4476	이준우 2711 손정혁 2712 신동현 2713 권용준 2715 박필성 2722 신채용 2714 주세훈 2718 이상홍 2932 이유진 2933	김태순 2734 신태섭 2732 오다은 2733 정효경 2737 이병준 2736 이태윤 2851 김애리 2852	김태연 2751 성민혁 2752 이종민 2753 유근정 2755 정영주 2754	진승우 2771 조찬우 2772 송지현 2777 전혜숙 2774 신기태 2775 이효은 2773
주무관	이광태 4417 고상덕 4416 이은영 4418	황영길 4436 김난숙 4438	박정은 4458	한민구 4462 변유호 4467		김동환 2717 유선희 2719	유소영 2739	김동훈 2756 서신자 2759	박소현 2789 정의론 2781
직원			이진선 (에디터) 4457	심수진 (연구원) 4466		최민교 (에디터) 2724	석지원 (연구원) 2854		김민수(파견) 2934 최지훈(파견) 2776
FAX	044-215-8033								

재무인의 가치를 높이는 번화 '조세일보 성회원'

행정법원 판례를 포함한 20만건 이상의 최신 예규와 판례를 제공합니다.

국	경제정책국		경제구조개혁국					정책조정국	
국장	이형일 2700		우해영 8500					윤태식 4500	
관	민생경제정책관							정책조정기획관	
관장	김태경 2701							이상학 4501	
과	정책기획과	거시정책과	경제구조 개혁총괄과	일자리 경제정책과	일자리 경제지원과	인구경제과	복지경제과	정책조정 총괄과	산업경제과
부이 사관								정덕영	
과장	이차음 2810	김기범 4585	이병원 8510	김영민 8530	조영욱 8550	김승태 8570	빅재영 2751	선새호 4510	김냉규 4530
팀장					박민주			임혜영 4640	
서기관			이나원 8511					정희철 4585	최진광 4531
사무관	김경록 2751 최정빈 2811 윤현곤 2812 김진영 2814 김태경 2813 하다애 2815	김승연 2831 남기인 2833 박정상 2832 김준성 2835 황철환 2836	김미진 8512 전유석 8513 이수현 8514 김범석 8515 정철교 8516	고영욱 8531 조성아 8532 현원석 8533 유다빈 8534 김주민 8535	송혜영 8551 김희준 8552 임순묵 8553 하형철 8521	김가람 8571 류소윤 8572 박기오 8573 안건희 8574 이보영 8575	김형구 8591 이상용 8592 이한결 8593 원종혁 8594	허수진 4511 정지운 4512 장준희 4513 김선아 4515 김상민 4514 연정은 4582 송기선 4583 백승민 4587 송하늘 4584	이재홍 4532 박재은 4533 배준혜 4534 권은영 4535
주무관	김지수 2818		이영임 8517	한선화 8537	김동욱 8557 박수영 8555	이선영 8576	김지희 8595	신명록 4521 엄지원 4528 이정연 4529	권미경 4539
직원		유혜정 2839							
FAX	044-215-8033								

DID : 044-215-OOOO

국	정책조정국				국고국			
국장	윤태식 4500				이종욱 5100			
관	정책조정기획관				국유재산심의관			
관장	이상학 4501				이승원 5101			
과	신성장 정책과	서비스 경제과	지역경제 정책과	기업환경과	국고과	국유재산 정책과	계약정책과	국채과
과장	이상규 8590	김이한 7530	최영전 4570	안종일 4630	김구년 5150	이명선 5150	김준철 5210	박재진 5130
팀장							김대은 7436 오현경 5640	
서기관							박주언 5214	
사무관	박정주 4551 박여경 4552 오성태 4553 양현정 4555	김태웅 4611 김상엽 4612 이현태 4613 류한솔 4615	이병억 4571 김연미 4573 이동훈 4574 주해인 4572	박정열 4631 심지혜 4632 이상원 4634 남궁향 4635	박성창 5111 서병관 5113 이상아 5112 심승미 5123 손장우 5121	신동선 5152 송현정 5153 김동석 5165 조윤기 5154 손정준 5155	이윤정 5212 이윤태 5215 장준영 5218 도미영 5217 최대선 5224 배병식 5225 안경우 5643 조선형 5642	박찬효 5131 박세웅 5132 김지수 5133
주무관	이해인 4554	이진경 4619	강희진 4576	문명선 4639	김철홍 5114 강진명 5129 안승현 5124	류은선 5166 지혜조 5161	황명희 5226 박지현 5222 한연옥 5228 박양규 5641	이우태 5135 박선영 5139
직원		서혜영 (연구원) 4617			이경연 (에디터) 5137	임재욱(파견) 5157 박성원(파견) 5164	이경원 5100	김권일(파견) 5136
FAX	044-215-8033							

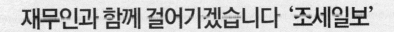

재무인과 함께 걸어가겠습니다 '조세일보'

재무인에겐 조세일보를 읽는 사람과 읽지 않는 사람 두 종류의 사람만 있다.

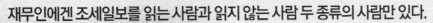

국	국고국		재정관리국					
국장	이종욱 5100		이호동 5300					
관	국유재산심의관		재정성과심의관					
관장	이승원 5101		한경호 5301					
과	국유재산조정과	출자관리과	재정관리총괄과	재정성과평가과	타당성심사과	민간투자정책과	회계결산과	재정집행관리과
과장	노중현 5250	강준희 5170	남경철 5310	박봉용 5370	강대현 5410	권중각 5450	김선길 5430	계강훈 5330
팀장		오인석 5178	권기중 8781 나윤정 5470					
서기관			이고은 5311			김동규 5451		
사무관	강유신 5262 조중연 5254 안영환 5264 손주연 5258 한송이 5262	홍연희 5172 강중호 5171 옥지연 5181 박진영 5175	장시열 5354 이성한 5317 권순영 5312 김영미 5355 민석기 8782 이재학 8783 민혜수 5471 김지현 2813 김유미 5473	최영진 5371 김형훈 5374 유정아 5376 김성용 5373 송옥현 5375 장유석 5377	서동진 5412 이지우 5414 김재현 5417 이현주 5415	구본녕 5455 김재원 5453 정균영 5454 김종희 5456	이창희 5431 이동각 5432 이남희 5436 최병철 5438	안성희 5331 이승민 5338 김용진 5339 박철희 5336 김유진 5339 박미경 5333
주무관	조태희 5256 정혜진 5229	이원재 5177 최성민 5176 심경자 5173	김명실 5316 임영주 5322 정명지 5318 김기홍 5474	이영숙 5378	유은경 5419 이경아 5413	김길문 5459 정재성 5458	김진수 5434 김옥동 5437	김도희 5332 고광남 5335
직원	김주일(파견) 5261		이지은 (에디터) 5315					송연진 5337
FAX	044-215-8033							

DID : 044-215-OOOO

국	재정혁신국						공공정책국	
국장	나주범 5700						임기근 5500	
관	재정기획심의관						공공혁신심의관	
관장	유병서 5703						유형철 5501	
과	재정전략과	지출혁신과	재정제도과	재정 건전성과	재정정보과 02-6908 -OOOO	참여예산과	공공정책 총괄과	공공제도 기획과
과장	이제훈 5720	권재관 7900	고정민 5490	강미자 5740	정한 8720	권기정 5480	정향우 5510	이상영 5530
팀장								
서기관							김건민 5511	장용희 5531
사무관	태원창 5721 김영은 5722 신재원 5727 이수지 5725 강도영 5726 이종혁 5723 신미란 5729 이금석 5761 유동석 5762	김민형 7901 이주호 7902 권유림 7904 정현미 7905	정민형 5491 김정수 5493 김소연 5495 정진아 5494	김영웅 5741 박재홍 5742 김상형 5743 이지영 5744	이동석 8726 박준영 8722	이범한 5481 윤석규 5482 백창현 5486	함진우 5514 이상협 5513 유연정 5515 전보미 5517	강준이 5532 고광민 5534 고영록 5536
주무관	황성희 5730		김서현 5496	김지원 5745 신기환 5748	이경희 8723 김유경 8729 엄승욱 8724	조래혁 5484	정은주 5529 염보규 5518	장효순 5549
직원		김종임 7906			이영선 8728 김크리스틴 (에디터) 8730	이혜인 (연구원) 5487		박기오(파견) 5535
FAX	044-215-8033							

1등 조세회계 경제신문 조세일보

국	공공정책국						국제금융국	
국장	임기근 5500						김성욱 2400	
관	공공혁신심의관						국제금융심의관	
관장	유형철 5501						강부성 4701	
과	재무경영과	평가분석과	인재경영과	윤리경영과	공공혁신과	경영관리과	국제금융과	외화자금과
과장	장승대 5630	고재신 5550	김경국 5570	고정삼 5620	하승완 5610	강준무 5760	주현준 4730	김동익 4730
팀장			강경구 5580			이철규 5670		
서기관			차한원 5579	김재중 5551 박혜수 5627			이재우 4711	이재화 4731
사무관	유영섭 5631 소병화 5632 강동근 5633 이지혜 5636	송윤주 5551 채원혁 5552 주병욱 5553 김숙 5558	권오영 5581 박지혜 5576 김윤희 5573	안형자 5623 양준호 5624	이재석 5611 가순봉 5612 이재철 5613 박춘규 5616	이채영 5651 박준하 5652 이중헌 5654 류남욱 5671	김성철 4712 이정아 4714 박승환 4716 이은우 4713	김유이 4732 김민주 4735 이용준 4734 이상민 4733
주무관	어우주 5649 곽정환 5635	김지영 5569	윤휘연 5574 이세미 5575	김민지 5626 변은진 5625	김정란 5617 최재원 5615	김태이 5656	이재우 4717 조현 4718 김경애 4719	이원재 4736 이현주 4737 지영미 4739
직원			오재성(파견) 5578				박선경 (에디터) 4728	
FAX	044-215-8033							

DID : 044-215-OOOO

국	국제금융국			개발금융국				대외경제국
국장	김성욱 2400			박일영 8700				류상민 7500
관	국제금융심의관							
관장	강부성 4701							
과	외환제도과	금융협력과	다자금융과	개발금융총괄과	국제기구과	개발협력과	녹색기후기획과	대외경제총괄과
과장	오재우 4750	윤정인 4830	심현우 4810	이대중 8710	지광철 8720	장도환 8770	최지영 8750	문경환 7610
팀장			심승현 4840		하광식 8730			
서기관				황석채 8711				이미희 7611
사무관	홍승균 4751 김은지 4753 홍광표 4754 서민아 4755 홍석찬 4752	최은경 4831 김용준 4833 유경화 4832	고상현 4811 박수민 4812 송상목 4813 도종화 4814 박기학 4841	이샘나 8712 정동현 8713 정길채 8718 안근옥 8714 이현지 8715 정다운 8791	박상운 8721 안기용 8722 박중민 8724 이홍석 8727 박준석 8723	이명진 8771 최봉석 8772 이상후 8774 박준수 8773	김연태 8751 김영수 8752 김지영 8754	심수현 7612 어지환 7613 이용호 7615 이창선 7622
주무관	김태호 4756 신호정 4758	김재집 4835	민주영 4815 이경화 4817	윤진 8717 봉진숙 8716	정성구 8725 신명숙 8726	김예슬 8775 이영숙 8777	김윤수 8756	성진아 7623 서정훈 7621 안주환 7629
직원	박하나 4759	주혜진 4839 이택민(파견) 4836 고나연(에디터) 4838	지윤서(연구원) 4843 송하균(파견) 4818 나은영(에디터)	홍에스더(연구원) 8719 신상훈(파견) 8792	장준혁(연구원) 8728 김준현(파견) 8736 황재웅(파견) 8734 오유정(에디터) 8729	이태경(파견) 8776	김예은(연구원) 8757 김효정(에디터) 8758	김규훈(파견) 7625
FAX	044-215-8033							

1등 조세회계전문 경제신문 조세일보

조세일보 정회원 가입(연구독료 15만원) 시 추가 비용없이 조세일보Plus를 발송해 드립니다.

국	대외경제국					장기전략국		
국장	류상민 7500					홍두선 4900		
관								
관장								
과	국제경제과	통상정책과	통상조정과	경제협력기획과	남북경제과	미래전략과	사회적경제과	협동조합과
과장	최지영 7630	이보인 7670	이종훈 8750	황인웅 7740	홍석광 7750	최재혁 4910	정남희 5910	주평식 5930
팀장	황희정 7710					류승수 4970	김정훈 4960	
서기관							박차규 4961	
사무관	정미현 7631 서준익 7638 유채연 7632 정희진 7636 박재현 7635 신승헌 7712	염철민 7671 김종성 7672 김요한 7674 김나윤 7678	홍가영 7651 김영민 7652 김동욱 7654 이세환 7659 유경원 7653	최병석 7741 송현지 7745 이현준 7746 김연대 7742 강성빈 7739	오승상 7731 윤태수 7751 김양희 7752	박은정 4911 최형석 4753 박효은 4913 김채윤 4912 정현경 4920 김도경 4921 장현중 4971 신영주 4972	김지은 5911 심지애 5912 황지현 5914 황인환 5913 이상욱 4962	김성희 5931 이우석 5932 조용감 5933 위새미 5934
주무관	채수정 7634 선우다스림 7633 서희원 7716	조선희 7675 이재현 7676		남수경 7743 조하람 7749	김현후 7736 박승의 7756	김선영 4916 박은심 4917 최나은 4973	한연지 5916	권미라 5937
직원	김화윤 (에디터) 7637	이성희 7677 윤지영 (연구원) 7679	김유미 7658 이태경 (에디터) 7656 문희원 (에디터) 7657	김민지 7748 최우임 (연구원) 7747		모태영(파견) 4976	이지혜(파견) 5915	김보민(파견) 5936
FAX	044-215-8033							

DID : 044-215-OOOO

국	복권위원회사무처						
국장	안병주 7800						
관				국고보조금통합관리시스템관리단 02-6312-OOOO			
관장				조창상 8300			
과	복권총괄과	발행관리과	기금사업과	시스템총괄팀	정보관리 분석팀	재정정보 공개팀	기획법령 지원팀
과장	오은실 7810	정기철 7830	이종수 7850				
팀장				공영국 8313	이석균 8320	박철 8330	박영수 8310
서기관							
사무관	이병두 7811 김원대 7814 박종석 7812 최성진 7816 정환수 7813	박종훈 7832 구본균 7833 김성희 7831 이지혜 7835 홍지영 7839	유경숙 박철호 7858 김대훈 7853 임도성 7852 이민정 7854	박미경 8344 심영우 8341 박원석 8345	최남오 8327	김수진 8333 천정도 8331	강병구 8312
주무관	배미현 7819 김미선 7818 장수은 7815	김주원 7838 최규철 7837	이혜인 7856 김효경 7857				이용문 8314
직원					박정숙(파견) 8326		김은아 8316
FAX	044-215-8033						

1등 조세회계 경제신문 조세일보

	혁신성장추진기획단 02-6050-OOOO					아시아개발은행 연차총회준비기획단		차세대예산회계 시스템구축추진단 044-330-OOOO		
국										
국장										
관	혁신성장추진기획단 02-6050-OOOO					아시아개발은행 연차총회준비기획단		차세대예산회계 시스템구축추진단 044-330-OOOO		
관장	김병환 2500					정병식 4800		윤정식 044-215-5703		
과	혁신성장 기획팀	혁신투자 지원팀	혁신 산업팀	플랫폼 경제팀	서비스산 업혁신팀	행사기획팀	행사 운영팀	총괄 기획과	시스템 구축과	재정정보 공개과
과장								김완수 1510	이용안 1520	황병기 1530
팀장	김동곤	서규식 2518	김봉석 2512	최광기 2519	김태훈 2506 최동일 2510	강석원 4850	이상섭 4860			김교열 1540
서기관										
사무관	김종현 2513 박꽃보라 2505 한유빈 2520 이창민 2508	안영훈 2507 정아봉 2526 성정미 2527 박상원 2504	이성원 2533 김덕현 2514 박정호 2528	나상민 2516 김미선 2509 강현수 2529	김민규 2538 정원희 2536 최혜진 2502 최영락	최현화 4851 김학송 4856 이혜민 4857	최정은 4865 백윤정 4861 권향연 4867	박혜강 1513 이정은 1511 신동배 1514 김보경 1516 우형석 1512	김성진 1521 서영균 1525 호진기 1526 민희경 1523 정순연 1522	조외영 1532 이승민 1531 임명훈 1536 권순필 1541 전소영 1544 김태중 1542
주무관	임선희 2522	권문연 2517				권순길 4853	이지혜 4868 김은혜 4862 이찬민 4864			
직원	변종환 (파견) 2524 이도령 (파견) 2532	김우섭 (파견) 2523 이건웅 (파견) 2530	김다혜 (파견)	정유현 (파견) 2525 전찬효 (파견) 2535	전인용 (파견) 2537	박준식(파견) 4877 유기한(파견) 4858 진동범(파견) 4855 오미란 (에디터) 4854	김현태 (경감) 4863 김대형 (파견) 4878 송준우 (파견) 4866	김민진 1515	박성진 (파견) 1524	장영호 (연구관) 1533 이상민 (파견)
FAX	044-215-8033									

금융위원회

주소	서울특별시 종로구 세종대로 209 금융위원회 (우) 03171
대표전화	**02-2100-2500**
사이트	**www.fsc.go.kr**

위원장   은성수

(D) 02-2100-2700 FAX : 02-2100-2715

비 서 관	이동엽	02-2100-2710
사 무 관	양병권	02-2100-2711
주 무 관	윤대열	02-2100-2712
주 무 관	김민들레	02-2100-2713
사 무 원	윤세영	02-2100-2714

부위원장	손병두	02-2100-2800
상임위원(금융위)	이성호	02-2100-2702
상임위원(금융위)	최훈	02-2100-2701
상임위원(증선위)	최준우	02-2100-2703
비상임위원(금융위)	심영	02-2100-2704
비상임위원(증선위)	이준서	02-2100-2704
비상임위원(증선위)	이상복	02-2100-2704
비상임위원(증선위)	박재환	02-2100-2704
사무처장	김태현	02-2100-2900
자문관	김영도	02-2100-2705
자본시장조사기획관	조재빈	02-2100-2602
법률자문관	권유식	02-2100-2706
금융분쟁대응T/F단장	전요섭	02-2100-2575

금융위원회

대표전화: 02-2100-2500/ DID: 02-2100-OOOO

위원장: 은 성 수

DID: 02-2100-2700

주소	서울특별시 종로구 세종대로 209 금융위원회 (우) 03171
홈페이지	www.fsc.go.kr

국실	대변인					금융산업국			
국장	서정아 2550					윤창호 2940			
과	정책홍보팀	디지털 소통팀	외신대변인	행정인사과	자본시장 조사단	은행과	보험과	중소금융과	보험건전성 제도팀
과장	조문희 2552	이종만 2562	김미경 2567	김성조 2750	안창국 2601	박민우 2950	김동환 2960	홍성기 2990	김종훈 2577
FAX				2759	2549	2948		2933	2947

국실	금융정책국				금융소비자국			자본시장정책관		
국장	이세훈 2820				이명순 2980			김정각 2640		
과	금융 정책과	금융시장 분석과	산업 금융과	글로벌 금융과	금융 소비자 정책과	서민 금융과	가계 금융과	자본 시장과	자산 운용과	공정 시장과
과장	손주형 2830	이석란 2850	선욱 2860	김수호 2880	김기한 2630	변제호 2610	이수영 2510	손영채 2650	고상범 2660	김연준 2680
FAX	2849	2849	2879	2939	2999	2629	2639	2648	2679	2678
팀				국제협력		사회적 금융				기업 회계
팀장				2890		권주성 2670				김선문 2690

국실	금융정보분석원						
	김근익 1700						
국장	기획행정실				심사분석실		
	이태훈 1720				조용한 1810		
과			제도운영과	정보분석 심의위	심사분석1과	심사분석2과	심사분석3과
과장			주홍민 1750	김현순 1710	이태훈 1850	김농이 1870	박희동 1890
FAX			1756		1863	1882	1898
팀	기획협력	상호평가대응			심사기획	정보분석	
팀장	오화세 1730	1740			이치현 1840	공준혁 1820	

국실	구조개선정책관		금융공공데이터담당관	기획조정관
국장	최유삼 2901		강석민 2672	박광 2770
과	구조개선정책과	기업구조개선과		
과장	성기철 2910	진선영 2920		
FAX	2919	2929		
팀		구조조정지원		
팀장		신장수 2930		

국실	정책전문관		
국장	노태석 2740		
관	혁신기획재정담당	감사담당	규제개혁법무담당
관장	윤상기 2780	김대현 2790	권유이 2801
FAX	2778	2799	2777
팀			의사운영정보
팀장			김정명 2810

국실	금융혁신기획단			금융그룹감독혁신단장	
국장	권대영 2580			김진홍 2821	
과	금융혁신과	전자금융과	금융데이터정책과		
과장	윤병원 2530	이한진 2970	박주영 2620		
FAX	2548	2946	2745		
팀	금융규제샌드박스			감독제도	지배구조
팀장	정선인 2841			손성은 2591	이인욱 2520

금융감독원

주소	서울특별시 영등포구 여의대로 38 (우)07321
대표전화	02-3145-5114
사이트	www.fss.or.kr

원장　　　윤석헌

(D) 02-3145-5313 (FAX) 785-3475

감사	감사	김우찬	02-3145-5324
기획·보험	수석부원장	김근익	02-3145-5320
은행·중소서민금융	부원장	최성일	02-3145-5323
자본시장·회계	부원장	김도인	02-3145-5325
금융소비자보호처	처장(부원장)	김은경	02-3145-5328
기획·경영	부원장보	김종민	02-3145-5326
전략감독	부원장보	이진석	02-3145-5330
보험	부원장보	박상욱	02-3145-5329
은행	부원장보	김동성	02-3145-5321
중소서민금융	부원장보	이성재	02-3145-5336
금융투자	부원장보	김동회	02-3145-5332
공시조사	부원징보	장준경	02-3145-5331
회계	전문심의위원	박권추	02-3145-5327
소비자피해예방	부원장보	조영익	02-3145-5333
소비자권익보호	부원장보	정성웅	02-3145-5322

금융감독원

대표전화: 02-3145-5114/ DID: 02-3145-0000

원장: **윤 석 헌**

DID : 02-3145-5311

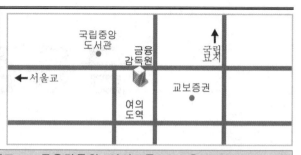

주소	서울특별시 영등포구 여의대로 38 금융감독원 (여의도동 27) (우) 07321
홈페이지	http://www.fss.or.kr

본부	기획·보험										
부원장	김근익 5320										
본부	기획·경영										
부원장	김종민 5326										
국실	기획조정국			총무국				공보실			
국장	5900, 5901			5250, 5251				5780, 5781			
팀	전략기획	조직예산	조직문화혁신	대외협력	급여복지	재무회계	재산관리	업무지원	공보기획	공보운영	홍보
팀장	5940	5898	5890	5930	5300	5270	5280	5290	5784	5785	5803

국실	안전계획실	비서실	국제국(금융중심지지원센터)							
국장	5350	5090	7890, 7891							
팀	안전계획	비서	국제화총괄	금융중심지지원	은행협력	금투협력	보험협력	신남방진출지원	국제업무지원
팀장	5352	5310	7892	7901	7908	7915	7170	7178	7177

국실	인적자원개발실					법무실			
국장	5470, 5471					5910, 5911			
팀	인사기획	인사운영	연수기획	연수운영	직무전문화연수지원	은행	금융투자	보험	중소서민
팀장	5472	5480	6360	6382	6311	5912	5920	5915	5918

본부	전략·감독										
부원장	이진석 5330										
국실	감독총괄국						제재심의국					
국장	8300, 8301						7800, 7801					
팀	감독 총괄	검사 총괄	검사 관리	금융 정보 보호	금융 상황 분석	검사 지원단	제제 심의 총괄	은행	중소 서민 금융	보험	금융 투자	조사 감리
팀장	8001	8010	8290	8310	7005		7821	7802	7804	7811	7810	7820

국실	거시건전성감독국					자금세탁방지실		
국장	8170, 8171					7500		
팀	거시감독 총괄	거시건전성 감독	미래금융 연구	금융시장	금융데이터 ·ST	자금세탁 방지기획	자금세탁 방지검사1	자금세탁 방지검사2
팀장	8172	8190	8177	8180	8185	7502	7490	7495

국실	정보화전략국							금융그룹감독실	
국장	5370, 5371							8200, 8201	
팀	정보화 기획	정보화 운영	섭테크 혁신	감독정보 시스템1	감독정보 시스템2	경영정보 시스템	정보보안	지주금융 그룹감독	비지주금융 그룹감독
팀장	5460	5380	5400	5410	5430	5420	5431	8210	8204

국실	IT·핀테크전략국						핀테크혁신실				
국장	7420, 7421						7120				
팀	디지털 금융감독	검사기획	은행검사	중소 서민 검사	보험 검사	금융 투자 검사	핀테크 총괄	P2P감독	P2P검사	규제 샌드박스	핀테크 현장자문
팀장	7415	7425	7330	7340	7350	7430	7125	7135	7140	7130	7366

DID : 02-3145-0000

본부	보험				
부원장	박상욱 5329				
국실	보험감독국				
국장	7460, 7461				
팀	보험총괄	건전경영	보험제도	특수보험1	특수보험2
팀장	7450	7455	7471	7466	7474

국실	생명보험검사국						손해보험검사국					
국장	7790, 7791						7680, 7681					
팀	검사기획	상시감시	검사1	검사2	검사3	검사4	검사기획	상시감시	검사1	검사2	검사3	검사4
팀장	7770	7780	7795	7785	7950	7955	7510	7660	7671	7527	7689	7675

국실	보험영업검사실			보험리스크제도실			
국장	7270			7240, 7241			
팀	검사기획	검사1	검사2	보험리스크총괄	신지급여력제도	보험국제회계기준	보험계리
팀장	7260	7275	7265	7242	7244	7243	7245

본부	은행·중소서민금융											
부원장	최성일 5323											
본부	은행											
부원장	김동성 5321											
국실	은행감독국				일반은행검사국							
국장	8020, 8021				7050, 7051							
팀	은행총괄	건전경영	은행제도	가계신용분석	검사기획	상시감시	검사1	검사2	검사3	검사4	검사5	검사6
팀장	8022	8050	8030	8040	7060	7065	7070	7085	7075	7080	7090	7100

국실	특수은행검사국						외환감독국				
국장	7200, 7201						7920, 7921				
팀	검사기획	상시감시	검사1	검사2	검사3	검사4	외환총괄	외환업무	외환분석	외환검사1	외환검사2
팀장	7205	7210	7215	7191	7225	7220	7922	7928	7933	7938	7945

국실	신용감독국				은행리스크업무실		
국장	8370				8350, 8351		
팀	신용감독 총괄	신용감독1	신용감독2	신용감독3	은행리스크 총괄	은행리스크 검사	은행리스크 분석
팀장	8380	8390	8382	8372	8360	8345	8356

DID : 02-3145-OOOO

본부	중소서민금융									
부원장	이성재 5336									
국실	저축은행감독국				저축은행검사국					
국장	6770, 6771				7410					
팀	저축은행 총괄	건전경영	저축은행 영업감독	신용정보	검사기획	상시감시	검사1	검사2	검사3	검사4
팀장	6772	6773	6775	6774	7370	7380	7385	7390	7395	7400

국실	상호금융감독실		여신금융검사국							
국장	8070, 8071		8810, 8811							
팀	상호금융 총괄	상호금융 영업감독	검사기획	상시감시	여전업 검사1	여전업 검사2	여전업 검사3	대부업 총괄	대부업 검사1	대부업 검사2
팀장	8072	8080	8805	8800	8816	8830	8822	8260	8267	8272

국실	여신금융감독국			상호금융검사국				
국장	7550			8160, 8161				
팀	여신금융 총괄	건전경영	여신금융 영업감독	검사기획	상시감시	검사1	검사2	검사3
팀장	7447	7552	7440	8168	8763	8776	8793	8788

본부	자본시장·회계										
부원장	김도인 5325										
본부	금융투자										
부원장	김동회 5332										
국실	자본시장감독국						자산운용감독국					
국장	7580, 7581						6700, 6701					
팀	자본시장총괄	건전경영	증권시장	자본시장제도	파생상품시장	투자금융	자산운용총괄	자산운용인허가	자산운용제도	펀드심사	투자자문감독	신탁감독
팀장	7570	7617	7611	7616	7600	7590	6702	6715	6710	6725	6711	6730

국실	금융투자검사국							자산운용검사국				
국장	7010, 7011							7690				
팀	검사기획	상시감시	검사1	검사2	검사3	검사4	검사5	검사기획	상시감시	검사1	검사2	검사3
팀장	7012	7020	7025	7030	7035	7040	7110	7620	7621	7631	7641	7645

본부	감사				
본부장	김우찬 5324				
국실	감사실		감찰실		자본시장특별사법경찰
국장	6060, 6061		5500, 5501		5600, 5601
팀	감사1	감사2	직무점검	청렴점검	특별사법경찰
팀장	6070	6062	5502	5503	5613

DID : 02-3145-OOOO

본부	공시·조사					
부원장	장준경 5331					
국실	기업공시국					
국장	8100, 8101					
팀	기업공시총괄	증권발행제도	전자공시	지분공시	지분공시심사	구조화증권
팀장	8475	8482	8610	8486	8479	8090

국실	공시심사실						조사기획국				
국장	8420, 8421						5550. 5551				
팀	공시심사기획	특별심사	공시심사1	공시심사2	공시심사3	공시조사	조사총괄	조사제도	시장정보분석	기획조사	시장정보조사
팀장	8422	8431	8450	8456	8463	8470	5582	5540	5560	5563	5565

국실	자본시장조사국					특별조사국			
국장	5650					5100			
팀	조사기획	조사1	조사2	조사3	파생상품조사	조사기획	테마조사	복합조사	국제조사
팀장	5663	5635	5637	5636	5640	5102	5105	5106	5107

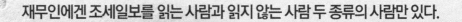

재무인과 함께 걸어가겠습니다 '조세일보'

재무인에겐 조세일보를 읽는 사람과 읽지 않는 사람 두 종류의 사람만 있다.

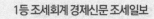

1등 조세회계 경제신문 조세일보

본부	회계						
위원장	박권추 5327						
국실	회계심사국						
국장	7700, 7701						
팀	회계심사총괄	회계심사1	회계심사2	회계심사3	회계심사4	감사인감리1	감사인감리2
팀장	7702	7725	7720	7730	7731	7710	7734

국실	회계조사국				
국장	7290				
팀	회계조사기획	회계조사1	회계조사2	회계조사3	회계조사4
팀장	7292	7320	7308	7313	7301

국실	회계관리국				회계기획감리실			
국장	7750, 7751				7860			
팀	회계관리 총괄	기업회계	감사운영	공인회계사 시험관리	기획감리 총괄	기획감리1	기획감리2	기획감리3
팀장	7752	7970	7980	7753	7878	7862	7863	7864

DID : 02-3145-OOOO

본부	금융소비자보호처									
부원장	김은경 5328									
본부	소비자권익보호									
부원장	정성웅 5322									
국실	분쟁조정1국					분쟁조정2국				
국장	5211					5720, 5721				
팀	분쟁조정 총괄	생명보험	손해보험	제3보험	보험분쟁 조정	분쟁조정 총괄	은행	여신전문 금융업	중소금융	금융투자
팀장	5212	5200	5243	5221	5204	5712	5722	5736	5729	5741

국실	신속민원처리센터				민원·분쟁조사실	
국장	5760				5530	
팀	은행·금투민원	중소서민민원	생명보험민원	손해보험민원	조사1	조사2
팀장	5762	5768	5772	5775	5532	5526

국실	불법금융대응단			보험사기대응단		
국장	8150, 8151			8730, 8731		
팀	불법금융 대응총괄	불법사금융대응	금융사기대응	조사기획	보험조사	특별조사
팀장	8130	8129	8521	8726	8748	8880

1등 조세회계 경제신문 조세일보

본부	소비자피해예방				
부원장	조영익 5333				
국실	금융소비자보호감독국			금융상품판매감독국		
국장	5700			7530, 7531		
팀	총괄기획	원스톱서비스	소비자보호제도	금융상품 판매총괄	금융상품 판매감독1	금융상품 판매감독2
팀장	5688	8520	5702	7532	7540	7545

국실	금융상품심사국				금융상품분석실		연금감독실	
국장	8220, 8221				8320		5180, 5181	
팀	금융상품 심사총괄	은행·중소 서민심사	금융투자 심사	보험심사	금융상품 분석1	금융상품 분석2	퇴직연금 감독	연금저축 감독
팀장	8230	8225	8236	8240	8322	8331	5190	5199

국실	금융교육국				포용금융실	
국장	5970, 5971				8410, 8411	
팀	금융교육기획	일반금융교육	학교금융교육	금융교육지원단	서민·중소 기업지원	소상공인· 자영업자지원
팀장	5972	5956	5964	6747	8412	8409

1등 조세회계전문 경제신문 조세일보

조세일보 정회원 가입(연구독료 15만원) 시 추가 비용없이
조세일보Plus를 발송해 드립니다.

지원	부산울산지원			대구경북지원			광주전남지원			대전충남지원			인천지원	
지원장	051-606-1710			053-760-4001			062-606-1610			042-479-5101			032-715-4801	
주소	부산광역시 연제구 중앙대로 1000 국민연금부산회관 12층			대구광역시 수성구 달구벌대로 2424 삼성증권빌딩 7F, 8F			광주광역시 동구 제봉로 225 (광주은행 본점 10층)			대전광역시 서구 한밭대로 797 (캐피탈타워 15층)			인천광역시 남동구 인주대로 585 한국씨티은행빌딩 19층	
전화 FAX	TEL :(051)606-1700~1 FAX :(051)606-1755			TEL :(053)760-4000 FAX :(053)764-8367			TEL :(062)606-1600 FAX :(062)606-1630, 1632			TEL :(042)479-5151~4 FAX :(042)479-5130-1			TEL :(032)715-4890 FAX :(032)715-4810	
팀	기획	검사	소비자보호	기획	검사	소비자보호	기획	검사	소비자보호	기획	검사	소비자보호	기획	소비자보호
팀장	1720	1730	1740	4030	4003	4004	1613	1611	1612	5103	5104	5105	4802	4805

지원	경남지원	제주지원	전북지원	강원지원	충북지원	강릉지원
지원장	055-716-2324	064-746-4205	063-250-5001, 5002	033-250-2801	043-857-9101	033-642-1901
주소	경상남도 창원시 성산구 중앙대로 110 케이비증권빌딩 4층	제주특별자치도 제주시 은남길 8 (삼성화재빌딩 10층)	전라북도 전주시 완산구 서원로 77 (전북지방중소벤처기업청 4층)	강원도 춘천시 금강로 81 (신한은행 강원본부 5층)	충청북도 충주시 번영대로 242, 충북원예농협 경제사업장 2층	강원도 강릉시 율곡로 2806 한화생명 5층
전화 FAX	TEL :(055)716-2330 FAX :(055)287-2340	TEL :(064)746-4200 FAX :(064)749-4700	TEL :(063)250-5000 FAX :(063)250-5050	TEL :(033)250-2800 FAX: (033)257-7722	TEL :(043)857-9104 FAX :(043)857-9177	TEL :(033)642-1902 FAX :(033)642-1332
팀	소비자보호	소비자보호	소비자보호	소비자보호	소비자보호	소비자보호
팀장	2325	4204	5003	2805	9102	1902

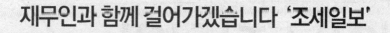

재무인과 함께 걸어가겠습니다 '조세일보'

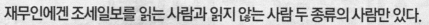

재무인에겐 조세일보를 읽는 사람과 읽지 않는 사람 두 종류의 사람만 있다.

1등 조세회계 경제신문 조세일보

해외사무소	
뉴욕	Address : 780 Third Avenue(14th floor) NewYork, N. Y. 10017 U.S.A. Tel : 1-212-350-9388 Fax : 1-212-350-9392
워싱턴	Address : 1701 K Street, NW., suite 1050, Washington, DC 20006 Tel : 1-202-689-1210 Fax : 1-202-689-1211
런던	Address : 4th Floor, Aldermary House, 10-15 Queen Street, London EC4N 1TX, U.K. Tel : 44-20-7397-3990~3 Fax : 44-20-7248-0880
프랑크푸르트	Address : Feuerbachstr.31,60325 Frankfurt am Main, Germany Tel : 49-69-2724-5893/5898 Fax : 49-69-7953-9920
동경	Address : Yurakucho Denki Bldg. South Kan 1051,7-1, Yurakucho 1- Chome, Chiyoda-Ku, Tokyo, Japan Tel : 81-3-5224-3737 Fax : 81-3-5224-3739
하노이	Address : #13B04. 13th Floor Lotte Business Center. 54 Lieu Giai Street. Ba Dinh District, Hanoi, Vietnam Tel : 84-24-3244-4494 Fax : 84-24-3771-4751
북경	Address : Rm. C700D, Office Bidg, Kempinski Hotel Beijing Lufthansa Center, No.50, Liangmaqiao Rd, Chaoyang District, Beijing, 100125 P.R.China Tel : 86-10-6465-4524 Fax : 86-10-6465-4504

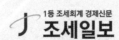

상공회의소

대표전화: 02-6050-3114/ DID: 02-6050-OOOO

회장: **박 용 만**

DID: 02-6050-3520

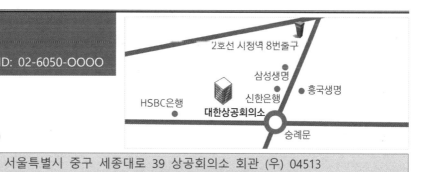

주소	서울특별시 중구 세종대로 39 상공회의소 회관 (우) 04513
홈페이지	www.korcham.net

부회장실	감사실	홍보실	국실	SGI			제도혁신지원실			
			국장	임진 3131			이종명 3491			
	김태연 3107	조영준 3601	팀	일자리·복지 연구실	신성장 연구실	연구 지원실	제도혁신 지원팀	샌드박스 지원팀	샌드박스 관리팀	서비스 산업 지원팀
			팀장				이종명 3491	박채웅 3181	이상헌 3721	이상헌 3721

국실	규제개선추진단				경영기획본부					
부장	우태희 (02) 6050-3504 이현주 (044) 200-2390 서승원 (02) 2124-3006				박종갑 3401					
팀	총괄기획	규제개선 전략	투자환경 개선	중기소상 공인지원	기획	대외협력	총무	인사	회계	IT지원
팀장	이종민 3291	오종희 3392	신해진 3361	이찬민 3371	김의구 3102	임충현 3101	최은락 3201	진덕용 3402	김종태 3411	구재본 3641

국실	회원본부				경제조사본부			산업조사본부			
부장	박동민 3420				이경상 3441			박재근 3480			
팀	회원CEO	회원복지	회원협력	원산지 증명센터	경제정책	기업정책	규제혁신	산업정책	고용노동 정책	기업문화	지속가능 경영센터
팀장	이강민 3421	진경천 3451	김기수 3871	이문영 3333	김문태 3442	김현수 3461	정범식 3981	강석구 3381	전인식 3481	박준 3471	김녹영 3804

국실	국제본부							공공사업본부				
부장	강호민 3540							노금기 3737				
팀	아주협력	미주협력	구주협력	글로벌 경협전략	북경 사무소	베트남 사무소	서울용산 국제 학교TF	산업 혁신 운영	스마트 제조 혁신	농식품 산업 협력TF	사업 재편 지원 TF	인적 자원 개발 지원
팀장	이성우 3558	윤철민 3551	추정화 3541	황동언 3681	정일 (소장) 86-10-84 53-9755	윤옥현 (소장) 84-24-37 71-3681	추정화 3541 김종태 3411	김성열 3276	임철 3850	김진곡 3369	김진곡 3161	정관용 3153

국실	유통물류진흥원				인력개발사업단		상공회운영 사업단	중소기업 복지센터	자격평가사업단		
단장	서덕호 1414				문기섭 3505		박동민 3420		노금기 3737		
팀	유통 물류 정책	유통 물류 혁신	국제 표준	표준 보급	기획 관리실	직업 능력 개발실	상공회 운영총괄		자격평가 기획	자격평가 운영	기업인재 평가사업
팀장	강명수 1510	임재국 1440	이헌배 1500	김덕연 1480	임채문 (실장) 3570	최인(실장) 3590	권오윤 3465	진경천 3451	오주원 3735	엄성용 3770	방창률 3771

중소기업중앙회

대표전화: 02-2124-3114 / DID: 02-2124-OOOO

회장: **김 기 문**
DID: 02-2124-3001

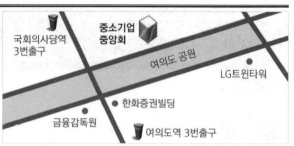

주소	서울특별시 영등포구 은행로 30 (여의도동) 중소기업중앙회 (우) 07242
홈페이지	www.kbiz.or.kr

임원실	감사실	비서실	홍보실	편집국	본부	KBIZ중소기업연구소	스마트일자리본부			
서승원 (상근부 회장) 3006	장경순 3009	김재진 3003	성기동 3060	임춘호 3190	본부장	양찬회 4060	이태희 3015			
					부	표준원가센터	인력 정책실	청년희망 일자리국	외국인력 지원	교육 지원
					부장		양옥석 3270	홍종희 4010	손성원 3280	김종하 3300

본부	경영기획본부					협동조합본부			
본부장	이재원 3011					조진형 3012			
부	기획조정실	인사	총무회계	정보시스템	사회공헌	조합정책실	조합지원실	협업사업부	판로지원부
부장	안준연 3030	서재윤 3040	이상배 3050	배일병 3070	조준호 3090	황재목 3210	정경은 3180	김영길 3220	유형준 3240

본부	경제정책본부					혁신성장본부			
본부장	추문갑 3013					정욱조 3014			
부	정책총괄실	소상공인 정책부	국제통상부	무역촉진부	조사통계부	제조혁신실	스마트공장 지원실	상생협력	단체표준국
부장	최복희 3110	고종섭 3170		전혜숙 3114	강지용 3150	장윤성 3120	조동석 4310	김희중 3130	박경미 3260

본부	공제사업단					자산운용본부			
본부장	박용만 3016					정두영 3017			
부	공제 기획실	공제가입	공제운영	공제 서비스	보증손해 운영	투자 전략실	금융투자	실물투자	기업투자	리스크 관리
부장	강형덕 4320	박호철 4080	이구수 3350	박미화 3310	이창희 4350	3340	이응석 3320	노상윤 4040	이동근 3320	성기창 3100

세금신고 가이드

http://www.joseilbo.com/taxguide

한번에 CHECK!

지 방 세
재 산 세
자 동 차 세
세 무 일 지

법 인 세
종합소득세
부가가치세
원 천 징 수

연 말 정 산
양도소득세
상속증여세
증권거래세

국 민 연 금
건강보험료
고용보험료
산재보험료

1등 조세회계 경제신문
조세일보

국세청
소속기관

국세청

주소	세종특별자치시 국세청로 8-14 국세청 (정부세종2청사 국세청동) (우) 30128
대표전화	044-204-2200
팩스	02-732-0908, 732-6864
계좌번호	011769
e-mail	service@nts.go.kr

청장 　김대지

(직) 720-2811 (D) 044-204-2201 (행) 222-0730

정책보좌관 　　　　　　　　　　(D) 044-204-2202

비 서 관　이상길 　　　　　　　(D) 044-204-2203

차장 　문희철

(직) 720-2813 (D) 044-204-2211 (행) 222-0731

비 서 관 　박성준 (직) 720-2813 (D) 044-204-2212

국세청

대표전화: 044-204-2200 / DID: 044-204-OOOO

청장: **김 대 지**
DID: 044-204-2201

주소	세종특별자치시 국세청로 8-14 국세청 (정부세종2청사 국세청동) (우) 30128					
코드번호	100	**계좌번호**	011769	**이메일**	service@nts.go.kr

국								기획조정관		
국장								김진현		
과	운영지원과				대변인		혁신정책담당관			
과장	이승수 2241				김재철 2221		김태호 2301			
계	인사1	인사2	서무	복지운영	청사관리	공보1	공보2	총괄	혁신	조직
계장	박광식 2242	황정욱 2252	이화명 2262	김상범 2272	최재균 2282	송평근 2222	조대현 2232	전진 2302	신민섭 2307	김광대 2312
국세 조사관	주성태 2243 최영호 2244 문동배 2246	손희영 2253 이주형 2254 홍정연 2255	이성복 2263 김신흥 2264 최명진 2265	박상율 2274 황제헌 2273	정종룡 2283 조성훈 2284 김영한 2285	이경수 2223	윤상섭 2233	박종성 2303	김성영 2308	노태천 2313 심준보 2326
	최창우 2245 김영준 2247 김동빈 2248	한상민 2256 권효준 2257 이수진 2258 성현주 2259	구재흥 2266	정영건 2275 김태석 2276 이지은 2277 김은아 2278	최성호 2286 김덕규 2287 이지희 2288 이충구 2289	강승현 2224	정이준 2234	김영민 2304	김슬기 2309	소종태 2314
	박지영 2249 최명현 2250	오잔디 2260	소수현 2267	유명훈 2279	이정주 2290	이영호 2225	고정은 2235	원대로 2305		
관리 운영직 및 기타	오수지 2241		김승태 (기록 연구사) 4641 임은효 2269 김연주 2268	이현희 2280		김태운 (전문경력 관 나군) 2190 조래현 2191		이지원 2311		
FAX	216 -6048	216 -6049	216 -6050	216 -6051	216 -6052	216-6043		216-6053		

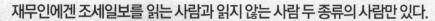

재무인과 함께 걸어가겠습니다 '조세일보'

재무인에겐 조세일보를 읽는 사람과 읽지 않는 사람 두 종류의 사람만 있다.

국	기획조정관											
국장	김진현											
과	혁신정책담당관		기획재정담당관				국세통계담당관					비상안전담당관
과장	김태호 2301		양철호 2331				이은규 2361					박향기 2391
계	평가	소통	기획1	기획2	예산1	예산2	통계1	통계2	통계3	통계4	통계5	비상
계장	김능하 2317	치기영 (4) 2322	강성훈 2332	박산수 2337	최새녕 2342	박찬웅 2347	권서현 (4) 2362	이인희 2365	임상헌 2372	이원남 2377		신동우 2392
국세조사관	염경진 2318	고완병 2324 김혜정 2323	박진혁 2333 최원현 2334	신창훈 2338	홍창규 2343 강원경 2344	김정수 2348	유혜경 (5) 2367 정진욱 2363	김태균 2368 박만기 (전산) 2369		김경민 2378	김경록 2383	
	김요환 2319 김소정 2320	강혜림 2325	김한성 2335	이원형 2339		김정호 2349 최영철 2350		박선영 2370	남봉근 2373			김철웅 2393
			황선화 2336				박상기 2364					공유진 2394
관리운영직 및 기타												
FAX	216-6053											

국세관련 모든 상담은 국번없이 126
전국 어디서나 편리하게 상담받으세요.
평일 9시~18시 (탈세제보는 24시간)

DID : 044-204-OOOO

국	전산정보관리관											
국장	오덕근											
과	전산기획담당관				정보화1담당관					정보화2담당관		
과장	송영주 2401				남우창 2441					박찬욱 2501		
계	전산기획	전산표준	전산시스템	전산지원	엔티스관리	세적정보화	법인정보화	소득지원정보화1	소득지원정보화2	홈택스운영	엔티스포털	징세정보화1
계장	박강수 2402	허일한 2412	전태영 2422	김장년 2432	김명원 2442	전영호 2452	박재근 2462	최윤미 2482	장창렬 2492	김선수 2502	임완률 2512	임기향 2522
국세조사관	강지원 2403 이성욱 2404	권용훈 2413 문숙자 2414	정재일 2423 이미라 2424 박숙정 2425	이상우 2433 정기환 2434	지승환 2443 임화춘 2444 신효경 2445	김성일 2453 최영미 2454 고현주 2455	이영미 2463 김경아 2464 서영삼 2465 최은성 2466 김재현 2468	송영춘 2483 이정화 2484 염시웅 2485 박미경 2486	권현옥 2493 이현진 2494 최은숙 2495 조지영 2496	김상숙 2503 김미연 2504 김세라 2505	김은진 2513 김주영 2514	정의진 2523 라유성 2524
	조광진 2405 김지호 2406 전민정 2407	최근호 2415 이기업 2416 이현도 2417 김계희 2418	장광석 2429 최성혁 2426	문성호 2435	이시화 2446	이한임 2456 김은기 2457 박성미 2458	안수림 2469 이수연 2470 이현호 2471	김병식 2487	안혜은 2497	김은진 2506 정기원 2507	주현아 2515 라원선 2516	임수현 2525 이가연 2526
					최영우 2447	장이삭 2459	이무훈 2472 전수진 2467	이창욱 2488		김재형 2508	주재철 2517	조은지 2527
		전일권 2419	황정미 2428	이해진 2436	김태완 2448	이원일 2460 우지혜 2461	이성호 2473 손효현 2474	정원호 2489 정정민 2490	이지헌 2498		임여경 2518 유예림 2519	정지영 2528 박성은 2529
관리운영직 및 기타	김정남 2408			김정선 2437								
FAX												

110

5년간 쌓아온 재무인의 역사를 돌려드립니다 '온라인 재무인명부'

수시 업데이트 되는 국세청, 정·관계 인사의 프로필과 국세청, 지방청, 전국세무서, 관세청,
유관기관등의 인력배치 현황을 볼 수 있는 온라인 재무인명부

1등 조세회계 경제신문 조세일보

국	전산정보관리관									
국장	오덕근									
과	정보화2담당관		정보화3담당관					정보보호팀		
과장	박찬욱 2501		나향미 2551					조종호 4921		
계	징세정보화2	원천정보화	모바일홈택스	부가정보화	소득정보화	재산정보화1	재산정보화2	정보보호1	정보보호2	정보보호3
계장		윤소영 2542	박현주 2552		정기숙 2572	정동재 2582	오홍수 2592	손유승 4922	김상철 4932	전병오 4942
국세조사관	김효진 2533	박용태 2543 강선홍 2544 최연하 2545	이홍조 2553 장석오(동원) 2590 이태훈(동원) 2554 송유진 2555	배인순 2563 나승운 2570	서지영 2573 최학규 2574	임미정 2584 이서구 2585	정명숙 2593 서정은 2594 김민경 2595	손재락 4923 김요한 4924	안형수 4933 염준호 4934 손성규 4935	김진수 4943 인근재 02-958-0541
국세조사관	강명수 2534 임채준 2535 최수영 2536 주유미 2537	이수미 2546	성화진 2556 하창경 2557 석성윤 2558 이근선 2559	박성은 2564 안도형 2565 김윤정 2566		김남용 2586	이강현 2596 안승우 2597	전원석 4925 최광식 4926 박서진 4927	서정운 4936	양선미 4945 주미영(동원) 4946
국세조사관	곽민혜 2538	이세나 2547 오은정 2549 이은정 2548 정지훈 2550		이원준 2571 박대희 2567 서미연 2568 김정대 2569	정선균 2576 신은우 2577 김유나 2578 윤창인 2579 김승희 2575	안상원 2587	김용극 2598	안지연 4928 박세창 4929	최진용 4937	
국세조사관	홍지연 2539			류재리 2560 이현우 2561	김육곤 2580	김재욱 2588 이소원 2589	장은석 2599			
관리 운영직 및 기타										권정순(동원) 02-958-0543 추정현(동원) 02-958-0543
FAX										

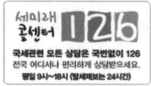

DID : 044-204-OOOO

국	전산정보관리관								국제조세관리관실				
국장	오덕근								김동일 2800				
과	빅데이터센터								국제협력담당관				
과장	강종훈 4501								지성 2801				
계	빅데이터총괄	공통분석	개인분석	법인분석	자산분석	조사국조분석	심층분석	기술지원	1	2	3	4	5
계장	권태윤 4502	우연희 4512	황민호 4522	이기각 4532		정상진 4552	정현철 4562	김재석 4572	김성수 2802	이지민 2812	이예진 2817	김성민 2822	조민경 2827
국세조사관	김희재 4503 전상규 4504 박승현 4505	임동욱 4513 이호 4514 박진우 (동원) 4515	배덕렬 4523 권진혁 4524	조성희 4533 황규석 4534	김소영 4543 김현하 4544	조영규 4553 박미숙 4554	김숙희 4563 하세일 4564	김선희 4573 김태형 4574 조명순 4575	이경한 2803	박시후 2813			박용진 2828
	박종현 4506	도미영 4516	조미화 4525 장희라 4526	이승환 4535	김인천 4545 김경민 4546	조진용 4555 박연 4556 정병호 4557	임상민 4565 전소연 4566 김호영 4567	오상훈 4576 윤기찬 4577	김일국 2804	김진석 2814	김범전 2818	이경헌 2823	
		조한솔 4517 유수정 4518	박소연 4527	정세영 4536 전동길 4537	김건우 4547 안준수 4548	이규화 4558	유남렬 4568				방경섭 2819		
			김태훈 4528	김태원 4538				장경호 4578					
관리 운영직 및 기타	김정희 4507 손희정 2411								최영진 2805 강민채 2811				
FAX									216-6066				

국	국제조세관리관실											
국장	김동일 2800											
과	국제세원관리담당관					역외탈세정보담당관						
과장	최인순 2861					장일현 2901						
계	1	2	3	4	5	1	2	3	4	5	6	7
계장	김성한 2862	김승현 2872	류승중 2877	김주연 2882	손종욱 2887	김지훈 2902	김정태 2912	김종주	김태형	김영하 2932	한세온 2937	하명균 2942
국세 조사관	김택근 2863	배벽석 2873	김찬오 2878 김상엽 2879	하현섭 2883	송태준 2888							
	이수연 2470	고선하 2874 고태혁 2875	한원석 2880	류명지 2884	안중호 2889							
	민샘 2865											
관리 운영직 및 기타												
FAX	216-6067					216-6068						

국세관련 모든 상담은 국번없이 126
전국 어디서나 편리하게 상담받으세요.
평일 9시~18시 (탈세제보는 24시간)

DID : 044-204-OOOO

국	국제조세관리관실						감사관								
국장	김동일 2800						박진원								
과	상호합의담당관						감사담당관				감찰담당관				
과장	장우정 2961						최영준 2601				강영진 2651				
계	1	2	3	4	5	6	감사1	감사2	감사3	감사4	감찰1	감찰2	감찰3	감찰4	윤리
계장	이규성 2962	김정중 2972	성혜진 2977	이재은 2982	김선영 2987	이지연 2992	육규한 2602	정동주 2612	김시형 2622	권우태 2632	김일도 2652	장성우 2662	최병구 2672	이정민 2682	최승일 2692
국세조사관	김정남 2963	김민주 2973	조준구 2978		서미네 2988	전수진 2993	박창용 2603 서민성 2604	남중화 2613 김민웅 2614	백주현 2623 성기원 2624	김동원 2633 이풍훈 2634	이명문 2653 조상현 2654	손필영 2663 석영일 2664	윤영순 2673 김종학 2674	김민양 2683 김석모 2684	유성문 2693 김종윤 2694
	이진환 2964 윤지영 2965 김영은 2966	연덕현 2974	원희경 2979	김기중 2983 노우정 2984		최정훈 2994	조현준 2605 이주희 2606	고윤하 2615 김혜정 2616	이지상 2625 정수경 2626	김수열 2635 김동수 2607	유지현 2655 박소영 2656	권대영 2665 김형진 2666	이용광 2675 김수현 2676	김광용 2685 신지영 2686	황치운 2696 박지숙 2695
					이수정 2989			이연호 2617	김재현 2627		김덕영 2657	정재훈 2667			
							김승혜 2611								
관리운영직 및 기타															
FAX	216-6069						216-6060				216-6061				216-6062

국	납세자보호관											
국장	김영순 2700											
과	납세자보호담당관					심사1담당관						
과장	박근재 2701					유재준 2741						
계	납보1	납보2	납보3	납보4	민원	심사1	심사2	심사3	심사4	심사5	심사6	심사7
계장	채규일 2702	김종수 2712	조병주 2717	이호관 2722	장태성 2727	최흥길 2742	박광룡 2752	임식용 2762	변영희 2763	한태임 2764	김제석 2765	윤소희 2766
국세조사관	황정만 2703	박상별 2713 채상철 2714	이종영 2718 고수영 2719	구문주 2723	이지숙 2728	권혁성 2743	정영순 2753					
	신서연 2704	김태준 2716	홍소영 2720	탁기욱 2724	이상준 2729	김종만 2744						
	송영진 2705		윤상동 2721			한규진 2745						
관리운영직 및 기타												
FAX	216-6063					216-6064						

DID : 044-204-OOOO

국	납세자보호관							징세법무국				
국장	김영순 2700							정철우 3000				
과	심사2담당관							징세과				
과장	박수복 2771							유병철 3001				
계	심사1	심사2	심사3	심사4	심사5	심사6	심사7	징세1	징세2	징세3	징세4	징세5
계장	백승권 2772	허준영 2782	박준배 2783	전강식 2784	장성기 2785	이율배 2786	임서현 2787	이병탁 3002	전준희 3012	이동현 3017	김태성 3027	신현국 3037
국세 조사관		권대명 2789						신동익 3003 김성훈 (계) 3004	유현인 3013	이규완 3018 최용세 3019	전중원 3028	오길춘 3038 송지원 3040
	김지영 2773							김영환 3005	정년숙 3014	류제성 3020 김윤정 3021	백선주 3030 황병광 3031 안호전 3029 이승훈 3032	안태훈 3039
	황지아 2774							서민하 3006				
관리 운영직 및 기타								김희영 (계) 3011				
FAX	216-6065											

재무인의 가치를 높이는 변화 '조세일보 정회원'

행정법원 판례를 포함한 20만건 이상의 최신 예규와 판례를 제공합니다.

1등 조세회계 경제신문 조세일보

국	징세법무국											
국장	정철우 3000											
과	법무과					법령해석과						
과장	박병환 3071					윤성호 3101						
계	법무1	법무2	법무3	법무4	법무5	총괄조정	국조기본	부가	소득	법인	재산1	재산2
계장	김도균 3072	박규훈 3077	조창우 3082	안혜정 3087	김재휘 3092	임경환 3102	방선아 3112	이희범 3117	이광의 3122	강삼원 3127	최영훈 3137	최은경 3142
국세조사관	오세정 3073	박주원 3078	신정훈 3083	이덕주 3088	박종주 3093 김영빈 3094	한정미 3103 조창현 3104 박재호 (계) 3105 최은성 (전) 4946	김경희 3113	백지은 3118 배영섭 3119	지재홍 3123 염세환 3124	김성호 3128 이재식 3129 권재효 3130	한정수 3138	이호필 3143
국세조사관	조병민 3074	김지민 3079				최태훈 3106	전대웅 3114	진윤영 3120		최수진 3131	이채린 3139	남궁민 3144
국세조사관	이지혜 3075											
국세조사관			유예림 2519									
관리운영직 및 기타				이홍명 (법무관) 3076								
FAX												

DID : 044-204-0000

국	징세법무국			개인납세국			
국장	정철우 3000			김창기 3200			
과	세정홍보과			부가세과			
과장	오규용 3161			박광종 3201			
계	홍보기획	디지털 소통	홍보 콘텐츠	1팀	2팀	3팀	4팀
계장	최병기 3162	이미애 3172	김민수 3182	박현수 3202	강신웅 3212	김성민 3217	김은진 3222
국세 조사관	양석범 3163	김유학 3173 장준미(계) 3175	최현선 3183 김성진(학예사) 3185	신범하 3203	오재현 3213 변유솔 3214	김종의 3218	변승철 3223
	구영진 3166	김제민(계) 3174 황두돈(계) 3176 현상필(계) 3177	윤혜민(계) 3184	이수현 3204	정현철 3215	김준 3219	유주연 3224
	허수범 3164			배우리 3205			
관리 운영직 및 기타	김현지(계) 3165		김소리(계) 4646 류계영(계) 4646				
FAX							

118

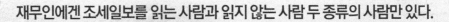

재무인과 함께 걸어가겠습니다 '조세일보'

재무인에겐 조세일보를 읽는 사람과 읽지 않는 사람 두 종류의 사람만 있다.

1등 조세회계 경제신문 조세일보

국	개인납세국							
국장	김창기 3200							
과	소득세과				전자세원과			
과장	김대일 3241				반재훈 3271			
계	1팀	2팀	3팀	4팀	1팀	2팀	3팀	부가 정보화팀
계장	김민제(4) 3242	김일환 3252	허남승 3257	박옥임 3262	손진호(4) 3272	박형민 3282	문영한 3287	정학식 2552
국세 조사관	신시명 3243	김동택(5) 3255 정희석 3253	이징빔 3258	임민철 3263 류승우 3264	조성수 3273	흥소영 3283 최근수 3284	정승요 3288	이승운 2560
	김명제 3244 박준원 3245	김요왕 3254	이상수 3259 김재미 3260		하은지 3274		홍성민 3289 윤정호 3290	
								이원준 2558 류재리 2561
								이현우 2554
관리 운영직 및 기타								
FAX								

119

DID : 044-204-OOOO

국	법인납세국									
국장	강민수 3300									
과	법인세과						원천세과			
과장	양동구 3301						이준희 3341			
계	법인1	법인2	법인3	법인4	법인5	R&D세정지원	원천1	원천2	원천3	원천4
계장	민강 3302	정승태 3312	임형태 3317	원정재 3322	김지연 3327	임경수 3332	서승희 3342	김동근 3347	김재산 3352	송찬규 3357
국세조사관	조영빈 3303 김영건 3304	권영훈 3313	김지윤 3318 김관홍 3319	권승민 3323 정지선 3324	박경은 3328 김성진 3329 성이택 3330	박병진 3333 최용철 3335 강관호 4651 이진숙 4652 박철 4653 남민기 4654 윤영일 4655	노영인 3343	김정열 3348 전익선 3349	이정아 3353	류진열 3358
	박양규 3305	도영수 3314 강수원 3315	전현혜 3320		전강희 3331 박금세 3325	김유정 3336 김택우 3337 정동혁 3338 남유진 3339	배유진 3345		강이슬 3354	
관리운영직 및 기타										
FAX	216-6078						216-6079			

120

1등 조세회계 경제신문 조세일보

국	법인납세국			자산과세국			
국장	강민수 3300			김태호 3400			
과	소비세과			부동산납세과			
과장	강상식 3371			김길용 3401			
계	주세1	주세2	소비세	1팀	2팀	3팀	4팀
계장	이인우(4) 3372	이동규 3382	이완희 3392	조성래 3402	박재신 3412	박현수 3417	위찬필 3422
국세조사관	김용곤 3373 김기열 3374	이문원 3383	정홍석 3393 이은규 3394	장경화 3403	이영휘 3413	김석제 3418 홍문선 3419	고은정 3423 김상동 3424 이수미 3427
	권혜정 3375	이영수 3384	최형지 3395	박찬희 3404	이동규 3414 김지민 3415	이창호 3420	김동진 3425 박종인 3426
				김슬아 3405			
관리 운영직 및 기타				최진희(비서) 3411			
FAX	216-6080			216-6081			

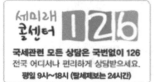

국세관련 모든 상담은 국번없이 126
전국 어디서나 편리하게 상담받으세요.
평일 9시~18시 (탈세제보는 24시간)

DID : 044-204-OOOO

국	자산과세국						
국장	김태호 3400						
과	상속증여세과				자본거래관리과		
과장	한지웅 3441				오상휴 3471		
계	1팀	2팀	3팀	4팀	1팀	2팀	3팀
계장	정영혜 3442	조윤석 3452	김대철 3457	류호균 3462	심정식 3472	김태훈 3482	이원주 3492
국세 조사관	김상민 3443 김정훈 3444	이종민 3453 김선하 3454	양창호 3458 김창희 3459	김한석 3463	한일수 3473	한성삼 3483 서남이 3484 김민제 3485 서유빈 3486	조인찬 3493 윤동수 3494
		박종찬 3455	김성엽 3460 박찬열 3461	한재영 3464	박승재 3474	양광식 3487	정맹헌 3495
	심효진 3445				박소연 3475		
관리 운영직 및 기타							
FAX	216-6082				216-6083		

122

1등 조세회계전문 경제신문 조세일보

조세일보 정회원 가입(연구독료 15만원) 시 추가 비용없이
조세일보Plus를 발송해 드립니다.

국	소득지원국								
국장	조정목 3800								
과	장려세제운영과				장려세제신청과			학자금상환과	
과장	김승민 3801				강승윤 3841			이명규 3871	
계	운영1	운영2	운영3	운영4	신청1	신청2	신청3	상환1	상환2
계장	천주석 3802	손혜림 3812	안형민 3817	고병재 3820	임영미 3842	이주석 3852	윤지환 3857	진우형 3872	노원철 3882
국세 조사관	김환규 3803	김헌 3813	오영식 3818	징은주 3821	오굉칠 3843	채양숙 3853	깅지싱 3858	김수헌 3873	김항일 3883 최기영 3884 이보라 3885
	이성호 3804	김지은 3814	정미란 3819		구순옥 3844 엄상혁 3845	조현승 3854	전다영 3859	김다민 3874	
	이지민 3805								
관리 운영직 및 기타	조수빈(비서) 3811								
FAX									

국	조사국											
국장	노정석 3500											
과	조사기획과					조사1과				조사2과			
과장	윤승출 3501					윤창복 3551				한경선 3601			
계	1	2	3	4	5	1	2	3	4	1	2	3	4
계장	박국진(4) 3502	이순민 3512	이태연 3517	임병훈 3522	이상언 3527	한상현 3552	강찬호 3562	김대중 3572	서원식 3582	정해동 3602	안수아 3612	최치환 3617	권경환 3622
국세 조사관	기노선 3503 권익근 3504 이준영 3505 김종각 3506	김현두 3513 조민영 3514	서용석 3518	정승원 3523	황태훈 3528	유동민 3553 이경선 3554 김상철 3555	임인수 3563 장준호 3564 전동근 3565	이재철 3573 박상민 3574	양용환 3583 남무정 3584	이경섭 3603	박수영 3613 엄기황 3614	김대옥 3618 차광섭 3619	권순일 3623
	신철원 3507 김동환 3508	김태현 3515	강민종 3519	백성종 3524	김치헌 3529	정은수 3556 이도연 3557	이기덕 3566	이다영 3575	문석준 3585	윤윤식 3604	차상훈 3615	최슬기 3620	여인훈 3624
	임원주 3509												
관리 운영직 및 기타													
FAX													

국	조사국											
국장	노정석 3500											
과	조사분석과			국제조사과				세원정보과				
과장	이성글 3751			박정열 3651				최종환 3701				
계	1	2	3	1	2	3	4	1	2	3	4	5
계장	전재달 (4) 3752	정은지 3762	김성범 3767	김항로 3652	전일수 3662	홍성미 3672	이규진 3682	하신행 3702	김병철 3712	임지아 (전) 3722	서철호 3727	안형태 3737
국세조사관	김재광 3753	엄태선 3763	손영희 3768 이수형 3769	최길만 3653 김말숙 3654	하창수 (전) 3663 박인환 3664 김치호 3665	김유신 3673 민훈기 3674 임옥규 3675	고준석 3683 이영재 3684 지상준 3685	이종철 3703 조성우 3704 정진걸 3705	류영상 3713 홍영숙 3714		정성훈 3728 김석훈 3729	박용관 3738 이상민 3739 우창완 3740
	부혜숙 3754 강성헌 3755	윤용훈 3764		허인범 3655 김종욱 3656	이정민 3666 정현주 3667	김성주 3676 이선우 3677	전유리 3686 유혜리 3687	최대림 3706 문태정 3707	김수재 3715 유경근 3716	송지원 (전) 3723	이석규 3730 김지훈 3731	이기주 3741
				김현정 3659				이호경 3708				
관리운영직 및 기타												
FAX												

국세청주류면허지원센터

대표전화: 064-730-6200 / DID: 064-7306-OOO

센터장: **김 기 완**
DID: 064-7397-601, 064-7306-201

주소	제주특별자치도 서귀포시 서호북로 36 (서호동 1514) (우) 63568
팩스	064-730-6211

과	분석감정과 (739-7602)		기술지원과 (739-7603)		세원관리지원과 (739-7604)	
과장	이창수 240		김용준 260		김태영 280	
계	업무지원	분석감정	기술지원1	기술지원2	세원관리1	세원관리2
계장	서병식 241	장영진 251	정지용 261	설관수 271	김시곤 281	이충일 291
6급						
7급	채수필 242	박길우 252 박찬순 253		김나현 273		
8급	임정연 243 공선영 244				박장기 282	이호승 293
9급		강경하 254 오수연 256	문준웅 263			
관리 운영직 및 기타	홍순준(7) 204 최태규(8) 245 김아름(부속) 202	실험실 258	조작실 266 관능실 267	양조실 268 항온실 269	실험실 287	
FAX	730-6212	730-6213	730-6214		730-6215	

국세상담센터

대표전화: 064-780-6000 / DID: 064-7806-OOO

센터장: **유 성 현**
DID: 064-7306-001

주소	제주특별자치도 서귀포시 서호북로 36 (서호동 1514) (우) 63568						
이메일	callcenter@nts.go.kr						

팀	업무지원	전화상담1		전화상담2		전화상담3	
팀장	조중현	현상권		김석찬		김수용	
구분	지원/혁신	종소	원천	부가	기타	양도	상증
6급	최희경 배호기 김종일(전) 한미영(전) 이효철	강도현 최창주	권창호 하진호	강상길 조용희 이철수 김지운 서계영		이승찬 신경식 이건준 박성희 김은영	최천식 천명일 서민철
7급	정재조 김노섭 윤만성 유인숙	정성훈 문영순 강진성 정종욱 박혜선 박원준 권석진 김주현 윤정무 양동희	김제춘 현미정 이영옥 안소정 김선인 노기숙 안동주 유호영	변현영 전후영 이승주 심은정 정해연 주현경 정성희 정유정 강정림 김현주 조윤미	정동환 김민경	김정실 황재원 김혜정 구인서 심혜경 황혜윤 장진희 고근희 강복희 김태인 지장근 김세일 김선정 김민정 장영태	임정훈 이창훈
8급	이동현 김현우	김유리 유재웅	김수연 박정오 진승은	김진주 윤현화	이은수	이선주 정경주	
사무 방호	김은경(사무) 이상진(방호)						
FAX							

128

재무인의 가치를 높이는 변화 '조세일보 정회원'

행정법원 판례를 포함한 20만건 이상의 최신 예규와 판례를 제공합니다.

1등 조세회계 경제신문 조세일보

팀	전화상담4		인터넷1		인터넷2	인터넷3
팀장	윤석태		김정남		양형란	김용재
구분	법인	국조	종소/원천	국조/기타	부가/법인	양도/종부/상증
6급	박금배 함상봉 현혜은	이명례 박세희 김남구	천세훈 조병철 이재원	옥석봉	천선경 양희재 우남구 장창하	오승연 박정인 황성원 강화동
7급	한민수 최태현 최은미 이형구	김준용	박희선 조남욱 이도헌 차호현 채혜인 손성탁 이보영		이은정 이기순 심숙희 김보균 이주우	이태호 마준성 한성민 오주영(동원)
8급	박민채			윤지현	김지언	최정은 송준오
사무 방호						
FAX						

국세공무원교육원

대표전화: 064-7313-200 / DID: 064-7313-OOO

원장: **이 현 규**
DID: 064-7313-201

주소	제주특별자치도 서귀포시 서호중로 19 (서호동 1513) (우) 63568
이메일	taxstudy@nts.go.kr

과	교육지원과		교육기획과		
과장	김동욱 210		고영일 240		
계	지원1	지원2	교육기획	교육운영	교육평가
계장	정하용 211	김진희 331	고동환 241	이승래 251	송종철 261
6급	이응수 212 이일성 213	정문현 332 박희찬 232	고택수 242	이상무 252 김영란 253	안지영 262
7급	김세민 214 박준서 220 장원창(전산) 223 함선주(사무) 226	권민철 333	현승철 243 정홍도 244 송호근 245	정인태 254	이동진 263
8급	강호성 216 박세민 217 안예지 215 정영운(시설) 221	이동운 233	김희선 246	조현구 255 김은자 256	박준범 264
9급	김정훈(방호) 321 박홍립(방호) 322 김반석(방호) 323 송권호(운전) 224 한은표(운전) 225 김영주(공업) 222				
관리 운영직 및 기타	박은희(비서) 204	권충숙(사무) 334			
FAX	731-3311	031-250-2340	731-3314		731-3315

과	교수과						
과장	박광수(3) 270						
계	교육연구	기본	부가	소득	법인	양도	상증
계장	박병관 271	김재철 275	김태욱 281	공원택 285	손병양 291	위용 298	강경배 295
6급	임재주 272	김몽경 276 최일환 277 김성균 278 최유원 280	하치석 282 채진우 283 김성근 284	김상섭 286 이윤희 287 조성철 288	최강식 292 원종호 293 김효경 294	이종준 299 김진석 300	강정호 296 박창오 297
7급	최영현 273 고양숙(전산) 341 김지민(전산) 342						
8급	서민우 301 이효정 302						
9급							
관리 운영직 및 기타							
FAX	731-3316						

서울지방국세청 관할세무서

서울지방국세청

주소	서울특별시 종로구 종로5길 86 (수송동) (우) 03151
대표전화	02-2114-2200
팩스	02-722-0528
계좌번호	011895
e-mail	seoulrto@nts.go.kr

청장 　　　임광현

(직) 720-2200 (D) 02-2114-2201 (행) 222-0780

송무국장	김용찬	(D)02-2114-3100
성실납세지원국장	박재형	(D)02-2114-3000
조사 1국장	송바우	(D)02-2114-3300
조사 2국장	정재수	(D)02-2114-3600, 3700
조사 3국장		(D)02-2114-4000
조사 4국장	오호선	(D)02-2114-4500, 4700
국제거래조사국장	신희철	(D)02-2114-5000

서울지방국세청

대표전화: 02-2114-2200 / DID: 02-2114-OOOO

청장: **임 광 현**
DID: 02-2114-2201

주소	서울특별시 종로구 종로5길 86 서울지방국세청 (수송동) (우) 03151						
코드번호	100	계좌번호	011895	이메일	seoulrto@nts.go.kr		

과	운영지원과				감사관			
과장	최경묵 2240				김재웅 2401			
계	행정	인사	경리	현장소통	감사1	감사2	감찰1	감찰2
계장	이석봉 2222	안동숙 2242	신혜숙 2262	박종형 2282	임경환 2402	윤명덕 2422	고만수 2442	전왕기 2462
국세 조사관	정준모 2223 오민숙 2224 김옥환 2225 정희섭 2226	유승환 2243 오성택 2244 김윤 2245 이섭 2246	홍정은 2263 노현정 2264	장대완 2283 정종국 2284 이은정 2291	최한근 2403 이준호 2404 전태훈 2405 김소영 2406 황호현 2407	임창빈 2423 노충모 2424 문지혁 2425 이지영 2426 이애란 2427 고성순 2428	김동식 2443 박동찬 2444 전종근 2445 추근식 2447 김병성 2448 오태진 2449 옥혁규 2450 임종수 2451 전용원 2452	이일생 2463 유한진 2464 금봉호 2465 김병옥 2466 박정기 2467
	윤석준 2227 민경훈 2228 김영균 2229 박현선 2235	정진학 2247 정영식 2248 오정환 2249 김현철 2250	황주연 2265 임유정 2266 서예림 2267 최은주 2272	정혜원 2285 신동호 2286 최진영 2287	박성민 2408 김지영 2409	김형정 2429	김영빈 2446 김동현 2453 임재현 2454 이영주 2455	김은아 2468 문성진 2469 송광선 2470
	양현아 2230 윤희영 2231 최성규 2232 김준영 2233	황태연 2251 김미나 2252 이지웅 2253 이혜연 2254	한장혁 2268 이성복 2269 임보라 2270 유민정 2271	윤동숙 2288 정철우 2289	김재욱 2411			
관리 운영직 및 기타								
FAX	722-0528				736-5945			

과	납세자보호담당관				징세관							
과장	김대원 2600, 2601				박종희 2500							
계	납세자보호1	납세자보호2	심사1	심사2	징세	체납관리		추적1	추적2	추적3	추적4	추적5
						체납관리	소액체납징수콜센터					
계장	남궁서정 2602	이광호 (4) 2612	이춘식 2622	김정섭 2632	이철 2502	김현호 2512		임숙자 2532	임석규 2542	황인준 2562	김봉범 2572	최오동 2582
국세조사관	고재국 2603 장재영 2604	박인국 2613 임진옥 2614 정미경 2615	김영민 2623 정영희 2624 김정숙 2625	전농호 2633 신상철 2634 윤미영 2635 이윤희 2636	이길형 2503 차미선 2504	이성현 2513	성선화 2523	분재창 2533 이세풍 2534 이래하 2536 황찬근 2535	임성숙 2544 임창섭 2543	조농혁 2563 권기현 2564	고미경 2573 지상수 2574 김현경 2581	념일선 2583 박혜정 2584
	이지형 2605 윤현숙 2606	권주희 2626 김혜정 2617 홍태영 2618 임거성 2619	김지영 2627 이민경 2627 이진영 2628	권혁순 2637 유종일 2638	이현영 2505 이은경 2507 황순이 2509	임경태 2514 이정숙 2515 박지영 2516 도창현 2517	김미숙 2525 김희정 2595 김효정 2594 한유경 2530 유경숙 2527	김은숙 2537 염성희 2538 박희달 2539 김화숙 2540 김진동 2541	장수안 2546 한세희 2545 김동훈 2548	김광미 2566 김원형 2567 정순삼 2568 강정수 2569	이상민 2575 김영기 2576 이효진 2577 김재한 2578	최선희 2585 이명희 2586 곽용석 2587 강경영 2588
	박서연 2607 박철민 2608		오화섭 2629		김주찬 2508	이건술 2518 기중화 2519 이승준 2520	권경해 2529 김지영 2531 김찬웅 2528 황순하 2526	이한배울 2551	주용태 2550 구현지 2549 이서현 2547	남성윤 2570 김제성 2571 남현승 2591 황송이 2592	곽민정 2579 유아람 2580	손성진 2589 박민서 2590 이수민 2593
관리운영직 및 기타												
FAX	720-2202	761-1742										

135

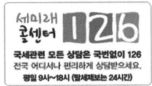

DID : 02-2114-OOOO

국실	송무국										
국장	김용찬 3100										
과	송무1과									송무2과	
과장	신상모 3101									이진우 3151	
계	총괄	심판1	심판2	법인	3심전담관리	국제거래	개인	상증1	상증2	법인1	법인2
계장	정헌미 3102	정학순 3111	정다원 3116	권영림 3120	황하나 3124	이경태 3127	김미나 3130	홍명자 3133	양영경 3136	한관수 3152	이권형 3156
국세조사관	하수현 3103 주은화 3104	최은화 3112		김근화 3121 최규태 3122	유은주 3125	박정미 3128 최필웅 3129	남지연 3131	백종덕 3134	전학심 3137	계준범 3153	전영의 3157 김영재 3158
	김지연 3105 송원배 3107 윤범일 3106 정진범 3108 백승혜 3110	홍성훈 3114	최길숙 3117 김현지 3118		김현주 3126		전민정 3132	임옥경 3135	배순출 3138	이동곤 3154 이희영 3155	
	김한근 3109										
관리운영직및기타											
FAX	730-9583									780-4165	

국실	송무국														
국장	김용찬 3100														
과	송무2과								송무3과						
과장	이진우 3151								조상연 3201						
계	국제거래	개인1	개인2	개인3	상증1	상증2	상증3	민사	법인1	법인2	국제거래	개인1	개인2	개인3	3심 전담 관리
계장	서영털 3159	뉴봉환 3165	황송대 3168	씽진배 3162	이정로 3171	주승연 3174	임양건 3177	이진혁 3180	이병길 3202	정봉균 3206	송은주 3209	박성기 3212	문경호 3215	홍석원 3218	옥창의 3221
국세 조사관	심정은 3160	김보윤 3166 강상우 3167	박희정 3169 양홍수 3170	추성영 3163			박준성 3178	정의재 3181 김철 3182	서영일 3203	문진혁 3207	구순옥 3210 이은주 3211	이종훈 3213	김규민 3216	손옥주 3219	박동수 3222
	이경숙 3161			이인숙 3164	신철승 3172 이미승 3173	백동욱 3175 우덕규 3176	정민수 3179	김민주 3183		송선용 3208		김은아 3214	송정현 3217	김성희 3220	유정미 3223
								김효동 3204							
관리 운영직 및 기타															
FAX	780-4165								780-4162						

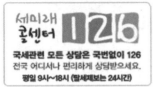

DID : 02-2114-OOOO

국실	송무국			성실납세지원국									
국장	김용찬 3100			박재형 3000									
과	송무3과			부가가치세과				소득재산세과				법인세과	
과장	조상연 3201			박달영 2801				권승욱 2861				이봉근 2901	
계	상증1	상증2	민사	부가1	부가2	부가3	소비세	소득1	소득2	재산	소득지원	법인1	법인2
계장	김상원 3224	권혁준 3227	송지연 3230	노충환 2802	김형래 2812	임준빈 2832	김태석 2842	최용근 2862	민경하 2872	이용범 2882	이유강(4) 2892	이슬(4) 2902	류종성 2922
국세조사관	차진선 3225		이대건 3231	남동균 2803 한성호 2804	김희정 2813 김인수 2814	정인선 2833 진인수 2834	정국일 2843 김보경 2844	채혜정 2863 이동백 2864	노동렬 2873	나민수 2883 박미정 2884 오윤화 2885	허비은 2893 박명하 2894	이상길 2903 강정모 2904 김지연 2905	이선우 2923 박선아 2924 우지수 2925
	박주현 3226	배철숙 3229	윤석 3233 정보근 3234	나경영 2806 이지선 2807 박찬민 2805 박원희 2809	최진영 2815 최현정 2816	박선규 2835 박종태 2836	오도열 2845 김신우 2846 임영신 2847 문형민 2848	이영석 2865 유주민 2866 김창미 2868	고영지 2874 최은영 2875 김원호 2876	임홍철 2886 김찬일 2887 최성호 2888	진한일 2895	민경화 2906 최성균 2907 신봉식 2912	이옥녕 2926 최상연 2927 이남경 2928 박영래 2929 정진환 2930
				오민석 2808	최은미 2818 김지민 2817 정준호('84年生) 2819 최보선 2820	박지수 2837	이현일 2849 김대희 2850 김성환 2851 안진아 2852	정지혜 2867	손병수 2877	박지영 2889 이우진 2890	신성근 2897	강현우 2909 민상원 2910 최서나 2911	유준호 2931 김상은 2932 이선아 2933
관리운영직 및 기타													
FAX	780-4162			736-1501								736-1502	

국실	성실납세지원국							
국장	박재형 3000							
과	법인세과		전산관리					
과장	이봉근 2901		최영호 2971					
계	법인3	국제조세	관리1	관리2		센터1	센터2	센터3
계장	조현선 2942	곽종욱 2952	강기석 2972	정숙희 3002	정보화센터			
					6	강옥희 5302	김영옥 5352	한경덕 5392
국세조사관	김혜경 2943 윤기철 2948 박시용 2950	권혁란 2953 이정민 2954 성아영 2955 정태환 2956	윤영순 2973 임영신 2974 박미정 2975	박애경 3003 박찬경 3004 김용우 3005 박현숙 3006 정현숙 3007 정혜영 3008	6		김희정 5354	
	안혜영 2951 양옥서 2944 이은상 2945 김미영 2946	정중호 2957 이정연 2958 이정은 2959 권민수 2960	권혜연 2976 정진영 2977 황보현 2978	류호민 3009 김수영 3010 강석관 3011	7	김기숙 5304 이연미 5305 길부운 5303 박문영 5307 정현주 5308 이지예 5309 이정숙 5310 예미석 5311 김현정 5312 여경숙 5313 강미경 5314 박재희 5315 유병임 5316 육영란 5317 주성옥 5318 엄명주 5319 박애슬 5320 주정희 5321 김지연 5322 이복자 5323 안유희 5324 이선정 5325 왕금좌	이윤희 5355 김윤경 5357 금태욱 5358 문경옥 5361 전미옥 5362 성혜정 5363 천금미 5364 강형미 5365 조일숙 5366 장인숙 5367 김명환 5368 이은영 5369 배문경 5370 김옥분 5371 이은주 5372 엄영옥 5373 김미영 5374 주명화 5375 이경분 5376 배성연 5377 김연숙('60年生) 어혜경 유제희	이경희 5394 유상윤 5395 한미견 5398 김미희 5400 최금란 5401 주태경 5402 서승숙 5403 오윤이 5404 김영숙 5405 한나영 5406 이현순 5407 정선재 5408 구자율 5409 권묘향 5410 지점숙 5411 이미경 5412 김영미 5413 최종미 5414 김연숙('70年生) 5415 노정애 5416 이순화 5417 백선자 김해숙
	정준호('94年生) 2949 홍성혜 2947	김윤미 2961 송인형 2962 황보주경 2963	김민숙 2979		8		김선화 5353	김경덕 5393
			민정대 2980		9	김시백 5326		
관리운영직 및 기타								
FAX	736-1502							

국실	조사1국									
국장	송바우 3300									
과	조사1과									
과장	김태우 3301									
계	1	2	3	4	5	6	7	8	9	10
계장	정상수 3302	김동욱 3322	오명준 3332	이창훈 3342	김동근 3352	정필규 3362	구성진 3372	정민기 3382	황연실 3392	이배인 3402
반장	김성곤 3303	박준홍 3323	김미정 3333	박경인 3343	노태순 3353	정광륜 3363	한순규 3373	유창성 3383	강세희 3393	임인정 3403
국세 조사관	문민규 3304	박정순 3324 노파라 3325		이규수 3344	김요수 3354	김영환 3364	김현재 3374	박금옥 3384	류지현 3394	이지연 3404
	이현화 3305 김성욱 3306 박병영 3308 윤석주 3309 임지영 3311 김경숙 3312	최가람 3326 마정윤 3327 백종섭 3307	전종상 3334 최재덕 3335 손정아 3336	나진순 3345 이혜영 3346 정재훈 3347	이승호 3355 용옥선 3356 이규웅 3357	남기훈 3365 김정화 3366 오경훈 3367	윤선희 3375 김지은 3376 윤형석 3377	정주영 3385 김희겸 3386	박귀화 3395 안상진 3396	고영훈 3405 김유혜 3406
	김민수 3407 최민경 3314			민경희 3348	박민지 3358	김규희 3368	박광춘 3378	손성임 3387 강은혜 3388	박문수 3397 조송희 3398	한종환 3408
관리 운영직 및 기타										
FAX	736-1505									

세무법인 지음

대표세무사 : 박병수 (前삼성세무서장)

서울특별시 강남구 논현로 85길 35 세하빌딩 5층

전화 : 02-3454-2018　　팩스 : 02-569-2230
이메일 : bspark@jeeum.net　　핸드폰 : 010-8560-5667

ⓢⓓ 산도 세무회계

대표세무사 : 황도곤(前삼성세무서장)

서울시 강남구 강남대로 84길 23, 한라클래식 718호

전화 : 02-730-8001　　팩스 : 02-730-6923
핸드폰 : 010-6757-4625　　이메일 : hdgbang@naver.com

국실	조사1국								
국장	송바우　3300								
과	조사2과								
과장	이정희　3421								
계	1	2	3	4	5	6	7	8	9
계장		배세영 3432	최미숙 3442	신재완 3452	장민근 3462	이병주 3472	이민창 3482	노정택 3492	권오현 3502
반장	장인섭 3423	김용현 3433	정진욱 3443		강동진 3463	김정륜 3473	이경모 3483	이창우 3493	김택범 3503
국세 조사관	홍지연 3424	박수정 3434	서영준 3444		손해원 3464	박미연 3474		강창호 3494	
	김수진 3426 이유정 3425 문정현 3429 강성은 3310	홍영민 3435 이혜진 3436	이주환 3445	이문환 3455 김태우 3456 신상은 3457	박상현 3465 임영은 3466	한주진 3475 서강현 3477	오수현 3484 강동휘 3485 윤홍분 3486	이명재 3495 주희진 3496	정소연 3504 최상 3505 안미나 3506
	고경만 3427 민병걸 3428	박성희 3437 박준용	오영은 3446 송현호 3447	김소리 3458	임지영 3467 남승규 3468	전병진 3478	김현준 3487	백자영 3497	조성용 3507
관리 운영직 및 기타									
FAX	736-1504								

141

세미래 콜센터 126
국세관련 모든 상담은 국번없이 126
전국 어디서나 편리하게 상담받으세요.
평일 9시~18시 (탈세제보는 24시간)

DID : 02-2114-OOOO

국실	조사1국							
국장	송바우 3300							
과	조사3과							
과장	윤순상 3521							
계	1	2	3	4	5	6	7	8
계장	홍용석 3522	김수섭 3532	어기선 3542	박준석 3552	이범석 3562	이명기 3572	윤민정 3582	양석재 3592
반장	원종일 3523	정진혁 3533	유상욱 3543	이정걸 3553	김찬 3563	김두연 3573	이동출 3583	양희국 3593
국세 조사관	이진경 3524	최보문 3534	고형관 3544	이승훈 3554 김영란 3555		임종진 3584		이지현 3594
	손영대 3525 심민경 3526 김성대 3527 나경아 3529	이창오 3535 고강민 3536 배지영 3537	강재형 3545 정미영 3546	이은혜 3556	김광연 3564 김봉재 3565 방은정 3566	권오상 3574 권우건 3575 김은주 3576	김철민 3585 배주환 3586	강남진 3595 류나리 3596
	정용호 3530 강혜지 3528	김동욱	이가향 3547	정보람 3557	백경훈 3567	양홍석 3577	임영운 3587	최강인 3597
관리 운영직 및 기타								
FAX	720-1292							

142

국실	조사2국								
국장	정재수 3600, 3700								
과	조사관리과								
과장	장병채 3601								
계	1	2	3	4	5	6	7	8	9
계장	신래철 3602	박현주 3622	신현석 3632	문정오 3642	조성호 3652	윤재갑 3662	강은호 3672	김은숙 3682	이인선 3692
국세 조사관	선연자 3603 류현수 3604 박정민 3605	박경오 3623 류연호 3624	이영석 3633 김광수 3634	최현진 3643 김은자 3644	고덕환 3653 박가을 3654	하태상 3663 유한순 3664	서민정 3673	유재연 3683 이수미 3684	손병중 3693 하태희 3694
	조은희 3606 권경범 3607 제갈희진 3608 윤미자 3612	김윤미 3625	임현진 3635 고석춘 3636 김성문 3637 추현종 3638	안효진 3645 고경미 3646	강종식 3655 이경아 3656	안미영 3665 신영희 3666 김대중 3667	김민지 3674 박우현 3677 엄준희 3675 조남건 3676	박향미 3685	임근재 3695 노수정 3696
	박혜란 3609 이상훈 3610 김난희 3611	김수연 3626	이슬린 3639	박인규 3647 홍민기 3648	안병현 3657		황은영 3678	김소연 3686	박소영 3697
관리 운영직 및 기타									
FAX	397-8138								

DID : 02-2114-OOOO

국실	조사2국							
국장	정재수 3600, 3700							
과	조사1과							
과장	임상진 3721							
계	1	2	3	4	5	6	7	8
계장	김선주 3722	노구영 3732	최행용 3742	정의극 3752	고광덕 3762	김태윤 3772	이양우 3782	이응기 3792
국세 조사관	정형주 3723 김준곤 3724	장희철 3733	김근수 3743 권정희 3744	김기완 3753 이기주 3754	진병환 3763	문건주 3773	박윤주 3783	이재철 3793
	정호형 3726 김문경 3725 유인혜 3727	이오나 3734 유영욱 3735 박정용 3736 배진근 3737	채규홍 3745 백승학 3746	이진수 3755 정미란 3756	민근혜 3764 김현준 3765 문바롬 3766	김선주 3774 서진수 3775 이태환 3776	조재범 3784 김지범 3785 김민선 3786	이래경 3794 빈수진 3795 전기승 3796
	임성도 3728 김영석 3729	서은주 3738	허은석 3747 안은정 3748	장충규 3757	이애경 3767	양미선 3777	한광희 3787	전병준 3797
관리 운영직 및 기타								
FAX	720-9031							

재무인의 가치를 높이는 변화 '조세일보 정회원'

행정법원 판례를 포함한 20만건 이상의 최신 예규와 판례를 제공합니다.

1등 조세회계 경제신문 조세일보

국실	조사2국							
국장	정재수 3600, 3700							
과	조사2과							
과장	서동욱 3811							
계	1	2	3	4	5	6	7	8
계장	김필식 3812	김태수 3822	양희우 3832	전광준 3842	박순주 3052	소섭 3862	오승준 3812	손상오 3882
국세 조사관	강기헌 3813	김상욱 3823 김진미 3824	윤태준 3833	박주열 3843 이봉열 3844	김주생 3853	김묘성 3863	이국근 3873	유희준 3883 강석종 3884
	장문근 3815 이윤주 3816 구명옥 3817	박웅 3825 최수연 3826	김흥곤 3834 유래연 3835 박두순 3836	송민영 3845 송화영 3846	최규식 3854 유대근 3855 이수연 3856	윤재길 3864 이재성 3865	주범준 3874 김유미 3875 김성욱 3876	안지현 3885
	구태경 3818 이재영 3819	홍진표 3827 박병주 3828	이도혜 3837	권재선 3847	박민원 3857	김별진 3866 정아람 3867	조인정 3877	이장영 3886 이명희 3887
관리 운영직 및 기타								
FAX	3674-7823							

145

광교세무법인 스마트지점(성수역)

대표세무사 : 김대훈 (前 성동세무서장)

서울시 성동구 아차산로 103 영동테크노타워 2층 202호
[성수동2가 300-4]

전화 : 02-462-7301~4   팩스 : 02-462-7305
이메일 : ggsmt7304@naver.com   핸드폰 : 010-4727-7552

세미래 콜센터 126
국세관련 모든 상담은 국번없이 126
전국 어디서나 편리하게 상담받으세요.
평일 9시~18시 (탈세제보는 24시간)

DID : 02-2114-OOOO

국실	조사3국						
국장	4000						
과	조사관리과						
과장	황정길 4001						
계	1	2	3	4	5	6	7
계장	김광민 4002	박재영 4022	김해영 4032	박재원 4052	이남기 4072	김성남 4082	이성일 4102
국세조사관	임희운 4003 김성진 4004 이민용 4005	김성진 4023 김슬기 4024 조주희 4025	이창석 4033 이정아 4034	이승종 4053 박균득 4054 이태경 4059	임혜령 4073 권경란 4074	조성용 4083 최성순 4084 송지은 4085	이병현 4103
	황성훈 4007 김은희 4008 박서현 4009 노경수 4013	임채두 4026 박윤정 4027	정주연 4035 송선태 4036 박은희 4037 최운환 4038 김대준 4039	전지민 4055 소연 4056 서정우 4060	박종민 4075 한미경 4076 임현영 4077 엄기관 4078	표지선 4086 최영봉 4087 이미영 4088 이지연 4089	구민성 4104 김종협 4105
	박민우 4010 김준우 4011	이창남 4028	한선배 4040	배미일 4057 김인중 4061 명현욱 4058	이은미 4079	김현민 4090 변우환 4091	배진경 4106
관리운영직 및 기타							
FAX	738-3666						

국실	조사3국						
국장	4000						
과	조사1과						
과장	박영병 4121						
계	1	2	3	4	5	6	7
계징	막내숭 4122	김진영 4132	이철경 4142	심재걸 4152	이종윤 4162	김태수 4172	전정영 4182
국세 조사관	양광준 4123 김인수 4124	박상정 4133 윤민오 4134	이정민 4143	박옥련 4153	김진경 4163	최원모 4173 김상이 4174	최선우 4183 이선민 4184
	고대홍 4125 권유미 4126 여호철 4127 박정현 4130	김현 4136 박보경 4135	왕훈희 4144 정의철 4146 조승호 4145	임성찬 4154 김보미 4155 송영석 4156	김혜리 4164 신준우 4165 이승철 4166	한은주 4175 이경 4176	권현희 4185
	김기홍 4128 홍정희 4129	배원만 4137	남윤종 4147	임정석 4157		손정빈 4177	남태호 박기태 4186
관리 운영직 및 기타							
FAX	733-2504						

DID : 02-2114-OOOO

국실	조사3국						
국장	4000						
과	조사2과						
과장	전승배 4211						
계	1	2	3	4	5	6	7
계장	이관노 4212	박기환 4222	한만준 4232	염귀남 4242	이슬 4252	최이환 4262	가완순 4272
국세 조사관	서문교 4213 박용진 4214	박종렬 4223 전현정 4224	황찬욱 4233 김은정 4234	김보연 4243	박대현 4253 양현숙 4254	김기덕 4263 이창준 4264	서원식 4273 최병석 4274
	진혜정 4215 김용민 4216 김두성 4217	이상덕 4225 정상민 4226	김성향 4235 최정열 4236	박은화 4244 정명훈 4245	하신호 4255	최인옥 4265	정애정 4275
	홍은결 4218 박윤수 4219	이경진 4227 권혁 4228	김예슬 4237	강은실 4246 전승현 4247	최창호 4256 박수정 4257	정순임 4266 장동환 4267	곽희경 4277 황태문 4276
관리 운영직 및 기타							
FAX	929-2180						

국실	조사3국						
국장	4000						
과	조사3과						
과장	전지현 4291						
계	1	2	3	4	5	6	7
계장	이하곤 4292	백정훈 4302	인병일 4312	오주희 4322	소영탁 4332	남호성 4342	명승철 4352
국세조사관	한기준 4293 김창섭 4294	김용선 4303 양인영 4304	안태진 4313 김태언 4314	신현준 4323	진정록 4333 강인태 4334	최재현 4343 송승미 4344	안정민 4353 김종곤
	신정숙 4295 임규만 4296 이범준 4297	고태영 4305 윤종현 4306	김현정 4315	양철원 4324 진수미 4326 류지혜 4325	채현석 4335 이건호 4336	민혜아 4345	정주인 4355 강진아 4356
	곽지훈 4298 강현웅 4299	장효섭 4307	류승남 4316 공선영 4317	김병현 4327	박혜경 4337	김윤정 4346 홍성천 4347	김경식 4357
관리운영직 및 기타							
FAX	922-5205						

국실	조사4국									
국장	오호선 4500, 4700									
과	조사관리과									
과장	신재봉 4501									
계	1	2	3	4	5	6	7	8	9	10
계장	박세건 4502	양영진 4512	박영준 4522	표삼미 4532	손성환 4542	조상훈 4552	유진우 4562	임정일 4582	박재성 4602	김재형 4612
국세 조사관	김기태 4503 한정희 4504	서유미 4513 김항범 4514	장미선 4523	이평년 4533 윤석배 4534	민희망 4543 김현정 4544	임태일 4553 윤선영 4554	강양구 4563 이수정 4564	신영주 4583	이근웅 4603	권순찬 4613
	이승호 4505 이상식 4506 박선주 4507 도정미 4511	박상준 4515 조희성 4516 심재희 4517	한이수 4524 정수인 4525 문교현 4526 김병휘 4527	김봉찬 4535 윤여진 4536	김철민 4545 정애진 4546 이영우 4547 최민석 4548	이은숙 4555 이동희 4556 이숙 4557	서은숙 4565 황영규 4566 송준승 4567 김경달 4568	최세현 4584 박정섭 4585 김충만 4586 노계연 4587 김대호 4588 손승진 4589 김윤정 4590	김성우 4604 조인혁 4605	김경환 4614 김혜미 4615
	김선장 4508 정수진 4509 정장군 4510	박요나 4518	송안나 4528 황혜란 4529	왕지은 4537 이유리 4538	이성애 4549	김경호 4558	김수일 4569 박미정 4570	오동석 4591 김도은 4592 김민기 4593 이지수 4594	김형욱 4606	김성호 4616
관리 운영직 및 기타										
FAX	722-7119									

국실	조사4국				
국장	오호선 4500, 4700				
과	조사1과				
과장	강역종 4621				
계	1	2	3	4	5
계장	이주원 4622	김상구 4632	장찬용 4642	최창근 4652	송윤정 4672
국세 조사관	허진 4623	추순호 4633 안수민 4634	송영채 4643 이희열 4644	손진욱 4653 이치원 4654	박진원 4673 변재만 4674
	김선미 4625 박준용 4626 박민규 4627 김대영 4628 김용현 4629 권해영 4667	황경희 4635 박성현 배은율 4636 고현호 4637	최동혁 4645 박옥진 4646 이영주 4647	이우석 4655 최희정 4656 윤동규 4657	박경희 4675 홍성일 4676 김도형 4677
	김평섭 4630 김가이 4631	김명열 4638 최아현 4639	위민국 4648	라지영 4658	김기진 4678
관리 운영직 및 기타					
FAX	765-1370				

국실	조사4국							
국장	오호선 4500, 4700							
과	조사2과				조사3과			
과장	김영상 4721				김정윤 4791			
계	1	2	3	4	1	2	3	4
계장	김봉규 4722	박권조 4732	주현철 4742	이방원 4752	이철재 4792	이명진 4802	고임형 4812	김유신 4822
국세 조사관	강우진 4723 안진수 4724	김대현 4733 이정은 4734	임성애 4743 백상엽 4744	김영기 4753	박종경 4793 서은정 4794	홍순영 4803 이옥선 4804	김기환 4813 백영일 4814	강대선 4823 김민준 4824
	최성일 4725 김형수 4726 이선진 4727 최미선 4728 박중근 4729	김동호 4735 김두환 4736 황윤섭 4737	최민희 4745 김태오 4746 강기덕 4747 장해성 4748	진수정 4754 김명진 4755 김동환 4756	전선영 4795 김태균 4797 윤승미 4798 조희원 4830	강성모 4805 여태환 4806	허진 4815 변성익 4816	이지원 4825 김명환 4826 임샘터 4827
	안소라 4730	민차형 4738	정금미 4749	이재용 4757 김미진 4758	정현진 4799 김진환 민새울 4800	손원우 4807 김주혜 4808	심지숙 4817 하남우 4818	성경진 4828
관리 운영직 및 기타								
FAX	762-6751				763-7857			

1등 조세회계 경제신문 조세일보

과	첨단탈세방지담당관					
과장	이성진 2700					
계	1	2	3	4	5	6
계장	이세환(4) 2702	고주석 2712	고주석	서미리 2742	백지선 2752	최장원 2782
국세 조사관	조병준 2703 조호철 2762 박상돈 2704	강하규 2713 민병웅 2714 김광영 2715	신동훈 2723 신영웅 2724 임창규 2725	김영수 2743 최남철 2744 최익성 2745 박은히 2746 송윤호 2747 김상일 원병덕	박재홍 2753 권영희 2754 박안제라 2755 주민서 2756	백경미 2783
	이숙영 2763 전광현 2705 황광국 2707 진희성 2764 안유현 2765 정창우 2767 정미경	최윤영 2716 이강일 2717 엄정상 2718	이경미 2727 오다혜 2728 김동현 2729 최은수 2730 박정건 2731 김수용 2732 심주호 2733 손민정 2734 조용석 2735	정희은 2748 김성은 2749 오명진 김세훈 2750 김원만 김상연 2720 윤상욱 2751 판현미 2721 조원철	박정권 2757 오형진 2758 유현 2759 김태희 2760	안진영 2784 문승진 2785 장희원 2786
	임혜진 2706 정연웅 2708	유연진 2719	이현성 2736 서은철 2737 장영훈 2738 정태경 2739 박대영 2740	임하나 권민정 안소진 김진식	천근영 2761	김수지 2787 김시태 2788
관리 운영직 및 기타						
FAX	549-3413					

세미래 콜센터 126
국세관련 모든 상담은 국번없이 126
전국 어디서나 편리하게 상담받으세요.
평일 9시~18시 (팔세제보는 24시간)

DID : 02-2114-OOOO

대원 세무법인

대표세무사: 강영중

서울시 강남구 논현2동 209-9 한국관세사회관 2층
전화:02-3016-3810　　팩스:02-552-4301
핸드폰:010-5493-4211　　이메일:yjkang@taxdaewon.co.kr

국실	국제거래조사국										
국장	신희철 5000										
과	국제조사관리과								국제조사1과		
과장	김범구 5001								김진우 5101		
계	1	2	3	4	5	6	7	8	1	2	3
계장	김정미 5002	김민 5012	김종국 5022	정규명 5032	고명효 5042	박수현 5052	배일규 5062	장기웅 5072	장재수 5102	계구봉 5112	김민광 5122
국세 조사관	이성호 5003	조준섭 5013 오지형 5015	권진록 5023	김진규 5033 조윤서 5034	한경화 5043	최혜진 5053 이여울 5054	김수원 5063 김동환 5064	권순대 5073 이경화 5074	최영수 5103 이세연 5104	손상현 5113	이종우 5123 장준재 5124
국세 조사관	최현옥 5004 한정희 5005 도상옥 5006 장동주 5014 차선영 5009	이창준 5016 강유나 5017	신상일 5024 정혜진 5026	김명희 5035 연지연 5036	이미라 5044 송진미 5045 최명준 5046	우주원 5055 김남준 5056	김나연 5065 김호준 5066 김영찬 5067	강하영 5075 안승용 5076	김완수 5105 최연수 5106 한송이 5107 송청자 5109	김희정 5114 모두열 5115 황아름 5116	금현정 5125 최지아 5126 최수빈 5127
국세 조사관	정주희 5007 여진임 5008		문순철 5027	현소정 5037	현재민	이송화 5057 김기현 5058	김재성 5068	이현아 5077 오세혁 5078	장혜미 5108 남창환 5110	박준명 5117 김하림 5118	홍수현 5128
관리 운영직 및 기타											
FAX	739-9832								3674-5520		

국실	국제거래조사국									
국장	신희철 5000									
과	국제조사1과				국제조사2과					
과장	김진우 5101				최종열 5201					
계	4	5	6	7	1	2	3	4	5	6
계장	오정근 5132	이상익 5142	정일선 5152	홍재필 5162	진선조 5202	오성철 5212	전명진 5222	김정흠 5232	최재현 5242	김중헌 5252
국세 조사관	오희준 5133 김혜영 5134	조홍기 5143 이안나 5144	강새롬 5153 권영승 5154	박미란 5163	김은정 5203 조용수 5204	이석재 5213 최경원 5214	박찬웅 5223 권종욱 5224	이도경 5233	윤설진 5244	형성우 5253 김민영 5254
	김영환 5135 신희웅 5136 김혜린 5137	김상훈 5145	윤길성 5155	이재성 5164 조아름 5165	김병기 5205 김국진 5206 엄정임 5207 정세윤 5210	최종태 5215 신미라 5216	황은미 5225 설재형 5226 송진희 5227	윤명준 5234 서승원 5235 홍수옥 5236 이은정 5237	심아미 5245 정석규 5246 임강욱 5247	박원균 5255 최은혜 5256
	유용근 5138	남송이 5146 박성애 5147	박세진 5156 곽영경 5157	안진환 5166 차유라 5167	심상미 5208 이은비 5209	박형배 5217 장서라 5218	이수정 5228	이중승	백승희 5248	윤성열 5257
관리 운영직 및 기타										
FAX	3674-5520				3674-7932					

강남세무서

대표전화: 02-5194-200 / DID: 02-5194-OOO

서장: **구 상 호**
DID: 02-5194-201~2

학동 사거리　　　　　　　영동대교 남단 →
영동고등학교
언북초등학교
강남구청역 4번출구　삼성래미안 청담3차APT　강남세무서 NTS　청담역 8번출구

주소	서울특별시 강남구 학동로 425(청담동 45번지) (우) 06068			
코드번호	211	계좌번호	180616	사업자번호 120-83-00025
관할구역	서울특별시 강남구 중 신사동, 논현동, 압구정동, 청담동		이메일	gangnam@nts.go.kr

과	체납징세과				부가가치세과		소득세과		재산세1과	
과장	김영정 240				조범기 280		한예환 360		하병호 480	
계	운영지원	체납추적1	체납추적2	징세	부가1	부가2	소득1	소득2	재산1	재산2
계장	정미경 241	홍규선 601	안규상 621	유은숙 261	노인섭 281	배옥현 301	정오현 361	최미옥 381	이창곤 481	강탁수 501
국세조사관						김종현 302			신중현 483	이선하 503 김선일 247
국세조사관	변정기 242 이영주 243 이정화 618	구자옥 602 장소영 603 곽진후 605 진정호 604	전훈희 622 김성선 623 박현정 624	홍찬희 262 박경애 263	이수안 282 채혜숙 283 탁정미 258 김난경 284 홍승범 285 이난영 299	유봉석 303 이주환 304 장혜주 305 조용석 306	이명건 362 최원준 363 남용희 377	홍미숙 382 여원모 383 문정희 384	진민정 484 최윤서 482 서용준 485 박은선 495	정승원 502 정은선 505 이승호 504
국세조사관	정지은 244 남수진 246 박종현 617	강현주 607 박재성 608 박광덕 609	강정구 625 주성용 626 최인규 627 김희애 628	안가혜 264 정승희 265	이권승 308 김일하 김수경 287 박서연 288 이여진 289	노미선 311 백설희 307	이미경 364		전아라 486	이해섭 507
국세조사관	최봉렬 245	김용호 610	안진모 629 주영석 630		이지수 290 김민주 291	장민경 309 최현영 310	박진우 365 우정화 366	유소열 385 이혜승 386 임지민 387	박혜신 487	편나래 506
관리운영직 및 기타										
FAX	512-3917				546-0501, 0502		546-3175		546-3178	

대원 세무법인

대표세무사: 강영중

서울시 강남구 논현2동 209-9 한국관세사회관 2층
전화:02-3016-3810　　팩스:02-552-4301
핸드폰:010-5493-4211　　이메일:yjkang@taxdaewon.co.kr

과	재산세2과		법인세1과		법인세2과		조사과			납세자보호담당관	
과장	김시영 540		지영한 400		이운형 440		고상범 640			김미경 210	
계	재산1	재산2	법인1	법인2	법인1	법인2	조사관리	조사	세원정보	납세자보호실	민원봉사실
계장	안진술 541	노기항 561	공효정 401	김선한 421	이문수 441	김소희 461	구상모 641	이준혁 651 백성태 654	박기정 691	임재범 211	박희자 221
국세조사관		조상현 562 김대환 563	신종훈 402	김인석 422	조수현 442		최소영 642	김정운 657 김소연 661 강명부 662 김선정 660 문지혜 668		박성준 212	
	안수정 542 김희윤 543 조정진 548 김현진 544 양동규 547 김동직 545	조재평 564	박명희 403 이진희 404 김해서	임병수 423 김미정 424	박정희 443 안신영 446 문홍규 445	김윤정 462 신주령 463 김현우 464 오세찬 465 김은애 467	성준희 643	이은경 669 윤지혜 658 심지은 666 천영수 663 김준기 645 권우택 652 송유승		이지선 213 임진호 214	정미선 224 유정훈 223 서금석 225 장선희 223 정세연 223
	김대현 546	신현영 565	조영탁 406	김세령 425 유두현 426	나영주 447		오창은 644	조유흠 667 강민호 671 고혁준 655 김미례 653 신지우 656	곽혜원 694 양기현 693	하상철 215 최정희 217	안미라 226 곽새미 222 신다은 223
		오자영 566 이소정 567	황성필 407 최인아 408	이시은 427 임수민 428	이윤경 448 송현수 449	윤정민 468		노영배 659 최효영 664			김진아 231 이동열 227 김영재 228 최인혜 229
관리 운영직 및 기타											
FAX	546 -3179		546-0505		546-0506		546-0507			546 -3181	546 -3180

강동세무서

대표전화: 02-22240-200 / DID: 02-22240-OOO

서장: **이 승 원**
DID: 02-22240-201, 202

강동역 (2번출구)
한림대학교 강동성심병원
강동세무서 NTS
길동역 1번출구
상일IC·하남 →
천호사거리 ←
둔촌역 ↓

주소	서울특별시 강동구 천호대로 1139(길동, 강동그린타워) (우) 05355				
코드번호	212	계좌번호	180629	사업자번호	212-83-01681
관할구역	서울특별시 강동구			이메일	gangdong@nts.go.kr

과	체납징세과			부가세과		소득세과		법인세과	
과장	박은경 240			정서진 280		전순호 360		박병인 400	
계	운영지원팀	체납추적팀	징세팀	부가1	부가2	소득1	소득2	법인1	법인2
계장	김종삼 241	원한규 601	김나나 261	이지영 281	이준석 301	박은주 361	신남숙 621	김선봉 401	이진균 421
국세조사관		김정연 602		안정미 295			박태구 221	장연근 402 홍지성 403	홍미라 422
	최은영 242 박성섭 666	김지혜 603 김봉희 604 이은영 605 류순영 606 이상훈 607	이평호 262 이효주 263 박은혜 265	류경아 282 김재형 283 박소희 284 김지혜 285	심연택 302 문여리 303 박상봉 564 김명희 305 김은영 306 양소영 295	이재향 362 황인주 363 홍영선 365 김윤희 366 박금지 김덕진 296	엄청분 623 김인숙 625 박민주 626 박은경 296	김희숙 404 김순근 410	봉준혁 424
	김희정 243 김우성 244 김정현 229 이상천 667	이윤미 609 박유미 608 정강미 610 김형태 611 서동우 612	정유리 264	한수은 286 박인희 287 이용우 288 박은지 289	백두열 307	이미영 367 김나은 368	김은진 627 김선경 628 김혜원 624	엄영진 406	남은영 425
	심수빈 245 최기웅 246	장지우 614		이장훈 290 박미희 291	송지아 308 김연희 309 박수민 310	김한조 369 황신원 370 송지훈 371	심상희 622 최정민 629 백태훈 630 장영애 631		
관리 운영직 및 기타									
FAX	2224-0267			489-3253		489-3255~56		489-4129	

과	재산세과			조사과			납세자보호담당관	
과장	류동현 480			정재영 640			최용복 210	
계	재산1	재산2	재산3	조사관리	조사	세원정보	납세자 보호실	민원봉사실
계장	강소라 481	이정미 501		배은주 641	임수정 651 김규환 652 박규송 653	안동섭 691	김용철 211	
		김도경 502	김율희 522				주세정 212	
국세 조사관	김경희 483 김난형 484 김진곤 485 노현선 486 조영순 489 박정은 550	은지현 503 정원호 504 오주희 505	이영주 523 김현옥 524	류효상 김성욱 642 윤선화 643	최영학 654 임종민 655 김우정 656	정철 692 김대원 693	이대식 213 이우석 214	채용문 222 김차남 223 김혜숙 228
	유주만 488	박순애 507 최여은 550	함지훈 525	김미정 644 박효진 645	이경옥 657 김태은 658 조혜진 659 김문기 660			강현주 224 김수정 225
	변혜림 487	김호진 506	최종호 526 김민경 527		조연주 661 이은희 662 이경은 663			이병수 227 이성욱 226
관리 운영직 및 기타								
FAX	489-4166			489-4167			489-4463	470-9577

159

강서세무서

대표전화: 02-26304-200 / DID: 02-26304-OOO

서장: **박 종 태**
DID: 02-26304-201

신방화역 / 마곡나루역
마곡힐스테이트 아파트 / ●공항초등학교
●공항중학교 / 강서세무서 NTS
송정역 / 마곡역

주소	서울특별시 강서구 마곡서1로 60(마곡동 745-1) (우) 07799				
코드번호	109	계좌번호	012027	사업자번호	109-83-02536
관할구역	서울특별시 강서구 전체			이메일	gangseo@nts.go.kr

과	체납징세과				부가가치세과		소득세과	
과장	이은용 240				박상식 280		김영동 360	
계	운영지원	체납추적1	체납추적2	징세	부가1	부가2	소득1	소득2
계장	김성준 241	이재상 601	김형준 621	정정자 261	김진수 281	유순복 301	이병철 361	박정임 381
국세 조사관		김명자 221		함영삼 262	안형진 282	이용석 302 김완범 303 오해정 368		
	김동원 242 남전우 592	소영석 603 천명선 604	전미영 622 장재훈 623 안은경 624	박정순 263 김경희 264 박옥희 265	이수련 283 김지훈 402 홍세진 284 이원도 368 윤순옥 285 박재현 286 조우숙 295	윤미경 304 백유림 305 천경필 306 임태호 307 임엽 404	홍정민 362 김영옥 363 임효선 364 최은영 365	박경수 382 윤진희 383 박원영 384 이진호 385 이민지 386
	임수진 243 박근식 244 임유화 245 이류기 246	정형진 605 김예린 606 김현경 607	이묘환 625 박희진 626 홍국희 627		안연찬 287 김민지 288	최성미 309 이지혜 310	김정은 366 최윤미 367 이재욱 368	
	나수정 247 유한웅 594	여호종 608 윤창용 609	손상익 628 김혜정 629		조하나 289 민윤식 290 김민아 291 이재열 292	김건호 311 백현기 312 진재경 313 곽민정 314	최익영 368 박준영 368 이승현 369 홍은기 370 김지혜 371 최지수 372	이윤주 390 차원영 387 김경록 388 양지상 389 배상철 391
관리 운영직 및 기타								
FAX	2679-8777				2671-5162	2068-0448	2679-9655	2068-0447

5년간 쌓아온 재무인의 역사를 돌려드립니다 '온라인 재무인명부'

수시 업데이트 되는 국세청, 정·관계 인사의 프로필과 국세청, 지방청, 전국세무서, 관세청, 유관기관등의 인력배치 현황을 볼 수 있는 온라인 재무인명부

과	재산세과			법인세과		조사과			납세자보호담당관	
과장	최순용 480			박재성 400		이병만 640			유하수 210	
계	재산1	재산2	재산3	법인1	법인2	조사관리	조사	세원정보	납세자보호실	민원봉사실
계장	이재원 481		류중성 521	정운형 401	김승일 421	심종숙 641	염지훈 651	최병국 691	오태진 211	
	민현순 482	강흥수 502	김종식 522	조성리 501 정현숙 234	김우진 422					채송화 224
국세조사관	허세욱 483 이승훈 484 손정욱 485	윤난영 503 김수지 504	권정운 523 김대윤 524 박소민 528	신경아 403 김창근 405 강방숙 411	안지혜 423 이윤형 424 이동광 425	김정숙 643 조원준 644	조성목 654 김형일 657 김영일 658 최형석 660 정규호 663 김진웅 655 김병진 652		신은정 212 전민재 213 송지혜 214	김태윤 223 박선례 225 황규형 226
	박진희 486 윤혜숙 김용정 487	허지연 505	윤정미 525 안정훈 526	김정훈 406	박가은 426		윤병진 664 김형석 661 서승혜 656 방형석	최용우 693	김재현 215	김혜정 222 이정민 227 박경화 228 이민영 229
		김혜원 506 이원익 507	송찬양 527	김유진 407 최웅 408	김민석 427	김혜빈 645	박소희 659 김나연 653 오은지 662 김선정 665		전미애 216	이채연 308 김도현 231 김수진 233
관리 운영직 및 기타										
FAX	2634-0757	2634-0758	2634-0757	2678-3818		2678-6965			2678-4163	2635-0795

관악세무서

대표전화: 02-21734-200 / DID: 02-21734-OOO

서장: **주 효 종**
DID: 02-21734-201

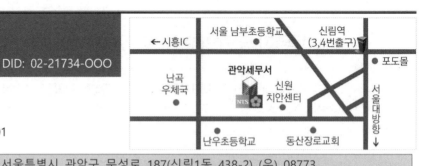

주소		서울특별시 관악구 문성로 187(신림1동 438-2) (우) 08773			
코드번호	145	계좌번호	024675	사업자번호	114-83-01179
관할구역		서울특별시 관악구 전체		이메일	

과	체납징세과			부가가치세과		소득세과	
과장	성승용 240			조가람 270		오인섭 340	
계	운영지원	체납추적	징세	부가1	부가2	소득1	소득2
계장	이찬주 241	이동남 601	정미원 261	유인철 271	최창경 291	정현중 341	이금란 361
국세 조사관		황규홍 602	최미순 268				노아영 362
	김기훈 242	손동영 603 양미선 604 박영임 605	조숙연 262	김익환 272 정상덕 273 김병윤 274	김미경 292 김승환 293 정해천 294 권민지 295 한보경 296 송다은 297	노재호 342 김윤정 343 윤영훈 344 박경복 379 박가희 345	신동혁 363 이민순 364 강금여 365
	김새미 243 진근식	이희영 606 김태훈 607 서운용 608		박선민 275 최용민 276 김윤미 277	이송향 298	오덕희 350 김광미 346 이연호 347	박정민 366 백승윤 367 감동윤 368
	박정화 245 이재원 246 최상혁	박소미 609 강가윤 610 이찬 611 양윤모 612	최고은 263	이화영 278 최유림 279 장혜미 280 이다훈 281	강수빈 299 서미래 300 오철민 301	박정임 348 김동환 349 최인석 351	고경미 370 최준기 371 김대희
관리 운영직 및 기타							
FAX		2173-4269			2173-4339		2173-4409

과	재산법인세과			조사과			납세자보호담당관	
과장	맹충호 460			노동승 640			연제민 210	
계	재산1	재산2	법인	조사관리	조사	세원정보	납세자 보호실	민원봉사실
계장	이희경 461	이우성 481	이세주 531	정창근 641	곽윤희 651 이재강 654 오주영 659	김규인 681	김상길 211	박현종 221
		이미선 482	이승구 533			윤명희 682		
국세 조사관	송인옥 462 김종현 463 현승철 464	이춘근 484 강성권 483 허진화 486 윤혜숙	이광연 534 정봉훈 535	강병순 642	김정란 653 이재복 655	주용호 683	송종범 류한상 212 이은선 213	이수정 222 김병수 223
	최윤영 466 현우정 465	최은경 485	박수현 536 문종빈 537 전미례 538	최영현 643	김다현 661 이충섭 652 황창연 656 한성일 662		이영희 214	공기영 225 김효진 226
	박경림 468 한예슬 469	김은경 487		정명교 645				백관무 227 박정연 228 정미경 224
관리 운영직 및 기타								
FAX	2173-4550			2173-4690			2173- 4220	2173- 4239

구로세무서

대표전화: 02-26307-200 / DID: 02-26307-OOO

서장: **이 태 호**
DID: 02-26307-201

주소	서울특별시 영등포구 경인로 778(문래동 1가) (우) 07363				
코드번호	113	계좌번호	011756	사업자번호	113-83-00013
관할구역	서울특별시 구로구			이메일	guro@nts.go.kr

과	체납징세과				부가가치세과			소득세과	
과장	최영호 240				안영선 280			손상영 360	
계	운영지원	체납추적1	체납추적2	징세	부가1	부가2	부가3	소득1	소득2
계장	이강연 241	이용식 601	김지성 621	박옥주 261	황상욱 281	한석진 301	김규성 321	류진 361	나정주 381
국세 조사관		박범진 602		이애랑 269		정윤미 302		김은숙 395 조상윤 362	조준 382
	유향란 242 최승택 244 구미선 243 박경숙 246	신명수 603 강규철 604 김효진 605 송종호 606	윤주영 622 김익왕 623 임형철 624 이이네 625	이희진 262 김지혜 263	주기환 282 박순희 283 김은령 284 남정화 291	김윤경 303 정하늘 304	정기선 322 이소정 323 전우찬 324	김병찬 363 김윤영 364 김혜정 365	정기선 383 허혜정 384 박선영 385
	주정숙 650	한소라 607	정경화 626 이성혜 627	노영희 264	이정훈 285 정유진 286 박혜진 340 장예지 287	강나영 305 강정규 306 안성민 307	천승범 325 최희숙 326 이혜인 327	김민우 366	김선윤 386 최정영 390
	송종훈 245 정현우 247 도기원 591 심희열 595	임유진 608 김혜윤 609	빈효준 628		이주협 288 박종호 289 정석훈 290	오푸른 308 남호진 309	장연주 328 한혜빈 329	한충열 367 황희상 368 정지영 431 정혜림 369 고병찬 370	안수정 387 이명수 388 이윤정 389
관리 운영직 및 기타									
FAX	2631-8958				2637-7639	2636-4913		2634-1874	2636-4912

과	재산세과		법인세과		조사과			납세자보호 담당관	
과장	김동영 480		김홍렬 400		김성일 640			박성전 210	
계	재산1	재산2	법인1	법인2	조사관리	조사	세원정보	납세자 보호실	민원 봉사실
계장	송민수 481	서현문 501	박윤정 401	유성영 421	이근석 641	이유원 651 주경탁 654 최재철 657 최완규 661	고미숙 691	김영종 211	강진영 221
국세 조사관	강태욱 482 이진영 483	배현우 502	정한신 402	신안수 422	변정 642				
국세 조사관	윤영경 484 문보라 485	박형우 503 정난영 504	김명신 403 이자연 404 이성호 405 이민재 406 김명주 407	최영호 423 이우근 424 이진아 425 문미경 426	정혜영 643	이형원 664 김경희 652 김자현 662	이준규 693 한윤정 694	송도관 212 오배석 213 정미화 214 한아름	이광재 222 박혜경 231 손미량 229 오경자 223 이나영 224
국세 조사관	김남희 486 이연실 487 장민영 489	윤소라 505 임정호 506	박자영 408 조정훈 409	이선희 427 권현신 428 황유성 429	이유선 645	나종현 665 이미진 666 이은제 658 서진호 656 김경업 663 윤현경 655		구선영 215	김보영 233 안성은 225 김수경 230 강유미 228
국세 조사관	이유빈 490 이병만 491	전지원 507	이승희 410	구훈모 430		임진화 660 신유경 653			홍성옥 223 이진아 233 최호윤 227
관리 운영직 및 기타									
FAX	2636-7158		2676-7455	2679-6394				2632-7219	2631-8957

금천세무서

대표전화: 02-8504-200 / DID: 02-8504-OOO

서장: **이 창 기**
DID: 02-8504-201

주소	서울특별시 금천구 시흥대로152길 11-21(독산동) (우) 08536 조사과 : 서울특별시 관악구 남부순환로 1369 (신림동) 관악농협 하나로마트 5층 (우) 08537						
코드번호	119	계좌번호	014371		사업자번호	119-83-00011
관할구역	서울특별시 금천구				이메일	geumcheon@nts.go.kr

과	체납징세과			부가가치세과		소득세과	
과장	배정현 240			신미순 280		김삼용 320	
계	운영지원	체납추적	징세	부가1	부가2	소득1	소득2
계장	남영우 241	김동원 601	변성미 261	조형석 281	현복희 301	김현태 321	신옥미 341
국세 조사관			유기무 262	변동석 282	김영웅 305 박민정 302		
	박용우 242 염훈선 243 변유경 248	이현희 214 이성수 602 이정로 603 김주수 604 이영빈 605 홍승표 606 박연주 607	배주현 263	유명옥 283 송기원 284	김제은 303 함광주 304 신동규 309	이강윤 322 이동한 323	최남원 342 김용수 343
	김수경 244 김동완 595 김대권 595	임태윤 608 김연주 609 나한결 610	변가람 264 박유리 265	정안석 296 곽동윤 285 김은희 286 이주선 287	김은혜 306 윤수열 307 장일영 308	유혜란 324	홍정표 344
	이규태 245 김준 246	김영한 611 노은호 612		황순호 288 김유진 289	조연정 309	김나래 325 정영균 326	유진아 345 김세린 346
관리 운영직 및 기타							
FAX	861-1475			865-5504		850-4359	

세림세무법인

대표세무사 : 김창진

서울시 금천구 시흥대로 488, 701호(독산동, 혜전빌딩)

1본부(701호) T. 02)854-2100 F. 02)854-2120
2본부(601호) T. 02)501-2155 F. 02)854-2516
홈페이지: www.taxoffice.co.kr 이메일: taxmgt@taxemail.co.kr

과	재산법인세과			조사과			납세자보호담당관	
과장	이창훈 400			이중호 640			양해준 210	
계	재산	법인1	법인2	조사관리	조사	세원정보	납세자보호실	민원봉사실
계장	전경란 481	이병준 401	김선도 421	유환문 641	정영진 656 김유군 661 이진우 651 유수권 681 장창복 671	이영옥 691	최용규 211	황용섭 221
			김정숙 422				이주한 212	
국세 조사관	문병남 483 황정화 484 이수정 485 오승준 486 고미량 487	김병준 402 김성표 403 이준우 404 최설희 405	이수란 423 나덕희 424	황서진 642 김미연 643	강은영 652 박성일 657	정혜윤 692	김경희 213	신숙희 222 이기헌 223
		지성은 406 이선민 407 오현섭 408	김기선 425 최재영 426 최순희 427 구재효 428		박정연 672 조한영 682 지원민 662			강은실 227 박숙영 224 한정아 225
	심윤보 488 곽유일 489 박승호 490	이묘진 409 박혜미 410 김보미 411 최수인 412	조대훈 429 경지은 430 임규성 431		임미송 653 김선아 658 이지은 663			장서윤 228 이은희 226 윤지원 229
관리 운영직 및 기타								
FAX	865-5565			855-4671			865-5532	865-5537

남대문세무서

대표전화: 02-22600-200 / DID: 02-22600-OOO

서장: **양 정 필**
DID: 02-22600-201, 202

주소	서울특별시 중구 삼일대로 340(저동1가) 나라키움저동빌딩 (우)04551				
코드번호	104	계좌번호	011785	사업자번호	104-83-00455
관할구역	서울특별시 중구 중 남대문로 1·3·4·5가, 을지로 1·2·3·4·5가, 주교동, 삼각동, 수하동, 장교동, 수표동, 저동 1·2가, 입정동, 산림동, 무교동, 다동, 북창동, 남창동, 봉래동 1·2가, 회현동 1·2·3가, 소공동, 태평로 1·2가, 서소문동, 정동, 순화동, 의주로 1·2가, 중림동, 만리동 1·2가, 충정로 1가		이메일		namdaemun@nts.go.kr

과	체납징세과			부가소득세과			재산법인세과	
과장	백승원 240			이석동 280			배인수 400	
계	운영지원	체납추적	징세	부가1	부가2	소득	재산	법인1
계장	김진호 241	최환규 601	김민선 261	정태경 281	황준성 301	구옥선 321	유은주 481	김병래 401
국세조사관			이성경 262	유성엽 282	김수진 302			김광수 402
	양미덕 246 함상율 593 장서영 243	이진주 602 전희경 603 김미옥 604	신은주 263	박영식 283 오선지 284	주동철 303 도영림 308	김선주 322	고승모 482 윤미희 486 정대영 483	윤점희 403 유동균 404 나진희 411
	윤소윤 244	이환수 605 박대윤 606 김홍래 607 이지희 608 손국 609	조미애 267	이영경 285 김다원 286	김효정 307 김상호 304	윤선민 323 조성익 324 고아영 325	정소연 484	조미영 405 함지영 406 조현진 407
	정해진 245 이창희 247 이재영 248	이용권 610 오대철 611		조인영 287	이준희 305 이지연 306		박미나 485	신동훈 408 이혜민 409
관리 운영직 및 기타								
FAX	755-7114	755-0132	755-7132	755-7145			755-7714	

과	재산법인세과		조사과			납세자보호담당관	
과장	배인수 400		홍혁기 640			박동철 210	
계	법인2	법인3	조사관리	조사	세원정보	납세자보호실	민원봉사실
계장	이덕화 421		송희성 441	강인혜 651 배성호 654 이응석 671 양태식 674	김주애 691	박선희 211	서숙은 221
국세 조사관	유극종 422						안현록 223 이보현 224 김선화 225
	박미영 423 김숙기 424	장은정 442 최영준 213 신미선 443 허소미 444	서재필 642 이현 643 유희정 644	구우형 657 이응찬 652 황한수 675 황성연 672 차지현 655	김연신 692 김한결 693	김준수 212 이혜은 214	
	이혜란 425 김안나 426 심지섭 427 이민지 428	금잔디 445 박지희 446		이근희 658 박지혜 673 조민석 656			
	허지연 429	복권일 447 김별나 448		김아름 676 임동영 653 백은실 659 박주연 677			김재현 227 주아람 226 진성민 228
관리 운영직 및 기타							
FAX	755-7714		755-7922			755-7903	755-7944

노원세무서

대표전화: 02-34990-200 / DID: 02-34990-OOO

서장: **이 상 걸**
DID: 02-34990-201

주소	서울특별시 도봉구 노해로69길 14(창4동 15) (우)01415					
코드번호	217	계좌번호	001562	사업자번호	217-83-00014	
관할구역	서울특별시 노원구 전지역, 도봉구 중 창동			이메일	nowon@nts.go.kr	

과	체납징세과				부가가치세과		소득세과	
과장	박주담 240				이명섭 280		강연성 360	
계	운영지원	체납추적1	체납추적2	징세	부가1	부가2	소득1	소득2
계장	어명진 241	윤희관 601	박정곤 621	조정화 261	하명림 281	심규연 301	지은섭 361	박성호 381
국세 조사관					안병옥 282	윤동석 302	곽동대 362	김선율 382
	이미경 242 김현지 243 이형섭 244 오현순 550 유장혁 593	신정환 602 권교범 603 허형철 604 김은화 605 조은정 606 김대연 607	김상목 622 김문영 623 정미경 624 강석순 625	복은주 262 윤은숙 263 서정이 264	서정연 283 홍지화 284 한창규 285 홍진국 286	이지연 399 김진수 311 박영민 303 김민경 304	배상미 363 최기웅 364 이미영 365 김경선 366 이호연 367 김향숙 374	문광섭 383 양희정 384 이수인 385 정경란 386 이유진 387
		한지숙 608	이준표 626		이정윤 287 류기현 288 안모세 289 남영철 290 정일범 291	이효정 305 김미영 306 유환성 307	최은애 368 권세혁 369 이경아 399	유지영 388 제갈융 389 김채윤 390 백선주 391
	김지현 245 김세현 246	김수민 609 정상열 610	박용업 627		임소연 292 김규리 293	이진문 308 이지은 309 윤세진 310	김혁 370 윤소영 371 홍문기 372 이애신 373	김영호 392 이은정 393 이은아 394 한승완 395
관리 운영직 및 기타								
FAX	992-1485				992-0112		992-0574	

170

과	재산법인세과				조사과			납세자보호담당실	
과장	장영란 400				김문훈 640			윤종상 210	
계	재산1	재산2	재산3	법인	조사관리	조사	세원정보	납세자보호실	민원봉사실
계장	정승렬 481	강희웅 501	김종헌 521	박준서 401	정광일 641	김성열 651 백순복 654		채용찬 211	남궁재옥 221
국세조사관	윤선익 482	김광록 502	이탁수 522	이동현 402					박현숙 223
국세조사관	정주현 483 조성수 486 이지혜 484 이미정 411	곽병길 503 서명진 504	박승문 523 최현 524	김민수 403	심현희 643 배종섭	박승호 657 두준철 652 이동구 660 박은정 655	박정언 692	이지현 213 서승현 214 박은정 215	김지윤 228 박지연 224 문혜정 227
국세조사관	이창언 488 이창흠 485	김민지 505 김미경 506	박상미 528 이원나 525 임수연 526	김수경 404 김희정 405 김미림 406	박영란 642 박신해 644	이동규 658		박현경 212	변금수 230 안진성 238 최선희 226
국세조사관	권순엽 487	김희지 507 이상미 508	김세빈 527	배성진 407		박한나 653 김성현 661 이주경 659 박은서 662 용승환 656			이승주 230 박성하 225 정지문 229
관리운영직 및 기타									
FAX	992-0188		992-2693		992-2747			992-0272	992-6753

도봉세무서

대표전화: 02-9440-200 / DID: 02-9440-OOO

서장: **권 순 재**
DID: 02-9440-201

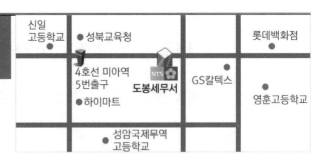

주소	서울특별시 강북구 도봉로 117 (송천동 327-5) (우) 01177					
코드번호	210	계좌번호	011811		사업자번호	210-83-00013
관할구역	서울특별시 강북구, 도봉구 (창동 제외)				이메일	dobong@nts.go.kr

과	체납징세과			부가가치세과		소득세과	
과장	권오준 240			박종오 280		류장곤 360	
계	운영지원	체납추적	징세	부가1	부가2	소득1	소득2
계장	김소연 241	양동원 601	박정우 261	정병록 281	이정희 301	박삼채 361	서성일 381
국세조사관		이지선 602	권미영 268	전정훈 282	성기동 302	양미영 362	
국세조사관	이성훈 242 유순희 243 황숙현 248 황계숙 258	유후양 603 정동환 604 한승욱 605 송설희 606 원정일 607 임금자 608	임미영 262	김영아 283 김의중 292 박선용 284 황혜정 285	권미경 303 정경순 313 김경익 304 김지선 305	박송복 363 엄익춘 364 김성수 365 최연희 366 한혜란 375	김원필 382 이수란 383 윤민수 384 김혜진 385
국세조사관	고경수 244 박민우 245 하륜광 595	김보라 614 양미숙 609 조해영 610 하태연 611	이보배 263	유소정 286 이찬무 287 이명행 288	이연정 306 전화영 307 최재림 308	최진원 367 최효선 368 민으뜸 369	송알이 386 손명 387 김선진 388
국세조사관	박지훈 595	김가연 612 류유선 613	이효정 264	장두영 295 김영기 289 이승민 290 권예지 291	최범식 309 박혜진 310 유정현 311 박진희 312	신채영 370 한창우 371 김슬기 372	김경하 389 조선희 390 오주한 391 원시열 392
관리운영직 및 기타							
FAX	944-0247	944-0249		945-8312		987-7915	

1등 조세회계 경제신문 조세일보

과	재산법인세과			조사과			납세자보호담당관	
과장	김병로 400			박애자 640			이용만 210	
계	재산1	재산2	법인	조사관리	조사	세원정보	납세자 보호실	민원봉사실
계장	한상민 481	조판규 501	이상훈 401	이성 641	정상술 651 서경철 658 김상근 655	길익찬 691	이선미 211	김시욱 221
국세 조사관		김수영 502 강준원					김순중 212	
	박복영 482 안혜숙 484 김성향 483 김은정 485 윤미숙 415	황정미 504 김경원 505	심상우 402 유진희 403 김은경 404 김현숙 405	김영옥 642 안은주 643	이승필 659 권대식 652 최운식 656	이존열 692	홍강훈 214	이세정 222 박선희 223 박마래 224 김정미
	최수연 486		정남숙 406		표선임 657 변지현 653 윤태경 660		이지수 213	박소연 226
	정현진 487 강민정 488 이윤재 489	송명림 506 이가연 508 원상호 509 김남희 507			이주선 661			김혜영 224 심지은 227 정현숙 225 김효상 228
관리 운영직 및 기타								
FAX	945-8313			984-8057			984-6097	945-6942

동대문세무서

대표전화: 02-9580-200 / DID: 02-9580-OOO

서장: **박 진 하**
DID: 02-9580-201

주소	서울특별시 동대문구 약령시로 159 (청량리동 235-5) (우)02489					
코드번호	204		계좌번호	011824	사업자번호	209-83-00819
관할구역	서울특별시 동대문구				이메일	dongdaemun@nts.go.kr

과	체납징세과			부가가치세과		소득세과	
과장	한상교 240			김용식 280		김덕원 360	
계	운영지원	체납추적	징세	부가1	부가2	소득1	소득2
계장	최태규 241	권오평 601	임정미 261	김현보 281	서명남 301	김성묵 361	황호민 381
국세조사관				이지선 141 윤선기 282	박준규 302 이주희 303 이길채 312	김태연 362	윤현숙 382 이정희 383
국세조사관	이선경 242 김주애 247 최창순 592 강장욱 591 이경애 600	이정학 602 오은경 603 전인향 604 이금조 605 정원영 606 양송이 607	홍주현 262 이미혜 175	문형빈 283 김동희 284 조준모 285 고상현 286 김정미 287	문미라 304 한예숙 305 이상헌 306	홍정민 363 최문석 364 오근선 372	윤순녀 384 장혜경 385 김선영 386
국세조사관	황순희 243 김두희 244	정형준 608 이선경 609 김범준 610 최민애 611 이훈 612 어장규 613	윤혜미 263	김형섭 288 이정묵 289	최성화 307 김경자 308 김도연 309 안혜정 310	백연희 144 유호경 365 김다은 366	
국세조사관	정준채 245 김성진 246		안해송 264	김하연 290 문현희 291 김기쁨 292 박찬규 293	김수빈 311	이한나 367 정지원 368 박하송 369	윤진주 387 정대화 388 권오현 389
관리운영직 및 기타							
FAX	927-9461			927-9462		927-9464	

174

과	재산세과		법인세과		조사과			납세자보호담당관	
과장	모상용 480		박희도 400		이완주 640			류해상 210	
계	재산1	재산2	법인1	법인2	조사관리	조사	세원정보	납세자보호실	민원봉사실
계장	장은정 481	강미순 521	박성국 401	정승태 421	반종복 641	전태병 651 이영진 655 장진범 658	장인수 691	전진수 211	강민석 221
국세조사관	정유미 482								
국세조사관	김재은 483 박미숙 493	서지영 522 김경태 523	성대경 402 김정미 403	최진미 422	채민호 642 조하나 643	김동범 661 이경표 652 변상미 656 신선 662 명거동 659	김화준 692	조한용 212 고현웅 213	정현진 227 김기천 222 정연선 223
국세조사관	김미진 484 김성실 485 임선영 486	이재완 524	박종익 404	소민 423 하경아 424		김세빈 660	홍지석 693	이화진 214	김용관 224 박지예 228 신지연 225
국세조사관	허송이 487	류신우 525	구자연 405 한주연 406	조동진 425		홍영실 653 오현석 654 진선호 663 김정인 657			김재성 226
관리운영직 및 기타									
FAX	927-9466		927-9465		927-4200			927-9463	927-9469

동작세무서

대표전화: 02-8409-200 / DID: 02-8409-OOO

서장: **김 준 우**
DID: 02-8409-201~2

영진시장 신길동 우체국●
GS미림주유소● ●신한은행
보라매역(7호선)3번출구
동작세무서 NTS
●보라매 성모요양병원
SK경덕주유소●

주소	서울특별시 영등포구 대방천로 259 (영등포구 신길동 476) (우) 07432				
코드번호	108	계좌번호	000181	사업자번호	108-83-00025
관할구역	서울특별시 동작구, 영등포구 중 신길동, 대림동, 도림동			이메일	dongjak@nts.go.kr

과	체납징세과				부가가치세과			소득세과		
과장	임용걸 240				조남철 280			조구영 360		
계	운영지원	징세	체납추적1	체납추적2	부가1	부가2	부가3	소득1	소득2	소득3
계장	정상근 241	김영남 261	차영철 601	김은숙 621	이정노 281	김성익 301	김헌숙 321	황병권 341	성시우 361	강형택 381
국세 조사관					곽민성 282	김남주 302				
국세 조사관	김지원 242 홍건택 591 황미숙 600	민경은 392 박윤진 262	노일호 602 정정희 603 홍지혜 604 안주영 605	이태순 622 이인숙 623 변지야 624 유근만 625 이용규 626 김효선 230	임선자 292 한누리 283	방혜경 303 이가영 304	윤현미 323 오재헌 324	송인춘 342 이정은 343 김남희 351 손수정 393 권오광 345 남경일 344	부윤신 362 임승하 363 정연경 364 이혜성 365	송주민 382 김주애 383
국세 조사관	박혜림 243 이선영 244	김화은 264 류수현 263	이미현 606 서미리 607 장정은 404	변수민 627 장철성 628	전유민 284 김철권 285 김고은 286 김영순 394	김오경 305 윤정화 306	김효정 325 곽가은 326	한상훈 346 임혜빈 347	성기영 366	이윤희 384 이금희 385
국세 조사관	박범석 246 고윤정 245 김영석 250		최선호 608	박민수 629	정미래 287 유지수 288 유서진 289	위다현 307 유은지 309	안주영 327 김선영 328 장준원 329	조현경 349	서정은 367	임종헌 386 이주희 387
관리운 영직및 기타										
FAX	831 -4137	831-4136			833-8775			833-8774		

1등 조세회계전문 경제신문 조세일보

조세일보 정회원 가입(연구독료 15만원) 시 추가 비용없이
조세일보Plus를 발송해 드립니다.

과	재산세과			법인세과		조사과			납세자보호담당관	
과장	김영효 480			서귀환 400		김남균 640			남재호 210	
계	재산1	재산2	재산3	법인1	법인2	조사관리	조사	세원정보	납세자보호실	민원봉사실
계장	양현정 481	김승호 501	이용희 521	문극필 401	박구영 421	유지은 641	김진석 651 강정화 655 박정한 658 유인용	김주현 691	안동섭 211	이은미 221
국세조사관	남승호 482	김병일 502	최영환 522	오남임 402	김판준	이유선 642			장민 212	박정민 223 황태영 223 김선순 222
국세조사관	박주철 483 이진아 484	손영란 503 김혜수 504 박연주 507	유수정 523 최상채 524	표옥연 409 김효정 403	유동원 422 박유정 423 차순조 424	정선영 643 손창수 644	오승필 661 이경옥 664 이광식 656 박경태 652 송지미 659	강화수 692	정상원 213 권성훈 214	오경화 226
국세조사관	여은수 485 조윤아 486	장하용 505	전태원 526 박은희 527	김지혜 405		김소연 645	이은진 662 조은효 663 홍경원 665 차동희 657 장윤희 657 이석준 666	박승희 693	박민희 215	최혜진 225 유소진 224 박수연 228
국세조사관	김나리 487	지서연 506	이선영 528 장건수 529	류현준 406	이슬기 425		이병도 660 이지영 654 전인영 653			김기철 227 이선민 229 김유미 226
관리운영직 및 기타										
FAX	833-8775 836-1445			836-1658		825-4398			836-1643	836-1626

177

마포세무서

대표전화: 02-7057-200 / DID: 02-7057-OOO

서장: **김 남 선**
DID: 02-7057-201

주소	서울특별시 마포구 독막로 234 (신수동 43) (우) 04090				
코드번호	105	계좌번호	011840	사업자번호	105-83-00012
관할구역	서울특별시 마포구			이메일	mapo@nts.go.kr

과	체납징세과				부가가치세과			소득세과	
과장	김헌국 240, 250				양경영 280			김미경 360	
계	운영지원	체납1	체납2	징세	부가1	부가2	부가3	소득1	소득2
계장	채종철 241	김영민 601	홍성인 621	진성희 261	한정식 281	조민숙 301	한숙향 321	이성환 361	이승준 381
국세 조사관					김은실 282			이재근 362	
국세 조사관	한명민 242 장명숙 243 권오정 244	조영주 603 김도현 604	심선미 622 박은주 623 김진호 624	이언양 262 김명숙 263	홍종복 283 박현자 284	이성구 302 김영미 303 황미영 304 이봉남 305	동남일 325 이정훈 322 노인선 323 김희연 324	김보연 363 김영신 364 이경숙 365 김혜숙 366 이인자 372	최인귀 382 노현숙 383 김미숙 384 윤정선 이영신 385 김도영 386
국세 조사관	김영주 245	오지은 605 이재훈 606 김철현 607	정교필 625 정화승 626	심호정 264	최종수 285 김희진 286 조애정 295 박샛별 287 김행순 288	이수연 306 양인경 307 윤지윤 308	양명지 326	오혜실 367 이선미 368 김규완 369	박주영 387 임효정 388 하령주 389
국세 조사관	김민수 247 정민우 248	박희수 608 양심영 609 박미정 610	최보윤 628 강지훈 629 김민영 630	김보경 265	김형후 289 문선영 290	박남규 309 윤혜수 310	정태상 327 김혜연 328 권순호 329	황현서 370 윤태훈	
관리 운영직 및 기타									
FAX	717-7255			702 -2100	718-0656			718-0897	

과	재산세과			법인세과			조사과			납세자보호담당관	
과장	이진호 480			이준학 400			권오현 640			정관성 210	
계	재산1	재산2	재산3	법인1	법인2	법인3	조사관리	조사	세원정보	납세자보호실	민원봉사실
계장	서승원 481	양정화 501	김용삼 521	정승식 401	손광섭 421	권오승 441	권혁노 641	이영진 651 김정연 655 백은경 675 송경진 671 이세민 652 최형진 678 장동훈 682	박찬택 691	이영환 211	설미숙 221
국세조사관	김은선 482		김미숙 522	김용배 402	변영시 422				이상열 692	김한태 212	
국세조사관	서지원 483 박연옥 484	허태욱 502 박문숙 503 남호철 504	이정민 526 김환석 528 소재준 524	김현진 403 김대우 404 노수경 411	주혜령 429 김수영 423	박소연 443 장경주 444	김은주 642 조혜연 643 최은숙 644	남경민 656 문용식 659 류병호 676 강정희 679 최기환 672 조한덕 653	함두화 693 지성수 694	강선희 213 황재연 214	강문자 227
국세조사관	박성혁 485 이채곤 486	배이화 535 김인호 505	양석진 523 이서희 527 조현수 525	한지영 405 이호은 406 박치현 407	박성찬 424 한지혜 425 김현정 426	김선임 445 백수희 446		안미혜 673 차유해 683 김진영 677		김민희 215	편상원 222 이금옥 226 이지희 223 이인재 228 홍예윤 224
국세조사관	배민정 487	고민석 506	임수기 529	김여진 408 이정주 409	이현욱 427 백수경 428	권호용 447 이영선 448 박형호 442		김양수 674 김정우 681 유미선 658			김은지 225 임종희 230 이다영 229 김은혜 231
관리운영직 및 기타											
FAX	718-0264			3272-1824			718-0856		705-7544	718-0126	701-5791

반포세무서

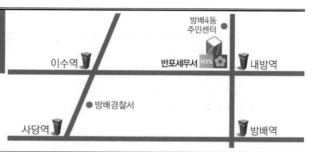

대표전화: 02-5904-200 / DID: 02-5904-OOO

서장: **최 원 봉**
DID: 02-5904-201~2

주소	서울특별시 서초구 방배로163 (방배동 874-4) (우) 06573				
코드번호	114	계좌번호	180645	사업자번호	114-83-00428
관할구역	서울특별시 서초구 중 잠원동, 반포동, 방배동		이메일		banpo@nts.go.kr

과	운영지원과				부가가치세과		소득세과		법인세과	
과장	김성용 240				윤일호 280		박노헌 360		최영환 400	
계	업무 지원	징세	체납 추적1	체납 추적2	부가1	부가2	소득1	소득2	법인1	법인2
계장	추세웅 241	최미경 261	이정옥 601	양선욱 621	구본기 281	김현아 301	김현정 361	송옥연 381	박선열 401	장영환 421
국세 조사관					최숙현 282		이정자 362 김현희 233		이유진 402	
	박인철 242 이해인 244	김수진 262 노아영 263 권태인 268	이현지 603 김진희 604 양승규 605	김창범 622 박은영 623 박수지 624	강미성 232 신명도 283 송환용 284 이수원 285	강용석 302 주수미 303 강선영 304	구진영 363 최미란 364 노연섭 365	이정욱 382 이영회 233 정은하 383 권은숙 384 장지윤 385 이윤주 386	전은상 403 김형진 404 편혜란 405 김광현 406	임봉숙 422 최미리 423 황인아 424 임창범 425
	금진희 243 임담윤 593	송연주 265	김주아 606 이수철 607	강유진 625 박은혜 626	노승옥 286	서경희 305	정민주 366 조영미 367	박민주 387 오도훈 388	송호필 407	정자단 427 김원정 428
	김효정 246 김주엽 245 배정환 594		김찬주 608	신용석 627	윤동현 287 김서현 288	신지연 306 조재범 307 김채현 308	황정숙 368 조영혁 369	황하늬 389	이명구 408 윤정민 409	이예슬 429 박승원 430
관리 운영직 및 기타										
FAX	536-4083				590-4517		590-4518		590-4426	

과	재산세1과		재산세2과		조사과			납세자보호담당관	
과장	박문규 480		김평호 540		황장순 640			구정서 210	
계	재산1	재산2	재산1	재산2	조사관리	조사	세원정보	납세자보호실	민원봉사실
계장	유경진 481	신갑수 501	김동찬 541	김진기 561	진종호 641	전영균 651 정근우 655 이주영 659 조선희 662	한승훈 691	범수만 211	이선미 221
국세조사관	김미주 488	김혜미 503	이순엽 542	임길묵 562	권민선 642		홍해성 692		
국세조사관	김수용 483 김옥재 486 최린 487	정현주 502 박상용 504	김기미 543 양종선 544 김상희 545 이경자 553 김지현 546	온상순 563 박정례 564 남꽃별 565	최일 643 심민정 644	김원종 665 유형래 663 김현정 652 진민희 666 김미애 660		정미경 212 현지희 213 김수경 214	오경애 222
국세조사관	최지영 491 강형석 484 강남영 492	유강훈 507 권미나 505	박지성 547 박예림 548 이현석 549	김창권 567		이선미 656 이재상 661 김상선 664 정명하 667	김수연 693	김용 215	이진화 224 김나영 225 임정희 223
국세조사관	장서현 485 정현철 490 유로아 493	김정민 506	정주희 550 이지윤 552 이신화 551	방선우 566	이영우 645	유주희 653 김유진 657		배석준 216	윤선용 229 성경옥 227 신수창 226 박현정 228
관리운영직 및 기타									
FAX	591-2662	591-2662	590-4513		523-4339			590-4220	590-4685

삼성세무서

대표전화: 02-30117-200 / DID: 02-30117-OOO

서장: **이 영 중**
DID: 02-30117-201

주소	서울특별시 강남구 테헤란로 114 (역삼1동) 1,5,6,9,10층 (우) 06233			
코드번호	120	계좌번호	181149	사업자번호 120-83-00011
관할구역	서울특별시 강남구(신사동, 논현동, 압구정동, 청담동, 역삼동, 도곡동 제외)		이메일	samseong@nts.go.kr

과	체납징세과				부가가치세과		소득세과		법인세1과	
과장	조성식 240				이호규 280		황효숙 360		강천희 400	
계	운영지원	체납추적1	체납추적2	징세	부가1	부가2	소득1	소득2	법인1	법인2
계장	곽봉섭 241	김영석 601	안순호 621	류명옥 261	문금식 281	김은중 301	서정현 361	권나현 381	경기영 401	김장필 421
국세조사관				김임경 262	김병석 282	권부환 302	김수정 362		김재진 402 김희중 403	이한상 428 심재도 422
국세조사관	이종순 242 유현정 243 이재경 160	전한식 602 성혜경 603 유미경 604 백현자 605	최서윤 622 부성진 623 양순희 624 정운숙 625 김재현 626	임정희 263 백은경 264	송현주 283 우형래 284 이고훈 291	이대정 303 강성환 304	박란수 363 양명숙 364 임홍숙 365 공현주 366 장원식 367	김미옥 382 권윤희 395 정도희 383 김태호 384	홍경헌 404 노강원 405 김미정 411	이소민 423 김나연 424 성우진 425
국세조사관	이철호 244 홍기연 245 김영천 644	정수빈 606 한재일 607 어재경 608	노정환 627 김문영 628	하윤경 265	이성현 285 박정화 286 박안나 287 김수현 288	김유미 305 김지영 306 진보람 307 강유미 298	박미진 368	오현숙 385 강아름 386 박영 387	전샛별 406 장한별 407	채화영 426 백윤헌 427
국세조사관	황현섭 247	김재호 609 이동건 610 문정혁 611	남만우 629 박지환 630	김혁희 448	권태준 289 이은실 290	김나연 308 장원주 309 장수원 310	박용석 369 이규형 370	김희선 388 정방현 389	최민지 408	
관리운영직 및 기타										
FAX	564 -1129	501-5464			552-5130		552-4095		552-4148	

세무법인 지음

대표세무사 : 박병수 (前삼성세무서장)

서울특별시 강남구 논현로85길 35 세하빌딩 5층

전화 : 02-3454-2018 팩스 : 02-569-2230
이메일 : bspark@jeeum.net 핸드폰 : 010-8560-5667

ⓢⒹ 삼도 세무회계

대표세무사 : 황도곤(前삼성세무서장)

서울시 강남구 강남대로 84길 23, 한라클래식 718호

전화 : 02-730-8001 팩스 : 02-730-6923
핸드폰 : 010-6757-4625 이메일 : hdgbang@naver.com

과	법인세2과		재산세1과		재산세2과		조사과			납세자보호 담당관	
과장	김재백 440		유창규 480		하치영 540		나정만 640			민진기 210	
계	법인1	법인2	재산1	재산2	재산1	재산2	조사관리	조사	세원정보	납세자보호실	민원봉사실
계장	김주신 441	조식관 461	정홍균 481	이창한 501		김춘례 561		이해석 661 조헌일 665	최정규 691	강상모 211	이재숙
국세조사관	이상기 442	유탁 462	임정근 482	조규창 502	송기동 542 이난희 551		이윤주 641	문태흥 668 이희태 684 정태윤 671 안수민 박범진 675 이영진 678	김하늘 693	위주안 212	장영림 221 최영지 556
	임경남 443 김순영 444	김한규 463 박용태 468 최유건 464	이수민 483 윤영순 484 김진희 485 김현정 486 박은영 497	차양호 503 최근창 504	최서우 543 신정현 544 한수현 545 황명희 546 이세진 547 이정숙 555	이병철 563 김혜성 564 김태현 565	허석룡 642 양승복 643	조운학 681 김정민 666 유은진 676 김푸름 679 양희석 685 김동원 662 서재운 682		이종권 213 이재연 214	김주홍 556
	양혜선 445	박현수 465 김가희 466	이은희 487 염보희 488	이향주 505	주경섭 548	남원석 566 권현서 567		김동욱 669 조근식 672 백지혜 670 최은영 680 곽지은 674	노소영 694	백유진 215 이솔 216	조정원 556 정혜원 556 김태훈 556
	임경준 446 신승연 447	이진실 467	임여울 489 송해영 491 최윤희 490	한지운 507	심수연 549 김미정 550	양희승 568		조윤정 667 허재연 663 송지윤 677 정영화 686		오하경 217	강송현 556 조희주 556 김용준 556 조성원 506 김문경 556
관리운영직 및 기타											
FAX	564-0588		552 -6880	552 -4277	564-1127		564-4876		552-4093	569-0287	

서대문세무서

대표전화: 02-22874-200 / DID: 02-22874-OOO

서대문세무서
(임시청사)

NTS

서대문역　독립문역　무악재역　홍제역

●
(구)청사

서장: **최 회 선**
DID: 02-22874-201~2

주소	서울특별시 서대문구 충정로 60 (케이티앤지 서대문타워 13,14층)　(우)03740				
코드번호	110	계좌번호	011879	사업자번호	110-83-00256
관할구역	서울특별시 서대문구			이메일	seodaemun@nts.go.kr

과	체납징세과			부가가치세과		소득세과	
과장	장성우 240			이우재 280		이원만 360	
계	운영지원	체납추적	징세	부가1	부가2	소득1	소득2
계장	이상조 241	이은영 601	강승구 261	김영신 281	이수락 301	박평식 361	남기형 381
국세조사관	이지연 246			권은영 282	조재영 302		
	정은아 242	강인소 602 이혜리 610 정경진 603 김연홍 604	김기은 262 문승현 263 정은이 264 최미숙 265	이진 283 김민영 284	서미애 304	남미라 362 정수용 363 김보연 364	최진 382 김지영 383
	전형민 244 지신영 243	차중협 605		최세라 285	송지우 305 이지영 306	염진옥 365	안소연 385
	손태욱 245 김경두 249 손은태 249	김진주 606 임종훈 607 노지혜 608 이승훈 609		김문균 286 강윤영 287	임수연 307 이다경 308 김상현 309	금민진 366 박철우 367 주혜영 368	방문용 386 나환웅 387
관리 운영직 및 기타							
FAX	379-0552	395-0543		395-0544		395-0546	

과	재산법인세과			조사과			납세자보호담당관	
과장	김연재 400			윤동환 640			이동균 210	
계	재산1	재산2	법인	조사관리	조사	세원정보	납세자 보호실	민원봉사실
계장	안상순 481	문철주 501	이상묵 401	김진홍	이민구 651	문지만 691	최미자 211	김민아 221
국세 조사관	황윤숙 482	유정희 502	유영희 402					
	오현주 483 권나예 491 오창기 484 최홍서 489	김영주 503	조보연 404 김호서 405 고영상 406	김수민 642	김종진 654 김대진 657 이태경 652 동소연 658	정보기 692	이정화 212 김종문 213 이미숙 214	김유나 222 전윤석 정유진 224 이명희 228
	김태연 485 윤종훈 486 장지혜 487 김은진 488	이창민 504	전성훈 407	김혜림 643	김혜영 656 채정환 659 김경모 655	강미영 693		차연주 230
		박현아 505 이세영 506 송진수 507	이선아 409 김유리 410					김오중 225 김혜영 226
관리 운영직 및 기타								
FAX	379-5507			391-3582			395-0541	395-0542

서초세무서

대표전화: 02-30116-200 / DID: 02-30116-OOO

서장: **강 동 훈**
DID: 02-3011-6201

WJ 세무법인 우주 중앙지사

대표세무사 : 홍성범 (前서초세무서장)

서울시 성동구 성수일로 6길53, 유원지식산업센터 403-1호
전화 : 02-2278-8066 / 02-2285-2637~9   팩스 : 0507-883-8988
이메일 : gjpy23x@gmail.com   핸드폰 : 010-3323-6135

주소	서울특별시 강남구 테헤란로 114 (우) 06233									
코드번호	214		계좌번호		180658			사업자번호		214-83-00015
관할구역	서울특별시 서초구(방배동, 반포동, 잠원동 제외)							이메일		seocho@nts.go.kr

과	체납징세과				부가가치세과		소득세과		법인세1과	
과장	오봉신 240				박만욱 280		강효숙 360		장영서 400	
계	운영지원	체납추적1	체납추적2	징세	부가1	부가2	소득1	소득2	법인1	법인2
계장	장민우 241	정연수 601	최차영 621	유영숙 261	김영미 281	이철수 301	노형만 361	이해장 381	양동준 401	이유상 421
		김용만 602		양미경 262	김경필 윤경옥 283	조용만 302 정재임 303			양동규 402 김지현 403	정대수 422 예찬순 423
국세 조사관	배수일 278	김영준 603 이혜정 604 김재우 605 여종엽 606 유성희 607	강현철 622 김보성 623 정찬진 627 박성찬 624 최솔 625 송병호 626	강혜은 266 박주영 265 박수연 263	이은희 284 강문현 285 김민지 286	김선아 304 송기화 305 황현주 306 김정윤 307	조은희 362	김민경 382	안성준 404 백승호 405 양아라 406	김창명 424
	이현준 243 하은혜 244 이상진 277	안성호 608	이수진 629	강경진 264	송수현 288 김우석 289 정규식 290	박현규 308 정일영 309 서연진 310	김선호 363 장희정 364 한광일 365	양영철 383 이은지 384 박명진 385	김은진 407 김현진 408 최원영 409	윤미 425 김청일 426
	이호준 245 장형구 246	김동현 609 구진아 610 박한승 611	이채원 630 최호림 631 이성규 632		김희준 291 곽현주 292 류지호 293	이충원 311 한은정 312 유예림 313	유인성 366 정수연 367	서여진 386 민혜선 387	유경원 410 이고운 411	이현정 427 윤지수 428 전진효 429
관리 운영직 및 기타										
FAX	563 -8030	0503-111		561 -2365	561 -2610	561 -2682	561 -3202	561 -2948	561 -3230	561 -1647

예일세무법인

대표세무사 : 류득현 (前 서초세무서장)

서울특별시 강남구 테헤란로 313 3층 (역삼동, 성지하이츠1차)

전화 : 02-2188-8100   팩스 : 02-568-0030

이메일 : r7294dh@naver.com

가현택스 임승룡세무회계사무소

대표세무사: 임승룡 (前 역삼지역세무사회 회장)

서울특별시 강남구 강남대로84길 23, 202호 한라클래식

전화:02-566-2002   팩스:02-566-7560

핸드폰:010-8866-1025   이메일:imsemusa@naver.com

과	법인세2과		재산세1과		재산세2과		조사과			납세자보호담당관	
과장	금승수 440		박성호 480		박영표 540		남칠현 640			유달상 210	
계	법인1	법인2	재산1	재산2	재산1	재산2	조사관리	조사	세원정보	납세자보호실	민원봉사실
계장	이남형 441	이미경 461	정해경 481	지연우 501	박영애 541	김종학 561	구현철 641	정한욱 651 도경민 655	고태일 691	전경호 211	류형대 221
국세조사관	윤재헌 442	김민수 462 목완수 463	손선아 482	구보경 502 전만기 503	최영은 542	조승욱 562			이병두 692 이성진 694	임경욱 212	
	임지숙 443 김종섭 444	홍욱기 464 유재석 465	김미정 483 박숙히 484 김흥기 485 오현식 486 이현주 488	이강경 504	서해나 543 길우미 549	김호 563 배선현 564 이유진 565	설미현 642 김은수 643 신상욱 644 이상미 646	신성봉 242 노성모 656 김진희 653 최태주 657 이경선 658 이송경 659 최철주 652 한승수 654 성광현 김수연 679 최재규 673 노지형 671 이은실 675 홍지흔 676		이상현 213 조혜원 214 김세의 215 김은희 216	강기훈 556 박소현 556 양춘권 556 이상목 556 이미숙 황혜조 최혜옥
	김경민 445 김도형 446 유미나 447	이예지 467	문혜림 487	성창임 505 김정엽 506	장송이 547 조아라 544	유혜경 566	이경민 645	이현희 660 권규종 677 송경원 674 이상훈 680 차현근 663 이상문 661 전보현 669		서문지영 217	김주희 오홍희 556 이준희 556
	김만조 448 박서빈 449 김소영 450	석혜조 468 김혜식 466 윤경희 469 조소현 470		장덕윤 507	이주빈 545 정혜미 546	민경상 567		주나라 670 이슬기 664 박수진 666 박혜인 672			김진희 김효섭 556 임영현 556 곽수연 556 천혜빈 556
관리운영직 및 기타											
FAX	561 -3291	561 -1683	561-3378		561-3750		561-3801	561-3801, 3974	561-4351	561 -4521	3011 -6600

187

성동세무서

대표전화: 02-4604-200 / DID: 02-4604-OOO

 성동세무서

서장: **김 오 영**
DID: 02-4604-201~2

세종대학교　어린이 대공원
신한은행　우리은행　외환은행 화양지점　어린이 대공원역　올림픽대로 →

주소	서울특별시 성동구 광나루로 297 (송정동 67-6) (우) 04802							
코드번호	206		계좌번호	011905		사업자번호	206-83-00561	
관할구역	서울특별시 성동구, 광진구					이메일	seongdong@nts.go.kr	

과	체납징세과				부가가치세 1과		부가가치세 2과		소득세과		
과장	김영수 240				이향규 280		윤기성 320		김형기 360		
계	운영지원	체납추적1	체납추적2	징세	부가1	부가2	부가1	부가2	소득1	소득2	소득3
계장	백은경 241	이용제 601	엄경학 621	류옥희 261	김영수 281	윤진한 301	서인기 321	이현문 341	강신걸 361	김규호 376	황병석 388
국세조사관		조광래 602			오주원 282	윤희정 302	김영필 322	김명호 342	권혁준 362	천영현 377	곽미나 389
국세조사관	이임순 242 이지현 243 전종선 244 여민호 596 김명순 249	강경미 603 송미원 604 이규미 605	정경택 623 김주현 624 박찬희 622	강주은 262 정화영 263 김혜원 264	정성은 283 오현주 284 이신숙 291	서미 310 정승갑 303 조성주 304 송지선 305	김윤이 323 김은하 329 권혜미	이강구 343 권용익 344 최정임 정유진 345	강승희 364 이희라 365 한수연 박미영 366 정희라 정진영 367 천영환 369 박희근 368	김해림 378 문주란 379 강혜경 380 김애라 381 손재하 387	이선영 390 김민석 391 강현정 392 이규현 399 조예림 393
국세조사관	정용관 245	이정현 606 서혜란 607 서하영 608 황시윤 609 양현준 610	소찬일 625 백혜진 626 김수정 627 신홍영 628	김현정 265 박희윤 266	손선미 조서혜 286 이도경 287	손기혜 김소영 306 황시연 307	진성욱 324 박경란 325 성연일 330 김아람 남지현 327	여효정 346 박새미 347		권종기 382 양수정 383 윤준식 384	박신애 394 김대길 395 황서하 396
국세조사관	정교민 246 김효림 247 허진수 248	김규리 611 윤서영 612 원현수 613	박세인 629 조아라 630 윤민호 631 이대근 632 정서영 633		임혜연 291 김영무 288 강주은 289 이우준 290	김성미 308 박보화 309		신구호 349	윤지현 372 조한경 370 김용재 373	황인화 385 문영은 386	이지우 397 오지훈 398
관리운영직 및 기타											
FAX	468-0016	468-8455			497-6719		466-2100		498-2437		

광교세무법인 스마트지점(성수역)

대표세무사 : 김대훈 (前 성동세무서장)

서울시 성동구 아차산로 103 영동테크노타워 2층 202호
[성수동2가 300-4]

전화 : 02-462-7301~4   팩스 : 02-462-7305
이메일 : ggsmt7304@naver.com   핸드폰 : 010-4727-7552

과	재산세1과		재산세2과		법인세과		조사과			납세자보호담당관	
과장	남근 480		김성주 540		유원재 400		박건우 640			김송경 210	
계	재산1	재산2	재산1	재산2	법인1	법인2	조사관리	조사	세원정보	납세자보호실	민원봉사실
계장	문권주 481	김종학 501	황대근 541	이순영 561	이춘하 401	곽미경 421	황지원 641	김태우 651 이귀영 654	김재현 691	서광원 211	김은정 221
국세조사관	장진욱 482 노명희 483 배주섭 484	김형석 502 황창훈 507	이지연 542 유진희 543	신이길 562 장미숙 564 최원석 566	이봉희 402	탁서연 422	김명희 646 김희정 642	김남정 657 윤현식 660	고상석 692	김영일 212 이정미 213	
	김주영 485 이승학 486 박태호 487 이희창 488 이민정 489	박지현 505	이용호 544 손영이 545 정현정 550 이상호 546 조춘원 547	오승연 563	김희주 403 임현정 404 한진혁 405 김인숙 417	김현정 423 고보해 424	김지현 643	정승호 663 임광열 666 손승희 669 정주영 672 손은정 675 차유경 신현호 655 한종범 658 김해리 670 김은희 661 안희석 676 원대연 673	최미영 693	최연정 214 성혜전 215 백승현 216	주윤숙 222 전광준 223 황연희 224 장혜경 226
	양국현 490	정용승 508	안승현 548 김희경 549	백정훈 565	김수진 406 백남훈 407 위진성 408 이승하 409	이지숙 425 박상원 426 윤석환 427	한혜은 644 김준하 645	유동완 667 전정원 659 김종수 652 김명화 664 김지선 662 이윤정 653 이강산 671	이명용 694	김형주 217	조홍준 225 박초롱 227 김하은 228
	홍나경 491	구영민 506 강지수 503	한준혁 551	정영달 567	왕윤미 410 박현주 411 선지혜 412	박은정 428 양근성 429 김상원 430 박주희 431		김신애 677 정민국 665 박장미 656 강수정 674		고아라 218	이근우 230 김혜현 231 김지연 232 박현진 229 정연주 233
관리운영직 및 기타											
FAX	468-1663		499-7102		468-3768		469-2120			2205-0919	2205-0911

189

성북세무서

대표전화: 02-7608-200 / DID: 02-7608-OOO

서장: **김 수 현**
DID: 02-7608-201

한성대입구역
성신여대입구역 →
새마을금고
성북세무서 (NTS)
성북경찰서
성북구청
삼선 SK뷰 APT
경동고등학교 ●
삼선초등학교
경동고등학교

주소	서울특별시 성북구 삼선교로 16길 13(삼선동 3가 3-2) (우) 02863				
코드번호	209	계좌번호	011918	사업자번호	209-83-00046
관할구역	서울특별시 성북구			이메일	seongbuk@nts.go.kr

과	체납징세과			부가가치세과		소득세과	
과장	권영진 240			김권 280		장기엽 360	
계	운영지원	체납추적	징세	부가1	부가2	소득1	소득2
계장	이승희 241	정거성 601		권기수 281	이일영 301	강덕우 361	이인하 381
국세 조사관		송정희 602	황윤자 262	동철호 282			
	유경민 242 유진우 243 이성애 244 박시춘 207	김영주 603 조명기 604 김주현 605 한만훈 606 최희정 607	정수엽 271 김은영 263	황주현 283 정흥자 284 류관선 285 조현은 286 박명훈 287	윤상건 302 임경미 314 황다검 303	서영순 362 장병수 363 윤영숙 364 백기량 365 김은정 368 임은주 371	허정윤 382 황태연 383
	윤영민 245	김정희 608 이경민 609 김소연 610 김영민 611 홍성한 612		이미형 288	조은비 304 안경화 305 김인화 306 조광호 307	이원복 366 국예름 367	이명선 384 신미영 385 김솔 386 고경진 469 이종룡 387
		노승환 613	권혜량 264	구동욱 289 정효영 290	조효진 309 김하연 308	허준호 369 길혜선 370	김혜영 388 양종열 389 강민균 390
관리 운영직 및 기타							
FAX	744-6160		760-8269	760-8672	760-8677	760-8673	760-8678

과	재산법인세과			조사과			납세자보호담당관	
과장	김영곤 400			박잠득 640			최학묵 210	
계	재산1	재산2	법인	조사관리	조사	세원정보	납세자 보호실	민원봉사실
계장	최동수 481	강민완 501	노석봉 401	엄형태 641	허천회 651 윤은지 658	박상준 691	정성현 211	이성희 221
국세 조사관	최태진 482	이동일 502	이영민 402	홍미영 644	이권식 655 이찬희 652			
	신현심 483 진관수 484 이범규 485 강혜월 509	이서원 504 권혁빈 506	김정미 403 최인섭 404	이성은 643 이정순 642	안재철 508 황순영 656 신정아 659 서정호 660	김진성 692 최향성 693	주선영 212 김순옥 213	김주희 223
	민용우 486 배을주 487 이미화 488 김윤정 489	윤세정 505 김지현 503	양은정 405 주윤정 406		김지은 657	송보화		최정림 223 김태은 225 조혜리 226
	유성안 490 전상현 491	김미연 507	진경화 407		박슬기 661 김소희 654		김세명 214	정의주 225 양웅 224 맹선애 227 안지은 228
관리 운영직 및 기타								
FAX	760-8675	760-8679	760-8419	760-8671,8674			760-8676	742-8112

송파세무서

대표전화: 02-22249-200 / DID: 02-22249-OOO

서장: **김 상 윤**
DID: 02-22249-201~2

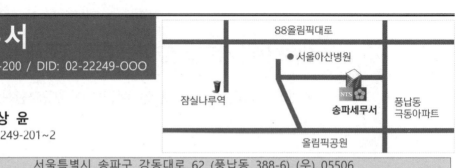

주소	서울특별시 송파구 강동대로 62 (풍납동 388-6) (우) 05506				
코드번호	215	계좌번호	180661	사업자번호	215-83-00018
관할구역	서울특별시 송파구 중 송파동, 장지동, 거여동, 마천동, 가락동, 문정동, 석촌동			이메일	songpa@nts.go.kr

과	체납징세과				부가가치세과		소득세과		재산세과	
과장	윤용우 240				김경곤 280		김성호 360		안병태 540	
계	운영지원	체납추적1	체납추적2	징세	부가1	부가2	소득1	소득2	재산1	재산2
계장		최준 601	신영섭 621	김길수 261	전승훈 281	이은정 301	홍효숙 361	이우철 381	이의태 541	
국세조사관	김갑수		유미라 622		황은주 282	나우영 302	임정은 362	윤영길	윤미성 542	이윤희 562
	이승연 242 김정근 244 고순임 616	신승애 602 신종웅 603 김동훈 604	류훈민 623	임영선 262 한현숙 263 기재희 270	곽주희 290 이지은 283 최민수 284 이미경 292	김지만 303 이경란 304	박미진 143 김경아 363 배석 369	박성탄 382 이영석 383 이서아 384	박민정 543 김미영 544 김경인 545 소재연 549	김숙자 563 박명열 564 윤민혜 565 최혜진 566 김선아 144
	김준연 243 송진호 615	손지나 605 이기숙 606	이해운 624 정건제 625		서봉우 141 서미영 285 이은정 286	박정란 305 전혜영 306 이혜진 307 황정미 308	김영심 143 안중훈 364 정효주 365 송고운 366	천문희 385 김도엽 386 강혜지 387 박혜진 388	김비주 546	
	주영상 245 박경렬 594 장건식 593	이후림 607 최송아 608	김득중 626 박정현 627 유영준 628	권은지 264	전미라 287 이융건 288 주재관 289	진윤지 309 이명원 310	김나영 367 권보현 368	은하얀 389	박호일 547 김영숙 548	이수현 567
관리운영직 및 기타										
FAX	409-8329	483-1925			477-0135		483-1927		472-3742	

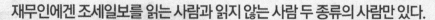

재무인과 함께 걸어가겠습니다 '조세일보'

재무인에겐 조세일보를 읽는 사람과 읽지 않는 사람 두 종류의 사람만 있다.

1등 조세회계 경제신문 조세일보

과	재산세과	법인세과		조사과			납세자보호담당관	
과장	안병태 540	김정동 400		박철규 640			황미숙 210	
계	재산3	법인1	법인2	조사관리	조사	세원정보	납세자보호실	민원봉사실
계장	진홍탁 581	김종국 401	이미정 421	오현정 641	윤주호 651 이동주 654 조성오 657	고영수 691	박세민 211	박경은 230
국세조사관	강상현 582	박지현 402	정수인 422				오지철 212	윤은미 231
국세조사관	이승일 584 이동수 586 김동욱 588	나정학 403 이재혁 404 김은영 405 문은진 406 정경순 412	김양수 423 최금해 424 이혜린 425 박진영 426	유정림 642 박형선 643 박효숙 644	전제간 660 김경훈 663 김현민 655 김성덕 658 범정원 664 박서정 661 김정희 652		임형준 213 강선주 214 정성민 215	신윤경 239 김지은 232
국세조사관	윤상용 583	양순영 407 김복희 408	김태형 428 김희연 427		강민형 656 서빛나 662			김지현 233 손지선 234 안소영 235 김다해 236
국세조사관	박혜민 585 이희환 587 인윤희 589	허준원 409	정현지 429 선희 430		김도연 659 김민우 653 심현정 665	김용우 693		김우호 237
관리운영직 및 기타								
FAX	472-3742	482-5495		482-5494			487-3842	409-6939

양천세무서

대표전화: 02-26509-200 / DID: 02-26509-OOO

서장: **최 호 재**
DID: 02-26509-201

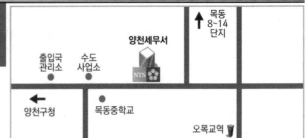

주소	서울특별시 양천구 목동동로 165 (우) 08013 별관(조사과) : 서울특별시 양천구 신목로2길 66(목동 404-16) 씨티프라자 3층 301호 (우)08007		
코드번호	117	**계좌번호** 012878	**사업자번호** 117-83-00505
관할구역	서울특별시 양천구		**이메일** yangcheon@nts.go.kr

과	체납징세과				부가가치세과			소득세과		
과장	김보석 240				오시원 280			김종두 360		
계	운영지원	체납1	체납2	징세	부가1	부가2	부가3	소득1	소득2	소득3
계장	박애자 241	김혜영 601	양찬영 621	김란 261	이종현 281	홍창호 301	심현 321	이선재 361	김용훈 381	김문성 461
국세조사관			최우일 622		김경호 282	임영아 302	김헌규 327	심희선 362		장재원 462
	임소영 242 신영심 243	박승규 602 김재현 603 김영숙 604 이완배 605	이용수 623 황선우 624 차지연 625	고은주 262 안종호 263 노미란 225	황상인 283 홍현승 313 강다영 284 신향식 332	김기남 303 구인선 304	이상헌 322 이경애 323	정소영 363 송성철 364 김예원 365 권명자 372	고영숙 382 이희행 383 김대관 384	함석광 463 이언종 464 백연주
	홍근화 245	김지연 606 이수지 607	주성재 626 여혜진 627	양상원		진형석 306	조진숙 324	김지수 366 남현주 367	유태우 385 박다슬 386	박소영 465 김소희 466
	오유석 246 김덕기 591		이주현 628	유지숙 265	강정목 285 정혜지 286	최세희 307 김영란 308	강동우 325 조서연 326	박선영 368	최선주 388 정문희 387	강다영 467 이유영 468
관리운영직및기타										
FAX	2652-0058				2654-2291	2654-2292		2654-2294		

1등 조세회계 경제신문 조세일보

과	재산세과			법인세과		조사과			납세자보호담당관	
과장	김희수 480			양희상 400		정흥식 640			임형수 210	
계	재산1	재산2	재산3	법인1	법인2	조사관리	조사	세원정보	납세자보호실	민원봉사실
계장	신명숙 481	이기현 501	김강훈 521	윤영식 401	안상현 421	이원우 641	신만호 651 박희정 657 김재곤 654 조병만 660	임희원 691	이승훈 211	박상훈 221
국세조사관	정순욱 488		오대성 522					김병만 692		
	송병섭 482 박현아 483 이희영 487 박정순 490	ㄴ경민 503 김경희 504 최효임 김동은 507	문수진 523 김경미 526 장수환 527	이영수 402 장현성 403		안미연 642 이금자 646	빅치원 655 박상언 652 손경진 661 여정재 244	이춘배 693	안성진 212 양연화 213	이창남 223
	이은정 484 임순종 485	최민규 505 이정윤 506	추은정 529 이건도 525		김민경 423	이선 643 최하나 644	정주영 658		남윤정 214	김지혜 229 조가을 224 남경자 228 강민정 227
	이민경 안진경 486		안인엽 528 이혜린 524	김지영 404	송창식 424 심연수 405		김수현 662 한아름 653 박선우 659 한민지 656		윤우찬 215	김지연 222 이주현 박진아 226
관리 운영직 및 기타										
FAX	2654-2295			2654-2296		2650-9601			2654-2297	2649-9415

역삼세무서

대표전화: 02-30118-200 / DID: 02-30118-OOO

서장: **우 제 홍**
DID: 02-30118-201

 현석 세무회계

대표세무사 : 현 석(前 역삼세무서장)
서울시 강남구 테헤란로10길 8, 녹명빌딩 4층

전화 : 02-2052-1800   팩스 : 02-2052-1801
핸드폰 : 010-3533-1597   이메일 : bsf7070@hanmail.net

주소	서울특별시 강남구 테헤란로 114(역삼동 824) (우) 06233				
코드번호	220	계좌번호	181822	사업자번호	220-83-00010
관할구역	서울특별시 강남구 역삼동, 도곡동			이메일	yeoksam@nts.go.kr

과	체납징세과				부가가치세과		소득세과		법인세1과	
과장	김오곤 240				양기정 280		류오진 360		강석구 400	
계	운영지원	체납추적1	체납추적2	징세	부가1	부가2	소득1	소득2	법인1	법인2
계장	지상용 241	김강훈 601	이재하 621	정하덕 261	문상철 281	정완수 301	김윤선 361	홍연미 371	조병성 401	전용찬 421
국세 조사관					김상희 282	윤솔 302	변성욱 362		한준영	
	서윤주 242 방현정 246 정여명 243	김갑심 603 유정선 604 홍민기 605	손민자 623 차경하 624 김명주 625	강문희 262	유은주 283 김서연 296 김윤호 284 김봉재 285 김아영 286	박한상 303 정민철 304 김재하 305 정우선 306		송찬미 372 오동문 373	박성수 403 이지숙 409 정효숙 404	손길진 422 이지현 423 강미나 424
	나명호 244	이은정 607 김수연 608	조지원 606 김석규 626 한수정 627 김진주 628	박연수 263 이서연 263	장아름미 287 정인지 288	고예지 307 함다정 308	송미화 364 한영규 363	박성혜 374	안태수 405 이지윤 402 이혜민 407	이조은 425 김민영 426 임희정 427
	곽주권 245 이창훈 595 정인수 592	민기원 609 한석영 610	최진규 629	조선영 264 이나래 265	서주아 289 노수연 290	김민성 309	김미소 365 최주연 366	김수현 375	박해원 408 박은지 406	고우성 428
관리 운영직 및 기타										
FAX	561-6684				501-6741		564-0311	565-0314	552-0759	

196

과	법인세2과		재산세과			조사과			납세자보호담당관	
과장	최기봉 440		강희 480			풍관섭 640			한철승 210	
계	법인1	법인2	재산1	재산2	재산3	조사관리	조사	세원정보	납세자 보호실	민원 봉사실
계장	임한균 441	조세영 461	김승석 481	안정섭 501	정봉철 521	윤진고 641	한정식 651 이현주 663 김진아 670 남기훈 660	민진기 691		유근조 221
국세 조사관		임미라 466	박상미 조동표 482	송춘희 502	최미리 522 이현숙 524	이전봉				
국세 조사관	김혜리 443 정성훈 444	구영대 462 이수진 463 박정숙 464 양은영 465	장희숙 483 안재희 484	김채원 504	김양근 526 김승구 528 박아연 525	윤정재 642 이선영 643 최승혁 644 김태현 645	조은희 673 김미경 671 손가희 677 임경섭 653 최준웅 664 마경진 661 이지은 503 홍범식 674 고정진 678	홍상기 693 윤청연 694	주별래 212 최해원 213 최승영 214	윤서진 556
국세 조사관	이윤경 445 박민선 450 하은주 446 김지윤 447	김수연	문윤호 485	정희선 505	배재홍 527 최민정 523		권현식 662 이광은 679 주성진 665 이원희 675 이보름 654 정진주 672			강귀희 556 홍유정 556 김화숙 556 이슬기 556
국세 조사관	이지헌 448 김영아 449	김효수 467 최세미 468	구승민 486	윤상아 506	김세움 529				구은주 215	강지선 556 윤현미 556 우신애 556
관리 운영직 및 기타										
FAX	561-0371		539-0852	561-4464	3011-8535		501-6743		552-2100	3011-6600

영등포세무서

대표전화: 02-26309-200 / DID: 02-26309-OOO

서장: **김 학 선**
DID: 02-26309-201, 202

양화대교	영등포세무서	당산역
	영등포구청●	
	구청별관●	
양평역 고용노동부		2호선/5호선 영등포구청역

주소	서울특별시 영등포구 선유동1로 38(당산동3가 552-1) (우)07261				
코드번호	107	계좌번호	011934	사업자번호	107-83-00599
관할구역	서울특별시 영등포구 (신길동, 도림동, 대림동 제외)			이메일	yeongdeungpo@nts.go.kr

과	체납징세과				부가가치세1과		부가가치세2과		소득세과	
과장	김익남 240				나재섭 280		김기석 320		이성규 360	
계	운영지원	체납추적1	체납추적2	징세	부가1	부가2	부가1	부가2	소득1	소득2
계장	김선항 241	권지은 601	유선종 621	김인숙 261	박재숙 281	김성덕 301	오혜란 321	고돈흠 341	김웅 361	김유미 381
국세조사관					최연희 282		김창수 322		조채영 362	
	서정석 242 윤성준 244 이옥희 206 이광순 591 김동석 615	이규철 602 양영동 603 최종숙 604 정수영 607 박세하 605	김중화 622 유은희 623 지현배 624	양윤선 262 이서현 263 김지선 264 김수진 265	유수현 283 이선영 552	이경혜 302 이유진 303	이경주 323	김기연 손현숙 343	이은정 363 박지영 364	배수진 382 임은형 383
	김유진 243 김지영 245	이보라 606 송의미 608	이경하 626 최광신 627 문지영 628		안선희 285 이규형 284 여주연 286	김민지 304 이익훈 305	김신자 324 진혜경 551 김진옥 552 이주희 325 송예체 326	황유숙 344 고유나 342 조성광 345		최지현 384
	이혜진 246 이형권 618	강민규 609 이경수 610	이성진 629 이재연 630	배은경 266	한덕윤 289 윤정은 290	안다경 309 이원기 310	방원석 327	차유미 346 김종만 347	홍다예 365 한장희 366	조길현 385 권용학 386
관리 운영직 및 기타										
FAX	2678-4909				2679-4971		2679-4977		2679-2627	

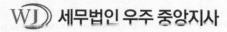

세무법인 우주 중앙지사

대표세무사 : 홍성범 (前영등포세무서장)

서울시 성동구 성수일로 6길53, 유원지식산업센터 403-1호
전화 : 02-2278-8066 / 02-2285-2637~9　　팩스 : 0507-883-8988
이메일 : gjpy23x@gmail.com　　　　　　핸드폰 : 010-3323-6135

과	재산세과		법인세1과		법인세2과		조사과			납세자보호 담당관	
과장	박환석 480		김재균 400		서재기 440		성덕제 640			전경원 210	
계	재산1	재산2	법인1	법인2	법인1	법인2	조사관리	조사	세원정보	납세자 보호실	민원 봉사실
계장	김현호 481	최영실 501	정중원 401	민승기 421	이승호 441	김미원 461	김영수 641	김성두 651 홍창호 655 김기만 659 전준일 663 심재광 666 남정현 669	김영도 691	김명도 211	이정인
국세 조사관	권오성 482	심윤성 502	강경수 402	정영선 422	정은정 442					김미연 212 임은철 213	이동연 222
	국능원 483 최영숙 484 권혜정 485 임지형 486 이정순 510	박상훈 503 변성구 504	노내장 403 김민정 404 송숙희 412	안소영 423 이영호 424 한윤숙 425	유지영 443 이윤경 444 채종희 451	공태운 462 이지현 463 백유영 464 조소연	이세진 642 조수빈 643 권혁선	정주영 673 이수화 670 김재련 656 송진영 652 강문석 664 임길수 667	이선주 692	김우수 214	권혜영 223 장경란 224 황진하 230 이미선 225 김소연 225
	박재춘 487 정보령 488 김정엽 489	임현석 505 김보연 506	고희선 405 김소나 406 진수환 407 김성율 408	김성숙 426 이진하 427 박성준 428	한지예 445 최선학 446 김현경 447	임보람 465 김도연 466 김승혜 467	장현진 644	전인경 674 박미연 657 김정선 665 김병민 660 송영태 671	유민수 694	박희상 215	김유나 226 김예주 227 원지혜 228
	차수빈 490	정혜윤 507	이호정 409 고현준 410	김혜진 429 김현민 430	이승현 448 이정표 449 김소정 450	박소영 468 윤영규 469	김서윤 645	봉수현 653 김해인 668 시종원 675 조은희 661 이정림 672			김혜진 229 황정선 231
관리 운영직 및 기타											
FAX	2679-4361		2633-9220		2679-0732		2679-0953, 0185			2631-9220	2637-9295

용산세무서

대표전화: 02-7488-200 / DID: 02-7488-OOO

서장: **공 준 기**
DID: 02-7488-201~3

주소	서울특별시 용산구 서빙고로24길 15 (한강로3가 65-342) (우)04388				
코드번호	106	계좌번호	011947	사업자번호	106-83-02667
관할구역	서울특별시 용산구			이메일	youngsan@nts.go.kr

과	체납징세과				부가가치세과		소득세과		재산세과	
과장	권석주 240				이철 280		김덕은 360		정정제 480	
계	운영지원	체납추적1	체납추적2	징세	부가1	부가2	소득1	소득2	재산1	재산2
계장	최현석 241	최창수 601	나찬영 621	오창열 261	박봉기 281	천진해 301	이규원 361	김승룡 381	주현식 481	정희숙 501
국세 조사관		손성국 602	한수현 622			조인옥 299	배진희 362	손병석 382		도형우 502
	김대훈 242 정민순 243 주아름 246 최승호 615	조소희 603	송유석 623	이윤하 262 임은화 263	이진재 282 이주영 283	정인월 302 채수향 303	손종희 363 김은영 364 정혜영 365	김재희 383 황재민 388 김하림 384	박하란 482 정아름 483 장지은 484 최도석 485	김경숙 503 진현서 504 이수민 505
	최윤호 244 배상철 206	윤진우 604 박주혜 605	방예진 624 박범규 625	김보미 264	고성헌 284 유정화 299 김지미 285 유지수 286 이솔 287	전세정 305 권오석 306 안영채 307	홍성준 366 김선주	김리영 385 박선영	윤장원 486	
	권영주 245 김동민 614	김지학 606 강혜연 607	이재석 626	김시아 265	이현지 288	채연기 308 구세진 309	김희경 367	석승운 386 이영주 387	김보연 487 유이슬 488	김대용 506 박지은 508
관리 운영직 및 기타										
FAX	748 -8269	792-2619			748-8296		748-8160		748-8512	

1등 조세회계 경제신문 조세일보

과	재산세과	법인세과		조사과			납세자보호담당관	
과장	정정제 480	김동우 400		전병두 640			양한철 210	
계	재산3	법인1	법인2	조사관리	조사	세원정보	납세자 보호실	민원봉사실
계장	윤권욱 521	홍장희 401	유준영 421	최선이 641	이기영 655 양재영 658 김제우 661 문근나 664 고정수 651	이창건 691	김남균 211	김준연 221
국세 조사관	박정민 522							
국세 조사관	한윤숙 523 박은미 524	김재규 402 정여원 403 정회훈 404 성주경 405 박복순 413	오현정 422 오광선 423 홍광식 424	고정란 645 홍세민 643	곽영미 662 박광용 667 박지영 652 배은아 656 구선영 659 이현정 660 한재식 668 김은정 665 이영훈 653	오연호 692	이수경 212 황지혜 213	은진용 228 임석봉 224
국세 조사관	박준홍 525 박초아 526 윤슬기 527 이현지 528	서경원 406 이선미 407	박규미 425		이성진 666 신지혜 663 석호정 657 최윤정 669	유경은 694	김서은 215	서은파 222 김미경 225
국세 조사관	김선규 529	안성희 408	이가령 426 이지민 427 한미현 428		김유진 654			황선화 226 우미라 227
관리 운영직 및 기타								
FAX	748-8515	748-8604	748-8190	748-8605	748-8696		748-8217	796-0187

은평세무서

대표전화: 02-21329-200 / DID: 02-21329-OOO

서장: **김 휘 영**
DID: 02-21329-201~2

주소	서울특별시 은평구 서오릉로7 (응암동 84-5) (우)03460				
코드번호	147	계좌번호	026165	사업자번호	
관할구역	서울특별시 은평구			이메일	

과	체납징세과			부가가치세과		소득세과	
과장	이귀병 240			박원진 280		김형일 360	
계	운영지원	체납추적	징세	부가1	부가2	소득1	소득2
계장	김지원 241	강태호 601	김필종 261	강장환 281	이주나 301	위승희 361	안상욱 381
국세조사관				염미정 282	손명수 302	조명상 362	
	김민주 242 김원화 207	한재희 602 노하진 603 이계승 604	이미정 262	이재일 283 정혜정 288	길남숙 황윤숙 303 김성주 304	황혜정 363 박진습 임현우 364	정은하 382 박금숙 383
	조민지 243 신영빈 244 김정호 593	이화선 605 정미영 607 조민현 608 김나형 609	사혜원 263 김수진 264	문재희 284 이지혜 285	권은경 305 윤성귀 307	정대혁 365 김동진 366	오수진 최기남 384 박민중 385 조혜리 386
	정우도 245 최종인 246	조경민 610 명인범 611 윤혁 612		주세림 286 김경복 287	임성영 306 강명은 308	이지현 367 이소정 368 박정아 369 장규복 370	김기선 387 김지은 388 홍혜진 389 박으뜸 390
관리 운영직 및 기타							
FAX	2132-9571	2132-9575		2132-9572		2132-9573	

김익태세무회계

대표세무사 : 김익태 (前은평세무서장)

고양시 일산동구 중앙로 1305-30, 528호
(장항동, 마이다스빌딩) 김익태세무회계

전화 : 031-906-0277 　　　팩스 : 031-906-0175
핸드폰 : 010-9020-7698 　　　이메일 : etbang@hanmail.net

과	재산법인세과			조사과			납세자보호담당관	
과장	이호용 400			정동훈 640			박성수 210	
계	재산1	재산2	법인	조사관리	조사	세원정보	납세자 보호실	민원봉사실
계장	김민주 481	하기성 501	유탁균 401	김고환 641	김령도 651 배장완 654 심영일 657	김정삼 691	사명환 211	윤만식 221
국세조사관				김영미 642		박인홍 692		장창환 222
국세조사관	심준 482 김민경 483 도혜순 484 김지연 485 주현경 486 심정석 490	이현석 502 이인권 503	임미선 402 배성한 403 이혜인 404 차혜진 405 진동훈 406	김문숙 644	박지혜 658 정연재 문석빈 655 조혜정 659		이유영 212 조안나 213	전환 223 김선량 임미애 박지숙 224
국세조사관	정희진 487	이대근 504 변혜정 506		김선희 643	차무중 653		박유미 214	윤주영
국세조사관	김윤성 488 권윤회 489	민호정 507 박근영 505	남화영 407		윤민아 656			장영진 226 박세희 227 이찬 228
관리 운영직 및 기타								
FAX	2132-9574			2132-9505			2132 -9576	

잠실세무서

대표전화: 02-20559-200 / DID: 02-20559-OOO

서장: **정 재 윤**
DID: 02-20559-201

주소	서울특별시 송파구 강동대로 62 (풍납2동 388-6) (우)05506				
코드번호	230	계좌번호	019868	사업자번호	
관할구역	송파구 중 잠실동, 신천동, 삼전동, 방이동, 오금동, 풍납동			이메일	

과	체납징세과			부가가치세과		소득세과		법인세과	
과장	선석현			임병국		이선구		양진근	
계	운영지원	체납추적	징세	부가1	부가2	소득1	소득2	법인1	법인2
계장	신경수 241	김영면 601	김성호 261	임문숙 281	조한식 301	남연식 361	이영미 381	안복수 401	이용진 421
국세조사관			김영규 262					김상배 402	
	곽용은 242 손현신 595	윤철민 605 박성근 608 박창현 611	황은옥 263 허지원 265	이상숙 282 오상훈 283	임보현 302 이종성 303	정미영 362 박종화 363 안종임 364 정재희 371 김춘경 379	심정보 382 임기양 383	정민호 403 김주옥 404	신현철 422 허송 423 김성미 424
	이현주 245 염상미 247 허윤재 599	박소영 613 김양경 609 김미희 610 김태영 603 한영수 606 김소담 612		김현영 284 김원규 285 박현경 287	김은미 304 권오남 305 이건구 306	박재현 365 박지숙 366	노하나 384 전정화 385	제현종 405 최두이 406	이선영 425
	강이은 246 고재민 244 류경탁 594	고은지 604 이환희 614 임지현 607	김세하 264	김정주 288 박건웅 289	김희선 307 오서주 308	이건일 367 박수지 368 이선아 369	권정훈 386 최재형 387 조영현 388	강선영 407	문다영 426
관리 운영직 및 기타									
FAX	475-0881			483-1926		475-7511		486-2494	

가현택스

대표세무사 : 임채수 (前잠실세무서장/경영학박사)

서울시 송파구 신천동 11-9 한신코아오피스텔 1016호

전화: 02-3431-1900   팩스: 02-3431-5900
핸드폰: 010-2242-8341   이메일: lcsms57@hanmail.net

예일세무법인

대표세무사 : 이인기 (前잠실세무서장)

서울특별시 강남구 테헤란로 313 3층 (역삼동, 성지하이츠1차)

전화: 02-2188-8100   팩스: 02-568-0030
이메일: inkilee9@naver.com

과	재산세과			조사과			납세자보호담당관	
과장	김기선			이종민			임경미	
계	재산1	재산2	재산3	조사관리	조사	세원정보	납세자보호실	민원봉사실
계장	신지성 481	기정림 501	권용준 521	김용원 641	허효선 651 조광석 656 김영승 661 김경국 664 최경호 667	김건웅 691	곽정은 211	김진수 221
국세조사관				양아열 642			위종 212	
국세조사관	장희정 482 정소영 515 김효정 487 박현준 484 김옥단 491	김계영 503 양은영 이재성 505	손혜정 522 김충상 524 박인환 525 박찬욱 523	강선미 643	김건중 657 황정현 662 이광수 668	박진솔 693	류선주 213 이문미 214 김효영 215	안연숙 222 한경석 224 이해미 223 김민정 227
국세조사관	노미현 486 최선균 489	김진희 506 김도영 507	홍성희 526 최진철 527 강정미 528	이진영 644 염예나	이승민 653 신민경 665 홍선아 652 이현우 666			김주영 226
국세조사관	이혜지 485	윤은지 508	윤기숙 529		김지수 658 김소라 663 김서연 669			이유정 225 임지남 223
관리운영직 및 기타								
FAX	476-4587			475-6933			485-3703	2055-9690

종로세무서

대표전화: 02-7609-200 / DID: 02-7609-OOO

서장: **김 광 칠**
DID: 02-7609-201

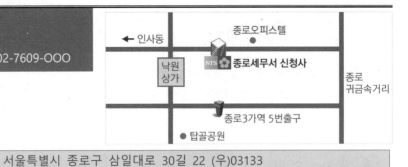

주소		서울특별시 종로구 삼일대로 30길 22 (우)03133				
코드번호	101	계좌번호	011976	사업자번호	101-83-00193	
관할구역	서울특별시 종로구			이메일	jongno@nts.go.kr	

과	체납징세과				부가가치세과			소득세과	
과장	심영주 240				유창현 280			이삼문 360	
계	운영지원	체납추적1	체납추적2	징세	부가1	부가2	부가3	소득1	소득2
계장	김세종 241	이필 601	이미녀 621	이경호 261	맹기성 281	김일동 301	김호영 321	김효상 361	이병곤 381
국세조사관		이수경 602 김성덕 603	최진식 622	김혜란 262				이원정 362	
국세조사관	이은 242 곽은정 243 이찬형 244 김진몽 593 김찬수 595 조천령 620	오임순 604 이상민 605	이순희 623 김명숙 624	김미진 263	이부창 282 유제근 283 김정희 284 김은희 285 이인하 286 이성준 297 김영주 293	이석재 302 이하섬 304	김연자 322 이현수 323	김수미 363	김경욱 382 조연상 383
국세조사관	김지연 247	강현주 606 조다현 607	유민희 625 노한나 626 안정수 627	김미란 264 박수현 265		김소희 308 허문정 305	이경수 324 송은지 325 왕지선 326	김승욱 364 이주미 367	서익준 384
국세조사관	이주현 245 이규은 246	김상혁 608 박효진 609	김해운 628		문예슬 287 김은정 288	박지훈 306 박하니 307 김진달래 309 고민지 311	고종우 327 정다영 328	박준우 365 이정웅 366	황다빈 385 김민정 386
관리운영직 및 기타									
FAX	760-4439	744-4939		760-9601	760-9600			747-4253	

과	재산세과		법인세과			조사과			납세자보호담당관	
과장	이종현 480		이성종 400			김영국 640			박성신 210	
계	재산1	재산2	법인1	법인2	법인3	조사관리	조사	세원정보	납세자보호실	민원봉사실
계장	심수한 481	권영신 501	신진균 401	김삼중 421	김은영 441	신성철 641	김희락 651 임병일 656	김태훈 691	유진 211	이혜전 221
국세조사관	정원영 482	박기범 502	박세일 402	이영주 422	남형철 644		장재림 661 주현아 671 민은규 676			
	서혜정 483 이세진 484 노민정 493	한민희 504 박세웅 503	김인겸 404 오청은 405	박상희 423 김은미 424 이재호 425	임세창 443 권정기 442 안유라 444	전용수 642 이복순 646	최영진 681 최웅 672 신은경 657	장혜경 692 이동우 693 윤민정 694	이윤희 212 김명진 213 조희진 214 이미라 215	이정희 222 이지훈 223 김영하 224 고미순 225
	여주희 485 김은미 486 김수형 487	이미정 509 임의순 505 김미덕 506	서인숙 406	강지현 426	최원화 445	김영화 643 신지숙 647	김준우 652 김용제 662 이영민 677 박혜옥 682 조민성 653 박혜근 663 윤수향 678			이은정 227 이영미 228 황세은 229 박진현 226 김보라 226
	이계호 488	최소라 507 양승혜 508	이소현 407 황지영 408 정희연 409	김민영 427 류승현 428	정수미 446 김보송 447		이현주 673 김효정 658 박소연 683			
관리운영직 및 기타										
FAX	747-9154		760-9454			747-9156			747-9157	

중랑세무서

대표전화: 02-21700-200 / DID: 02-21700-OOO

서장: **강 대 일**
DID: 02-21700-200

주소	서울특별시 중랑구 망우로 176 (상봉동 137-1) (우) 02118				
코드번호	146	계좌번호	025454	사업자번호	454-83-00025
관할구역	서울특별시 중랑구			이메일	jungnang@nts.go.kr

과	체납징세과			부가가치세과		소득세과	
과장	허선 240			서영상 270		신상연 340	
계	운영지원	체납추적	징세	부가1	부가2	소득1	소득2
계장	김현숙 241	하행수 601	이은영 261	이희현 271	황태건 291	김봉조 341	박찬욱 361
국세 조사관				최은정 701	김호복 292	유성두 348	
	류기수 242 김학영 595	김현선 602 이홍욱 603 임신희 604 오경민 605 강지은 606	임혜진 263 강복길 269	한승만 272 이지혜 274 박지영 280	한진옥 293 남윤수 294	임아름 342 강주영 343 김세환 344	장인영 362 박준호 363 안승화 364
	안지영 243 최병석 244	서윤석 607 김성균 608 신주현 609 박미선 610 박성수 611		최미경 276 강소연 277	이상윤 296 강지은 297	윤용 345 윤영랑 346 주희정 702	허수진 365
	이한송 245 최정원 595	안기영 612		김채원 278 김지원 279 도명준 273	전유나 298 이태현 299 노종옥 300 지상근 301	장철현 347	최경철 366 김광환 367
관리 운영직 및 기타							
FAX	493-7315			493-7312		493-7313	

과	재산법인세과			조사과			납세자보호담당관	
과장	이승현 460			이병주 640			전우식 210	
계	재산1	재산2	법인	조사관리	조사	세원정보	납세자 보호실	민원봉사실
계장	김동만 461	허영수 481	이은배 531	김재훈 641	황용연 651 김종만 654 강희경 657	박문철 691	신현근 211	이은길 221
국세 조사관	유덕현 462	편무창 482	최정원 532 신연주 533				고무원 212	
	김재완 464 장수진 465 김진희 468	김정태 483	정화선 534	김영선 642	문승민 655	최용진 692		정은정 222 김인숙 222
	배영진 703	배원희 484 신영준 485		이호재 643	송도영 652 성주호 658		신동한 213 정미희 214	박성준 223 김혜경 224
	정지예 466		조성문 535 정재영 536		김효진 656 전지연 653 홍기선 659			황아름 226
관리 운영직 및 기타								
FAX	493-7316			493-7317			493-7311	493-7310

중부세무서

대표전화: 02-22609-200 / DID: 02-22609-OOO

서장: **박 성 학**
DID: 02-22609-201~2

회현역　신세계백화점　중부세무서(임시청사)　명동역　충무로역　현청사

주소	서울특별시 중구 소공로 70 (충무로1가 21-1) (우) 04535			
코드번호	201	계좌번호	011989	사업자번호	202-83-30044
관할구역	중구 중 광희동 1,2가, 남대문로 2가, 남산동 1,2,3가, 남학동, 명동 1,2가, 무학동, 묵정동, 방산동, 신당동, 쌍림동, 예관동, 예장동, 오장동, 을지로 6,7가, 인현동 1,2가, 장충동 1,2가, 주자동, 초동, 충무로 1,2,3,4,5가, 필동 1,2,3가, 황학동, 흥인동	이메일	jungbu@nts.go.kr		

과	체납징세과			부가가치세과		소득세과	
과장	노수현 240			최선숙 280		이동원 360	
계	운영지원	체납추적	징세	부가1	부가2	소득1	소득2
계장	김우정 241	탁용성 601	서민자 261	송주영 281	윤현경 301	이봉숙 361	강체윤 381
국세조사관	백은혜 242	김태환 602			윤경희	최경희 362 백송희 150	
국세조사관	배현정 243 김희진 244	백오영 603 엄태자 604 유기선		김영숙 282 정재윤 283 최수미 284 용수화 285	이응선 303 홍원필 304 이성옥 305 기은진 306	김미애 363	이연경 382 신미경 383
국세조사관	김은석 593 윤대이 595	권기홍 605 신준철 606 이후건 608 전연주 607 양원석 609	김영신 263 손주희 264	김선미 286 신예민 287 정석훈 288 민수지 289 윤민지 290	권정인 307 배은호 강영묵 309	김광호 364	김인경 384
국세조사관	김은호 245	이현지 610 신이나 611 김은지 612	이정은 265	김형래 291 허지희 292 정의범 293	박대광 308 조한아 310 박미주 311 임승명 312 박소은 313 이민철 613	안승진 365 김혜빈 366	김지현 386 김미연 385
관리 운영직 및 기타							
FAX	2268-0582	2260-9583		2260-9582		2260-9583	

과	재산법인세과			조사과			납세자보호담당관	
과장	이재호 400			김동재 640			박일규 210	
계	재산	법인1	법인2	관리	조사	세원정보	납세자보호실	민원봉사실
계장	김미정 481	최우성 401	황병규 421	윤용구 641	이민규 651 박선영 655 박철수 658 김영종 661	한상범 691		권보성 221
국세조사관	이지호 482 김미성 483	부명현 402	양재중 422	박현영 642		서윤식 225		
	홍광원 489 김광현 484 김지호 485	박현정 403 김영찬 404 최원미 488 이성원 405 강성화 406 장혜영 409	이금숙 423 김희정 424 배상윤 425	임미영 643	김창호 664 정명주 656 김소연 662 김낙용 652 김은실 659 이민욱 665	장혜진 693 한지민 262	유선화 212 홍경옥 213	이채아 224 황선익 223 최수진 229
	여정주 486 유병창 487	강혜성 407	이유경 426	서경진 644	김희선 667 김동하 657 정유정 660 송승철 663 오유빈 653		조원영 214	김영성 226 유혜지 227
		김선아 408	유휘곤 427 허정희 428		김윤 654			신순호 228 송현화 229
관리 운영직 및 기타								
FAX	2260-9584			2260-9586			2260-9581	2260-9585

중부지방국세청
관할세무서

중부지방국세청

주소	경기도 수원시 장안구 경수대로 1110-17 (파장동 216-1) (우) 16206
대표전화 & 팩스	031-888-4200 / 031-888-7612
코드번호	200
계좌번호	000165
사업자등록번호	124-83-04120
e-mail	jungburto@nts.go.kr

청장   이준오

(D) 031-888-4201

부 속 실 031-888-4201
비 서 관 문창전 (D) 031-888-4202

성실납세지원국장	이동운	(D) 031-888-4420
징세송무국장		(D) 031-888-4340
조사1국장	최재봉	(D) 031-888-4660
조사2국장	윤영석	(D) 031-888-4480
조사3국장	양동훈	(D) 031-888-4080

중부지방국세청

대표전화: 031-888-4200 / DID: 031-888-0000

청장: **이 준 오**
DID: 031-888-4201

주소	경기도 수원시 장안구 경수대로 1110-17 (파장동 216-1) (우) 16206				
코드번호	200	계좌번호	000165	사업자번호	124-83-04120
관할구역	경기도 일부, 강원도(철원군 제외) [중부지방국세청 관내 22개 세무서 : 안양, 동안양, 안산, 수원, 동수원, 화성, 평택, 성남, 분당, 이천, 남양주, 구리, 시흥, 용인, 춘천, 홍천, 원주, 영월, 삼척(태백지서), 강릉, 속초, 경기광주(하남지서), 기흥]		이메일		jungburto@nts.go.kr

과	운영지원과				감사관			
과장	김민기 4240				윤종건 4300			
계	인사	행정	경리	현장소통	감사1	감사2	감찰1	감찰2
계장	우병철 4242	허양원 4252	김희숙 4262	윤경희 4272	성병모 4302	최욱진 4312	이연선 4322	천병선 4290
국세조사관	정용수 4243 김도영 4244 정진원 4245 김원경 4246	전동철 4253 민현석 4254 하재봉(시설) 4255	한미자 4263	이은경 4273	이남진 4303 노광수 4304 최민석 4305 김광복 4306 정지용 4307	최동주 4313 이현무 4314 남선애 4315 주용석 4316	오민철 4323 최현 4327 김완종 4328 천만진 4329	김훈 4291 이태욱 4292
	여우주 4247 곽호현 4248 김지원 4249	박수현 4256 배원준 4259 최상운 4260 최삼영(공업) 4237 <전화> 박득란 <방호> 김창주 박천왕 전형원	윤지영 4267 김혜령 4264 박준영 4266 오은경 4268	윤장현 4274 송정숙 4275 최상재 4276	정재상 4308 유미영 4309 백정화(사무) 4310	최성용 4317 박진규 4318	장경일 4330 윤동호 4324 문경 4325 전영준 4331 김여경 4332	길요한 4294 고영철 4293 양성봉 4295
	백은혜 4250 최승훈 4285 김유경 4251	김선이 4234 문지선 4261 조용재 4235 <운전> 천진호 유구현 신정무	윤송희 4269 최연욱 4270 이승수 4265	서동경 4279 김현진 4278			하준찬 4333	
		정현(시설) 4238 황영훈(운전)						
관리운영직 및 기타	우희영 4240 박지은 4284	이은실(기록) 4257			김일희 4300			
FAX	888-7613	888-7612	888-7614	888-7615	888-7616		888-7618	

214

재무인의 가치를 높이는 변화 '조세일보 정회원'

행정법원 판례를 포함한 20만건 이상의 최신 예규와 판례를 제공합니다.

국				징세송무국					
국장									
과	납세자보호담당관			징세과		송무과			
과장	이판식 4600			한성옥 4341		정순범 4011			
계	납세자보호1	납세자보호2	심사	징세	체납관리	총괄	심판	법인	국제거래
계장	임상훈 4601	장승희 4621	정성우 4631	이용안 4342	이승규 4352	이성호 4012	조성철 4016	김주원 4022	고승욱 4032
국세조사관	강성필 4602 김향미 4603	김성호 4622	조금식 4632 황인하 4633 김영환 4634	이현혜 4343 신효경 4344	윤재웅 4353 표석진 4354	최진석 4013		박요철 4023 황보형미 4024	박효서 4033 박순형 4034
	최연주 4604	김광태 4623	구본섭 4636 김태훈 4637 강소라 4638	김백규 4345 김은진 4346 최연희(사무) 4348	황인범 4355 윤기순 3122 정현주 3123 오수경 3124 김미나 3128 이영순 3130	김은주 4014	배재학 4017	박상우 4025	윤대호 4035 김형선 4036
	이동엽 4605	이은경 4624 장석만 4625	이동준 4639	정현준 4347	김종훈 4356 설수미 4357 서형민 4358 정희 3125 안지영 3126 김광혜 3127 이문희 3129 이미나 3131	선민준 4015	김석준 4020	한상영 4026	
관리운영직 및 기타	임보화 4600			박성은 4340					
FAX	888-7619			888-7621		888-7624			888-7624

215

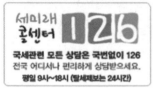

국세관련 모든 상담은 국번없이 126
전국 어디서나 편리하게 상담받으세요.
평일 9시~18시 (탈세제보는 24시간)

DID : 031-888-OOOO, 031-8012-OOOO (징세송무국)

국실	징세송무국						성실납세지원국					
국장							이동운 4420					
과	송무과			체납추적과			부가가치세과			소득재산세과		
과장	정순범 4011			안진흥 8012-7901			김상철 4451			안민규 4381		
계	개인1	개인2	상증	추적1	추적2	추적3	부가1	부가2	소비	소득	재산	소득지원
계장	허영섭 4042	김은수 4052	용환희 4062	김근수 7902	박상일 7922	박춘성 7932	정윤길 4422	김성미 4452	이삼기 4872	함명자 4430	주재현 4460	오현미 4382
국세조사관	윤경림 4043 한청용 4044 송현동 4045	이경숙 4054 이선의 4055	고병덕 4063 김서영 4066	황순영 7903 강인욱 7904 나송현 7905	김명숙 7923 박미숙 7924	이응찬 7933 윤호연 7934	윤광섭 4423	양정주 4454 최고은 4456 장석준 4453	박정민 4873 황신영 4874 고은선 4875	박중기 4431 방미숙 4432	박성배 4461 이영주 4462 곽혜정 4463	이재혁 4383
	정영욱 4046	김진우 4056	김숙경 4065	박영실 7906 김중삼 7907 이상민 7908	서윤희 7925 진재화 7926 박승욱 7927	정해란 7935 임관수 7936 손희정 7937 권기정 7938	김재중 4425 이창수 4426 김수현 4424	박상주 4458 신승수 4457 김선영 4370	최진규 4876 석장수 4877	나형욱 4433 최미옥 4434 서용훈 4435 전은영 4436	유정희 4464 문세련 4465 라영채 4466	곽병철 4384
				정영화 7909	민옥정 7928 박찬익 7929 김현정 7930	서기영 7939 윤지혜 7940	김희연 4427 박미혜 (사무) 4428	정효민 4371	김선중 4878 안지은 4879	최우성 4437 김다영 4438	윤상목 4467	한윤희 4385 주에나 4386
관리운영직 및 기타							최정은 4420					
FAX				888-7622, 7623			888-7633		888-7630	888-7631	888-7629	

216

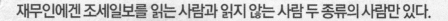

국실	성실납세지원국				
국장	이동운 4420				
과	전산관리팀				
과장	이승신 4401				
계	관리1	관리2	정보화센터1	정보화센터2	정보화센터3
계장	전용훈 4402	배향순 4412	지정인 290-3002	강봉선 290-3052	이홍구 290-3102
국세 조사관	이은정 4403	오진숙 4413 권오진 4414 정윤희 4390			
	안순주 4404 박병훈 4405	최재성 4415 김현숙 4416 조수연 4391	이해진 3003 <사무> 이윤숙 3017 김홍남 3014 고은희 3004 장용자 3020 서미숙 3015 김숙영 3013 윤석숙 3006 이윤정 3008 박명숙 3021 정희정 3005	<사무> 맹송섭 3067 김유경 3054 박회숙 3064 최미경 3062 노은복 3069 정복순 3071 최명숙 3066 배윤숙 3065 장문경 3058 이성훈 3061 강미애 3056	<사무> 김명숙 3110 이정애 3112 이현이 3104 김옥연 3115 박주현 3106 추정현 3108 고희경 3114 윤인경 3105 조정희 3111
	정병창 4406	이민선 4392 김새봄 4393	김현주 3011 박세라 3019 최하나 3018 김선화 3023	하민지 3053 이경수 3016 신수령 3059	문지환 3117 황보주연 3116
	이철원 4407 이용재 4408			최홍열 3057	
관리 운영직 및 기타					
FAX	888-7627		290-3148	290-3099	

DID : 031-888-OOOO,
031-8012-OOOO(국제거래조사과 조사2,5~7팀)

국실	성실납세지원국				조사1국						
국장	이동운 4420				최재봉 4660						
과	법인세과				조사1과						
과장	박인호 4831				이선주 4661						
계	법인1	법인2	법인3	국제조세	조사1	조사2	조사3	조사4	조사5	조사6	조사7
계장	이수형 4832	조일훈 4840	서영미 4851	이경순 4952	정경철 4662	황지현 4672	전봉준 4682	노유경 4692	구본수 4702	유상화 4712	이교진 4722
국세조사관	노승진 4833 조규상 4834 이인숙 4835	정선현 4841	황영진 4852 박형주 4853	임승섭 4953 박수안 4954	이현규 4663	강주연 4673 이승현 4674	이재성 4683	김정관 4693 박선영 4694	조병옥 4703 정경진 4704	김현호 4713	구홍림 4723 이민호 4724
	김수진 4836 이순임 (사무) 4838	이창원 4843 장수정 4844 이경열 4845 이효경 4846	김희화 4854 박종호 4855	문규환 4955 최영주 4956	조해일 4664 김동호 4665 송인우 4666 임향자 (사무) 4669	이준무 4675 심민정 4676	김란주 4684	김윤주 4695 최동기 4696	오경선 4705 염유섭 4706	이정 4714 이혜림 4715 김강주 4716	김형욱 4725 백인희 4726
	강병수 4837	남도영 4847	최강원 4856	양이지 4957	김상민 4667 엄지희 4668	신민아 4677	구자호 4685	김광현 4697	김지민 4707	박진호 4717	이치웅 4727
관리운영직 및 기타					홍주연 4660						
FAX	888–7635				888–7636						

국실	조사1국											
국장	최재봉 4660											
과	조사2과						국제거래조사과					
과장	김왕성 4741						이임동 4801					
계	조사1	조사2	조사3	조사4	조사5	조사6	조사1	조사2	조사3	조사4	조사5	조사6
계장	박지원 4742	서범석 4752	이상용 4762	최환영 4772	엄인찬 4782	김천수 4792	오성필 4802	문홍승 4812	정광용 4822	남용우 1802	조성인 1812	정휴진 1822
국세 조사관	유재복 4743 이창현 4744	이요섭 4753	최찬규 4763 한순근 4764	김지현 4773	김현미 4783	조원희 4793	김주연 4803 임승빈 4804	윤영진 4813 이연화 4814	윤경 4823	징윤식 1803	김태신 1813	막신역 1823 박종석 1824
	민규홍 4746 임철우 4748	김경민 4754 백수빈 4755 박용훈 4756	김태진 4765 곽진희 4766	서기원 4774 최정헌 4775	남상준 4784 이예림 4785	유경훈 4794 김국성 4795	강성구 4805 조미진 4806	김병주 4815 김나영 4816	백일홍 4824 김찬섭 4825 이성재 4826	손민석 1804 김경일 1805 강명호 1806	김도윤 1814 장민재 1815 김효일 1816	이범주 1825
	강정선 4745 김인겸 4747	박관중 4757	이아름 4767	허용 4776 천혜미 4777	안현수 4786 장재영 4787	서홍석 4796 류재희 4797	강성우 4807	김연호 4817	이승찬 4827	차은영 1807	박하늬 1817	이정현 1826
관리 운영직 및 기타	김민정 4749											
FAX	888-7640						888-7643					

DID : 031-888-OOOO (조사2국 조사1과 1~3팀),
031-8012-OOOO (조사2국 조사1과 4~5팀, 조사2국 조사2과)

국실	조사2국							
국장	윤영석 4480							
과	조사관리과							
과장	채중석 4481							
계	관리1	관리2	관리3	관리4	관리5	관리6	관리7	관리8
계장	이창수 4482	한보미 4492	장석진 4502	김진숙 4512	이강석 4522	최찬민 4532	장대식 4542	박영건 4552
국세 조사관	이영재 4483 엄태영 4484 정애라 4485	최현주 4493 김영희 4494	하광열 4503 강수미 4504	최선미 4513 강지원 4514	김동현 4523	김기은 4533 정경화 4534 김신덕 4535	전기석 4543 서경원 4544	김정건 4553 김강산 4554
	이은주 4485 서은화 4486 전범철 4487	이순복 4495	문은하 4505 이정윤 4506 김태형 4507	홍경일 4515 박현준 4516	하경종 4525 김동우 4524	이신화 4536 김승미 4537 양명호 4538	강경아 4545 문승덕 4546	김지연 4555
	최준완 4488	김완 4496	박보영 4508	강승호 4517	이호수 4526	신정민 4539 양성욱 4540	강주현 4547 남유승 4548 이예지 4549	
관리 운영직 및 기타	안기회 4480							
FAX	888-7654							

1등 조세회계 경제신문 조세일보

국실	조사2국								
국장	윤영석 4480								
과	조사1과					조사2과			
과장	강영구 4571					최성영 1861			
계	조사1	조사2	조사3	조사4	조사5	조사1	조사2	조사3	조사4
계장	이병오 4572	김형준 4582	이미진 4592	남수진 1842	문도형 1852	안병진 1862	조환연 1872	김종운 1882	강찬종 1892
국세 조사관	누십날 4573 양종훈 4574	이창열 4586 김옥진 4583	바희견 1593 곽재승 4594	이선욱 1043 인찬웅 1844	이원섭 1053	김정래 1863 양용선 1866	이주희 1873 엄선호 1876	한은우 1883 김재형 1886	깅형구 1893 임희정 1896
	김미라 4575 최락진 4576	이영태 4584 박건준 4587	이은주 4595 이은형 4596	양재우 1845 오민선 1846	김영근 1854	이재택 1864 임혜란 1867	최성도 1874 김봄 1877	한유정 1884	이학승 1897 김기배 1894
	김진광 4578 유화진 4577	임수정 4588 김현주 4585	이은성 4597 정성호 4598	장형보 1848 안재현 1847	이현정 1855 이동훈 1856	김정진 1868 김한선 1865	이장환 1878 박성용 1875	정종원 1887 윤종율 1885	김진석 1895 이유리 1898
관리 운영직 및 기타	김영경 4579					원지현 1869			
FAX	888-7644								

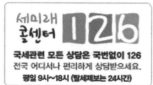

국세관련 모든 상담은 국번없이 126
전국 어디서나 편리하게 상담받으세요.
평일 9시~18시 (탈세제보는 24시간)

DID : 031-250-OOOO (조사3국 조사2과)

국실	조사3국									
국장	양동훈 4080									
과	조사관리과					조사1과				
과장	김재환 4081					황남욱 4151				
계	관리1	관리2	관리3	관리4	관리5	조사1	조사2	조사3	조사4	조사5
계장	김영기 4082	이수빈 4092	최교학 4102	김성근 4112	박종완 4122	김형철 4152	김호현 4162	윤종현 4172	김정현 4182	김성기 4192
국세조사관	이소영 4083 편대수 4084	장해순 4093 백승우 4094 박주효 4095	유병선 4103 지선영 4104 이순철 4105	황영희 4113 윤영상 4148	이낙영 4123 강선희 4133	박길대 4153 양금영 4154	조숙연 4163	임재승 4173	오항우 4183	채칠용 4193
	이상영 4085 박기우 4086	김은혜 4096	이준 4106 권예솔 4107 이민희 4108	박제웅 4114 전진철 4115 강선경 4120 홍지우 4117 우해나 4118	이양래 4134 안성호 4124 홍기남 4135 황순진 4125 구태환 4136	이철민 4155 김민호 4156 양월숙 (사무) 4158	윤희상 4165 양시범 4164 김경랑 4186	한경태 4174 지영환 4175 조선미 4176	최청림 4184 도주희 4185	이주영 4194 조용진 4195 이원구 4166
	오나현 4087 이정훈 4088 최기영 4089	박찬승 4097	이원진 4109 최영준 4110	장윤정 4119 임장섭 4120 유현정 4149	최우석 4126 김예지 4127	정은솔 4157	고재윤 4166	양현모 4177	차선주 4186	전은정 4197
관리 운영직 및 기타	원유미 4080									
FAX	888-7673					888-7678				

국실	조사3국				
국장	양동훈 4080				
과	조사2과				
과장	김운걸 5601				
계	조사1	조사2	조사3	조사4	조사5
계장	송명섭 5602	조수진 5612	김현철 5622	박염입 5632	장영일 5642
국세 조사관	원진희 5603 유승현 5604	김광수 5613	함은정 5623 고영욱 5624	박선범 5633	강문자 5643
	조경호 5605 최성희 5606	이시연 5614 정치권 5615 이동호 5616	기두현 5625 김서정 5626	김경진 5634 김은영 5635	이정수 5644 이충환 5645
	양시준 5607	김민교 5617	박영규 5627	김도헌 5636	김보미 5646
관리 운영직 및 기타	이지연 5608				
FAX	888-7683				

구리세무서

대표전화: 031-3267-200/DID: 031-3267-OOO

서장: **정 상 배**
DID: 031-3267-201~2

주소	경기도 구리시 안골로 36 (교문동736-2) (우) 11934				
코드번호	149	계좌번호	027290	사업자번호	149-83-00050
관할구역	경기도 구리시, 남양주시(별내면, 별내동, 퇴계원읍, 다산1,2동, 양정동, 와부읍, 조안면)			이메일	

과	체납징세과				부가가치세과		재산법인세과		
과장	홍필성 240				전종희 280		이해중 480		
계	운영지원	체납추적1	체납추적2	징세	부가1	부가2	재산1	재산2	법인
계장	김정범 241	박찬정 441	윤희만 461	우정은 261	황기오 281	전상호 301	박종환 481	이종하 491	정용석 401
국세 조사관	김수진 242 장혜진 243	김선덕 442 하승민 443 차정은 449	유진희 462 김준호 463 이나래 464	강계현 262	홍선영 282 김민섭 283 방정기 284	이건석 303 임소연 304	김민철 482 송지선 483	송윤식 492 정희정 493	김영식 402 김경호 403 유희태 404
		이동현 445 김지현 446	김나윤 465	이은진 263	서승화 285 정두레 286 김현경 287	오은희 305	홍종은 484 정소연 485 송정은 486	이성근 494 안민지 495	조효신 405
	이도헌 244 김동현 (방호) 245 이지수 (출휴)	김우주 447 윤수빈 448	전은지 466 송보섭 467	양영진 264	임재혁 288 이유민 289 김혜영	김성우 306 박혜인 307 양지현 308	김호영 487 황지영 488	우지영 496	윤혜원 406 김수진 407
관리 운영직 및 기타	최홍인 (비서) 박선옥 손혜자 박지현								
FAX	566-1808, 555-8199				555-8388		555-8196, 8197		

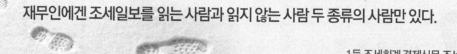
과	소득세과		조사과			납세자보호담당관	
과장	유상화 360		양동구 640			김상문 210	
계	소득1	소득2	조사관리	조사1	세원정보	납세자보호실	민원봉사실
계장	이환운 361	오주해 381	이수연 641	이은수 651	김문환 691	유철 211	이성필 221
국세조사관				김민태 654			
국세조사관	한승기 362 김아름 363 곽훈 364 조아름 365	하재분 382 임현구 383 이기섭 384	김주형 642	음홍식 655 류호정 658		권은정 212 민경석 213	마준호 222
국세조사관	허진혁 366	노은지 385 임혜영 386 전다인	김미선 643 임부선	김건우 652 최재진 653 김유나 656 한희자 659 여길동 660	고유영 692	최보미 214	김민성 223 박나영 224 방선미 225 심선희 226 김혜정 226
국세조사관	노혜선 367 조연우 368	배정현 388					손영주 227 손은하 228
관리 운영직 및 기타							
FAX	555-8388		555-8389			555-8380, 554-2100	

225

기흥세무서

대표전화: 031-80071-200/DID: 031-80071-OOO

서장: **장 철 호**
DID: 031-80071-201

주소	경기도 용인시 기흥구 흥덕2로117번길 15(영덕동974-3) 광장프라자 1~4층 (우) 16953				
코드번호	236	계좌번호	026178	사업자번호	
관할구역	경기도 용인시 기흥구			이메일	giheung@nts.go.kr

과	체납징세과			부가소득세과		재산법인세과		
과장	이금동 240			김연일 280		양재준 400		
계	운영지원	체납추적	징세	부가	소득	재산1	재산2	법인
계장	이준성 241	오경택 441	강윤숙 261	임선희 281	이민수 301	전채환 481	소기형 501	이봉형 401
국세 조사관					이성진 302		이강석 502	
국세 조사관	박준희 242 김은령 243	유영근 442 이지원 443 허성훈 444 김현준 445 한민수 446		정상화 283 김동욱 284 하효연 285 정선이(시) 정용선 282	황보람 304 김창우 303 김나경 305 정해란(시)	이정미 482 김현미 483 송미원 484 고은별 485	이재현 503 이훈희 505	최민혜 402 최병화 403 박영환 404
국세 조사관	남미정(사무) 244 이남길(방호) 246	김성미 447 강지은 448 이세미 450 안성태 451 박수옥(시)	김미란 262	이윤정 286 김초희 287 김정화 288 박지혜 289 박선영(시)	최현숙 306 하태욱 307 유주희 308 윤주영(시)	최혁진 486 김나리 487	박수범 504	손정희 405 김규혁 406 김소은 407 원희정(시)
국세 조사관	여지수 245 이도현(운전) 247		서진 263	최충의 290	정다연 309 송혜인 310 조하나 311	박소현(시) 김환희(시) 박일주 488 신아름 492		이상덕 410 김단비 409
관리 운영직 및 기타	신은숙(비서) 202							
FAX	895-4902	895-4903		895-4904		895-4905		

과	조사과			납세자보호담당관	
과장	정석현 640			안장열 210	
계	조사관리	조사	세원정보	납세자보호실	민원봉사실
계장	고은미 641	유은영 651	조일제 691	정직한 211	연제열 221
국세 조사관		이승호 652 이재관 653			
	홍보희 642	남명기 654 김인숙(시) 659		선승아 212 김윤희 213	엄영석 222 박순영(시) 226 윤수경 223
	오정환 643	박은주 655		신문정 214	류혜영 224 이하나 225
		김동희 658 편수진 657	이미정 692		
관리 운영직 및 기타					
FAX	895-4907			895-4908	895-4950

남양주세무서

대표전화: 031-5503-200 / DID: 031-5503-OOO

서장: **우 원 훈**
DID: 031-5503-201

지도: 한양대병원 ● 롯데백화점 ●
교문초등학교 한국전력공사
구리시청 ●
NTS 남양주 세무서
구리시 체육관 ●

주소	경기도 구리시 안골로 36(교문동 교문동 736-2) (우) 11934 가평출장소: 경기도 가평군 청평면 은고개로 19 (청평리)			
코드번호	132	계좌번호 012302	사업자번호	132-83-00014
관할구역	경기도 남양주시(별내면, 별내동, 퇴계원읍, 다산1,2동, 양정동, 와부읍, 조안면 제외), 가평군		이메일	namyangju@nts.go.kr

과	체납징세과			부가가치세과		소득세과	
과장	이승훈 240			권영춘 280		박승규 360	
계	운영지원	체납추적	징세	부가1	부가2	소득1	소득2
계장	김영호 241	한주희 441	임시형 261	이동기 281	이상희 301	김형우 361	손영균 381
국세 조사관							송기선 382
	이우경 242 이영기(운전) 613	진영한 442 김은순 453 박준범 447 이헌석 450 정민섭 454		김철호 282 홍정욱 283 전보원 284 정택주 286	이상민 302 김대정 303 한영준 304	박민규 362 서효영 363 태종배 364	이기현 383 박진우 384
	주미진 243 장재호 244	김주연 448 박승현 445 김경민 451 이정형 443 김민정 446 정호식 449 박금찬 455	장정수 262	인정덕 287 조나래 288	정하미 309 김세진 308 심단비 305 최우영 307	진주원 365	주향미 385
		김훈기 452	최효임 263 오경미 264	박미리 289 박병헌 290	조영수 313 전재희 314	황윤정 366 이세란 367	유예림 386 강선이 387
관리 운영직 및 기타	홍영남(비서) 202						
FAX	566-1808, 555-8199			555-8388			

과	재산법인세과			조사과			납세자보호담당관	
과장	정병진 480			정성한 640			남중경 210	
계	재산1	재산2	법인1	조사관리	조사	세원정보	납세자 보호실	민원봉사실
계장	김규한 481	박병연 501	신영철 401	최용 641	오승철 651	이승현 691	이관열 211	차윤중 221
국세 조사관	김상우 482	임치성 502			김성문 654 송영석 657 최인규			이영(가평) 585-2100
	김미선 483 이대웅 484	엄주원 503	염선경 402 김은희 403 최지원(사무) 408	조윤영 642	정용효 658 황세웅 655	민백기 692	윤혜정 212 김경옥 213 정시온 214	한규정 222
	박명균 485 박성훈 486	김민희 504 김강 505	김민주 404 윤도식 405 정다은 406	이미령 643	원종훈 652 유윤희 653 신현국 656			조선영 223 조은수 224 유완 224
	고경아 487		신승현 407		김두수 659			전윤아 255 표다은 255 안지영 585-2100
관리 운영직 및 기타								
FAX	555-8196, 8197						555-8380, 554-2100	

동수원세무서

대표전화: 031-6954-200 / DID: 031-6954-OOO

서장: **한 인 철**
DID: 031-6954-201

주소	경기도 수원시 영통구 청명남로 13(영통동) (우) 16704				
코드번호	135	계좌번호	131157	사업자번호	
관할구역	경기도 수원시 영통구, 오산시, 화성시 일부			이메일	dongsuwon@nts.go.kr

과	체납징세과				부가가치세과		소득세과		법인세과	
과장	김월웅 240				이민병 280		마동운 360		조영록 400	
계	운영지원	체납추적1	체납추적2	징세	부가1	부가2	소득1	소득2	법인1	법인2
계장	강부덕 241	이방훈 441	임영교 461	성수미 261	장현수 281	강지윤 301	이광희 361	김영관 381	손세희 401	한상윤 421
국세조사관		주충용 442 윤환 443	김세훈 462			최경초 302	최종훈362	김해옥 382		
국세조사관	연명희 242 최은수 243 김병조 (방호) 613 김정숙 (전화) 600	김동진 444 권미애 445	박진영 463 최재광 464 이상윤 465	이진희 262 김혜란 267 김현진 263	김현미 282 윤윤숙 283 이은경 200 김연아 284 윤조아 285 최숙희 286 이대훈 287 이유진 288 김환진 289 장혜주(사무) 298	김하강 303 한대희 304 이은정 305 오연경 306 김보경 307 김경만 308 김건호 309 김주원 310	안정민 363 이상범 364 황연주 365 채성희(사무) 377	홍윤선 383 김남영 384 김영은 385	이창훈 402 김소연 379 원은미 403 송종민 404	우주연 423 김태영 422 전운 424 마정훈 425
국세조사관	이준영 244 신현일 (운전) 246	이수연 최진남 447 장지은 448 윤현경 449	곽경미 466 송이 467 홍근배 468	이혜란 264	고지현 290 홍우환 291 김병섭 292	염정식 311 안광민 312 정미진 313 김재민 314 성유미 315	조숙영 366 성광민 367 최유연 368 정혜정 408 최인영 369	신영민 386 김고희 387 정현정 388 유진호 389 조정은 390	조덕상 405 윤일주 406 한수정 407	반승민 426 김대원 427
국세조사관	안대엽 245	박윤수 450 김경미 452 조아라 451	우원준 469 박수진 470 김재인 471		소연경 294 김다솜	박경진 316 한준희 317	이나래 370 이주현 371	이강희 391	김아람 408	황정미 428
관리 운영직 및 기타	이혜원 201 김경자 권영희									
FAX	273-2416				273-2427		273-2388		273-2437	

과	재산세과			조사과			납세자보호담당관	
과장	권춘식 480			고광현 640			정준 210	
계	재산1	재산2	재산3	조사관리	조사	세원정보	납세자 보호실	민원봉사실
계장	이남주 481	한종우 501	최인범 521	조종하 641		구규완 691		이주영 221
국세 조사관			한종훈 522 임세실 523		김성길 652 김현승 655		김영민 212	소수정 230
국세 조사관	주기영 482 김정은 483 김용덕 484 김민규 485 홍순호 486	백남현 502 김정희 509 서희선 503 정수일 504		김지윤 642 하유정 644	조은비 658 양서진 661 진다래 653 이다솜 656	이범수 692	박민정 213 정기호 214	김미향 225 조미영 227 김은숙 228 신미애 229 이문희 222 도종호 226 김정림 225 차영석 213
국세 조사관		한용석 505 김여진 506	안태준 524 정현주 525 이진규 526	임원경 643	김선 662 박정준 659 오상택 664 최현정 660 장지혜 657 지석란 666		김진영 215	최용태 230 이소원 225
국세 조사관	조해정 487 이소연 488	전영지 507 박지혜 508	김도연 527		김도연 654 서수아 663			오병관 224 전혜영 227 정상아 227 한상화 230 안의진 222 임아사 229
관리 운영직 및 기타								
FAX	273-2429			273-2454			273-2461	273-2470

동안양세무서

대표전화: 031-3898-200 / DID: 031-3898-OOO

서장: **김 학 관**
DID: 031-3898-201

주소	경기도 안양시 동안구 관평로 202번길 27 (관양동) (우) 14054				
코드번호	138	계좌번호	001591	사업자번호	138-83-02489
관할구역	경기도 안양시 동안구, 과천시, 의왕시			이메일	donganyang@nts.go.kr

과	체납징세과				부가가치세과		소득세과	
과장	최일암 240				권순락 280		이재규 360	
계	운영지원	체납추적1	체납추적2	징세	부가1	부가2	소득1	소득2
계장	김태우 241	하용홍 551	양동길 571	김애숙 261	전익표 281	이종복 301	정광진 361	백금실 381
			정규남 572		이문원 282			김성열 382
국세조사관	성창화 242 박종일(방호) 615	강승조 552 서승화 553 박찬민 554	류미순 573 조민성 574	이주영(시) 269 김경애(사무) 264	권경훈 283 최미영 284 김영석 285	천미진 302 박다빈 303 최제범 304 최미란(시) 313	김철호 362 정은순 363	김현진 383 박혜경 384
	김진아 243 소유섭(운전) 616	서가현 558 최소영 560 박미성 556 박형규 559	한혜경 575 이나홈 576 강아람 577	김양희 262	민인녀 286 이정현 287 이혜진 288 김지언 289 김경은(시) 331	오효정 305 황종욱 306 김민수 311 정은아 307 정선민 308	김진환 364 김선희 365 손태영 366 이노을 367 김지암 368 김주미(시) 최경진(시) 269	이경민 385 안성선 386 김주영 387 김수지 388
	조성원 245 김가인 244	연송이 555	이현정 578 신유하 579	황다영 263	강화리 290 조혜민 291	최명 309 김유선 310 서연지 312	김유나 369 임우영 370	홍지민 389
관리운영직 및 기타	이정화(비서) 202 김성희 이용성 정재양							
FAX	476-9787				383-0428,476-9784		383-0429, 0486	

과	재산세과			법인세과		조사과			납세자보호담당관	
과장	양근우 480			박금철 400		김재경 640			양동석 210	
계	재산1	재산2	재산3	법인1	법인2	조사관리	조사	세원정보	납세자 보호실	민원 봉사실
계장	김태균 481		우만기 521	오승찬 401	강대성 421	김용환 641	박기택 651	정호성 691		윤기철 221
국세조사관	송지은 484		권창위 522			오수연 642	이병희 654			김예숙 080 김종태 ???
국세조사관	웅현기 482 이현진(시) 495 인한용 483 홍경희(사무) 489	박뉸석 502 김반디 503	배정숙 523 박현우 524	유정은 402 변광호 403 권영호 404	남혜윤 422 이석아 423 정예린 424 김문희(시) 431	김지혜 643	서지현 655 이경현 658 곽은희 660 정휘섭 661 박홍자 663	김정훈 692	김태용 212	서경자 223 허인순(사무) 229
국세조사관	김수아 486	권영인 504 김기환 505 윤도란 056	송은희 526 채상윤 525	박훈미 405 강명주 406	최지현 425	이은종 644	최다예 652 김하영 653 오유나 656 최지연 659 이송이 662 윤준호 664	손택영 693	김원중 213 고윤석 214 김다람 215	홍수은 224 유신아(시) 228 장인영 225
국세조사관			고운이 528 이혜민 529 최세은 527	이다운 407 민병웅 408 조성수 409	김준영 426 정예원 427 한아름 428 이재욱 429		김상아 665			이미진 226 김동윤(시) 227 송미나 228
관리 운영직 및 기타										
FAX	383-0435~7			476-9785		476-9786, 383-1795			476-9782	389-8629

분당세무서

대표전화: 031-2199-200 DID: 031-2199-OOO

서장 : **장 길 엽**
DID : 031-2199-201

주소	경기도 성남시 분당구 분당로 23 (서현동 277) (우) 13590			
코드번호	144	계좌번호	018364	사업자번호
관할구역	경기도 성남시 분당구		이메일	bundang@nts.go.kr

과	체납징세과				부가가치세과		소득세과		재산세과		
과장	주원숙 240				장혁배 280		김진삼 360		이진우 480		
계	운영지원	체납추적1	체납추적2	징세	부가1	부가2	소득1	소득2	재산1	재산2	재산3
계장	이종남 241	김진수 441	김용거 461	류두형	김만식 281	김기철 301	김훈태 361	조흥기 381	허두영 481	김기동 501	하영태 521
국세 조사관			김수정 462				하희완 365		강여정 (시) 박주리 482	이우섭 502	김경숙 522
	최보영 242 심선화 243 김금자 (전화)	김옥남 442 강경식 444	김승국 464	차순화 (사무) 264 최영혜 262	양혜민 283 이기혁 282 조광제 285	김형규 304 이석화 317	김종만 366 권혜영 362 김윤희 (시) 367 김은호 368	이중한 384 최나영 382 김종우 387 배진 388	김현석 483 조아라 484	장혜심 503 신미리 504 김중근 505	김종영 524 송원기 526 정지홍 532 선화영 528 주재명 530 김경희 (사무) 537
	백경모 244	홍서연 445 김태은 446 이승환 446	김정효 466 박지수 463 최명식 467 서미영 465	김송이 263 박현정 (시) 271 김단비 266	신유미 (시) 이지연 288 김용일 284 조해리 286	최혜승 306 박미경 307 조영준 303	박영은 363	이선희 383	이창한 485 권정석 486 나혜영 487	채성호 506 하윤희 507	송현철 525 이창희 529
	전재형 245	우한솔 448 강준 443 노주호 449	김지수 468			최수진 305 소재준 308	유가현 369 조윤영 (시) 오정현	최정인 385 허진주 386	최진화 488 남지윤 (시)	박제린 508	원정윤 527 양일환 523 윤은미 533 이유정 531
관리 운영직 및 기타	김기수 조혜정 박명화 박순남 손금주										
FAX	718-6852				718-8961		718-8962		718-6849		

과	법인세과		조사과			납세자보호담당관	
과장	이호길 400		이종록 640			이상무 210	
계	법인1	법인2	조사관리	조사	세원정보	납세자보호실	민원봉사실
계장	김경열 401	주경관 421	이헌식 641	이진호 651	조성훈 691		심용훈 221
국세조사관	이숙정 402 이세정(시)			김석원 652 정종원 653		김영식 212	
	갇민주 404 김재일 403	김정민 422 구본균 423	ㅍ엉미 642	징아영 656 조명신 654 강신국 661	이유라 692	이현수 213	강동석 229
	김미래 405 오광현 406 강혜인 407	김창윤 424 공선미 425 고민경 426	정경민 645 이지연 643	김종선 657 최안나 659 강혜연 660 남다미 655	구아현 693	강다은 214 조은상 215 홍문희 216	이민의(시) 222 손원영(시) 227 최수정 223 이현진 224 안태일 225 김해경(시) 228
	김윤한 408 이윤의 409	김신애 427 승채원 428 이상윤(시) 429		강미영 644 고운지 664 전세연 663 강지현 658 임지혜 662 장나혜 665			김순옥(시) 230 오윤경 226
관리운영직및기타							
FAX	718-4721		718-4722			718-4723	718-4724

성남세무서

대표전화: 031-7306-200 / DID: 031-7306-OOO

서장: **이 효 성**
DID: 031-7306-201

주소	경기도 성남시 수정구 희망로 480 (단대동) (우) 13148					
코드번호	129	계좌번호	130349	사업자번호	129-83-00018	
관할구역	경기도 성남시 수정구, 중원구			이메일	seongnam@nts.go.kr	

과	체납징세과			부가가치세과		소득세과	
과장	이기연 240			김규주 280		조성경 360	
계	운영지원	체납추적	징세	부가1	부가2	소득1	소득2
계장	조준호 241		김남호 261	윤명로 281	김상한 301	송신호 361	김현성 381
					강명준 302	조미옥 362	
국세 조사관	이하나 242	방지연 442 신준규 443 정재윤 445	도유정 262 박성순 263	박혜진(시) 376 임대근 282 신지영 283 천혜진 284 김보성 285	전유림 303 박선미 304 이중재 305	이순영 363 김성필 364	박은진 382 김준희 383 최현정 384 조민희 385
	전은지 243	안진희 446 김진태 447 이승환 448 이우현 449 이지우 450 정연주 451 김현경 452	김화도 (오전수납) 271 김예솔 264	박인애 286 박상희 287 신수정 288 황인선 289	장재민 306 한혜선 307 주소희 308	주은미 365 윤희경(시) 376 이희정 366	노승미(시) 376 김민정 386 신혜민 387
	권민수 244 김승철(운전) 246 박주열(방호) 613	우보람 453 홍진기 454		최혜림 290 김예연 291	이다운 309 김유리 310 김형묵 311 김진주(시) 376	한상범 367	박지예 388
관리 운영직 및 기타	유은정 245 박윤이 202 윤인자 667 전하현 김순점 박귀자 박월례						
FAX	736-1904			734-4365		732-0777	

과	재산법인세과		조사과			납세자보호담당관	
과장	곽희정 400		이필규 640			박충열 210	
계	재산	법인	조사관리	조사	세원정보	납세자보호실	민원봉사실
계장	강경구 481	김윤용 401	김용민 641	손세종 651	허승 691	조성훈 211	황민 221
국세 조사관	이득근 482			김현정 654	조형구 692		
	강덕수 483 박수녈 484 이용진 485 전은수(시) 299	손지아 403 조희근 404 황혜선 405	김윤정 642	박은정 657 안유진 652 윤영진 658 김한상 655		이훈기 212 서민경 213	
	박희영 486 정지환 487	김경원 406 윤한미 407 임영수 408 오아람 409	김민정 643	김지혜 653 이은애 659		조서이 214	김도형 222 정상오 224 강미선(시) 223
	심예진 488 도혜정 489 양은지(시) 299	이재원 411		오지현 656			황지연 226 신동희 228 김수정(시) 222 송유란(시) 227
관리 운영직 및 기타							
FAX	8023-5836	8023-5834	736-1900, 1905		721-8611	745-9472	732-8424

수원세무서

대표전화: 031-2504-200 / DID: 031-2504-OOO

서장: **이 법 진**
DID: 031-2504-201

주소	경기도 수원시 팔달구 매산로61(매산로3가 28) (우) 16456				
코드번호	124	계좌번호	130352	사업자번호	124-83-00124
관할구역	경기도 수원시 장안구, 팔달구, 권선구			이메일	suwon@nts.go.kr

과	체납징세과				부가가치세과			소득세과	
과장	김주식 240				이범구 280			박종흠 360	
계	운영지원	체납추적1	체납추적2	징세	부가1	부가2	부가3	소득1	소득2
계장	정지영 241	선형렬 441	박준현 461	신종무 261	최연구 281	왕관호 301	김유미 321	박훈수 361	최승원 381
국세조사관		강경근 442		정을영(전) 264	윤종근 282		이승용 322	최상미 362	문창수 382
	김현정 243 이상규 (열관리) 685 조숙의 (전화) 259	김수정 443 문혁 444 김보미 445 이효나(시) 472	변성용 462 송준호 463 연근영 465 신현중 464	정미애 262 김은주(시) 268	어윤제 283 박지윤 284 유혜리 285 김순영 (사무) 292	홍성권 302 김경현 303 인경훈 304 신유미 305 이웅주 306	최성민 323 조한정 324 정혜정(시)	김유진 363 고진숙 364 장익성 365 정현정 366	나정아 383 조현성 384 서정훈 385 박병선(시)
	서유식 242 양수원 244 최광석(운) 247 남덕희 (방호) 611	장주아 446 황재인 447 정대환 448	홍세정 466 나선 467 문혜미 469 한비룡 468	박은주 263 이경심 (사무) 265	곽준옥 286 이미현 287 박윤배 288 신지연 289 김가혜(시) 293	박지혜 307 김지영 308 선수아 309 오혜미 310	이화진 327 황현희 325 권영빈 326 김햇님 328	이순아 367 지민경 368 김현석 369 김은혜(시)	송승재 386 김보경 387 김민정 388 김가연 389
	박성준 245	정연득 449 정지수 451 최은비 450	서지선 470 권구성 471		김영혜 290 강주영 291	김수지 311 유진선 312	서태웅 329 김수진 330 곽미송 331	이윤선 370 김수진 371 정다솔 372 창보라(시) 374	이푸르미 390 양예람 391 허수정 392
관리 운영직 및 기타	이주화 202 방복순 송희석								
FAX	258-9411				258-9413			258-9415	

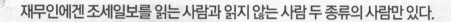

과	재산법인세과			조사과			납세자보호담당관	
과장	김종현 400			유제연 640			김광수 210	
계	재산1	재산2	법인1	조사관리	조사	세원정보	납세자 보호실	민원봉사실
계장	송은영 481	노수진 501	조일형 401	채정훈 641	문성호 651	김형기 691		문태범 221
국세 조사관	박은숙(전) 482 김연실 483	서성철 502	김홍균 402		유성주 655 이상훈 658 이봉림 661		김영주 212 윤혜진 213	
	김재희 484 전경선 485 류문환 486 곽정수 487	정효중 503 김신우 504 김순아 505	정윤선 403 이정언 404 이향선 404 권익성 406 김보영(시) 413	고경이 643 장종현 644 오선경(시) 643	차성수 652 성지은 656 김유현 657 송민철 662 정태형 659 유득렬 664 김해진 665	김수연 692	김신애 215 최효진 214	김선희 224 권선화 223 박연미 225 윤미영 228
	김경훈 488 김수연(시)	이수지 506 송기순 507	한영임 407 박지언 408 복지민 409	안지훈 645 이연지 646	정인경 653 송민숙 663 이보라 666	표성진 693	박주연 216	함용식 227 이대훈 226 정현수 230 정지나(시) 232
	박영순 489 이상일 490 최준환 491	장유정 508 진향미 509	현은영 410 이승희 411 김송이 412		현미선 654 이수영 660			김성룡 231 김상혁 229 이원자(시) 233
관리 운영직 및 기타								
FAX	258-9475		258-0457	258-0453, 0454			248-1596	256-4376

시흥세무서

대표전화: 031-3107-200 / DID: 031-3107-OOO

서장: **이 진**
DID: 031-3107-201

주소	경기도 시흥시 마유로 368 (정왕동) (우) 15055 대야동 민원실: 시흥시 비둘기공원7길 51(대야동,대명프라자) 대명프라자 3층 (우) 14912				
코드번호	140	계좌번호	001588	사업자번호	140-83-00015
관할구역	경기도 시흥시			이메일	siheung@nts.go.kr

과	체납징세과				부가가치세과			소득세과	
과장	전계호 240				김윤정 280			임정호 360	
계	운영지원	체납추적1	체납추적2	징세	부가1	부가2	부가3	소득1	소득2
계장	문선우 241	김혜원 441	이범희 461	김교성 261	강성현 281	류천호 301	성익수 321	신지훈 361	서원상 381
국세 조사관	신정환 242 박유신 (교환) 609	이정식 443 한상수 444	이옥희 462 오승연 464 박관준 463		김문환 282 천혜령 283 신요한 284	김민 302 김은경 303 이한희 (시간제)	주진아 322 박경휘 323	이여성 362 손영대 363	조병섭 383
	임소영 243 신민규 244	강성현 445 김진형 446 김성수 447 김지연 448 지영환 449 김기송 450	신철주 465 최용준 466 임지민 467 김민균 468 이효정 469	김향희 262 김혜연 263 임승화 (시간제)	신영화 285 김진아 286 이준우 287 최소영 (시간제)	한미영 304 김준호 325	이진영 324 김진호 325 박순웅 326	김다운 364 신미식 (시간제)	심현수 384 이은성 382 안병용 385
	김용선 (운전) 247 이혜규 245	박원호 451	김보희 470	정지수 (시간제)	이명길 288 정은재 289 최유영 290	강수빈 306 이희수 307 박도훈 308	이민규 327 박수진 328 이빛나 329 김유진 264	김서경 365 문시현 366	장소연 386 김인혜 387
관리 운영직 및 기타	안명순 (비서) 203 김근분 노영순			수납창구 268	상담창구 629 630				
FAX	310-7551				314-2174, 313-6900			314-3979	

1등 조세회계 경제신문 조세일보

과	재산법인세과				조사과			납세자보호담당관	
과장	지승남 400				이성만 640			박수용 210	
계	재산1	재산2	법인1	법인2	조사관리	조사	세원정보	납세자보호실	민원봉사실
계장	하광무 481		최명상 401	진승호 421	신영수 641		인길식 691	김윤석 211	한광인 221
국세조사관						안미경 651 최영일 655 박정용 671			
	김경이 482 진수민 483 윤지은 484 김의동 (시간제)	김찬 502 조윤호 503	김재일 402 전진우 403 이해영 404	유홍재 422 한소연 423 유현상 424	문선희 642	곽만권 674 김영석 652 유기연 657 박수열 672			안중현 222 최병국 224
	김정준 485 김정혜 486		이윤옥 405 손윤정 406	임건아 425		이수빈 658 안재현 675		정명기 212 김성현 213 김상훈 214	이재남 (대야동) 이재홍 223 나희선 227
	고은혜 487	김동준 504 현병연 505	오진욱 407	우현주 426 정윤정 427	김지선 643	김현지 653	김나래 693		권서영 225 박범석 221 강소희 226
관리 운영직 및 기타	상담창구 490							대야동민원실 T.8041-3221,2 F.8041-3226	
FAX	314-2178		314-3975		314-3977, 3978			314-3971	314-3972

경기광주세무서

대표전화: 031-8809-200 / DID: 031-8809-OOO

서장: **황 문 호**
DID: 031-8809-201

주소	경기도 광주시 문화로 127 (경안동) (우) 12752 하남지서: 경기도 하남시 하남대로 776번길 91 (경기도 하남시 신장동 521-4) (우) 12947						
코드번호	233		계좌번호	023744		사업자번호	
관할구역	경기도 광주시, 하남시					이메일	singwangju@nts.go.kr

과	체납징세과				부가소득세과		재산법인세과	
과장	원성희 240				최형진 280		허성원 480	
계	운영지원	체납추적1	체납추적2	징세	부가	소득	재산	법인
계장	이준표 241	이은창 441	최승복 461	이승미 261	강병구 281	박동균 361	이수종 481	양구철 401
국세 조사관							장소영 490 정은미 482	이승재 402 박종화 403
	이현주 243 이평재 242	최경식 442 김지훈 443	이병진 463 최영조 464	김경란 262 이진명 264 박희경 263	김경훈 282 김용철 284 최새록 283 강은영 291 정혜영 285 구자헌 286 한성미(시)	이미희 362 김구호 363 양승우 364	이용욱 492 강태길 483 조희정 484 김현철 493	이명수 404 이영미 405 김수현 406 강한수 407 김민정 408
	김찬수 244 박완식(방호) 246	최선경 445 송민섭 446 민천일 447 조혜원 448	박성은 465 손영미 466 김혜진 467	노정림 264 오연우(시)	권민선 287 박동민 288 김지윤 289 심새별 292 박영은 293 박용현 294 이혜연(시)	김기홍 365 박영종 366 박미영 367 이성민 368 지상선(시)	박상훈 485 윤경현 486	이은선 409
	김수진 245 이정구(운전) 247		김형준 468			이민우 372	윤일한 487 이현진 488 강미정 491 최한솔 489	
관리 운영직 및 기타	윤미경 202 박영숙 박영선 지상금							
FAX	769-0416	769-0417			769-0746		769-0773	

1등 조세회계전문 경제신문 조세일보

조세일보 정회원 가입(연구독료 15만원) 시 추가 비용없이
조세일보Plus를 발송해 드립니다.

과	조사과			납세자보호담당관		하남지서 (031-790-3000)				
과장	양덕열 640			이정윤 210		이성엽 790-3400				
계	조사관리	조사	세원정보	납세자보호실	민원봉사실	체납추적	납세자보호실	부가	소득	재산법인
계장	안연광 641	정흥진 651	김성은 691	이현준 211	심희준 221	최상림 3461	금도미 3410	권흥일 3421	양나연 3431	윤지수 3441
국세조사관		박경옥 654 황현철 657 김수현 660 김혜령 663								이준용 3452
국세조사관	박은아 642	김도훈 652 한승철 655 두영균 658 손인준 661	안문철 692	박진수 212 황주성 213 김송이 214	장우인 226 강석원 222 안지은 223	윤주영 3462 강근영 3463 장민기 3465 송선영 3467 김봉수 3464		박지현 3422 김문길 3423 이두원 3424	박기봉 3432 이다연 3433 조현수(시)	김인홍 3442 박동일 3443 김난영 3453
국세조사관	김경린 643	강혜진 653 유형진 656 이승철 662 나영수 664			반아성 224	주진선 3466	이미림 3412 정영현 3413 이길호(방호) 3417 홍혜영(시) 육현수(시)	이수현 3425 윤나래 3426 서정우 3427 권승희(시)	한봉수 3434 김아영 3435 강여울 3436	임훈 3454 정윤희 3445 박지영 3446 이우정 3444 배상원 3448 박은지 3455 조지현 3447
국세조사관		이지수 665			김경연 225	허영렬 3415		박진성 3430 심규민 3428 윤효준 3429	현진희 3437	명경자 3449 이소연 3456
관리운영직 및 기타										
FAX	769-0685			769-0842	769-0768, 0803	790-2097	793-2098	791-3422		795-5193

안산세무서

대표전화: 031-4123-200 / DID: 031-4123-OOO

서장: **이 세 협**
DID: 031-4123-201

주소	경기도 안산시 단원구 화랑로 350(고잔동 517) (우) 15354				
코드번호	134	계좌번호	131076	사업자번호	134-83-00010
관할구역	경기도 안산시			이메일	ansan@nts.go.kr

과	체납징세과				부가가치세과			소득세과	
과장	서인창 240				박주범 280			이양희 360	
계	운영지원	체납추적1	체납추적2	징세	부가1	부가2	부가3	소득1	소득2
계장	윤영택 241	김분희 441	이형경 461	변인영 261	전기희 281	엄남식 301	손정숙 321	김덕진 361	박동현 381
국세조사관		이종완 442							
국세조사관	김강미 242	백승화 443 안지현 444 민덕기 445 김미경 446	김지은 462 정순남 463 황진숙 464 신영두 465 김성미 466 김현주 467	이영아 262	송승한 282 김미애 283 임주현 284 송우락 285 김지현 286	김소영 302 송창훈 303 김주옥 304 이재영(시) 305 손한준 305	박명수 322 박서연 323 김남주 324 정영희 325 임신욱 326	권옥기 362 박종호 363 이경아 364 박현정 365 김명선 366	전원실 382 김대환 383 노수창 384 박양숙 392 유지호 385
국세조사관	강진영 243 김미희 244 정유진 245 김은애(전화) 260 양재흥(운전) 250	김혜진 447 전하돈 448 소규철 449 김재욱 450 박주미 451 김지언 452	김서은 468 김수현 467 이진호 469 김영진 470 박원경 471 이상국 472 허지은 473	함윤선 265	채거환 287 김영대 288 강유진 289	김묘정 306 유창인 307 김민표 308 노재희 309	하민정 327 오경환 328 조소윤 329 문희제 330	강민구 367 윤장원 368 박기현 369	민경진 386 안현준 387 이계숙(시)
국세조사관	이채령 246 서동천(방호) 249	염관진 453	김우경 474	신지혜 264	고현재 290 강혜진 291 진솔 292	박조은 310 정다운 311 조한우 312	이도은 331 옥경민 332 김준태 333	강현 370 이지수 371 조민영 372	양혜령 388 김진옥 389 한그루 390 박승철 391
관리운영직 및 기타	김영란 202 이기로 625 안미수 정지우 유화진			수납창구 269	개인통합 상담창구 377				
FAX	412-3268				412-3531			412-3550, 3380	

과	재산세과			법인납세과		조사과			납세자보호담당관	
과장	진상철 480			이재영 400		강병진 640			박경용 210	
계	재산1	재산2	재산3	법인1	법인2	조사관리	조사	세원정보	납세자보호실	민원봉사실
계장	김국현 481	이영환 501	우상용 521	한창희 401	김성호 421		최정희 655	이상욱 691	임희경 211	황진하 221
국세조사관	송현종 482	정보경 502	황용연 522				권영진 658 남숙경 661 박제효 664 최돈희 함영수 673			
국세조사관	고경진 487 최선 483 우희성 484	권중훈 503 윤영우 504	박하홍 523 이강원 524 안현자 525	박수홍 402 남기현 403 이미선 404 김성진 405	임승수 422 이현진 423 이령조 424	김준호 642 이연석 643 최혜진 644	김혜리 651 장명섭 652 강상준 656 정희경 659 정재욱 662 박송이 665 팽동준 667 반정원 670 김태영 676 고은선 668	손선영 692 전진무 693	원호선 212	남궁준 222 김춘화(사무) 233 최윤정 223 구명희 224
국세조사관	구현영 485	이희령 505	정강영 526 이윤경 527	이명하 406 박형기 407	장성민 425 오양선 426 김아영 427		김은성 653 한진선 657 이미연 663 여진혁 666 양선미 669 이영은 672 김재곤 675		김은주 213 서준 214	한세훈 225 김상록 226 장원용 227 김별아 228
국세조사관	이현익 486	박광태 506		허미림 408 노현민 409 진언지 410	김다이 428 손해리 429 송상우 430	유명한 645	이창수 660			유혜영 231 김준현 229 황유경 232
관리운영직및기타	상담창구 495									
FAX	412-3470			412-3350		412-3580, 3540			412-3340, 487-1127	

245

안양세무서

대표전화: 031-4671-200 / DID: 031-4671-OOO

서장: **최 지 은**
DID: 031-4671-201

만안
시립도서관

변전소
농림부 국립
수의과학연구소

안양세무서

안양 소방파출소

생병원

등기소   우체국

주소	경기도 안양시 만안구 냉천로 83 (안양동) (우) 14090						
	군포민원실: 군포시 청백리길 6 군포시청내 1층 민원봉사실 (우) 15829						

코드번호	123		계좌번호	130365	사업자번호	123-83-00010
관할구역	경기도 안양시 만안구, 군포시				이메일	anyang@nts.go.kr

과	체납징세과			부가가치세과		소득세과	
과장	정명순 240			김동언 280		권기창 360	
계	운영지원	체납추적	징세	부가1	부가2	소득1	소득2
계장	공석환 241	현진호 441	김선미 261	선기영 281	장남식 301	김진영 361	김대혁 381
국세 조사관	임종순 242 김정은 243 강복남(전화) 620	조창일 443 최정심 444 김민수 445 박승진 446	이은영(시) 268 성은정(사무) 264	김보미 282 김환 283 조수영 284 남경희 285	김경희 302 박미라(군포) 손기만 303 박정옥 304	양준석 362 이소영 363 김용숙(사무) 370	길미정 383 박은정 384
	윤창식(운전) 628	김효숙 447 허채연 448 강정호 449 김은주 442 이혜민 450	이은경 262 김지혜(시) 268	장경애(시) 조현경 286 이관희 288 김선근 289	박정혜 305 박정배 311 김나현 306 조은빈 307 서두환 308	구성민(시) 김다희 364 박선영 365	강유나(시) 정진형 385 이정하 386
	최다영 244 여진동 245	권채윤 451 천상현 452 송보혜 453	공신혜 263	김재윤 290 권민경 291 홍다임 292	이승배 309 한수현 310	양창혁 366 박해란 367	손정아 387 김남이 388
관리 운영직 및 기타	한경희(사무) 246 김예림(비서) 202						
FAX	467-1600	467-1300		467-1350		467-1340	

과	재산법인세과			조사과			납세자보호담당관	
과장	김송주 400			윤용일 640			장현기 210	
계	재산1	재산2	법인	조사관리	조사	세원정보	납세자보호실	민원 봉사실
계장	김수진 481	윤재연 501	오기일 401	김영선 641	신승수 651	신진규 691	박승효 211	김경태 221
국세조사관	조은용 482				박광석 660 장상우 657 이상현 654			
	장광식 483 이선미 484	이종근 502 박준규 503	백규현 402 신은정 403 송은호 404 박미현 405 최명화(사무) 411	권미희 642 전주현 643	최회윤 661 최영윤 658 남정휘 655 이주미 662 최병우 652		강미애 212 서영춘 213	정민재 222
	배자강(시) 최현영 485 권소현 486 이현주 487	김슬아 504 조재완 506	곽은선 406 이동수 407	정은주 645	황수빈 653 강기수 659 김은주 656		안소현 214	양승민(시) 이은미 222 박현수 000 구진선 223 김세식 223
	이한솔 488 고아라 489 최효원(시)	강태경 507	최명호 408					노주아 224 박선양(시)
관리운영직 및 기타								
FAX	467-1419		467-1510	469-9831		467-1696	469-4155	467-1229

용인세무서

대표전화: 031-329-2200 / DID: 031-329-2OOO

서장: **윤 영 일**
DID: 031-329-2201

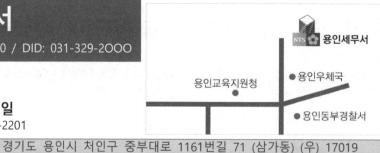

주소	경기도 용인시 처인구 중부대로 1161번길 71 (삼가동) (우) 17019 수지민원실 : 용인 수지구 문인로54번길2 수지하우비상가 214호 (동천동 887)							
코드번호	142		계좌번호		002846		사업자번호	142-83-00011
관할구역	경기도 용인시 처인구, 수지구						이메일	yongin@nts.go.kr

과	체납징세과				부가가치세과		소득세과	
과장	박진영 240				연규천 280		이강무 360	
계	운영지원	체납추적1	체납추적2	징세	부가1	부가2	소득1	소득2
계장	최홍신 241	정봉석 441	최옥구 461	안선표 261	김은숙 281	최은창 301	안창희 361	경재찬 381
국세 조사관						조아라 302		
	고현숙 242	박근용 442 이기언 450 이현정 443	나기석 463	오현정 262 김유리(사무) 264	조희숙 282 심우택 283 박정현(시) 장성환 284	송종민 303 서현준 304 정민화 305	김상현 362 박시현 363 김미나 364	김소정 382 이재곤 383 김유정 384
	박수련 243 이해남 244 한경란 245 백진원(운전) 246 장연택(방호) 247	정지현 444 이도영 445 이재혁 446 홍지은 447 김정은 448 김수지 449	김도경 465 최은희 466 장세리 467 이종영 468	한진아 263	박종국 285 정소연 286	박원경(시) 이지현 306 박현옥 310 문지선 307 한종문 308	최정연 365 최윤성 366 김상덕 367 김윤희 368	김지영(시) 박진희 385 박윤희 386
		정훈 469			권지용 287 오지현 288	이다은 309	임성연(시)	유광호 387 원계연 388
관리 운영직 및 기타	김윤희(비서) 202							
FAX	329-2328	336-3502			321-1627		321-1251	321-1628

과	재산법인세과				조사과			납세자보호담당관	
과장	김선득 400				오수빈 640			권오직 210	
계	재산1	재산2	재산3	법인	조사관리	조사	세원정보	납세자 보호실	민원봉사실
계장	최윤회 481	김종호 501	한민규 521	정현덕 401	김강록 641	김주란 651	이수용 691	이승택 211	조창권 221
국세 조사관	최종호(시) 박순철 482	김진덕 502	이윤주 522			이정걸 660 김준용 653	이민희 692		김경숙(시) 윤용호 223
	김영근 483 정성은 487 박재윤 484 이하나 485 박유정 486	김지향 503 한동훈 504 권현정(시)	이영은 523 이준홍 524	박연우 402 국경호 403 임정은 404 송흥철 405 신정아 406	우성식 642	구한석 656 박수경 654 하종수 659 조희진 652 강윤경 660		장신영 212 김경향 213 김기식 214	김용선(시)
		김유창 505	임명진 525 박수용 526	정재훈 407 박홍규 408	김도희 644	김은실 655 이현주 657		이혜리 215	문성운 223 민애희 224 이진희(시) 조호령(시) 원설희 225 최지은 226
		문창환 506	천소현 527	안유미 409 김소연 411			양다희 693		장은심 227 <수지민원실> 896-8165～7
관리 운영직 및 기타									
FAX	321- 1641			321- 1626	321-1643		321- 1644	321- 1645	336-2390

이천세무서

대표전화: 031-6440-200 / DID: 031-6440-OOO

서장: **구 본 윤**
DID: 031-6440-201

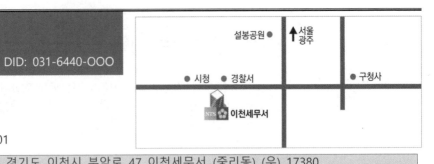

주소	경기도 이천시 부악로 47 이천세무서 (중리동) (우) 17380 여주민원실: 경기도 여주시 세종로1 여주시청 2층 (우) 12619 양평민원실: 경기도 양평군 양평읍 마유산로1 양평군민회관 2층 (우) 12546				
코드번호	126	계좌번호	130378	사업자번호	
관할구역	경기도 이천시, 여주시, 양평군			이메일	icheon@nts.go.kr

과	체납징세과				부가가치세과		소득세과		재산법인세과	
과장	김동우 240				김종민 280		이정원 520		왕춘근 400	
계	운영지원	체납추적1	체납추적2	징세	부가1	부가2	소득1	소득2	재산1	재산2
계장	심미현 241	김상훈 441	백문순 461	홍후진 261	김대성 281	박병민 301	홍창표 521	고한일 541	김진오 481	정창근 501
국세조사관		임성혁 442	최세영 462		이승훈 282 박양희 283	남호규 302	김두수 522		김준오 482	임승원 502 박재홍 503
국세조사관	김정희 242 최을선 (사무) 245	오동석 444	변한준 463 김영환 464	김은경 (사무) 264	문민호 284 이지혜 285	권희갑 304 남기선 305	박원규 523 권기주 524	우대식 543 이경식 544	문전안 483 이현균 484 이길만 485	
국세조사관	이대희 243 박준원 (운전) 246	함태희 445		이상근 262	박경민 286	김도윤 306 한명수 307	권오교 (시) 539	조경화 543	박희창 486 송미연 487	
국세조사관	김민성 244 김영삼 (방호) 597	박민욱 446 김효진 447 도주현 448 정현위 449	김충모 466 박영훈 467 한민우 468	이정아 263	권은희(시) 372 이민희 288 윤준웅 289 이송이 290 장보수 291	유지환 308 강수림 309 박소영 310 임경수 311	허준영 526 정예지 527	진주연 545 임한섭 546 김충배 547	이철원 488 김태범 489 문현경 490 우지수 491 윤병현 492	이민주 504 이준서 505
관리 운영직 및 기타	이현숙 이서현 이민영 태혜숙 문묘연									
FAX	634-2103				637-3920, 638-0148		637-4037, 0144		638-8801	

설봉공원 ● / ↑서울 광주

● 시청 ● 경찰서 ● 구청사

NTS 이천세무서

과	재산법인세과		조사과			납세자보호담당관			
과장	왕춘근 400		노중권 640			김심선 210			
계	법인1	법인2	조사관리	조사팀	세원정보	납세자보호실	민원봉사실	여주민원실	양평민원실
계장	이오혁 401	이영규 421	김한수 641	이원주 652	정태영 691	남윤현 211	이경식 221		
국세조사관	정영훈 402			조대회 654 김근민 657				이만식 883-8551	
국세조사관	이동관 403 채상조 404 박연숙 (사무) 405	김대훈 422 김남중 423 김종석 424	배인희 642	최재천 655		박경수 212	김효정 223 김안순 (사무) 223	최영임 883-8551	유인식 773-2100
국세조사관	손선수 406			김동민 658	이준규 692	황계순 213 김민경 214	조상희 226 이석임 225		
국세조사관		서지민 425	민재영 643	임석준 653 나예영 659 류승혜 656			김연지 222	김재홍(시) 883-8551	전수연(시) 773-2100 이현화 773-2100
관리운영직 및 기타									
FAX	634-7377, 2115		637-4594			632-8343	638-3878 633-2100	883-8553	771-0524

평택세무서

대표전화: 031-6500-200 / DID: 031-6500-OOO

서장: **홍 성 표**
DID: 031-6500-201

주소	경기도 평택시 죽백6로 6 (죽백동 796) (우) 17862 안성민원실: 안성시 보개원삼로1(봉산동) (우) 17586				
코드번호	125	계좌번호	130381	사업자번호	125-83-00016
관할구역	경기도 평택시, 안성시			이메일	pyeongtaek@nts.go.kr

과	체납징세과				부가가치세과		소득세과		재산세과		
과장	최은주 240				이재성 280		김태섭 360		문병갑 500		
계	운영지원	체납추적1	체납추적2	징세	부가1	부가2	소득1	소득2	재산1	재산2	재산3
계장	박정국 241	김진환 441	김병기 461	민성원 261	임병일 281	김종훈 301	황상진 361	최동근 381	문미선 481	류종수 501	이상두 521
국세 조사관		이호광 442	정진방 462		정회창 282	박은정 302 이충인 314		강문성 382		이재준 502	박제상 523
	김혜경 242 유준호 243 최규환(방호) 614	김혜선 443 홍경 444 권택경 445	김국현 463 송주한 469 유홍선 464 유기성 465 도미선 466	윤미진 262 장경희(사무) 264	황지유 283 최복기(시) 284 박재훈 284	최근형 303 장인섭 304 박상민 305	김민정 362 강혜영(시) 송우람 363	김상용 383 심완수 384	이경희 482 이해자 483	조주현(시) 유다연 503	김병환 524
	유시은 244	정준영 446 하한울 447 엄인영 449 이진서 450 공영은 451	이지혜 467 진동욱 468 정태윤 470 이초롱 471	이규선(시) 이지민 263	김숙희 285 정영석 286 위성호 287 이유진 288 노정윤 289 김훈민 290	심주영 307	이지원 364 임승용 365 지우석 366	신영화 385 김연광(시)	정세미(시) 강다희 484 조영래 485 임부은 486	고재성(시) 전소희 505	서덕성 522 이화경 526 황용택 525
	이재훈 245 정승기(운전) 246	박경일 452 오병걸 453 이소형 454	김영훈 472 조소현 473		채희준 291 정하나 292 김형민 293 김의영 294 고진효 295 최누리 296	고승희(시) 임인혁 308 조정환 309 이상은 310 심윤미 311 홍다원 312	김민경 367 이솔지 368 김은정 369	황효경 386 유선아 387 김진환 388	최소영 487 최영진 488 이슬이 489	진나현 506 정성민 507	김소리 527
관리 운영직 및 기타	임순이(교환) 680 김주희(비서) 202	이명숙 이계자 강순자									
FAX	658-1116				652-8226		618-6234		655-4786, 7103		

재무인의 가치를 높이는 번화 '조세일보 정회원'

행정법원 판례를 포함한 20만건 이상의 최신 예규와 판례를 제공합니다.

1등 조세회계 경제신문 조세일보

과	법인세과		조 사 과			납세자보호담당관	
과장	서동선 400		김영진 640			허오영 210	
계	법인1	법인2	조사관리	조사	세원정보	납세자보호실	민원봉사실
계장	박봉철 401	장정우 421	박래용 641	정찬성 651	최송엽 691	장영철 211	
국세 조사관	김용진 402	김지현 422		양미선 652 구응서 653 박병관 654	이재진 692	진수진 212	
	신지선 409 김인철 403 박영진 404	신호균 423 정인교 424 황준기 425	이유미 642	허병덕 656 임혜미 657 정지숙 658 정경화 659 이용문 660	김기영 693	최용화 213	황지환 223 이철우 222 권철균(안성) 100
	윤주휘 405 김서연 406	조강우 426	이승근 643	김근한 661 정혜영 664 박유천 663 서혜수 662 김다은 665		임민경 214 이상현 215	양원선 226 박혜영 227 이지헌(시) 한근자 224 김윤우 228
	배정은 407 강보라 408	강다현 427 장수연 428 김주환 429	김준호 644 주평하 645	임정혁 666 이혜인 667 예성민 668			우세진 225 도주연 229 김소연(시) 안성
관리 운영직 및 기타							
FAX	656-7113		655-7112			655-0196	656-7111

화성세무서

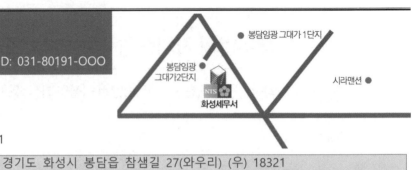

대표전화: 031-80191-200 DID: 031-80191-OOO

서장 : 김 상 경
DID: 031-80191-201

주소	경기도 화성시 봉담읍 참샘길 27(와우리) (우) 18321 남양민원실(031-369-6527) 화성시 남양읍 시청로 159 (화성시청 1층 세정과 내)		
코드번호	143	계좌번호 018351	사업자번호
관할구역	경기도 화성시 (기배동, 화산동, 진안동, 반월동, 병점1,2동, 동탄1~8동 제외)	이메일	hwaseong@nts.go.kr

과	체납징세과				부가소득세과			재산세과	
과장	최동락 240				박영문 280			김무수 480	
계	운영지원	체납추적1	체납추적2	징세	부가1	부가2	소득	재산1	재산2
계장	홍강표 241	오영철 441	윤희철 461	최성례 261	최은미 281	윤희경 291		김동열 481	김영철 501
국세 조사관		권희숙 442	한효숙 462	이길녀 262	신연준 282	김민선 292 정성곤(시)		김민정 482 임교진 483	박정미 502
	한은정 242 이범주 244 권혜민 243 연순흠 (방호) 616 고경애 (전화) 258	김영애 444 박현수 445 최인영 446 한수철 447 장경희(시) 453	김진희 465 이현정 463 박남숙 464 원종민 466	최명화 263 조희정(시) 200 임원아 (사무) 268	안지은 283 이철환 284 김소영 285 김옥경 (사무) 289	조행순 293 윤연주 294 윤영광 295	최근영 302 좌현미 303 이국성 304 이지현 305 정현주(시)	김미영 484 문혜경 486 조영은(시) 490	백민웅 503 한범희 504
		박원규 448 김효영 449 최인경 450 김보미 451 김윤희 452	이현지 467 나경태 468 전형정 469 정예은 470 한선희 471	장연숙 265	김승원 286 이현택 287	전선희 296	문정희 306 박미선 307 이재희(시)	김주연 485 김경민 487 김병호 488 박세진(시) 490	
	윤혜원 245 정다은 247 정광현 (운전) 248		어영준 472		한다은 288	이은수 297 신무성 298 김예슬(시) 299	노현서 308		이현정 505
관리 운영직 및 기타	양승희 (비서) 205								
FAX	8019-8211				8019-8257		8019- 8202	8019-8229	

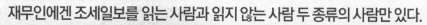

과	법인세과		조사과			납세자보호담당관	
과장	이상현 400		이동진 640			이태균 210	
계	법인1	법인2	조사관리	조사	세원정보	납세자보호실	민원봉사실
계장	오태명 401	전상훈 421	이대희 641	정현표 651		최미정 211	나유빈 221
				이종우 654			
국세조사관	송주희 402 장희진 403 이오형 406 윤준호 408 김주란(사무) 433	이산섭 424 유승천 422 정동기 425 유승우 426 박문주(시) 431	남경희 642	황춘식 657 최성일 660 최원열 663 위장훈 652 이나연 655 기민아 658 허진이 661	권대웅 681 이준희 682 박성현 683	김능빔 212	김유싱(남양) 527
	김태현 409 신영호 410 배수지 407	김광호 427 윤아름 429 고도경 432 김상혁 430	송민경 643 박은비 644	문희원 656 최민서 659 임수현 662 김수연 664 오지혜 665		서현영 213 김수상 214 김지은(시) 215	성은경 222 오진선 223 방은미 224
	정슬아 411			석혜원 653			신유희 225 백해정(시) 227 오인택(시) 226 남양민원실 031-5189-6527
관리 운영직 및 기타							
FAX	8019-8227	8019-8270	8019-8251			8019-8245	8019-8231

강릉세무서

대표전화: 033-6109-200 / DID: 033-6109-OOO

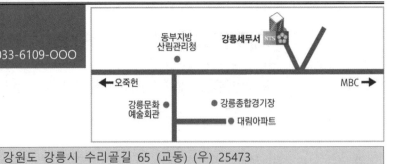

서장: **김 진 갑**
DID: 033-6109-201

주소	강원도 강릉시 수리골길 65 (교동) (우) 25473				
코드번호	226	계좌번호	150154	사업자번호	
관할구역	강원도 강릉시, 평창군 중 대관령면, 진부면, 용평면, 정선군 중 임계면			이메일	gangneung@nts.go.kr

과	체납징세과			부가소득세과		
과장	김형국 240			이철형 280		
계	운영지원	체납추적	조사	부가1	부가2	소득
계장	홍학봉 241	최돈섭 441	공영원 261	우창수 281	정창수 301	박옥균 361
국세 조사관				탄정기 282	신명진 302	홍석의 362
	전대진 242 최정원(사무) 244	손영락 443 김현정 444	김경애(사무) 262	노용승 283	황재만 303 신진섭 304	박혜진 363 김태효 364
	홍영준(운전) 245 강태규(방호) 246	배지원 445 조인태 446		안인기 284 이서진 285 유가량 286	김민선 305 천승현 306	박원기 365
	홍요셉 243			최경락 287 김지영 288	권진솔 307 김경아 308 채연식 309	배설희 366 곽성준 367 신나영 368
관리 운영직 및 기타	최유성(비서) 202 박희숙(교환) 666 박성자(청사) 699 김서연(청사)					
FAX	641-4186		646-8915	646-8914		

1등 조세회계 경제신문 조세일보

과	재산법인세과		조사과		납세자보호담당관	
과장	신규승 400		김재호 650		송찬주 210	
계	재산	법인	조사	세원정보	납세자보호실	민원봉사실
계장	조예현 481	조해윤 401	김광식 651	박래용 661	양준모 211	안상영 221
국세조사관	신영승 482		김진희 652			김태경 222
	박미정 483 김광식 484 김태민 485	김범채 402 김동윤 403 조상미 404	주선규 653 김영숙 654			
	이덕종 486		김다영 655	안기웅 662	권택만 212	임진묵 223
		권설진 405	노태경 656 송휘종 657			류지훈 224
관리운영직 및 기타						
FAX	648-2181	641-4185			641-2100	648-2080

삼척세무서

대표전화: 033-5700-200 / DID: 033-5700-OOO

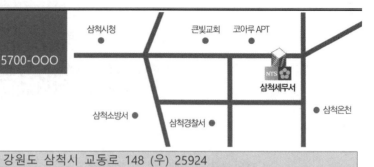

서장: **정 연 주**
DID: 033-5700-201

주소	강원도 삼척시 교동로 148 (우) 25924 태백지서: 태백시 황지로 64 (우) 26021				
코드번호	222	계좌번호	150167	사업자번호	142-83-00011
관할구역	강원도 삼척시, 동해시, 태백시			이메일	samcheok@nts.go.kr

과	체납징세과			세원관리과		
과장	윤동규 240			신민호 280		
계	운영지원	체납추적	조사	부가	소득	재산법인
계장	최덕선 241	김억주 441	임무일 651	최병용 281	안용 361	김용철 401
국세 조사관		정봉수 442	김진관 652 조영경 653	서의성 282	박을기 362 양태용 363	
	김해년 242 전수만(운전) 247 윤하정 244	김옥선 443 조현숙 444 육강일 445	김원명 654 함인한 655 김연지 656	함영록 283	이윤경 364	김형수(재산) 481 윤한수(법인) 402 김연화(재산) 482 박남규(법인) 404
	안태길(방호) 246	이남호 446		유진선 284	김두찬 364	이현숙(재산) 483
		장해성 447	차지훈 657	나윤수 285 최우석 286	나환영 367	백진현(법인) 405
관리 운영직 및 기타	이정옥(비서) 203 김필선 626 이정옥 242					
FAX	574-5788	570-0668	570-0640	570-0408		

과	납세자보호담당관		태백지서 033-5505-200		
과장	황보영곤 210		신상희 5505-201		
계	납세자보호실	민원봉사실	납세자보호	부가소득	재산법인
계장		정성주 221	박상언 222	심영창 281	심영창(직대) 281
국세조사관		안용수(동해) 532-2100		김영주(부가) 282	박태진(법인) 401
국세조사관	정홍선 211	김범수(동해) 532-2100 황보승 222		형비오(소득) 283	원진희(재산) 481
국세조사관			선승민 223 김유영(방호) 242	최훈(체납) 482 김두영(부가) 284	
국세조사관		김도헌 223 금동화(동해) 532-2100			임정환(법인) 402
관리 운영직 및 기타			조영미 364		
FAX	본서 : 574-6583 동해지서 : 532-2161		552-9808	553-5140	552-2501

속초세무서

대표전화: 033-6399-200 / DID: 033-6399-OOO

서장: **장 종 식**
DID: 033-6399-201

청초
대우APT

● 노학동 주민센터

속초세관 ●

NTS ❀ 속초세무서

● 동일자동차
공업사

속초병원 ●

● GS주유소

주소	강원도 속초시 수복로 28 (교동) (우) 24855				
코드번호	227	계좌번호	150170	사업자번호	
관할구역	강원도 속초시, 고성군, 양양군			이메일	sokcho@nts.go.kr

과	체납징세과		
과장	배종복 240		
계	운영지원	체납추적	조사
계장	이동화 241	엄태환 441	김재형 651
국세 조사관	김한기 242 진은남(사무) 244	태석충 442 김재용 443 김민정(사무) 450	박정수 653
	김종흠 243 김성수(운전) 245	김정태 444 안승현 445	
		김운중 446	신예슬 654
관리 운영직 및 기타	김수미 203 백귀숙 613		
FAX	633-9510		

과	세원관리과				납세자보호담당관	
과장	안응석 280				김명규 210	
계	부가	소득	재산법인		납세자보호실	민원봉사실
			재산	법인		
계장	박동훈 281		장익순 401			
국세 조사관	조해원 282 김창억 283	강병성 362		유인호 402	이성희 212	
	최승철 285 서지상 286	박상태 363 김진만 364	홍승영 481 조윤방 482	박재우 403		서승원 221 임미숙(사무) 222
	정하나 287 박기태 288	강혜수 365	이신정 483			조민경 223
	권미경 289 이소라 290					이형석 224
관리 운영직 및 기타						
FAX	632-9523	632-9523	631-9243		631-7920	632-9519

영월세무서

대표전화: 033-3700-200 / DID: 033-3700-OOO

서장: **김 동 수**
DID: 033-3700-201

우성식당　KT&G ●
베스킨라빈스　버스터미널　NTS ★ 영월세무서　● 유리식당
　　하송1차
　　주공APT
　　　　● 영월군청

주소	강원도 영월군 영월읍 하송안길 49 (하송3리) (우) 26235			
코드번호	225	계좌번호	150183	사업자번호	
관할구역	강원도 영월군, 정선군(임계면 제외), 평창군(평창읍, 미탄면)		이메일	yeongwol@nts.go.kr

과	체납징세과		
과장	현창훈 240		
계	운영지원	체납추적	조사
계장	임영수 241	김정희 441	
국세 조사관	윤찬균 242 이영미(사무) 243	김성훈 442 김광묵 443	박순천 652
	지경덕(운전) 245 정의남(방호) 244	강선희 444 엄은주(사무) 263	백준호 654
	이채원 246		민경미 653
관리 운영직 및 기타	신미정(비서) 203 우청자(미화)		
FAX	373-1315		374-4943

과	세원관리과				납세자보호담당관	
과장	황선택 280				한종훈 210	
계	부가소득		재산법인		납세자보호실	민원봉사실
	부가	소득	재산	법인		
계장	서효우 281		남찬환 401		김태범 211	
국세 조사관				반병권 402		
	이형민 282	백상규 292 김보미 293	임채문 482 임창현 483	배수영 403		박재국 221 당만기 222 이순정(사무) 223
	이원희 283					
	박상현 284 이지수 285	안수민 294		김수종 404		김찬규 591-0102 이예지 272
관리 운영직 및 기타						
FAX	373-1316		373-2100		374-2100	

원주세무서

대표전화: 033-7409-200 / DID: 033-7409-OOO

서장: **고 현 호**
DID: 033-7409-201

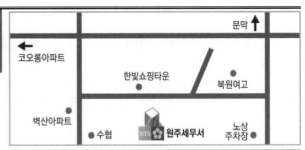

주소	강원도 원주시 북원로 (단계동) 2325 (우) 26411				
코드번호	224	계좌번호	100269	사업자번호	
관할구역	강원도 원주시, 횡성군, 평창군 중 봉평면, 대화면, 방림면			이메일	wonju@nts.go.kr

과	체납징세과			부가소득세과			재산법인세과	
과장	한명숙 240			김주석 280			권혁용 480	
계	운영지원	체납추적	징세	부가1	부가2	소득	재산	법인
계장	최중진 241	강기영 441	박덕수 261	이부자 281	진종범 361	박승주 621	심종기 481	주태영 401
국세조사관		윤재량 442 이호근 443 유동열 444	전소현 262		노경민 362			유광선 402
국세조사관	강영화 243 이건일 242 김병구 (열관) 248 박미옥 (사무) 251	최호영 445		박형주 282	정호근 363 이형근 364 장지환 365	김경란 622 김현성 623 이영균 625	김광섭 483 나동욱 484 박원정 485 정재영 486	이창호 403 권유경 404 이우현 405
국세조사관	김세호 (운전) 246 강양우 244 홍성대 (방호) 613	정재훈 446 김동욱 447 김성현 448 이종민 449		전영훈 284 김태훈 285 최자연 286	김기완 366	이종훈 626 안진경 627 한승일 628	장현진 487 박애리 488	
국세조사관		김경록 450 박승연 452	최연우 263	류대현 287 정병호 288 손재원 289 황선진 290	정민수 367 이세리 368 원효정 369	김보람 629 부나리 630 송일훈 631 전가람 632	윤한철 489 방민주 490 이문형 491 박지애 492	이찬송 406 이송희 407 조현우 408
관리운영직 및 기타	권태희 247 최돈순 202 장현옥 박봉순		박란희 264					
FAX	746-4791			745-8336, 740-9635			740-9420(재산) 740-9204(법인)	

과	조사과			납세자보호담당관	
과장	이춘호 650			이봉훈 210	
계	조사관리	조사	세원정보	납세자보호실	민원봉사실
계장		원영일 651	문병대 691	김재준 211	이수빈 221
국세 조사관		김화완 652		황일섭 212	김남주 222
		박선미 662 주승철 654 강명호 655 신정미 656 박혜정 653	김동련 692	백윤용 213	윤정도 223 이정희(사무) 227
		홍기범 657 박승훈 661 강정민 663		김아람 214	박현주 224 김민주 226
		정슬기 660			김현재 225 이연주 228 김소현 229
관리 운영직 및 기타					
FAX	743-2630			740-9659	740-9425

춘천세무서

대표전화: 033-2500-200 / DID: 033-2500-OOO

서장: **장 태 복**
DID: 033-2500-201

주소	강원도 춘천시 중앙로 115 (중앙로3가 73) (우)24358 화천민원실: 강원도 화천군 화천읍 중앙로 5길 5 (우) 24124 양구민원실: 강원도 양구군 양구읍 관공서로 14 (우) 24523				
코드번호	221	계좌번호	100272	사업자번호	142-83-00011
관할구역	강원도 춘천시, 화천군, 양구군			이메일	chuncheon@nts.go.kr

과	체납징세과			부가소득세과		
과장	한재영 240			신우교 280		
계	운영지원	체납추적	징세	부가1	부가2	소득
계장	김경돈 241	안종은 441	이문희 261	김재영 281	하창균 301	한춘우 361
국세 조사관		심우홍 442 변대원 443		함주석 282		장주열 362
	김경숙 242 홍재옥 243	박찬영 444 정의숙 445	정유진 262 이강미(사무) 263	조성문 283 이하나 284 허덕재 285	이성삼 302 윤상락 303 유원숙 304 이재만 305	정석환 363 김태경 364 함귀옥 365
	김미경 245 민영규(운전) 246	김병주 446 유현정 447		강태진 287	박경미 306	
	이동욱 247 권재서(방호) 248	박일찬 448		송현주 288	추근우 307 최수현 308	강병극 366 김석주 367 김두리 368 최우현 369 이성수 370
관리 운영직 및 기타	이문숙 203 백진주 202 이송자 200 유영숙 200					
FAX	252-3589			257-4886		

과	재산법인세과		조사과		납세자보호담당관	
과장	이성협 400		이양원 640		허곤 210	
계	재산	법인	조사	세원정보	납세자보호실	민원봉사실
계장	이택호 481	진봉균 401	박은희 651	김진성 691	박춘석 211	김정길 221
국세 조사관	박상희 482	김진수 402	김석일 652 박동균 653 김용진 654			
	방용익 483 조준기 484	박연수 404	한혜영 655 이진영 656		황정태 212 정선애 213	김호국 222 노정민 223 이병규 442-8300 김종묵 227
	최혁 485 이은규 486	김달님 405	홍석민 657			김산 481-2100 김민비 224
	이주안 487 하정민 488	어이슬 406 박태윤 407		곽락원 692		정윤주 225 강지안 226
관리 운영직 및 기타						
FAX	244-7947		254-2487		252-3793	252-2103

홍천세무서

대표전화: 033-4301-200 / DID: 033-4301-OOO

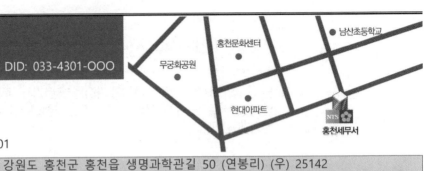

서장: **김 정 수**
DID: 033-4301-201

주소	강원도 홍천군 홍천읍 생명과학관길 50 (연봉리) (우) 25142 인제지서: 강원도 인제군 인제읍 비봉로 43 (인제종합터미널 내) (우) 24635		
코드번호	223	계좌번호	100285	사업자번호	
관할구역	강원도 홍천군, 인제군		이메일	hongcheon@nts.go.kr

과	체납징세과		
과장	김선재 240		
계	운영지원	체납추적	조사
계장	박상선 241	이경자 441	류재경 651
국세조사관		강동훈 442	신재화 652
국세조사관	최병용 242 이금연 243	백애숙 443	
국세조사관	임재영(방호) 244 이종호(운전) 245		
국세조사관		남경민 444	김도휘 654
관리 운영직 및 기타	허미경(비서) 202 허옥란(미화) 246		
FAX	433-1889		433-1889

과	세원관리과			납세자보호담당관	
과장	엄종덕 280			유호정 210	
계	부가소득	재산법인		납세자보호실	민원봉사실
		재산	법인		
계장	이순옥 281	엄봉준 401			
국세 조사관		조성구 482			
	홍현숙 282 김은희 302			김정식 211	박형철(인제) 461-2105
	권상원 286 이창우 283 정재용 302	송희정 483	이슬비 402 최경준 403		
	오소라 285 최원익 284 권다혜 303	김성민 484	정해리 404		안양순 222 유더미 223
관리 운영직 및 기타					
FAX	434-7622			435-0223	

인천지방국세청
관할세무서

인천지방국세청

주소	인천광역시 남동구 남동대로 763 (구월동) (우) 21556
대표전화 & 팩스	032-718-6200 / 032-718-6021
코드번호	800
계좌번호	027054
사업자등록번호	1318305001
e-mail	incheonrto@nts.go.kr

청장　　구진열

(D) 032-718-6201

부 속 실
비 서 관　최유미 (D) 032-718-6202

성실납세지원국장	정 용 대	032-718-6400
징세송무국장	권 순 재	032-718-6500
조사1국장	심 욱 기	032-718-6600
조사2국장	전 성 구	032-718-6800

인천지방국세청

대표전화: 032-7186-200 / DID: 032-7186-OOO

청장: **구 진 열**
DID: 032-7186-201

● 인천시청
석천사거리역
● 가천대길병원
NTS
인천지방국세청
예술회관역
● 인천지방경찰청

주소	인천광역시 남동구 남동대로 763 (구월동) (우) 21556				
코드번호	800	계좌번호	027054	사업자번호	1318305001
관할구역	인천권(인천, 김포, 부천, 광명), 경기 북부권(의정부, 양주, 포천, 동두천, 연천, 철원, 고양, 파주) 관내 세무서 : 인천, 북인천, 서인천, 남인천, 김포, 부천 의정부, 포천, 고양, 동고양, 파주, 광명			이메일	incheonrto@nts.go.kr

과	운영지원과				감사관		납세자보호 담당관	
과장	이정태 240				김종복 310		이현범 350	
계	인사	행정	경리	현장소통	감사	감찰	보호	심사
계장	이주일 242		배성심 262	정철화 272	정종오 312	김명수 322	송영인 352	최미영 362
국세 조사관	최진선 243 이동훈 244	정종천 253 김선화(기록) 257	신희명 263	이광용 273	박인수 313 김수한 314 방성자 315	조성덕 323 문삼식 324 김용석 325 김성준 326	이진아 353	고선혜 363 송영우 364
	송충호 245 임석호 246 김기훈 247	선창규 254 김미선 255 차수빈 256 백동훈(시설) 258 진승철 259	김미정 264 이슬비 265	김근영 274 강석훈 275	김무남 316 임태호 317 오경택 318 공민지 319	박성찬 327 김훈 328 남기인 329 서보림 330	고배영 354 윤애림 355	이병용 365 정필규 366
	박미영 248 김혜진 249	오영 260	김용학 266 임욱 267 강혜인 268	성상현 276 김유미 277		김동현 331	김정효 356 송재성 357	윤정현 367 용진숙 368
관리 운영직 및 기타		구대현(운전) 강태헌(방호) 282 마성민(운전) 286 양승훈(운전) 287						
FAX								

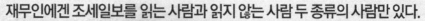

국	징세송무국								
국장	양경렬 500								
과	징세과		송무과					체납자재산추적과	
과장	손호익 501		우철윤 541					조국환 571	
계	징세	체납관리	총괄	법인	개인1	개인2	상증	추적1	추적2
계장	길수정 502	김봉섭 512		공희현 546	소본영 550	노영훈 555	성종만 560	조현관 572	김광천 582
국세조사관	이기련 503 박창길 504	방윤희 513	이창현 542	박순영 547	고재민 551		박종수 561	서동욱 573 문일식 574	
국세조사관	김혜진 505	최현 523 유현수 514 배은상 524 최미희 526	김동열 543	오세민 548	김한진 552 황진영 553	한송희 557 홍성걸 558	김명준 562	손동칠 575 김순석 576 이상민 577	장윤호 583 박창환 584 하두영 585
국세조사관	하태완 506	김희진 527 위은혜 515 김보람 528 최동진 216 조재희 529	인윤경 544	이효재 549		박태완 559	김인희 563	남석주 578 서돈영 579	김현경 586 노세영 587
관리운영직 및 기타									
FAX									

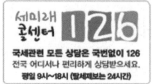

국세관련 모든 상담은 국번없이 126
전국 어디서나 편리하게 상담받으세요.
평일 9시~18시 (말세제보는 24시간)

DID : 032-7186-OOO

국	성실납세지원국									
국장	정용대 400									
과	부가가치세과				소득재산세과			법인납세과		
과장	권영명 401				서기열 431			양순석 471		
계	부가1	부가2	소비	공항	소득	재산	소득지원	법인1	법인2	법인3
계장	김은오 402	김화정 412	이대일 422	박성호 162	송인규 432	임용주 452	안성경 462	김은기 472	이기병 482	김영노 492
국세조사관	유경원 403	추원욱 413			임덕수 433		최병재 463	문현 473	구수정 483	염철웅 493
국세조사관	현선영 404	신경섭 414 이준희 415	황미영 423 나찬주 424 박지암 425		김종훈 434 정성은 435	김미나 453 주승윤 454 조지현 455	조진동 464	고은희 474 문정우 475 이은섭 476	류수현 484	남도경 494
국세조사관	이광희 405 박예람 406	이규종 416 김성재 417	박정호 426	이영숙 163 정선재 164	송보라 436 이현민 437	한인표 456	정현정 465	이규호 477 박준식 478 백장미 479	윤지희 485 정성익 486	강지수 495
관리운영직 및 기타										
FAX										

1등 조세회계 경제신문 조세일보

국실	성실납세지원국				조사1국				
국장	정용대 400				심욱기 600				
과	전산관리팀				조사관리과				
과장	김영준 101				윤재원 601				
계	관리1	관리2	정보화1	정보화2	관리1	관리2	관리3	관리4	관리5
계장	김경민(전) 102				이지훈 602	강세정 612	김재호 622	김용우 632	류송 642
국세조사관					박병민 603 김정대 604	황인범 613			유병욱 643
국세조사관	김형미(전) 103 고봉균 104		김선영 123 피근영 124 송윤미 125 <사무> 채재덕 126 송해숙 127 이미경 128 정미경 129 한연주 130 김복임 131 김진희 132	최광민 141 김은주 142 임해숙 143 <사무> 황정숙 144 김용분 145 최명순 147 김정희 148 권정숙 149	임흥식 605 임준일 606 김한나 607	김인숙 614 김승희 615	임석현 623 박종석 624 임명규 625	최명석 633 이경석 634 신기주 635 노남규 636	김병규 644 정홍주 645 김상진 646
국세조사관	신의현(전) 105		이송이 133 전혜정 134	김영숙 150 김은영 151 신채영 152 정미영 153 장수영 154	천재도 608	박미진 616 홍세희 617	주선정 626 배성혜 627	정구휘 637 노아령 638	이동락 647
관리운영직 및 기타									
FAX									

국세관련 모든 상담은 국번없이 126
전국 어디서나 편리하게 상담받으세요.
평일 9시~18시 (탈세제보는 24시간)

DID : 032-7186-OOO

국실	조사1국									
국장	심욱기 600									
과	조사1과				조사2과			조사3과		
과장	임기성 651				신용정 701			이규열 741		
계	조사1	조사2	조사3	조사4	조사1	조사2	조사3	조사1	조사2	조사3
계장	김항중 652	이용재 662	이지선 672	김동진 682	김선주 702	강석윤 712	서명국 722	이윤석 742	고현 752	정현대 762
국세조사관	조민영 653	신성환 663			이영길 703		김생분 723	이유미 743	배성수 753	이영진 763
국세조사관	황태영 654 이미진 655 김재석 656	박진석 664 김진우 665 김명경 666	김대범 674 전연주 675	유대현 683 박지원 684 고정주 685	김은태 704 이은송 705 민종권 706	전미애 713 김치호 714 조원석 715 김가람 716	허광규 724 박윤지 725 임세혁 726	조윤경 744 신기룡 745 조태익 746	김하성 754 조영진 755 최강현 756	신거련 764 황규봉 765
국세조사관	김태진 657	윤다영 667	전현정 676 손종대 677	서경석 686 장정엽 687	양지윤 707	조윤주 717	구표수 727	정정우 747	최정명 757	정승기 766 송신애 767
관리운영직 및 기타										
FAX										

1등 조세회계전문 경제신문 조세일보

조세일보 정회원 가입(연구독료 15만원) 시 추가 비용없이
조세일보Plus를 발송해 드립니다.

국실	조사2국													
국장	전성구 800													
과	조사관리과				조사1과					조사2과				
과장	윤성태 801				류진수 851					윤광진 901				
계	관리1	관리2	관리3	관리4	조사1	조사2	조사3	조사4	조사5	조사1	조사2	조사3	조사4	조사5
계장	김성동 802	양성철 812	이승환 822	공용성 832	김민완 852	허준용 862	정승복 872	윤경주 882	유상호 892	이찬희 902	박정준 912	설환우 922	정은숙 932	최호상 942
국세 조사관	김학규 803	김태원 813		김종호 833								정은정 923	박근엽 933	
	김경진 804	박상영 814 이진선 815	이주용 823 김해아 824 이재훈 825	김선옥 834 장원석 835 박인제 836 김재중 837	노명환 853 이상곤 854	김미옥 863 이종우 864	곽재형 6873 성재영 874	정동욱 883	한지원 893 박일수 894	조용식 903 안세연 904	김병찬 913 이미영 914	박창수 924		김영미 943 강성민 944
	노일도 805 윤재현 806 이은진 807	심재은 816	조용권 826 박예린 827	국봉균 838 김효정 839	박미래 855 전세림 856	김한나 865	조현지 875	정승훈 884 김민경 885	안선 895	이근호 905	이선행 915	임진혁 925	이익진 934 박지현 935	장성진 945
관리 운영직 및 기타														
FAX														

277

남인천세무서

대표전화: 032-4605-200 / DID: 032-4605-OOO

서장: **박 정 준**
DID: 032-4605-201

주소	인천광역시 남동구 인하로 548(구월동 1447-1) (우) 21582					
코드번호	131		계좌번호	110424	사업자번호	131-83-00011
관할구역	인천광역시 남동구			이메일	namincheon@nts.go.kr	

과	체납징세과				부가가치세과		소득세과	
과장	김종무 240				김경식 280		김원기(전) 360	
계	운영지원	징세	체납추적1	체납추적2	부가1	부가2	소득1	소득2
계장	김승임 241	이명자 261	이규환 441	정선아 461		문영건 281	홍성기 361	오수미 381
국세 조사관						박민규 302		
	이충원 242	유금숙 262	송석철 442 김선희 443 조인호 444	김보균 462 이미경 463	김정동 282 김향주 283 이태곤 284 송성심(사무) 291	권은경(시) 297 배효정 296 조아라 303	이영권 362 성현진 363	이지숙 382 박정진(시) 298 우진하 383
	이미애 243 송찬빈 244 김용국(방호) 612 이현채(운전) 613	엄연희 263	조해동 445 임순길 446	이우영 464 방미경 469	손현지 285 최영환 286 박경완 287	유길웅 304 남은영 305	임인혜 364	홍석희 384 장유정 385
	김민정 245	오재경 264	황선화 447 김선우 448 최창열 449	강동인 465 유승현 466 김득화 467 조은빛 468	이현애 290 이서희(시) 297 김민정 288 김혜정 289	문찬웅 306 진경 307 이예미 308 김유철 309	최윤정(시) 298 박형준 365 박현우 367 민예지 368	정혜린 386 김봉호 387 신예원 388
관리 운영직 및 기타	장정순(비서) 202 이미영(교환) 616 박은주 489 김귀희 정화자							
FAX	463-5778				461-0658		461-0657, 3291, 3743	

1등 조세회계 경제신문 조세일보

과	재산법인세과			조사과			납세자보호담당관	
과장	김현택 480			한수길 640			송지현 210	
계	재산1	재산2	법인	조사관리	조사	세원정보	납세자 보호실	민원 봉사실
계장	고진곤 481		이영호 401	조일성 641	이민철 657	김주섭 691	김도원 212	최종일 221
국세 조사관	이정민 482	김종률 522	김남헌 402		한덕우 657 김동현 652			
	강정원 483 이민표 484	이재우 523 김지은 524	긴민현 404 심주용 405 최경아 408 김복래 410 이광환 412		임재석 665 김명진 658	베제호 692		빅미영 222 양정미 223
	여현정 485 김주희(시) 489	박영수 525	전유광 403	권기완 642 임채경 643	손효정 655 이혜선 656 김승희 663 최석운 668		신연주 216	엄장원 224 이유정(시) 228 이지안 230
	이하연 486 문진희 487 지수 488		이예슬 405 최슬기 407 남윤현 409 노종대 413 김민애 411		이민지 659 이성훈 668		최은영 218	임성근 231 조연화 225 소서희(시) 228 강한얼 226 이종훈 227 조윤경 229
관리 운영직 및 기타								
FAX	464-3944, 461-6877			462-4232, 471-2101			463-7177, 461-2613	

북인천세무서

대표전화: 032-5406-200 / DID: 032-5406-OOO

서장: **구 종 본**
DID: 032-5406-201

주소	인천광역시 계양구 효서로 244 (작전동 422-1) (우) 21120				
코드번호	122	계좌번호	110233	사업자번호	122-83-01942
관할구역	인천광역시 계양구, 부평구			이메일	bukincheon@nts.go.kr

과	체납징세과				부가가치세과			소득세과		
과장	홍영국 240				전주석 280			김전창 360		
계	운영지원	징세	체납추적1	체납추적2	부가1	부가2	부가3	소득1	소득2	소득3
계장	황재선 241	유은주 261	안병철 441	천현식 461	김형봄 281	최연지 301	김은정 321	김정원 361	유영복 381	함광수 621
국세조사관	유환동 242	최은옥 262 최은경(시) 264	고덕상 442 이찬수 444 이종섭 443 박소혜 445	남정식 462 임선옥 464 김광식 465 문하림 466	강신준 282 임은영 (사무) 294 백찬주 285 서유진 288	김윤희 302 임광섭 305 박노승 304 양이곤(시) 313	민성기 322 전유영 325	하미숙 362 임명숙 (사무) 370 한재영 363	홍은지(시) 393 변성경 383 윤은 384	김지혜 622 신상훈 623 이영선(시) 393
	이루리 243 기승호 245 김유진 244	남기은 263	신준호 446 민경원 447	김이섭 467	남은정 291 이승호 283 이나영(시) 295	김수원 308 배희경 311 김영아 312	서지우 339 이진영(시) 330 이수진 328	유진영 364	이민훈 385	김민정 624 김동우 625
	김혜성 246 정기열 (방호) 247 서현석 (운전) 614		김한범 448 김수진 449 박민희 450 서혜림 451	문용원 468 박경은 469 신동준 470	권오방 289 김철홍 292 문은진 284 이은기 287 김회연 290 민다연 293	강현진 303 김태희 306 황성묵 309 선유정 310 이동석 304 김혜빈 307	이동규 329 황연성 340 이은지 326 황경서 327 최예주 324	이진우 365 박주호 366 박해리 367 신지은 368 정기주 369	성해리 386 조현종 387 김가연 388 황태희 382	손혜진 626 황지환 627 김지애 628 문지현 629
관리 운영직 및 기타	최수정 (비서) 202 심광식 전순화 유미정									
FAX	545-0411, 548-4329				543-2100			721-8103, 542-5012		

5년간 쌓이온 재무인의 역사를 돌려드립니다 '온라인 재무인명부'

수시 업데이트 되는국세청, 정·관계 인사의 프로필과 국세청, 지방청, 전국세무서, 관세청,
유관기관등의 인력배치 현황을 볼 수 있는 온라인 재무인명부

1등 조세회계 경제신문 조세일보

과	재산세과			법인세과		조사과			납세자보호담당관	
과장	조민호 480			국중현 400		김준호 530			정구수 210	
계	재산1	재산2	재산3	법인1	법인2	조사관리	조사	세원정보	납세자 보호실	민원 봉사실
계장	전민균 481	이순모 501	최미숙 521	김창호 401	민철기 421	임권택 531	김동윤 541	박한중 591	이신규 211	서위숙 221
국세 조사관			김한진 522	송윤섭 402			김희찬 551 신세용 561 김영창 571			
	김효진 482 문진희 483	박대협 502 선봉래 503		이승우 403	안성진 422	김향숙 533	이기철 542 엄의성 552	이경록 592	김진기 213 유미연 216 최은정 214	조혜진(시) 230 신동진 222
	범지호 484 하윤정(시) 490 제병민 485	강현주 504 오지혜 505	홍근표 523 선다혜 525 송지훈 524	박종원 405 백우현 405	정지영 423 최아라 424 천현창 425	서창덕 535	이윤애 543 전지원 553 박미진 562 김미영 572	김경임 593	정혜수 215	박미나 223 정근영 224 어정아 225
	이은정 486 김소윤 487	황정하 506		박혜선 406 김미미 407	박지은 426 손현진 427		곽동훈 563 오인화 573			박다영 226 이영재 227 이미경 228 조경화(시) 230 박종성 229 이수민 231 이종관 232
관리 운영직 및 기타					이은설 410					
FAX	542-6175 546-0719			542-6173 542-6176		551-0666			545-013 2	549-676 6

281

서인천세무서

대표전화: 032-5605-200 / DID: 032-5605-OOO

서장: **김 만 헌**
DID: 032-5605-201

주소	인천광역시 서구 서곶로 369번길 17 (연희동) (우) 22721				
코드번호	137	계좌번호	111025	사업자번호	137-83-00019
관할구역	인천광역시 서구			이메일	seoincheon@nts.go.kr

과	체납징세과				부가가치세과		소득세과	
과장	최동균 240				강용 280		이미진 620	
계	운영지원	징세	체납추적1	체납추적2	부가1	부가2	소득1	소득2
계장	황경숙 241	박수정 261	김병수 441	민경삼 461	김승호 281	김정근 301	박현구 361	
국세 조사관	권영균 242 홍예령 243 이상희(사무) 245 한복수 (방호)	이선미 262 신진희(시) 264	전창선 442	김정기 462	조재웅 283 이상왕 282	김대영 302 최규태 303 권병묵 304	이동희 362 박주현 363	최장영 622 장선영 623
	신기섭 244 황선길 (운전)		김진희 443 김상민 444 오규진 445 정근욱 446	김효은 467 양현식 463 이주은 464 김수정 465 양정인 466	김혜인(시) 297 이상용 285 박소연 286	설병환 313 서주현 305 장은용 306	김대관 364 오경선 365	이재식 624
	현종원 246	박상아 263	김다영 447 홍슬기 448 윤가연 449	조은희 468 여수민 469	이재민 287 이승형 288 김민상 289 권효정 290 박정원 291 허정인 292	강유진 307 김민정 308 전건모 309 윤미정 310 백정하 311	김인정 367 김자림 368 서은지 369	조윤영 625 최다혜 626 김대연 627 안수지 628
관리 운영직 및 기타	노현주(비서) 202 송창인(교환) 616							
FAX	561-5995			561-4144			562-8213	

282

과	재산법인세과			조사과			납세자보호담당관	
과장	민종인 400			복용근 640			송영기 210	
계	재산1	재산2	법인	조사관리	조사	세원정보	납세자 보호실	민원 봉사실
계장	최석률 481	정성일 501	김창호 401	배인수 641	이민철 651	박용호 691	황광선 211	조미현 221
국세 조사관	김상만 482				조종식 654 고석철 657 이기수 660	강선영 692		김성연 222
	임경순 484 최용선 487 이태상 485 장해미 486	김영조 502	박장수 402 이준혁 403 홍지아 404 박일호 405 장예원 406	김태완 642	고명훈 660	이동열 693	김광표 212 김보나 213	박미선 229 강소여(시) 226
	김수아 488 장신애 489	송주형 503 조남명 504	안소연 407	김라희 643	김아름 652 강혜진 655 문지영 658		박민규 214	정지은(시) 225 고명현 224
	김동수 490	박서우 505	김주아 408 곽유진 409 김진희 410 나태운 411 전소윤 412		이주한 653 김송정 656 김지혜 659 박효은 662			김태용 227 장연화 223 홍수지 228
관리 운영직 및 기타			김미선 430					
FAX	569-8033	561-4423		561-4145			569-8031	569-8032

인천세무서

대표전화: 032-7700-200 / DID: 032-7700-OOO

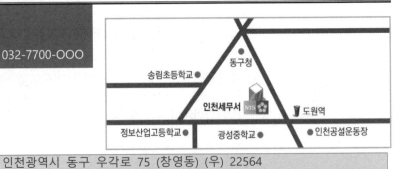

서상: **박 수 금**
DID: 032-7700-201

주소	인천광역시 동구 우각로 75 (창영동) (우) 22564 별관 : 인천 미추홀구 인중로 22, 2층 조사과(숭의동, 용운빌딩) (우) 22171 영종도민원실 : 인천시 중구 신도시남로 142번길 17, 301호 (운서동) (우) 22371			
코드번호	121	계좌번호	110259	사업자번호	121-83-00014
관할구역	인천광역시 중구, 동구, 미추홀구, 옹진군		이메일	incheon@nts.go.kr

과	체납징세과				부가가치세과			소득세과	
과장	윤영현 240				강의순 280			황영남 340	
계	운영지원	징세	체납추적1	체납추적2	부가1	부가2	부가3	소득1	소득2
계장	박영길 241		김지아 441	양현열 461	장현수 281	고민수 301	강혜련 321	곽한능 341	박병곤 361
국세 조사관		양숙진 262	안태동 442	진경철 462			공원재 322 천미영(시) 391		
	김우환 242 김휘태 (방호) 이일환 (운전)		최종욱 444	한인정 463	정경돈 282 최예숙 (사무) 293 윤미경 283 이준형 290	송충종 302 이수덕 303	이혜영 323	황선태 342 박명순 343	도영만(시) 김정이 362 양경애 363 함상현 364
	문경은 244 김도협 245	노상우 263	노재훈 445 송채영 446	정은아 465	이재현 287 안혜진 291 김유정 284	정효성 304 김지숙 305	이연수 330 유지현 324 남관덕 325	김경미 344 김영진 345	김시윤 365
	손연진 243	김소연 264	최호현 447 김동우 448 노익환 449 김향숙 450 채명훈 451 이승리 452	강민정 466 정보길 467 이도형 468 최희란 469 김연지 470	김은향 289 정현지 288 진누리 285 이연서 286 윤정욱 292	박슬기 306 오정은 307 이주환 308 최윤석 309 정도연 311	김혜은 326 강유정 327 조종수 331 문주희 328	김형식 346 안종근 348 인금주 349 복지현 350	김지동 366 최승규 367 고설민 368 김태희 369 김다형 370
관리 운영직 및 기타	정지혜 202 정아가다 안금순								
FAX	763-9007	765-1603			765-1604			777-8105	

284

과	재산세과		법인세과		조사과			납세자보호담당관	
과장	정철 480		이건도 400		황길식 640			양태호 210	
계	재산1	재산2	법인1	법인2	조사관리	조사	세원정보	납세자보호실	민원봉사실
계장	문종구 481	이영휘 521	이철우 401	송준현 421	장기승 641	김상천 671	서홍원 691	문소웅 211	전경옥 221
국세조사관			석용훈 402	박형민 422		송승용 674 이진호 (동원)	김승훈 692	허재영 213	
국세조사관	김경수 482 박순(사무) 488 이소영 483 전영출 484 유성훈 485	허은선 522 박광욱 523	김용철 403 손민 404	최창현 423	이은수 643 김수정 642	이병노 677 정정섭 681 이선 684 김재철 687		양시선 212 홍석후 215	이순수 (영종) 032-747 -0290 정인선 222 백채원 223
국세조사관	유정훈 486 신지수 501	김영은 524 이다영 525	김종태 405 김보경 406	임유화 424 안은정 425	조하나 644	이연주 678 우형기 682 이택수 685 하현정 672 김지선 688 임기문 673 조다인 689	김봉식 693	배윤정 214	권혜화(시) 김미연 224 김관우 225
국세조사관	한완상 502 박혜인(시) 509 최지웅 503 박정호 504		김은송 407	고은비 426 백다정 427		남은빈 676 신현진 679 김지은 683 강오라 686		김한올 216	김상균 226 윤미라(시) 227 서지형 (시,영종) 황민희 228 김영재 229 강현창 230
관리운영직 및 기타									
FAX			777-8109		885-8334, 888-1454			765-6044	765-6042

고양세무서

대표전화: 031-9009-200 / DID: 031-9009-OOO

서장: **전 태 호**
DID: 031-9009-201

경기도 고양교육청   고양 일산아람누리   정발산역
일산소방서   롯데백화점
고양세무서
롯데시네마   홈플러스   미관광장

주소	경기도 고양시 일산동구 중앙로1275번길 14-43 (장항동) (우) 10401				
코드번호	128	계좌번호	012014	사업자번호	128-83-00015
관할구역	경기도 고양시 일산동구, 일산서구			이메일	goyang@nts.go.kr

과	체납징세과				부가가치세과		소득세과		재산세과		
과장	이창준 240				김병규 280		신용범 360		한철희 480		
계	운영지원	징세	체납추적1	체납추적2	부가1	부가2	소득1	소득2	재산1	재산2	재산3
계장	김현경 241	양동호 261	김미나 441	정성영 461	윤효석 281	서광렬 301	임순하 361	강태완 381	조대규 481	임형수 491	유현석 501
국세조사관		유은주 262							여종구 482	신해규 492	
국세조사관	허인규 242 주성숙 243	민수진 (시)	박종진 442 최주광 443 유종현 444 장선정 445	윤양호 462 노성희 463	박재홍 282 이재우 283 김민욱 284 신지은 (시)	박혜진 302 김민상 303 송경령 304	박일수 362 이준영 363	안혜영 382 이현준 383 조정은 (시)	김윤경 483 오현지 484	윤희선 493 장근식 495	임지혁 502 윤영섭 503 이창주 504
국세조사관	박은지 244 윤형식 245 황창기 (운전) 613	김주희 263	송호연 446 김진원 447 안슬비 448	남용휘 465 유미성 466 전홍근 467	이난희 285 강성훈 286 최원희 287 한송이 288	길미정 305 이온유 306 이동찬 307 곽윤정 (시)	신수범 364 이준영 370 박연주 365 허세미 (시)	박윤하 384 심재일 385	박은미 485 김동준 486	이보라 496 김동엽 494	김예진 505
국세조사관	모충서 246 유창수 (방호) 614	박미연 265	배형은 449 원규호 450 조병덕 451	김일용 468 주소미 469 신유라 470	박아름별 289 남궁훈 290 윤하영 291 김수지 292 강희정 293	김승희 308 곽승훈 309 정지연 310 배명선 311 이득규 312	김중규 366 박소현 367 김지수 368 최혜원 369	오종민 386 김혜숙 387 민윤선 388 전승헌 389	강지현 487		배지민 506 황인태 507
관리운영직 및 기타	유수진 (비서) 202 김지현 (교환) 258										
FAX	907-0678				907-0677		907-1812		907-0672		

286

김익태세무회계

대표세무사 : 김익태 (前고양세무서장)

고양시 일산동구 중앙로 1305-30, 528호
(장항동, 마이다스빌딩) 김익태세무회계

전화 : 031-906-0277   팩스 : 031-906-0175
핸드폰 : 010-9020-7698   이메일 : etbang@hanmail.net

과	법인세과		조사과			납세자보호담당	
과장	강창식 400		이희섭 640			안재홍 210	
계	법인1	법인2	조사관리	조사	세원정보	납세자 보호실	민원 봉사실
계장	김욱진 401	김민수 421	이상락 641	윤광현 651	이창현 691	전대섭 211	강승룡 221
국세 조사관	김진우 402			김지태 660 김윤환 663			
	송명진 404	박진서 422 배인애 423	신나리 642	김정식 652 김혁 656 손승희 661 김덕교 664	유은선 692	안준 212 진호범 213 김영선 214	박윤경 226 김경아(시) 232
	이현규 405 최유나 406 안지선 403 최혜정 407	김재권 424 김지혜 425 황선진 426	최희경 644	전혜윤 653 정지영 657 류가연 665	최미경 693	조정은 215	최은유 229 이혜옥(임기) 230 신화섭 233 홍정수 227
	김대범 408	윤태인 427	김빛누리 643	섭지수 658 허유미 662			장엄지 223 채민정 224 손경선 225 김종주 228 강유림 231 신명섭 234
관리 운영직 및 기타			장점선 645				
FAX	907-0973		907-0674			907-7555	907-9177

광명세무서

대표전화: 02-26108-200 / DID: 02-26108-OOO

서장: **구 제 승**
DID: 02-26108-201

주소	경기도 광명시 철산로 3-12(철산동 251) (우) 14235 별관: 경기도 광명시 철산로 5 (철산동 250) (우) 14235			
코드번호	235	**계좌번호** 025195	**사업자번호**	702-83-00017
관할구역	경기도 광명시		**이메일**	

과	체납징세과			부가소득세과	
과장	이봉숙 240			조춘옥 300	
계	운영지원	징세	체납추적	부가	소득
계장	김민석 241	김미순 261	박행옥 441	장동은 301	방치권 351
국세 조사관	이상수 242	김혜은 262 임현정(시) 264	김희환 442 송민진 443	오유미 302 박은정(시) 319	정다운 352
국세 조사관	임상록 243		김가영 444 엄희진 445	박용범 303 정지훈 304 차인혜(시) 319	맹선영 353 강경호 354 복경아 355 안미진(시) 319
국세 조사관	전예은 244 이다민(운전) 245 김용희(방호) 245	이도희 263	최성열 446 정형범 447 신혜란 448	이수진 305 이해나 306 한수지 307 진혜진 308 최은진 309 이정상 310 정해시 311	박하연 356 신아영 357 최은진 358
관리 운영직 및 기타	손다솜(비서) 201 박은순 전종순				
FAX	3666-0611			2617-1486	2610-8441

288

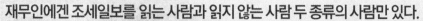
과	재산법인세과		조사과		납세자보호담당	
과장	유지민 500		이영학 640		장경숙 210	
계	재산	법인	조사	세원정보	납세자보호실	민원봉사실
계장	김동수 401	노병현 501		김성길 681	전국휘 211	이두근 221
국세 조사관			박순준 641 김혜령 647 백승한 643 양영규 645			
국세 조사관	권성미 402 박영식 403 민경준 404 이영례 405	조재윤 502 박진아 503	임은식 646	박미연 682	정지운 212	황희진 222
국세 조사관	김동선 409 박세라 406 김경애(시) 654	고병석 504 김선영 505	김지엽 648 백하나 642 최나연 644			문유선 223
국세 조사관	김지현 407 박지해 408				김하얀 213	장원미 224 강미현 225 이우재 226
관리 운영직 및 기타						
FAX	2617-1487	2610-8629	2685-1992		2617-1485	2615-3213

김포세무서

대표전화: 031-9803-200 / DID: 031-9803-OOO

서장: **이 이 재**
DID: 031-9803-201

주소	경기도 김포시 김포한강1로 22 장기동(우) 10087 강화민원봉사실 : 인천광역시 강화군 강화읍 강화대로 394 (우) 23031						
코드번호	234	**계좌번호**	023760	**사업자번호**			
관할구역	경기도 김포시, 인천광역시 강화군			**이메일**		gimpo@nts.go.kr	

과	체납징세과				부가가치세과		소득세과	
과장	주인규 240				고종관 280		김재민 340	
계	운영지원	징세	체납추적1	체납추적2	부가1	부가2	소득1	소득2
계장	박선수 241	최원석 261	정태민 441	홍준만 461	이병로 281	신혜주 301	유의상 341	조은희 361
국세 조사관					김태승(시)			
국세 조사관	허성민 242 장선영 243 조용호(운전) 611 신용섭(방호) 611	이인이 262 이영옥(시) 264	윤혜영 442 이용우 443 오기철 444 김선미 445	장현주 463	장정진 282 신연희 283 김정미 284	조민재 302 조석균 303 이선아 311	이준년 342 김민희 343 조현국 344	신선주 362 김우현 363
국세 조사관	염정은 244		박수춘 446 예미희 447 이창학 448	이수경 464 이윤수 465 이현민 462 차지연 466	김희창 285 나흥수 286	최기옥(시) 진주희 304 태대환 305 강효정 306	이동규 345 안민희 346	박찬우 364 윤현정 365
국세 조사관	유환일 245	김미소 263	박재현 449 이희정 450	손주영 467 김민선 468 김인기 469	이혜미 288 최서윤 289 한무현 290 김보원 291	원가영 307 이수현 308 이유영 309 한승구 310	한승희 347	이성주 366 박형준 367
관리 운영직 및 기타	최지선(비서) 202 김옥분 김문자 이견희							
FAX	987-9932				983-8028		998-6973	

1등 조세회계 경제신문 조세일보

과	재산법인세과				조사과			납세자보호담당관	
과장	나병탁 400				성봉진 600			구정환 210	
계	재산1	재산2	법인1	법인2	조사관리	조사	세원정보	납세자보호실	민원봉사실
계장	김기식 401	손희경 421	이윤우 501	이기정 521	조혜정 601	김태선 621	박정완 641	이환재 211	한세영 221
국세조사관			김영수 502			박기룡 624 김동진 630		오승필(시)	박영기 (강화)
	김만덕(시) 박상수(시) 어원경 403 김동휘 404	김세영 422 조수영 424	이영욱 503	강인행 522 이종현 523 박태훈 527	원범석 602	김주홍 631 박상선 625	윤도현 642	김영국 212	송우경 228 김건영 222 박미경 (사무) 223
	김범석 405 황화숙 406 구지은 407	나유림 423	오상준 504 이미란 505	배휘정 524	신동욱 604	김재윤 622 이종현 628 강민아 629 김미경 623 곽성용 626	양강진 643	김수영 213 채혜란 214 김희진 215	태영연 224 정진숙 226
	김푸른솔 408 오지연 409 이서연 410	장정욱 425	조송화 506 고민철 507	지대진 525 박주영 526	박지혜 603	강소라 632			이종석 227 최우정(시) 김민석 225 홍지안(시) 이윤호 228
관리 운영직 및 기타									
FAX	998-6971			986-2801	986-2769		986-2805	986-2806	983-8125 982-8125

동고양세무서

대표전화: 031-9006-200 / DID: 031-9006-OOO

서장: **나 교 석**
DID: 031-9006-201

주소	경기도 고양시 덕양구 화중로104번길 16 (화정동) (우) 10497				
코드번호	232	계좌번호	023757	사업자번호	
관할구역	경기도 고양시 덕양구			이메일	

과	체납징세과			부가소득세과		
과장	장필효 240			김동연 280		
계	운영지원	징세	체납추적	부가1	부가2	소득
계장	나선일 241		안무혁 441	정선례 281	신재평 301	서석천 321
국세 조사관	남영우 242 이경빈 243	주경희 262 이현희 263 한은숙(사무) 264	이상선 442 이계승 445	박용주 282 홍종옥 283 김현정 283	임수진 302 이은옥 303	현양미 322 박지선(시) 390
	정연철(운전) 246	하명선(시) 266	이지은 446 정인선 443	이호정 284	김성혜(시) 390 최형준 304 류영리 305	김대일 323 한승범 324 최재혁 325 김현지 326 박건규 327 박지원 328
	박용 244 김복현(방호) 245		봉선영(시) 447 이지원 448 이권희 449 최경화 450 마재정 451 이성인 452	계현희 285 최현성 286 백소이 287	이강혁 306 정슬기 307	이지영 333 오고은 329 김지영 330 임재은 331 선경식 332
관리 운영직 및 기타	최민혜(비서) 202 손영례 오영금					
FAX	963-2979			963-2089		

김익태세무회계

대표세무사 : 김익태 (前동고양세무서장)

고양시 일산동구 중앙로 1305-30, 528호
(장항동, 마이다스빌딩) 김익태세무회계

전화 : 031-906-0277　　　팩스 : 031-906-0175
핸드폰 : 010-9020-7698　　이메일 : etbang@hanmail.net

과	재산법인세과			조사과			납세자보호담당관	
과장	이상필 400			양희석 640			윤성중 210	
계	재산1	재산2	법인	조사관리	조사	세원정보	납세자 보호실	민원봉사실
계장	김춘동 481	박종규 501	권민정 401	김정훈 641	김선일 651	이정균 691	김을령 211	황영삼 221
국세 조사관					권영칠 661 이지훈 671 이미애 662			
	박수진 482 김종화 483	송영욱 502	여지현 403	안국찬 642	심극논 652	류승신 692	이혜형 214 김승태(시) 212	임경식 227 여선(시) 222
	장희숙(시) 495 이슬기 484 주애란 485	최보윤 503	권현택 404 봉현준 405	김영재 643	김태윤 663 정미라 672 백수진 673	나혜진 693	김성희 213	송선주(시) 222 안윤미 223 방혜선 225 김현희(시) 224 이여경 226
	박보경 486 심한보 487 지영주 488	최성욱 504	박상봉 406 박예은 407		최보라 653			
관리 운영직 및 기타								
FAX	963-2983			963-2972			963-2271	

부천세무서

대표전화: 032-3205-200 / DID: 032-3205-OOO

서장: **고 관 택**
(행) 032-3205-201

중흥 고등학교 ●
부천세무서 NTS
↑ 부천IC

은하마을 중흥마을 중흥 중학교 ●
홈플러스 ●

부천시청 롯데백화점 ● 부천원미 경찰서

주소	경기도 부천시 계남로 227 (중동) (우) 14535								
코드번호	130		계좌번호	110246			사업자번호	130-83-00022	
관할구역	경기도 부천시						이메일	bucheon@nts.go.kr	

과	체납징세과				부가가치세1과		부가가치세2과		소득세과	
과장	강기석 240				정용하 280		박문수 320		김혜경 360	
계	운영지원	징세	체납추적1	체납추적2	부가1	부가2	부가1	부가2	소득1	소득2
계장	박은희 241	한원찬 261	이혜경 441	박형진 461	유재식 281	김효상 301	이형봉 321	전우식 341	정삼근 361	이은국 381
국세 조사관					허필주 282			현근수 342	신영선 362	
국세 조사관	황창혁 242 류연엽 (방호) 618 최옥미 (교환) 252 서은미 (사무) 246	오은희 262	김명선 442 조명희 443 채미옥 444	김성기 462 신미경 463	이태용 283 오수진 284 이현주 (사무) 291	김호 313 이진례(시) 이아영 303 나영 304	김창현 322 김우리 325 석산호 328	김선애 345	엄일해 363 양주원 364	이선기 382 이수아(시) 양홍철 383
국세 조사관	박준영 243	이용주 263 이선아(시)	김봉재 445 이재민 446 명경철 447	김동준 464 최성환 466	고유경 285 한상재 286 김강휘(시)	강민지 305 김준영 306	정윤경(시) 안선미 329 박성태 326	김재경 (시) 연정현 348	이진경 365 박성민(시) 김상경 366	구혜란 384 한승협 385 김제헌 386
국세 조사관	방미경 244 안태균 245 이성엽 (운전) 259	채유진 264	박인선 448 김소현 449 채진병 450 최주희 451 오준영 452 구아림 453 이명주 454	박상규 467 김수빈 469 가준섭 470 이민지 471 장형원 472	문영미 287 김경해 288 박현정 289 김준철 290	이정욱 307 김은영 308 오수진 309 박수미 310	차수빈 327 정혜인 323 박명아 324 김한솔 330	이우남 349 이은지 344 유희근 346 심희정 350 이현선 347 박지은 343	조강희 367 안애선 368 최해영 369 김예슬 370 박유라 371 남명균 372 강인한 373	김주연 387 김지현 388 김도희 389 채희문 390 장소영 391 주은영 392 김한솔 393
관리 운영직 및 기타	이비아 202 장영희 김후희 이점례									
FAX	328-6931				328-6432		328-6429		320-5476	

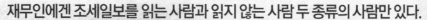

과	재산세과			법인세과		조사과			납세자보호담당관	
과장	김홍식 480			김경호 400		김석우 640			곽병설 210	
계	재산1	재산2	재산3	법인1	법인2	조사관리	조사	세원정보	납세자 보호실	민원 봉사실
계장	이병인 481	조재량 501	류장훈 521	정연섭 401	김유경 421	조용진 641	탁경석 651	강현주 691	정승환 211	한기석 221
국세 조사관			이종기 522	박영웅 402	이영태 422		안형선 654 배동희 657 김재석 660 강옥향 663 긴산윤 666			송주규 232
	이승환 482 류민경 (시) 주민희 483	정승철 502 김성록 503	박지현 523 김정민 524	박정은 403	서소진 423	김준호 642 신현원 643	이수진 652 박두원 655 이형배 661	김지영 692	김민정 212 이영숙 213 이정원 214	안태유 234 홍종훈 227
	이강은 484 장선희 485 박용운 486	조가람 504 정민혜 505	김혜연 527 차일현 525 김규호 526	김경태 406 우정희 412 김하원 404 김희경 408	오미정 424 손현명 425 현민웅 426		이주희 664 남일현 667 최은정 656 김지은 658 홍성준 653 박호빈 665	한상희 693	차연아 215 전유완 216	김민지 223
	김다은 487 황정록 488	나민지 506 권혜련 507		이규석 407	김용희 427	이은경 645	최보미 659 장진아 662			형유경 233 김인환 229 허원석 228 박지민 226 박규빈 225 전원진 224 한유진 231 장은경 230
관리 운영직 및 기타										
FAX	328-6425			320-5431		328-6935			328-5941 328-6428	

연수세무서

대표전화: 032-6709-200 / DID: 032-6709-OOO

서장: **이 길 용**
(행) 032-6709-201

중부지방
해양경찰청

인천경제
자유구역청

국제업무지구역
센트럴파크역

NTS
연수세무서

주소	인천광역시 연수구 인천타워대로 323 송도센트로드A동 1층~5층 (송도동) (우) 22007					
코드번호	150		계좌번호	027300	사업자번호	
관할구역	인천광역시 연수구				이메일	

과	체납징세과			부가가치세과		소득세과	
과장	김기석 240			김용웅 280		임석원 360	
계	운영지원	징세	체납추적	부가1	부가2	소득1	소득2
계장	김원욱 241	이용희 261	최준성 441	신민철 281	황용철 301	신주철 361	우인식 381
국세조사관	신연순 242 김진교 243	정선영 262	김인성 442	이영민 282 하정욱 283	최세운 302	최종묵 367 조영기 362	이진숙 382
			진영근 443 양성철 448 배준용 444 유선영 446 임자혁 445 박신우 449	안세은 599 남현철 284 이재영 285	신나혜 303 최은영 599 최영환 304	김창욱 363 선종국 364	정기선 383 여의주 384
	박주희 244 이명훈 245 조효원(방호) 247 박지훈(운전) 248	유선영 263	이슬비 450 기영준 447	김홍경 286 윤혜미 287 김영규 288	윤유라 306 정호영 307 서민지 308	홍유민 365 박진실 366	김성진 385 주보영 386 최상연 387
관리운영직 및 기타							
FAX	858-7351	858-7352		858-7353		858-7354	

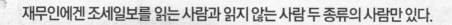

재무인과 함께 걸어가겠습니다 '조세일보'

재무인에겐 조세일보를 읽는 사람과 읽지 않는 사람 두 종류의 사람만 있다.

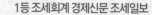

1등 조세회계 경제신문 조세일보

과	재산법인세과			조사과			납세자보호담당관	
과장	김지우 480			이석원 640			김병섭 640	
계	재산1	재산2	법인	조사관리	조사	세원정보	납세자 보호실	민원봉사실
계장	강흥수 481	곽진섭 501	오정일 401	이왕재 641	윤성양 651	권오영 691	이수진 211	강상식 221
국세 조사관	이정희 299		박범수 402 이광철 405		서현희 654			
	유정아 299	신창영 502	문인섭 407 김혜윤 408	서지희 642	정병숙 656	김경미 692	김진도 212 유선정 213 장재웅 214	김수민 222
	정종우 483	노연숙 503 김현진 504	박미소 403 고은비 406	이지연 643	김선아 652 김영호 655 박영호 657			
	박주연 484 윤지현 485 서문영 486 이상곤 487	이관재 505	한혜진 404		조유영 653			송지원 223 이다혜 224 한승민 225
관리 운영직 및 기타								
FAX	858-7355			858-7356			858-7357	858-7358

의정부세무서

대표전화: 031-8704-200 DID: 031-8704-OOO

서장: **최 재 호**
DID: 031-8704-201

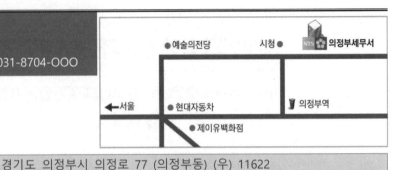

주소	경기도 의정부시 의정로 77 (의정부동) (우) 11622			
코드번호	127	계좌번호 900142	사업자번호	127-83-00012
관할구역	경기도 의정부시, 양주시		이메일	uijeongbu@nts.go.kr

과	체납징세과				부가가치세과			소득세과	
과장	유재철 240				오관택 280			김동조 360	
계	운영지원	징세	체납추적1	체납추적2	부가1	부가2	부가3	소득1	소득2
계장	김종완 241	최명선 261	안홍갑 441	김춘경 461	이서행 281	정윤철 301	양종렬 321	맹환준 361	백영선 381
국세 조사관	박좌준 242 권혁재 (시설) 615 손준혁 243 김황경 (운전)	김은화(시) 112 박신영 262	정용석 442	이하경 462 박근애 463	박대순 282 민정기(시) 박애심(시)	박용원 302 강재원 303	김윤주 322 김두수 323	문성인 362 공진하 363 최은복 364 정민재(시) 전지연 365 김희명 366	임형우 382 나선회 383 현정용 384 이서연 385
	박세진 245 이신혜(시) 246		조아라 443 석종훈 444 김인찬 445 조다혜 446	유현아 464 전승필 465 이성준 466 이승재 467	윤은미 283 한희정 284 강정민 285 배경은 286 이신숙 287	허승호(시) 이용희 304 신동영 305 유현진 306 조지영 307	최서진 324 윤지현 325	문성은 367	김민래 386 이윤영 387
	최유성 244	이진우 264 홍은아(시) 112	강민주 447 김지현 448 강순택 449 함영은 450	박노준 468 김나영 469	이미소 288 최용진 289 이정기 290	조영진 308 문서윤 309	황은비 326 정지연 327 김은경 328 이승범 329	김상균 369 강슬기 370 김유리 371	이동훈 388 김민희 389
관리 운영직 및 기타	이영자 (교환) 100 이은미 (비서) 203 이길자 김영심								
FAX	875-2736				870-4150, 874-9012			871-9012, 9013	

과	재산법인세과			조사과			납세자보호담당관	
과장	신영규 400			장성재 640			박현서 210	
계	재산1	재산2	법인	조사관리	조사	세원정보	납세자보호실	민원봉사실
계장	김병래 481	정영훈 521	강신태 401	박홍배 641	전종상 651	송정금 691	김영근 211	김범재 221
국세조사관	백두산 482		김상곤 402	김진섭 645	서동옥 661 이복식 671 정정화 681			
	김영문(시) 김영찬 483 오현준 484 김희선 485 심별 486	김계정 526 윤선희 522 안정호 523	양재호 403 천광진 404 유진우 411 윤희수 405	정영화 642	양신 652 노은영 662 박우영 672 강민수 682 김혜연 653	김희정 692 박창우(파견)	박유광 212	박회경(양주) 김은주 222 이현철 223 오우진(양주)
	안지윤 487 서래훈 488	유재은 524 채정석 525	황지영 406 김희영 407 김주하 410 이재준 408	안진영(시) 서아름 643	박정현 663 홍혜인 683	김경라 693	김주헌 213 김지인 214	송윤정 224 이상미(시) 225 이성혜 226 한길택(임기) 231
	조현주 489 박보경 490		유재상 409		이수정 653 황한나 673			이재환 227 박미진 228
관리운영직 및 기타								
FAX	871-9014, 878-9014	871-9015		837-9010, 871-9017			871-9018	877-2104

파주세무서

대표전화: 031-9560-200 / DID: 031-9560-OOO

● 서원마을
← 파주 경찰서
파주세무서
금릉역

서장: **이 은 성**
DID: 031-9560-201

주소	경기도 파주시 금릉역로 62 (금촌동) (우) 10915		
코드번호	141	계좌번호	001575	사업자번호	
관할구역	경기도 파주시		이메일	paju@nts.go.kr

과	체납징세과				부가소득세과		
과장	정한청 240				전태규 280		
계	운영지원	징세	체납추적1	체납추적2	부가1	부가2	소득
계장	남형주 241	이규석 261	조양선 441	김성기 461	왕태선 281	최준재 301	김연수 361
국세 조사관	김태형 242	우은혜(시) 266 이성관(시) 266	이태한 442 백진화 443	최해철 462 임진연 463 김가영 464	손의철 282 나혁균 283 노규현 284 황은희(시) 291	안재학 302 박인순 303	조영호 362 김영숙 363 구성민 364 오상현 373 안지은(시)
	장설희 243 김용민 244 추연우(방호) 613	장승원 262	김정섭 448 이범주 444 김보근 445	김선혜 465 손윤섭 466	정다혜 285 이희영 286	이해옥 304 안주희 305 박선희 306	장미향 365 신선미 366 최한뫼 367 김상철 368 윤선영 369
	조가영 245 김현철(운전) 613	남보영 263	정은주 446 김근우 447	김경환 467	박정혜 288 홍서준 289 장우석 290	신치원 307 김아정 308 최우녕 309	송승한 370 송선영 371 정소정 372
관리 운영직 및 기타	김지선(비서) 202 윤경선 성미숙						
FAX	957-0315		956-0450		957-0317, 946-6048		

과	재산법인세과				조사과			납세자보호담당관	
과장	이황용 400				조원석 640			고정선 210	
계	재산1	재산2	법인1	법인2	조사관리	조사	세원정보	납세자보호실	민원봉사실
계장	장제영 481	오병태 501	신동훈 401	김태영 421	문병룡 641	서명진 651	이문영 691	이재수 211	조영순 221
국세조사관						이정식 661 김재욱 671 김미정 681			
	심소영 482 홍준경 483 안동민 484	이정현 502	이동근 402 홍형주 403	오상엽 422	윤우규 642 고성희 643	이철형 652	김정혁 692	이한택 212 이헌종 213 기아람 214	유정식 222 최지현(시) 227
	이효정 485 강연우 486 백한나(시)	김보성 506 박종률 503	김병수 404 박민준 405 이민규 406	김선영 423 오정식 424 유래경 425 오신형 426 송효선(시) 408		안혜진 662 윤지연 672 고상권 682	민경준 693	박윤미(시) 215	이은영 224
	하수정 487 이정민 488	최연주 504	이민아 407			황신혜 653 이주현 663			윤주영 223 최은경 226 안미영 225 이현주 228 김경업(시) 227
관리운영직 및 기타									
FAX	957-3654				957-0319			957-0313	943-2100

포천세무서

대표전화: 031-5387-200 / DID: 031-5387-OOO

서장: **최 진 복**
DID: 031-5387-201

신봉초등학교　송우초등학교　송우리 시외버스터미널
NTS 포천세무서
송우고등학교　주공 4단지 APT　농협

주소	경기도 포천시 소흘읍 송우로 75 (우) 11177 동두천지서: 경기도 동두천시 중앙로 136 (우) 11346 별관(철원민원실) : 강원도 철원군 갈말읍 명성로 158번길 85 (우) 24039					
코드번호	231	계좌번호	019871	사업자번호	
관할구역	경기도 포천시, 동두천시, 연천군, 철원군			이메일	pocheon@nts.go.kr

과	체납징세과			부가소득세과		재산법인납세과	
과장	박광진 240			김시정 280		김철수 400	
계	운영지원	징세	체납추적	부가	소득	재산	법인
계장	이근호 241	김승권 261	장정환 441	임상규 281	임광혁 301	박양희 481	오동구 401
국세조사관			임정현 442			한희수 482 박진홍 483	
국세조사관	이용배 242 맹지윤 243	김정호(시) 268	이정기 443 박진수 444	김영남 282 강대규 283 장연경(시) 292 김동근 284	강경인 302	이재균 484	조태욱 402 김제봉 403
국세조사관	오진택 244	박미영 262	박종주 445 손성수 447	이창민 285	김남철 303	오유빈 485 김시은 486	
국세조사관	고동현 245	이송하 263	임수현 449 황인환 448 권오찬 446 김혜수 452	김윤서 286 오현경 287 정은아 288 이설아 289 김한별 290 박정린 291	박인배 304 유솔리 305 전지영 306	유한나(시) 489 김지연 487 장혜인 488	이윤희 405 허지영 404 김도애 406
관리 운영직 및 기타	최영자 장말순 김명임						
FAX	544-6090			544-6091		544-6093	544-6094

과	조사과			납세자보호담당관		동두천지서장			
과장	임행완 640			윤미자 210		고성호 201			
계	조사관리	조사	세원정보	납세자보호실	민원봉사실	체납추적	납세자보호	부가소득	재산법인
계장	노광환 641	한문식 651	김승욱 691	오용주 211		권충구 271	배욱환 230	이강일 300	이경권 250
국세조사관		성정은 652 박양운 653				김종문 272			강범준 251
국세조사관		김성진 654 이규의 655 방민식 656	남명규 692	이명희 212 이효진(시) 214	조건희 (철원) 033-452 -2100	황영숙 273 김태우 274	고상용 231	김영환 301 조준영 302 김재준 303	최수지 252
국세조사관	김재훈 642 김진아 643	신용규 657 홍윤석 658 김슬기 659		장건후 213	이수연 222 이소진 223	김광진 275	홍다영 232	김병희 305 장혜미 306 채문석 307	임칠성 253 김병현 254
국세조사관		홍세미 660			김준형(시) 033-452 -2100 이순성 224 유혜림 225		김미정 234	양향임 308 나경훈 309 박민서 310 김진주 311	박소현 257
관리 운영직 및 기타									
FAX	544-6095		544-6096	544-6097	544-6098				

대전지방국세청
관할세무서

대전지방국세청

주소	대전광역시 서구 한밭대로 809 사학연금회관 (우) 35209
대표전화 & 팩스	042-615-2200 / 042-621-4552
코드번호	300
계좌번호	080499
사업자등록번호	102-83-01647
관할구역	대전광역시 및 충청남·북도, 세종특별자치시

청장   이청룡

(D) 042-6152-201~2

성실납세지원국장	조성택	(D) 042-6152-400
징세송무국장	정성훈	(D) 042-6152-500
조사1국장	김성환	(D) 042-6152-700
조사2국장	오미순	(D) 042-6152-900

대전지방국세청

대표전화: 042-6152-200 / DID: 042-6152-OOO

청장: **이 청 룡**
DID: 042-6152-201~2

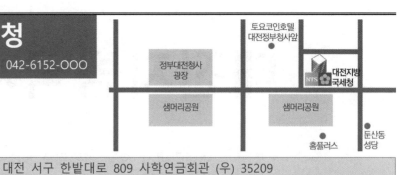

주소	대전 서구 한밭대로 809 사학연금회관 (우) 35209				
코드번호	300	계좌번호	080499	사업자번호	102-83-01647
관할구역	대전광역시 및 충청남·북도, 세종특별자치시		이메일		

과	감사관		운영지원과				납세자보호실	
과장	김종일 300		왕성국 240				이영준 330	
계	감사	감찰	행정	인사	경리	현장소통	보호	심사
계장	김인태 302	황규용 312	류성돈 252	박영민 242	신혜선 262	송형희 272	황인자 332	최해욱 342
국세 조사관	연경태 303 변문건 304 오정탁 305 이정훈 306 이동구 307 김명진 308 조민정 309	강덕성 313 조복환 314 한상배 315 김운주 316 김지웅 317 이정운 318 김재철 319	지대현 253 김대진 254 홍상우 255 김동현 256 이경순 257 전호순 259	김순복 243 최시은 244 전윤희 245 지슬찬 246 유하선 247 김지훈 248	정필영 263 김정수 264 여인순 265 이건흥 267 이영화 266	이호 273 김태환 274 권윤구 275 이가희 276	조연숙 333 김영지 334 권원호 335	유인숙 343 김선자 344 조강희 345 이성민 346
관리 운영직 및 기타	황미경(비서)	이푸른(비서) 기자실 630 F)632-0266 <환경관리> 박우순 629 정옥순 629 김영로 629						
	방송실 621, 통신실 622, 택배실 625							
FAX	634-5098	621-4552	634-5097	634-6324			636-4727	
전자 FAX	0503-113-9002	0503-113-9001					0503-113-9003	

재무인의 가치를 높이는 변화 '조세일보 정회원'

행정법원 판례를 포함한 20만건 이상의 최신 예규와 판례를 제공합니다.

국실	성실납세지원국									
국장	조성택 400									
과	부가가치세과			소득재산세과			전산관리팀			
과장	김영찬 401			양용산 431			오승호 131			
계	부가1	부가2	소비	소득	재산	소득지원	관리1	관리2	정보화센터1	정보화센터2
계장	김용철 402	이광자 412	이한성 422	이은영 432	정인숙 442	김영선 452	이영구 132	김재융 142	오세룡 152	최영둘 172
국세조사관	강민석 403 이두원 404 안지영 405 신민정 406	전옥선 413 신명식 414 강희수 415 윤상탁 416	이우봉 423 채홍선 424 이재승 425 선명우 426	성봉협 433 차건수 434 전혜영 435 김동현 436	남현희 443 최인옥 444 최상형 445 김홍근 446	소녕사 453 배문수 454	상윤석 133 염문환 134 최은애 135 송향희 136 장영석 137 IT서비스 이정미 147 김은희 148 이채윤 149 김상진 150	윤은택 143 박준형 144	이택근 153 전병순 154 문영임 155 유수향 156 박진숙 157 강영자 158 안은향 159 노은아 160 김홍란 161 김광순 162 송인희 163 신선희 164 윤명희 165 권인숙 166 이정아 167	임태싱 173 신상례 174 김영선 175 이선우 176 한도순 177 천은영 187 김명순 178 김양미 179 김태순 180 김혜원 181 이화자 182 이은숙 183 김수영 184 최금년 185 김연숙 186
관리운영직 및 기타	최은지(비서)						센터 151			
	전태복(교환실) 620, 민병준(PC A/S) 614									
FAX	625-9751			634-6129			625-8472		717-0951~3	717-0961~3
전자 FAX	0503-113-9007			0503-113-9018			0503-113-9006		0503-113-9006	

DID : 042-6152-OOO

국실	성실납세지원국			징세송무국					
국장	조성택 400			정성훈 500					
과	법인세과			징세과		송무과		체납추적과	
과장	차용철 461			오원화 501		이완표 521		박광전 541	
계	법인1	법인2	법인3	징세	체납관리	송무1	송무2	추적1	추적2
계장	고상기 462	박일병 472	성보경 482	심영찬 502	이정선 512	박소영 522	변종철 532	유영복 542	우인제 552
국세 조사관	윤홍덕 463 한숙란 464 박정숙 465 이봉현 466 임현철 467 김중규 468 송재윤 469	장은주 473 김민정 475 최민 474	윤태경 483 최경하 484 강윤학 485	여미라 503 임한준 504 유영주 505 **소액체납 징수콜센터** 송석진 516 권혁희 517 최지선 518 이신영 519 박미정 506 오희정 507	김미자 513 양희연 514 박민우 515	이주연 523 양정아 524 윤여용 525 심재진 526 한상원 527 김명진 528 김길정 529	황경애 533 금동희 534 권준경 535 박신정 536 고의환 537 안재진 538	임상빈 543 최영권 544 황지은 545 노용래 546 류성권 547	박지혜 553 고일명 554 박범수 555
관리 운영직 및 기타	최선욱(비서)								
	안내 613, 윤여룡 613, 당직실 611, 612								
FAX	632-7723			632-1798		626-4512		625-9758	
전자 FAX	0503-113-9009			0503-113-9004		0503-113-9005		0503-113-9008	

국실	조사1국								
국장	김성환 700								
과	조사관리과					조사1과			
과장	김완구 701					표순권 751			
계	1조사관리	2조사관리	3조사관리	4조사관리	5조사관리	1조사	2조사	3조사	4조사
계장	유선우 702	이윤우 712	서문석 719	박주항 732	박병문 742	김진형 752	김진술 762	김창미 772	김용보 882
국세조사관	이주한 703 박미진 704 김지현 705 문병권 706 정영숙 707 첨단탈세 양종혁 708 양해만 709	김승환 713 조재일 717 박대은 714 김희영 715 조현희 716	남상균 724 이수진 725 이미경 727 오관택 720 이진희 728 허승열 721 연소정 729	조선영 733 박은정 734 서은원 735 이재명 736	권민형 743 신열석 744 이경숙 745 김남훈 746 윤수환 747	장경수 753 안세식 754 김두섭 755 성지환 756	배은경 763 김기준 764 박웅 765	정현원 773 김정섭 774 최지훈 775	이은숙 883 이제현 884 사현민 885
관리운영직 및 기타	김현주(비서)								
	<기사실> 안상헌 632, 홍성각 635, 정근선 633, 이성주 631, 유일찬 634								
FAX	634-6325					634-6128			
전자FAX	0503-113-9010					0503-113-9011			

DID : 042-6152-OOO

국실	조사1국						조사2국		
국장	김성환 700						오미순 900		
과	조사2과			조사3과			조사관리과		
과장	최용섭 781			신현서 811			이정순 901		
계	1조사	2조사	3조사	1조사	2조사	3조사	1조사관리	2조사관리	3조사관리
계장	이호 782	이한승 792	최승식 802	유재원 812	정광석 822	김삼수 832	오문수 902	유경룡 912	신승태 922
국세조사관	이주영 783 이태희 784 송인용 785 여윤수 786	노영하 793 고정환 794 박진숙 795	이주영 803 최환석 804 이정일 805 한기룡 806	조현준 813 김민정 814 강병수 815 김근환 816	정진성 823 노영실 824 오건우 825	이재현 833 이재명 834 최동찬 835	박영주 903 신숙희 904 박범석 905 임영신 906	이명해 913 오민경 914 오세윤 915 박혜진 916 이철우 917	문상균 923 송영화 924 박지수 925 한경수 926 최성호 927 오백진 928
관리운영직 및 기타	김현주(비서)						이은희(비서)		
FAX	626-4513			636-0372			626-4514		
전자FAX	0503-113-9012			0503-113-9016			0503-113-9013		

1등 조세회계 경제신문 조세일보

국실	조사2국					
국장	오미순 900					
과	조사1과			조사2과		
과장	김현종 931			정한영 961		
계	1조사	2조사	3조사	1조사	2조사	3조사
계장	정허호 932	김광우 942	박병수 952	윤승갑 962	김상태 972	조재규 982
국세 조사관	장준용 933 윤희민 934 오수진 935	김경철 943 이현진 944	이원근 953 이정훈 954	조영혁 963 하정우 964 김경미 965	김효순 973 김승국 974	이종호 983 홍기오 984
관리 운영직 및 기타	이은희(비서)					
FAX	626-4515			625-9432		
전자 FAX	0503-113-9014			0503-113-9015		

대전세무서

대표전화: 042-2298-200 / DID: 042-2298-OOO

서장: **박 민 후**
DID: 042-2298-201

주소	대전광역시 중구 보문로 331 (선화 188) (우) 34851 금산민원실 : 충청남도 금산군 금산읍 인삼약초로 42 (중도리 16-1) (우) 32739				
코드번호	305	계좌번호	080486	사업자번호	305-83-00077
관할구역	대전광역시 동구, 중구, 충청남도 금산군			이메일	daejeon@nts.go.kr

과	체납징세과			부가가치세과			소득세과	
과장	전정호 240			손태빈 280			조종연 360	
계	운영지원	체납추적	징세	부가1	부가2	부가3	소득1	소득2
계장	유양현 241	백오숙 551	이영숙 261	육영찬 281	이재각 301	임국빈 321	오세열 361	임인택 381
국세 조사관		고주석 552	김현숙 262	신원영 282	홍순원 302	유병민 323	신미영 362 이동환 363	이성도 382
	최진옥 242 이순영 243 황순금(교환) 250 주관종(방호) 614 안형식 (열관리) 616	권석용 553 전인복 554 이선화 555 이안희 556 이영순 557 곽문희 558 최경인 559	박정연 263 이미주 264	이기수 284 이선영(시간) 291	장명화 303 황승미 304 최미진 305	유경열 324 송현희 322 양선숙 325 장수경 326	양병문 364 안은경 365 주진수 366	이영호 383 황성희 384 백민정 385 최영미 386
	이재열 244	오승희 560 조정진 561		최임규 285 윤정호 286 강현영 287	김초혜 306 전시영 307	최우영 327		이수연 388
	박동규(운전) 245	김기동 562 성현일 563		이은지 288 서미영 289 김아영 290 양세실리아 292	이남영 308 손정연 309	장문수 328 임진영 329	홍은경 367 박재곤 368	권순모 387
관리 운영직 및 기타	이선영(비서) 203 김민정(사무) 246 박순임(환경) 임춘희(환경)		수납창구 266	통합창구 335, 336				
FAX	253-4990		253-4205	257-9493, 3783			257-3717	

1등 조세회계전문 경제신문 조세일보

조세일보 정회원 가입(연구독료 15만원) 시 추가 비용없이
조세일보Plus를 발송해 드립니다.

과	재산법인세과				조사과			납세자보호담당관	
과장	나정희 400				안승호 640			김상민 210	
계	재산1	재산2	법인1	법인2	조사관리	조사	세원정보	납세자보호실	민원봉사실
계장	강영기 481	안공영 501	최갑진 401	이호중 421	김미경 641	1팀 김성오(6) 651 서준용(7) 652 김수호(7) 653	허충회 691	송경선 211	김재구 221
국세조사관	김정수 482	전영 502 신대수 503	김병일 402	정상천 422				이성영 212	최길상 223
국세조사관	김용기 483 이영재 484 김현중 485	신상수 504	임현철 (지방청동원)	김수정 423	오부성 643 박유자 642 탁현희 644	2팀 오수복(6) 661 유태응(7) 662 강현애(8) 663		여중구 213 윤여중 214 권경숙 215	송인광 224 정광호(금산) 041-754-0336 김혜영 225 홍진영 226 이채민(사무) 227
국세조사관	엄소정 487 조영주 486	한정민 505	이명한 403 최서영 404	조아연 424 이선림 425 윤용화 426		3팀 차정환(6) 671 금기태(8) 672	육재하 692		박소연 222
국세조사관			박승권 405 이채민 406			4팀 백인억(6) 681 신광철(7) 682			임유리 228 송지은 229 이정주(시간) 230
관리운영직 및 기타	신고창구 511								
FAX	254-9831		252-4898		255-9671			253-5344	253-4100

313

북대전세무서

대표전화: 042-6038-200 / DID: 042-6038-OOO

서장: **홍 철 수**
DID: 042-6038-201

지도: 열매마을아파트, 반석마을아파트, ↑세종·천안, 송림마을아파트, 노은도서관, 롯데마트 노은점, 하기중학교, 참례신학대학교, 유성IC↓, NTS 북대전세무서

주소	대전광역시 유성구 북유성대로 188 (죽동 597-1) (우) 34097				
코드번호	318	계좌번호	023773	사업자번호	
관할구역	대전광역시 유성구, 대덕구			이메일	Bukdaejeon@nts.go.kr

과	체납징세과				부가가치세과		소득세과	
과장	이수영 240				김범철 280		김동형 360	
계	운영지원	체납추적1	체납추적2	징세	부가1	부가2	소득1	소득2
계장	박진수 241	임창수 551	백선자 571	신수남 261	배효창 281	민준식 301	맹창호 361	유운홍 381
국세조사관		박미숙 552	유장현 572 권병길 573		최승오 282	이상수 302 이관순 310	이석원 362	김은철 382
국세조사관	강희석 242	김은경 553 이화진 554 박세환 555	김진환 574 이정길 575 김도연 576	최서현 262 정미영 263	이효진 283 윤현숙 284 이재희 285 최윤선 286 김선용 287	진수민 303 양지현 304 강병희 312 이은숙 305	배준 363 박희정 (시간선택) 615 박병주 364	김형건 383 김수옥 384 정윤정 385
국세조사관	이진석 243 양유미 244 김학진 245 전희석(운전) 246 김병훈(방호) 247	이원경 558 김은덕 556	고유경 578		서승의 288 유세곤 289	박인선 306 이상요 307	김복선 370 이휴련 365 김영간 366	서나윤 386 임종호 387
국세조사관	김정훈(공익) 248	어경윤 557 박미리 559	황수민 579	이재원 264	이민경 290 이진수 291 김용석 292	가혜미 308 김영길 309 최연정 311	김보영 367 나유진 368 이미현 369	김선영 390 최지연 388 정계승 389
관리운영직 및 기타	김현숙 620 경유림 202							
FAX	823-9662	603-8560			823-9665		823-9646	

재무인의 가치를 높이는 변화 '조세일보 정회원'

행정법원 판례를 포함한 20만건 이상의 최신 예규와 판례를 제공합니다.

1등 조세회계 경제신문 조세일보

과	재산세과		법인세과		조사과				납세자보호담당관	
과장	박추옥 480		최수종 400		정진호 640				한명수 210	
계	재산1	재산2	법인1	법인2	조사관리	조사		세원정보	납세자보호실	민원봉사실
계장	이운한 481	남광우 501	정규민 401	권순일 421	오승훈 641	1팀 이정우(6) 651		한광우 691	이정기 211	소재성 221
국세조사관	우창제 482	주구종 502 정창훈 503	노태송 402 이미영 403		고영경 642	구명옥(7) 652 정원석(7) 653			정정화 212	이병철 222 원광호 223
국세조사관						2팀 조석정(6) 654 유지희(7) 655				
국세조사관	조위영 484 김기미 491 태상미 485 김다연 486	양전옥 504	장준 404 최영숙 405 김정수 406	조현경 422 오수연 423 김승태 424	노기우 (탈세제보 전용) 643 이선교 644	조윤민(8) 656		서동민 692		강혜경 224 문미란 (시간선택) 226 이혜경 (시간선택) 225
국세조사관	손경숙 487 안재문 488	박수아 505		정인애 425 허재혁 426	김리아	3팀 문찬식(6) 657 이동근(7) 658 박윤주(8) 659			권윤희 213	
국세조사관						4팀 김창영(6) 660 임진규(7) 661				
국세조사관	이수연 489 송민우 490		정인형 407 송선경 408	신은지 427		5팀 도우형(6) 663 이홍순(7) 664			나혜진 214	이상금 (시간선택) 226 심현이 (시간선택) 225 김경오 229 김수현 227
관리운영직 및 기타	송연서									
FAX	823-9648		823-9616		823-9617				823-9619	823-9610

서대전세무서

대표전화: 042-4808-200 / DID: 042-4808-OOO

서장: **임 동 호**
DID: 042-4808-201

● 정부대전청사
● 경찰서
샘머리공원
타임월드
갤러리아
NTS 서대전세무서

주소	대전광역시 서구 둔산서로 70 (둔산동) (우) 35239					
코드번호	314	계좌번호	081197	사업자번호	314-83-01385	
관할구역	대전광역시 서구 전체			이메일	seodaejeon@nts.go.kr	

과	체납징세과			부가가치세과		소득세과	
과장	서민덕 240			김규완 280		최창원 360	
계	운영지원	체납추적	징세	부가1	부가2	소득1	소득2
계장	이용환 241	공석 551	염기분 261	이선태 281	박근중 301	조대서 361	이명환 381
국세조사관		김만래 552 이승희 553 임정미 554	황보희 262 하정영 263		국윤미 303	전현정 362	김필수 382
국세조사관	이미영 242 김성연 243 천선희(사) 244	신계희 555 양해숙 556 이효성 557		이영락 282 황연주 283 박금숙 284 안선일 285 전명진 286	이인숙 304 서명옥 305 이호영 306	박현정 363 이미희 364	라기정 383 김창순 384 고현숙(시) 395 홍창화 385 하현균 389 김홍근(동원)
국세조사관		조하영 558 정재경 559		서은영 287 허남주 288	이미선 308 김유라(시) 396	김보경 365 최윤경 366	오현민 386
국세조사관	홍동기(운) 245 박상준(방) 611 이수빈 246	김수량 560 임형빈 561	고정연 264	이설이 289 이건우 290 이유진 291	김재현 309 이미정 310 한미현 311 김병주 302	최동훈 367 백선아 368 이진주 369	신혜인 387 전혜진 388
관리운영직 및 기타	안승현(공익) 신민화 618 김기복 202		박다솜 266 수납창구 265	상담창구 396		상담창구 395	
FAX	486-8067	480-8687	480-8681	472-1657	480-8682	480-8683	

과	재산법인세과			조사과			납세자보호담당관	
과장	조만식 400			이인근 640			이종길 210	
계	재산1	재산2	법인	조사관리	조사	세원정보	납세자보호실	민원봉사실
계장	이미숙 481	황수문 501	이현찬 401	윤문수 641	1팀 배재철(6) 651 심만식(7) 652 김나희(8) 653	신광재 691	송지은 211	주연섭 221
국세조사관	이상훈 482	박진우 502	임경숙 402 이왕수 403 김창희 404					이용철 222
국세조사관	강금숙 483 이현상 484 공주희 485	남경 503 정영석 504	강기진 405	박태구 642	2팀 송인한(6) 661 고철호(7) 662 신헌철(7) 663 이은지(출산)		이경숙 212 윤상호 213	권경미(시) 226 이주성 223 조혜민 225 박민호 227
국세조사관	김윤희 486		김동혁 406 안승희 407 이석재 408	정미현 643 정성모 644	3팀 심준보(6) 671 이정선(6) 672 박준규(7) 673		송지영 214	이수미(시) 226 백은미 228
국세조사관	양소영 487		백송이 409		4팀	김미라 692		강민구 229 김이현 230
관리운영직 및 기타								
FAX	480-8685	480-8684		480-8686			486-8062	486-2086

공주세무서

대표전화: 041-8503-200 / DID: 041-8503-OOO

서장: **이 창 남**
DID: 041-8503-201

주소	충청남도 공주시 봉황로 113 (반죽동) (우) 32545	

코드번호	307	계좌번호	080460	사업자번호	
관할구역	충청남도 공주시			이메일	gongju@nts.go.kr

과	체납징세과			부가소득세과	
과장	남은숙 240			양회수 280	
계	운영지원	체납추적	조사	부가소득	
				부가	소득
계장	강인성 241	길웅섭 551	강남규 671	조준수 281	
국세 조사관					박승원 291
	최민애 242 최지영 243	최은혜 552	장덕구 672 이지연 673	김응남 282 김정근 283	
	최충일 245	정주연 555 박선미 553 이가연 554 김수정 556		김덕영 284 이은선 285 정미현(시간) 286	한정희 292
	이우람(운전) 246	박수진	이연희 674		김용진 293
관리 운영직 및 기타	김지연 202 조덕봉(시설) 615 박영자(환경) 612				
FAX	850-3692			850-3691	

과	재산법인세과		납세자보호담당관	
과장	한희석 400		이용후 210	
계	재산법인		납세자보호실	민원봉사실
	재산	법인		
계장	문상묵 421		박세국 211	김구수 221
국세조사관	김상훈 422 강한영 423			
	이종태 424 이영 425	황남돈 521		
		황미화 522 공기성 523	권영선(시간) 212	이가희 222
				김세연 223
관리운영직및기타				
FAX	850-3693		850-3690	

논산세무서

대표전화: 041-7308-200 / DID: 041-7308-OOO

서장: **손 채 령**
DID: 041-7308-201

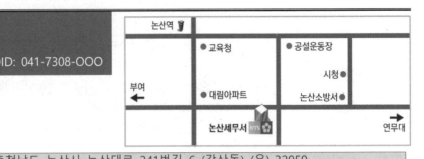

주소	충청남도 논산시 논산대로 241번길 6 (강산동) (우) 32959 부여민원실 : 충남 부여군 부여읍 사비로 41 (동남리) (우) 33153 계룡민원실 : 충남 계룡시 장안로 46 (금암동) (우) 32823				
코드번호	308	**계좌번호**	080473	**사업자번호**	
관할구역	충청남도 논산시, 계룡시, 부여군			**이메일**	nonsan@nts.go.kr

과	체납징세과			부가소득세과	
과장	정길호 240			김상인 280	
계	운영지원	체납추적	조사	부가	소득
계장	김관용 241	도해구 551	종만 651	양응석 281	박선영 361
국세 조사관			김균태 652		김은경 362
국세 조사관	변상덕(운전) 259 임유란 242 강성대 243	이원규 552 안은경 553	한석희 653 최미숙 654 엄지은 655	백귀순 282 장현수 283 이신열 284 안영희(시간) 292	최현정 363
국세 조사관		이상욱 554 김미영 555 김근하 556 진승환 557		이선미 285 조현구 286	
국세 조사관	이재강(방호) 244	장민환 558		유승아 287 정예슬 288 정상원 289 이요섭 291	손권호 364 권유빈 365 강민정 366
관리 운영직 및 기타	윤석란(환경) 김춘기(시설) 245 이혜진(비서) 김성년(사회복무)				일일민원창구 290
FAX	730-8270	733-3137	733-3140	733-3139	

과	재산법인세과		납세자보호담당관	
과장	지영진 400		박미란 210	
계	재산	법인	납세자보호	민원봉사
계장	송채성 481	김선학 401	이철효 211	강선규 221
국세조사관	전지현 482 박한석 483	이정룡 402		신영천(부여) 836-7348
국세조사관	장미영 484 박소연(시간) 486	이숙희 403		정민영 222 원지연 224
국세조사관		최민정 404 유희수 405 김미란 406		신주현 223
국세조사관	유은혜 485			이근수(계룡, 시간) 042)551-6014 임세희(부여, 시간) 836-7349
관리 운영직 및 기타				
FAX	735-7640	730-8630	733-3136 042-551-6013(계룡) 832-7932(부여)	

보령세무서

대표전화: 041-9309-200 / DID: 041-9309-○○○

서장: **김 종 성**
DID: 041-9309-201

주소	충청남도 보령시 옥마로 56(명천동) (우) 33482 장항민원실 : 충남 서천군 장항읍 장항로 193 (창선2리) (우) 33674				
코드번호	313	계좌번호	930154	사업자번호	
관할구역	충청남도 보령시, 서천군			이메일	boryeong@nts.go.kr

과	체납징세과			세원관리과	
과장	김정범 240			김양래 205	
계	운영지원	체납추적	조사	부가	소득
계장	조영우 241	박경균 551	김성엽 651	신상현 281	성호경 290
국세 조사관			심용주 652 박종호 653	이명석 282	
	오연균 242 이영주 243 박종필(방호) 658	조항진 552 양영진 553 백인정 554	임재철 655	김은주 283	남기범 291
	박현아 244 문안전(운전) 245		안수용 654	구은숙 284 김진아 288	최지영 292 이성윤 293 장수진 294
		김효선(징세) 261 조영종 555		이민규 285 정은지 286 김효근 287	
관리 운영직 및 기타	김가영(비서) 202 이점순(환경공무)				
FAX	936-2289			930-9299	

과	세원관리과		납세자보호담당관	
과장	김양래 205		차은규 210	
계	재산법인		납세자보호실	민원봉사실
	재산	법인		
계장	전치성 401			김영덕 221
국세 조사관		안남진 402	나명균 211	
	윤기송 482 박기정 483	윤영준 403 박한수 404		박은수(사무7, 장항민원실) 956-2100
				문호영 222 이송미 223
	박성원 484 박길원 485	노주연 405		김미경(장항민원실) 956-2100
관리 운영직 및 기타				
FAX	934-5160	930-9570	931-0564 956-5292(장항)	

서산세무서

대표전화: 041-6609-200 / DID: 041-6609-OOO

서장: **오 철 환**
DID: 041-6609-201

주소	충청남도 서산시 덕지천로 145-6 (우) 32003				
	태안민원실 : 충남 태안군 태안읍 후곡로 121 (우) 32144				

코드번호	316	계좌번호	000602	사업자번호	
관할구역	충청남도 서산시, 태안군			이메일	seosan@nts.go.kr

과	체납징세과			부가소득세과	
과장	권오봉 240			허상엽 280	
계	운영지원	체납추적	조사	부가	소득
계장	박순규 241	백운효 551	이상현 651	박광수 281	정승재 361
국세조사관		박인수 552	주명진 652	박영선 282	박병화 362 홍창표 363
	김현종 242 백연심(사무) 245	강인근 553 김한용(시간선택제) 554 양대식 555 윤재두 556 김선미 557	김영기 653 손정은 654	허원갑 283 서창완 284 이대연 285	강재근 364 유미숙 365
	이형섭 243 최정현(운전) 244	송미나(징세) 558 방재필 559	한란 655	유연우 286	김유정(시간선택제) 367
	이인기(방호) 246	박영일 560	홍영호 656	김수민 287 이주형 288 박정민 289 이주연(실무수습) 291	이예담 366
관리 운영직 및 기타	김지현(서장실) 이덕순(미화) 유승남(조리실) 한경현(사회복무)				
FAX	660-9259	660-9569	660-9659	660-9299	

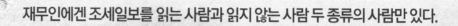

과	재산법인세과		납세자보호담당관	
과장	국태선 400		최명일 210	
계	재산	법인	납세자보호실	민원봉사실
계장	조덕휘 481	김완주 401	이재일 211	정두영 221
국세 조사관	조연 482	김기성 402		
국세 조사관	김훈수 483	김진아 403 이순길 404		조미영 222
국세 조사관	김유태 485		김택창 212	조식(태안) 송승호 223 윤숙영(사무) 224
국세 조사관	임슬기 486 김종빈(실무수습) 484	이준석 405		홍성희(태안, 시간선택제) 김근아 225
관리 운영직 및 기타				태안민원실 041-672-1280
FAX	660-9499		660-9219 675-1281(태안)	

세종세무서

대표전화: 044-8508-200 / DID: 044-8508-OOO

서장: **염 경 윤**
DID: 044-8508-201

주소	세종특별자치시 가름로 232(어진동 657), SBC빌딩 B동 6층 (우) 30121 조치원민원실 : 세종특별자치시 조치원읍 충현로 193 (침산리 256-6) (우) 30021				
코드번호	320	계좌번호	025467	사업자번호	
관할구역	세종특별자치시			이메일	

과	체납징세과			부가가치세과	소득세과
과장	안주훈 240			안재영 270	박춘자 340
계	운영지원	체납추적	징세	부가	소득
계장	박태정 241	주정권 551	류영주 261	이형훈 271	금기준 341
국세 조사관				최윤선 272	
	윤지희 242 김수월 243	박지은 552 이재욱 553 박효신 554 이만준 555		정유리 273 김유림 274 방경선 275	박미진 342
	김양수 244	박정남(전) 556	최우경 262	김민영(전) 277	안병숙 343 차지원 347 박홍기 344
	조지훈(운전) 245	한혜미 557		유경모 278 최지은 279 강진선 280 박민수 281 이정인 282 송주은 283	이병욱 345 이나미 346 임지은 348
관리 운영직 및 기타	송문주(교환) 620 양희현(비서) 203 이동건(공익) 247				
FAX	850-8431	850-8443	850-8432	850-8433	850-8434

1등 조세회계 경제신문 조세일보

과	재산법인세과			조사과			납세자보호담당관	
과장	김영걸 460			최찬배 640			전성례 210	
계	재산1	재산2	법인	조사관리	조사	세원정보	납세자보호실	민원봉사실 본서 222~225 조치원 228~229
계장	류세현 461	성창경 491	박학일 531	김종일 641	1팀 김영두(6) 651 김구호(7) 652 구정인(8) 653	최한진 691	김윤용 211	
			성삼옥 532				이계홍 212	
국세조사관	박은정 462 지소영 463	최윤호(전) 492	현정아 533		2팀 이광섭(7) 661 강지은(7) 663 임송빈(8) 662			김희태 채상희 김소민 황영이
	박옥길 468 김은경 464 신미라 465	김두연 493	허숙영 534 임보라 535 한효경 536 김선주 537	박성희 644			김주선 213	김재완
	신성호 466 고재우 467	강정현 494	이병권 538 박철한 539	백고은 643				손경식 김태연
관리 운영직 및 기타								
FAX	850-8435	850-8441	850-8436	850-8437			850-8438	850-8439 (본서) 850-8440 (조치원)

아산세무서

대표전화: 041-5367-200 / DID: 041-5367-OOO

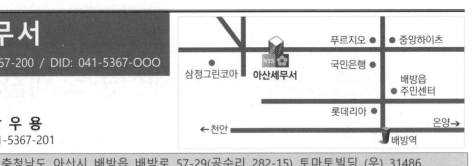

서장: **박 우 용**
DID: 041-5367-201

주소	충청남도 아산시 배방읍 배방로 57-29(공수리 282-15) 토마토빌딩 (우) 31486					
코드번호	319		계좌번호	024688	사업자번호	
관할구역	충청남도 아산시			이메일	asan@nts.go.kr	

과	체납징세과			부가소득세과		재산법인세과	
과장	최봉섭 240			김희봉 280		이관수 400	
계	운영지원	체납추적	징세	부가	소득	재산	법인
계장	박종영 241	유범상 551	박수경 261	김동현 281	박기민 301	장석안 481	이무황 401
국세 조사관	김희란 242	김한민 552				서용하 483	진소영 402
	곽형신 243	천명길 553 이석기 554 전상배 555 이환규 556	이영순 263 지은정 262	오현 282 최기순 283 김주현 284 김경환 285	이경노 303	이희종 484 임다혜 485 차보미 486	황우오 403 신용직 404
	노건호 244	위태홍 557 조혜정 558		김준익 286 정금희 287 김예슬 288	서범수 304 장혜린 305	최민지 487 조은애 488	김정옥 405 진현정 406 김병철 407 신진아 408 유관호 409
	전기효(방) 246 배형기(운) 245	양소라 560 김세령(수습)		김경숙(시) 299 김현지 290 정인영 291 박원진 292 이다빈 293 최유정(수습) 임형은(수습)	이상민 306 김유나 307 류원석 308	박혜숙 489	
관리 운영직 및 기타							
FAX	533-1351	533-1352		533-1325	533-1326	533-1327	533-1328

1등 조세회계전문 경제신문 조세일보

조세일보 정회원 가입(연구독료 15만원) 시 추가 비용없이
조세일보Plus를 발송해 드립니다.

과	조사과			납세자보호담당관	
과장	박연희 640			송경덕 210	
계	조사관리	조사	세원정보	납세자보호실	민원봉사실
계장	심주석 641	1팀 최익수(6) 651 박성룡(7) 652 박지은(8) 653	김용호 691	조명준 211	김대규 221
국세 조사관	이정희 642			신현일 212	
		2팀 우제선(6) 661 지상수(7) 662 고영임(8) 663	박주오 692		
	추원득 643	3팀 홍승기(6) 671 문성빈(7) 672		양상원 213	가윤선(시) 222 이안수 223
					김태헌 224 이다연 225
관리 운영직 및 기타					
FAX		533-1353	533-1354	533-1385	533-1383~4

예산세무서

대표전화: 041-3305-200 / DID: 041-330-5OOO

서장: **김 기 수**
DID: 041-3305-201

주소	충청남도 예산군 오가면 윤봉길로 1883(좌방19-69) (우) 32425 당진지서 : 충남 당진시 원당로88 (원당동 790-4) (우) 31767					
코드번호	311	계좌번호	930167	사업자번호	
관할구역	충청남도 예산군, 당진시			이메일	yesan@nts.go.kr

과	체납징세과			세원관리과		납세자보호담당관	
과장	하상진 240			이한솔 280		하상진(직무대리) 210	
계	운영지원	체납추적	조사	부가소득	재산법인	납세자보호실	민원봉사실
계장	조치상 241	서동근 551	송태정 651	최영준 281	권수중 481	윤성규 211	서병권 221
국세 조사관			이영찬 652	박규서(부가) 282			
	이상석 242 김영아 243	노학종 552 양세희 553 유미숙 554	박동일 653 이화용 654	전병헌(소득) 286 임정혜(부가) 283	홍성준(재산) 482 함미란(법인) 402 우준식(법인) 403		전영신(사무) 222 김윤환 223
	강태곤(방호) 245 이상재 244		박혜경 655	장현하(부가) 284	한미정(재산) 483 안세영(재산) 484		
	양동현(운전) 246	한종태 555		황후용(소득) 287 김진슬(소득) 285 김민정 (실무수습)		조한민 212	
관리 운영직 및 기타	김미나 202 강옥순						
FAX	330-5305	330-5302		334-0614	334-0615	334-0612	

충남 천안→

당진
예산세무서 NTS
한국전기안전공사

오가초등학교 ●
● 예산 소방서

← 홍성
● 운전면허시험장

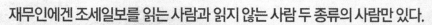

재무인과 함께 걸어가겠습니다 '조세일보'

재무인에겐 조세일보를 읽는 사람과 읽지 않는 사람 두 종류의 사람만 있다.

1등 조세회계 경제신문 조세일보

과	당진지서 DID : 041-3509-OOO					
과장	정승태 201					
계	체납추적	부가	소득	재산	법인	민원봉사
계장	오승진 451	남성우 281	소병권 361	두진국 481	김찬규 401	이화용 221
국세 조사관		이창홍 282		황진구 482	윤명한 402	
국세 조사관	염태섭 453 안태유 456 백승민 452	권혜지 283 김상현 284	김봉진 362	김영균 483	임동섭 403	
국세 조사관	김수현 454 심세라 455	김진화 285	변상미 363 홍혜령 364	전창우 484	박미경 404	이경아 222
국세 조사관	홍충 (오후시간선택제) 457	황정민 286 박성재 287	유수지 365 박연진(실무수습)	조지훈 485	안호진 405	전호남 223
관리 운영직 및 기타		민원창구 288	김진욱 (사회복무요원) 367	박장영 (사회복무요원)		
FAX	350-9424	350-9410		350-9369		350-9229

천안세무서

대표전화: 041-5598-200 / DID: 041-5598-OOO

서장: **이 은 장**
DID: 041-5598-201~2

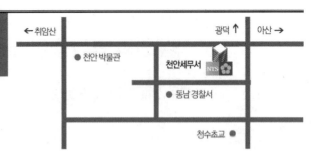

주소	충청남도 천안시 동남구 청수14로 80 (우) 31198						
코드번호	312	**계좌번호**	935188		**사업자번호**	312-83-00018	
관할구역	충청남도 천안시				**이메일**	cheonan@nts.go.kr	

과	체납징세과				부가가치세과		소득세과	
과장	박종석 240				박매라 280		선의현 360	
계	운영지원	체납추적1	체납추적2	징세	부가1	부가2	소득1	소득2
계장	오용락 241	권순근 551	이창수 571	박순정 261	장우영 281	이성호 301	기회훈 361	이모성 381
국세조사관	윤동규(파견) 000				윤영재 282 이주한 286	이충근 302	김경만 362 김진희 363	김홍용 382
국세조사관	남택원 242	이건호 552 민옥자 553 염미숙 554 이윤숙 555	우창영 572 김은옥 573 이공후 574 이승석 575	황규명(사무) 265 강은실 262 김보혜 263	안승연 283 주란 284 강안나 285 김현아(시) 296 임지훈 287	조명상 303 김영희 304 안재욱(시) 296 권혁수 306	윤석창 364	손화승 383 신경희 384
국세조사관	김영남(운전) 608 강현주 243 이재성 244 김수경 245	신동주 556 김정훈 557 최석원 558	신우열 576 이하나 577 신형원 578	남보라 264	윤보배 288	배경희 307 홍은정 308	송재하 365 조성빈 366	조한규 385
국세조사관	고병준 246 남명수(방호) 614	지충환 559	박엘리 579		김선돌 289 방아현 290 박수진 291 김승현 292 이혜미 294	오하라 309 강기철 310 강수지 311 홍지혜 312	이혜연 367 유나연 368 문정현 369	김정숙 386 이의신 387 장소영 388 이규림 389
관리운영직 및 기타	천혜란(비서) 강동완(시설) 김경자(환경)							
FAX	559-8250			559-8699	551-2062		555-9556	

과	재산세과		법인세과		조사과			납세자보호담당관	
과장	형병창 480		김만복 400		김원희 640			강표 210	
계	재산1	재산2	법인1	법인2	조사관리	조사	세원정보	납세자보호실	민원봉사실
계장	유달근 481	김종진 521	권오훈 401	김진문 421	백성옥 641	1팀 이경선(6) 651 정영웅(7) 652 이다원(8) 653	이정우 691	장건형 211	권영조 221
국세조사관	김구봉 482	박상욱(동원) 522 문강수 523 민양기 524	이병용 402 조대연 403	이양호 422 변상권 423	이상용 643 제보 646			문미희 212	김장수 222 임윤섭 223
국세조사관	김상린 483 김미선 484	한동희 525 이한기 526	류다현 404 손진이 405	박원준 424		2팀 장형구(6) 654 이현상(7) 655 박노훈(8) 656	신상훈 692	이규완 213	전선빈(시) 224
국세조사관	김황경 485 육경아 486 변정미 487 최하나 488	이수민 527	오현석 406 최혜경 407 김희원 408	이준탁 425 추원규 426 김혜리 427		3팀 이응구(6) 657 손신혜(7) 658 박상곤(7) 659		박제영 214	왕수현 225 김현태 226 이동은 227
국세조사관	윤정민 489 김병철 490 우재은 491		김소연 409	김문수 428	성창미 644 김난경 645	4팀 엄태진(6) 660 현주호(7) 661 이양로(8) 662			박미현 228 옥진경 229 배진령 230 정현민 231 이후인 232
관리운영직 및 기타									
FAX	563-8723		553-7523		561-2677 551-4175			551-4176	553-4356 562-4677

홍성세무서

대표전화: 041-6304-200 / DID: 041-6304-OOO

서장: **함 민 규**
DID: 041-6304-201

주소	충청남도 홍성군 홍성읍 홍덕서로 32 (우) 32216 청양민원실 : 충남 청양군 청양읍 중앙로 158 (우) 33327				
코드번호	310	계좌번호	930170	사업자번호	
관할구역	충청남도 홍성군, 청양군			이메일	hongseong@nts.go.kr

과	체납징세과			세원관리과	
과장	정효근 240			박병남 280	
계	운영지원	체납추적	조사	부가소득	
				부가	소득
계장	박인국 241	주형열 551	김국진 651	김창환 281	
국세 조사관		유재남 552		염주선 282	석혜숙 292
	서옥배 242 김정일(방) 244	이기순 553 윤철원 554 조미자(사) 555 원대한 556	박성경 652		
	김지연(사) 243			황규동 283 최인애 284 김영삼 285	서규호 293
	이진희(운) 245	최소람 557	유성운 653	정재남 286 황재승(수습) 287	정류빈 294
관리 운영직 및 기타	이경아(비) 202 구소미(미)				
FAX	630-4249	630-4559	630-4659	630-4335 0503-113-9173	

과	세원관리과		납세자보호담당관	
과장	박병남 280		박남규 210	
계	재산법인		납세자보호	민원봉사
	재산	법인		
계장	최근호 481		강신혁 211	
국세 조사관				장찬순(청) 944-1050
	김진식 482 장소영 483	김동일 402 홍성도 403		우은주(사) 221
	성기오 484 박은희 485			최선이(시) 222
		최진현 404		김재민 223 박은영(청, 시) 944-1050
관리 운영직 및 기타				신고창구 944-1051
FAX	630-4489 0503-113-9173		630-4229 0503-113-9172 944-1060(청양)	

동청주세무서

대표전화: 043-2294-200 / DID: 043-2294-OOO

서장: **임 지 순**
DID: 043-2294-201

대원칸타빌1단지
동청주세무서
NTS
라마다호텔
대원아파트
대원칸타빌4단지

주소	충청북도 청주시 청원구 1순환로 44 (율량동 2242) (우) 28322 괴산민원실 : 충북 괴산군 괴산읍 임꺽정로 90(서부리 125)괴산군청 1층 민원과 내 위치 (우) 28026 증평민원실 : 충북 증평군 증평읍 광장로 88(창동리 100번지) 증평군청내 종합민원실 (우) 27927				
코드번호	317	계좌번호	002859	사업자번호	301-83-07063
관할구역	청주시 상당구, 청원구, 증평군, 괴산군			이메일	dongcheongju@nts.go.kr

과	체납징세과			부가가치세과		소득세과
과장	이영호 240			엄희권 280		진정욱 360
계	운영지원	징세	체납추적	부가1	부가2	소득
계장	김관수 241	박연 261	우근중 551	이규흥 281	이인자 301	김영복 361
국세 조사관			원순영 552	손경아 282	한상배(동원)	남현우 362
	이종희 242 이병호(운전) 251 곽노일(방호) 246		김대용 553 손민영 554 윤연심 555 연제석 556	정성무 283 박현희 284 고종철 285 심정규 286 박수진 287	이남정 302 김은경 304 허지혜 305 장시찬 306 옥지웅 307	정명하 363 김은기 364 최윤정 365 정선군 366
	김종민 243	이지윤 262	오광석 559 안슬기 560 이승택 562	진순자 288 권진영 289 이한나 290	정준희 308	장성미 367
	손규리 244 진영희 245	조우진 263	권명윤 557 문보경 561	김민영 291 김채린 292	조태희 309 마숙연 310 송수인(수습)	유석모 368 나정현 369 김지윤 370 전현주 371
관리 운영직 및 기타						
FAX	229-4601			229-4605		229-4602

과	재산법인세과			조사과			납세자보호담당관	
과장	김진배 400			김원호 640			김선문 210	
계	재산1	재산2	법인	조사관리	조사	세원정보	납세자 보호실	민원봉사실
계장	윤낙중 481	최진숙 501		연태석 641	1팀 임현수(6) 651 정진희(6) 654 이단비(9) 657	임헌진 691	김용주 211	이효선 221
국세 조사관	황재중 482	신진우 502 이정임 503	홍성자 401 김은하 402	이평희 642 박찬희 643				김영신 222
	신승우 483 백영신 484 박선영 485		최성한 403 오상은 404 전광희 405 주윤정 406		2팀 전서동(6) 652 천소진(7) 655 임수민(8) 658		김아경 212 박종호 213	권혜원 223 오세민 224
		성은숙 504	이동욱 407		3팀 박성우(6) 653 조정주(6) 656 이정은(9) 659	오진용 692		주환욱 225 조미겸 226
	김소윤 486 박요안나 487	장동환 505	변다연 408 조세희 409 이주형 410					박찬오 227
관리 운영직 및 기타								
FAX	229-4609	229-4606		229-4607			229-4603	229-4604, 4133

영동세무서

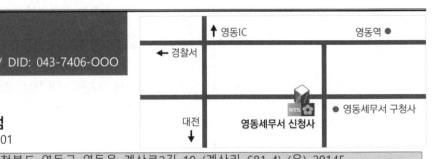

대표전화: 043-7406-200 / DID: 043-7406-OOO

서장: **이 호 범**
DID: 043-7406-201

주소	충청북도 영동군 영동읍 계산로2길 10 (계산리 681-4) (우) 29145 옥천민원실 : 충북 옥천군 옥천읍 동부로 15 옥천읍사무소 청사 내 3층 (우) 29040 보은민원봉사실 : 충북 보은군 보은읍 삼산로 50 보은읍사무소 청사 내 2층 (우) 28947		
코드번호	302	**계좌번호** 090311	**사업자번호** 306-83-02175
관할구역	충북 영동군, 옥천군, 보은군	**이메일**	yeongdong@nts.go.kr

과	체납징세과			세원관리과	
과장	이기활 240			박정훈 280	
계	운영지원	체납추적	조사	부가소득	
계장		김년호 551	금영송 651	고영춘 281	
국세 조사관			조은애 652		정성진 288
	오진성 242	김기숙 553 황현순 552 이재숙 555	김문수 653 김선기 654	유은주 282	
	최연옥(사무) 243 이지호(운전) 244	송인우 554		이연주 283 금종희 284	유가연 289
	정성관(방호) 245			임돈희 285 이호제 286 전재령 287 김유식 292	조유진 290
관리 운영직 및 기타	신수인(비서) 202 변영애(청소)			국세신고안내센터 291	
FAX	740-6250	740-6260		740-6600	

과	세원관리과		납세자보호담당관	
과장	박정훈 280		최종현 210	
계	재산법인		납세자보호실	민원봉사실
계장	윤태요 481			김용전 222
국세 조사관				이성기(보은) 542-2400 임달순(옥천) 733-2157
	이창권 482 강병조 483	안현정 402 서민경 403 윤순영 404	구승완 211	보은신고창구 543-9067
	송재호 484			
		김유진 405		황윤철 221 김준영(옥천)
관리 운영직 및 기타	국세신고안내센터 291			
FAX	743-5283		영동 743-1932 옥천 731-5805 보은 543-2640	

제천세무서

대표전화: 043-6492-200 / DID: 043-6492-OOO

서장: **홍 순 택**
DID: 043-6432-107

주소	충청북도 제천시 내토로 41길 8 (화산동) (우) 27182			
코드번호	304	**계좌번호**	090324	**사업자번호**
관할구역	충청북도 제천시, 단양군		**이메일**	jecheon@nts.go.kr

과	체납징세과			세원관리과	
과장	안기호 240			김건중 280	
계	운영지원	체납추적	조사	부가	소득
계장	이세호 241	권오찬 551	소병혁 651	김명호 281	김영일 361
국세조사관				박일환 282	송연호 362
국세조사관	김문철 242 전현숙 244 박익상(운전) 245	심수현 552 김이영 553 허순영(사무) 554	신방인 652 김현응 653	김용진(시간선택제) 366 이상봉 283 유지현 284	
국세조사관	석원영 243	이동규 555 류희식 556	장기원 654 김다현 655	정희정 285 박시형 286	이철주 363
국세조사관	김희창 246			김보람 287	전지은 364 정미화 365
관리 운영직 및 기타	임경란 202 김정임(환경) 246	김경숙 558			
FAX	648-3586			645-4172	645-4171

과	세원관리과		납세자보호담당관	
과장	김건중 280		임일훈 210	
계	재산법인		납세자보호실	민원봉사실
	재산	법인		
계장	김무영 401		이미정 211	최순동 221
국세 조사관				최병분 222
	김종현 482 최광식 483	조세흠 402		
		김종필 404		
	김수인 484 김정현 485	박영임 406		박재우 223 김명희 224
관리 운영직 및 기타				
FAX	652-2495		652-2630	

청주세무서

대표전화: 043-2309-200 / DID: 043-2309-OOO

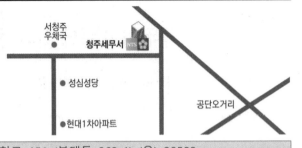

서장: **오 원 균**
DID: 043-2309-201

주소	충북 청주시 흥덕구 죽천로 151 (복대동 262-1) (우) 28583				
코드번호	301	계좌번호	090337	사업자번호	301-83-00395
관할구역	청주시 흥덕구, 서원구			이메일	cheongju@nts.go.kr

과	체납징세과				부가가치세과		소득세과	
과장	유관희 240				조민성 280		이상학 360	
계	운영지원	추적1	추적2	징세	부가1	부가2	소득1	소득2
계장	송영찬 241	김붕호 551	엄황용 571	서혜숙 261	한정준 281	김진영 301	김용련 361	남혜경 381
국세 조사관		이영정 552	이선영 572	서정원 262	유승원 282		한수이 362	양주희 382
	이은혜 242 임성옥 243 이동준 244	김약수 553 최서진 554 이현희 555	박나정 573 정판균 574	김주미 263 이경순 264	김지원 283 정연경 290 김아름 284	이정환 302 정상남 303 마승진 304	송석중 363 최은희 364 김태서 365 김태건 366	박종경 383 박미경 384
	권오성 245	정희남 556	강지연 575 손현정 577		손정화 285 유부형 286 정영철 287	한서희 305 임호진 306 노준호 307		
	신용식 247 김두환 246 김승훈 249	최준영 557	최서진 576		최유리 288 주현민 289	이루안 308 김태은 309 최영 310	주은경 367	김민정 385 김재호 386
관리 운영직 및 기타								
FAX	235-5417	235-5410			235-5415		235-5414	
전자 FAX.	0503-113-9031				0503-113-9033		0503-113-9034	

1등 조세회계 경제신문 조세일보

과	재산법인세과			조사과			납세자보호담당관	
과장	박종빈 400			김영덕 640			백세현 210	
계	재산1	재산2	법인	조사관리	조사	세원정보	납세자보호실	민원봉사실
계장	정영순 481	송성호 501	엄기붕 401	최재성 641	1팀 조남웅(6) 651			김종대 221
국세조사관	김경애 482	김인호 503	최봉수 402		가재윤(7) 656 강소령(8) 659	유동근 691	오철규 212	박예규 226 정재학 222
	임인택 483	홍명숙 504	옹주현 403 고혜진 404 강정숙 405 최선미 406	백수아 642 유장현 643 (645)	2팀 김선관(6) 652 김연화(6) 655 남기태(8) 658		정소라 213	황은희 223 차회윤 224
	정영은 484 이동기 485 한원주 486	이혜민 505	심준석 407 박두용 408 서정아 409		3팀 김수진(6) 653 박종인(6) 654 박상욱(7) (검찰파견) 657	서연주 692		문미영 225 박소영 178 이신정 227
	문진영 487 황석규 488		김이수 410					이지은 228 이하경 229
관리 운영직 및 기타								
FAX	235-5419		234-6445	234-6446			235-5412	235-5418
전자 FAX.	0503-113-9035			0503-113-9036			0503-113-9032	

충주세무서

대표전화: 043-8416-200 / DID: 043-8416-OOO

서장: **정 희 진**
DID: 043-8416-201,2

주소	충청북도 충주시 충원대로 724 (금릉동) (우) 27338 음성민원실:충북 음성군 음성읍 중앙로 173 (읍내리 621-1) 음성군청 별관 1층 (우) 27690 충북혁신지서:충북 음성군 맹동면 대하1길10 (우) 27738					
코드번호	303	계좌번호	090340	사업자번호	303-83-00014
관할구역	충청북도 충주시, 음성군, 진천군			이메일	chungju@nts.go.kr

과	체납징세과			부가소득세과		재산법인세과	
과장	정지석 240			김진범 280		한구환 400	
계	운영지원	체납추적	징세	부가	소득	재산	법인
계장	이덕형 241	이영직 551	홍순진 261	김미애 281	김한종 361	김대식 481	신혁 401
국세 조사관				문정기 282	이준현 362	손영진 482	김영달 402
	고용국 242 김진주 243 이상욱(방호) 613	노정환 552 최성찬 553	오재홍 262 임수정(사무) 263	문대완 283 최용복 284 최파란 285	인길성 363	김기태 483	이선민 403 박재욱 404
	이진수 244 허천일(운전) 245	심혜정 558 박선민 554 허정필 555 이강원 556		김현숙 286 김유라 291	엄채연 364	김용현 484	
		황지연 557		권대근 287 양수미 288 이경원 289 송용호 290	최상선 365 이다솔 366 정희도 367	이지윤 485	장한울 405
관리 운영직 및 기타	안진숙(교환) 235 이문형(비서) 202 이영자(환경) 정혜원(환경)						
FAX	845-3320			845-3322		851-5594	

1등 조세회계전문 경제신문 조세일보

조세일보 정회원 가입(연구독료 15만원) 시 추가 비용없이
조세일보Plus를 발송해 드립니다.

과	조사과			납세자보호담당관		충북혁신지서 8719-200					
과장	선봉관 640			임종수 210		이용균 201					
계	조사관리	조사	세원정보	보호	민원봉사실	체납추적	부가	소득	재산	법인	납세자보호실
계장	나용호 641	1팀 이승재(6) 651	유병호 691	성백경 211	박병수 221	신언순 551	변현수 281	임종찬 361	이경자 481	신기철 401	오세덕 221
국세조사관		이경욱(7) 652 나유숙(9) 653		김은혜 212		김원덕 552		김영철 362 이태훈 363	이정근 482	황대림 402	정대영 222
국세조사관	박승권 642 김승주 643	2팀 김영교(6) 654 허성민(8) 655	이원종 692		이현재 222 정명숙(사무) 223	박정수 553 이상봉 554	임종혁 282 나경미 283 최희권(파견)		강경묵 483	이종신 403	임종화 223 김태훈 224
국세조사관		3팀 변종희(7) 656 강희웅(7) 657		육정섭 213	박현정 224 유송희(임기) 225	윤희창 555	한인수 284 오소진 285 염나래 286 최우진 287	김지현 364 박은실 365	김민선 484	홍석우 404	
국세조사관					이혜진 226	박승욱 556 이수영 557	신원철 288 고주연 289	송수빈 366		이선정 405 황동형 406 나은주 407	박수연 224
관리운영직 및 기타											
FAX	845-3323			851-5595	847-9093	871-9631	871-9632		871-9633		871-9634 음성 872-1801 진천 536-9221

광주지방국세청
관할세무서

광주지방국세청

주소	광주광역시 북구 첨단과기로 208번길 43 (오룡동 1110-13) (우) 61011
대표전화 & 팩스	062-236-7200 / 062-716-7215
코드번호	400
계좌번호	060707
사업자등록번호	102-83-01647
e mail	gwangjurto@nts.go.kr

청장 　　　송기봉

(D) 062-236-7200

징세송무국장	민회준	(D) 062-236-7500
성실납세지원국장	정학관	(D) 062-236-7400
조사1국장	강성팔	(D) 062-236-7700
조사2국장	황영표	(D) 062-236-7900

광주지방국세청

대표전화: 062-2367-200 / DID: 062-2367-OOO

청장: **송 기 봉**
DID: 062-2367-200

주소	광주광역시 북구 첨단과기로 208번길 43 (오룡동) (우) 61011 광주광역시 서구 월드컵4강로 101길(화정4동 896-3) (우) 61997						
코드번호	400		계좌번호	060707		사업자번호	410-83-02945
관할구역	광주광역시, 전라남도, 전라북도 전체					이메일	gwangjurto@nts.go.kr

과	운영지원과				감사관		납세자보호담당관	
과장	백계민 240				박성열 300		이상준 330	
계	행정 252-7	인사 242-8	경리 262-7	현장소통 272-6	감사 302-9	감찰 312-9	납보 332-5	심사 342-6
계장	하상진	송창호	백홍교	김봉재	오기범	이시형	한동석	염삼열
국세 조사관	김민후 이혁재(기록)	기연희	남자세	오상원	이필용 김남수 공대귀	이규 김광현	채남기	박소현
	나승창 정만복(방호) 김미해(전화)	조경제 이일재 한유현	선경미 이호남	김태훈 박성정	이건주 허진성 박홍범	이철호 임수경 서우석 정철기 홍정기	유희경	원두진 김대일
	이채현 양진호 김성부(운전) 김세곤(운전) 최철승(운전) 신영주(전화)	최보람 장시원	최원정 한정용	김종화	박란영		정현아	김수희
	고문수(운전)							
관리 운영직 및 기타	김진(201~2) 박혜현(258) 배슬지(249) 정홍섭(환경관리)							
FAX	716-7215				376-3102		376-3108	

국실	성실납세지원국									
국장	정학관 400									
과	부가가치세과			소득재산세과			전산관리팀			
과장	곽명환 401			진남식 431			박순희 131			
계	부가1 402-6	부가2 412-6	소비 422-6	소득 432-6	재산 442-5	소득지원 452-5	관리1 132-9	관리2 142-5	정보화1 152-3	정보화2 172-3
계장	김영민	문주연	이용혁	박연서	최태전	김정임	김종문	김미애	정기중	김옥희
국세조사관	염지영		이정민	박미선			정현호 백근허	이성		
	김영순	박정아 심현석 김태원	최정이 최환석	송봉선	추지연 배은선 강종만	심성연	박상희 김영오 한아름	윤여관 김운기	남덕현	
	최수현 윤희겸	박지언	신명희	박지호 송미소		김정아 김창훈				선경숙
							송재윤			
관리운영직 및 기타	구주혜						정보화1 155-167	김영미, 김은자, 김은희, 박귀자, 신미숙, 오인자, 유희경, 윤희경, 이향화, 이혜경, 임숙자		
							정보화2 174-186	강진, 김경례, 김경임, 김혜영, 김희숙, 박금단, 박향숙, 안정심, 염현주, 이승희, 정영숙, 황경숙		
FAX	236-7651			236-7652			716-7221			

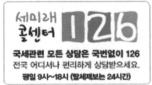

DID : 062-2367-OOO

국실	성실납세지원국			징세송무국				
국장	정학관 400			민회준 500				
과	법인세과			징세과		송무과		체납추적과
과장	진용훈 461			김훈 501		노현탁 521		김용길 541
계	법인1 462-8	법인2 472-6	법인3 482-5	징세 502-5	체납관리 512-8	송무1 522-8	송무2 532-7	추적1 542-6	추적2 552-5
계장	김덕호	이강영	정경일	강용구	김옥현	유태정	김진재	박후진	민동준
국세조사관	신승훈	김명숙		조상옥		박선화 김혜성 (변호사)	설진 석지혜 (변호사)	문식	
	임성민 박종근 정필섭 강이근	오은주 박상범	박홍균 정미진	강성기 노미경	위지혜 이장원	한길완 이영훈 박은영	박남주 조상미 황동욱	전종태 최문영	황득현 정희섭 송재중
	정찬조	조정효	김형경		강소정 박지혜 이성민 이정화	이성		노동균	장슬미
관리운영직 및 기타				김여진					
FAX	376-3106			376-3103		376-3107		716-7223

국실	조사1국				
국장	강성팔 700				
과	조사관리과				
과장	장영수 701				
계	조사관리1 702-9	조사관리2 712-6	조사관리3 722-7	조사관리4 732-6	조사관리5 742-6
계장	노정운	송경희	이성근	김민철	김안철
국세 조사관	김엘리야 오수진	김용주 양승정(변호사)	강성준	박준선	김은미
	박은재 강병관 곽미선	최연희	임미란 정경종 윤정익	강현아 이지영	김현주 오진명
	배주애 이진택		박진웅	양용희	이상철
관리 운영직 및 기타	김아람				
FAX	376-3105				

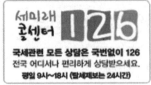

국세관련 모든 상담은 국번없이 126
전국 어디서나 편리하게 상담받으세요.
평일 9시~18시 (탈세제보는 24시간)

DID : 062-2367-OOO

국실	조사1국					
국장	강성팔 700					
과	조사1과			조사2과		
과장	이진재 751			손재명 781		
계	조사1 752-6	조사2 762-5	조사3 772-5	조사1 782-5	조사2 792-5	조사3 802-5
계장	장민석	이호	염대성	윤석헌	함태진	방정원
국세 조사관	윤경호		임선미	김기정		
	문영권 배제섭	조광덕 나혜경 윤길성	신정용	송윤민	하봉남 윤승철 김혜란	문형민 박천주 문윤진
			김지혜	한창균		
관리 운영직 및 기타						
FAX	236-7653			236-7654		

352

국실	조사2국								
국장	황영표 900								
과	조사관리과			조사1과			조사2과		
과장	정장호 901			홍영표 931			손오석 961		
계	조사관리1 902-5	조사관리2 912-7	조사관리3 922-7	조사1 932-4	조사2 942-4	조사3 952-4	조사1 962-4	조사2 972-4	조사3 982-4
계장	문통오	소오형	박숙희	곽현수	김정운	이정관	최권호	강경진	손경근
국세 조사관		박기호 김연수	선희숙	김성희					윤석길
	강지선 나채용	강혜린	천우남 민혜민 류호진 김용태		김경주	최연수	윤현웅	임진아	이명규
	박민주	윤은미 이하현		오문탁	박인	김정진	추명운	김민석	
관리 운영직 및 기타	김수연								
FAX	716-7228			383-4871			383-4873		

광산세무서

대표전화: 062-9702-200 /DID: 062-9702-OOO

광산세무서 GS주유소 ●
하남산단 ↑
흑석사거리
운남지구 →
경암근린공원
하남지구 ↓

서장: **김 태 열**
DID: 062-9702-201

주소	광주광역시 광산구 하남대로 83(하남동 1276) (우) 62232 영광민원실 : 전남 영광 영광 물무로2길 61 (우) 57036				
코드번호	419	계좌번호	027313	사업자번호	
관할구역	광주광역시 광산구, 전라남도 영광군			이메일	

과	체납징세과			부가가치세과		소득세과		재산법인세과		
과장	최창서 240			이유근 280		엄호만 360		김경곤 400		
계	운영지원	체납추적	징세	부가1	부가2	소득1	소득2	재산1	재산2	법인
계장	배삼동 241	남상훈 511	이형용 261	류제형 281	손삼석 301	오민수 361	이미자 381	김종숙 481	이상옥 501	김종명 401
국세 조사관		박행진 512 김선진 513		안래본 (전산) 282 전용현 283	한동환 303 남기정 304	최승재 362		김성렬 482 이옥현 624	김성호 502	이혜경 402
	문해수 242 오혜경 243 박선미 (사무) 245	정우철 515 송은주 514 김우성 516 박찬후 517	신우영 262	박무수 622 김현자 284 김광성 285	이영민 305 전수영 306 박금숙 307	최효영 623 진혁환 623 민지홍 363	박해연 382 오재란 383	강혜미 483 이주현 484	민순기 503	김규표 403 신종식 404 이승훈 406
	김재환 244 정현태 (운전) 246	조영란 518 임강혁 519	박지혜 263	양재훈 286 주온슬 287	양정숙 308	최은영 364	오자은 384 박형민 385	김유정 485 이다미 486	이춘형 504	이승준 407 박상일 408 조혜선 409
		김재원 520 정시온 521 피연지 522	윤다희 264	형신애 288 도하정 289 송은선 290	임미희 309 윤수연 310 제민지 311	안상언 366 안자영 367	유현수 386 정연선 387	이선민 487	서경하 505	한나라 410 임수미 405
관리 운영직 및 기타	정혜진 202									
FAX	970 -2259	970-2269		970-2299		970-2379		970-2419		

과	조사과					납세자보호담당관	
과장	임채동 640					차지훈 210	
계	관리	조사1	조사2	조사3	세원정보팀	납세자보호실	민원봉사실
계장	김환국 641	김회창 651	조영두 654	임수봉 657	정채규 691	김영호 211	박봉선 221
국세 조사관		오두환 652					국승미 222
국세 조사관	한정규 642		김현진 655	나인엽 658 한주성 659	이재남 692	진문수 212	최복례 223 김재은 223
국세 조사관		민호성 653	박성용 656			김필선 213	조호연 224
국세 조사관	안지혜 643						문보라 225 이지영 음지영 226 채우리 227
관리 운영직 및 기타							
FAX	970-2649					970-2219	970-2238~9

광주세무서

대표전화: 062-6050-200 /DID: 062-6050-OOO

서장: **최 재 훈**
DID: 062-6050-201

광주천
NC웨이브 금남로
태평극장
광주천 광주세무서
금남로

주소	광주광역시 동구 중앙로 154 (호남동 39-1) (우) 61484				
코드번호	408	계좌번호	060639	사업자번호	408-83-00186
관할구역	광주광역시 동구, 남구, 전라남도 곡성군, 화순군			이메일	gwangju@nts.go.kr

과	체납징세과			부가가치세과			소득세과		재산법인세과		
과장	이성묵 240			최인욱 280			이장근 360		양옥철 400		
계	운영지원	체납추적	징세	부가1	부가2	부가3	소득1	소득2	재산1	재산2	법인
계장	박원석 241	한규종 511	우영만 261	이송연 281	권영훈 301	나형채 321	이영태 361	강형탁 381	장기영 481	심원재 501	이환 401
국세 조사관		정란 512 최영임 513	장재영 262	윤성두 282	이정미 303 신은화 397	박종수 (전산) 322	정성의 362	최영주 382	최연희 431	전홍석 502	문형진 402
	이성률 242 김세나 244	박진호 514 양창헌 515 이화섭 516 이애님 517 김경연 518 김근형 519	유수호 263 김유나 (사무) 265	박선영 283	이기순 302	김은영 323	조규봉 363 오종호 398		김인중 482 박문상 483 이정환 485	이인숙 503 서경무 504	이창근 403 박봉주 404
	김아람 243 김정진 (운전) 248 방해준 (방호) 247			오세철 284	문경애 304	조현국 324 정혜미 397	김주일 364 김은정 365	양정희 398 한국일 383 고석봉 384	장기현 487 오종수 484 하경아 486	진수성 505	유민희 405 정수자 406 서유진 407
	이동엽 246	김재경 520 김혜은 521 김화영 522 김효희 523	황유솔 264	김자희 285 노순정 286 이아라 287	박상은 305 홍해라 306	노유선 325 이아림 326 서은지 327	박유라 366 고혜진 367	강성현 385 이소연 386	강윤지 488 한송이 489		최창욱 408 김세린 409 정새하 410
관리 운영직 및 기타	김수민 (비서) 202										
FAX	716-7232			716-7233~4			716-7235		716-7236~7		

과	조사과							납세자보호담당관	
과장	김성수 640							문태형 210	
계	조사관리	조사1	조사2	조사3	조사4	조사5	세원정보팀	납세자보호실	민원봉사실
계장	김광섭 641	심동순 652	박수인 651	서삼미 653	심재운 654	류승선 655	최재혁 691	김성호 211	백인숙 221
국세조사관									박경미 222
	강정희 642 유춘선 643	정영현 659			한송이 663 박대경 664	김영준 665	송정선 692	박미숙 212 정호영 213	나소영 223 김송심 225 정성오 226 이승주 227
	문은성 644	박지연 660	이지은 657	문영규 662		이은진 666			
									오현창 229 이수라 228 정서빈 224
관리운영직 및 기타									
FAX	716-7238							716-7239	227-4710

북광주세무서

대표전화: 062-5209-200 / DID: 062-5209-OOO

서장: **임 진 정**
DID: 062-5209-201~2

← 고가　　●농협　　●파리바게트　　진남대 →
경신여고 사거리

주소	광주광역시 북구 금호로 70 (운암동 104-3) (우) 61114				
코드번호	409	계좌번호	060671	사업자번호	409-83-00011
관할구역	광주광역시 북구, 전라남도 장성군, 전라남도 담양군			이메일	bukgwangju@nts.go.kr

과	체납징세과				부가가치세과			소득세과		재산세과	
과장	양길호 240				박철완 280			박권진 360		조상현 480	
계	운영지원 241~246 248~250	체납추적1 511 513~518	체납추적2 531~537	징세 261~265	부가1 281~288	부가2 301~310	부가3 321~323 325~328	소득1 361~363 365~370	소득2 381~389	재산1 481~490	재산2 501~505
계장	김철호	강유성	최인광	김은숙	우재만	박삼용	남궁화순	이겸신	이양원	이동진	박태훈
국세조사관			천경식 642 윤정필	신미자	김기옥		오금홍	박준규 김현정 319	김보현 (전산)	조영숙	최미영
	한용철 고수영 양승범 고순용 (사무) 김문희 (교환) 610	정미선 박병민 김승범	박정환 김다혜 전태현	허선덕 (사무)	김동구 박현화 기남국 318 장수연	정미연 정기종	김수경	정희경 이숙경 319 박소영	임경선 이창훈 김미진	고부경 김영미 김명희 김미화 노민경 510 조성애	최기환 신영남 김상민
	지정국 서영조 (운전)	조민서	기금헌 박지희	김공해	유훈주 김정은 김효원 318	이경희 박소영 김인승	양은진 김희관	한일용 유주미	박현준 한자람		
	홍주연 조재연 (방호)	김태준 이수진		김예원	노우성	정호연 김태진 조유정 김인제	유현경 장지민	박지은 김명선 김태서	최다혜 강나영	김주현 홍영준 나유민	
관리 운영직 및 기타	최지현 203 박건혜 251										
FAX	716-7280				716-7282~3			716-7287		716-7286	

재무인의 가치를 높이는 변화 '조세일보 정회원'

행정법원 판례를 포함한 20만건 이상의 최신 예규와 판례를 제공합니다.

1등 조세회계 경제신문 조세일보

과	법인세과		조사과							납세자보호담당관	
과장	서영철 400		서한도 640							박영건 210	
계	법인1 401~407	법인2 421~427	관리팀 641 643~645	조사1 671~673	조사2 675~677	조사3 679~681	조사4 683~685	조사5 686~688	세원정보팀 691~693	납세자보호실 211~213	민원봉사실 221~231
계장	임철진	장동규	송만수	김준성	김근우	이수진	고재환	나한태	박준선	황희정	이송희
국세조사관	양향열	마현주								김영하	민경옥 장미랑 조윤경 박경란
	정소영 김정호 백철주	정태호 (전산) 정초희 김재경	최대웅		최신호	박신아	한채윤	강성원	김도형 이정		김옥천
	이재성	류진영	안진영 박새봄 538	정옥진	오승섭	이건호	조성재				
	김소현	문준규	신주형	박정욱				최고든		나선영	나진희 안은영 김정선 양시은 이수연
관리 운영직 및 기타											
FAX	716-7285		716-7289							716-7284	716-7291

서광주세무서

대표전화: 062-3805-200 / DID: 062-3805-OOO

서장: **강 병 수**
DID: 062-3805-201~3

효광초등학교
한국병원
공항
호남
대학교
서광주세무서
낙지한마당
화정역

주소	광주광역시 서구 상무민주로 6번길 31 (쌍촌동 627-7) (우) 61969						
코드번호	410	계좌번호	060655	사업자번호	410-83-00141		
관할구역	광주광역시 서구			이메일	seogwangju@nts.go.kr		

과	체납징세과			부가가치세과		재산법인세과		
과장	신명곤 240			모계완 280		이종운 400		
계	운영지원	체납추적	징세	부가1	부가2	재산1	재산2	법인
계장	권정용 241	이백용 511	남왕주 261	서근석 281	허영인 301	김영호 481	임종안 501	조종필 401
국세 조사관				김재춘 282				구대중 402
	김윤주 243 모성하 242 장형재 (열관리) 248 전은상(운전) 247	김광성 513 최영임 515 신영아 517 이은아 516	김희정 262	이연희 283	정형준 302 이상훈 303 김주현 305	김영숙 482 임남옥 483 김은수 484 고서연 490		오규성 403 정명숙 404
	김영하 245 김대호 244 최상연(방호) 246	이승재 518		차은정 284	김미경 304	강길주 485 정건철 486	박금옥 503 송은영 504 박봉현 505	김현진 405
		최예린 519	이민희 263	정지운 285 박형지 286 윤채린 288 김남이 287	김효근 308 박시원 306 정혜진 307			노현정 406 강임현 407 최장균 408
관리 운영직 및 기타	장경화(비서) 201 박금아(교환) 610							
FAX	716-7260	716-7264		371-3143		716-7265		

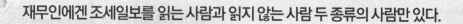

재무인과 함께 걸어가겠습니다 '조세일보'

재무인에겐 조세일보를 읽는 사람과 읽지 않는 사람 두 종류의 사람만 있다.

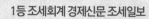

1등 조세회계 경제신문 조세일보

과	소득세과		조사과					납세자보호담당관	
과장	박진찬 360		홍상우 640					정일상 210	
계	소득1	소득2	조사관리	조사1	조사2	조사3	세원정보팀	납세자 보호실	민원봉사실
계장	정은영 361	조명관 381	최석승 641	임일택 655	박철순 658	배진우 661	김동일 691	김자회 211	박희정 221
국세 조사관	강미화 362	박정애 382	김현철 642					최형동 212	윤민숙 222 김아란 223 나윤미 224
	박향엽 363	서정숙 383	최석 643	김병기 656	권인오 659		이창현 692	양동혁 213	이호석 225
	이재아 364 정리나 365	김명희 384			위광환 660				주선영 (사무) 227 지은호 226
	양환준 366	최현진 385		한수현 657		박설희 662 안제은 663			박혜민 230 김희창 229 성은영 228
관리운 영직 및 기타									
FAX	376-0231		716-7266					716-7267	

나주세무서

대표전화: 061-3300-200 / DID: 061-3300-OOO

서장: **이 종 학**
DID: 061-3300-201

주소	전라남도 나주시 재신길 33(송월동 1125) (우) 58262				
코드번호	412	계좌번호	060642	사업자번호	412-83-00036
관할구역	전라남도 나주시, 영암군(삼호읍 제외), 함평군			이메일	naju@nts.go.kr

과	체납징세과			부가소득세과	
과장	김영근 240			문형민 280	
계	운영지원	체납추적	조사	부가	소득
계장	방양석 241	조희성 511	양하섭 651	전해철 281	김선희 361
국세 조사관		최완숙 519 이환성 512 박상을 513	박인환 362 오금선 653		박경수 363
	김은정 242 김선유(방호) 245	소찬희 518 홍완표 517 구윤희 514 김민수 515 이지연 516	고복님 654 양명희 652 조선경 655	이동훈 282 김도연 283 오근님 284 황원복 285	김민정 364
	홍연희 243		박지현 658		정미선 365
	김환(운전) 247		김영석 657 유상원 286	김영지 287	곽재원 244 최미혜 366
관리 운영직 및 기타	나유선(사무) 248 김지수(비서) 201				
FAX	332-8583	333-2100		332-8581	

1등 조세회계 경제신문 조세일보

과	재산법인세과		납세자보호담당관	
과장	오길재 400		설경양 210	
계	재산	법인	납세자보호실	민원봉사실
계장	강채업 481	임광준 401	박득연 211	장행진 221
국세 조사관	오종식 482	박종현 402	윤한표 213	노은주 222
	박복심 483 안요한 484 김민정 485 박시연 486	김승진 403 이영은 404 김서형 405 설영석 406		한아림 222 정수현 223
	최원선 487	문지원 407		
	김단 488	김득수 408		박종근 224 이재민 225
관리 운영직 및 기타				
FAX	332-2900		332-8583	332-8570

목포세무서

대표전화: 061-2411-200 / DID: 061-2411-OOO

서장: **선 규 성**
DID: 061-2411-201

주소	전라남도 목포시 호남로 58번길 19 (대안동 3-2) (우) 58723					
코드번호	411	계좌번호	050144	사업자번호	411-83-00014	
관할구역	전라남도 목포시, 무안군, 신안군, 영암군 중 삼호읍			이메일	mokpo@nts.go.kr	

과	체납징세과			부가가치세과		소득세과	
과장	최경화 240			정완기 280		박상현 360	
계	운영지원	체납추적	징세	부가1	부가2	소득1	소득2
계장	은희도 241	김진식 511	박형희 261	손정흠 281	박철성 301	최문자 361	서병희 621
국세 조사관		박기혁 512		이선화 282 김미선 283	류진 302	오춘택 362 김완주 363	이수창 622 오성실 623
	정선옥 243 박용희 242	정유경 513 강석구 514 이남희 515 김태성 516 박정순 517 정미선 519	김진영 262	손광민 284 최성배 285 김정화 286	유관식 303 김혜정 304 임창관 305 심명진 306 임치영 307	조만호 364 최제후 365 강희정 366	양행훈 624 구혜숙 625
	한다정 244 유승철(방호) 246 권혁일(운전) 247	정숙경 520 유판종 521	최현미 263	최지혜 287 박혁 288			
		조지윤 518		장지원 289 안소연 291	임정민 308 김현서 309	이보람 367	박새얀 626 이혜지 627
관리 운영직 및 기타	홍은실(비서) 202						
FAX	244-5915			241-1349		247-2900	

과	재산법인세과			조사과					납세자보호담당관	
과장	오금탁 400			정청운 640					진중기 210	
계	재산1	재산2	법인	조사관리	조사1	조사2	조사3	세원정보	납세자 보호실	민원 봉사실
계장	박기홍 481	김재석 491	박정환 401	신갑상 641	박철우 651		최종선 657	김진호 691	하철수 211	문기조 221
국세 조사관		정병주 492	김철호 402		김윤희 652	한상룡 655			김희석 212 치전한 213	한윤희 222
	목영주 482 박은영 483 이철 484 고선미 485	박민원 493 김재석 495	이정복 403 박미애 404 이철승 405 국명래 406	차경진 642	성명재 653		한수홍 658 조해정 659	배명우 692		이은경 223 박은영 224 김민경 225
	지혜림 486	김현철 494	오한솔 407 윤지현 408	배성관 643		김서현 656				김규태 226 정미향 227 고우리 228
			오동화 409							
관리 운영직 및 기타										
FAX	241-1669		241 -1602	245 -4339					241 -1601	241 -1567

순천세무서

대표전화: 061-7200-200 / DID: 061-7200-OOO

서장: **강 백 근**
DID: 061-7200-201~2

 순천세무서

주소	전라남도 순천 연향번영길 64 (연향동) (우) 57980 벌교지서 : 전라남도 보성 벌교 채동선로 260 (우) 59425 광양지서 : 전남 광양 중마중앙로 149 (우) 57785				
코드번호	416	계좌번호	920300	사업자번호	416-83-00213
관할구역	전라남도 순천시, 광양시, 구례군, 보성군, 고흥군			이메일	suncheon@nts.go.kr

과	체납징세과			부가가치세과		소득세과		재산법인세과			납세자보호담당관	
과장	이호열 240			박정훈 280		심종보 360		장충길 400			고대영 210	
계	운영 지원	체납 추적	징세	부가1	부가2	소득1	소득2	재산1	재산2	법인	납세자 보호실	민원 봉사실
계장	정준갑 241	류선현 511	이정철 261	임향숙 281	전세영 301	정형태 361	류영길 381	박용우 541	김일석 561	서동정 401	백기호 211	고길현 221
국세조사관	김혜경 246	이태훈 (파견) 황교언 513	홍수경 262		박영수 307 김정아 302	정오영 362		백남중 542	김영선 562	이재갑 402 현경 403	이동현 212	나미선 222
	심성환 242 이순민 (방호) 247	김문희 514 황숙자 515 안민숙 516 김정희 517		정일 282 정경식 283 김보미 284	신상덕 303 박홍일 304	서미순 363 강혜정 364	이세라 382 김임순 383 박민국 384	조혜진 544 배인자 545	신찬호 563 박광천 564 김승수 565	송창녕 404 정혜화 405	김동선 213	김태영 223 곽용재 228 서원식 224 이윤경 225
	김재찬 (운전) 248 김혜정 243			송희조 285 김효정 286	최현아 308			김지영 546		임정미 406		안현아 226 김보람 227
	김태원 245		한용 263 천지은 264	임채영 287 박은지 288	김경현 305 주소연 306	배지영 365	노시인 385					
관리 운영직 및 기타	한지호 (비서) 202 김지현 (교환) 200											
FAX	723-6677			723-6673		720-0330		720-0320, 720-0410			723-6676	

1등 조세회계 경제신문 조세일보

과	조사과						벌교지서 (061-8592-OOO)			광양지서 (061-7604-OOO)			
과장	서옥기 640						배종일 201			나종선 201			
계	조사관리	조사1	조사2	조사3	조사4	세원정보	납세자보호실	부가소득	재산법인	납세자보호	부가	소득	재산법인
계장	김태호 641	위석 651	정성수 656	김정현 661	김준석 666	강춘구 691	서한원 210	임승모 300	정성일 400	김현수 211	박진갑 281	박귀숙 361	정종대 401
국세조사관	이승현 642 임주리 643							김명선 301 전복진 308	윤연자 450		천우동 291		김영자 481 류성주 482 정진원 543
	강중희 644	장성필 652 이아름 653	최원규 657	오인철 662 최향미 663	최수민 667	주상욱 692 양윤성 693	한성주 211	홍성표 302 김학수 306 배숙희 307 문형일 303 김예준 304	최병윤 401 이용욱 451	장영희 212	홍은영 282 김소영 292 김영목 512 이성창 293 류성백 294 권상일 295 이성실 283	박용문 362	황승진 402
	손성희 645	이호철 654	정다희 658		김예진 668		강성식 213	남상진 310	허미나 452 최상영 402 김은영 403	이서정 213	백지원 285	김종율 363	이진우 403 김소망 404
							손수아 215 박유진 (방호) 214	김한림 305		전은지 215 박지영 214	양현진 284 김우정 286 차유곤 287	김유정 364 손세민 365	정형필 483
관리 운영직 및 기타							정고명						
FAX	720-0420						857-7707, 7466			760-4238			

367

여수세무서

대표전화: 061-6880-200 / DID: 061-6880-OOO

서장: **김 상 구**
DID: 061-6880-201~2

주소	전라남도 여수시 좌수영로 948-5 (봉계동) (우) 59631				
코드번호	417	**계좌번호**	920313	**사업자번호**	417-83-00012
관할구역	전라남도 여수시			**이메일**	yeosu@nts.go.kr

과	체납징세과			부가소득세과		
과장	서순기 240			김창현 280		
계	운영지원	체납추적	징세	부가1	부가2	소득
계장	공성원 241	이용철 511	이재운 261	박이진 281	오용호 301	허재옥 361
국세 조사관		김대현 512			박성진 303	박인수 362
	김진희 244 강선대 242	이성호 513 홍미라 514 김상훈 515 임현택 516		하성철 282 이경환 283 한귀숙 284	김미영 304 이승환 305 황선태 306	김종철 363 정현미 364 김상호 365
	김성진(운전) 246	한은정 517 강경수 518 우남준 519	홍미숙 262	김윤정 285	김현정 302	신수정 366
	서광기(방호) 245 박민 243		주송현 263	박태준 286 강소영 287 박상민 288	이호승 307 박현주 308 조근비 309	김혜원 367 문한솔 368
관리 운영직 및 기타	박누리 203 김유선 620					
FAX	688-0600	682-1649		682-2070		682-1652

5년간 쌓아온 재무인의 역사를 돌려드립니다 '온라인 재무인명부'

수시 업데이트 되는 국세청, 정·관계 인사의 프로필과 국세청, 지방청, 전국세무서, 관세청,
유관기관등의 인력배치 현황을 볼 수 있는 온라인 재무인명부

1등 조세회계 경제신문 조세일보

과	재산법인세과		조사과				납세자보호담당관	
과장	김병식 400		정영곤 640				김형숙 210	
계	재산	법인	조사관리	조사1	조사2	세원정보	납세자보호실	민원봉사실
계장	오창옥 481	천병희 401	김경주 651	이탁신 661	한기청 671	황인철 691	김행곤 211	김강수 221
국세조사관	주재정 482 진정 483	정찬일 402		정성문 652			박도영 212 윤유선 213	이용화 222 노시열 223
국세조사관	추경호(오전) 488 윤경희 484	차지연 403	박석환 662	정상미 663	이은진 672	최정욱 692		김진우 224
국세조사관	류숙현 485 강구남 486	한용희 404 이소영 405 명국빈 406	안재형 653					김은진 225
국세조사관	류은미 487	안지섭 407						김린 226
관리 운영직 및 기타								
FAX	682-1656		682-1653				682-1648	

해남세무서

대표전화: 061-5306-200 / DID: 061-5306-OOO

서장: **오 대 규**
DID: 061-5306-201

해남세무서

← 해남군청

현대자동차
해남대리점

KT 해남

해남종합버스
터미널

주소	전라남도 해남군 해남읍 중앙1로 18 (우) 59027 강진지서: 전남 강진군 강진읍 사의재길 1 (우) 59226 / 완도민원실: 전남 완도군 완도읍 중앙길 11, 4층 (우) 59123 / 진도민원실: 전남 진도군 진도읍 남문길 13, 2층 (우) 58922			
코드번호	415	계좌번호	050157	사업자번호	415-83-00302
관할구역	전라남도 해남군, 완도군, 진도군, 강진군, 장흥군		이메일	haenam@nts.go.kr

과	체납징세과			세원관리과		
과장	박종무 240			박찬만 280		
계	운영지원	체납추적	조사	부가	소득	재산법인
계장	박병환 241	박용남 261	이창언 651	설영태 281	이정훈 361	이성용 401
국세 조사관		강석제 262 공병국 263 배현옥 264	정영천 652	백광호 282 김종일 290	김수영 362	정명근 482 박경단 483 윤여찬 402
	강지만 242		김용일 653 김광현 654 김영보 655	심상원 283 이점희 284 최창무 285 손승재 286	남승원 363	송원호 485 성동연 403
	문승식 245 지행주 246	손상필 265 정기은 266		방영화 287	윤형길 364 강용명 365	박지은 404
	송희진 243	김인애 267				최보영 405 배정주 486 박희원 406
관리 운영직 및 기타	조희주 202					
FAX	536-6249	536-6074	536-6132	536-6131	534-3995	(재산)534-3995 (법인)536-6131

과	납세자보호담당관		강진지서	
과장	남애숙 210		이철웅 201	
계	납세자보호실	민원봉사실	납세자보호팀	세원관리
계장		유준 221	노남종 210	조경윤 300
국세 조사관			김준수 211	정은연 401 고균석 481 남연규 361
	정병철 211	신덕수 222 강문승 223 박창용 484		오윤정 362 이은광 402 한상춘 482 김우신 321
		박명식(완도)		장형욱 261 김기아 322 박소미 483 송진희 262
		강희다(진도) 안혜정(완도) 정소영 224	강정님 212	
관리 운영직 및 기타			마진우 213 조승희 200	
FAX	534-3540	534-3540	433-4140	434-8214

군산세무서

대표전화: 063-4703-200 / DID:063-4703-OOO

서장: **신 석 균**
DID: 063-4703-202

주소	전라북도 군산시 미장13길 49(미장동 525) (우) 54096				
코드번호	401	계좌번호	070399	사업자번호	401-83-00017
관할구역	전라북도 군산시		이메일		gunsan@nts.go.kr

과	체납징세과			부가소득세과			재산법인납세과	
과장	김장근 240			백운영 280			기종진 400	
계	운영지원 241-246	체납추적 621-628	징세 261-264	부가1 281-286	부가2 291-296	소득 361-368	재산 481-488	법인 401-408
계장	이현주 241	김삼원 408	이성훈 261	한권수 281	신규용 291	박정재 361	김동하 481	김영규 401
국세 조사관			공미자 262		서명권 311	이민호 362	김열호 482 손충식 483	김은영 402
	강석 242 박인숙 243 황현주 246 박진규(방호) 244	이승훈 622 박지명 623	정금자(사무) 263	백종준 282 최성관 283 김은옥 284	박동진 312 박효진 292 소윤섭 294 고의환 293	박성란 363 문은수 364 장현준 365 배영태 366	이광열 484 박성수 485	오미경 403 전요찬 404 김주현 405
	설진원(운전) 245	손종현 624 박선영 625 강수성 626	이경진 265	김중휘 285		허유경 367 주아라 368	김지호 486 김민조 487	박미진 406 장현정 407
	유재룡 247	김애영 410 전지선 628		임아련 286 송진용 287 임수현 288		정유빈 369	장영주 488	
관리 운영직 및 기타	최지선(비서) 202							
FAX	468-2100			467-2007			470-3636	

과	조사과				납세자보호담당관	
과장	양천일 640				장원식 210	
계	조사관리 651-653	조사1 654-656	조사2 657-659	세원정보 691-693	납세자보호실 211-213	민원봉사실 221-225
계장	김상욱 651	정종철 654	문교병 657	방성훈 691	김춘배 211	백찬진 221
국세 조사관	채수정 652			이광선 692	이수현 212	최재일 222
	이병재 653		강준천 658	김영철 693		이현임 223
		최연평 655 한초롱 656	이보영 659		차영준 213	문은희 224 김남덕 225
관리 운영직 및 기타						
FAX	470-3344				470-3214	470-3441

남원세무서

대표전화: 063-6302-200 / DID: 063-6302-OOO

서장: **심 상 동**
DID: 063-6302-201

주소	전북 남원시 동림로 91-1(향교동) (남원시 향교동 232-31) (우) 55741		
코드번호	407	계좌번호	070412	사업자번호	407-83-00015
관할구역	전라북도 남원시, 순창군, 임실군, 장수군(천천면, 장계면, 계북면 및 계남면 제외)	이메일	namwon@nts.go.kr

과	체납징세과			세원관리과	
과장	민준기 240			김애숙 280	
계	운영지원	체납추적	조사	부가	소득
계장	손현태 241	정준 511	구성본 651	이윤호 281	박미선 361
국세 조사관	이종필 244	박병일 512		홍용길 283	신동용 362
	김철수(운전) 245 유훈식 242	양용환 513 안유정 516 김영순 514 김희진 515	최재섭 652 문홍배 653	최순옥 284	이창주 363
	박유미 243		최방석 654 한은정 655	최윤주 285 이정호 286	유영근 364
	윤영원(방호) 246			채숙경 282 김재욱 288 이옥진 287	
관리 운영직 및 기타	박소현(비서) 202				
FAX	632-7302		630-2299	631-4254	

과	세원관리과		납세자보호담당관	
과장	김애숙 280		문경준 210	
계	재산·법인		납세자보호실	민원봉사실
계장	김종운 401			장용각 221
국세 조사관	오선주 482		김창진 211	유영훈 222
	이경환 483 노성은 484	유성진 402 곽민호 403		안치영 225
	주은영 485			강선양 224
	김지민 486	박재환 404		한정관 223
관리 운영직 및 기타				
FAX	630-2419		635-6121	

북전주세무서

대표전화: 063-2491-200 / DID: 063-2491-OOO

서장: **봉 삼 종**
DID: 063-2491-201~2

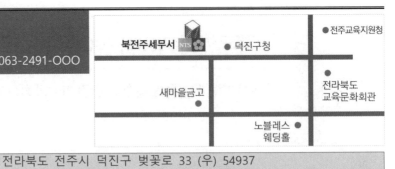

주소	전라북도 전주시 덕진구 벚꽃로 33 (우) 54937 진안지서 : 전북 진안군 진안읍 중앙로 45 (우) 55426				
코드번호	418	**계좌번호**	002862	**사업자번호**	402-83-05126
관할구역	북전주세무서 : 전라북도 전주시 덕진구 진안지서 : 진안군, 무주군, 장수군 중 천천면·장계면·계북면·계남면			**이메일**	bukjeonju@nts.go.kr

과	체납징세과			부가소득세과			재산법인납세과	
과장	조혜영 240			최동일 280			김병성 400	
계	운영지원	체납추적	징세	부가1	부가2	소득	재산	법인
계장	조형오 241	장현량 511	장미자 261	전동현 281	김동주 301	백인원 361	최남규 481	송방의 401
국세 조사관		유은애 512		채희영 554	배정훈 312 정수명 311		김춘광 482	
	정한길 242 이은경 243	안형숙 513 조성훈 514 문영준 515 유진선 516	김소영 262 정미정(사무) 263 이선림(사무) 264	장완재 282 김소영 283 이학승 284 이현정 285	허경란 302 한성희 303 이승완 304	김정원 362 장형준 363 강인석 364 한숙희 365 유제석 366	류종규 483 백원길 484	한원윤 402 문정미 403 김희태 404
	김형만 244	임재성 517 이정호 518		김해강 286	이원교 305	김기동 367 오신영 368	박태신 485 김희숙 486 양지연 492	이승훈 405 이가혜 406
	하주희 245 최경배(방호) 246 조준철(운전) 247	임지훈 519		김종인 287 최지현 288	김세연 306	김은지 369	신지수 487	김현지 407
관리 운영직 및 기타	최지영(비서) 202							
FAX	249-1680			249-1682			249-1681	249-1687

과	조사과					납세자보호담당관		진안지서 (430-5200)	
과장	윤영호 640					홍성훈 210		조성균 201	
계	조사관리	조사1	조사2	조사3	세원정보	납세자보호실	민원봉사실	납세자보호팀	세원관리
계장	소병인 641	한상민 651	허윤봉 661	홍기석 671	강희성 691	이강주 211	김복기 221	이서재 211	박명원 300
국세조사관	이명준 642						백승학 226 김은정 223	황성기 (무주) 322-2100 fax: 322-2022	유세용 501 한병민 301 김광희 302
		조용식 652	김민지 662	이영민 672	김재실 692	이현기 212 김병삼 213	최미란 (사무) 224 노화정 226	김준석 212 김이영 (방호) 214	정홍엽 401 박현수 402 이성식 511 임완진 304
		이지희 653	정유성 663				임소미 226		이성은 502
	문미나 648				권수진 693		최건희 225 박현진 226	송송이 215 유영은 (무주) 322-2100	장용준 512 고준석 303
관리운영직 및 기타								정진미 (비서)	
FAX	249-1683					249-1684	249-1685	433-5996	432-1225

익산세무서

대표전화: 063-8400-200 / DID: 063-8400-OOO

서장: **나 종 엽**
DID: 063-8400-201~2 / 063-855-1211

원대→

고속터미널
영광주유소
상공회의소
국토관리청
NTS 익산세무서

주소	전라북도 익산시 익산대로52길 19 (남중동352-98) (우) 54619 김제지서 : 전라북도 김제시 신풍길 205 (신풍동 494-20) (우) 54407				
코드번호	403	계좌번호	070425	사업자번호	403-83-01083
관할구역	전라북도 익산시, 김제시			이메일	iksan@nts.go.kr

과	체납징세과			부가소득세과			재산법인납세과		납세자보호담당관	
과장	이재현 240			라용기 280			박영수 400		장용희 210	
계	운영지원	체납추적	징세	부가1	부가2	소득	재산	법인	납세자 보호실	민원 봉사실
계장	조준식 241	하태준 511	정화순 261	김웅진 281	이사영 301	이승일 621	홍근기 481	임기준 401	최미경 211	김용례 221
국세 조사관		이명하 512 손안상 513 진경숙 514	오은영 262	정균호 282	진수영 302 배기연 303	정숙자 622	김명숙 482 노도영 483	이정수 402	강원 212	
	최영근 242 조영숙 243	김세웅 516	김애령 263	이용출 283 장미영 284 문성희 285	금윤순 304 이훈 309 김복선 305 조홍수 306	설승환 628 이미선 623 김수경 624 문찬영 625	김새롬 484	전수현 403 정진화 404 김효진 405 배정우 406	이선경 213	소태섭 222 조근호 223
	김용남 244 김태환 245	박수정 517 조성현 518 최지희 515		최재규 286 손세영 287	류지호 307	황호혁 626 백연비 627	김민재 485 박소희 486	심미선 407 박수진 408		전주화 224 김지유 225
	최정연 246			장준엽 288 박효정 289	심혜진 308	문희원 629 이현주 630	홍윤기 487		김학민 214	김미향 226 조성우 227
관리 운영직 및 기타										
FAX	851-0305			840-0447~8			840-0549		851-3628	

1등 조세회계 경제신문 조세일보

과	조사과					김제지서		
과장	박운영 640					이승곤 540-0201		
계	조사관리	조사1	조사2	조사3	세원정보	납세자보호	부가소득	재산법인
계장	이권명 641	정명수 651	최병하 661	박윤규 671	박영민 691	양정희 210	박금규 280	김대원 400
국세 조사관	김은아 642						노동호 621 기승연 511	이재희 401
	이수복 643	이정애 652	황병준 662	김학수 672	진동권 692	박영석 224 임병석 221 김미라 222	김경희 512 허문옥 281 정성택 282 홍준영 283	최칠성 481 김성준 402
		민경훈 653	이정표 663	김현주 673			이다현 622	이소은 482 김현성 403 고석중 483
						박가영 224 김광괄 223	안정은 623 반장윤 284	
관리 운영직 및 기타								
FAX	840-0509					540-0202		

전주세무서

대표전화: 063-2500-200 / DID: 063-2500-OOO

서장: **김 용 재**
DID: 063-2500-201~2

● 하이마트
● 환경청
← 고속 터미널
NTS 전주세무서
서곡 중학교

주소	전라북도 전주시 완산구 서곡로 95 (효자동3가 1406) (우) 54956					
코드번호	402		계좌번호	070438	사업자번호	418-83-00524
관할구역	전라북도 전주시 완산구, 완주군				이메일	jeonju@nts.go.kr

과	체납징세과			부가가치세과		소득세과	
과장	김민수 240			정진오 280		양종명 360	
계	운영지원 241-245	체납추적 511-521	징세 261-264	부가1 281-292	부가2 301-309	소득1 361-368	소득2 621-628
계장	고진수 241	이기웅 511	유근순 261	정용주 281	정준영 301	한재령 361	이정운 621
국세 조사관		김지홍 512		김준연 282	권도영 302 박인숙 303	조미옥 363	윤석신 622 정애리 623
	박지원 242 권은경 243 김정학 244 권미자(교환) 620 김경환(공업) 425	차상윤 513 김은미 514 박승훈 515 유지화 516	박봉근 262 안춘자(사무) 263 김환옥(사무) 264	이수현 283 한겨레 284 박종원 285 백종현 286 김중석 287	박종호 311 유현순 312 최순희 304 박환 306	이동영 364 김정은 365 권정환 366 손현주 367	장현숙 624 김선영 625 김재만 626
	김혜인 245 구판서(방호) 258 김종호(운전) 259	이주은 517 박정숙 518 최승희 519		장지안 288 최현영 289 이기원 290 안성민 582	남주희 307 박성주 308	이성준 368	
		유항수 520 정상범 521 유민설 522		이하은 291 조윤희 292 나진주 293	손정현 309 고유나 310	김혜린 369 오유진 370	김성민 628 성미나 629
관리 운영직 및 기타	정서연(교환) 421, 윤정희(비서) 202						
FAX	277-7708			277-7706		250-0449, 0632	

1등 조세회계전문 경제신문 조세일보

조세일보 정회원 가입(연구독료 15만원) 시 추가 비용없이
조세일보Plus를 발송해 드립니다.

과	재산법인세과			조사과					납세자보호담당관	
과장	한재갑 400			고대식 640					이상수 210	
계	재산1 481-489	재산2 491-495	법인 401-410	조사관리 641-643	조사1 651-654	조사2 661-663	조사3 671-673	세원정보 691-693	납세자 보호실 211-215	민원실 221-228
계장	박성종 481	김선호 491	안윤섭 401	강태원 641	전동옥 651	김승영 661	정흥기 671	김덕수 691	한재원 211	김성근 221
국세 조사관	채웅길 490 양성철 482	이종현 492	장해준 402			최지훈 662		김대수 692	정병관 212	윤건 222
국세 조사관	김용수 483 이용진 484 배종진 485 김성민 486	이주형 493	김회광 403 권은숙 404 안호정 405 서동진 406	이종호 642 진경준 643 주미영 (파견)	전봉철 652 채아름 653 지승룡 (파견)		이서진 (휴직) 강태진 673 오서진 672	정우성 693	신용호 213 방귀섭 214	이상순 226 유종선 224 최지인 228
국세 조사관	김진철 487	이경선 495 류필수 494	허현 407 조길현 408 정우진 409 김예슬 410			양영훈 663			김용선 215	강성희 223 류아영 224 서보경 228
국세 조사관	이윤정 488 홍현지 489									김성용 225 전이나 227
관리 운영직 및 기타										
FAX	250-0505, 7311			250-0649					275-2100	

정읍세무서

대표전화: 063-5301-200 / DID: 063-5301-OOO

서장: **최 영 철**
DID: 063-5301-201

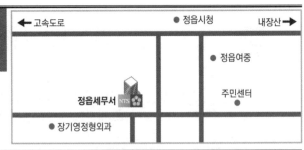

← 고속도로 ● 정읍시청 내장산 →

● 정읍여중

주민센터 ●

정읍세무서 NTS

● 장기영정형외과

주소	전라북도 정읍시 중앙1길 93 (수성610) (우) 56163				
코드번호	404	계좌번호	070441	사업자번호	404-83-01465
관할구역	전라북도 정읍시, 고창군, 부안군			이메일	jeongeup@nts.go.kr

과	체납징세과			부가소득세과	
과장	백성기 240			박정식 280	
계	운영지원	체납추적	조사	부가	소득
계장	유요덕 241	나양선 511	김석춘 651	조용대 281	정종필 361
국세조사관		김애심 518	이승용 652 김만성 653	박정희 282 임양주 284	조기정 362 고선주 363
	서범석 242 박상종(방호) 245	정혜경 512 이근재 513 김상훈 514	윤병준 654 정선태 655 김덕진 656	김재영 283 김미애 285 김미영 286 강경희 287 장수희 288	배민예 364
	오영우 243 유행철(운전) 246	황경미 515 정한록 516 이승준 517		양아름 289	조은지 365
				허경숙 290 조완정 291 박태완 292	김은솔 366 채준석 367 박상우 368
관리운영직 및 기타	나영희(부속) 202				
FAX	533-9101		535-0040	535-0042	535-0041

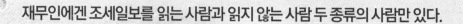

재무인과 함께 걸어가겠습니다 '조세일보'

재무인에겐 조세일보를 읽는 사람과 읽지 않는 사람 두 종류의 사람만 있다.

1등 조세회계 경제신문 조세일보

과	재산법인세과		납세자보호담당관	
과장	김창연 400		차현숙 210	
계	재산	법인	납세자보호실	민원봉사실
계장		김재만 401	양철민 211	서현순 221
국세 조사관	박선숙 482 이정길 483	홍준영 402		
	양혜성 484 기대원 485	김의철 403	오지숙 212	김용범 222
	김미리 486	유재곤 404 신평화 405		이효선 223
	김효미 487	안이슬 406		김유진 224 임한솔 225
관리 운영직 및 기타				
FAX	535-0043	535-6816	535-5109	530-1691

383

대구지방국세청
관할세무서

대구지방국세청

주소	대구광역시 달서구 화암로 301 (대곡동) (우) 42768
대표전화	053-661-7200
코드번호	500
계좌번호	040756
사업자등록번호	102-83-01647
e-mail	daegurto@nts.go.kr

청장   최시헌

(D) 053-6617-201

징세송무국장	**이동찬(4급)**	(D) 053-6617-500
성실납세지원국장		(D) 053-6617-400
조사1국장	**이응봉**	(D) 053-6617-700
조사2국장	**최청흠(4급)**	(D) 053-6617-900

대구지방국세청

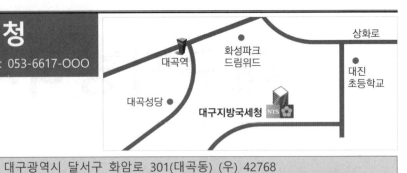

대표전화: 053-6617-200 / DID: 053-6617-OOO

청장: **최 시 헌**
DID: 053-6617-201

주소	대구광역시 달서구 화암로 301(대곡동) (우) 42768				
코드번호	500	계좌번호	040756	사업자번호	102-83-01647
관할구역	대구광역시, 경상북도			이메일	daegurto@nts.go.kr

과	운영지원과				감사관실		납세자보호담당관실	
과장	김부한 240				이동훈 300		이하철(5) 330	
계	행정 252-8	인사 242-8	경리 262-7	현장소통 272-7	감사 302-8	감찰 312-9	납세자보호 332-5	심사 342-7
계장	조범제	권성구	김재섭	성낙진	이종우	김종근	권호경	이병주
국세조사관	최기영	성한기	최남숙		문효상 김진건 명기룡	박정길 백지훈 최지숙	장은경	이선영
국세조사관	김경한 이상원 황길례(기록)	안미숙 김대훈 남동우	전영현 김주영	김재국 여세영 이한샘	김상무 정성호 김수호	황은영 김동욱 박윤형 정중현	박무성 조영태	이형우 서은혜 최재혁
국세조사관	안진희 박수현	추혜진 박재형	임정훈 권효은	황지성 유주상				김태형
국세조사관								
관리 운영직 및 기타	이가영(부) 150 백지혜(부) 155 조민국(사회복무) 268							
관리 운영직 및 기타	행정팀: 김윤옥(교환실) 120 김성은(통신실) 110-1 백종열, 김정목, 권기봉(기사실) 122-5							
FAX	661-7052				661-7054		661-7055	

국실	징세송무국						성실납세지원국		
국장	이동찬(4) 500						김문희 400		
과	징세과		송무과		체납추적과		부가가치세과		
과장	조승현(5) 501		임종철(5) 521		박상호(5) 541		이범락 401		
계	징세 502-5	체납관리 512-5 141-6	송무1 522-8	송무2 532-6	추적1 542-7	추적2 552-5	부가1 402-7	부가2 412-6	소비세 422-7
계장	징시원	안병수	진근	황병록	이비욱	김정설	이문태	이동훈	박성악
국세 조사관	이경민		전미자 김종수	한주성			권용덕	권영대	이상호
	이도경	강경미 엄경애 (시간제) 정운월 (시간제) 신선혜 (시간제) 김영록 (시간제)	최재화 김상우 신동연	김혜경 변지흠	이광재 배익준	김구하 서은호 이성훈	김규진	엄유섭	김도숙 황성만 최민석
	최기용	김재락 김대영 김안나 (콜센터) 박자임 (콜센터)	김이레	유병모	신익철 이상욱 김예빈		손윤령 채주희	유현숙 이상협	배태호
관리 운영직 및 기타	배금숙(부) 152						한은라(부) 7151		
FAX	661-7060		661-7061		661-7062		661-7056		

국세관련 모든 상담은 국번없이 126
전국 어디서나 편리하게 상담받으세요.
평일 9시~18시 (탈세제보는 24시간)

DID : 053-6617-OOO

국실	성실납세지원국									
국장	김문희 400									
과	소득재산세과			법인세과			전산관리팀			
과장	박수철(5) 431			최원수(5) 461			서명숙(5) 621			
계	소득 432-6	재산 442-6	소득지원 452-5	법인1 462-8	법인2 472-6	법인3 482-5	관리1 622-6	관리2 632-8	센터1 642~659	센터2 662~678
계장	배세령	이춘희	황재섭	이동일	이영철	고재근	최상복	송재준	서계주	곽명숙
국세 조사관		권태혁		권대훈	김지인			서영지 정지양 (서비스) 전현정 (서비스) 박경미 (서비스)		
	도인현 김효삼 김민정	조현덕 김태호	장현기 조은경	정성희 임치수 신은정	손은숙 우승하	권현목	김연숙 박경련 최은영	김미량	김병훈	
	이혜란	이승택	박승현	임채홍 김현섭	안우형	성원용 박성현	채명신	최유진	김은경 황주미	김혜진 장현정 양혜진
										김윤호
관리 운영직 및 기타										
FAX	661-7057			661-7058			661-7059			

국실	조사1국							
국장	이응봉 700							
과	조사관리과					조사1과		
과장	이동희 701					윤재복(5급) 751		
계	제1조사관리 702-10	제2조사관리 712-6	제3조사관리 722-9	제4조사관리 732-6	제5조사관리 742-7	제1조사 752-5	제2조사 762-5	제3조사 772-5
계장	유종호	이냉수	이빈부	류새부	허재훈	이창규	유창석	조재일
국세 조사관		이정남 조혜경	안해찬			이중구		
	정윤철 주명오 윤근희 박진희 이준익	황지영	김성균 김경훈 김득수	정은주 이은영	류상효 최윤영	김대업	최인우 오세민 이채윤	김종훈 권우현
	배진희 김성호 신성용	이호열	김영은 윤태영 전혜진	이현영	우상준 김혁동 김재홍	윤종훈 이충호		권순홍
관리 운영직 및 기타	성주연(부) 153					정소영 756		
FAX	661-7063					661-7065		

DID : 053-6617-OOO

국실	조사1국			조사2국		
국장	이응봉 700			최청흠(4) 900		
과	조사2과			조사관리과		
과장	변호춘(5) 801			김진업 901		
계	제1조사 802-5	제2조사 812-5	제3조사 822-4	제1조사관리 902-5	제2조사관리 912-6	제3조사관리 922-7
계장	이현종	김진숙	김혁준	송명철	손정완	유병길
국세 조사관	이재혁				김성제	김봉승
	최영윤 장해탁	김미애 박영호	황왕규 남상헌	최종운 황보정여	최경애 김민호	하성호 오춘식
		김도연	서인현	이강석	하승범	한성욱 박선혜
관리 운영직 및 기타	서지나 806			김현숙(부) 154 김애영 906		
FAX	661-7066			661-7067		

390

국실	조사2국					
국장	최청흠(4) 900					
과	조사1과			조사2과		
과장	장원국(5) 931			한채모(5) 961		
계	제1조사 932-5	제2조사 942-5	제3조사 952-4	제1조사 962-5	제2조사 972-4	제3조사 982-4
계장	이종훈	김명경	서지훈	한청희	도해민	이현수
국세 조사관			정규삼			
	이기동 박종원	권갑선 우병재		박근윤 윤일식 민은연	배민경 박순출	김희정
	김소희	배재현	하효준			정다운
관리 운영직 및 기타	김현정 936					
FAX	661-7068			661-7069		

남대구세무서

대표전화: 053-6590-200 / DID: 053-6590-OOO

남대구세무서 NTS

대명역 ● 개나리맨션 ■ 안지랑역
← 서부정류장   대명초등학교 ●   KT&G ●   ● 제일빌딩

서장: **남 영 안**
DID: 053-6590-201

주소	대구광역시 남구 대명로 55 (대명10동1593-20) (우) 42479				
코드번호	514	계좌번호	040730	사업자번호	410-83-02945
관할구역	대구광역시 남구, 달서구 중(월성동, 대천동, 월암동, 상인동, 도원동, 진천동, 대곡동, 유천동, 송현동, 본동), 달성군			이메일	namdaegu@nts.go.kr

과	체납징세과				부가가치세과장			소득세과장		
과장	장은수 240				이훈희 280			변월수 360		
계	운영지원	체납추적1	체납추적2	징세	부가1	부가2	부가3	소득1	소득2	소득3
계장	연상훈 241	김영도 441	황재덕 461	김홍태 261	이성환 281	하철수 301	김근우 321	홍동훈 381	진준식 621	박동호 361
국세조사관	황수진 242	김명규 442 김영섭 443 권성우 444 배재호 445	신동식 462 김이원 463 이완식 464 이지안 465		김명진 282 이동호 283 강태윤 284	이상걸 302 임기완 303	박민호 322	이제욱 382	이창근 622	여제현 362
	김유진 243 박수선 (사무) 244		백경엽 466 이병영 (오전) 467	기미혜 262 조은영 263 손춘희 (사무) 264	김삼규 285 정윤기 286	정현규 304 백종민 305	윤희범 323 김효경 324 도명선 325	김태우 383 이원명 384 장형순 385 최혜영 (오후)	정동철 623 김광현 624	이은주 (전산) 363
	민재영 (방호) 246 최태용 (열관리) 245	장한슬 446 서현지 447			류승윤 287 김남희 288 최윤영 (오전)	하영미 306 김은경 307	박준욱 295 구광모 326		강용철 625 정현민 626 전은혜 (오전)	김미연 364
	조남철 247 이범철 (운전) 248	안지민 448 조재범 449	김완태 468 신지연 469		박상혁 291 권현지 292	최유철 308 성도현 309	진미란 327 박해정 328 박현주 329	조윤정 386		김시홍 365 채미연 366
관리 운영직 및 기타	이숙희 (교환) 200 차은실 (부속) 202									
FAX	627-0157	625-9726			627-7164			627-5281		

과	재산세과		법인세과		조사과			납세자보호담당관	
과장	오재환 480		정태호 400		박창호 640			김기형 210	
계	재산1	재산2	법인1	법인2	조사관리	조사	세원정보	납세자 보호실	민원 봉사실
계장	김종욱 481	배대근 501	조희선 401	오찬현 421	소현철 641		강전일 691		김황 221
국세 조사관	박찬노 482	조수양 504 정영일 503	강대호 402 김혜진 403	이준건 422		1팀 오재길(6) 651 이근애(7) 652 김상온(8) 653		김동환 212	김경자 222
국세 조사관	권현주 483 정호선 484 이재욱 485 우영재 486 이민지 491	배현숙 505	이슬 404 서상범 405 김종민 406	곽민경 423 정승우 424	손정훈 642 이동균 643	2팀 이동범(6) 654 이상훈(7) 655 옥수진(8) 656 3팀 김진한(6) 657 이미영(7) 658 김민수(8) 659		손경수 213	이백춘 (달성민원) 617-2100 강정화 223 유수현 224 정연옥 (오전) 225
국세 조사관	강은진 487 박원돈 488 김진영 (오전)	최재우 507		김경수 425		4팀 김태겸(6) 660 김인자(7) 661 이선영(8) 662 5팀 김영화(7) 663 신재은(7) 664 김석현(9) 665	이진욱 692	이근호 214 김혜정 215	장희정 226 신우용 227 박미선 228
국세 조사관	정혜진 489 배정인 490	하은석 506	도민지 407	김지은 426	김송원 644	6팀 윤판호(7) 666 김민주(7) 667 김수민(8) 668			임정아 (오후) 229 오영빈 (달성민원) 617-2116 하상우 228
관리 운영직 및 기타									
FAX	626-3742		627-0262		627-0261			627-2100	622-7635

동대구세무서

대표전화: 053-7490-200 / DID: 053-7490-OOO

서장: **박 병 익**
DID: 053-7490-201

대구은행본점	성조아파트	●청구고등학교
그랜드호텔●		상공회의소●
수성구청●	대구지방법원 MBC	●귀빈예식장
수성경찰서●	남부 정류장↓ 2군 사령부↓	NTS 동대구세무서

주소	대구광역시 동구 국채보상로 895 (우) 41253				
코드번호	502	계좌번호	040769	사업자번호	410-83-02945
관할구역	대구광역시 동구			이메일	dongdaegu@nts.go.kr

과	체납징세과			부가가치세과		소득세과	
과장	최지안 240			김석수 280		이광수 360	
계	운영지원	체납추적	징세	부가 1	부가 2	소득 1	소득 2
계장	황하늘 241	이용균 441	장광범 261	이재근 281	박재진 301	남정근 361	한용섭 381
국세조사관		박환협 442 이금순 443 장수정 444 윤원정 445		우명주 282	김성수 302	변재완 362	
	정재현 242 양희정 243	김상분 446	이승아 262 송혜정 263	이정국 283 김대열(오전) 313 이은정 284 박정화 285 최춘자 288	이선미 303 진민혜 304	박남진 363 박해영 364 배경순 367	여창숙 383 김보경 384
	김영하 245 이원형 244	최현희 447 이대호 448	이영지(오전) 268 김현희	남지원 286	박서형 305 김덕환 306		조정혜(오전) 373 이나현 382
	강홍일 246 박판식 247 김진규 248	이승휘 449		문혜령 287	김현주 307 김세온 308 김동현 309	김병준 365 정혜원 366	강은비 385
관리 운영직 및 기타	전소영(비서) 202 김승희(교환) 542	김종빈(공익) 최계옥(환경) 김보성(공익) 김정란(환경)					
FAX	756-8837			754-0392		756-8106	

재무인의 가치를 높이는 변화 '조세일보 정회원'

행정법원 판례를 포함한 20만건 이상의 최신 예규와 판례를 제공합니다.

1등 조세회계 경제신문 조세일보

과	재산법인세과		조사과			납세자보호담당관	
과장	정상암 400		신영진 640			이영길 210	
계	재산	법인	조사관리	조사	세원정보	납세자보호실	민원봉사실
계장	박규철 481	조철호 401	신석주 641		김태룡 691	박병권 211	이기 221
국세조사관	김은진 482	이승명 402	문창규 642	1팀 김규수 656 권순식 657 박시현 658	서영교 692	최정미 212	전상련 222 황일성 226
국세조사관	김수현 484 김현정 485 김완섭 489 이승엽 486 김형준(오전) 490	김미현 403 이현수 404	방미주 643	2팀 최준호 651 김남정 652 신혜경 653		김주원 213	정수호 223
국세조사관	강덕주 488 이가영 487	박유민 405		3팀 이재경 654 김재민 655			홍현정 224 조라경 227 서효숙 225
국세조사관		우용민 406					김규식 228
관리운영직 및 기타							
FAX	744-5088	756-8104	742-7504			756-8111	

북대구세무서

대표전화: 053-3504-200/ DID: 053-3504-OOO

서장: **백 종 찬**
DID: 053-3504-201

주소	대구광역시 북구 원대로 118 (침산동) (우) 41590				
코드번호	504	계좌번호	040772	사업자번호	410-83-02945
관할구역	대구광역시 북구, 중구			이메일	bukdaegu@nts.go.kr

과	체납징세과				부가가치세과			소득세과		
과장	엄기범 240				석용길 280			조병길 360		
계	운영지원	체납추적1	체납추적2	징세	부가1	부가2	부가3	소득1	소득2	소득3
계장	윤희진 241	고기태 441	장진식 461	김제대 261	장철 281	박애련 301	이기환 321	신경우 361	유병성 371	황윤수 381
국세조사관		신근수 442 이원 443 석수현 444	김현수 462 이동민 463 손예정 464	이기연 262	고재봉 282 이경희 283	허두열 302 남상호 303	임창수 322 박연수 (소비) 323 임주환 324	박상희 362	이선희 372	전현진 382
	최성실 243 김태환 (운전) 250 백효정 (사무) 247 손세규 242 김병모 244	조호연 445 김미재 446 노은미 447	이승환 465 박점숙 466 곽철규 467 박현경 468		윤석천 284 이정영 (오전) 571 안미경 285 오승훈 286	송재민 304 김정국 305 장창호 306 김연희 307 성준범 308	박미주 325 최지영 326	김하영 363 이정훈 364	이인우 373 김현진 374	김정옥 383
	유보아 245 배혜진 246	여소정 448		박동열 263 남미숙 264 박선희 (오전) 266	우병호 287 손소희 288 소충섭 289	최지은 309 강미화 311	도성희 327 김도훈 (오후) 571 이치욱 328 임종호 329	강현구 365 이동민 (오전) 572		도연정 386 김혜영 384
	이창현 (공업) 249	노동영 449 신지애 450	백종헌 469	이현정 265	최혜원 290 최도영 291	김정훈 310 신고지원 572	이혜영 330 윤중호 331	서장은 366 신고지원 573	허정미 375 변민정 376	정은진 385
관리운영직 및 기타	이은지(비서) 202 박복수(환경) 최명자(환경) 오현경(환경)									
FAX	354-4190			354-4190	356-2557	신고지원: 354-4075		355-7511		

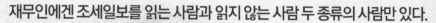

재무인과 함께 걸어가겠습니다 '조세일보'

재무인에겐 조세일보를 읽는 사람과 읽지 않는 사람 두 종류의 사람만 있다.

1등 조세회계 경제신문 조세일보

과	재산세과		법인세과		조사과			납세자보호담당관	
과장	이상경 480		강정석 400		백종규 640			윤윤오 210	
계	재산1	재산2	법인1	법인2	조사관리	조사	세원정보	납세자보호실	민원봉사실
계장	정창수 481	조래성 501	김병석 401	김창구 421	박상열 641		이유조 691		양필희 221
국세조사관	신윤숙(오후) 575 송규호 482	안영길 502 이종현 503	한재진 402 강성훈 403	추은경 422	이동우 642	1팀 배창식(6) 651 민갑승(7) 652 하수진(8) 653 2팀 김진도(6) 654 신영준(7) 655 조현진(9) 656		정영진 212 김현두(오전) 571	장종철 222 이소영 224 정재호 223
	신대환 483 배영옥 484 서미정(오전) 575	이미남 504	정경희 404 김선영 405	신승현 423 김민철 424	김은경 643	3팀 김현수(6) 657 도선정(7) 658 장창걸(8) 659	최우영 693	이광민 213	김석호 225 조준환 226 김상조 227
	박수범 485 김종한 486		김병욱 406	윤지연 425 이승준 426	옥경훈 644 이지민 645	4팀 이희영(6) 660 성현성(7) 661 박수정(8) 662 5팀 김성대(6) 663 허성길(7) 664 허성은(8) 665		김소연 214 윤성욱 215	정현정 228
	심소윤 487 신고지원 575	서용준 505	임희인 407			6팀 전창훈(7) 666 권소연(7) 667 김상련(8) 668			강주원 229 안진우 230
관리운영직 및 기타						7팀 이규태(7) 669 이형준(7) 670			
FAX	356-2556		356-2030		357-4415	351-4434		356-2016	358-3963 356-2009

397

서대구세무서

대표전화: 053-6591-200 / DID: 053-6591-OOO

서장: **신 영 재**
DID: 053-6591-201

주소	대구광역시 달서구 당산로38길 33 (두류동) (우) 42645					
코드번호	503	계좌번호	040798	사업자번호	410-83-02945	
관할구역	대구광역시 서구 전체, 경상북도 고령군 전체, 대구광역시 달서구 갈산동, 감삼동, 두류동, 본리동, 성당동, 신당동, 용산동, 이곡동, 장기동, 장동, 죽전동, 호산동, 파호동, 호림동				이메일	seodaegu@nts.go.kr

과	체납징세과				부가가치세과			소득세과		
과장	최종기 240				박현신 280			이충형 360		
계	운영지원	체납추적1	체납추적2	징세	부가1	부가2	부가3	소득1	소득2	소득3
계장	곽봉화 241	이광희 441	최보학 461	박진선 261	송춘석 281	여동구 301	류근추 321	이정식 361	정이천 381	장영문 621
국세 조사관	박형우 242	하원근 442	한교정 462 전규태 464	이영조 262 이덕원 263	이도영 282	정현종 302 김준우 (오후) 314	정호태 322 박명우 323	이정노 362 이해봉 363	김상태 382 고재근 (동원)	정경일 622 마명희 623
	임유선 243	박정수 445 김은주 447 김순희 446 안성엽 443	이혜경 466 박현하 463	김영희 (사무) 266 김재환 264	고성렬 283 나현숙 284 신진연 285	김민주 303 김정환 304 이연숙 305	신남희 (사무) 328 이효진 324 김지연 325	김애진 364	김봉수 384 이영애 383	김경택 624
	류성주 (운전) 247 이안섭 (열관리) 248 정은정 (오전) 245	성옥희 (오전) 449 김현숙 444			이동하 286 김현주 287 이수영 288	이재홍 306 정유나 307	윤태희 326 이경준 329	오형주 365		배은경 625 황선정 (오전) 389
	최현석 (방호) 249 김선경 244 김성민 246	이영수 448	임재학 467 김시현 465		노현진 289 추영언 290	정미금 (오전) 314 손명주 308	이연경 327 전지영 330	송민준 366	최은애 (오후) 389 김세현 385	이상미 626
관리 운영직 및 기타	석미애 (비서) 202 최지연 (교환) 200 이성숙 김정숙 오미숙									
FAX	627-6121				622-4278, 653-2515			629-3642		

1등 조세회계 경제신문 조세일보

과	재산법인세과				조사과			납세자보호담당관	
과장	윤혁진 400				오주석 640			은경례 210	
계	재산1	재산2	법인1	법인2	조사관리	조사	세원정보	납세자보호실	민원봉사실
계장	이명희 481	박성일 501	박서규 401	배재홍 421	신상우 641		송기익 691	김은희 211	정재용 221
국세조사관	전영호 483 백미주 484	이원희 502	정환동 402		정현중 642	1팀 김순석(6) 651 김지윤(7) 652 김정애(7) 653		조남규 212	송영진 222
	강지용 485 오주경 486 조미경 (오후) 492 강인순 487 김미현 (오전) 492	강대일 503 신아영 504	권순형 403	조수길 422 추시은 423 박정용 424	김광련 643	2팀 임병주(6) 654 김수민(7) 655 김남규(8) 656 3팀 유현종(6) 657 이경숙(7) 658 이종휘(8) 659	정현모 692	정민주 (오전) 214	김순자 (고령) 054-950-6550 황영숙 223 임수경 224 김혜영 (오전) 229 김민지 225
			이승훈 405 최정윤 406	배진우 425	유미나 644	4팀 류재현(6) 671 한창수(7) 672 5팀 한정환(6) 674 박종연(7) 675		서정은 213	
		이창우 505	김다미 407 이도현 408	이현탁 426		6팀 이춘희(7) 677 이홍규(7) 678 이보라(8) 679			김혜림 226 안재근 227 이주하 228
관리 운영직 및 기타									
FAX	624-6003, 629-3643				629-3373, 624-6002			627-5761 625-2103	

수성세무서

대표전화: 053-7496-200 / DID: 053-7496-OOO

서장: **정 규 호**
DID: 053-7496-201~2

대구은행역 | 수성네거리 | 범어천네거리 | 범어역
대구동 중학교
NTS 수성세무서

주소	대구광역시 수성구 달구벌대로 2362 (수성동3가5-1) (우) 42115					
코드번호	516	계좌번호	026181	사업자번호	
관할구역	대구광역시 수성구			이메일	suseong@nts.go.kr

과	체납징세과			부가가치세과		소득세과	
과장	박원서 240			김기무 280		정순도 360	
계	운영지원	체납추적	징세	부가1	부가2	소득1	소득2
계장	박정성 241	이원상 441	손권 261	정인현 281	정재성 301	진성환 361	박영진 381
국세조사관		김민철 442 구종식 443 백경은 444 김재윤 445		박정환 282	최점식(소비) 306 강덕우 302	김광석 362 김하수 363	전승조 382 이종숙 383
	유영숙 243 정대섭 242 도세영(사무) 244	이대구 446 안준식 447	김선영(오전) 264 김정숙 262	정소영(오전)	변영철 303 정수현 304	권혁도 364 박현주 365 주우성 366	김자헌 384 박주환 385
	박재찬 245	이미선 448 임준 449		김도유 283 박석흠 284		임향원(오전)	
	이형욱(운전) 247 주홍준 246	박주언 450 김재연 451	이선영 263	김영엽 285 박민정 286	장수연 박주현 305	최경화 367	김주원 386 백지혜 387
관리 운영직 및 기타	김채율(비서) 202 권모순(환경) 서정자(환경) 윤현재(공익)		수납창구 264				
FAX	7496-602 7496-623(체납)			7496-603		7496-604	

1등 조세회계전문 경제신문 조세일보

조세일보 정회원 가입(연구독료 15만원) 시 추가 비용없이
조세일보Plus를 발송해 드립니다.

과	재산법인세과			조사과			납세자보호담당관	
과장	백희태 400			신용석 640			김석주 210	
계	재산1	재산2	법인	조사관리	조사	세원정보	납세자보호실	민원봉사실
계장	정문제 501	권도균 541	김도광 401	노진철 641		이동준 691	이원복 211	이성효 221
국세조사관	채성운 502 정호용 503	임상진 542	이재현 402		1팀 임용규(6) 651 김종인(6)(파견) 백승훈(8) 652 김정미(9) 653			권영숙 222
국세조사관	이승은 504 안성덕 505	김종현 543 구근랑 545 황순영 544	윤성아 403 하경숙 405 조준서 406	이정호 642	2팀 서영국(7) 654 전종경(7) 655 이윤정(9) 656	손인권 692	김영만 212 이동규 213	신정연 223 박자윤(오후) 226
국세조사관	황석현 507			박지민 643	3팀 장희준(7) 657 양준호(8)(파견) 정종권(9) 658			박춘영(오전) 227
국세조사관	최경미 506 이진규 508		양유나 407 최수정 408					김진경 224 정학기 225
관리 운영직 및 기타							국세신고안내센터 271 ~ 4	
FAX	7496-605			7496-606			납세자보호실 7496-607 민원실 7496-608 민원인팩스 7496-670 국세신고안내센터 7496-609	

경산세무서

대표전화: 053-8193-200 / DID: 054-8193-OOO

서장: **서 영 윤**
DID: 053-8193-201

주소		경상북도 경산시 박물관로 3 (사동 633-2) (우) 38583			
코드번호	515	계좌번호	042330	사업자번호	410-83-02945
관할구역		경상북도 경산시, 청도군		이메일	gyeongsan@nts.go.kr

과	체납징세과			부가소득세과	
과장	최병달 240			안동상 280	
계	운영지원	체납추적	징세	부가	소득
계장	장현미 241	김창신 441		임채현 281	금경래 301
국세조사관		신옥희 442 박근열 443		김정섭 282 김훈(소비) 294	장현우 302
국세조사관	최진 242 박명익(사무) 247	김병욱 444 석종국 445		이경순 284 장외자 285 고지숙 286 김지숙 287 채승훈 311 이유진 288 조현준 289	양병열 303 김상철 304 이경옥 305
국세조사관	천혜정 246 김경희 243 배시환(운전) 248			윤상환 290 정인회 291	이보영 306 황현정 307
국세조사관	염길선(방호) 245	박시현 446 조성민 447	이인호 262 손신혜 263	김길영 292 권동민 293	박정희 309 장유진 308 손은식 310
관리 운영직 및 기타	배가야(비서) 202 신영미(행정) 244 임수연(교환) 523 김중남(미화) 강순열(미화) 이동우(공익) 우창연(공익)			안내 311	
FAX	811-8307	802-8300	811-8307	802-8303	

재무인의 가치를 높이는 변화 '조세일보 정회원'

행정법원 판례를 포함한 20만건 이상의 최신 예규와 판례를 제공합니다.

1등 조세회계 경제신문 조세일보

과	재산법인세과		조사과			납세자보호담당관	
과장	이광오 400		김성열 620			홍경란 210	
계	재산	법인	조사관리	조사	세원정보	납세자보호실	민원봉사실
계장	오재억 481	김상희 401	정현조 621		배우철 661	김호원 211	
국세조사관	김광열 493 이호 482 손동민 483	김태형 402	박승용 622	1팀 김상균(6) 631 하헌욱(7) 632 박윤성(9) 633			윤호현 222
국세조사관	장훈 484 박정길 485	이연경 403 이지영 406 이광용 404	김보정 623	2팀 정이열(6) 634 우제경(7) 635 김홍경(7) 636			천해자 223 이재원 2100
국세조사관	최용훈 486 전수진 487	김은경 405		3팀 정효근(6) 637 배수민(9) 638		김상범 212	구현진 225
국세조사관	권수현 488	김상운 407 이영재 408 박정현 409			노한가람 662		정희정 222 엄수민 224
관리운영직 및 기타	안내 493						
FAX	802-8305	802-8304	802-8306			802-8301	802-8302

경주세무서

대표전화: 054-7791-200/ DID: 054-7791-OOO

서장: **전 정 일**
DID: 054-7791-201

주소	경상북도 경주시 원화로 335 (성동동180-4) (우) 38138 영천지서: 경상북도 영천시 강변로 12 (성내동 230) (우) 38841 (영천지서 대표전화:054-330-9200)							
코드번호	505	계좌번호	170176	사업자번호	410-83-02945			
관할구역	경상북도 경주시, 영천시			이메일	gyeongju@nts.go.kr			

과	체납징세과			부가소득세과			재산법인세과	
과장	박유열 240			이해인 280			이창민 400	
계	운영지원	체납추적	징세	부가1	부가2	소득	재산	법인
계장	김현숙 241	조석보 441	양정화 261	길성구 281	김영기 301	오향아 361	손석주 481	전갑수 401
국세 조사관		이현규 442 이정희 443					이유상(오후) 490	이주형 402
	최병구 242 최정혜 243 설진우(운전) 611	김민식 444 김진희 445 신헌철 446	김병훈 262	김형국 282 이상건 283 김윤경 288	김기범 302 박경남 303	이인원 362 나상일(오전) 311 전승현 363	우형수 482 김명지(오전) 491 최윤형 483	
		김재현 447	임지원 263	김은호 284 권지숙 285	손준표 304	김수진 364	권민규 485	정유철 403 남기홍 404 신진우 405 장원일 406
	최병준 244 유재현 245	김종석 448 정지헌 449 박청진 450		임지은 286 권은경 287	강한솔 305 이은진 306 황순우(소비) 307 김가령 308	이태희 365 홍은지 366 김혜리 367	황지영 486 김애진 487	배리라 407 안초희 408
관리 운영직 및 기타	정미애(교환) 523 한휘(부속실) 202 전명선(환경) 최정화(환경) 고영호 (사회복무) 이도현 (사회복무)							
FAX	743-4408	742-2002		749-0917, 0918			749-0913	745-5000

5년간 쌓아온 재무인의 역사를 돌려드립니다 '온라인 재무인명부'

과	조사과			납세자보호담당관		영천지서			
과장	이재영 640			조영수 210		이상락 201			
계	조사관리팀	조사팀	세원정보팀	납세자보호실	민원봉사실	체납추적	납세자보호실	부가소득	재산법인
계장	이병희 641		김성희 691	김현철 211	정순원 221	황성진 261		김자영 231	김영주 241
국세조사관	구정숙 642	1팀 이동곤 651 예동희 652				김용한 262		장경희(부) 232 김태영(소) 236	정경남(재) 245 김정환(법) 242
	류기환 643 이은희 644	2팀 박주현 654 이지민 655	이성호 692	배승현 212	이재경 222 김정희 223	신정석 263	류희열 251	이재복(소비) 233 추병욱(부) 234 박홍수(소) 237	심재훈(법) 243
		3팀 정창근 656 홍주희 657		이향옥 213	조은아 224		정지환 252	복현경(소) 238	강동호(재) 246 권순모(법) 244
		4팀 김부자 658 고남우 659			이윤선 225		정연훈 253	김지수(부) 235	김정영(재) 247
관리운영직및기타						조우영 (부속실) 202 임부돌 (환경)			최숙희 (사무) 250
FAX	771-9402			773-9605	749-9206	338-5100	333-3943	338-5100	331-0910

구미세무서

대표전화: 054-4684-200 / DID: 054-4684-OOO

서장: **배 창 경**
DID: 054-4684-201~2

오성전자●
LG전자 구미2공장
구미세무서 NTS
구미● ●KT구미
소방서 공단지사   3LG디스플레이
삼성SDS➡

주소	경상북도 구미시 수출대로 179 (공단동) (우) 39269 선산민원실: 경상북도 구미시 선산읍 선산중앙로 83-2 (우) 39119 칠곡민원실: 경상북도 칠곡군 왜관읍 공단로1길 7 (우) 39909				
코드번호	513	계좌번호	905244	사업자번호	410-83-02945
관할구역	경상북도 구미시, 칠곡군			이메일	gumi@nts.go.kr

과	체납징세과				부가가치세과		소득세과	
과장	조재원 240				손준호 280		허재호 360	
계	운영지원	체납추적1	체납추적2	징세	부가1	부가2	소득1	소득2
계장	이성환(환) 241	이희걸 441	한순국 461	서정우 261	민태규 281	정석철 301	김정열 361	강하연 381
국세 조사관		안진용 442 정석호 443	윤종현 462	손민지 262	이영우(소비) 293	박기호 302	황윤식 362	박기탁 382
	박진영 242	이명수 444 이주미 445 김경석 446	장병호 463 정영주 464 남영호 465		김진우 282 박규진 283 고광현 284 이상희 285	이미선 303 이승엽 304 천정희 305 김서희 306 구병모 307	유세은 363 이기돈 364	조원영 383 윤미은(사무) 389 김선중 384
	이찬우 243 서이현 244 전산실 258	문호영 447	조화영 466	박미정(오전) 264	안수진 287 신주영 288 서소담 289 빈승주 290	전지희 308 이은정 309 정휘언 310	정해진 366	최현주 385 김남연 386
	이지영 246	김세철 448	강덕훈 467 도이광 468	이예지 263	김동범 291 오은비 292 우상훈 294 장인영 286	황지원 311 윤웅희 312 함희원 313	홍경표 367 이병욱 365	정은영 387
관리 운영직 및 기타	김미숙(비서) 202 박지숙(교환) 205 전필숙(환경) 최말숙(환경) 김준엽(공익) 김광호(공익) 현관안내 612 구내식당 204			수납 265	통합신고센터 318		통합신고센터 375	
					전자신고창구 671, 687				
FAX	464-0537				461-4057		461-4666	

과	재산법인세과				조사과			납세자보호담당관	
과장	이광무 400				김성진 640			정민양 210	
계	재산1	재산2	법인1	법인2	조사관리	조사	세원정보	납세자보호실	민원봉사실
계장	윤재철 481	천상수 501	전익성 401	나효훈 421	박규동 641		김준식 691		변정안 221
국세조사관	김진환 482 정재기 483	김경남 502 김진도 503	이상헌 403	김익태 422		1팀 김승년(6) 651 이희옥(7) 652 김상우(7) 653		이성환(환) 212	김은연 222
국세조사관	성영순 484 양철승 485	김민창 504	이선호 404 조명석 405	이영주 423 서상순 424	김신규 642 송시운 643	2팀 김민국(6) 654 전은미(7) 655 황성희(8) 656	공성웅 692	김경동 213	배소영 223 김연희(칠곡) 서경영 224 최은선 225
국세조사관	김상희 486 송성근 487	서동원 505	강지현 406 이순임 407	권희정 425	박소정 645	3팀 조용길(6) 657 서민수(7) 658			전양호 226 이민해 227 황지원 (임기제) 228
국세조사관	이유지 488		박민주 408 이예슬 402	최주영 426		4팀 김태운(7) 660 류춘식(7) 661			주현정(칠곡) (오후)
관리운영직 및 기타	통합신고센터 494								
FAX	461-4665				461-4144			463-5000	민원 463-2100 선산 481-1708 칠곡 972-4037

김천세무서

대표전화: 054-4203-200 / DID: 054-4203-OOO

서장: **류 지 용**
DID: 054-4203-201

주소	경상북도 김천시 평화길 128 (평화동) (우) 39610 성주민원실: 경북 성주군 성주읍3길 57 (예산리 334-1) (우) 40026				
코드번호	510	계좌번호	905257	사업자번호	410-83-02945
관할구역	경상북도 김천시, 성주군			이메일	gimcheon@nts.go.kr

과	체납징세과			세원관리과	
과장	김사성 240			박정숙 280	
계	운영지원	체납추적	조사	부가	소득
계장	송기삼 241	민택기 441	최상규 651	박성규 281	최재영 361
국세 조사관			박성구 652 김영숙 653	이윤태(소비) 292 김철수 289 시진기 282	
	김명국 242	윤성준 443 안정환 442 오호석(동원) 444 박미숙(징세) 263 정동준 445 마성혜(징세) 262	전형주 654	장철현 283 박선옥 284	박세일 362 김정수 363 김상헌 364 전성우 365
	노은진 243	강진영 446	최용훈 655	임효신 285	
	서석태(방호) 246 손동진(운전) 247			최지선 286 서경덕 287 김태완 288	김하나 366
관리 운영직 및 기타	강미정(교환) 244 김순열(환경) 245 전상미(비서) 202 신동엽(사회복무) 이동희(사회복무) 신경열(식당) 665				
FAX	430-6605	433-6608		430-8764	

과	세원관리과		납세자보호담당관	
과장	박정숙 280		전찬범 210	
계	재산법인팀		납세자보호실	민원봉사실
	재산	법인		
계장	정성민 481			
국세 조사관	이규활 482	최승필 402	김인덕 211	배한국(성주)
	이창한 483	김용기 403 최수진 404 채호정 405		김정숙(동원) 222
	김민준 484	임정관 406		이주형 223
	김지민 485			박민주 224 김송희(성주,오후)
관리 운영직 및 기타				
FAX	430-8763		432-2100	432-6604 933-2006(성주)

상주세무서

대표전화: 054-5300-200 / DID: 054-5300-OOO

서장: **정 부 용**
DID: 054-5300-201

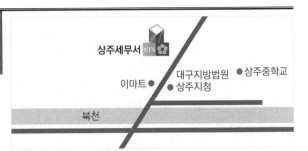

주소	경상북도 상주시 경상대로 3173-11 (만산동) (우) 37161 문경민원실: 문경시 당교로 225(모전동) 문경 시청내 문경지역민원봉사실 (우) 36982			
코드번호	511	계좌번호	905260	사업자번호	410-83-02945
관할구역	경상북도 상주시, 문경시			이메일	sangju@nts.go.kr

과	체납징세과			세원관리과	
과장	김종석 240			김광래 280	
계	운영지원	체납추적	조사	부가	소득
계장	김창환 241	박재갑 441	강상주 651	장재형 281	김성우 361
국세 조사관			박만용 652	김철연 282 이석진(시간제) 287 이순기(소비) 291	신건묵 362
	박양규 242 강미진(시간제) 244 김성순 243	정환주 442 이춘복 443 이수미(징세) 261 백성철 444	김세권 653 윤미경 655		문지현 363
	최화성(방호) 245	김경해 445	장성주 654	김민정 283 이상민 284	유선희 364
	권익찬(운전) 246			송혜리 285 이오령 286	윤지원 365
관리 운영직 및 기타	김채현(비서) 202 임남숙(환경) 695 석진훈(공익) 247				
FAX	534-9026		534-9025	535-1454	534-8024

재무인의 가치를 높이는 변화 '조세일보 정회원'

행정법원 판례를 포함한 20만건 이상의 최신 예규와 판례를 제공합니다.

과	세원관리과		납세자보호담당관	
과장	김광래 280		조미희 210	
계	재산법인		납세자보호실	민원봉사실
	재산	법인		
계장	이인수 481, 401			곽춘희 221
국세 조사관		박철순 402	안홍서 211	이경옥 222
	이선욱 482 강승묵 483	조강호 403 고영석 404		구태훈(문경) 553-9100
				김난주(문경, 반일) 552-9100
	김세훈 484 손가영 485	박노욱 405		문지윤(문경, 반일) 552-9100 임지현 223
관리 운영직 및 기타				
FAX	530-0234	535-1454	534-9017	536-0400 문경 553-9102

안동세무서

대표전화: 054-8510-200 / DID: 054-8510-OOO

서장: **김 상 현**
DID: 054-8510-201

주소	경상북도 안동시 서동문로 208 (우) 36702 의성지서: 경북 의성군 의성읍 후죽5길 27 (우) 37337				
코드번호	508	계좌번호	910365	사업자번호	410-83-02945
관할구역	경상북도 안동시, 영양군, 청송군, 의성군, 군위군			이메일	andong@nts.go.kr

과	체납징세과			세원관리과	
과장	송익범 240			신유환 280	
계	운영지원	체납추적	조사	부가	소득
계장	김동춘 241	김두곤 441	조현진 651	김동찬 281	이재성 361
국세 조사관		이기동 442 김용석(징세) 261	김진모 652 임종철 653	남해용 282	권오규 362
	권은순 242 이문한(운전) 244	노현정(징세) 262 김영아 443 김현욱 444	김종택 654	안수경 283 김옥자 284 김순남 285	김화숙 363
	김연희 243 강순원(방호) 245	김종혁 445	임중균 655 이은서 656 이재락 657	정성윤 290 손태우 286	김인경 364 최재광 365
		안광인 446		김주완 287 김지은 288 박병태 289 김소정 291	강승훈 366 유재랑 367
관리 운영직 및 기타	김미영(비서) 202 양미경(교환) 246 박말남(환경) 송금란(환경)				
FAX	859-6177	852-9992	857-8411	857-8412	857-8414

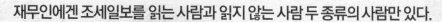

과	세원관리과		납세자보호담당관		의성지서		
과장	신유환 280		송재천 210		권용우 601		
계	재산법인팀		납세자보호실	민원봉사실	납세자보호	부가소득	재산법인
	재산	법인					
계장	배동노 401, 481			강정호 221	김수정 210	배웅준 300	김성종 400
국세 조사관	배석관 482 권혁규 483	우정호 402	박문수 211	김찬태 222		김중영(소득) 301 손증렬(부가) 302	
	황상준 484	박성욱 403 김진희 404 조순행 405		권영한 224 최은숙 223	김강인 군위) 382-2103 FAX) 383-3110	백유기(체납) 303 조한규(부가) 304 은종온(소득) 305	심상운(법인) 471 신원경(법인) 472 배건한(재산) 401
	이호인 487	임성훈 406		김윤정(임기) 225		이윤주(시간) 307 (체납)	
	김태헌 485 유효진 486		박주성 212		이현란(시간) 211	손근희(부가) 306	성용제(재산) 402
관리 운영직 및 기타				진보민원실 873-2100 fax) 873-2101	황말선(환경)		
FAX	857-8413	857-8415	852-7995	859-0919	832-2123	832-9477	832-7334

영덕세무서

대표전화: 054-7302-200 / DID: 054-7302-OOO

서장: **유 영**
DID: 054-7302-201

주소	경상북도 영덕군 영덕읍 영덕로 35-11(남산리61-1) (우) 36441 울진지서: 울진군 울진읍 월변2길 48 (읍내리 346-2) (우) 36326			
코드번호	507	계좌번호	170189	사업자번호	410-83-02945
관할구역	경상북도 영덕군, 울진군		이메일	yeongdeok1@nts.go.kr

과	체납징세과			세원관리과
과장	정국교 240			홍덕표 280
계	운영지원	체납추적	조사	부가소득
계장	박병희 241	박원열 441	권준혁 651	이향석 281
국세 조사관	이건옥 242			
	하경섭 243 박만기(운전) 244	박용우(체납) 442 조윤주(징세) 262	장근철 652	정순재 282
	박영우(방호) 245	조재훈(체납) 443 권은진(징세) 264	김구름 653	손태욱 284 박귀영 285
			이성한 283	
관리 운영직 및 기타	전은현(비서) 202 용경희(교환) 246 김경미(환경) 246			
FAX	730-2504	730-2695		730-2314

1등 조세회계 경제신문 조세일보

과	세원관리과		납세자보호담당관		울진지서	
과장	홍덕표 280		박병완 210		황동율 101	
계	재산법인		납세자보호실	민원봉사실	납세자보호실	세원관리
계장	이길석 401				허노환 120	김태훈 140
국세조사관						김병철(재) 161 송윤선(법) 171
		우인호 402	마일명 212			이승모(소) 151
	김미영(동원) 482			이광정(임기제) 221		김재형(부) 141
	김태훈 483			배서현 222	변명미(시간제) 121	김찬희(체) 131 한상국(재) 162 이종민(소) 152 유태호(부) 142
관리운영직 및 기타					장명자(사무) 122 홍춘자(환경) 122	
FAX	730-2314		730-2625 민원인용 734-2323		780-5181	780-5182 780-5183

영주세무서

대표전화: 054-6395-200 / DID: 054-6395-OOO

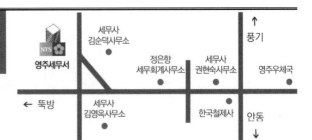

서장: **공 창 석**
DID: 054-6395-201

주소	경상북도 영주시 중앙로 15(가흥동 2-15) (우) 36099 예천민원실: 경북 예천군 예천읍 충효로 111(대심리 353) (우) 36826 봉화민원실: 경북 봉화군 봉화읍 봉화로 1111(내성리) 봉화군청 민원실내 (우) 36239			
코드번호	512	**계좌번호**	910378	**사업자번호**	410-83-02945
관할구역	경상북도 영주시, 봉화군, 예천군		**이메일**	yeongju@nts.go.kr

과	체납징세과			세원관리과	
과장	이광 240			김일우 280	
계	운영지원	체납추적	조사	부가	소득
계장	오조섭 241	권오형 441	김시근 651	엄세영 281	권상빈 361
국세 조사관		이내길 442 김성하 443	이범구 652		
	전상주 242	이미자 445 김영남(사무) 263	배영환 653 이복남 654	정용구 282 김미경 283 이대영 289	유성춘 362 남효주 363 고인수 364
	권일홍(방호) 244 김수정 243 이준석(운전) 245		정지원 655 김동준 610	최미란 284	
		김좌근 446 윤보람 447		배유리 285 이지현 286 김천섭 288	김지현 365
관리 운영직 및 기타	박성희(비서) 202 김수진(사무) 246 고순섭(환경) 246				
FAX	633-0954			635-5214	

1등 조세회계전문 경제신문 조세일보

조세일보 정회원 가입(연구독료 15만원) 시 추가 비용없이
조세일보Plus를 발송해 드립니다.

과	세원관리과		납세자보호담당관	
과장	김일우 280		이병주 210	
계	재산·법인		납세자보호실	민원봉사실
계장	권오웅 401			옥승 221
국세 조사관	안재훈 482 장덕진 483			이정선(예천) 654-2100
	이재희 484	한선기 402 우운하 403 박중억 404	금대호 211	장연숙 222 우희정(사무) 223
	전우정 485			
		김진웅 405		조경숙(봉화)(시간제) 673-2100
관리 운영직 및 기타				
FAX	635-5214		634-2111 예천 : 654-0954 봉화 : 674-0954	

포항세무서

대표전화: 054-2452-200 / DID: 054-2452-OOO

서장: **이 영 철**
DID: 054-2452-201

주소	경상북도 포항시 북구 중앙로 346 (덕수동46-1) (우) 37727 울릉지서: 경북 울릉군 울릉읍 도동2길 76(도동266) (우) 40221 오천민원실: 경상북도 포항시 남구 오천읍 세계길5 (오천읍주민센터 별관) (우) 37912						
코드번호	506		계좌번호	170192		사업자번호	410-83-02945
관할구역	경상북도 포항시, 울릉군					이메일	pohang@nts.go.kr

과	체납징세과				부가가치세과		소득세과	
과장	김영중 240				이승괄 280		정지인 360	
계	운영지원	체납추적1	체납추적2	징세	부가1	부가2	소득1	소득2
계장	김대중 241	이종국 441	문성찬 461	김준연 261	김용제 281	남정술 301	한종관 361	이춘우 381
국세 조사관		배형수 442	박현주 462	박종욱 262	김영인 282	김동환 302 김태성 303 채충우 304	장혁민 362	문성연 382 고순태(오전) 315
	이동희 242 김대근 243 공윤미 244 손동우 245 조병래(운전) 611	하태운 443 이성철 444 박필규 445	김동한 464 남옥희 465 전윤현 466		김관태 283 김월하 284 천기문 285 이은호 286 김경현 287	하지민 305 정대석 306 김상균 307	이동욱 363 김형욱 364	송인순 383 박준영 384 김강훈 385
		김형준 446		김명선 263 김우리 264	김지웅 288	김영훈 308 김성홍 309		
	김여경 246 하창길(방호) 247 장준환(공업) 248	노종영 447	정현준 467		오미선 (오전) 314 박수빈 289 김태훈 290 이근혁 291	윤혜정 310 고기석 311 류민하 312	손나진 369 장유민 365 홍준혁 366 김은영 367 장은영 368	배재호 386 김찬우 387 오정훈 388
관리 운영직 및 기타	김정근(교환) 200 김정아(비서) 202 안금숙 524 백순옥 524 김형찬(공익) 조익수(공익)				민원 314		민원 315	
FAX	248-4040	241-0900			249-2665		246-9013	

418

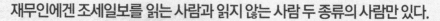

재무인과 함께 걸어가겠습니다 '조세일보'

재무인에겐 조세일보를 읽는 사람과 읽지 않는 사람 두 종류의 사람만 있다.

1등 조세회계 경제신문 조세일보

과	재산법인세과				조사과			납세자보호 담당관		울릉지서
과장	김성협 400				김두현 640			이강훈 210		이동원
계	재산1	재산2	법인1	법인2	조사관리	조사	세원정보	납세자 보호실	민원 봉사실	세원관리
계장	이병우 481	김장수 501	박경호 401	우병옥 421	이재훈 641		이창수 691	김재연 211	김춘만 222	손삼락 8582-602
국세 조사관		박상국 502 정수연 503	이상훈 402			1팀 이주환(6) 652 박지철(7) 653 양지혜(8) 654		이경철 212	조금옥 223 박기영 224	김옥현 8582-606 신연숙 8582-603
	이은영 482 김미 483 백유정 484 이도현 485 최미애 486	이경아 504	박노진 403 엄준호 404 권경희 (사무) 407	강수련 422 최재협 423	서우형 642 오규열 643 구혜림 644	2팀 유성만(6) 655 서은우(7) 656 최혜경(8) 657 3팀 차종언(6) 658 황준순(8) 659	이승재 692	박종국 213	박주연 (오전) 231 박금희 226	류승우 8582-604 이창관 8582-605
	이미선 489 윤강로 487 권민정 488	김태희 505	임경희 405 정정하 406	박은영 424		4팀 권병일(6) 661 황보웅(7) 662 박고은(8) 663		오현직 214	김병수 227	
				김지향 425 박재규 426		5팀 김정석(6) 664 최장규(7) 665			이아름 (오후) 231 백지원 228	
관리 운영직 및 기타	민원 492									이명자
FAX	249-2549, 242-9434				241-3886			248-2100		791- 4250

부산지방국세청
관할세무서

부산지방국세청

주소	부산광역시 연제구 연제로 12 (연산2동 1557번지) (우) 47605
대표전화 & 팩스	051-751-7200 / 051-759-8400
코드번호	600
계좌번호	030517
사업자등록번호	607-83-04737
e-mail	busanrto@nts.go.kr

청장   임성빈

(D) 051-751-7200

비 서 관   차상진 (D) 051-751-7205

징세송무국장	김진호	(D) 051-750-7500
성실납세지원국장		(D) 051-750-7370
조사1국장	안덕수	(D) 051-750-7630
조사2국장		(D) 051-750-7800

부산지방국세청

대표전화: 051-7517-200 / DID: 051-7517-OOO

청장: **임 성 빈**
DID: 051-7517-200

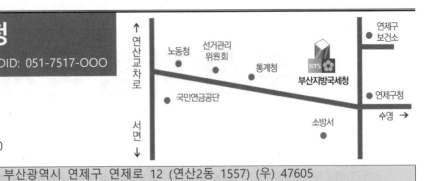

주소	부산광역시 연제구 연제로 12 (연산2동 1557) (우) 47605 별관: 부산광역시 연제구 토곡로 20 (연산동) (우) 47586				
코드번호	600	계좌번호	030517	사업자번호	607-83-04737
관할구역	부산광역시, 울산광역시, 경상남도, 제주도			이메일	busanrto@nts.go.kr

과	운영지원과				감사과		납세자보호		
과장	이준홍				박성무		김수경		
계	행정	인사	경리	현장 소통	감사	감찰	납세자 보호1	납세자 보호2	심사
계장	김용정 252	송진호 242	신언수 262	신관호 272	성병규 302	감경탁 322	김남배 332	김서영 342	정도식 352
국세 조사관	신웅기 253 이혁섭 254	허성준 243 김일한 244 임정섭 245	임지은 263	노영일 273	이우석 303 박유경 304 한상수 305 이동혁 306 김준평 307	임정환 323 김무열 324 김형걸 325 이종건 326 윤영우 327	최용훈 333 제상훈 334	김기중 343	이지하 353 이준우 354 김대희 355
	이태진 282 정은영 255 강지연 258 김묘연 200 손성자 200 금도훈 184 박두제 625 금병호 628	허태민 246 이강식 247 이성재 248	박미연 264 손석민 265 임영섭 269	이민희 274 하서연 275 심영주 276	권영록 308 이혜정 309 이주영 310 우나경 311	허성은 328 원성택 329 김현성 320 변민석 321		문서연 344 이용정 345	김진영 356 황동일 357 정유영 358
	조형래 257 박일호 259 김남희 260 서종율 611 김동신 627 김종월 629 이도경 620	허유정 249 최수현 250	이창일 266 황미경 267 박경희 268	이재식 277 안지연 278		하정란 320	김상우 335 주보은 336		김민재 359
	김철 627								
관리 운영직 및 기타									
FAX		711- 6446	711- 6455	757- 1630	758- 2747	754- 8481	711- 6456		751- 4617

국	징세송무국 051-7507-OOO									
국장	김진호 500									
과	징세과			송무과					체납자재산추적과		
과장	조성용 501			지임구 521					정규진 551		
계	징세	체납관리		총괄	법인	개인1	개인2	상증	추적1	추적2	추적3
계장	박기식 502	주종기 512		이창용 522	강성태 526	김경필 532	전지용 536	정창원 542	김진태 552	시현기 562	강연태 572
국세조사관	류용운 503 박정수 504	임종진 513 정수진 514	지광민 191	진유신 523	배영호 527 서유정 528	이진 533	김민수 537	황민주 543 최진호 544	김주완 553 이미주 554	김경무 563	장원대 573
	이은정 505	전영심 515 우성현 516	주성민 192 홍영임 196 이지연 195 정영호 198	배달환 524	오쇄행 529 고명순 530	송미정 534	지만 538 권지은 539	정재효 545		오정임 564 김성준 565 허준영 566	박수경 574 임경주 575
	김동욱 506 이한빈 507		전현주 197 심서현 193 김재형 194	최창호 525		석민구 535			조선영 555		김양욱 576
관리 운영직 및 기타											
FAX	758-2746										

5년간 쌓아온 재무인의 역사를 돌려드립니다 '온라인 재무인명부'

수시 업데이트 되는 국세청, 정·관계 인사의 프로필과 국세청, 지방청, 전국세무서, 관세청,
유관기관등의 인력배치 현황을 볼 수 있는 온라인 재무인명부

1등 조세회계 경제신문 조세일보

국	성실납세지원국 051-7507-OOO								
국장	370								
과	부가가치세과			소득재산세과			법인세과		
과장	표진숙 371			주맹식 401			이광호 431		
계	부가1	부가2	소비	소득	재산	소득지원	법인1	법인2	법인3
계장	송인범 372	이순주 382	김창수 392	심정미 402	이상명 412	이승철 422	박희술 432	최만석 442	정준기 452
국세 조사관	김태우 373	봉지영 383	조형나 393 김봉진 394	신정곤 403	홍충훈 413 허남현 414	김효숙 423	장영호 433 이동욱 434	임주경 443	안수만 453
	최연덕 374 김동일 375	이원섭 384 안부환 385 장덕희 386	김방민 395 박정의 396 김영숙 397	윤달영 404 김보석 405	정현주 415 장재윤 416	박성민 424	배진만 435 오익수 436 조현 437 서성덕 438	백신기 444 이현동 445 박미영 446	정원대 454 유지현 455 김민석 456
	설전 376 하이레 377	전수진 387 김진홍 388	전성곤 398 권선주 399	박지현 406 하원경 407	권성준 417	최윤미 425	이혜진 439	이해웅 447 김유리 448	양소라 457 김태호 458
관리 운영직 및 기타									
FAX	711-6451			711-6461			711-6432		

국	성실납세지원국 051-7507-OOO				
국장	370				
과	전산관리과				
과장	이한동 471				
계	전산1	전산2	정보화센터1	정보화센터2	정보화센터3
계장	정영배 579	정학식 472	한희석 102	박상구 132	제일한 162
국세 조사관	남창현 474	김영주 482 유미영 486 이한준 483 이동면 487	문승구 103		
	장석문 473 김현진 475 주지홍 476 이영신 477	최윤실 484 신주영 488 김경선 489 윤덕희 485			
			김록수 115 최정운 111 하민경 120	김해은 133 송창훈 138 김희경 144	김지현 163 정미리 177 이혜란 178
			배미애 121 류미경 106 손명숙 114 허윤진 117 이주연 109 정정희 108 박선애 112 장은경 123 이진경 118	김영미 137 조외숙 142 최진숙 134 예성미 141 김애란 140 최진민 145 이정애 146 임태순 143 석이선 139 임미선 136	염환이 166 허수정 181 송영아 172 장인숙 168 정의지 175 김소연 180 김외숙 174 이복재 183 김정남 171
관리 운영직 및 기타					
FAX	711-6457		711-6592	711-6590	711-6597

국	조사1국 051-7507-OOO										
국장	안덕수 630										
과	조사관리과						조사1과				
과장	이민수 631						711				
계	관리1	관리2	관리3	관리4	관리5	관리6	조사1	조사2	조사3	조사4	조사5
계장	황순민 632	최진혁 652	김은경 662	손성주 672	박혜경 682	백종복 702	박민기 712	권상수 717	곽한식 722	김도암 726	성인섭 730
국세 조사관	윤선태 633 이종호 634 이상운 641 정석우 642	윤현아 653 최세영 654 박시윤 655	윤상동 663	김평섭 673 우미라 674 김병찬 676	박주현 683 김재중 684 여지은 685	김환중 703 김용태 704	박미회 713	송창희 718	하진우 723	전충선 727	이형원 731
	김형수 635 이현진 636 류혜미 637 강기모 643	이재훈 656	이영주 664 장노기 665 김정주 666 정민경 667	김이규 675 마순옥 678	김혜영 686 강보경 687 김영진 688	서재은 705 김명윤 706 공민석 707	강길순 714 김종헌 715	황재민 719 최병철 720	이나영 724	하은미 728	안준건 732
	김인경 638 성환석 639 추종완 640 서보연 644	조재승 657		김형종 677 민병려 679	장성근 689 정창재 690	신수미 708	신혜진 716	손다영 721	박준현 725	박장훈 729	서기원 733
관리 운영직 및 기타											
FAX	711-6442			711-6429	711-6433		711-6454				

426

재무인의 가치를 높이는 변화 '조세일보 정회원'

행정법원 판례를 포함한 20만건 이상의 최신 예규와 판례를 제공합니다.

1등 조세회계 경제신문 조세일보

국실	조사1국 051-7507-OOO									
국장	안덕수 630									
과	조사2과					조사3과				
과장	천용욱 741					임경택 771				
계	조사1	조사2	조사3	조사4	조사5	조사1	조사2	조사3	조사4	조사5
계상	조용택 742	정경주 747	한천구 751	신희전 755	긴홍기 759	윤상본 772	김지흔 777	윤종식 781	주혈주 785	강경부 792
국세 조사관	강선미 743 이상훈 744	전성화 748	서정균 752		홍윤종 760	윤영근 773	한면기 778	현경민 782	김형훈 786	김명렬 793
	김두식 745	유영진 749 이용진 750	허영수 753	김경우 756 정원석 757	최성준 761	강동희 774 김태훈 775	정혜영 779	김성호 783	한동훈 787	임창섭 794 김세진 795
	김혜진 746	이병철	이지은 754	윤홍규 758	이재석 762	김태원 776	김태근 780	이진화 784	안재원 788	심정보 796
관리 운영직 및 기타										
FAX	711-6435					0503-116-9019				

국실	조사2국 051-7507-OOO								
국장	800								
과	조사관리과						조사1과		
과장	이재영 801						김종진 861		
계	관리1	관리2	관리3	관리4	관리5	관리6	조사1	조사2	조사3
계장	이석중 802	안광원 812	곽귀명 822	이웅진 832	이상헌 842	김봉수 852	조현진 862	홍석주 866	이진환 872
국세 조사관	유승명 803	김재열 813 박지혜 814	하복수 823	강은아 833	강동희 843	김헌국 853	정승우 863	주광수 867	김성연 873
	최지영 804 김도영 805 박지훈 806	조희정 815	이지민 824 남경호 825 신민혜 826	박정화 834 김태성 835 한석복 836	이도경 844 배영애 845 김일권 846	남성식 854 김정호 855	김진석 864	강회영 868	강정환 874
	권오신 807		이정숙 827 이상묵 828	서자원 837 안태명	김미영 847 조영일 848		박재희 865	정성화 869	송민정 875
관리 운영직 및 기타									
FAX	711-6443						711-6462		

428

1등 조세회계 경제신문 조세일보

국	조사2국 051-7507-OOO						
국장	800						
과	조사2과			조사3과			
과장	허종 881			정용민 901			
계	조사1	조사2	조사3	조사1	조사2	조사3	조사4
계장	윤광철 882	현은식 886	구경식 892	김신미 902	유성욱 906	김동입 912	양순관 916
국세 조사관	조경배 883	김도연 887	김익상 893	정회영 903	최명길 907		노운성 917
	김미아 884	박성훈 888	강민규 894	김지훈 904 유상선 905	김재준 908	김봉조 913 서효진 914	김태정 918
	이규형 885	이동형 889	박진영 895	이민우 910	최인실 909	우윤중 915	안경호 919
관리 운영직 및 기타							
FAX	711-6434			711-6444			

429

금정세무서

대표전화: 051-5806-200 / DID: 051-5806-OOO

서장: **이 종 현**
DID: 051-5806-201

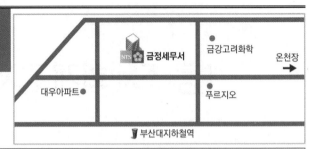

주소	부산광역시 금정구 중앙대로 1636 (부곡동 266-5) (우) 46272					
코드번호	621		계좌번호	031794	사업자번호	621-83-00019
관할구역	부산광역시 금정구, 기장군				이메일	geumjeong@nts.go.kr

과	체납징세과			부가가치세과		소득세과	
과장	조미숙 240			김길호 280		신승환 320	
계	운영지원	체납추적	징세	부가1	부가2	소득1	소득2
계장	이부열 241	심태석 441	강태규 261	김주수 281	이명용 301	김윤완 321	정순애 341
국세 조사관		김정태 442 정혜원 443		노세현 282	손연숙 302	윤태우 322	
	김형천 242 김지연 243 박혜란 244 권용승 245 김병윤 246	홍정수 444 김정미 445 이혜경 446 박미선 447 김세운 448	이연숙 263 유문희 262 이수영 264	곽현숙 283 박건 284 황현정 285		박종무 323 이승현 324	강정연 342 허현 343
	박성재 247	박민영 451 전세현 449 김봉준 450		이경재 286	김호진 310 김은주 303 신은숙 304 이창인 305		김양희 344 김호 345
	신소영 248			손민정 287 박소정 288 송희진 289	권혜수 306 박경원 307	이은희 325 이소정 326	박은영 346
관리 운영직 및 기타							
FAX	516-8272			516-9939		711-6415	

1등 조세회계전문 경제신문 조세일보

조세일보 정회원 가입(연구독료 15만원) 시 추가 비용없이
조세일보Plus를 발송해 드립니다.

과	재산법인세과			조사과			납세자보호담당관	
과장	김현길 480			진우영 640			양기화 210	
계	재산1	재산2	법인	조사관리	조사	세원정보	납세자보호실	민원봉사실
계장	백종주 481	정해룡 501	서규은 401	이재철 641	이장환 651	조성래 691	조인국 211	신미정 221
국세조사관			강동주 402 이재원 403 천태근 404		최인식 655 엄상원 658	조정민 692	하성준 212	하인선 227
국세조사관	윤금남 504 강선희 482 은기남 483 심상길 484 조하연 485	강양동 502	이용수 405 김형섭 406	김숙례 642 배기윤 643	박경수 652 노진명 656		윤성훈 213	진훈미 222 정윤옥 724-0700 김덕원 724-0701
국세조사관	서유희 486 박영훈 487	허윤형 503	정희선 407		송치호 653 이수진 659			박재한 223 이효현 224
국세조사관	한상명 494		이창호 408		장윤정 657			민정 225 정성훈 226 오주하 724-0701
관리운영직및기타								
FAX	711-6418			711-6421		516-9549	516-9377	516-9456

동래세무서

대표전화: 051-8602-200 / DID: 051-8602-OOO

서상: **홍 성 훈**
DID: 051-8602-201

화신타운●
동래세무서 NTS
SK주유소●
연산1 치안센터
연서초교●

주소	부산광역시 연제구 거제천로 269번길 16(거제1동 1463-4번지) (우) 47517						
코드번호	607	계좌번호	030481		사업자번호	607-83-00013
관할구역	부산광역시 동래구, 연제구				이메일	dongnae@nts.go.kr

과	체납징세과			부가가치세과			소득세과	
과장	김대옥 240			정미경 280			김동현 360	
계	운영지원	체납추적	징세	부가1	부가2	부가3	소득1	소득2
계장	이태호 241	박필근 441	김미경 261	최현택 281	성미라 301	서세우 321	최재우 361	김제성 381
국세 조사관		조애정 442 김병활 443 안양후 444 최민준 445	이현희 270	이옥임 282	김지현 302 김은영 303	백순종 322	이인권 362	
	이동우 242 강경민 616 정효주 243 천원철 244 조현진 245	김연희 446 강인숙 447 장지영 448 김민진 449 고호석 450 서수현 451	김진경 262 차윤주 263 한준희 264	임정훈 283 문경희 284	김금주 304 박혜원 305	김성기 323 이수경 324 김남영 325 이현진 326	신도현 363 고은경 364	이선자 383 최성희 384 남수빈 375
	박정우 247	이정필 452 김동겸 453		김미숙 285 박선연 291 김민정 286	엄지환 306 김지현 307	조세영 327	이경훈 365 강경숙 366	임성미 385 김명미 386 정미선 387 김용현 388
	권성주 248 민규홍 249	안대호 454		유동준 287	김지안 291	조학래 328	배형철 367 신지혜 368	양기혁 389
관리 운영직 및 기타								
FAX	866-6252			865-9351, 5825			866-1182	

과	재산법인세과				조사과			납세자보호담당관	
과장	정철규 400				이준호 640			차무환 210	
계	재산1	재산2	법인1	법인2	조사관리	조사	세원정보	납세자보호	민원봉사실
계장	김문수 481	김연종 501	우창화 401	신용하 421	이현기 641	이광섭 651	이정훈 691	박정호 211	최영석 221
국세조사관	박정태 482		김대연 402		도현종 642	서정희 654 홍원의 657		마혜진 212	엄병섭 222
국세조사관	이상민 483 김도윤 484 백상순 485 김현숙 486	백은주 502	김은애 403	이은주 422	신진호 643	김동수 660 유세명 663 문희진 652 김종호 655 이성재 658 성혜리 661 윤경출 664	우을숙 692 구태효 693		이자원 223 서순연 224 주형석 225
국세조사관	황상준 487	정은정 503 이상훈 504 정진학 505	김태영 404	강재희 424	이성준 김민영 644	이지환 653		양은수 213 이배삼 214	김영주 225 이신애 226
국세조사관	조홍규 488 양호정 489		김보현 405 최혜리 406	이현실 425 오주영 426		정소윤 656 옥건주 659 이경민 662			오현아 227 이윤서 228 박경화 229 오혁기 230
관리운영직 및 기타									
FAX	866-5474, 8918				866-5476(조사), 866-3571(정보)			711-6572(납보) 866-2657(민원)	

부산진세무서

대표전화: 051-4619-200 / DID: 051-4619-OOO

서장: **손 병 환**
DID: 051-4619-201

주소	부산광역시 동구 진성로 23 (수정동) (우) 48781				
코드번호	605	계좌번호	030520	사업자번호	605-83-00017
관할구역	부산광역시 부산진구, 동구			이메일	busanjin@nts.go.kr

과	운영지원과				부가가치세과				소득세과	
과장	김형태 240				정부영 280				윤남식 320	
계	업무지원	체납추적1	체납추적2	징세	부가1	부가2	부가3	부가4	소득1	소득2
계장	홍정자 241		박효근 461	윤혜경 261	이상호 281	백정숙 381	김진언 301	김성진 361	이상만 321	서경심 341
국세조사관				김은경 262	김대철 282	이상표 382	전병국 302	최재호 363	박미영 392 전영욱 322	김숙아 342
	김종철 242 김해영 243	김진우 442 이태형 443 하정욱 444 강지훈 445	양규복 462 이상조 463 심정희 464 성봉준 465	양선미 263	문상영 283 박상준 284	정준용 383 장수연 384	민영신 304 이동철 305	정선경 364 구경임 295	신하나금 323 노정하 324	주철우 343 김상순 344 정춘영 345 이지은 342
	박병태 244	이영란 446 서주희 447	김수연 466 남윤석 467	정원미 264	유화윤 303 이하경 285	안언형 385	이효진 306 배현경 307	서자영 295 한은숙 362 김영권 365 심창훈 366	김한석 325 이은진 326	강지선 346 정영희 392
	박주현 245	유창경 448	박진하 468		편지현 286 이현승 287	박하나 386 이수빈 387	성민주 308	김현주 367	이정민 327	방준석 347
관리 운영직 및 기타										
FAX	467-1969				466-9097					

과	법인세과		재산세과		조사과			납세자보호담당관	
과장	이병진 400		최해수 480		백정태 640			서재균 210	
계	법인1	법인2	재산1	재산2	조사관리	조사	세원정보	납세자보호	민원봉사
계장	최창배 401	박상현 421	최용국 481		전희원 641	조수영 651	김기환 691		김진원 221
국세 조사관	홍민표 402	서명준 422	석준기 482	진영숙 501 정용찬 502	박웅종 643	김용문 654 신호철 657	정창후 692	박동진 212 김영숙 213	신미옥 222
	장유진 403 김판신 404	노윤희 423 오승현 424	박건대 483 오종민 494 김찬희 484 주미균 485 하정란 486	장광웅 503 이수임 504		소현아 660 임선기 663 김상우 658 박종국 661 허순미 655 김현준 664 안재필 652	김성환 693	전문숙 214	김혜영 223 임상현 224 김도현 225 송성락 226
	오진수 405 송주은 406	박동철 425 박가영 426	허지윤 487		손성웅 644 박하니 645	윤노영 656 오보람 662 최혜윤 653 김서현 659			최제희 227
	이세영 407	박미화 427		민선희 505					강양욱 228 장지연 229 이혜정 230
관리 운영직 및 기타									
FAX	466-8538		468-7175		466-8537			466-9098	

435

북부산세무서

대표전화: 051-3106-200 / DID: 051-3106-OOO

서장: **김 성 철**
DID: 051-3106-201

구덕터널 →
●사상구청

↑ 사상터미널
북부산세무서 NTS
●하나은행
감전지하철
3번출구

주소	부산광역시 사상구 학감대로 263 (감전동) (우) 46984			
코드번호	606	계좌번호 030533	사업자번호	606-83-00193
관할구역	부산광역시 강서구, 북구, 사상구		이메일	bukbusan@nts.go.kr

과	체납징세과				부가가치세1과		부가가치세2과		소득세과	
과장	김인아 240				양철근 280		조희선 320		김종웅 360	
계	운영지원	체납추적1	체납추적2	징세	부가1	부가2	부가1	부가2	소득1	소득2
계장	김석환 241	박병철 441	허윤태 461	노아영 261	강승묵 281	서귀자 301	김부석 321	박경숙 341	이화범 361	김기랑 381
국세조사관	박종민 242	이묘금 442 김정수 452	노영기 462 전병일 465	조미애 262		박형호 302	예종옥 322	김정욱 342	강성문 362	윤성환 382
국세조사관	여수련 243 김지현 244 김선이 601	김성이 447 정숙희 449 강유신 446 박성민 450	진종희 467 이영일 469 송재경 463 김미영 466	김오순 263 이우정 264	이남범 282 김인숙 283 박노성 284 성태선 291	배명한 303 이순영 312 이미애 304 김명수 305 이문호 306	공을상 323 이한아 324 정웅교 325 배선미 330	신동훈 343 손선희 344 정은희 345 정재철 346	김상덕 363 황진희 364 제정임 365 박진영 366 박성희 371	정준모 383 최윤실 384 송은영 385
국세조사관	백운기 245 최두환 247 양승철 248	최혜미 453 우성락 445	정현옥 468 하승민 470		이영희 285 박시현 286 송세미 287	이정은 307 송보경 308	문진선 326 정미연 327	박선남 347 제갈형 348	신진영 367 최원진 368	엄미라 391 임나경 386 엄송미 387
국세조사관	김동길 246 김승용 249	박보중 443 안승현 451	이명호 464 황미진 471		문혜리 288 주명진 289	전영우 309 조민희 310	권혜지 328 정효주 329	지현민 349	배성원 369 한정예 370	정도영 388 이혜미 389 박영규 390
관리 운영직 및 기타										
FAX	711-6389				711-6377		711-6386		711-6379	

과	재산세과		법인세과		조사과			납세자보호담당관	
과장	손현숙 480		장재선 400		양정일 640			한정홍 210	
계	재산1	재산2	법인1	법인2	조사관리	조사	세원정보	납세자 보호실	민원 봉사실
계장	이재선 481	이봉기 501	김정호 401	박성진 421	권영규 641	김병선 651	정권 691	정광조 211	김인화 221
국세 조사관	류진수 482 최갑순 494 정태옥 483 정훈 484	강종근 502	김태희 402	김경태 422 최영선 423		이진홍 658 김경대 661 원욱 664 김승철 667 박선녕 670	강호창 692	조재성 212 주자환 213	유치현 222
	김용주 485 이정호 486 배재연 487	김종길 503 강원혁 504	전종태 403 서미선 404 이승윤 405	박진수 424 엄애화 425 김고은 426	조상래 642 김희련 644 이윤금 646	전용진 673 이성민 662 이근환 668 장재필 652 경수현 676 김영경 665 김병욱 659 김선경 671	허도곤 693 최근식 694	하승희 214 장선우 215	김재철 223 송인숙 224 이영옥 225 김순정 230 이태호 226
	박정화 494 김현정 488 박지우 489 전영현 490	박승희 505	주선영 406 윤지연 407 전진하 408	황은영 427 임득균 428	김종철 643	정건화 674 신병전 653 김민숙 669 손다영 656 정상훈 672 감지윤 660 권나영 663			유연숙 231 안영서 227 고정애 230 서주영 228 서준영 229
			서지원 409 윤숙현 410 박준영 411	김성훈 429 류예림 430	윤주련 645	백지훈 666 김민정 657 여효정 654 박수진 677 김사라 675			
관리 운영직 및 기타									
FAX	711-6381		711-6380		711-6382			711-6385	314-8144

서부산세무서

대표전화: 051-2506-200 / DID: 051-2506-○○○

서장: **배 민 규**
DID: 051-2506-201

주소	부산광역시 서구 대영로 10 (서대신동2가 288-2) (우) 49228		
코드번호	603 / 계좌번호 0322571	사업자번호	603-83-00535
관할구역	부산광역시 서구, 사하구	이메일	seobusan@nts.go.kr

과	체납징세과			부가가치세과		소득세과	
과장	조명익 240			박정분 280		조성준 360	
계	운영지원	체납추적	징세	부가1	부가2	소득1	소득2
계장	조홍우 241	이영근 441	진일현 261	이선호 281	남성현 301	김종배 361	맹수업 381
국세 조사관	류정희 242	양봉규 442 박성민 443	방유진 262		유민자 302	전인석 362	
	조병녕 243 백용태 246	김상희 452 최우영 445 정지현 446 유지혜 447	이승희 263	이영진 282 박종욱 283 민필순 312	이미숙 303 최지윤 304 이상언 305	조소현 363 최아라 364 권희숙 375	김선임 382 신연정 383
	선은미 244	김미희 448 정전화 449 이탁희 450		김화선 284 박정운 285 박선애 286 최민식 287 서형선 341	김태민 309 양현정 306 임은미 341 류영선 307	서화영 365 박판기 366 이주현 342	이훈희 384
	김동한 245 최정훈 247	최기원 451	김경옥 264	최수진 289 권산 290	김정대 308	배주원 367 박수영 368	이영재 385 양현황 386 최미녀 387
관리 운영직 및 기타							
FAX	241-7004			253-6922	256-4490	256-4492	

과	재산법인납세과				조사과			납세자보호담당관	
과장	오이탁 400				엄인성 640			채한기 210	
계	재산신고	재산조사	법인1	법인2	조사관리	조사팀	세원정보	납세자 보호실	민원봉사실
계장	박경석 481	박재완 501	지재기 401	박태원 421	강보길 641	장준영 651	김성찬 691	주오식 211	이광원 221
국세 조사관			강호인 402	성기일 422	김후영 642	성대경 654		변환철 212	전병운 222
국세 조사관	김성민 482 전하윤 483 김영은 484 김미지 412 이일구 488	전태호 504 이민경 502 류임정 503	김호승 403	박지혜 423	우경화 643	김찬중 657 최임선 661 이계훈 662 이주경 658 이경훈 652 박재철 659 김정현 663		이은영 213	김혜경 223 강영미 224
국세 조사관	위지혜 488	송우진 505	이은정 404 조혜윤 405	조정목 424 홍경은 425	김시연 645	이미영 655 정성용 653 이수영 656	조승연 693	양서영 214	박희령 226
국세 조사관	김경진 485		김문재 406		김동민 644				장바름 225
관리 운영직 및 기타									
FAX	256-7147		253-2707		257-0170		255-4100	256-4489	256-7047

수영세무서

대표전화: 051-6209-200 / DID: 051-6209-OOO

서장: **조 풍 연**
DID: 051-6209-201

주소	부산광역시 수영구 남천동로 19번길 28 (남천동) (우) 48306					
코드번호	617		계좌번호	030478	사업자번호	
관할구역	부산광역시 남구, 수영구				이메일	suyeong@nts.go.kr

과	체납징세과			부가가치세과		소득세과	
과장	이창렬 240			이재춘 280		정진주 360	
계	업무지원	체납추적	징세	부가1	부가2	소득1	소득2
계장	조석권 241	박찬만 441	박명철 261	이재수 281	강신충 301	전병도 361	김이회 381
국세 조사관	전제영 242	이시호 442	김정인 262 심은경 263	김필곤 282	김광수 302	박영진 362	
		감송진 443 김인경 444	박선하 264	서진선 283 진채영 284 김희범 285 김미진 380	안정민 303 안영준 304 정우영 305	강은순 363 김도곤 364 김연희 365 주연신 380 이현지 366	유옥근 382 김승환 383 이치권 384 최순봉 389 김현희 385
	문강민 248 손동주 246 백광민 616	장상원 445 박창준 446 손채은 447 임정진 448		김지은 286	송윤희 306 정세나 307	이지현 367	박수경 386
	최혜진 244 구화란 245	김인재 449 조상운 450 최태영 451		김다혜 287 홍수민 288	공휘람 308 최영철 309	유병현 368 윤지영 369	김수현 387 정다윗 388
관리 운영직 및 기타							
FAX	711-6152			711-6149		622-2084	

수영구청

NTS 수영세무서

광남로10번길

우리은행

남천역

440

과	재산법인세과			조사과					납세자보호담당관	
과장	이봉선 400			류재탁 640					김성오 210	
계	재산1	재산2	법인	조사관리	조사1	조사2	조사3	세원정보	납세자 보호실	민원 봉사실
계장	정인택 481	엄지명 501	김현철 401	김보경 641	엄지원 651	류정모 661	김동우 671	이재열 691		김건중 221
국세 조사관	전소연 482	이원호 502 이종국 503	이준길 402						김동건 212	
	이경진 483 김경애 490 박현숙 484 최학선 485 정유진 486	심상형 504 김종선	박용남 403 노근석 404 박수민 405	최한호 643	김태순 652	최원태 662	김규환 672	최상덕 692		김영자 227 문소원 225
	윤석미 487		김민정 406 조영진 407	김정혜 644	최낙상 653	서유리 663			이정은 213 제홍주 214	김소연 222 김민진 227 정권술 224
	조미주 488		정혜미 408 이민정 409							김은수 223 이미경 228
관리 운영직 및 기타										
FAX	711 -6153		623- 9203	711 -6154					711 -6148	626 -2502

중부산세무서

대표전화: 051-2400-200 / DID: 051-2400-OOO

서장: **김 시 현**
DID: 051-2400-201

주소	부산광역시 중구 흑교로 64 (보수동1가) (우) 48962				
코드번호	602	계좌번호	030562	사업자번호	602-83-00129
관할구역	부산광역시 중구, 영도구			이메일	jungbusan@nts.go.kr

과	체납징세과			부가소득세과		
과장	손미숙 240			이형오 280		
계	운영지원	체납추적	징세	부가1	부가2	소득
계장	송성욱 241	김정면 441	박정신 261	윤성조 281	박영철 301	정석주 361
국세 조사관		김현배 442	천효순 262	박정이 284		정창성 362
	변숙자 243 박건태 242	박문호 443 윤창중 445 백상현 446	김은연 265	곽원일 282 최미경 287 윤은미 283	민승기 306 김성희 302 오영주 303	박지현 363 오지연 364
	김덕봉 246 장성욱 244	이택건 447		오진옥 313	윤가영 313 김시현 304	이철민 365
	김병수 248 성문성 245	백승옥 448 박소영 449		하승훈 285 조민지 286	안혜령 305	최예영 366 김다예 367 손정화 368
관리 운영직 및 기타						
FAX	711-6537			253-5581	711-6535	

재무인의 가치를 높이는 변화 '조세일보 정회원'

행정법원 판례를 포함한 20만건 이상의 최신 예규와 판례를 제공합니다.

1등 조세회계 경제신문 조세일보

과	재산법인세과		조사과			납세자보호담당관	
과장	이영환 400		임형걸 640			김내리 210	
계	재산	법인	조사관리	조사	세원정보	납세자보호	민원봉사실
계장	김덕성 481	김상영 401	이상훈 641	박병찬 651	정호원 691	이성호 211	박현지 221
	조영수 482	이진경 402	양은주 642	김호 661	염왕기 692	신용현 212	
	김권하 483	박지영 403 유홍주 404 김현목 405		김은혜 652 김상엽 661 정호진 663 배영태 671 이세호 672	정성주 693		박성우 222 박승혜 224 김미현 223
국세 조사관	이재성 484 김경우 485	오서영 406 백영규 407	권순한 643	안태영 653 박효진 664 박유나 673		박하영 213	김수현 226
		조은서 408 임도훈 409					이한솔 225
관리 운영직 및 기타							
FAX	240-0419		711-6538			240-0628	

443

해운대세무서

대표전화: 051-6609-200 / DID: 051-6609-OOO

서장: **황 동 수**
DID: 051-6609-201

주소	부산광역시 해운대구 달맞이길 62번길 38 4,5F (중동) (우) 48098				
코드번호	623	계좌번호	025470	사업자번호	
관할구역	부산광역시 해운대구			이메일	

과	체납징세과			부가가치세과		소득세과	
과장	백선기 240			강재원 280		허인영 360	
계	운영지원	체납추적	징세	부가1	부가2	소득1	소득2
계장	박경민 241	박영곤 441	정정애 261	강호일 281	윤병용 301	권병선 361	이승철 621
국세 조사관				김정도 282	김동환 302	전지현 368	김필순 622
국세 조사관	조인순 242 김민수 243 김덕성 246 박희종 247	양회종 442 문성철 443 전경숙 444 박주범 445 김유리 446 민경진 447	양승민 262	박진용 283 이지은	김언선 303	양문석 362 정부원 363 김민정 364 김현미 365	이호영 623 김민정 624 장주영 625
국세 조사관	최미르 244	강성룡 448 옥수빈 449 허태구 450	방은혜 유정욱 264	박지영 284 이민영 285 곽상은 286 김혜은 287	노경환 304 이승민 305 최성임 306 성현영		이민영 626 홍지성
국세 조사관	허재호 245	안진영 451 이고은 452		남예나 288	최수아 307 이승걸 308	이강욱 366 한시윤 367	
관리 운영직 및 기타							
FAX	512-3917						

444

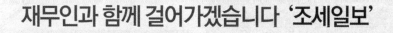

재무인과 함께 걸어가겠습니다 '조세일보'

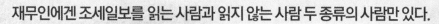

재무인에겐 조세일보를 읽는 사람과 읽지 않는 사람 두 종류의 사람만 있다.

과	재산법인세과			조사과			납세자보호담당관	
과장	권영록 400			정영덕 640			백영상 210	
계	재산1	재산2	법인	조사관리	조사	세원정보	납세자 보호실	민원봉사실
계장	이영태 481	박창열 501	신용대 401	이기태 641	김성홍 651	고영준 691	최창수 211	최영호 221
국세 조사관	조재화 482		김형래 402 정성훈 403		조재성 660		지연주 212	곽충균 222
	추병일 483 김명철 484 진성은 485	채규욱 504 이종배 505 배인성 502	손진락 404 임우철 405 고지원 406	박상길 642 한윤주 643 강정대 644	최대현 652 김주훈 654 윤현식 658	최윤정 693	이상덕 213 최호성 214	김환진 223
	조은해 486 김경숙 487	옥호근 503	전지혜 407	최지혜	이채호 655 양효진 653 권진아 656 김선기 661 이청림 662			전하나 224
	박희진 488 박주희 489 장회정		이희령 408 곽소라 409 한정호 410					김희애 225 김효진 226 박숙현
관리 운영직 및 기타								
FAX								

동울산세무서

대표전화: 052-2199-200 / DID: 052-2199-OOO

서장: **배 상 록**
DID: 052-2199-201

주소	울산광역시 북구 사청2길 7 (화봉동) (우) 44239			
코드번호	620	계좌번호 001601	사업자번호	610-83-05315
관할구역	울산광역시 중구, 동구, 북구, 울주군(언양읍, 범서읍, 두동면, 두서면, 상북면, 삼남면, 삼동면)		이메일	dongulsan@webmail.nts.go.kr

과	체납징세과				부가가치세과		소득세과	
과장	이홍환 240				정문수 280		오규철 360	
계	운영지원	체납추적1	체납추적2	징세	부가1	부가2	소득1	소득2
계장	김분숙 241	신용도 441	박윤범 461	이선철 261	이성락 281	김국진 301	장호철 361	김미영 621
국세 조사관	강혜윤 242	한대섭 443		진은주 262	김부일 282	송창언 302	윤성기 362	손민영 622
	엄태준 243 김은주 245	제재호 444 황경호 445 정경임 446	최봉순 464 성은영 465 김준연 466	권미정 263	김미옥 283 박인혁 284 우정순 285 전국화 286	노태건 315 장광택 303 최선경 304 금인숙 305 이정규 306	박미영 363 김영진 364 권익현 365	양미례 623 백승연 624 류장식 625
	이정애 200 이정걸 246 심민기 244 이위형 247	위부일 447	김석민 468 홍민지 467	손지혜 264	이선화 287 김현아 288 정영록 289 김보경 290 정주희 291	고은 307 김정은 308 엄새얀 309 김현범 316 정민영 310 문예지 311	강희정 366 정선두 367	정재현 626 하선우 627
		김효민 448 강슬아 449	이진수 469		하태영 292 김민정 293	이강현 312 김동현 313	정인철 368 강민재 369	반재욱 628 정혜윤 629
관리 운영직 및 기타								
FAX	713-5173				289-8367		289-8375	

1등 조세회계 경제신문 조세일보

과	재산법인세과			조사과			납세자보호담당관	
과장	김정명 400			정지윤 640			이준호 210	
계	재산1	재산2	법인	조사관리	조사	세원정보	납세자보호	민원봉사
계장	김갑이 481	한종창 501	이승준 401		박종수 651	김종요 691	강경태 211	김동오 221
국세조사관	이형석 483	조석주 502	황정민 402		김난희 661 장효영 671			이은희 222
	김현기 484 박준성 485	제범모 503 서기석 504 허규석 505	진효영 403 박주희 404 전경일 405 박일동 406 이상훈 407	이영수 642	박진관 681 이철호 652 조재천 662 손이슬 672 강병진 682	우인영 692 서정규 693	김경화 212 김구환 213	박복자 223 김미경 224 김도연 225
	안지현 486 박선희 492 최제환 487		김성진 408 김슬지 409	조태성 643	김윤주 653 황현 엄제현 673 정세미 683		김효정 214	박민주 226 이한라 227
	노민욱 488 김일희 489 조미란 490 이찬희 491		김동현 410 황나래 411 강수연 412		송인경 663			김미소 227
관리운영직 및 기타								
FAX	287-0729	289-8368		289-8369			289-8370	289-8371

울산세무서

대표전화: 052-2590-200 / DID: 052-2590-OOO

서장: **유 수 호**
DID: 052-2590-201

주소	울산광역시 남구 갈밭로 49(삼산동 1632-1번지) (우) 44715						
코드번호	610		계좌번호	160021		사업자번호	
관할구역	울산광역시 남구, 울산광역시 울주군(웅촌,온산,온양,청량,서생)					이메일	ulsan@nts.go.kr

과	체납징세과				부가가치세과		소득세과	
과장	김선민 240				박성민 280		강헌구 360	
계	운영지원	체납추적1	체납추적2	징세	부가1	부가2	소득1	소득2
계장	남관길 241	최주영 441	현경훈 461	이상근 261	신성만 281	남권효 301	유진희 361	서덕수 621
국세 조사관	박선영 242			공미경 262	김민수 282	김호 302	박현순 362	신현우 622
	박욱현 243	김기업 442 박용섭 443 김선희 444 이소영 445	정명환 462 이희정 463 노동율 464 정설아 465	신민채 263	조숙현 283 박수경 284 이소영 285	윤석중 303 김준호 304 차기숙 305 안수연 306	허명화 363 김라은 364	김지혜 623
	임혜정 244 이형근 245 최동석 246 남인제 247	양영선 446 김재민 447	정승현 466	안은주 264	정수희 286 진선미 287 장미진 288 이상욱 289 이기정 673	엄기동 307 변혜정 308 구상은 309 엄수민 310	이효진 365 최원우 366 김성준 367	정우수 624 손주희 625 박정연 626
		임나영 448 백제흠 449	박성희 467		박영철 290 이다솜 291 이승훈 292	이창훈 311 이성은 312		정진호 627
관리 운영직 및 기타								
FAX	266-2135				266-2136		257-9435	

1등 조세회계전문 경제신문 조세일보

조세일보 정회원 가입(연구독료 15만원) 시 추가 비용없이
조세일보Plus를 발송해 드립니다.

과	재산법인세과				조사과			납세자보호담당관	
과장	김순줄 400				임종훈 640			장석현 210	
계	재산신고	재산조사	법인1	법인2	조사관리	조사	세원정보	납세자보호	민원봉사실
계장	이기용 481	김진도 501	이수용 401	문경덕 421	정은성 642	손해진 651	황규설 691	이정은 211	박동기 221
국세조사관	김점준 482		이승진 402	김동훈 422			임윤영 692	신상수 212	최고진 222
	조성래 483 김영미 484 이진희 485 최경은 486 김미옥 519	김풍명 502 곽영근 503	김징식 403 김성기 404	김연진 423 박상용 424	최징웅 643	김풍오 655 윤한 강병문 658 윤민희 652 임영희 661 성상진 662 박치호 656 김지현 659	김수진 693	쇠항호 213	아예숙 223 윤영자 253 김선광 224 이선이 225
	천혜미 487	주선돈 504 김나래 505	김혜진 405 유승주 406 백아름 407	김슬빛 425 하소영 426 서은혜 427 이남호 428	이미진 644	신병준 653 고주환 660 이미연 663 김솔 657		박미라 214	정혜경 226 송예진 227
			이주혜 408						이재열 228 김민희 229
관리운영직 및 기타									
FAX	257-9434				266-2139		273-1636	266-2140	273-2100

449

거창세무서

대표전화: 055-9400-200 / DID: 055-9400-○○○

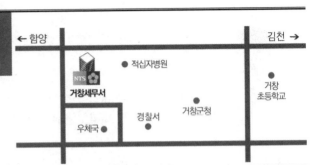

서장: **김 용 진**
DID: 055-9400-201

주소	경상남도 거창군 거창읍 상동2길 14 (상림리) (우) 50132				
코드번호	611	계좌번호	950419	사업자번호	611-83-00123
관할구역	경상남도 거창군, 함양군, 합천군			이메일	geochang@nts.go.kr

과	체납징세과		
과장	오성현 240		
계	운영지원	체납추적	조사
계장	김지현 241	정재록 441	김재년 651
국세조사관	윤영수 242		
	정미현 243 김순구 245	김세현 442 김태수 443 이우성 444	이동훈 652 한임철 653
	이준희 246	김경은 445	김현수 654 강민준 655
관리 운영직 및 기타			
FAX	942-3616		

과	세원관리과				납세자보호담당관	
과장	김민규 280					
계	부가소득		재산법인		납세자보호	민원봉사실
	부가	소득	재산	법인		
계장	김충일 281		조강래 481		유재군 211	전우현 221
국세조사관	김원희 282	두영배 290		서정학 402		정태환 222
	이균진 283 염인균 284 박주영 285	김병수 291 권은정 292	이병훈 482 박호용 483 이은상 484	서재필 403 성지혜 404		임인섭(합천민원실) 224 조재형(오전) 223 김한신(함양민원실) 055-964-2100
		유재학 293	고진수 485			
	김예준 286		최안욱 486			
관리운영직및기타						
FAX	944-0382		944-5448		944-0381	

451

김해세무서

대표전화: 055-3206-200 / DID: 055-3206-OOO

서장: **이 동 준**
DID: 055-3206-201

주소	경상남도 김해시 호계로 440 (부원동) (우) 50922 밀양지서: 경남 밀양시 중앙로 235 (삼문동 141-2번지) (우) 50440

코드번호	615	계좌번호	000178	사업자번호	
관할구역	경상남도 김해시, 밀양시 전체			이메일	gimhae@nts.go.kr

과	체납징세과				부가가치세과			소득세과		재산세과	
과장	권오식 240				차규상 280			임한영 360		조관운 480	
계	운영지원	체납추적1	체납추적2	징세	부가1	부가2	부가3	개인1	개인2	재산1	재산2
계장	이상곤 241	이강욱 441	조선제 461	이종면 261	문원수 281	장호천 301	박점룡 321	박승호 361	김풍겸 621	천용강 481	
국세 조사관	조준영 242	김일규 442 이미향 443	주종휘 462	김찬일 262	이유만 282	문성배 302	조용호 322		김슬기론 622	이송우 482 손보경 483	고영조 501 선병우 502
	김동건 243 정은이 246	박영일 명상희 445	김태인 464 이가영 465	손영미 263 김금순 264	전영수 283 정해연 284 최보경 285	김경용 303 황미옥 304 이경희 305	박흥수 323 김은희 324 최은태 325	윤봉한 363 배선경 364 김성훈 365	조병환 623	조은하 484 김대원 485 배선미 486	박수성 503 박건영 504 이재성 505 박종민 506
	이광재 244 김명섭 247	류서현 450 최지영 446 오지현 447	오애란 466 이선규 467	정인구 265	이성훈 286 신미경 287	전다혜 306 이현정 307	김미진 326 백종욱 327 이유정 328	전종호 366 김홍석 367	박상미 624 이동민 625	이혜령 487 서민혜 488 최희숙 490	
	최성민 이제연 245 김민재 248	강기완 448 이지영 449	남연주 468 문지민 469 정성윤 463		김지희 288 박모영 289 이지원 290 박용훈 291	박세웅 308 임규빈 309 김경이 310	서유진 329 송다성 330	조원희 368 전윤지 369	이혜림 626 정대교 627 박다정 628	김진수 489	
관리 운영직 및 기타											
FAX	335-2250	349-3471		335-2250	329-4904			329-3473		329-4902	

452

과	법인세과		조사과			납세자보호담당관		밀양지서		
과장	우영진 400		전길영 640			김병수 210		하필태 359-0202		
계	법인1	법인2	조사관리	조사팀	세원정보	납세자보호	민원봉사실	납세자보호	부가소득	재산법인
계장	안정희 401	손길규 421	변주섭 641	윤상필 651	안창한 691	오상욱 211	권종인 221	문명식 211	양현근 300	이진섭 400
국세조사관	한창용 402	강희경 422	이강우 642	오철록 652 정월선 653 조수동 654 김병부 655	황흥모 692	천호철 212			김성수 301	김유진 401 배기득 402
국세조사관	윤정훈 403 서현주 404 안혜영 405 최숙경 406	이세훈 423 신영승 424 정지현 425	이재영 643 강선실 644	임완진 661 박순찬 662 임병훈 656 강성민 666 김경진 665 이정웅 664 정수연 663 김상현 665 박승종 673 김경화 672	이현우 693	이주현 213	조경진 김나영 226 손민정 222 박정현 228 김현정 223 임혜경 229	손진성 213 이우형 214	이성웅 302 조현진 303 이성호 304 박명애	이수길 403 하회성 404 홍기성 405
국세조사관	박태훈 407 김형섭 408	정미선 426 강혜은 427 남창희 428	김혜진 645			구수목 214	김미정 224 김나은 225 강영희 227	이채은 212	이현도 305 박재형 306 박진호 307	
국세조사관				김소영 671 김보민 674					박홍제 308 권대호 309 김은영 310	김민규 406
관리 운영직 및 기타										
FAX	329-3477		329-4303		329 -3472	335 -2100	329 -4901	359 -0612	3535 -2228	355 -8462

마산세무서

대표전화: 055-2400-200 / DID: 055-2400-OOO

서장: **최 상 호**
DID: 055-2400-201

주소	경상남도 창원시 마산합포구 3.15대로 211 (중앙동3가 3-8) (우) 51265					
코드번호	608	**계좌번호**	140672	**사업자번호**	
관할구역	경상남도 창원시 마산합포구, 마산회원구, 함안군, 의령군, 창녕군			**이메일**	masan@nts.go.kr

과	체납징세과				부가가치세과			소득세과	
과장	김용오 240				최은호 280			이정훈 360	
계	업무지원	체납추적1	체납추적2	징세	부가1	부가2	부가3	소득1	소득2
계장	전태회 241	임상현 441	임창수 461	오세은 261	조민경 281	이상호 301	박성규 321	장백용 361	노재동 381
국세조사관		이병국 442				윤간오 302	윤한필 322	김태균 362	
국세조사관	허종주 242 어윤필 243 김태철 (방호) 246 김태숙 (사무) 247	송대섭 443 노재진 444 송미연 445	이병관 462 이재웅 463 이지현 464 김회정 465	윤정미 262 김정이 264 최혜선 263 변은희 268	김창윤 282 강경래 283 노미해 284 임수정 285 문영미 290	유송화 303 문두열 304 장명수 305 이명미 306	이효영 323 황성업 324 김윤진 325	이봉화 363 이인혁 364 강곡지 (사무) 370	김세영 382 김종식 383 정성만 384 황성택 389
국세조사관	박경주 244 김태경 245	강대석 446	정유진 466	서지혜 264 채경연 268	이부경 286 박미숙 276 박인홍 287	김가은 307	오정민 326 이동윤 327 박윤경 328	주혜진 275 임병섭 365 진소영 조강훈 366	이준식 385 최은경 386
국세조사관	김중훈 (운전) 248	강민규 447 전현명 448	이순욱 467		이성혜 288	우재진 308	김현정 329 박성준 330	이대현 367 박지은 368	신동근 387 최인영 388
관리 운영직 및 기타									
FAX	223-6881				241-8634			245-4883	

454

과	재산법인세과				조사과			납세자보호담당관	
과장	김필근 400				구석연 640			박경춘 210	
계	재산1	재산2	법인1	법인2	조사관리	조사	세원정보	납세자보호	민원봉사실
계장	조형래 481	이장호 501	임희택 401	문병찬 421	박욱상 641	임채일 651	김대엽 691	박호갑 211	하재현 221
국세조사관	김정분 482	김태호 502	류현철 402	정수환 422	권태훈 642	심우용 652 김병삼 653			장효윤 231 하경혜 222
	문선희 483 김영주 484 김성철 485 전홍미 537 곽다혜 486 박보경 487 황혜경 (사무) 490	조미희 503 윤정원 504	송우용 403 정민석 404 김미숙 405 문숙미 (사무) 410	김혜원 423 우현하 424		임상조 654 이정옥 662 최호영 655 임지혜 666 김형두 658 이주석 656 박용진 664 하민혜 661 오은주 657 최윤혁 659 이성훈 663	강성호 692 김태수 693	안승훈 212 안대철 213	정성우 223 서혜진 224 권영철 225 홍은아 226
			최진숙 406 윤소월 407	채여정 425 김성택 426 송민국 427 강호윤 428	문병국 643 전지민 644	김수진 665 손병열 660 홍민정 665		안재현 215 서기정 214	박은경 227
	김승미 488 진현호 489		배지홍 408	김혜린 429		황지언 667			백상훈 228 권수경 229
관리 운영직 및 기타									
FAX	223-6911		245-4885		244-0850			223-6880	240-0238

양산세무서

대표전화: 055-3896-200 / DID: 055-3896-OOO

서장: **손 해 수**
DID: 055-3896-201

주소	경상남도 양산시 물금읍 증산역로 135, 9층, 10층 (가촌리1296-1) (우) 50653 웅상지역민원실 : 경상남도 양산시 진등길 40 (주진동) (우) 50519				
코드번호	624	계좌번호	026194	사업자번호	
관할구역	경상남도 양산시			이메일	

과	체납징세과			부가소득세과			재산세과	
과장	김성호 240			박영언 280			신준기 480	
계	운영지원	체납추적	징세	부가1	부가2	소득	재산1	재산2
계장	박은주 241	김연주 441	임동욱 261	이수미 281	손완수 301	김홍수 321	이금대 481	박현정 501
국세 조사관		장인철 442						
국세 조사관	백종렬 242 백상인 245	노희옥 443 정정민 445	권경숙 262 김윤경 263	김민석 282 장두진 283	김상욱 302 정종근 307	김숙희 322 이정관 323 김동영 324	안상재 482	한정민 502 조형석 503
국세 조사관	박유림 243	노미향 446 송현주 447 이규호 448 이승진 449 정혜진 450	노윤주 264	박화경 284 김민지 285	송인출 303 서솔지 304	조연수 325 김희선 326	김주영 483	김병창 504
국세 조사관	김형진 244 장성근 246			문민지 286 김명선 287	김민주 305 이예영 306	김성수 327 김지용 328	추지희 485 류지윤 486 이수정 487	
관리 운영직 및 기타								
FAX	389-6602	389-6603		389-6604			389-6605	

과	법인세과		조사과			납세자보호담당관	
과장	정상봉 400		임영주 640			안용희 210	
계	법인1	법인2	조사관리	조사	세원정보	납세자보호	민원봉사실
계장	이수원 401	권윤호 421	천공순 641	김현도 651	민병기 691	이한경 211	
국세조사관	구수연 402	이진영 422	최윤겸 642	이동진 654 김동원 656		김문정 212	장지무 222
국세조사관	안창현 403			이태호 652 장혜민 657			임주영 225 박민우 225
국세조사관	이현진 404 이정호 405	정경미 423 최정훈 424	문희준 643	김희정 653 서충석 655	문홍섭 692	이상준 213	박주아 781-2267 전봄내 224 장현진 224 강병수 223
국세조사관							이정미 781-2268
관리운영직 및 기타							
FAX	389-6606		389-6607			389-6608	389-6609	389-6610

진주세무서

대표전화: 055-7510-200 / DID: 055-7510-OOO

서장: **공 병 규**
DID: 055-7510-201

주소	경상남도 진주시 진주대로908번길 15 (칠암동) (우) 52724 사천지서: 경상남도 사천시 용현면 시청2길 27-20 (우) 52539 하동지서: 경상남도 하동군 하동읍 하동공원길 8 (우) 52331		
코드번호	613	계좌번호	950435	사업자번호	
관할구역	경상남도 진주시, 사천시, 하동군		이메일	jinju@nts.go.kr

과	체납징세과			부가소득세과			재산법인세과			
과장	박진석 240			최태형 280			유진호 400			
계	운영지원	체납추적	징세	부가1	부가2	소득	재산1	재산2	법인1	법인2
계장	하병욱 241	김귀현 441	김인화 261	정용민 281	오영권 301	강호준 361	김용대 481		최은호 401	이철승 421
국세 조사관		김성혁 442			김현열 295 김수영 302	최진관 362	여정민 483	이병숙 501 손은경 502 윤연갑 503	김용원 402	정유진 422
	하민수 242 이정례 246 박화순 200	유민호 443 임태수 443 이성규 445 정옥상 446 김병기 447 안원기 448 곽진우 449 김현우 450	김민정 262 강홍경 264	천승민 282 전영철 283 김정식 284 서해인 288	이종원 303 홍성기 296	강민호 363 조미경 364	강동수 484 손해진 485 이보라 486	윤중해 504 김태식 505 이설희 506	이전승 403 장승일 404 김경인 405 정의웅 406 여리화 408	이은순 423 김동호 424 김재환 425 임원희 426
	박용선 247 김은주 243 박지용 244 정연국 613	배영은 451	정하정 263	김난영 285 송승리 286	최정연 305 김수연 306	이경구 365 추상미 366			정소영 407	최승훈 427
	송효진 245	장윤화 452	천승리 268 진현탁 268	주현진 287 서금주 289 이근우 290	한지희 307 박준태 308 이민지 309	구경택 367 최윤아 368 김상훈 369	권영은 487	공보선 507		
관리 운영직 및 기타										
FAX	서장실 751-0203 운영과 753-9009			752-2100		761 -3478	762-1397			

과	조사과			납세자보호담당관		하동지서			사천지서		
과장	박해근 640			김균열 210		김양수 8684-201			최정식 8685-201		
계	조사 관리	조사	세원 정보	납세자 보호	민원 봉사실	납세자 보호	부가소득	재산	납세자 보호	부가소득	재산
계장	장은영 641		정병수 691	하영설 211	조완석 221 오병환 (동원) (산청) 970-6207		최해인 300	하철호 400		모규인 301	송기홍 401
국세 조사관	배준철 642	김창현 651 박병규 652 이동희 653				이상현 (남해) 863-2341 박철 211	권성표 301 화종원 302 강병철 303		김양수 211		강욱중 402
	임상만 643	강상원 654 김화영 661 오성현 662 여명철 663 강철구 664	김재준 692	김재철 212 조기현 213 김아영 214	조현용 222 윤성혜 223		김양수 304	김인수 401 이환선 402	이진경 212	최진우 303 이인재 304 류정훈 305 김진 306 김태성 307 류태경 308	김영훈 403
		우동훈 673 정성원 671	정경민 693		강경옥 224	신솔지 212			김규진 213	강효경 309 양은지 310	
		김경미 674 김정은 672			김준호 225 현경석 226	황미정 (남해) 863-2346 김영민 213	김영화 305 이영채 306	고지환 403		이현우 311 김지현 312	
관리 운영직 및 기타											
FAX	758-9060			납보실 753-9269 민원실 758-9061 민원용 752-4105		납보실 883-9931 재산 882-9627 남해민원실 863-2343			납보실 835-2105 재산 835-0571 개인 835-0570		

창원세무서

대표전화: 055-2390-200 / DID: 055-2390-OOO

서장: **하 영 식**
DID: 055-2390-201

주소	경상남도 창원시 의창구 중앙대로 209번길 16 (용호동) (우) 51430 진해민원실 : 경상남도 창원시 진해구 진해대로 719 진해상공회의소 1층 (우) 51582				
코드번호	609	계좌번호	140669	사업자번호	
관할구역	창원시 성산구, 의창구, 진해구			이메일	changwon@nts.go.kr

과	체납징세과				부가가치세과			소득세과	
과장	윤진일 240				김복성 280			문병엽 360	
계	업무지원	징세	체납추적1	체납추적2	부가1	부가2	부가3	소득1	소득2
계장	조민래 241	최경희 261	김희준 441	박석규 461	이화석 281	정성호 301	이창훈 321	김려하 361	서영호 381
국세조사관				정부섭 462	김계영 282	이병준 302	장세철 322 이만호 323	이승규 362	심순보 382 이중호 383
	조주호 242 안수진 245 노지원 243 이소은 244 이기영 247 유정우 248	배미영 262 이보은 263 김경혜 265	곽봉신 443 정은진 444 이창희 442 명영빈 445	김희문 463 곽용석 465	김진아 283 이진호 284 홍지영 235 최정애 285 박진우 286 강희 291	이현정 303 안종규 304 김도헌 305 김민정 305	남동현 324 정다운 325	박종군 364 박희숙 391	곽윤영 384
	박동홍 246	이혜경 264	김지희 446 한정필 447 황규현 448	윤진명 466 옥채순 467 박주희 468 이은행 469	김경태 287 조용현 288	남송이 307 김현주 308	차민식 326 김규민 327 강혜진 328	권은경 365 최은진 366 김대원 367 이은미 365 구령선 368 김나현 369	권보란 385 심시온 386 김수창 387
	임종필 (운전) 249		이상민 449 김태균 450	김대현 470	권승비 235 서민경 289	박세린 309 박인애 310	양재영 329 홍고은 330	유지향 370	서가은 387
관리 운영직 및 기타									
FAX	287-1394				285-0161	285-0162		285-0163	285-0164

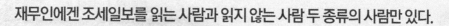

과	재산세과		법인세과		조사과			납세자보호담당관	
과장	신기준 480		김유신 400		공명호 640			강승구 210	
계	재산1	재산2	법인1	법인2	조사관리	조사	세원정보	납세자보호	민원봉사실
계장	조웅규 481	성희찬 501	안희식 401	우용범 421	하지경 641	홍덕희 651	신성원 691	이상미 211	양종원 221
국세조사관	하구식 482	윤봉원 503 배광한 505	백성경 402 곽지은 403	이동준 422		이재관 654 김정국 671 이호상 674		김창석 212	이봉철 222
	윤정아 483 우재경 484 박해경 485 김경승 486 심연주 487 오승희 488 최인아	김용백 502	문승준 404 최수식 405 이소애 406 최현준 407 이현희 410	김병철 423 이점순 424 서윤경 425 이윤미 426 강대현 427	황민훈 642 김진수 644 이혜정 645	전창석 681 강정선 675 김해진 652 신성용 (파견) 윤세영 655 정창국 657 이영진 656	이희진 692	채승아 213 구현진 214 허종구 215	서상율 228 정성욱 223 이경미 224
	김예정 489 장혜원	김영수 504	최혜선 408 정유영 409	김기용 428 조현아 429	최신애 643	이영수 672 김나영 682 강수원 683 김준수 676 김형민 673 진현덕 658 이정화 653	정대희 693	서학근 216	황선주 225 김지혜 226 정승아 227 윤재련 229
	김성훈 490	이아름 506		박상우 430					김령언 230 이은주 231 배지현 228
관리운영직및기타									
FAX	285-0165		287-1332		285-0166			266-9155	

통영세무서

대표전화: 055-6407-200 / DID: 055-6407-OOO

서장: **우 창 용**
DID: 055-6407-201

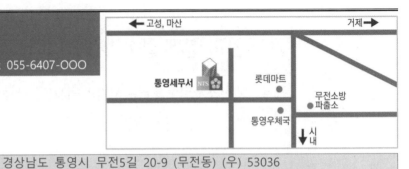

주소	경상남도 통영시 무전5길 20-9 (무전동) (우) 53036 거제지서: 거제시 계룡로11길 9 (고현동) (우) 53257				
코드번호	612	계좌번호	140708	사업자번호	
관할구역	경상남도 통영시, 거제시, 고성군		이메일	tongyeong@nts.go.kr	

과	체납징세과					세원관리과			
과장	조주환 240					오창주 280			
계	운영지원	체납추적	징세	조사	세원정보	부가	소득	재산법인	
								재산	법인
계장	장준 241	정용섭 441	정용섭 (직무대리) 261	김종진 651	오대석 691	박종헌 281	최명환 361	김수영 481	
국세 조사관				전종원 652 김민규 653 김진삼 654		정희봉 286 강준오 282	이화영 362	김현구 482	이동목 402
	이동규 242 임현진 243 조홍섭 244	진호근 442 허춘도 443 조경혜 444 김혜영 445	최은경 임수정 262	양예진 655 강호현 656	박용희 692	김봉재 283 윤덕원 285	서수정 363 이호성 364	이종욱 483 김현석 484	서대성 403 정연욱 404 정호성 405 이현주 406 최서윤 407
	김기웅 245	최선우 446 김행은 447		정현우 657 최욱경 658 강남호 659		배용현 287	김민준 365	설도환 485	박재우 408 한명진 409
	김창영 246 김광덕 247		백선우 263	서명진 660		오초룡 288 남지은 289 정수진 290	최재혁 366 한송희 367	김민지 486	
관리 운영직 및 기타									
FAX	644-1814	645-7283	645-0397	642-5117		644-4010		648-2748	649-5117

과	납세자보호담당관		거제지서				
과장	최병태 210		이용규 201				
계	납세자보호	민원봉사실	체납추적	납세자보호	부가소득		재산
					부가	소득	
계장	김병수 211	이재평 221	윤승호 441	최윤섭 211	이점수 300		윤승호(직무대리) 401
국세조사관	김평섭	전봉민 222	허치환 442	형만우 213	김주홍 301	송진욱 311	최대경 402
	김장관 212	이영숙 224	구본 443 서용오 444	신성일 214	이현재 302 김명희 303 김경숙 310	박상도 312 김지윤 313	이정훈 403 허진호 404 박성준 405
	윤호영 213	안세희 223	성미로 445 정찬호 446	주지훈 215 조윤주 216	이정은 304	구영범 314	최윤정 406 이승록 407
				문라형 217	이미선 317 김경민 305	임종근 315 김윤정 316	
관리 운영직 및 기타							
FAX	645-7287	646-9420		635-5002	636-5456		636-5457

제주세무서

대표전화: 064-7205-200 / DID: 064-7205-OOO

서장: **장 권 철**
DID: 064-7205-201

e-편한세상 APT
●보건소   도남주유소●
제주세무서
상공회의소   한국전력공사
●한국은행

주소	제주특별자치도 제주시 청사로 59 (도남동, 정부제주지방합동청사) (우) 63219 서귀포지서: 제주도 서귀포시 신중로55 서귀포시청 제2청사 1층 (우) 63565		
코드번호	616	계좌번호 120171	사업자번호
관할구역	제주특별자치도 (제주시, 서귀포시)	이메일	jeju@nts.go.kr

과	체납징세과				부가가치세과		소득세과		재산세과	
과장	노정민 240				김희대 280		문한별 360		박진홍 480	
계	운영지원	체납추적1	체납추적2	징세	부가1	부가2	소득1	소득2	재산1	재산2
계장	부상석 241	조영심 441	이창림 461	김시철 261	문기창 281	김광석 301	김유철 361	정희문 381	홍성수 481	홍명하 521
국세조사관			강희언 462	강동균 262	변관우 282	변시철 302	양용석 362		박순민 482	고봉국 522 박길훈 523
국세조사관	양원혁 242	문현국 442 정희종 443 양영혁 444	이창언 463 이창환 464 김성면 465	강해영 264	김완철 283 김윤정 284	지현철 303 양제문 315 임성준 304	김평화 363 김대훈 364	문영수 382 강상임 383	한창림 484 양석재 485 고창우 486 이상희 483 강상희 489	고계명 524 이선우 525 김우석 526
국세조사관	김시연 243 고경균 244 강형수 246	이상진 445	현창훈 467 김준섭 468	이계봉 263	정진우 285 이치훈 286 송정민 287 고지은 292	좌용준 305 고상희 306 허윤숙 307	이진선 365 이혜지 366	이부형 384 김성주 385	김원경 487	
국세조사관	유준상 245	추현희 446 전용준 447 고민하 448	문혜정 469 이수경 470		김연순 288 이하림 289 신소희 290 박연주 291	장익준 316 서현경 308 길민재 309 박동호 310	이종률 367 곽한울 368	황혜진 386 황지혜 387 김문정 388	이희정 488 김태환 504	
관리 운영직 및 기타										
FAX	724-1107(운영), 724-2271(체납)				724-2272		724-2274		724-2273	

과	법인세과		조사과			납세자보호담당관		서귀포지서		
과장	강상염 400		오세두 640			김형준 210		이영숙 201		
계	법인1	법인2	조사관리	조사	세원정보	납세자보호	민원봉사실	납세자보호	부가소득	재산
계장	김영민 401	이욱배 421	조용문 641	최경수 651	장영삼 691	강성철 211	이대균 221		최재훈 220	고병렬 250
국세조사관	강보성 402	홍영균 422		박정하 652 정덕주 653 고칭기 654	고규진 692	이현정 212	진경희 222	강영식 210	강신태 240 채경수 221	김철태 251
	강영진 403 좌종훈 404 최해성 405	고영남 423 강성철 424 김형익 425 김진열 426	부종철 642	오창곤 658 이경상 655 김성민 657 김임년 659		송병훈 213	송대근 223 강정인 229	박태성 211	이철용 230 이원경 222 나용선 223	문주경 252 최소윤 253 김선면 254
	양진혁 406 강가에 407		김민규 643	변경옥 661	신담호 693	고원정 214	김진호 225 강창희 226 김은경 224		손찬희 241 박석훈 231	
	김나영 408	고희주 427 주은진 428					박진아 227 조은영 228 김혜림 230		조준우 224 김수남 225 김민후 232 윤태영 242 김세기 226 이진희 227 박지혜 233 조윤서 228	
관리운영직및기타										
FAX	724-2276		724-2280			720-5217		730-9280		

465

관세청

관 세 청

주소	대전광역시 서구 청사로 189 정부대전청사 1동 (우) 35208
대표전화	1577-8577
팩스	042-472-2100
당직실	042-481-8849
고객지원센터	125
홈페이지	www.customs.go.kr

청장 　노석환

(D) 042-481-7600, 02-510-1600 (FAX) 042-481-7609

비 　서 　관 　남성훈 042-481-7601
비 　　　서 　최재원 042-481-7602
비 　　　서 　김혜림 042-481-7603

차장 　이찬기

(D) 042-481-7610, 02-510-1610 (FAX) 042-481-7619

비 　　　서 　우제국 042-481-7611

비 　　　서 　박은지 042-481-7612

관세청

대표전화: 042-481-4114 DID: 042-481-OOOO

청장: **노 석 환**
DID: 042-481-7600

과	대변인	관세국경위험관리센터	운영지원과장
과장	하변길 042-481-7615	김희리 042-481-1160	황승호 042-481-7620

국실	기획조정관			
국장	이종우 042-481-7640			
과	혁신기획재정담당관	인사관리담당관	규제개혁법무담당관	비상안전담당관
과장	박헌 7660	김정 7670	이상욱 7680	이병호 7690

국실	감사관		통관지원국		
국장	최능하 042-481-7700		이석문 042-481-7800		
과	감사담당관	감찰팀장	통관기획과	수출입물류과	특수통관과
과장	유태수 7710	양승혁 7720	강연호 7810	하유정 7820	김기동 7830

국실	자유무역협정집행기획관			심사정책국			
국장	성태곤 042-481-3200			주시경 042-481-7850			
과	FTA집행기획담당관	원산지지원담당관	FTA협력담당관	심사정책과	세원심사과	법인심사과	기획심사팀장
과장	김태영 3210	임현철 3220	양영준 3230	김종호 7860	김현정 7870	김재홍 7980	김현석 7880

국실	조사감시국			
국장	김용식 042-481-7900			
과	조사총괄과	관세국경감시과	외환조사과	국제조사팀
과장	유영한 7910	김동수 7920	정기섭 7930	이민근 02-510-1630

신한관세법인

대표이사 : 장승희

서울시 강남구 언주로 716 3,4층

전화 : 02-542-1181
직통 : 02-3448-1183
팩스 : 02-540-2323
이메일 : vision@shcs.kr

국실	정보협력국				
국장	고석진 042-481-7950				
과	정보기획과	정보관리과	교역협력과	국제협력팀장	정보개발팀장
과장	이진희 7760	7790	채봉규 7960	임주연 7970	오현진 3250

관세국경관리연수원

원장 : 조은정 / DID : 041-410-8500

충청남도 천안시 동남구 병천면 충절로 1687 (병천리 331) (우) 31254

과	교육지원과	인재개발과	탐지견훈련센터담당관
과장	김재식 8510	이해진 8530	채경식 4850

중앙관세분석소

소장 : 정윤성 / DID : 055-792-7300

경상남도 진주시 동진로 408 (충무공동 16-1) (우) 52851

총괄분석과	분석1관	분석2관	분석3관
김학규 7310	양진철 7320	김영희 7330	정재하 7340

관세평가분류원

원장 : 신현은 / DID : 042-714-7500

대전광역시 유성구 테크노2로 214 (탑림동 693) (우) 34027

과	관세평가과	품목분류1과	품목분류2과
과장	박지영 7501	신숙경 7521	한규희 7541
과	품목분류3과	품목분류4과	수출입안전심사1과	수출입안전심사2과
과장	이승연 7551	곽승만 7560	이득수 7570	이학보 7590

평택직할세관

세관장 : 이갑수 / DID : 031-8054-7001

경기도 평택시 포승읍 평택항만길 45 (만호리 340-3) (우) 17962

통관지원과	수입과	납세심사과
김민세 7020	이규본 7050	박상준 7100
조사과	감시과	휴대품과
김상연 7170	장상기 7200	심평식 7250

세무·회계 전문 홈페이지 무료제작

DIAMONDCLUB

다이아몬드 클럽

다이아몬드 클럽은

세무사, 회계사, 관세사 등을 대상으로 한 조세일보의 온라인 홍보클럽으로
세무·회계에 특화된 홈페이지와 온라인 홍보 서비스를 받으실 수 있습니다.

01 경제적 효과
기본형 홈페이지 구축비용 일체무료 / 도메인·호스팅 무료
홈페이지 운영비 절감 / 전문적인 웹서비스

02 홍보 효과
월평균 방문자 150만명에 달하는
조세일보 메인화면 배너홍보

03 기능적 효과
실시간 뉴스·정보 제공 / 세무·회계 전문 솔루션 탑
공지사항, 커뮤니티등 게시판 제공

가입문의 02-3146-8256

서울본부세관

주소	서울특별시 강남구 언주로 721 (논현2동 71) (우) 06050
대표전화	**02-510-1114**
팩스	**02-548-1381**
당직실	**02-510-1999**
고객지원센터	**125**
홈페이지	**www.customs.go.kr/seoul/**

세관장   이명구

(D) 02-510-1000 (FAX) 02-548-1922

비   서   하은혜 02-510-1002

통 관 국 장	**오 상 훈**	(D) 02-510-1100
F T A 집 행 국 장	**심 재 현**	(D) 02-510-1300
심 사 국 장	**장 웅 요**	(D) 02-510-1200
조 사 1 국 장	**손 문 갑**	(D) 02-510-1400
조 사 2 국 장	**이 동 현**	(D) 02-510-1700
안 양 세 관 장	**김 완 조**	(D) 031-596-2001
천 안 세 관 장	**한 용 우**	(D) 041-640-2300
청 주 세 관 장	**전 민 식**	(D) 043-717-5700
성 남 세 관 장	**원 용 택**	(D) 031-697-2570
파 주 세 관 장	**윤 영 배**	(D) 031-934-2800
구 로 비 즈 니 스 센 터 장	**이 현 주**	(D) 02-2107-2501
충 주 비 즈 니 스 센 터 장	**박 정 해**	(D) 043-720-5691
의 정 부 비 즈 니 스 센 터 장	**서 용 택**	(D) 031-540-2610
도 라 산 비 즈 니 스 센 터 장	**차 상 두**	(D) 031-950-2900

서울본부세관

대표전화: 02-510-1114 / DID: 02-510-OOOO

청장: **이 명 구**
DID: 02-510-1000

과	세관운영과	감사담당관	수출입기업지원센터장
과장	마순덕 1030	문행용 1010	김흥주 1370

국실	통관국			
국장	오상훈 02-510-1100			
과	통관지원과	수출과	수입과	이사화물과
과장	도기봉 1110	이정우 1130	1150	노병필 1180

국실	심사국					
국장	장웅요 02-510-1200					
과	심사총괄과	심사1관	심사2관	심사3관	심사4관	심사5관
과장	최천식 1210	김재홍 1240	김상우 1250	김경태 1270	박수영 1290	박성주 1940
과	심사6관	심사7관	심사8관	심사정보과	체납관리과	환급심사과	분석실장
과장	김성수 1960	강홍익 1550	장영민 1970	서영주 1310	김원석 1330	황남재 1350	정원일 1390

국실	조사1국			조사2국		
국장	손문갑 02-2015-1400			이동현 02-510-1700		
과	조사총괄과	특수조사과	사이버조사과	외환조사과	외환검사과	외환조사1관
과장	김규진 1410	이옥재 1910	강경아 1510	전성배 1710	문을열 1650	류기석 1730
과	조사정보과	조사관	외환조사2관	외환조사3관
과장	이정희 1770	황일규 1540	유정환 1750	이철옥 1470

국실	FTA집행국				안양세관	
국장	심재현 02-510-1300				김완조 031-596-2001	
과	FTA1과	FTA2과	FTA3과	FTA4과	통관지원과	조사심사과
과장	김세훈 1560	박병옥 1480	심기현 1580	김태봉 1860	송진근 2050	정민수 2010

세관	천안세관		청주세관		
세관장	한용우 041-640-2300		전민식 043-717-5700		
과	통관지원과	조사심사과	통관지원과	조사심사과	휴대품과
과장	조강식 2350	이병용 2320	이동수 5710	권오성 5730	오지훈 5750

세관	성남세관	파주세관	구로비즈니스센터
세관장	원용택 031-697-2570	윤영배 031-934-2800	이현주 02-2107-2501

세관	충주비즈니스센터	의정부비즈니스센터	도라산비즈니스센터
세관장	박정해 043-720-5691	서용택 031-540-2610	차상두 031-950-2900

재무인의 가치를 높이는 변화

조세일보 정회원

온라인 재무인명부
수시 업데이트 되는 국세청, 정·관계 인사의 프로필, 국세청,
지방국세청, 전국세무서, 관세청, 공정위, 금감원등 인력배치 현황

조세일보 Plus
주요뉴스를 정리하여 격주로 발행

예규·판례
행정법원 판례를 포함한 20만건 이상의 최신 예규, 판례 제공

구인구직
조세일보 일평균 10만 온라인 독자에게 채용 홍보

업무용 서식
세무·회계 및 업무용 필수서식 3,000여개 제공

세무계산기

묶음상품
정회원 기본형 : 조세일보 Plus + 유료기사 + 문자서비스 + 온라인 재무인명부 + 구인구직 = 15만원 / 연
정회원 통합형 : 정회원 기본형 + 예규·판례 = 30만원 / 연

개별상품
온라인 재무인명부 : 10만원 / 연 ┃ **구인구직** : 10만원 / 연

※ 자세한 조세일보 정회원 서비스 안내 http://www.joseilbo.com/members/info/

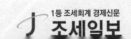

인천본부세관

주소	인천광역시 중구 서해대로 339 (항동7가 1-18) (우) 22346
대표전화	**032-452-3114**
팩스	**032-452-3149**
당직실	**032-452-3535**
고객지원센터	**125**
홈페이지	**www.customs.go.kr/incheon/**

세관장　　김윤식

(D) 032-452-3000, 4000(공항) (FAX) 032-891-9131

비　　　서　이주안　032-452-3012

비　　　서　윤다희　032-452-3001

항 만 통 관 감 시 국 장	**이 종 욱**	(D) 032-452-3200
공 항 통 관 감 시 국 장	**강 성 철**	(D) 032-722-4110
휴 대 품 통 관 1 국 장	**이 철 재**	(D) 032-722-4400
휴 대 품 통 관 2 국 장	**황 승 호**	(D) 032-723-5100
특 송 통 관 국 장	**정 호 창**	(D) 032-722-4300
심 사 국 장	**김 종 덕**	(D) 032-452-3300
조 사 국 장	**김 철 수**	(D) 032-452-3400
김 포 공 항 세 관 장	**이 범 주**	(D) 02-6930-4900
인 천 공 항 국 제 우 편 세 관 장	**박 희 규**	(D) 032-720-7410
수 원 세 관 장	**박 종 일**	(D) 031-547-3910
안 산 세 관 장	**김 기 재**	(D) 031-8085-3800
부 평 비 즈 니 스 센 터 장	**이 봉 원**	(D) 032-509-3700

인천본부세관

대표전화: 032-452-3114/ DID: 032-452-OOOO

청장: **김 윤 식**
DID: 032-452-3000

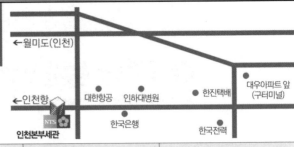

과	세관운영과		감사담당관	수출입기업지원센터	협업검사센터
과장	윤선덕 3100		염승열 4702	김영준 3630	김성진 3680
팀	인사팀	기획팀			
팀장	지성근 3120	최영훈 3110			

국실	항만통관감시국							
국장	이종욱 032-452-3200							
과	인천항통관지원1과	인천항운영팀장	인천항통관지원2과	인천항수출과	인천항수입1과	인천항수입2과	인천항수입3과	자유무역협정총괄
과장	유승정 3210	김용익 3205	류성현 3650	김원섭 3220	최현정 3240	채정균 3280	김가웅 3270	박세윤 5910

과	자유무역협정1과	자유무역협정2과	자유무역협정3과	감시총괄과	감시총괄팀	화물검사과	인천항감시과	
과장	김종철 3170	이종범 4010	최훈균 3020	오세현 3490	류승하 3447	문성환 3230	전병건 3480	

국실	심사국							
국장	김종덕 032-452-3300							
과	심사총괄과	심사1관	심사2관	심사3관	심사정보1관	심사정보2관	분석실	분석관
과장	이종호 3310	김동철 3390	박상원 3340	신승호 3570	이상수 3350	김진갑 4340	노덕수 3380	곽재석 4390

국실	휴대품통관1국						
국장	이철재 032-722-4400						
과	공항휴대품1과	여행자 정보분석과	공항휴대품 검사1관	공항휴대품 검사2관	공항휴대품 검사3관	공항휴대품 검사4관	공항휴대품 검사5관
과장	최형균 4410	장광현 4470	장준영	배국호	조진용	주성렬	강봉구
			(B)4520 (C)4530 (D)4540 (E)4550				
과	공항휴대품 검사6관	공항휴대품 검사7관	공항휴대품 검사8관	공항휴대품 검사9관	인천항 휴대품과	인천항휴대품 검사1관	인천항휴대품 검사2관
과장	곽기복	황영철	이의상	김성희 4450	권대호 3460	김수복 3520	박정우 3466
	(B)4520 (C)4530 (D)4540 (E)4550						

국실	휴대품통관2국							
국장	황승호 032-723-5100							
과	공항휴대품2과	공항휴대품 검사1관	공항휴대품 검사2관	공항휴대품 검사3관	공항휴대품 검사4관	공항휴대품 검사5관	공항휴대품 검사6관	공항휴대품 검사7관
과장	어태룡 5110	여환준	피상철	백형관	김진원	이돈변	임대룡	윤동규 5180
		(A)5160 (B)5170						

국실	조사국									
국장	김철수 032-452-3400									
과	조사 총괄과	조사1관	조사2관	조사3관	조사4관	조사5관	조사6관	조사 정보과	외환 조사과	마약 조사과
과장	박남기 3410	이근영 3040	김민호 3440	송웅호 3430	정신수 4610	신동윤 4670	김영기 5040	김범준 3420	문진규 3450	표동삼 4650

국실	공항통관감시국							
국장	강성철 032-722-4110							
과	공항통관지원과	공항수출과	공항수입1과	공항수입2과	공항감시과	공항감시관	장비과	전산정보관리과
과장	양을수 4105	오영진 4190	성행제 4210	김영현 4250	박병용 4730	김대길 5810	신진일 4780	신효상 4790

세관	특송통관국				김포공항세관		
세관장	정호창 032-722-4300				이범주 02-6930-4900		
과	특송통관1	특송통관2	특송통관3	특송통관4	통관지원과	조사심사과	휴대품과
과장	이상목 4320	박용찬 4800	강봉철 4880	임활규 4310	고광규 4910	지상균 4940	박선민 4970

세관	인천공항국제우편세관		수원세관		안산세관		부평비즈니스센터
세관장	박희규 032-720-7410		박종일 031-547-3910		김기재 031-8085-3800		이봉원 032-509-3700
과	우편통관과	우편검사과	통관지원과	조사심사과	통관지원과	조사심사과	
과장	양수영 7420	손요나 7440	안준 3920	방기준 3950	문미호 3850	민병조 3810	

부산본부세관

주소	부산광역시 중구 충장대로 20 (중앙로 4가 17) (우) 48940
대표전화	**051-620-6114**
팩스	**051-620-1115**
당직실	**051-620-6666**
고객지원센터	**125**
홈페이지	**customs.go.kr/busan/**

세관장 　제영광

(D) 051-620-6000 (FAX) 051-620-1100

비　　　서　최서연 051-620-6001

통　　관　　국　　장	이 근 후	(D) 051-620-6100
신 항 통 관 국 장	최 재 관	(D) 051-620-6200
심　　사　　국　　장	안 문 철	(D) 051-620-6300
조　　사　　국　　장	김 영 우	(D) 051-620-6400
감　　시　　국　　장	하 남 기	(D) 051-620-6700
김 해 공 항 세 관 장	김 영 환	(D) 051-899-7201
용　　당　　세　　관　　장	오 상 훈	(D) 055-240-7101
양　　산　　세　　관　　장	이 원 상	(D) 055-783-7300
창　　원　　세　　관　　장	김 기 훈	(D) 055-210-7600
마　　산　　세　　관	김 종 웅	(D) 055-240-7000
경 남 남 부 세 관	이 동 훈	(D) 055-639-7500
경 남 서 부 세 관	이 찬 섭	(D) 055-750-7900
통 영 비 즈 니 스 센 터	이 상 성	(D) 055-733-8000
부산국제우편비즈니스센터	김 상 훈	(D) 055-783-7400
진 해 비 즈 니 스 센 터	이 한 선	(D) 055-210-7680
사 천 비 즈 니 스 센 터	송 해 기	(D) 055-830-7800

부산본부세관

대표전화: 051-620-6114/ DID : 051-620-OOOO

청장: **제 영 광**
DID: 051-620-6000

과	세관운영과	감사담당관	수출입기업지원센터	협업검사센터
과장	김원식 6030	방대성 6010	강경훈 6950	곽경훈 6570

국실	통관국							
국장	이근후 051-620-6100							
과	통관지원	수출	수입	자유무역협정	부두통관1	부두통관2	휴대품	휴대품검사
과장	류경주 6110	서승현 6170	김기현 6210	장경호 6630	박언종 6240	김상식 6260	장은수 6730	임용견 6750

국실	신항통관국장		
국장	최재관 051-620-6200		
과	신항통관지원	신항수입	신항부두통관
과장	김승민 6202	윤인철 6150	석창휴 6280

국실	심사국						
국장	안문철 051-620-6300						
과	심사총괄	심사1관	심사2관	심사정보과	체납관리	분석실	분석관
과장	문흥호 6440	홍석헌 6330	정중희 6350	유명재 6370	안병윤 6390	성원식 6650	임병복 6660

국실	조사국							
국장	김영우 051-620-6400							
과	조사총괄	외환조사	조사정보과	조사1관	조사2관	조사3관	조사4관	외환조사관
과장	김성복 6410	김용진 6480	박부열 6420	노경환 6460	최현오 6430	6440	이종필 6450	전경수 6490

국실	감시국							
국장	하남기 051-620-6700							
과	감시총괄	화물검사	감시정보	감시1관	감시2관	감시3관	감시4관	감시장비
과장	윤청운 6710	신각성 6510	신영걸 6760	권대선 6790	김동영 6810	이병기 6830	양두열 6840	김정욱 6850

세관	김해공항세관			용당세관		양산세관	
세관장	김영환 051-899-7201			오상훈 055-240-7101		이원상 055-783-7300	
과	통관지원	조사심사	휴대품	통관지원	조사심사	통관지원	조사심사
과장	오동재 7210	김국만 7260	박준희 7240	최병웅 7130	노근홍 7110	이익재 7304	정연오 7303

세관	창원세관		마산세관		경남남부세관	
세관장	김기훈 055-210-7600		김종웅 055-240-7000		이동훈 055-639-7500	
과	통관지원과	조사심사과	통관지원	조사심사	통관지원	조사심사
과장	김명근 7610	김병헌 7630	이은호 7003	송현남 7004	김용국 7510	신용철 7520

세관	경남서부세관	통영비즈니스센터	부산국제우편 비즈니스센터	진해비즈니스센터	사천비즈니스센터
세관장	이찬섭 055-750-7900	이상성 055-733-8000	김상훈 055-783-7400	이한선 055-210-7680	송해기 055-830-7800

대구본부세관

주소	대구광역시 달서구 화암로 301 정부대구지방합동청사 4층, 5층 (우) 42768
대표전화	**053-230-5114**
팩스	**053-230-5611**
당직실	**053-230-5130**
고객지원센터	**125**
홈페이지	**www.customs.go.kr/daegu/**

세관장　　　　　김재일

(D) 053-230-5000 (FAX) 053-230-5129

비　　　서　김희정　053-230-5001

울 산 세 관	**이 갑 수**	(D) 052-278-2200
구 미 세 관	**김 종 기**	(D) 054-469-5600
포 항 세 관	**이 소 면**	(D) 054-720-5700
속 초 세 관	**이 승 필**	(D) 033-820-2100
동 해 세 관	**김 혁**	(D) 033-539-2650
온 산 비 즈 니 스 센 터	**조 종 필**	(D) 052-278-2340
고 성 비 즈 니 스 센 터	**최 영 주**	(D) 033-680-2180
원 주 비 즈 니 스 센 터	**이 윤 택**	(D) 033-811-2850

대구본부세관

대표전화: 053-230-5114/ DID: 053-230-OOOO

청장: **김 재 일**
DID: 053-230-5000

과	세관운영과	감사담당관	수출입기업 지원센터	통관지원과	자유무역 협정과	납세심사과	조사과	휴대품과
과장	강병로 5100	이영도 5050	김익헌 5180	박규창 5200	김명섭 5201	신태섭 5300	김남섭 5400	김양관 5500

세관	울산세관				구미세관	
세관장	이갑수 052-278-2200				김종기 054-469-5600	
과	통관지원과	조사심사과	감시과	감시관	통관지원과	조사심사과
과장	최연재 2230	김달수 2260	류재철 2290	나두영 2300	권신희 5610	임길호 5630

세관	포항세관		속초세관		동해세관	온산 비즈니스 센터	고성 비즈니스 센터	원주 비즈니스 센터
세관장	이소면 054-720-5700		이승필 033-820-2100		김혁 033-539-2650	조종필 052-278-2340	최영주 033-680-2180	이윤택 033-811-2850
과	통관지원과	조사심사과	통관지원과	조사심사과				
과장	정용환 5710	조철 5730	강민석 2120	박병철 2140				

광주본부세관

주소	광주광역시 북구 첨단과기로208번길 43 정부광주지방합동청사 10층, 11층 (우) 61011
대표전화	**062-975-8114**
팩스	**062-975-3102**
당직실	**062-975-8114**
고객지원센터	**125**
홈페이지	**www.customs.go.kr/gwangju/**

세관장   김광호

(D) 062-975-8000 (FAX) 062-975-3101

비   서 김경하 062-975-8003

광 양 세 관 장	**백 도 선**	(D) 061-797-8400
목 포 세 관 장	**김 성 원**	(D) 061-460-8500
대 전 세 관 장	**박 철 웅**	(D) 042-717-2200
여 수 세 관 장	**김 정 만**	(D) 061-660-8601
군 산 세 관 장	**김 재 권**	(D) 063-730-8701
제 주 세 관 장	**윤 동 주**	(D) 064-797-8801
전 주 세 관 장	**진 운 용**	(D) 063-710-8951
보 령 센 터 장	**윤 해 욱**	(D) 041-419-2751
완 도 비 즈 니 스 센 터	**박 해 준**	(D) 061-460-8570
대 산 비 즈 니 스 센 터	**김 덕 종**	(D) 041-419-2700
익 산 비 즈 니 스 센 터	**서 정 년**	(D) 063-720-8901

광주본부세관

대표전화: 062-975-8114 / DID: 062-975-OOOO

청장: **김 광 호**
DID: 062-975-8000

과	세관운영과	감사담당관	수출입기업 지원센터	통관지원과	납세심사과	조사과	휴대품과
과장	노시교 8020	민정기 8010	정진호 8190	양술 8040	김헌주 8060	양병택 8080	박종호 8200

세관	광양세관		목포세관		대전세관	
세관장	백도선 061-797-8400		김성원 061-460-8500		박철웅 042-717-2200	
과	통관지원과	조사심사과	통관지원과	조사심사과	통관지원과	조사심사과
과장	김용섭 8410	유현종 8430	허윤영 8510	신동현 8540	김소연 2220	손을호 2250

세관	여수세관		군산세관		제주세관		
세관장	김정만 061-660-8601		김재권 063-730-8701		윤동주 064-797-8801		
과	통관지원과	조사심사과	통관지원과	조사심사과	통관지원과	조사심사과	휴대품과
과장	김익현 8610	장유용 8650	심상수 8710	정연교 8730	고장우 8810	김병돈 8850	양성국 8830

세관	전주세관	완도비즈니스센터	대산비즈니스센터	보령센터	익산비즈니스센터
세관장	진운용 063-710-8951	박해준 061-460-8570	김덕종 041-419-2700	윤해욱 041-419-2751	서정년 063-720-8901

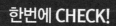

행정안전부 지방재정경제실

대표전화: 02-2100-3399/ DID: 02-205-OOOO

실장: **고 규 창**
DID: 044-205-3600

주소	서울특별시 종로구 세종대로 209(세종로 77-6) (우) 03171

	지방재정정책관				지방세정책관			
	오병권 044-205-3700							
과	재정정책과	재정협력과	교부세과	회계제도과	지방세 정책과	부동산 세제과	지방소득 소비세제과	지방세특례 제도과
과장	이방무 3702	이현정 3731	황순조 3751	김경태 3771	김영빈 3802	서정훈 3831	홍삼기 3871	김정선 3851
서기관	김남헌 3719 이보람 3703	강찬우 02-2100-4145		이경수 3772	최영호 3815	서은주 3834	임보미 3875 한송희 3803	손병하 3858
사무관	권순현 3705 김남헌 3704 김도영 3704 원현심 3720 장강혁 3710 주영욱 3711 허정 3715 강민철 3706 신승보 3716	강대민 3769 강혜경 02-2100-4147 김영환 3732 김하영 3737 백경은 02-2100-4146 선병주 02-2100-4176 이관석 4148 조완철 3733 고현웅 3738	김일 3760 나기홍 3753 명삼수 3763 홍성권 3765	김경옥 3799 김민정 3783 김종갑 3785 안영희 3777 양현진 3776 예병찬 3782 임남순 3790 정창기 3774 최교신 3781	김상우 3811 김한경 3821 오경석 3803 위형원 3808 장혜민 3818 조석훈 3804 최우성 3810 김광필 3816 홍성우 3812	유상명 3845 김우성 3846 류병욱 3842 박성근 3835 박현정 3839 서명자 3848 손민지 3843 이광영 3836	오영곤 3885 이용후 3885 정솔희 3878 한수덕 3881	오정의 3861 장현석 3852 전제범 3856
주무관	김영규 3717 남소정 3712 박인숙 3701 신소은 3718 이혜림 3708 박진숙 3707 김영숙 3722 이창일 3713 이해창 3709 허은영 3714 강선경 3714 안재용 3714	박은형 02-2100-4179 서유식 02-2100-4149 송상호 02-2100-4177 안수진 3735 이문배 3734 이준호 3736 김영임 3739 김정현 3770	김성중 3761 문성훈 3755 양필수 3762 이선경 3754 정성실 3756 이승언 3764 김연석 3757	강성현 3778 박경숙 3798 윤채원 3784 이상욱 3787 이화영 3773 김재화 3788 윤찬섭 3789 이진희 3792 조용식 3779	서원주 3809 이준혁 3805 신인섭 3817 이수호 3822 장유정 3813 정유진 3806	김성기 3838 나병진 3837 조익현 3840 서정주 3847 안명환 3833 김민준 3844 조아라 3841	김정훈 3880 심철구 3884 황진하 3886 김예수 3873 신진주 3882 이태훈 3874 이광일 3877 장용태 조규현 3888	공지훈 3860 황인산 3853 남건욱 3857 송유니 3855 엄세열 3854
행정 실무원	조선영 3601			김은성 3775				
기타				이동인 3794 방래혁 3795 정은화 3797 주진광 3796 이서홍 3793				

488

과	지역경제지원관					차세대 지방세입 정보화 추진단		
	고기동 044-205-3900					이동혁 02-2100-4200		
	지역일자리 경제과	지방규제 혁신과	지역금융 지원과	공기업 정책과	공기업 지원과	총괄기획과	시스템 개발과	인프라 구축과
과장	이화진 3902	김수경 3931	하종목 3941	박정주 3961	이준식 3981	홍성완 4202	정민선 4181	권창현 4211
서기관	강병철 3917	원충희 3935 이재홍 3932		이용수 3969	박형국 3985			
사무관	권오영 3918 남경선 3922 문호성 3909 박영주 3904 박현우 3912 이병권 3920 장경림 3921 천혜원 3903 한성일 3919 김효빈 3908	김문호 3937 박삼범 3997 심상수 3998 이현종 3933 정병진 3936	김미연 3947 김재예 3943 정동화 3955 한상정 3949 이정우 3946 주현민 3954	백진걸 3962 이두원 3963 이상로 3967 채현숙 3970	고준석 3986 김만봉 3982 손동주 3987 오정열 3991 이동훈 3904	이경수 4223 정양기 4204 최성국 4204 이도원 4209 김종권 4222	이수진 4182 김기명 4191 김은실 4185 정진욱 4184	노광래 4214 송희라 4212 심상욱 4213
주무관	박영진 3906 배가영 3911 윤희문 3913 전창수 3905 박지연 3914 백선희 3907 박재정 3910	이재우 3940 강병욱 3996 권슬기 3938	강남화 3950 장은영 3945	고완순 3964 김윤태 3968 김혜민 3966 박선재 3965	신재환 3984 이재호 3988 전지현 3983 조원희 3989	최미자 4224 김영호 4208 구슬 4206 구해리 4205 이호찬 4207	정인기 4194 정혜영 4192 홍이정 4189 송현정 4186 김성완 4195 조성범 4190 조형진 4187 정해성 4188 신채원 4193	강윤정 4216 김승회 4219 김효정 4218 김효주 4215 이다일 4217
행정 실무원	박은혜 3901		심규현 3953			이민지 4201		
기타								

국무총리실 조세심판원

대표전화: 044-200-1800 / DID: 044-200-OOOO

원장: **안 택 순**
DID: 044-200-1700~02

주소	세종특별자치시 다솜3로 95 정부세종청사2동 4층 조세심판원 (우) 30108 별관 : 서울특별시 종로구 효자로 39 (창성동 117-6) 201호 (우) 03043

원장실		심판부	1심판부	2심판부(일반/소액/관세)
박선임(비서) 1703 황재호(기사) 1715		심판관	이상헌 1801(1811)	류양훈 1803(1813)
FAX	044-200-1705	비서	송혜림 1817	윤승희 1827

행정실							심판 조사관	1조	2조	3조	4조	5조	6조
행정실장								이주한 1750	정정회 1770	조용민 1760	곽상민 1840	은희훈 1850	
이기태 1710(1720)													
구분	행 정	기 획	운 영	조정1	조정2	조정3							
서기관							서기관	임홍규 1751				이종철 1851	지장근 1844
사무관	박석민 1711	김신철 1731	성호승 1735 송기영 1712	정진욱 1721	배병윤 1741	김종윤 1725	사무관	이성호 1752 박희수 1753 박재혁 1754	송현탁 1771 김효남 1772 조광래 1773 한나라 1774	김병호 1761 김성엽 1763 윤근희 1764 강경관 1762	지영근 1841 강용규 1842 안중관 1843	이은하 1852 조혜정 1854 김성기 1855	이재균 1845 윤연원 1846 오대근 1856 한종건 1847 김동형 1853
주무관	김필한 1713 박수혜 1717 최유미 1716 박천호 1714 장효숙 1800 전경선 1729 강혜란 1745	이현우 1732 모재완 1733	송동훈 1736 이정희 1719 김온식 1704 송하나 1718	김보람 1722 이창훈 1723 정연재 1724	허광욱 1742 문수영 1743 홍승연 1744	이유진 1726	주무관	김수정 1759			박미란 1858		

※서울별관(창성동) 이희복
02) 722-8801
Fax) 725-6400

FAX	044-200-1706 (행정실) 044-200-1707 (민원실)	FAX	조사 관실	044-200-1758 044-200-1768	044-200-1848
			심판 관실	044-200-1818	044-200-1828

심판부	3심판부		4심판부		5심판부		6심판부(지방세)		
심판관	황정훈 1805(1815)		김충호 1804(1814)		박춘호 1802(1812)		송경주 1806(1816)		
비서	김연진 1837		윤승희 1827		송혜림 1817		김연진 1837		
심판조사관	7조	8조	9조	10조	11조	12조	13조	14조	15조
	김병철 1860		이용형 1820	김기영 1830	박태의 1780	최영준 1790	최선재 1880	김천희 1890	권순태 1894
서기관		박정민 1870					최경민 1881	조용도 1891	강필구 1895
사무관	정해빈 1861 송현 1862 김재천 1863 신정민 1864	남연화 1871 고창보 1872 배주형 1873 전연진 1874	김기범 1821 이지훈 1822 백재민 1823 손대균 1824	장태희 1831 전성익 1832 김상진 1833 박인혜 1834	김정오 1781 곽충험 1782 서지용 1783 김상곤 1784	우동욱 1791 황성혜 1792 김성환 1793 이승훈 1794	홍순태 1882 현기수 1883 류시현 1884	윤석환 1892 심우돈 1893	최창원 1896 박천수 1897
주무관	이승희 1869		박혜숙 1829		임윤정 1789		강경애 1899		
FAX 조사관실	044-200-1868		044-200-1788		044-200-1778		044-200-1898		
FAX 심판관실	044-200-1838		044-200-1828		044-200-1818		044-200-1838		

한국조세재정연구원

대표전화:044-414-2114 /DID: 044-414-0000

원장: **김 유 찬**
DID: 044-414-2100

세종국책
연구단지

금강

행정중심
복합도시
4-1
생활권

한국조세
재정연구원

소속	성명/원내	소속	성명/원내	소속	성명/원내
부원장		지식정보팀		전산팀	
원장실		팀장	최병규 2130	팀장	김성동 2150
선임전문원	홍유남 2100	선임행정원	김선정 2132	선임전문원	이창호 2153
정부청년인턴	권나영 2103	선임전문원	장은정 2100	전문원	김민영 2151
선임연구원	이순향 2105	선임행정원	장정순 2133	전문원	김인아 2154
감사실		전문원	김서영 2134	전문원	홍서진 2155
실장	이희수 2118	전문원	손유진 2135	정부청년인턴	한수연
감사역	김정현 2117	위촉전문원	조우리 2137	**시설구매팀**	
감사역	신영철 2119	선임전문원	김석운 2141	팀장	노걸현 2190
특수전문직3급	정훈 2485	선임행정원	권정애 2142	선임행정원	강민주 2011
연구기획실		선임전문원	심수희 2140	행정원	김범수 2192
실장	홍범교 2120	정부청년인턴	박신영	정부청년인턴	차세영
선임연구원	서주영 2471	**인사혁신팀**		**조세정책연구본부**	
기획예산팀		팀장	이태우 2161	본부장	전병목 2200
팀장	최윤용 2121	선임행정원	전승진 2162	선임행정원	변경숙 2252
선임연구원	유재민 2127	선임행정원	정찬영 2164	선임연구위원	이상엽 2257
선임연구원	정은경 2122	행정원	공요환 2165	선임연구위원	정재호 2233
행정원	배지호 2128	행정원	김태은 2163	명예선임연구위원	안종석 2210
행정원	오승민 2126	행정원	나영 2167	연구위원	오종현 2289
정부청년인턴	윤여진 2125	행정원	문지영 2168	연구위원	신상화 2296
성과확산팀		행정원	박소연	연구위원	한종석 2415
팀장	송경호 2520	위촉행정원	한명주 2166	연구위원	홍성훈 2222
선임전문원	박주희 2521	**경영지원실**		부연구위원	강동익 2575
선임전문원	신지원 2522	실장	성주석 2160	부연구위원	권성오 2248
전문원	이슬기 2524	**재무회계팀**		부연구위원	권성준 2360
위촉연구원	김선화 2512	팀장	박현옥 2180	부연구위원	김빛마로 2339
위촉연구원	박지은 2513	선임행정원	최영란 2181	부연구위원	우진희 2341
위촉연구원	이혜슬 2523	행정원	강성훈 2186	부연구위원	정다운 2243
정부청년인턴	윤여진 2125	행정원	이지혜 2183	부연구위원	정재현 2218
연구사업팀		행정원	임상미 2187	초빙연구위원	김무열 2249
팀장	안상숙 2500	**총무팀**		선임연구원	권선정 2263
선임연구원	김정원 2504			선임연구원	김현숙 2277
선임연구원	송진민 2501			선임연구원	노지영 2246
선임연구원	정빛나 2502	팀장	배현호 2170	선임연구원	이준성 2348
선임연구원	현하영 2510	선임행정원	강신중 2173	선임연구원	조은빛 2416
행정원	김영화 2505	선임행정원	손동준 2177	선임연구원	하에스더 2326
연구원	성유경 2503	선임행정원	신수미 2171	연구원	김학효 2482
연구원	이서희	선임행정원	윤여진 2190	연구원	노수경 2405
전문원	정경순 2506	선임행정원	이현영 2172	연구원	변이슬 2294
위촉연구원	박근우 2511	행정원	한용균 2174	연구원	황미연 2369
정부청년인턴	김수연	부행정원	한유미 2175	정부청년인턴	차효정
정부청년인턴	배윤정 2516				

소속	성명/원내
세법연구센터	
센터장	신상화 2296
선임행정원	변경숙
위촉행정원	박필승 2321
세제연구팀	
팀장	홍성희 2418
책임연구원	송은주 2262
선임연구원	강문정 2237
특수전문직3급	박수진 2412
특수전문직3급	이형민 2201
선임연구원	허윤영 2308
연구원	김효림 2239
연구원	양지영 2278
연구원	이서현 2283
특수전문직4	이성현 2347
위촉연구원	이화령 2486
관세연구팀	
팀장	정재현 2218
특수전문직3급	김다랑 2331
선임연구원	노영예 2335
선임연구원	박지우 2292
특수전문직3급	이재선 2419
연구원	김미정 2371
위촉특수전문직	변달수
위촉연구원	손다혜 2487
세정연구센터	
팀센터장	한창목
선임행정원	변경숙
명예선임연구위원	김재진 2400
특수전문직3급	김선재 2579
연구원	김세인 2349
연구원	김효은 2328
연구원	오현빈 2334
위촉연구원	백기홍 2402
세정연구팀	
팀장	정훈 2485
선임연구원	김민경 2325
특수전문직3급	홍민옥 2484
특수전문직4급	김도연 2212
특수전문직4급	김재경 2216
연구원	박하양 2466
특수전문직4급	서희진 2276
특수전문직4급	정다운 2270
위촉연구원	박금비 2268
위촉연구원	박소현 2324
조세지출성과관리센터	
센터장	김용대 2238
선임행정원	최미영
책임연구원	이은경 2273
책임연구원	강미정 2261
선임연구원	김상현 2376

소속	성명/원내
특수전문직3급 연구원	이슬기 2403
	허현정 2236
조세재정전망센터	
센터장	오종현 2289
선임행정원	권나현 2284
선임연구원	김평강 2329
재정전망팀	
팀장	고창수 2370
부연구위원	강동익 2575
부연구위원	우진희 2341
선임연구원	권미연 2374
선임연구원	백가영 2454
선임연구원	오수정 2307
선임연구원	손지훈 2490
선임연구원	오소연 2205
연구원	정상기 2287
세수추계팀	
팀장	정다운 2243
부연구위원	권성준
선임연구원	김신정 2291
선임연구원	김은정 2303
선임연구원	조혜진 2488
연구원	김영직 2318
연구원	오은혜 2302
재정패널DB팀	
팀장	김빛마로 2339
선임연구원	오지연 2225
연구원	김유현 2473
위촉연구원	최은아 2394
재정정책연구본부	
본부장	김현아 2214
선임행정원	권나현 2284
선임연구위원	김종면 2211
선임연구위원	박노욱 2267
선임연구위원	원종학 2234
선임연구위원	최성은 2288
선임연구위원	최준욱 2221
연구위원	윤성주
연구위원	이은경 2231
부연구위원	고창수
부연구위원	김우현 2338
부연구위원	김문정 2342
부연구위원	송경호 2247
부연구위원	조희평 2455
선임연구원	박지혜 2244
선임연구원	신동준 2364
선임연구원	이수연 2336
선임연구원	임현정 2275
선임연구원	정보름 2332
연구원	주재민 2320
정부청년인턴	이지수

소속	성명/원내
재정지출분석센터	
센터장	윤성주 2220
선임행정원	권나현
선임연구원	구윤모 2452
선임연구원	김인유 2280
선임연구원	김진아 2343
선임연구원	김정은 2235
선임연구원	최경진 2476
경제재정분석팀	
팀장	송경호 2247
선임연구원	강민채 2458
선임연구원	김선미 2477
선임연구원	엄동욱 2368
선임연구원	이정인 2478
선임연구원	한혜란 2463
위촉연구원	배소민 2411
복지사회재정분석팀	
팀장	김우현 2338
선임연구원	김은숙 2453
선임연구원	박신이 2253
선임연구원	이정은 2475
선임연구원	장준희 2474
선임연구원	황보경 2367
위촉연구원	박하영 2410
아태재정협력센터	
센터장	허경선 2241
선임행정원	최미영
선임연구원	김나리 2387
선임연구원	김다은 2392
선임연구원	김윤옥 2385
선임연구원	이재영 2384
선임연구원	최승훈 2340
연구원	김도희 2388
연구원	김의주 2389
연구원	허윤지 2297
위촉연구원	김윤지
정부청년인턴	박상덕
재정성과평가센터	
소장	장우현 2286
선임행정원	윤혜순 2264
선임연구위원	박노욱 2267
선임연구원	전예원 2399
정부청년인턴	장유진 2408
성과관리팀	
팀장	강희우 2224
선임연구원	김인애 2327
선임연구원	박선영 2251
선임연구원	박창우 2344
선임연구원	백종선 2333
선임연구원	우지은 2351
선임연구원	이홍범 2232
선임연구원	장민혜 2382
선임연구원	장운정 2365

소속	성명/원내
선임연구원	정경화 2310
선임연구원	최윤미 2449
선임연구원	한경진 2330
선임연구원	허미혜 2316
연구원	곽용욱 2223
연구원	심백교 2438
연구원	이온아 2472

평가제도팀

소속	성명/원내
팀장	이환웅 2219
선임연구원	김경훈 2447
선임연구원	안새롬 2293
선임연구원	이보화 2245
선임연구원	장낙원 2456
선임연구원	장문석 2448
연구원	강영현 2311

성과분석팀

소속	성명/원내
팀장직무대리	김창민 2350
선임연구원	봉재연 2323
선임연구원	임소영 2290
선임연구원	허영미 2381
연구원	심태완 2461
위촉연구원	박정민 2443

국가계약TFT

소속	성명/원내
팀장	강희우 2224
위촉연구원	이혜미

정부투자분석센터

소속	성명/원내
센터장	박한준 2353
선임행정원	윤혜순 2264
선임연구원	박은정 2378
선임연구원	신헌태 2317
선임연구원	이남주 2565
선임연구원	장광남 2295
선임연구원	최미선 2391
선임연구원	현보훈 2285
연구원	김정현
연구원	김종혁 2393
연구원	박유미 2398
특수전문직4급	이근행 2301
연구원	이세미
정부청년인턴	장유진 2408

공공기관연구센터

소속	성명/원내
소장	배근호 2550
부소장	하세정 2091
책임행정원	조종읍 2561
연구위원	허경선 2241
부연구위원	배진수 2440
초빙연구위원	임홍래 2375
정부청년인턴	김혜진

공공정책연구팀

소속	성명/원내
팀장	민경률 2256
선임연구원	박화영 2357
선임연구원	이강신 2459
선임연구원	홍소정 2279
선임연구원	홍윤진 2361
연구원	서영빈 2455
연구원	소병욱 2282
위촉연구원	최연선

경영혁신연구팀

소속	성명/원내
팀장	한동숙 2312
선임연구원	김준성 2573
선임연구원	민경석 2204
선임연구원	임희영 2208
선임연구원	정예슬 2358
연구원	남지현 2574

경영혁신연구팀 보수TFT

소속	성명/원내
팀장	한동숙 2312
특수전문직4급	김도훈 2281
선임연구원	김종원 2362
연구원	허민영 2479

평가연구팀

소속	성명/원내
팀장	하세정 2091
선임연구원	나진희 2460
선임연구원	박성훈 2213
선임연구원	봉우리 2355
선임연구원	유효정 2363
선임연구원	임미화 2272
연구원	윤다솜 2298
연구원	강석훈 2356

평가연구팀 평가사무국

소속	성명/원내
선임연구원	서니나 2396
선임연구원	장정윤 2544
선임연구원	정혜진 2587
연구원	서영빈 2455
행정원	심재경 2543
위촉연구원	임현지 2545

계량평가팀

소속	성명/원내
팀장	이진관 2559
특수전문직3급	강초롱 2337
특수전문직3급	남승오 2551
특수전문직3급	현지용 2572
특수전문직4급	김재민 2345
특수전문직4급	임형수 2209
특수전문직4급	장원석 2319
특수전문직4급	전형진
특수전문직4급	조재우 2304
특수전문직4급	허경필 2507

정책사업팀

소속	성명/원내
팀장직무대리	변민정 2306
선임연구원	송남영 2240
선임연구원	오윤미 2377
선임연구원	유승현 2457
선임연구원	이슬 2366
선임연구원	이주경 2266
연구원	김정은 2435
위촉연구원	강연지

국가회계재정통계센터

소속	성명/원내
소장	김완희 2560
부소장	문창오 2305
선임행정원	최미영 2265
위촉연구원	김세훈
정부청년인턴	전혜연

국가회계팀

소속	성명/원내
팀장	한소영 2554
특수전문직3급	오예정 2563
특수전문직3급	이소정 2580
특수전문직3급	임정혁 2553
특수전문직3급	진태호 2552
특수전문직4급	이은경 2437
특수전문직4급	정진웅 2467
연구원	최은혜 2493

결산교육팀

소속	성명/원내
팀장	문창오 2305
특수전문직3급	윤성호 2562
특수전문직3급	이명인 2555
특수전문직4급	오가영 2567
특수전문직4급	임종권 2581
행정원	정현석 2462
특수전문직4급	정유경 2258
특수전문직4급	한은미 2556

재정통계팀

소속	성명/원내
팀장	박윤진 2569
특수전문직3급	방민식 2489
특수전문직3급	유귀운 2566
특수전문직3급	최금주 2558
특수전문직3급	최지영 2577
선임연구원	엄기중 2578
특수전문직4급	유영찬 2576
특수전문직4급	이기돈 2492
특수전문직4급	장지원 2557
특수전문직4급	최중갑 2582
위촉연구원	장윤지

회계연구TFT

소속	성명/원내
선임연구원	이정미 2259

전 국 세 무 관 서 주 소 록

세무서	주　　　소	우편번호	전화번호	팩스번호	코드	계좌
국세청	세종특별자치시 국세청로 8-14 (정부세종2청사 국세청동)	30128	044-204-2200	02-732-0908	100	011769
서울청	서울특별시 종로구 종로5길 86 (수송동)	03151	02-2114-2200	02-722-0528	100	011895
강남	서울특별시 강남구 학동로 425 (청담동)	06068	02-519-4200	02-512-3917	211	180616
강동	서울특별시 강동구 천호대로 1139 (길동)	05355	02-2224-0200	02-489-3251	212	180629
강서	서울특별시 강서구 마곡서1로 60 (마곡동)	07799	02-2630-4200	02-2679-8777	109	012027
관악	서울특별시 관악구 문성로 187(신림동 438-2)	08773	02-2173-4200	02-2173-4269	145	024675
구로	서울특별시 영등포구 경인로 778 (문래동1가)	07363	02-2630-7200	02-2679-6394	113	011756
금천	서울특별시 금천구 시흥대로152길 11-21 (독산동)	08536	02-850-4200	02-861-1475	119	014371
남대문	서울특별시 중구 삼일대로 340 (저동1가) 나라키움저동빌딩	04551	02-2260-0200	02-755-7114	104	011785
노원	서울특별시 도봉구 노해로69길 14 (창동)	01415	02-3499-0200	02-992-1485	217	001562
도봉	서울특별시 강북구 도봉로 117 (미아동)	01177	02-944-0200	02-984-2580	210	011811
동대문	서울특별시 동대문구 약령시길 159 (청량리1동)	02489	02-958-0200	02-967-7593	204	011824
동작	서울특별시 영등포구 대방천로 259 (신길동)	07432	02-840-9200	02-831-4137	108	000181
마포	서울특별시 마포구 독막로 234(신수동)	04090	02-705-7200	02-717-7255	105	011840
반포	서울특별시 서초구 방배로 163 (방배동)	06573	02-590-4200	02-536-4083	114	180645
삼성	서울특별시 강남구 테헤란로 114 (역삼동) 1,5,6,9,10층 삼성세무서	06233	02-3011-7200	02-564-1129	120	181149
서대문	서울특별시 서대문구 충정로 60 (KT&G 서대문타워 13,14층)	03740	02-2287-4200	02-379-0552	110	011879
서초	서울특별시 강남구 테헤란로 114 (역삼동) 역삼빌딩 3,4층	06233	02-3011-6200	02-563-8030	214	180658
성동	서울특별시 성동구 광나루로 297 (송정동)	04802	02-460-4200	02-468-0016	206	011905
성북	서울 성북구 삼선교로 16길 13	02863	02-760-8200	02-744-6160	209	011918
송파	서울특별시 송파구 강동대로 62 (풍납동)	05506	02-2224-9200	02-409-8329	215	180661
양천	서울특별시 양천구 목동동로 165 (신정동)	08013	02-2650-9200	02-2652-0058	117	012878
역삼	서울특별시 강남구 테헤란로 114 (역삼동) 역삼빌딩 7,8층 및 9층 일부	06233	02-3011-8200	02-561-6684	220	181822
영등포	서울특별시 영등포구 선유동1로 38 (당산동3가)	07261	02-2630-9200	02-2678-4909	107	011934
용산	서울특별시 용산구 서빙고로24길15 (한강로3가)	04388	02-748-8200	02-792-2619	106	011947
은평	서울특별시 은평구 서오릉로7 (응암동84-5)	03460	02-2132-9200	02-2132-9501	147	026165
잠실	서울특별시 송파구 강동대로 62 (풍납2동 388-6)	05506	02-2055-9200	02-475-0881	230	019868
종로	서울특별시 종로구 삼일대로 30길 22	03133	02-760-9200	02-744-4939	101	011976
중랑	서울특별시 중랑구 망우로 176(상봉동 137-1)	02118	02-2170-0200	02-493-7315	146	025454
중부	서울 중구 소공로 70(충무로1가 21-1)	04535	02-2260-9200	02-2268-0582	201	011989

세무서	주 소	우편번호	전화번호	팩스번호	코드	계좌
중부청	경기도 수원시 장안구 경수대로 1110-17 (파장동)	16206	031-888-4200	031-888-7612	200	000165
강릉	강원도 강릉시 수리골길 65 (교동)	25473	033-610-9200	033-641-4186	226	150154
경기광주	경기도 광주시 문화로 127	12752	031-880-9200	031-769-0417	233	023744
구리	경기도 구리시 안골로 36 (교문동)	11934	031-326-7200	031-326-7249	149	027290
기흥	경기도 용인시 기흥구 흥덕2로117번길 15(영덕동)	16953	031-8007-1200	031-895-4902	236	026178
남양주	경기도 구리시 안골로 36 (교문동)	11934	031-550-3200	031-566-1808	132	012302
동수원	경기도 수원시 영통구 청명남로 13 (영통동)	16704	031-695-4200	031-273-2416	135	131157
동안양	경기도 안양시 동안구 관평로202번길 27 (관양동)	14054	031-389-8200	0503-112-9375	138	001591
분당	경기도 성남시 분당구 황새울로 311번길 11	13595	031-219-9200	031-781-6851	144	018364
삼척	강원도 삼척시 교동로 148 (교동)	25924	033-570-0200	033-574-5788	222	150167
성남	경기도 성남시 수정구 희망로 480 (단대동)	13148	031-730-6200	031-736-1904	129	130349
속초	강원도 속초시 수복로 28 (교동)	24855	033-639-9200	033-633-9510	227	150170
수원	경기도 수원시 팔달구 매산로 61 (매산로3가 28)	16456	031-250-4200	031-258-9411	124	130352
시흥	경기도 시흥시 마유로 368 (정왕동)	15055	031-310-7200	02-314-3973	140	001588
안산	경기도 안산시 단원구 화랑로 350(고잔동 517)	15354	031-412-3200	031-412-3268	134	131076
안양	경기도 안양시 만안구 냉천로 83 (안양동)	14090	031-467-1200	031-467-1300	123	130365
영월	강원도 영월군 영월읍 하송안길 49	26235	033-370-0200	033-373-1315	225	150183
용인	경기도 용인시 처인구 중부대로1161번길 71 (삼가동)	17019	031-329-2200	031-329-2328	142	002846
원주	강원도 원주시 북원로 2325 (단계동)	26411	033-740-9200	033-746-4791	224	100269
이천	경기도 이천시 부악로 47 (중리동)	17380	031-644-0200	031-634-2103	126	130378
춘천	강원도 춘천시 중앙로 115 (중앙로3가)	24358	033-250-0200	033-252-3589	221	100272
평택	경기도 평택시 죽백6로6 (죽백동 796)	17862	031-650-0200	031-658-1116	125	130381
홍천	강원도 홍천군 홍천읍 생명과학관길 50	25142	033-430-1200	033-433-1889	223	100285
화성	경기도 화성시 봉담읍 참샘길 27 (와우리)	18321	031-8019-1200	031-8019-8247	143	018351
인천청	인천광역시 남동구 남동대로 763(구월동)	21556	032-718-6200	032-718-6021	800	027054
남인천	인천광역시 남동구 인하로 548 (구월동)	21582	032-460-5200	032-463-5778	131	110424
북인천	인천광역시 계양구 효서로244(작전동 422-1)	21120	032-540-6200	032-545-0411	122	110233
서인천	인천광역시 서구 서곶로369번길 17 (연희동)	22721	032-560-5200	032-561-5777	137	111025
인천	인천광역시 동구 우각로 75 (창영동)	22564	032-770-0200	032-777-8104	121	110259
부천	경기도 부천시 원미구 계남로 227 (중동)	14535	032-320-5200	032-328-6931	130	110246
고양	경기도 고양시 일산동구 중앙로1275번길 14-43 (장항동)	10401	031-900-9200	031-901-9177	128	012014
광명	경기도 광명시 철산로 3-12(철산동 251)	14235	02-2610-8200	02-3666-0611	235	025195
김포	경기도 김포시 김포한강1로 22 (장기동)	10087	031-980-3200	031-987-9932	234	023760
동고양	경기도 고양시 덕양구 화중로 104번길 16(화정동)	10497	031-900-6200	031-963-2979	232	023757

세무서	주　　　소	우편번호	전화번호	팩스번호	코드	계좌
연수	인천광역시 연수구 인천타워대로 323(송소동)	22007	032-670-9200	032-858-7351	150	027300
의정부	경기도 의정부시 의정로 77 (의정부동)	11622	031-870-4200	031-875-2736	127	900142
파주	경기도 파주시 금릉역로 62 (금촌동)	10915	031-956-0200	031-957-0315	141	001575
포천	경기도 포천시 소흘읍 송우로 75	11177	031-538-7200	031-544-6090	231	019871
대전청	대전광역시 서구 한밭대로 809 사학연금회관	35209	042-615-2200	042-621-4552	300	080499
공주	충청남도 공주시 봉황로 113 (반죽동)	32545	041-850-3200	041-850-3692	307	080460
논산	충청남도 논산시 논산대로241번길 6 (강산동)	32959	041-730-8200	041-730-8270	308	080473
대전	대전광역시 중구 보문로 331 (선화동)	34851	042-229-8200	042-253-4990	305	080486
동청주	충청북도 청주시 청원구 1순환로 44(율량동)	28322	043-229-4200	043-229-4601	317	002859
보령	충청남도 보령시 옥마로 56 (명천동)	33482	041-930-9200	041-936-7289	313	930154
북대전	대전광역시 유성구 북유성대로 188	34097	042-603-8200	042-823-9662	318	023773
서대전	대전광역시 서구 둔산서로 70 (둔산동)	35239	042-480-8200	042-486-8067	314	081197
서산	충청남도 서산시 덕지천로 145-6 (석림동)	32003	041-660-9200	041-660-9259	316	000602
세종	세종특별자치시 가름로 232, B동 6층 (어진동, SBC빌딩)	30121	044-850-8200	044-050-0431	320	025467
아산	충청남도 아산시 배방읍 배방로 57-29(공수리 282-15)	31486	041-536-7200	041-533-1351	319	024688
영동	충청북도 영동군 영동읍 계산로2길 10	29145	043-740-6200	043-740-6250	302	090311
예산	충청남도 예산군 오가면 윤봉길로 1883	32425	041-330-5305	041-335-2003	311	930167
제천	충청북도 제천시 내토로41길 8 (화산동)	27182	043-649-2200	043-648-3586	304	090324
천안	충청남도 천안시 동남구 청수14로 80 (청당동)	31198	041-559-8200	041-559-8600	312	935188
청주	충청북도 청주시 흥덕구 죽천로 151 (복대동)	28583	043-230-9200	043-235-5417	301	090337
충주	충청북도 충주시 충원대로 724 (금릉동)	27338	043-841-6200	043-845-3320	303	090340
홍성	충청남도 홍성군 홍성읍 홍덕서로 32	32216	041-630-4200	041-630-4249	310	930170
광주청	광주광역시 북구 첨단과기로208번길 43 (오룡동)	61011	062-236-7200	062-716-7215	400	060707
광주	광주광역시 동구 중앙로 154 (호남동)	61484	062-605-0200	062-716-7232	408	060639
광산	광주광역시 광산구 하남대로 83(하남동 1276)	62232	062-970-2200	062-970-2209	419	027313
군산	전라북도 군산시 미장13길 49(미장동)	54096	063-470-3200	063-468-2100	401	070399
나주	전라남도 나주시 재신길 33 (송월동)	58262	061-330-0200	061-332-8570	412	060642
남원	전라북도 남원시 광한북로 94-23 (동충동)	55762	063-630-2200	063-632-7302	407	070412
목포	전라남도 목포시 호남로 58번길 19 (대안동)	58723	061-241-1200	061-244-5915	411	050144
북광주	광주광역시 북구 금호로 70 (운암동)	61114	062-520-9200	062-716-7280	409	060671
북전주	전라북도 전주시 덕진구 벚꽃로 33 (진북동)	54937	063-249-1200	063-249-1680	418	002862
서광주	광주광역시 서구 상무민주로 6번길 31(쌍촌동)	61969	062-380-5200	062-716-7260	410	060655
순천	전라남도 순천시 연향번영길 64 (연향동)	57980	061-720-0200	061-723-6677	416	920300
여수	전라남도 여수시 좌수영로 948-5 (봉계동)	59631	061-688-0200	061-682-1649	417	920313
익산	전라북도 익산시 익산대로52길 19 (남중동)	54619	063-840-0200	063-851-0305	403	070425
전주	전라북도 전주시 완산구 서곡로 95 (효자동3가)	54956	063-250-0200	063-277-7708	402	070438

세무서	주 소	우편번호	전화번호	팩스번호	코드	계좌
정읍	전라북도 정읍시 중앙1길 93 (수성동)	56163	063-530-1200	063-533-9101	404	070441
해남	전라남도 해남군 해남읍 중앙1로 18	59027	061-530-6200	061-536-6074	415	050157
대구청	대구광역시 달서구 화암로 301(대곡동)	42768	053-661-7200	053-661-7052	500	040756
경산	경상북도 경산시 박물관로 3 (사동)	38583	053-819-3200	053-802-8300	515	042330
경주	경상북도 경주시 원화로 335 (성동동)	38138	054-779-1200	054-743-4408	505	170176
구미	경상북도 구미시 수출대로 179 (공단동)	39269	054-468-4200	054-464-0537	513	905244
김천	경상북도 김천시 평화길 128 (평화동)	39610	054-420-3200	054-430-6605	510	905257
남대구	대구광역시 남구 대명로 55 (대명동)	42479	053-659-0200	053-627-0157	514	040730
동대구	대구광역시 동구 국채보상로 895 (신천동)	41253	053-749-0200	053-756-8837	502	040769
북대구	대구광역시 북구 원대로 118 (침산동)	41590	053-350-4200	053-354-4190	504	040772
상주	경상북도 상주시 경상대로 3173-11 (만산동)	37161	054-530-0200	054-534-9026	511	905260
서대구	대구광역시 달서구 당산로 38길 33	42645	053-659-1200	053-627-6121	503	040798
수성	대구광역시 수성구 달구벌대로 2362(수성동3가)	42115	053-749-6200	035-749-6602	516	026181
안동	경상북도 안동시 서동문로 208	36702	054-851-0200	054-859-6177	508	910365
영덕	경상북도 영덕군 영덕읍 영덕로 35-11	36441	054-730-2200	054-730-2504	507	170189
영주	경상북도 영주시 중앙로 15 (가흥동)	36099	054-639-5200	054-633-0954	512	910378
포항	경상북도 포항시 중앙로346	37727	054-245-2200	054-248-4040	506	170192
부산청	부산광역시 연제구 연제로 12 (연산동)	47605	051-750-7200	051-759-8400	600	030517
거창	경상남도 거창군 거창읍 상동2길 14	50132	055-940-0200	055-944-0381	611	950419
금정	부산광역시 금정구 중앙대로 1636 (부곡동)	46272	051-580-6200	051-516-8272	621	031794
김해	경상남도 김해시 호계로 440 (부원동)	50922	055-320-6200	055-335-2250	615	000178
동래	부산광역시 연제구 거제천로269번길 16 (거제동)	47517	051-860-2200	051-711-6579	607	030481
동울산	울산광역시 북구 사청2길 7 (화봉동)	44239	052-219-9200	052-289-8365	620	001601
마산	경상남도 창원시 마산합포구 3.15대로 211 (중앙동3가 3-8)	51265	055-240-0200	055-223-6881	608	140672
부산진	부산광역시 동구 진성로 23 (수정동 247-7)	48781	051-461-9200	051-464-9552	605	030520
북부산	부산광역시 사상구 학감대로 263(감전동)	46984	051-310-6200	051-711-6379	606	030533
서부산	부산광역시 서구 대영로 10(서대신동2가 288-2)	49228	051-250-6200	051-241-7004	603	030546
수영	부산광역시 수영구 남천동로 19번길 28 (남천동)	48306	051-620-9200	051-621-2593	617	030478
양산	경상남도 양산시 물금읍 증산역로135, 9층, 10층 (가촌리 1296-1)	50653	055-389-6200	055-389-6602	624	026194
울산	울산광역시 남구 갈밭로 49 (삼산동)	44715	052-259-0200	052-266-2135	610	160021
제주	제주특별자치도 제주시 청사로 59 (도남동)	63219	064-720-5200	064-724-1107	616	120171
중부산	부산광역시 중구 흑교로 64 (보수동1가)	48962	051-240-0200	051-241-6009	602	030562
진주	경상남도 진주시 진주대로908번길 15 (칠암동)	52724	055-751-0200	055-753-9009	613	950435
창원	경상남도 창원시 의창구 중앙대로209번길 16 (용호동)	51430	055-239-0200	055-287-1394	609	140669
통영	경상남도 통영시 무전5길 20-9 (무전동)	53036	055-640-7200	055-644-1814	612	140708
해운대	부산광역시 해운대구 달맞이길62번길 38 4,5F (중동)	48098	051-660-9200	051-660-9610	623	025470

색인

ㄱ

이름	소속	쪽
강신태	의정부서	299
강신태	제주서	465
강신혁	국회정무	64
강신혁	홍성서	335
강아람	동안양서	232
강아름	삼성서	182
강안나	천안서	332
강양구	서울청	150
강양우	원주서	264
강양욱	부산진서	435
강여울	경기광주	243
강여정	분당서	234
강역종	서울청	151
강연성	노원서	170
강연우	파주서	301
강연지	조세재정	494
강연태	부산청	423
강연호	관세청	468
강연희	기재부	72
강영구	중부청	221
강영구	중부청	221
강영기	대전서	313
강영묵	중부서	210
강영미	서부산서	439
강영식	제주서	465
강영자	대전청	307
강영중	대원세무	154
강영중	대원세무	157
강영진	국세청	114
강영진	제주서	465
강영현	조세재정	494
강영화	원주서	264
강영희	김해서	453
강오라	인천서	285
강옥순	예산서	330
강옥향	부천서	295
강옥희	서울청	139
강완구	기재부	69
강용	서인천서	282
강용구	광주청	350
강용규	조세심판	490
강용명	해남서	370
강용석	반포서	180
강용철	남대구서	392
강우룡	법무화우	54
강우진	서울청	152
강욱중	진주서	459
강원경	국세청	109
강원혁	북부산서	437
강유나	서울청	154
강유나	안양서	246
강유림	고양서	287
강유미	구로서	165
강유미	삼성서	182
강유성	북광주서	358
강유신	기재부	79
강유신	북부산서	436
강유정	인천서	284
강유진	반포서	180
강유진	안산서	244
강유진	서인천서	282
강윤경	용인서	249
강윤숙	기흥서	226
강윤영	서대문서	184
강윤정	지방재정	489
강윤지	광주서	356
강윤학	대전청	308
강은비	동대구서	394
강은순	수영서	440
강은실	서울청	148
강은실	금천서	167
강은실	천안서	332
강은아	부산청	428
강은영	기재부	72
강은영	금천서	167
강은진	경기광주	242
강은진	남대구서	393
강은혜	서울서	140
강은호	서울청	143
강의순	인천서	284
강이근	광주청	350
강이슬	국세청	120
강이은	광주서	204
강인근	서산서	324
강인석	북전주서	376
강인성	공주서	318
강인소	서대문서	184
강인숙	동래서	432
강인순	서대구서	399
강인욱	중부청	216
강인태	서울청	149
강인한	부천서	294
강인행	서산서	291
강인혜	남대문서	169
강임현	서광주서	360
강장욱	동대문서	174
강장환	은평서	202
강재근	서산서	324
강재원	의정부서	298
강재원	해운대서	444
강재형	서울청	142
강재희	동래서	433
강전일	남대구서	393
강정구	강남서	156
강정구	삼정회계	24
강정규	구로서	164
강정님	해남서	371
강정대	해운대서	445
강정림	국세상담	128
강정모	서울청	138
강정목	양천서	194
강정미	잠실서	205
강정민	원주서	265
강정민	의정부서	298
강정석	북대구서	397
강정선	중부청	219
강정선	창원서	461
강정수	서울청	135
강정숙	청주서	343
강정연	금정서	430
강정원	남인천서	279
강정인	제주서	465
강정필	서현이현	7
강정현	세종서	327
강정호	국세교육	131
강정호	안양서	246
강정호	안동서	413
강정욱	동작서	177
강정화	남대구서	393
강정환	부산청	428
강정훈	국세청	109
강정희	마포서	179
강정희	광주서	357
강종근	북부산서	437
강종만	광주청	349
강종식	서울청	143
강종훈	국세청	112
강주연	중랑서	208
강주영	중랑서	208
강주영	수원서	238
강주원	북대구서	397
강주은	성동서	188
강주은	성동서	188
강주현	중부청	220
강준	분당서	234
강준모	기재부	81
강준오	통영서	462
강준원	도봉서	173
강준이	기재부	80
강준천	군산서	373
강준희	기재부	79
강중호	기재부	79
강중희	순천서	367
강지만	해남서	370
강지선	역삼서	197
강지선	광주청	353
강지선	부산진서	434
강지성	국세청	123
강지수	성동서	189
강지수	인천청	274
강지안	춘천서	267
강지안	청주서	342
강지연	부산청	422
강지용	중기회	104
강지용	서대구서	399
강지원	국세청	110
강지원	중부청	220
강지윤	동수원서	230
강지은	중랑서	208
강지은	중랑서	208
강지은	기흥서	226
강지은	세종서	327
강지현	종로서	207
강지현	분당서	235
강지현	고양서	286
강지현	구미서	407
강지현	법무광장	51
강지훈	마포서	178
강지훈	부산진서	434
강진	광주청	349
강진명	기재부	78
강진선	세종서	326
강진성	국세상담	128
강진아	서울청	149
강진영	구로서	165
강진영	안산서	244
강진영	김천서	408
강진화	삼덕회계	19
강찬	법무화우	54
강찬우	지방재정	488
강찬호	중부청	221
강찬호	국세청	124
강창식	고양서	287
강창호	서울청	141
강창희	제주서	465
강채업	나주서	363
강천호	삼성서	182
강철구	진주서	459
강체윤	중부서	210
강초롱	조세재정	494
강춘구	순천서	367
강탁수	강남서	156
강태경	안양서	247
강태곤	예산서	330
강태규	강릉서	256
강태규	금정서	430
강태길	경기광주	242
강태영	이촌세무	45
강태완	고양서	286
강태욱	구로서	165
강태욱	세무고시	34
강태욱	전주서	381
강태윤	남대구서	392
강태진	춘천서	266
강태진	전주서	381
강태진	인천청	272
강태호	은평서	202
강표	천안서	333
강필구	조세심판	491
강하규	서울청	153
강하연	구미서	406
강하영	서울청	154
강한솔	경주서	404
강한수	경기광주	242
강한얼	남인천서	279
강한영	공주서	319
강해영	제주서	464
강헌구	울산서	448
강현	안산서	244
강현구	북대구서	396
강현구	예일회계	26
강현삼	세무고시	34
강현수	기재부	85
강현순	기재부	71
강현아	광주청	351
강현애	대전서	313
강현영	대전서	312
강현우	서울청	138
강현웅	서울청	149
강현정	기재부	72
강현정	성동서	188
강현주	강남서	156
강현주	강동서	159
강현주	종로서	206
강현주	북인천서	281
강현주	부천서	295
강현주	천안서	332
강현주	북인천서	280
강현창	인천서	285
강현철	서초서	186
강형덕	중기회	104
강형미	서울청	139
강형석	반포서	181
강형수	제주서	464
강형탁	광주서	356
강형택	동작서	176
강혜경	성동서	188
강혜경	북대구서	315
강혜경	지방재정	488
강혜란	조세심판	490
강혜련	인천서	284
강혜린	광주청	353
강혜림	국세청	109
강혜림	광산서	354
강혜성	중부서	211
강혜수	속초서	261
강혜연	용산서	200
강혜연	분당서	235
강혜연	평택서	252
강혜월	성북서	191
강혜윤	동울산서	446
강혜은	서초서	186
강혜은	김해서	453
강혜인	분당서	235
강혜인	인천청	272
강혜정	순천서	366
강혜지	서울청	142
강혜지	송파서	192
강혜진	경기광주	243
강혜진	안산서	244
강혜진	서인천서	283
강혜진	창원서	460
강호민	상공회의	103
강호성	국세교육	130
강호윤	마산서	455
강호인	서부산서	439
강호일	해운대서	444
강호준	진주서	458
강호창	북부산서	437
강호현	통영서	462
강홍경	진주서	458
강홍익	서울세관	472
강홍일	동대구서	394
강화수	동작서	177
강화영	기재부	72
강효경	부산청	428
강효석	진주서	459
강효석	기재부	74
강효숙	서초서	186
강효정	김포서	290
강홍승	강서서	161
강흥수	연수서	297
강의	역삼서	197
강희	창원서	460
강희경	중랑서	209
강희경	김해서	453
강희다	해남서	371
강희석	북대전서	314
강희성	북전주서	377
강희수	대전청	307
강희언	제주서	464
강희우	조세재정	493
강희우	조세재정	494
강희웅	노원서	171
강희웅	충주서	345
강희정	고양서	286
강희정	목포서	364
강희정	동울산서	446
강희진	기재부	78
견주필	관세사회	46
경기영	삼성서	182
경사	상공회의	103
경수현	북부산서	437
경유림	북대전서	314
경재찬	용인서	248
경준호	한국세무	31
경지은	금천서	167
경현섭	중부세무	32
계강훈	기재부	79
계구봉	서울청	154
계봉성	삼정회계	23
계준범	서울청	136
계현희	동고양서	292
고강민	서울청	142
고경균	제주서	464
고경만	서울청	141
고경미	서울청	143
고경미	관악서	162
고경수	도봉서	172
고경아	남양주서	229
고경아	수원서	239
고경애	화성서	254
고경진	성북서	190
고경진	안산서	245
고경태	EY한영	16
고경정	광교세무	37
고계명	제주서	464
고관택	부천서	294
고광규	인천세관	478
고광남	기재부	79
고광남	예일세무	43
고광덕	서울청	144
고광민	기재부	80
고광현	동수원서	231
고광현	구미서	406
고광효	기재부	75
고광희	기재부	76
고규진	제주서	465
고규창	지방재정	488
고균석	해남서	371
고근희	국세상담	128
고기석	포항서	418
고기태	북대구서	396
고길현	순천서	366
고나연	기재부	82

이름	소속	번호
고남우	경주서	405
고대식	전주서	381
고대영	순천서	366
고대현	기재부	74
고대홍	서울청	147
고덕상	북인천서	280
고덕환	서울청	143
고도경	화성서	255
고돈흠	영등포서	198
고동현	포천서	302
고동환	국세교육	130
고만수	서울청	134
고명순	부산청	423
고명현	서인천서	283
고명효	서울청	154
고명훈	서인천서	283
고무원	중랑서	209
고문수	광주청	348
고미경	서울청	135
고미량	금천서	167
고미숙	구로서	165
고미순	종로서	207
고민경	분당서	235
고민석	마포서	179
고민수	인천서	284
고민지	종로서	206
고민철	김포서	291
고민하	제주서	464
고배영	인천청	272
고병덕	중부청	218
고병렬	제주서	465
고병석	광명서	289
고병재	국세청	123
고병준	천안서	332
고병찬	구로서	164
고보해	성동서	189
고복님	나주서	362
고봉국	제주서	464
고봉균	인천서	275
고부경	북광주서	358
고상권	파주서	301
고상기	대전청	308
고상덕	기재부	76
고상범	금융위	87
고상범	강남서	157
고상석	성동서	189
고상용	포천서	303
고상현	기재부	82
고상희	동대문서	174
고상희	제주서	464
고서연	서광주서	360
고석봉	광주서	356
고석중	익산서	379
고석진	관세청	469
고석철	서인천서	283
고석춘	서울청	143
고선미	목포서	365
고선주	정읍서	382
고선하	국세청	113
고선혜	인천청	272
고설민	인천서	284
고성렬	서대구서	398
고성순	서울청	134
고성헌	용산서	200
고성호	포천서	303
고성희	파주서	301
고세관	이촌세무	45
고세훈	법무지평	52
고수영	국세청	115
고수영	북광주서	358
고순섭	영주서	416
고순용	북광주서	358
고순임	송파서	192
고순태	포항서	418
고승모	남대문서	168
고승요	중부청	215
고승희	평택서	252
고아라	성동서	189
고아라	안양서	247
고아영	남대문서	168
고양숙	국세교육	131
고연기	EY한영	16
고영경	북대전서	315
고영남	제주서	465
고영록	기재부	80
고영만	인천세무	33
고영상	서대문서	185
고영석	상주서	411
고영수	송파서	193
고영숙	양천서	194
고영욱	기재부	77
고영욱	중부청	223
고영일	국세교육	130
고영일	우리회계	27
고영임	아산서	329
고영조	김해서	452
고영준	해운대서	445
고영지	서울청	138
고영철	중부청	214
고영춘	영동서	338
고영호	경주서	404
고영훈	서울청	140
고예지	혁심시	196
고완병	국세청	109
고완순	지방재정	489
고용진	국회재정	60
고우리	목포서	365
고우성	역삼시	196
고운이	동안양서	233
고운지	분당서	235
고원정	제주서	465
고유경	부천서	294
고유경	북대전서	314
고유나	영등포서	198
고유나	전주서	380
고유영	구리서	225
고윤석	동안양서	233
고윤정	동작서	176
고윤하	국세청	114
고은	동울산서	446
고은경	동래서	432
고은경	한국세무	31
고은미	기흥서	227
고은별	기흥서	226
고은비	인천서	285
고은비	연수서	297
고은선	중부청	216
고은선	안산서	245
고은정	국세청	121
고은주	양천서	194
고은지	잠실서	204
고은혜	시흥서	241
고은희	중부청	217
고은희	인천서	274
고의환	대전청	308
고의환	군산서	372
고인수	영주서	416
고일명	대전청	308
고임형	서울청	152
고장우	광주세관	486
고재국	서울청	135
고재근	대구청	388
고재근	서대구서	398
고재민	잠실서	204
고재민	인천청	273
고재봉	북대구서	396
고재성	평택서	252
고재신	기재부	81
고재우	세종시	327
고재윤	중부청	222
고재환	북광주서	359
고정란	용산서	201
고정민	기재부	80
고정삼	기재부	81
고정선	파주서	301
고정수	용산서	201
고정애	북부산서	437
고정연	서대전서	316
고정은	국세청	108
고정주	인천청	276
고정진	역삼서	197
고정환	대전서	310
고종관	김포서	290
고종섭	중기회	104
고종우	종로서	206
고종철	동청주서	336
고주석	서울청	153
고주석	서울청	153
고주석	대전서	312
고주연	충주서	345
고주환	울산서	449
고준석	국세청	125
고준석	북전주서	377
고준석	지방재정	489
고지숙	경산서	402
고시원	애운내서	445
고지은	제주서	464
고지현	동수원서	230
고지환	진주서	459
고진곤	남인천시	279
고진수	전주서	380
고진숙	수원서	238
고진효	평택서	252
고창기	제주서	465
고창보	조세심판	491
고창수	조세재정	493
고창수	조세재정	493
고창우	제주서	464
고철호	서대전서	317
고태영	서울청	149
고태일	서초서	187
고태혁	국세청	113
고택수	국세교육	130
고한일	이천서	250
고혁준	강남서	157
고현	인천청	276
고현숙	용인서	248
고현숙	서대전서	316
고현웅	동대문서	175
고현용	지방재정	488
고현재	안산서	244
고현주	국세청	110
고현준	영등포서	199
고현호	서울청	151
고현호	원주서	264
고형관	서울청	142
고혜진	청주서	343
고혜진	광주서	356
고호석	동래서	432
고희경	중부청	217
고희선	영등포서	199
고희주	제주서	465
공기영	관악서	163
공대귀	광주청	348
공동준	기재부	75
공명호	창원서	461
공미경	울산서	448
공미자	군산서	372
공민석	부산청	426
공민지	인천청	272
공병수	해남서	370
공병규	진주서	458
공석환	안양서	246
공선미	분당서	235
공선영	국세주류	126
공선영	서울청	149
공성웅	구미서	407
공성원	여수서	368
공숙영	기재부	71
공신혜	안양서	246
공영국	기재부	84
공영원	강릉서	256
공영은	평택서	252
공요환	조세재정	492
공용성	인천청	277
공원재	인천서	284
공원택	국세교육	131
공유진	국세청	109
공윤미	포항서	418
공을상	북부산서	436
공익준	이촌회계	28
공제단	중기회	104
공주석	서대전서	317
공준기	용산서	200
공준혁	금융위	87
공지훈	지방재정	488
공진배	서울청	137
공신후	의정부서	298
공창석	영주서	416
공태운	영등포서	199
공현주	삼성서	182
공현철	기재부	73
공효정	강남서	157
공휘람	수영서	440
공희현	인천청	273
곽가은	동작서	176
곽경미	동수원서	230
곽경호	부산세관	480
곽귀명	부산서	428
곽기복	인천세관	477
곽노일	동청주서	336
곽다혜	마산서	455
곽동국	노원서	170
곽동윤	김천서	166
곽동훈	북인천서	281
곽락원	춘천서	267
곽만권	시흥서	241
곽명수	대구서	388
곽명환	광주청	349
곽문희	대전서	312
곽미경	성동서	189
곽미나	성동서	188
곽미선	광주청	351
곽미송	수원서	238
곽민경	남대구서	393
곽민성	동작서	176
곽민정	서울청	135
곽민정	강남서	160
곽민수	국세청	111
곽민호	남원서	375
곽병길	노원서	171
곽병설	부천서	295
곽병철	중부청	216
곽복률	국회정무	64
곽봉섭	삼성서	182
곽봉신	창원서	460
곽봉화	서대구서	398
곽상민	국회법제	62
곽상민	조세심판	490
곽상섭	이촌세무	45
곽상은	해운대서	444
곽새미	강남서	157
곽성용	김포서	291
곽성순	강릉서	256
곽소라	해운대서	445
곽수연	서초서	187
곽승만	관세청	469
곽승훈	고양서	286
곽영경	서울청	155
곽영국	태평양	53
곽영근	울산서	449
곽영미	용산서	201
곽영석	서울청	135
곽용석	창원서	460
곽용은	잠실서	204
곽용재	순천서	366
곽용욱	조세재정	494
곽원일	중부산서	442
곽유일	금천서	167
곽유진	서인천서	283
곽윤영	창원서	460
곽윤정	고양서	286
곽윤희	관악서	163
곽은선	안양서	247
곽은정	종로서	206
곽은희	동안양서	233
곽인수	기재부	73
곽장미	세무고시	34
곽장운	김앤장	49
곽재석	인천세관	476
곽재승	중부청	221
곽재원	나주서	362
곽재형	인천청	277
곽정수	수원서	239
곽정은	잠실서	205
곽정환	기재부	81
곽종숙	서울청	139
곽주권	역삼서	196
곽주희	송파서	192
곽준욱	수원서	238
곽지은	삼성서	183
곽지석	창원서	461
곽지훈	서울청	149
곽진섭	연수서	297
곽진우	진주서	458
곽진후	강남서	156
곽진희	중부청	219
곽철규	북대구서	396
곽춘희	상주서	411
곽충한	해운대서	445
곽충헌	조세심판	491
곽한능	인천서	284
곽한식	부산청	426
곽한울	제주서	464
곽현수	광주청	353
곽현숙	금정서	430
곽현주	서초서	186
곽형신	아산서	328
곽혜원	강남서	157
곽혜정	중부청	216
곽호현	중부청	214
곽훈	구리서	225
곽희경	서울청	148
곽희정	성남서	237
구경렬	감사원	66
구경식	부산청	429
구경임	부산진서	434
구경택	진주서	458
구광모	남대구서	392
구규완	동수원서	231
구근랑	수성서	401
구남주	예일세무	43
구대중	서광주서	360
구대현	인천청	272

구동욱	성북서	190	구종본	북인천서	280	권다혜	홍천서	269	권성준	조세재정	492	권오교	이천서	250
구령선	창원서	460	구종식	수성서	400	권달오	광교세무	39	권성준	조세재정	493	권오규	안동서	412
구명옥	서울청	145	구주혜	광주청	349	권대근	충주서	344	권성철	기재부	71	권오남	잠실서	204
구명옥	북대전서	315	구지은	김포서	291	권대명	국세청	116	권성훈	진주서	459	권오방	북인천서	280
구명희	안산서	245	구진선	안양서	247	권대선	부산세관	480	권성훈	동작서	177	권오복	감사원	66
구문주	국세청	115	구진아	서초서	186	권대식	도봉서	173	권세혁	노원서	170	권오봉	서산서	324
구미선	구로서	164	구진열	인천청	271	권대영	금융위	88	권소연	북대구서	397	권오상	서울청	142
구민국	예일세무	43	구진열	인천청	272	권대영	국세청	114	권소현	안양서	247	권오석	용산서	200
구민성	서울청	146	구진영	반포서	180	권대웅	화성서	255	권수경	마산서	455	권오성	영등포서	199
구병모	구미서	406	구태경	서울청	145	권대호	김해서	453	권수중	예산서	330	권오성	청주서	342
구보경	서초서	187	구태환	충부청	222	권내호	인천세관	477	권수진	북진주시	377	권오성	서울세관	473
구본	통영서	463	구태효	동래서	433	권대훈	대구청	388	권수현	경산서	403	권오승	마포서	179
구본균	기재부	84	구태훈	상주서	411	권도균	수성서	401	권순근	천안서	332	권오식	김해서	452
구본균	분당서	235	구판서	전주서	380	권도영	전주서	380	권순길	기재부	85	권오신	부산청	428
구본기	반포서	180	구표수	인천청	276	권동민	경산서	402	권순대	서울청	154	권오영	기재부	81
구본녕	기재부	79	구한석	용인서	249	권동한	기재부	73	권순락	동안양서	232	권오영	연수서	297
구본섭	중부청	215	구해리	지방재정	489	권명윤	동청주서	336	권순모	대전서	312	권오영	지방재정	489
구본수	중부청	218	구현근	인천세무	33	권명자	양산서	194	권순모	경주서	405	권오웅	영주서	417
구본옥	기재부	71	구현영	안산서	245	권모순	수성서	400	권순식	동대구서	395	권오윤	상공회의	103
구본윤	이천서	250	구현미	서울청	135	권요항	서울청	139	권순엽	노원서	171	권오재	국회재정	60
구상모	강남서	157	구현진	경산서	403	권문연	기재부	85	권순영	기재부	79	권오정	마포서	178
구상수	법무지평	52	구현진	창원서	461	권미경	기재부	77	권순일	국세청	124	권오준	도봉서	172
구상은	울산서	448	구현철	서초서	187	권미경	도봉서	172	권순일	북대전서	315	권오직	용인서	249
구상호	강남서	156	구형준	기재부	74	권미경	속초서	261	권순재	도봉서	172	권오진	중부청	217
구석연	마산서	455	구혜린	부천서	294	권미나	반포서	181	권순찬	서울청	150	권오찬	포천서	302
구선영	구로서	165	구혜림	포항서	419	권미라	기재부	83	권순태	조세심판	491	권오찬	제천서	340
구선영	용산서	201	구혜숙	목포서	364	권미애	동수원서	230	권순필	기재부	85	권오철	예일세무	43
구섭본	관세사회	46	구홍림	중부청	218	권미연	조세재정	493	권순한	중부산청	443	권오평	동대문서	174
구성민	안양서	246	구화란	수영서	440	권미영	도봉서	172	권순현	지방재정	488	권오항	인천세무	33
구성민	파주서	300	구훈모	구로서	165	권미자	전주서	380	권순현	서대구서	399	권오혁	법무광장	50
구성본	남원서	374	국경호	용인서	249	권미정	동울산서	446	권순호	마포서	178	권오현	서울청	141
구성진	서울청	140	국명래	목포서	365	권미희	안양서	247	권순홍	대구청	389	권오현	동대문서	174
구세진	용산서	200	국봉균	인천청	277	권민경	안양서	246	권슬기	지방재정	489	권오현	마포서	179
구소미	홍성서	334	국승미	광산서	355	권민규	경주서	404	권승민	국세청	120	권오영	영주서	416
구수목	김해서	453	국승원	영등포서	199	권민선	반포서	181	권승비	창원서	460	권오훈	국회정무	64
구수연	양산서	457	국승훈	세무삼륭	41	권민선	경기광주	242	권승욱	서울청	138	권오훈	천안서	333
구수정	인천청	274	국예름	성북서	190	권민수	서울청	139	권승희	경기광주	243	권옥기	안산서	244
구순옥	국세청	123	국우진	기재부	75	권민수	성남서	236	권승희	우리회계	27	권용덕	대구청	387
구순옥	서울청	137	국윤미	서대전서	316	권민정	기재부	71	권신희	대구세관	484	권용승	금정서	430
구슬	지방재정	489	국중현	북인천서	281	권민정	서울청	153	권안석	미래회계	18	권용언	중부세무	32
구승민	역삼서	197	권갑선	대구청	391	권민정	동고양서	293	권영규	북부산청	437	권용우	안동서	413
구승완	영동서	339	권경란	서울청	146	권민정	포항서	419	권영균	서인천서	282	권용익	성동서	188
구승회	삼정회계	22	권경미	서대전서	317	권민지	관악서	162	권영대	대구청	387	권용준	기재부	76
구아림	부천서	294	권경범	서울청	143	권민철	국세교육	130	권영록	부산청	422	권용운	잠실서	205
구아현	분당서	235	권경숙	대전서	313	권민형	대전청	309	권영록	해운대서	445	권용학	영등포서	198
구양훈	서현이현	7	권경숙	양산서	456	권병길	북대전서	314	권영림	서울청	136	권용현	관세사회	46
구영대	역삼서	197	권경해	서울청	135	권병묵	서인천서	282	권영명	인천청	274	권용훈	국세청	110
구영민	성동서	189	권경환	국세청	124	권병선	해운대서	444	권영민	기재부	74	권우건	서울청	142
구영범	통영서	463	권경훈	동안양서	232	권병일	포항서	419	권영민	삼정회계	23	권우절	서현이현	7
구영진	국세청	118	권경정	포항서	419	권보라	창원서	460	권영민	수원서	238	권우태	국세청	114
구옥선	남대문서	168	권교범	노원서	170	권보성	중부서	211	권영선	공주서	319	권우택	강남서	157
구우형	남대문서	169	권구성	수원서	238	권보현	송파서	192	권영숙	수성서	401	권우현	대구청	389
구윤모	조세재정	493	권규종	서초서	187	권부환	삼성서	182	권영승	서울청	155	권원호	대전청	306
구윤희	나주서	362	권기대	감사원	67	권산	서부산서	438	권영신	종로서	207	권유경	원주서	264
구은숙	보령서	322	권기봉	대구청	386	권상빈	영주서	416	권영은	진주서	458	권유림	기재부	80
구은주	역삼서	197	권기수	성북서	190	권상수	부산청	426	권영인	동안양서	233	권유미	서울청	147
구응서	평택서	253	권기완	남인천서	279	권상원	홍천서	269	권영조	천안서	333	권유빈	논산서	320
구인서	국세상담	128	권기정	기재부	80	권상일	순천서	367	권영주	용산서	200	권유식	금융위	86
구인선	양천서	194	권기정	중부청	216	권서영	시흥서	241	권영진	성북서	190	권유이	금융위	88
구자연	동대문서	175	권기주	이천서	250	권석용	대전서	312	권영진	안산서	245	권윤구	대전청	306
구자옥	강남서	156	권기정	기재부	79	권석주	용산서	200	권영창	삼덕회계	19	권윤호	양산서	457
구자율	서울청	139	권기창	안양서	246	권석진	국세상담	128	권영철	마산서	455	권윤회	은평서	203
구자헌	경기광주	242	권기태	안진회계	17	권석현	국세청	109	권영춘	남양주서	228	권윤희	삼성서	182
구자호	중부청	218	권기현	서울청	135	권선정	조세재정	492	권영칠	동고양서	293	권윤희	북대전서	315
구재본	상공회의	103	권기홍	중부서	210	권선주	부산청	424	권영한	안동서	413	권윤희	은평서	202
구재효	금천서	167	권기현	기재부	72	권선화	수원서	239	권영호	동안양서	233	권은경	남인천서	278
구재흥	국세청	108	권나영	북부산서	437	권설진	강릉서	257	권영훈	국세청	120	권은경	전주서	380
구정대	기재부	72	권나영	조세재정	492	권성구	대구청	386	권영훈	광주서	356	권은경	경주서	404
구정서	반포서	181	권나예	서대문서	185	권성미	광명서	289	권영희	서울청	153	권은경	창원서	460
구정숙	경주서	405	권나현	삼성서	182	권성오	조세재정	492	권영희	동수원서	230	권은민	김앤장	49
구정인	세종서	327	권나현	조세재정	493	권성우	남대구서	392	권예솔	중부청	222	권은숙	반포서	180
구정환	김포서	291	권나현	조세재정	493	권성주	동래서	432	권예지	도봉서	172	권은숙	전주서	381
구제승	광명서	288	권나현	조세재정	493	권성준	부산청	424	권오광	동작서	176	권은순	안동서	412

이름	소속	쪽	이름	소속	쪽	이름	소속	쪽	이름	소속	쪽	이름	소속	쪽
권은영	기재부	77	권혁노	마포서	179	기금과	기재부	84	김건중	제천서	341	김경애	강릉서	256
권은영	서대문서	184	권혁도	수성서	400	기금헌	북광주서	358	김건중	수영서	441	김경애	광명서	289
권은정	감사인	66	권혁란	서울청	133	기남국	북광주시	358	김건호	링시시	180	김생애	싱누서	343
권은정	구리서	225	권혁빈	성북서	191	기노선	국세청	124	김건호	동수원서	230	김경애	수영서	441
권은정	거창서	451	권혁선	영등포서	199	기대웅	정읍서	383	김겸순	한국세무	31	김경업	구로서	165
권은지	송파서	192	권혁성	국세청	115	기동민	국회재정	60	김경곤	송파서	192	김경업	파주서	301
권은진	영덕서	414	권혁수	천안서	332	기두현	중부청	223	김경곤	광산서	354	김경연	기재부	72
권은희	국회정무	64	권혁순	기재부	73	기미혜	남대구서	392	김경구	삼일회계	21	김경연	경기광주	243
권은희	이천서	250	권혁순	서울청	135	기민아	화성서	255	김경국	기재부	81	김경연	광주서	356
권익근	국세청	124	권혁용	원주서	264	기상도	익산서	379	김경녀	잠실서	205	김경열	분당서	235
권익성	수원서	239	권혁윤	세무화우	55	기승연	북인천서	280	김경남	구미서	407	김경오	북대전서	315
권익찬	상주서	410	권혁일	목포서	364	기승호	파주서	301	김경달	서울청	150	김경옥	남양주서	229
권익현	동울산서	446	권혁재	의정부서	298	기아람	파주서	301	김경대	북부산서	437	김경옥	서부산서	438
권인숙	대전청	307	권혁준	서울청	138	기연희	광주청	348	김경덕	서울청	139	김경옥	지방재정	488
권인오	서광주서	361	권혁준	성동서	188	기영준	연수서	296	김경돈	춘천서	266	김경용	김해서	452
권일홍	영주서	416	권혁찬	기재부	71	기은진	중부서	210	김경동	구미서	407	김경우	부산청	427
권재관	기재부	80	권혁희	대전청	308	기재희	송파서	192	김경두	서대문서	184	김경우	중부산서	443
권재서	춘천서	266	권현라	국회법제	61	기정림	잠실서	205	김경라	의정부서	299	김경원	종로서	206
권재선	서울청	145	권현목	대구청	388	기종진	군산서	372	김경란	경기광주	242	김경원	도봉서	173
권재효	국세청	117	권현서	삼성서	183	기중화	서울청	135	김경란	원주서	264	김경원	성남서	237
권정기	종로서	207	권현식	역삼서	197	기회훈	천안서	332	김경랑	중부청	222	김경원	동안양서	232
권정석	분당서	234	권현신	구로서	165	길기혁	국회재정	59	김경례	광주청	349	김경은	거창서	450
권정숙	인천청	275	권현옥	국세청	110	길남숙	은평서	202	김경록	기재부	77	김경이	시흥서	241
권정순	국세청	111	권현정	용인서	249	길미정	안양서	246	김경록	국세청	109	김경이	김해서	452
권정애	조세재정	492	권현주	대구서	393	길미정	강서서	286	김경록	강서서	160	김경익	도봉서	172
권정용	서광주서	360	권현지	남대구서	392	길민재	제주서	464	김경록	원주서	264	김경인	송파서	192
권정운	강서서	161	권현택	동고양서	293	길성구	경주서	404	김경률	서현이현	7	김경인	진주서	458
권정인	중부서	210	권현택	서현이현	7	길수정	인천청	273	김경린	경기광주	243	김경일	중부청	219
권정환	전주서	380	권현희	국세청	147	길요한	중부청	214	김경만	동수원서	230	김경임	북인천서	281
권평훈	잠실서	204	권혜광	성북서	190	길웅십	종무서	318	김성반	선산서	332	김경임	광수청	349
권정희	서울청	144	권혜련	부천서	295	길익찬	도봉서	173	김경모	서대문서	185	김경자	동대문서	174
권종기	성동서	188	권혜미	성동서	188	길혜선	성북서	190	김경무	부산서	423	김경자	동수원서	230
권종욱	서울청	155	권혜민	화성서	254	길혜전	광교세무	37	김경미	양천서	195	김경자	천안서	332
권종인	김해서	453	권혜선	금정서	430	김가람	기재부	77	김경미	동수원서	230	김경자	남대구서	393
권주성	금융위	87	권혜연	서울청	139	김가람	인천청	276	김경미	인천서	284	김경주	광주청	353
권주희	서울청	135	권혜영	영등포서	199	김가령	경주서	404	김경미	연수서	297	김경주	여수서	369
권준경	대전청	308	권혜영	분당서	234	김가연	도봉서	172	김경미	대전청	311	김경진	중부청	223
권준혁	영덕서	414	권혜원	동청주서	337	김가연	수원서	238	김경미	영덕서	414	김경진	인천청	277
권중각	기재부	79	권혜정	국세청	121	김가연	북인천서	280	김경미	진주서	459	김경진	서부산서	439
권중훈	안산서	245	권혜정	영등포서	199	김가영	광명서	288	김경미	삼정회계	23	김경진	김해서	453
권지숙	경주서	404	권혜지	예산서	331	김가영	파주서	300	김경민	국세청	109	김경찬	우리회계	27
권지용	용인서	248	권혜지	북부산서	436	김가영	보령서	322	김경민	국세청	112	김경철	기재부	71
권지원	안진회계	17	권혜화	인천서	285	김가웅	인천세관	476	김경민	서초서	187	김경철	대전청	311
권지은	영등포서	198	권호경	대구청	386	김가은	마산서	454	김경민	중부청	219	김경태	동대문서	175
권지은	부산청	423	권호용	마포서	179	김가이	서울청	151	김경민	남양주서	228	김경태	안양서	247
권진록	서울청	154	권홍철	우리회계	27	김가인	동안양서	232	김경민	화성서	254	김경태	부천서	295
권진솔	강릉서	256	권효은	대구청	386	김가혜	수원서	238	김경민	인천청	275	김경태	북부산서	437
권진아	해운대서	445	권효정	서인천서	282	김가희	삼성서	183	김경민	통영서	463	김경태	창원서	460
권진영	동청주서	336	권효준	국세청	108	김갑수	송파서	192	김경복	은평서	202	김경태	서울세관	472
권진혁	국세청	112	권훈	국회법제	62	김갑수	중부세무	32	김경석	구미서	406	김경태	지방재정	488
권창위	동안양서	233	권홍일	경기광주	243	김갑심	역삼서	196	김경선	노원서	170	김경태	중부세무	32
권창현	지방재정	489	권희갑	이천서	250	김갑이	동울산서	447	김경선	부산청	425	김경태	법무광장	50
권창호	국세상담	128	권희숙	화성서	254	김강	남양주서	229	김경수	기재부	74	김경택	서대구서	398
권채윤	안양서	246	권희녹	서부산서	438	김강록	용인서	249	김경수	남대구서	393	김경필	서초서	186
권철균	평택서	253	권희정	구미서	407	김강미	안산서	244	김경숙	서울청	140	김경필	부산서	423
권춘식	동수원서	231	금경래	경산서	402	김강산	국회정무	63	김경숙	용산서	200	김경하	도봉서	172
권충구	포천서	303	금기준	세종서	326	김강산	중부청	220	김경숙	분당서	234	김경하	광주세관	485
권충숙	국세교육	130	금기태	대전서	313	김강산	법무지평	52	김경숙	용인서	249	김경한	대구청	386
권태경	감사원	66	금대호	영주서	417	김강수	여수서	369	김경숙	춘천서	266	김경해	부천서	294
권태윤	국세청	112	금도미	경기광주	243	김강인	안동서	413	김경숙	인천서	285	김경해	상주서	410
권태인	반포서	180	금도훈	부산청	422	김강준	중부서	218	김경숙	아산서	328	김경향	용인서	249
권태준	삼성서	182	금동화	삼척서	259	김강훈	양천서	195	김경숙	제천서	340	김경현	수원서	238
권태혁	대구청	388	금동희	대전청	308	김강훈	역삼서	196	김경숙	해운대서	445	김경현	순천서	366
권태훈	마산서	455	금민진	서대문서	184	김강훈	포항서	418	김경숙	통영서	463	김경현	포항서	418
권태희	원주서	264	금병호	부산서	422	김강휘	부천서	294	김경승	창원서	461	김경협	국회재정	60
권택경	평택서	252	금봉호	서울청	134	김건민	기재부	80	김경식	서울청	149	김경혜	창원서	460
권택만	강릉서	257	금승수	서초서	187	김건영	김포서	291	김경식	남인천서	278	김경혜	감사원	66
권한조	예일회계	26	금영송	영동서	338	김건우	국세청	112	김경아	국세청	110	김경호	서울청	150
권해영	서울청	151	금윤순	익산서	378	김건우	구리서	225	김경아	송파서	192	김경호	양천서	194
권항연	기재부	85	금인숙	동울산서	446	김건오	잠실서	205	김경아	강릉서	256	김경호	구리서	224
권혁	서울청	148	금잔디	남대문서	169	김건유	감사원	66	김경아	고양서	287	김경호	부천서	295
권혁규	안동서	413	금태옥	서울청	139	김건중	잠실서	205	김경애	기재부	81	김경호	삼일회계	20
권혁기	안진회계	17	금현정	서울청	154	김건중	제천서	340	김경애	동안양서	232	김경화	동울산서	447

이름	소속	번호
김경화	김해서	453
김경환	서울청	150
김경환	파주서	300
김경환	아산서	328
김경환	전주서	380
김경훈	국회재정	60
김경훈	기재부	73
김경훈	송파서	193
김경훈	수원서	239
김경훈	경기광주	242
김경훈	대구청	389
김경훈	조세재정	494
김경희	기재부	74
김경희	국세청	117
김경희	강동서	159
김경희	강서서	160
김경희	구로서	165
김경희	금천서	167
김경희	양천서	195
김경희	분당서	234
김경희	안양서	246
김경희	익산서	379
김경희	경산서	402
김계영	잠실서	205
김계영	창원서	460
김계정	의정부서	299
김계희	국세청	110
김고은	동작서	176
김고은	북부산서	437
김고환	은평서	203
김고희	동수원서	230
김공해	북광주서	358
김관균	한국세무	31
김관수	동청주서	336
김관오	대전청	311
김관용	논산서	320
김관우	인천서	285
김관태	포항서	418
김관홍	국세청	120
김광괄	익산서	379
김광대	국세청	108
김광덕	통영서	462
김광래	상주서	410
김광래	상주서	411
김광련	서대구서	399
김광록	노원서	171
김광묵	영월서	262
김광미	서울청	135
김광미	관악서	162
김광민	서울청	146
김광복	중부청	214
김광석	수성서	400
김광석	제주서	464
김광석	삼정회계	24
김광섭	원주서	264
김광섭	광주서	357
김광성	광산서	354
김광성	서광주서	360
김광수	서울청	143
김광수	남대문서	168
김광수	중부청	223
김광수	수원서	239
김광수	수영서	440
김광수	삼일회계	20
김광순	대전청	307
김광식	강릉서	257
김광식	강릉서	257
김광식	북인천서	280
김광연	서울청	142
김광열	경산서	403
김광영	서울청	153
김광용	국세청	114
김광진	포천서	303
김광천	인천청	273
김광칠	종로서	206
김광태	중부청	215
김광표	서인천서	283
김광필	지방재정	488
김광현	반포서	180
김광현	중부서	211
김광현	중부청	218
김광현	광주청	348
김광현	해남서	370
김광현	남대구서	392
김광혜	중부청	215
김광호	중부서	210
김광호	화성서	255
김광호	구미서	406
김광호	광주세관	485
김광호	광주세관	486
김광환	중랑서	208
김광희	북전주서	377
김교성	시흥서	240
김교열	기재부	85
김교태	삼정회계	22
김구년	기재부	78
김구름	영덕서	414
김구봉	천안서	333
김구수	공주서	319
김구하	대구청	387
김구호	경기광주	242
김구호	세종서	327
김구환	동울산서	447
김국만	부산세관	481
김국성	중부청	219
김국진	서울청	155
김국진	홍성서	334
김국진	동울산서	446
김국현	안산서	245
김국현	평택서	252
김권	성북서	190
김권일	기재부	78
김권하	중부산서	443
김귀범	기재부	77
김귀현	진주서	458
김귀희	남인천서	278
김규리	노원서	170
김규리	성동서	188
김규민	서울청	137
김규민	창원서	460
김규석	태평양	53
김규성	구로서	164
김규수	동대구서	395
김규식	동대구서	395
김규완	마포서	178
김규완	서대전서	316
김규인	관악서	163
김규주	성남서	236
김규진	대구청	387
김규진	진주서	459
김규진	서울세관	472
김규태	목포서	365
김규표	광산서	354
김규한	남양주서	229
김규헌	인천세무	33
김규혁	기흥서	226
김규호	성동서	188
김규호	부천서	295
김규환	강동서	159
김규환	수영서	441
김규훈	기재부	82
김규희	서울청	140
김균열	진주서	459
김균태	논산서	320
김극돈	동고양서	293
김근민	이천서	251
김근분	시흥서	240
김근수	서울청	144
김근수	중부청	216
김근아	서산서	325
김근영	인천청	272
김근용	국회정무	64
김근우	파주서	300
김근우	북광주서	359
김근우	남대구서	392
김근익	금감원	89
김근익	금감원	90
김근하	논산서	320
김근한	평택서	253
김근형	광주서	356
김근화	서울청	136
김근환	대전청	310
김금비	기재부	73
김금순	김해서	452
김금자	분당서	234
김금주	동래서	432
김기남	양천서	194
김기덕	서울청	148
김기동	기재부	74
김기동	분당서	234
김기동	대전서	312
김기동	북전주서	376
김기동	관세청	468
김기랑	북부산서	436
김기만	서울청	199
김기명	지방재정	489
김기무	수성서	400
김기문	기재부	73
김기문	중기회	104
김기미	반포서	181
김기미	북대전서	315
김기배	중부청	221
김기범	경주서	404
김기범	조세심판	491
김기복	서대전서	316
김기복	법무바른	1
김기쁨	동대문서	174
김기석	국회정무	64
김기석	영등포서	198
김기선	연수서	296
김기선	금천서	167
김기선	은평서	202
김기선	잠실서	205
김기성	서산서	325
김기세	EY한영	16
김기송	시흥서	240
김기수	상공회의	103
김기수	분당서	234
김기수	예산서	330
김기숙	서울청	139
김기숙	영동서	338
김기식	용인서	249
김기식	김포서	291
김기아	해남서	371
김기업	울산서	448
김기연	영등포서	198
김기열	국세청	121
김기영	감사원	65
김기영	감사원	67
김기영	평택서	253
김기영	조세심판	491
김기옥	북광주서	358
김기완	국세주류	126
김기완	서울청	144
김기완	원주서	264
김기용	창원서	461
김기웅	통영서	462
김기은	서대문서	184
김기은	중부청	220
김기재	인천세관	478
김기정	광주청	352
김기준	대전청	309
김기중	국세청	114
김기중	부산청	422
김기진	서울청	151
김기천	동대문서	175
김기철	동작서	177
김기철	분당서	234
김기태	서울청	150
김기태	충주서	344
김기한	금융위	87
김기현	서울청	154
김기현	부산세관	480
김기형	남대구서	393
김기홍	기재부	79
김기홍	서울청	147
김기홍	경기광주	242
김기현	서울청	152
김기환	동안양서	233
김기환	부산진서	435
김기훈	관악서	162
김기훈	인천청	272
김기훈	부산세관	481
김길남	기재부	74
김길문	기재부	79
김길수	송파서	192
김길영	경산서	402
김길용	국세청	121
김길정	대전청	308
김길호	금정서	430
김나경	기흥서	226
김나나	강동서	158
김나래	금천서	166
김나래	시흥서	241
김나래	울산서	449
김나리	동작서	177
김나리	기흥서	226
김나리	조세재정	493
김나연	서울청	154
김나연	강서서	161
김나연	삼성서	182
김나연	삼성서	182
김나연	반포서	181
김나영	송파서	192
김나영	중부청	219
김나영	의정부서	298
김나영	김해서	453
김나영	창원서	461
김나영	제주서	465
김나윤	기재부	83
김나윤	구리서	224
김나은	강동서	158
김나은	김해서	453
김나현	국세주류	126
김나현	안양서	246
김나현	창원서	460
김나현	은평서	202
김나형	서대전서	317
김낙용	중부서	211
김낙현	기재부	73
김난경	강남서	156
김난경	천안서	333
김난영	기재부	76
김난영	경기광주	243
김난영	진주서	458
김난주	상주서	411
김난형	강동서	159
김난희	서울청	143
김난희	동울산서	447
김남구	국세상담	129
김남국	국회법제	62
김남국	서현이현	7
김남규	서대구서	399
김남균	동작서	177
김남균	용산서	201
김남덕	군산서	373
김남배	부산청	422
김남선	마포서	178
김남섭	대구세관	484
김남수	광주청	348
김남연	구미서	406
김남영	동수원시	230
김남영	동래서	432
김남영	예일세무	43
김남용	국세청	111
김남이	서광주서	360
김남정	성동서	189
김남정	동대구서	395
김남주	동작서	176
김남주	안산서	244
김남주	원주서	265
김남준	서울청	154
김남중	이천서	251
김남철	포천서	302
김남현	남인천서	279
김남현	지방재정	488
김남현	지방재정	488
김남호	성남서	236
김남호	기재부	72
김남훈	대전청	309
김남희	기재부	74
김남희	구로서	165
김남희	도봉서	173
김남희	동작서	176
김남희	남대구서	392
김남희	부산청	422
김내리	중부산서	443
김년호	영동서	338
김노섭	국세상담	128
김녹영	상공회의	103
김다람	동안양서	233
김다랑	조세재정	493
김다미	서대구서	399
김다민	국세청	123
김다솜	동수원서	230
김다연	북대전서	315
김다영	중부청	216
김다영	강릉서	257
김다영	서인천서	282
김다영	중부산서	442
김다운	시흥서	240
김다원	남대문서	168
김다은	동대문서	174
김다은	평택서	253
김다은	부천서	295
김다은	조세재정	493
김다이	안산서	245
김다해	송파서	193
김다현	기재부	73
김다현	관악서	163
김다현	제천서	340
김다현	인천서	284
김다혜	기재부	85
김다혜	북광주서	358
김다혜	수영서	440
김다희	안양서	246
김단	나주서	363
김단비	기흥서	226
김단비	분당서	234
김단님	춘천서	267
김달수	대구세관	484
김대관	양천서	194
김대관	서인천서	282

이름	소속	쪽	이름	소속	쪽	이름	소속	쪽	이름	소속	쪽	이름	소속	쪽
김대권	금천서	166	김덕규	국세청	108	김도희	기재부	79	김동윤	동안양서	233	김동희	동대문서	174
김대규	아산서	329	김덕기	양천서	194	김도희	용인서	249	김동윤	강릉서	257	김동희	기흥서	227
김대근	포항서	418	김덕봉	중부산서	442	김도희	부천서	294	김동윤	북인천서	281	김두곤	안동서	412
김대길	성동서	188	김덕성	중부산서	443	김도희	조세재정	493	김동은	양천서	195	김두관	국회재정	60
김대길	인천세관	478	김덕성	해운대서	444	김동건	수영서	441	김동익	기재부	81	김두리	춘천서	266
김대범	인천청	276	김덕수	전주서	381	김동건	김해서	452	김동일	국세청	112	김두섭	대전청	309
김대범	고양서	287	김덕연	상공회의	103	김동겸	동래서	432	김동일	국세청	113	김두성	서울청	148
김대성	이천서	250	김덕영	국세청	114	김동곤	기재부	85	김동일	국세청	114	김두수	남양주서	229
김대수	전주서	381	김덕영	공주서	318	김동구	북광주서	358	김동일	홍성서	335	김두수	이천서	250
김대식	충주서	344	김덕원	동대문서	174	김동규	기재부	79	김동일	서광주서	361	김두수	의정부서	298
김대업	대구청	389	김덕원	금정서	431	김동근	국세청	120	김동일	부산청	424	김두식	부산청	427
김대연	노원서	170	김덕은	용산서	200	김동근	서울청	140	김동재	중부서	211	김두식	서울청	142
김대연	서인천서	282	김덕종	광주세관	486	김동근	포천서	302	김동조	의정부서	298	김두연	세종서	327
김대열	동래서	433	김덕중	법무화우	54	김동길	북부산서	436	김동주	북전주서	376	김두영	삼척서	259
김대열	동대구서	394	김덕진	강동서	158	김동련	원주서	265	김동준	시흥서	241	김두찬	삼척서	258
김대엽	마산서	455	김덕진	안산서	244	김동만	중랑서	209	김동준	고양서	286	김두현	포항서	419
김대영	서울청	151	김덕진	정읍서	382	김동민	용산서	200	김동준	부천서	294	김두환	서울청	152
김대영	서인천서	282	김덕현	기재부	85	김동민	이천서	251	김동준	영주서	416	김두환	청주서	342
김대영	대구청	387	김덕호	광주청	350	김동민	서부산서	439	김동직	강남서	157	김두희	동대문서	174
김대옥	국세청	124	김덕호	우리회계	27	김동범	동대문서	175	김동진	국세청	121	김득수	나주서	363
김대옥	동래서	432	김덕환	동대구서	394	김동범	구미서	406	김동진	은평서	202	김득수	대구청	389
김대용	용산서	200	김도경	기재부	83	김동빈	국세청	108	김동진	동수원서	230	김득중	송파서	192
김대용	동청주서	336	김도경	강동서	159	김동석	감사원	67	김동진	인천청	276	김득화	남인천서	278
김대우	마포서	179	김도경	용인서	248	김동석	기재부	78	김동진	김포서	291	김라은	울산서	448
김대원	기재부	71	김도경	삼정회계	22	김동석	영등포서	198	김동찬	반포서	181	김라희	서인천서	283
김대원	서울청	135	김도곤	수영서	440	김동선	광명서	289	김동찬	안동서	412	김란	양천서	194
김대원	강동서	159	김도광	수성서	401	김동선	순천서	366	김동철	인천세관	476	김란미	국회법제	61
김대원	동수원서	230	김도균	국세청	117	김동성	금감원	89	김동춘	안동서	412	김란주	중부청	218
김대원	익산서	379	김도숙	대구청	387	김동성	금감원	93	김동하	중부서	211	김려하	창원서	460
김대원	김해서	452	김도암	부산청	426	김동성	EY한영	16	김동하	군산서	372	김령도	은평서	203
김대원	창원서	460	김도애	포천서	302	김동소	앤장	49	김동한	포항서	418	김령연	창원서	461
김대윤	강서서	161	김도연	동대문서	174	김동수	국세청	114	김동한	서부산서	438	김록수	부산청	425
김대은	기재부	78	김도연	송파서	193	김동수	영월서	262	김동혁	서대전서	317	김리나	기재부	71
김대일	국세청	119	김도연	영등포서	199	김동수	서인천서	283	김동현	기재부	76	김리아	북대전서	315
김대일	동고양서	292	김도연	동수원서	231	김동수	광명서	289	김동현	서울청	134	김리영	용산서	200
김대일	광주청	348	김도연	동수원서	231	김동수	동래서	433	김동현	서울청	153	김린	여수서	369
김대정	남양주서	228	김도연	북대전서	314	김동수	관세청	468	김동현	서초서	186	김만기	기재부	75
김대준	서울청	146	김도연	나주서	362	김동식	서울청	134	김동현	중부청	220	김만덕	김포서	291
김대중	국세청	124	김도연	대구청	390	김동신	부산청	422	김동현	구리서	224	김만래	서대전서	316
김대중	서울청	143	김도연	부산청	429	김동언	안양서	246	김동현	인천청	272	김만복	천안서	333
김대중	포항서	418	김도연	동울산서	447	김동업	부산청	429	김동현	남인천서	279	김만석	지방재정	489
김대지	국세청	107	김도연	조세재정	493	김동업	동고양서	292	김동현	대전청	306	김만석	감사원	66
김대지	국세청	108	김도엽	송파서	192	김동열	화성서	254	김동현	대전청	307	김만성	정읍서	382
김대진	서대문서	185	김도영	기재부	71	김동열	인천청	273	김동현	아산서	328	김만수	기재부	70
김대진	대전청	306	김도영	마포서	178	김동엽	고양서	286	김동현	동대구서	394	김만수	기재부	74
김대진	세무삼릉	41	김도영	잠실서	205	김동영	국회재정	60	김동현	동래서	432	김만식	분당서	234
김대철	국세청	122	김도영	중부청	214	김동영	구로서	165	김동현	동울산서	446	김만영	기재부	73
김대철	부산진서	434	김도영	부산청	428	김동영	양산서	456	김동현	동울산서	447	김만조	서초서	187
김대혁	안양서	246	김도영	지방재정	488	김동영	부산세관	480	김동현	이촌세무	45	김만헌	서인천서	282
김대현	기재부	70	김도원	인천서	279	김동오	동울산서	447	김동현	태평양	53	김만호	서현이현	7
김대현	금융위	88	김도유	수성서	400	김동완	금천서	166	김동형	북대전서	314	김말숙	국세청	125
김대현	서울청	152	김도윤	중부청	219	김동우	용산서	201	김동형	조세심판	490	김명경	인천청	276
김대현	강남서	157	김도윤	이천서	250	김동우	중부청	220	김동호	서울청	152	김명경	대구청	391
김대현	여수서	368	김도윤	동래서	433	김동우	이천서	250	김동호	중부청	218	김명국	김천서	408
김대현	창원서	460	김도은	서울청	150	김동우	북인천서	280	김동호	진주서	458	김명규	기재부	77
김대현	이안세무	44	김도인	금감원	89	김동우	인천서	284	김동환	기재부	76	김명규	속초서	261
김대호	서울청	150	김도인	금감원	95	김동우	수영서	441	김동환	금융위	87	김명규	남대구서	392
김대호	서광주서	360	김도헌	중부청	223	김동욱	기재부	77	김동환	국세청	124	김명근	안진회계	17
김대호	법무화우	54	김도헌	삼척서	259	김동욱	기재부	83	김동환	서울청	152	김명근	부산세관	481
김대환	강남서	157	김도현	동래서	460	김동욱	국세교육	130	김동환	서울청	154	김명도	영등포서	199
김대환	안산서	244	김도현	강서서	161	김동욱	서울청	140	김동환	관악서	162	김명봉	광교세무	39
김대훈	기재부	84	김도현	마포서	178	김동욱	서울청	142	김동환	남대구서	393	김명렬	부산청	427
김대훈	용산서	200	김도현	부산진서	435	김동욱	삼성서	183	김동환	포항서	418	김명미	동래서	432
김대훈	이천서	251	김도협	인천서	284	김동욱	송파서	193	김동환	해운대서	444	김명선	안산서	244
김대훈	대구청	386	김도형	기재부	71	김동욱	기흥서	226	김동희	금감원	89	김명선	부천서	294
김대훈	제주서	464	김도형	서울청	151	김동욱	원주서	264	김동희	금감원	95	김명선	북광주서	358
김대훈	광교세무	37	김도형	서초서	187	김동욱	대구청	386	김동훈	기재부	76	김명선	순천서	367
김대훈	광교세무	146	김도형	성남서	237	김동욱	부산청	423	김동훈	서울청	135	김명선	포항서	418
김대훈	광교세무	189	김도형	북광주서	359	김동원	국세청	114	김동훈	송파서	192	김명선	양산서	456
김대희	서울청	138	김도훈	경기광주	243	김동원	강서서	160	김동훈	울산서	449	김명섭	김해서	452
김대희	관악서	162	김도훈	북대구서	396	김동원	금천서	166	김동훈	삼정회계	23	김명섭	대구세관	484
김대희	부산청	422	김도훈	조세재정	494	김동원	삼성서	183	김동휘	김포서	291	김명섭	광교세무	37
김덕교	고양서	287	김도휘	홍천서	268	김동원	양산서	457				김명수	인천청	272

이름	소속	쪽	이름	소속	쪽	이름	소속	쪽	이름	소속	쪽	이름	소속	쪽
김명수	북부산서	436	김문정	양산서	457	김미애	중부서	210	김민경	노원서	170	김민영	역삼서	196
김명숙	마포서	178	김문정	제주서	464	김미애	안산서	244	김민경	서초서	186	김민영	종로서	207
김명숙	종로서	206	김문정	조세재정	493	김미애	충주서	344	김민경	양천서	195	김민영	세종서	326
김명숙	중부청	216	김문철	제천서	340	김미애	광주청	349	김민경	은평서	203	김민영	동청주서	336
김명숙	중부청	217	김문태	상공회의	103	김미애	정읍서	382	김민경	잠실서	205	김민영	동래서	433
김명숙	광주청	350	김문학	중부세무	32	김미애	대구청	390	김민경	이천서	251	김민영	조세재정	492
김명숙	익산서	378	김문호	지방재정	489	김미연	국세청	110	김민경	평택서	252	김민옥	국회정무	63
김명순	성동서	188	김문환	구리서	225	김미연	금천서	167	김민경	인천청	277	김민완	인천청	277
김명순	대전청	307	김문환	시흥서	240	김미연	성북서	191	김민경	목포서	365	김민우	구로서	164
김명신	구로서	165	김문훈	노원서	171	김미연	영등포서	199	김민경	조세재정	493	김민우	송파서	193
김명실	기재부	79	김문희	농안양서	233	김미년	중부서	210	김민광	서울청	154	김민욱	국회새성	60
김명열	서울청	151	김문희	북광주서	358	김미연	인천서	285	김민교	중부청	223	김민욱	고양서	286
김명옥	기재부	72	김문희	순천서	366	김미연	남대구서	392	김민국	구미서	407	김민웅	국세청	114
김명운	감사원	65	김문희	대구청	387	김미연	지방재정	489	김민규	기재부	85	김민재	익산서	378
김명원	국세청	110	김문희	대구청	388	김미영	서울청	139	김민규	동수원서	231	김민재	부산청	422
김명윤	부산청	426	김미	포항서	419	김미영	서울청	139	김민규	거창서	451	김민재	김해서	452
김명임	포천서	302	김미경	금융위	87	김미영	노원서	170	김민규	김해서	453	김민정	기재부	71
김명자	강서서	160	김미경	강남서	157	김미영	송파서	192	김민규	통영서	462	김민정	국세상담	128
김명제	국세청	119	김미경	관악서	162	김미영	화성서	254	김민규	제주서	465	김민정	영등포서	199
김명주	구로서	165	김미경	노원서	171	김미영	북인천서	281	김민산	시흥서	240	김민정	잠실서	205
김명주	역삼서	196	김미경	마포서	178	김미영	논산서	320	김민기	서울청	150	김민정	종로서	206
김명주	우리회계	27	김미경	역삼서	197	김미영	여수서	368	김민기	중부청	214	김민정	중부청	219
김명준	인천청	273	김미경	용산서	201	김미영	정읍서	382	김민들레	금융위	86	김민정	남양주서	228
김명준	이촌세무	45	김미경	안산서	244	김미영	안동서	412	김민래	의정부서	298	김민정	성남서	236
김명지	경주서	404	김미경	춘천서	266	김미영	영덕서	415	김민비	춘천서	267	김민정	성남서	237
김명진	서울청	152	김미경	김포서	291	김미영	부산청	428	김민상	서인천서	282	김민정	수원서	238
김명진	종로서	207	김미경	대전서	313	김미영	북부산서	436	김민상	고양서	286	김민정	경기광주	242
김명진	남인천서	279	김미경	보령서	323	김미영	동울산서	446	김민석	기재부	74	김민정	평택서	252
김명진	대전청	306	김미경	서광주서	360	김미옥	남대문서	168	김민석	강서서	161	김민정	화성서	254
김명진	대전청	308	김미경	영주서	416	김미옥	삼성서	182	김민석	강서서	188	김민정	속초서	260
김명진	남대구서	392	김미경	동래서	432	김미옥	인천청	277	김민석	광명서	288	김민정	남인천서	278
김명진	이촌회계	28	김미경	동울산서	447	김미옥	동울산서	446	김민석	김포서	291	김민정	남인천서	278
김명진	인천세무	33	김미나	서울청	134	김미옥	울산서	449	김민석	광주청	353	김민정	북인천서	280
김명철	해운대서	445	김미나	서울청	136	김미원	영등포서	199	김민석	부산청	424	김민정	서인천서	282
김명호	성동서	188	김미나	중부청	215	김미자	대전청	308	김민석	양산서	456	김민정	부천서	295
김명호	제천서	340	김미나	용인서	248	김미재	북대구서	396	김민선	서울청	144	김민정	대전청	308
김명화	성동서	189	김미나	인천청	274	김미정	서울청	140	김민선	남대문서	168	김민정	대전청	310
김명환	기재부	76	김미나	고양서	286	김미정	강남서	157	김민선	화성서	254	김민정	대전청	312
김명환	서울청	139	김미나	예산서	330	김미정	강동서	159	김민선	강릉서	256	김민정	예산서	330
김명환	서울청	152	김미덕	종로서	207	김미정	삼성서	182	김민선	김포서	290	김민정	청주서	342
김명훈	우리회계	27	김미라	중부청	221	김미정	삼성서	183	김민선	충주서	345	김민정	나주서	362
김명희	서울청	154	김미라	서대전서	317	김미정	서초서	187	김민섭	구리서	224	김민정	나주서	363
김명희	강동서	158	김미라	익산서	379	김미정	중부서	211	김민성	역삼서	196	김민정	대구청	388
김명희	성동서	189	김미란	종로서	206	김미정	인천청	272	김민성	구리서	225	김민정	상주서	410
김명희	제천서	341	김미란	기흥서	226	김미정	파주서	301	김민성	이천서	250	김민정	동래서	432
김명희	북광주서	358	김미란	논산서	321	김미정	포천서	303	김민세	관세청	469	김민정	북부산서	437
김명희	서광주서	361	김미래	분당서	235	김미정	김해서	453	김민수	국회법제	62	김민정	수영서	441
김명희	통영서	463	김미량	대구청	388	김미정	조세재정	493	김민수	기재부	76	김민정	해운대서	444
김몽경	국세교육	131	김미례	강남서	157	김미주	반포서	181	김민수	국세청	118	김민정	해운대서	444
김묘성	서울청	145	김미리	정읍서	383	김미지	서부산서	439	김민수	국세청	140	김민정	동울산서	446
김묘연	부산청	422	김미림	노원서	171	김미진	기재부	77	김민수	노원서	171	김민정	진주서	458
김묘정	안산서	244	김미미	북인천서	281	김미진	서울청	152	김민수	마포서	178	김민정	창원서	460
김무남	인천청	272	김미선	기재부	84	김미진	동대문서	175	김민수	서초서	187	김민정	지방재정	488
김무수	화성서	254	김미선	기재부	85	김미진	종로서	206	김민수	동안양서	232	김민정	세무화우	55
김무열	부산청	422	김미선	구리서	225	김미진	북광주서	358	김민수	안양서	246	김민제	국세청	119
김무열	조세재정	492	김미선	남양주서	229	김미진	수영서	440	김민수	고양서	287	김민제	국세청	122
김무영	제천서	341	김미선	인천청	272	김미진	김해서	452	김민수	나주서	362	김민조	군산서	372
김문건	기재부	75	김미선	서인천서	283	김미해	광주청	348	김민수	전주서	380	김민주	기재부	73
김문경	서울청	144	김미선	천안서	333	김미향	동수원서	231	김민수	남대구서	393	김민주	기재부	81
김문경	삼성서	183	김미선	목포서	364	김미향	익산서	378	김민수	부산청	423	김민주	국세청	114
김문균	서대문서	184	김미성	중부서	211	김미현	동대구서	395	김민수	해운대서	444	김민주	서울청	137
김문기	강동서	159	김미소	역삼서	196	김미현	서대구서	399	김민수	울산서	448	김민주	강남서	156
김문길	경기광주	243	김미소	김포서	290	김미현	중부산서	443	김민숙	서울청	139	김민주	은평서	202
김문성	양천서	194	김미소	동울산서	447	김미화	북광주서	358	김민숙	북부산서	437	김민주	은평서	203
김문수	기재부	71	김미숙	서울청	135	김미희	서울청	139	김민식	경주서	404	김민주	남양주서	229
김문수	천안서	333	김미숙	마포서	178	김미희	잠실서	204	김민아	강서서	160	김민주	원주서	265
김문수	영동서	338	김미숙	마포서	179	김미희	안산서	244	김민아	서대문서	185	김민주	남대구서	393
김문수	동래서	433	김미숙	구미서	406	김미희	서부산서	438	김민아	EY한영	16	김민주	서대구서	398
김문숙	은평서	203	김미숙	동래서	432	김민	서울청	154	김민애	남인천서	279	김민주	양산서	456
김문영	노원서	170	김미숙	마산서	455	김민	시흥서	240	김민양	국세청	114	김민준	서울청	152
김문영	삼성서	182	김미순	광명서	288	김민경	국세청	111	김민영	서울청	155	김민준	김천서	409
김문자	김포서	290	김미아	부산청	429	김민경	국세상담	128	김민영	마포서	178	김민준	통영서	462
김문재	서부산서	439	김미애	반포서	181	김민경	강동서	159	김민영	서대문서	184	김민준	지방재정	488

이름	소속	쪽	이름	소속	쪽	이름	소속	쪽	이름	소속	쪽	이름	소속	쪽
김민중	기재부	74	김병석	삼성서	182	김보균	국세상담	129	김봉준	금정서	430	김상우	남양주서	229
김민지	국회재정	59	김병석	북대구서	397	김보균	남인천서	278	김봉진	예산서	331	김상우	대구청	387
김민지	기재부	81	김병선	북부산서	437	김보구	파주서	300	김봄진	부산청	424	김상우	구미시	407
김민시	기새부	83	김병섭	동수원서	230	김보나	서인천서	283	김봉찬	서울청	150	김상우	부산청	422
김민지	서울청	143	김병섭	연수서	297	김보남	광교세무	38	김봉호	남인천서	278	김상우	부산진서	435
김민지	강서서	160	김병성	서울청	134	김보라	도봉서	172	김봉희	강동서	158	김상우	서울세관	472
김민지	노원서	171	김병성	북전주서	376	김보라	종로서	207	김부석	북부산서	436	김상욱	지방재정	488
김민지	서초서	186	김병수	감사원	66	김보람	원주서	264	김부일	동울산서	446	김상욱	서울청	145
김민지	영등포서	198	김병수	관악서	163	김보람	인천청	273	김부자	경주서	405	김상욱	군산서	373
김민지	부천서	295	김병수	서인천서	282	김보람	제천서	340	김부한	대구청	386	김상운	양산서	456
김민지	북전주서	377	김병수	파주서	301	김보람	순천서	366	김분숙	동울산서	446	김상운	경산서	403
김민지	서대구서	399	김병수	포항서	419	김보람	조세심판	490	김분희	안산서	244	김상운	삼일회계	20
김민지	양산서	456	김병수	중부서	442	김보미	서울청	147	김봉호	청주서	342	김상원	서울청	138
김민지	통영서	462	김병수	거창서	451	김보미	금천서	167	김비주	송파서	192	김상원	성동서	189
김민진	기재부	85	김병수	김해서	453	김보미	용산서	200	김빛누리	고양서	287	김상윤	송파서	192
김민진	동래서	432	김병수	통영서	463	김보미	중부청	223	김빛마로	조세재정	492	김상윤	부천서	295
김민진	수영서	441	김병식	국세청	110	김보미	수원서	238	김빛마로	조세재정	493	김상은	서울청	138
김민창	구미서	407	김병식	여수서	369	김보미	안양서	246	김사라	북부산서	437	김상이	서울청	147
김민철	구리서	224	김병욱	서울청	134	김보미	화성서	254	김사성	김천서	408	김상인	논산서	320
김민철	광주청	351	김병욱	김해서	453	김보미	영월서	263	김산	춘천서	267	김상일	국회재정	60
김민철	북대구서	397	김병욱	국회정무	64	김보미	순천서	366	김삼규	남대구서	392	김상조	서울청	153
김민철	수성서	400	김병욱	북대구서	397	김보민	기재부	83	김삼수	대전청	310	김상조	북대구서	397
김민태	구리서	225	김병욱	경산서	402	김보민	김해서	453	김삼용	금천서	166	김상진	인천청	275
김민표	안산서	244	김병욱	북부산서	437	김보석	양천서	194	김삼원	군산서	372	김상진	대전청	307
김민형	기재부	80	김병윤	관악서	162	김보석	부산청	424	김삼중	종로서	207	김상진	조세심판	491
김민형	남인천서	279	김병윤	금정서	430	김보성	서초서	186	김상경	화성서	254	김상진	예일세무	43
김민호	중부청	222	김병익	우리회계	27	김보성	성남서	236	김상경	부천서	294	김상천	인천서	285
김민호	대구청	390	김병일	동작서	177	김보성	파주서	301	김상곤	의정부서	299	김상철	국세청	111
김민호	인천세관	477	김병일	대전서	313	김보성	동대구서	394	김상곤	조세심판	491	김상철	국세청	124
김민후	광주청	348	김병조	동수원서	230	김보송	종로서	207	김상구	시말청	151	김상실	중부청	216
김민후	제주서	465	김병주	중부청	219	김보연	서울청	148	김상구	여수서	368	김상철	파주서	300
김민희	마포서	179	김병주	춘천서	266	김보연	마포서	178	김상균	인천서	285	김상철	경산서	402
김민희	남양주서	229	김병주	서대전서	316	김보연	서대문서	184	김상균	의정부서	298	김상태	대전청	311
김민희	김포서	290	김병준	금천서	167	김보연	영등포서	199	김상균	경산서	403	김상태	서대구서	398
김민희	의정부서	298	김병준	동대구서	394	김보연	용산서	200	김상균	포항서	418	김상한	싱남서	236
김민희	울산서	449	김병준	법무광장	51	김보연	구로서	165	김상근	도봉서	173	김상헌	김천서	408
김반디	동안양서	233	김병진	강서서	161	김보영	수원서	239	김상길	관악서	163	김상혁	종로서	206
김반석	국세교육	130	김병찬	구로서	164	김보영	북대전서	314	김상덕	용인서	248	김상혁	수원서	239
김방민	부산청	424	김병찬	인천청	277	김보운	서울청	139	김상덕	북부산서	436	김상혁	화성서	255
김백규	중부청	215	김병찬	부산청	426	김보윤	김포서	290	김상동	국세청	121	김상현	국회재정	60
김범구	서울청	154	김병찬	중부세무	32	김보윤	서울청	137	김상련	북대구서	397	김상현	서대문서	184
김범석	기재부	77	김병창	양산서	456	김보정	경산서	403	김상록	안산서	245	김상현	용인서	248
김범석	김포서	291	김병철	기재부	73	김보현	북광주서	358	김상린	천안서	333	김상현	예산서	331
김범석	세무고시	34	김병철	국세청	125	김보현	동래서	433	김상만	서인천서	283	김상현	안동서	412
김범수	삼척서	259	김병철	아산서	328	김보혜	천안서	332	김상목	노원서	170	김상현	김해서	453
김범수	조세재정	492	김병철	천안서	333	김보희	시흥서	240	김상문	대구청	386	김상현	조세재정	493
김범재	의정부서	299	김병철	영덕서	415	김복기	북전주서	377	김상문	감사원	67	김상형	기재부	80
김범전	국세청	112	김병철	창원서	461	김복래	남인천서	279	김상문	구리서	225	김상호	남대문서	168
김범준	동대문서	174	김병철	조세심판	491	김복선	북대전서	314	김상민	기재부	77	김상호	여수서	368
김범준	인천세관	477	김병헌	부산세관	481	김복선	익산서	378	김상민	국세청	122	김상호	서울청	155
김범채	강릉서	257	김병현	서울청	149	김복성	창원서	460	김상민	중부청	218	김상훈	시흥서	241
김범철	북대전서	314	김병현	포천서	303	김복임	인천청	275	김상민	서인천서	282	김상훈	이천서	250
김별나	남대문서	169	김병호	화성서	254	김복현	국회정무	63	김상민	대전서	313	김상훈	공주서	319
김별아	안산서	245	김병현	조세심판	490	김복현	동고양서	292	김상민	북광주서	358	김상훈	여수서	368
김별진	서울청	145	김병환	기재부	85	김복회	송파서	193	김상배	잠실서	204	김상훈	정읍서	382
김병구	원주서	264	김병환	평택서	252	김봄	중부청	221	김상범	국세청	108	김상훈	진주서	458
김병국	삼정회계	22	김병환	서현이현	7	김봄건	우리회계	27	김상범	경산서	403	김상훈	부산세관	481
김병규	인천청	275	김병활	동래서	432	김봄규	서울청	152	김상분	동대구서	394	김상훈	삼정회계	23
김병규	고양서	286	김병훈	북대전서	314	김봉범	서울청	135	김상선	반포서	181	김상훈	법무광장	51
김병기	서울청	155	김병석	대구청	388	김봉석	기재부	85	김상섭	국세교육	131	김상희	반포서	181
김병기	평택서	252	김병훈	경주서	404	김봉섭	인천청	273	김상수	우리회계	27	김상희	역삼서	196
김병기	서광주서	361	김병휘	서울청	150	김봉수	경기광주	243	김상숙	국세청	110	김상희	경산서	403
김병기	진주서	458	김병희	포천서	303	김봉수	서대구서	398	김상순	부산진서	434	김상희	구미서	407
김병돈	광주세관	486	김보경	기재부	85	김봉수	부산청	428	김상식	부산세관	480	김상희	서부산서	438
김병래	남대문서	168	김보경	서울청	138	김봉승	대구청	390	김상아	동안양서	233	김새날	기재부	73
김병래	의정부서	299	김보경	마포서	178	김봉식	인천서	285	김상연	서울청	153	김새롬	익산서	378
김병로	도봉서	173	김보경	동수원서	230	김봉재	서울청	142	김상연	관세청	469	김새미	관악서	162
김병만	양천서	195	김보경	수원서	238	김봉재	역삼서	196	김상엽	기재부	78	김새봄	중부청	217
김병모	북대구서	396	김보경	인천서	285	김봉재	부천서	294	김상엽	국세청	113	김생분	인천청	276
김병묵	삼일회계	21	김보경	서대전서	316	김봉재	광주청	348	김상영	중부산서	443	김서경	시흥서	240
김병민	영등포서	199	김보경	동대구서	394	김봉재	통영서	462	김상영	중부산서	443	김서란	기재부	74
김병삼	북전주서	377	김보경	수영서	441	김봉조	중랑서	208	김상온	남대구서	393	김서연	역삼서	196
김병삼	마산서	455	김보경	동울산서	446	김봉조	부산청	429	김상용	평택서	252	김서연	잠실서	205

이름	소속	번호
김서연	평택서	253
김서연	강릉서	256
김서영	중부청	216
김서영	부산청	422
김서영	조세재정	492
김서윤	영등포서	199
김서은	용산서	201
김서은	안산서	244
김서정	중부청	223
김서현	기재부	80
김서현	반포서	180
김서현	목포서	365
김서현	부산진서	435
김서형	나주서	363
김서희	구미서	406
김석규	역삼서	196
김석동	인천세무	33
김석모	국세청	114
김석민	동울산서	446
김석수	동대구서	394
김석우	부천서	295
김석운	조세재정	492
김석원	분당서	235
김석일	춘천서	267
김석제	국세청	121
김석주	춘천서	266
김석주	수성서	401
김석준	중부청	215
김석찬	국세상담	128
김석춘	정읍서	382
김석현	남대구서	393
김석호	북대구서	397
김석환	북부산서	436
김석훈	국세청	125
김선	동수원서	231
김선경	강동서	158
김선경	서대구서	398
김선경	북부산서	437
김선관	청주서	343
김선광	울산서	449
김선규	용산서	201
김선근	안양서	246
김선기	영동서	338
김선기	해운대서	445
김선길	기재부	79
김선덕	구리서	224
김선도	금천서	167
김선돌	천안서	332
김선득	용인서	249
김선량	은평서	203
김선면	제주서	465
김선명	중부세무	32
김선명	세무고시	34
김선문	금융위	87
김선문	동청주서	337
김선미	서울청	151
김선미	중부서	210
김선미	안양서	246
김선미	김포서	290
김선미	서산서	324
김선미	부산청	429
김선미	조세재정	493
김선민	울산서	448
김선봉	강동서	158
김선수	국세청	110
김선순	동작서	177
김선아	기재부	77
김선아	금천서	167
김선아	서초서	186
김선아	송파서	192
김선아	중부서	211
김선아	연수서	297
김선애	부천서	294

이름	소속	번호
김선영	기재부	83
김선영	국세청	114
김선영	동대문서	174
김선영	동작서	176
김선영	중부청	216
김선영	인천청	275
김선영	광명서	289
김선영	파주서	301
김선영	북대전서	314
김선영	전주서	380
김신영	북대구시	397
김선영	수성서	400
김선옥	인천청	277
김선용	북대전서	314
김선우	남인천서	278
김선유	나주서	362
김선윤	구로서	164
김선율	노원서	170
김선이	중부청	214
김선이	북부산서	436
김선인	국세상담	128
김선일	강남서	156
김선일	동고양서	293
김선일	인천세무	33
김선임	마포서	179
김선임	서부산서	438
김선자	대전청	306
김선장	서울청	150
김선재	홍천서	268
김선재	조세재정	493
김선정	기재부	71
김선정	국세상담	128
김선정	강남서	157
김선정	강서서	161
김선정	조세재정	492
김선주	기재부	73
김선주	서울청	144
김선주	서울청	144
김선주	남대문서	168
김선주	용산서	200
김선주	인천청	276
김선주	세종서	327
김선중	중부청	216
김선중	구미서	406
김선중	안진회계	17
김선진	도봉서	172
김선진	광산서	354
김선하	국세청	122
김선학	논산서	321
김선한	강남서	157
김선항	영등포서	198
김선혜	파주서	300
김선호	서초서	186
김선호	전주서	381
김선화	서울청	139
김선화	남대문서	169
김선화	중부청	217
김선화	인천청	272
김선화	조세재정	492
김선희	국세청	112
김선희	은평서	203
김선희	동안양서	232
김선희	수원서	239
김선희	남인천서	278
김선희	나주서	362
김선희	울산서	448
김성곤	서울청	140
김성규	기재부	73
김성균	국세교육	131
김성균	중랑서	208
김성균	대구청	389
김성균	국세교육	131
김성근	중부청	222

이름	소속	번호
김성근	전주서	381
김성기	중부청	222
김성기	부천서	294
김성기	파주서	300
김성기	동래서	432
김성기	울산서	449
김성기	지방재정	488
김성기	조세심판	490
김성길	동수원서	231
김성길	광명서	289
김성남	서울청	146
김성년	논산서	320
김성대	서울청	142
김성대	북대구서	397
김성덕	송파서	193
김성덕	영등포서	198
김성덕	종로서	206
김성동	인천청	277
김성동	조세재정	492
김성두	영등포서	199
김성렬	광산서	354
김성록	부천서	295
김성룡	수원서	239
김성면	제주서	464
김성묵	동대문서	174
김성문	서울청	143
김성문	남양주서	229
김성미	성동서	188
김성미	잠실서	204
김성미	중부청	216
김성미	기흥서	226
김성미	안산서	244
김성민	국세청	112
김성민	국세청	118
김성민	홍천서	269
김성민	전주서	380
김성민	전주서	381
김성민	서대구서	398
김성민	서부산서	439
김성민	제주서	465
김성범	국세청	125
김성복	부산세관	480
김성봉	관세사회	46
김성부	광주청	348
김성수	강남서	156
김성수	국회재정	60
김성수	기재부	75
김성수	국세청	112
김성수	도봉서	172
김성수	시흥서	240
김성수	속초서	260
김성수	광주서	357
김성수	동대구서	394
김성수	김해서	453
김성수	양산서	456
김성수	서울세관	472
김성수	예일세무	43
김성숙	영등포서	199
김성순	상주서	410
김성실	동대문서	175
김성연	서인천서	283
김성연	서대전서	316
김성연	부산청	428
김성열	상공회의	103
김성열	노원서	171
김성열	동안양서	232
김성열	경산서	403
김성엽	국세청	122
김성엽	보령서	322
김성엽	조세심판	490
김성영	국회정무	64
김성영	국세청	108
김성영	삼일회계	20

이름	소속	번호
김성오	대전서	313
김성오	수영서	441
김성완	지방재정	489
김성용	기재부	79
김성용	반포서	180
김성용	전주서	381
김성우	기재부	76
김성우	서울청	150
김성우	구리서	224
김성우	상주서	410
김성욱	기재부	70
김성욱	기재부	81
김성욱	기재부	82
김성욱	서울청	140
김성욱	서울청	145
김성욱	강동서	159
김성원	광주세관	486
김성율	영등포서	199
김성은	서울청	153
김성은	경기광주	243
김성은	대구청	386
김성이	북부산서	436
김성익	동작서	176
김성일	국세청	110
김성일	구로서	165
김성재	인천청	274
김성제	대구청	390
김성조	금융위	87
김성종	안동서	413
김성종	국세청	125
김성주	성동서	189
김성주	은평서	202
김성주	제주서	464
김성주	인천세무	33
김성준	국회법제	62
김성준	강서서	160
김성준	인천청	272
김성준	익산서	379
김성준	부산청	423
김성준	안산서	448
김성준	관세사회	46
김성중	지방재정	488
김성진	감사원	66
김성진	감사원	67
김성진	기재부	85
김성진	국세청	118
김성진	국세청	120
김성진	서울청	146
김성진	서울청	146
김성진	동대문서	174
김성진	안산서	245
김성진	연수서	296
김성진	포천서	303
김성진	여수서	368
김성진	구미서	407
김성진	부산진서	434
김성진	동울산서	447
김성진	인천세관	476
김성찬	서부산서	439
김성채	기재부	76
김성철	기재부	81
김성철	북부산서	436
김성철	마산서	455
김성철	광교세무	39
김성철	마산서	455
김성표	금천서	167
김성필	성남서	236
김성하	영주서	416
김성학	기재부	72
김성현	국세청	113
김성향	서울청	148
김성향	도봉서	173
김성혁	진주서	458

이름	소속	번호
김성현	노원서	171
김성현	시흥서	241
김성현	원주서	264
김성현	삼정회계	23
김성협	포항서	419
김성혜	동고양서	292
김성호	국세청	117
김성호	서울청	150
김성호	송파서	192
김성호	잠실서	204
김성호	중부청	215
김성호	안산서	245
김성호	광산서	354
김성호	광주서	357
김성호	대구청	389
김성호	부산청	427
김성호	양산서	456
김성홍	포항서	418
김성홍	해운대서	445
김성환	서울청	138
김성환	대전청	305
김성환	대전청	309
김성환	대전청	310
김성환	부산진서	435
김성환	조세심판	491
김성환	법무광장	50
김성훈	국세청	116
김성훈	영월서	262
김성훈	북부산서	437
김성훈	김해서	452
김성훈	창원서	461
김성희	기재부	83
김성희	기재부	84
김성희	서울청	137
김성희	동안양서	232
김성희	동고양서	293
김성희	광주청	353
김성희	경주서	405
김성희	중부산서	442
김성희	인천세관	477
김세권	광주청	348
김세권	상주서	410
김세기	제주서	465
김세나	광주서	356
김세라	강남서	110
김세령	강남서	157
김세령	아산서	328
김세린	금천서	166
김세린	광주서	356
김세명	성북서	191
김세민	국세교육	130
김세빈	노원서	171
김세빈	동대문서	175
김세식	안양서	247
김세연	공주서	319
김세연	북전주서	376
김세영	김포서	291
김세영	마산서	454
김세오	동대구서	394
김세윤	금정서	430
김세웅	역삼서	197
김세웅	익산서	378
김세은	기재부	72
김세인	조세재정	493
김세일	국세상담	128
김세종	종로서	206
김세진	남양주서	228
김세진	부산청	427
김세철	구미서	406
김세하	잠실서	204
김세현	노원서	170
김세현	서대구서	398
김세현	거창서	450

이름	소속	번호
김세호	원주서	264
김세환	중랑서	208
김세호	서울청	150
김세훈	동수원서	230
김세훈	상주서	411
김세훈	서울세관	473
김세훈	조세재정	494
김세희	서초서	187
김소나	영등포서	199
김소담	잠실서	204
김소라	잠실서	205
김소리	국세청	118
김소리	서울청	141
김소리	평택서	252
김소망	순천서	367
김소민	세종서	327
김소연	기재부	80
김소연	서울청	143
김소연	강남서	157
김소연	도봉서	172
김소연	동작서	177
김소연	성북서	190
김소연	영등포서	199
김소연	중부서	211
김소연	동수원서	230
김소연	용인서	249
김소연	평택서	253
김소연	인천서	284
김소연	천안서	333
김소언	북대구시	397
김소연	부산청	425
김소연	수영서	441
김소연	광주세관	486
김소영	기재부	70
김소영	국세청	112
김소영	서울청	134
김소영	서초서	187
김소영	성동서	188
김소영	안산서	244
김소영	화성서	254
김소영	순천서	367
김소영	북전주서	376
김소영	북전주서	376
김소영	김해서	453
김소윤	북인천서	281
김소윤	동청주서	337
김소은	기흥서	226
김소정	국세청	109
김소정	영등포서	199
김소정	용인서	248
김소정	안동서	412
김소현	원주서	265
김소현	부천서	294
김소현	북광주서	359
김소희	강남서	157
김소희	성북서	191
김소희	양천서	194
김소희	종로서	206
김소희	대구청	391
김솔	성북서	190
김솔	울산서	449
김송경	성동서	189
김송심	광주서	357
김송원	남대구서	393
김송이	분당서	234
김송이	수원서	239
김송이	경기광주	243
김송정	서인천서	283
김송주	안양서	247
김수경	강남서	409
김수경	강남서	156
김수경	구로서	165
김수경	금천서	166
김수경	노원서	171
김수경	반포서	181
김수경	천안서	332
김수경	북광주서	358
김수경	익산서	378
김수경	부산청	422
김수경	지방재정	489
김수남	제주서	465
김수량	서대전서	316
김수미	종로서	206
김수미	속초서	260
김수민	노원서	170
김수민	서대문서	185
김수민	연수서	297
김수민	서산서	324
김수민	광주서	356
김수민	남대구서	393
김수민	서대구서	399
김수복	인천세관	477
김수빈	동대문서	174
김수빈	부천서	294
김수상	화성서	255
김수섭	서울청	142
김수아	동안양서	233
김수아	서인천서	283
김수연	국세상담	128
김수연	서울청	143
김수연	반포서	181
김수연	서초서	187
김수연	역삼시	196
김수연	역삼서	197
김수연	수원서	239
김수연	수원서	239
김수연	화성서	255
김수연	광주청	353
김수연	부산진서	434
김수연	진주서	458
김수연	조세재정	492
김수열	국세청	114
김수영	서울청	139
김수영	도봉서	173
김수영	마포서	179
김수영	김포서	291
김수영	대전청	307
김수영	해남서	370
김수영	진주서	458
김수영	통영서	462
김수옥	북대전서	314
김수용	국세상담	128
김수용	서울청	153
김수용	반포서	181
김수원	서울청	154
김수원	북인천서	280
김수월	세종서	326
김수인	제천서	341
김수일	서울청	150
김수재	국세청	125
김수정	강동서	159
김수정	삼성서	182
김수정	성동서	188
김수정	분당서	234
김수정	성남서	237
김수정	수원서	238
김수정	서인천서	282
김수정	인천서	285
김수정	대전서	313
김수정	공주서	318
김수정	안동서	413
김수정	영주서	416
김수정	조세심판	490
김수종	영월서	263
김수지	서울청	153
김수지	강서서	161
김수시	동안양서	232
김수지	수원서	238
김수지	용인서	210
김수지	고양서	286
김수진	기재부	84
김수진	서울청	141
김수진	강서서	161
김수진	남대문서	168
김수진	반포서	180
김수진	성동서	189
김수진	영등포서	198
김수진	은평서	202
김수진	중부청	218
김수진	구리서	224
김수진	구리서	224
김수진	수원서	238
김수진	수원서	238
김수진	경기광주	242
김수진	안양서	247
김수진	북인천서	280
김수진	청주서	343
김수진	경주서	404
김수진	영주서	416
김수진	울산서	449
김수진	마산서	455
김수진	더택스	40
김수창	창원서	460
김수한	인천청	272
김수현	국세청	114
김수현	고세청	123
김수현	삼성서	182
김수현	성북서	190
김수현	양천서	195
김수현	역삼서	196
김수현	중부청	216
김수현	경기광주	242
김수현	경기광주	243
김수현	안산서	244
김수현	북대전서	315
김수현	예산서	331
김수현	동대구서	395
김수현	수영서	440
김수현	중부산서	443
김수형	종로서	207
김수호	금융위	87
김수호	대전서	313
김수호	대구청	386
김수홍	국회재정	60
김수희	광주청	348
김숙	기재부	81
김숙경	중부청	216
김숙기	남대문서	169
김숙례	금정서	431
김숙아	부산진서	434
김숙영	중부청	217
김숙자	송파서	192
김숙희	국세청	112
김숙희	평택서	252
김숙희	양산서	456
김순경	거창서	450
김순남	안동서	412
김순복	대전청	306
김순석	인천청	273
김순석	서대구서	399
김순애	수원서	239
김순열	김천서	408
김순영	삼성서	183
김순영	수원서	238
김순옥	기재부	75
김순옥	성북서	191
김순옥	분당서	235
김순자	서대구서	399
김순섭	성남서	236
김순정	북부산서	437
김순중	도봉서	173
김순희	서대구서	398
김스텔라	EY한영	16
김슬기	국세청	108
김슬기	서울청	146
김슬기	도봉서	172
김슬기	포천서	303
김슬기론	김해서	452
김슬빛	울산서	449
김슬아	국세청	121
김슬아	안양서	247
김슬기	동울산서	447
김승구	역삼서	197
김승국	분당서	234
김승국	대전청	311
김승권	포천서	302
김승년	구미서	407
김승룡	용산서	200
김승모	삼정회계	22
김승미	중부청	220
김승미	마산서	455
김승민	국세청	123
김승민	부산세관	480
김승범	국회법제	62
김승범	화성서	255
김승범	북광주서	358
김승수	역삼서	197
김승수	순천서	366
김승연	기재부	77
김승영	전주서	381
김승용	북부산서	436
김승욱	종로서	206
김승욱	포천서	303
김승원	화성서	254
김승일	강서서	161
김승임	남인천서	278
김승주	충주서	345
김승진	나주서	363
김승철	성남서	236
김승철	북부산서	437
김승태	기재부	77
김승태	국세청	108
김승태	동고양서	293
김승태	북대전서	315
김승하	국세청	109
김승현	국세청	113
김승현	천안서	332
김승현	예일세무	43
김승혜	국세청	114
김승혜	영등포서	199
김승호	동작서	177
김승호	서인천서	282
김승호	태평양	53
김승환	관악서	162
김승환	대전청	309
김승환	수영서	440
김승희	지방재정	489
김승훈	인천서	285
김승훈	청주서	342
김승희	국세청	111
김승희	인천청	275
김승희	남인천서	279
김승희	고양서	286
김승희	동대구서	394
김시곤	국세주류	126
김시광	국회정무	64
김시근	영주서	416
김시동	기재부	69
김시백	서울청	139
김시아	용산서	200
김시년	서무산서	439
김시연	제주서	464
김시욱	도봉서	173
김시윤	인천서	284
김시은	포천서	302
김시정	포천서	302
김시철	제주서	464
김시태	서울청	153
김시현	서대구서	398
김시현	중부산서	442
김시현	중부산서	442
김시형	국세청	114
김시홍	남대구서	392
김시규	구미서	407
김신덕	중부청	220
김신애	국회재정	59
김신애	성동서	189
김신애	분당서	235
김신애	수원서	239
김신우	서울청	138
김신우	수원서	239
김신자	영등포서	198
김신정	조세재정	493
김신현	조세심판	490
김신홍	국세청	108
김심선	이천서	251
김아경	동청주서	337
김아란	서광주서	361
김아림	성동서	188
김아람	동수원서	230
김아람	원주서	265
김아람	광주청	351
김아람	광주서	356
김아름	국세주류	126
김아름	남대문서	169
김아름	구리서	225
김아름	서인천서	283
김아름	청주서	342
김아영	역삼서	196
김아영	경기광주	243
김아영	안산서	245
김아영	대전서	312
김아영	진주서	459
김안나	남대문서	169
김안나	대구청	387
김안섭	광교세무	38
김안순	이천서	251
김안정	광주청	351
김애라	성동서	188
김애란	부산청	425
김애령	익산서	378
김애리	기재부	76
김애숙	동안양서	232
김애숙	남원서	374
김애숙	남원서	375
김애심	정읍서	382
김애영	군산서	372
김애영	대구청	390
김애진	서대구서	398
김애진	경주서	404
김약수	청주서	342
김양경	잠실서	204
김양관	대구세관	484
김양근	역삼서	197
김양래	보령서	322
김양래	보령서	323
김양미	대전청	307
김양수	마포서	179
김양수	송파서	193
김양수	세종서	326
김양수	진주서	459

이름	소속	번호	이름	소속	번호	이름	소속	번호	이름	소속	번호	이름	소속	번호
김양수	진주서	459	김영근	중부청	221	김영석	동안양서	232	김영임	기재부	72	김영화	조세재정	492
김양수	진주서	459	김영근	용인서	249	김영석	시흥서	241	김영임	지방재정	488	김영환	국세청	116
김양옥	부산청	423	김영근	의정부서	299	김영석	나주서	362	김영자	기재부	71	김영환	서울청	140
김양희	기재부	83	김영근	나주서	362	김영선	중랑서	209	김영자	순천서	367	김영환	서울청	155
김양희	동안양서	232	김영근	광교세무	37	김영선	안양서	247	김영재	수영서	441	김영환	중부청	215
김양희	금정서	430	김영기	서울청	135	김영선	고양서	287	김영재	서울청	136	김영환	이천서	250
김억주	삼척서	258	김영기	도봉서	172	김영선	대전청	307	김영재	강남서	157	김영환	포천서	303
김언선	해운대서	444	김영기	중부청	222	김영선	대전청	307	김영재	인천서	285	김영환	부산세관	481
김엘리야	광주청	351	김영기	서산서	324	김영선	순천서	366	김영재	동고양서	293	김영환	지방재정	488
김여경	중부청	214	김영기	경주서	404	김영섭	남대구서	392	김영정	강남서	156	김영회	동작서	177
김여경	포항서	418	김영기	인천세관	477	김영성	중부시	211	김영조	시인친시	283	김영훈	기재부	76
김여진	마포서	179	김영길	중기회	104	김영수	기재부	73	김영종	구로서	165	김영훈	평택서	252
김여진	동수원서	231	김영길	북대전서	314	김영수	기재부	82	김영종	중부서	211	김영훈	포항서	418
김여진	광주청	350	김영남	동작서	176	김영수	서울청	153	김영주	국세교육	130	김영훈	진주서	459
김연광	평택서	252	김영남	포천서	302	김영수	성동서	188	김영주	마포서	178	김영훈	EY한영	16
김연대	기재부	83	김영남	천안서	332	김영수	성동서	188	김영주	서대문서	185	김영훈	신한관세	47
김연미	기재부	78	김영남	영주서	416	김영수	영등포서	199	김영주	성북서	190	김영희	중부청	220
김연봉	우리회계	27	김영노	기재부	74	김영수	김포서	291	김영주	종로서	206	김영희	천안서	332
김연석	지방재정	488	김영노	인천청	274	김영수	창원서	461	김영주	수원서	239	김영희	서대구서	398
김연수	파주서	300	김영달	충주서	344	김영숙	서울청	139	김영주	강남서	259	김영희	관세청	469
김연수	광주청	353	김영대	안산서	244	김영숙	송파서	192	김영주	경주서	405	김예린	강서서	160
김연숙	서울청	139	김영덕	보령서	323	김영숙	양천서	194	김영주	부산청	425	김예림	안양서	246
김연숙	서울청	139	김영덕	청주서	343	김영숙	중부서	210	김영주	동래서	433	김예빈	대구청	387
김연숙	대전청	307	김영도	금융위	86	김영숙	강릉서	257	김영주	마산서	455	김예슬	성남서	236
김연숙	대구청	388	김영도	영등포서	199	김영숙	인천청	275	김영주	삼일회계	20	김예슬	지방재정	488
김연순	제주서	464	김영도	남대구서	392	김영숙	파주서	300	김영준	국세청	108	김예슬	동안양서	233
김연신	남대문서	169	김영돈	기재부	71	김영숙	서광주서	360	김영준	서초서	186	김예슬	기재부	82
김연실	수원서	239	김영동	강서서	160	김영숙	김천서	408	김영준	인천청	275	김예슬	서울청	148
김연아	동수원서	230	김영두	세종서	327	김영숙	부산청	424	김영준	광주서	357	김예슬	화성서	254
김연일	기흥서	226	김영란	국세교육	130	김영숙	부산진서	435	김영준	인천세관	476	김예슬	부천서	294
김연자	종로서	206	김영란	서울청	142	김영숙	지방재정	488	김영중	포항서	418	김예슬	아산서	328
김연재	서대문서	185	김영란	양천서	194	김영순	국세청	115	김영지	대전청	306	김예슬	전주서	381
김연종	동래서	433	김영란	안산서	244	김영순	국세청	116	김영지	나주서	362	김예연	성남서	236
김연주	국세청	108	김영로	대전청	306	김영순	동작서	176	김영직	조세재정	493	김예원	양천서	194
김연주	금천서	166	김영록	대구청	387	김영순	광주청	349	김영진	기재부	72	김예원	북광주서	358
김연주	양산서	456	김영만	수성서	401	김영순	남원서	374	김영진	안산서	244	김예은	기재부	82
김연준	금융위	87	김영면	잠실서	204	김영승	잠실서	205	김영진	평택서	253	김예정	창원서	461
김연지	이천서	251	김영목	순천서	367	김영식	구리서	224	김영진	인천서	284	김예주	영등포서	199
김연지	삼척서	258	김영무	성동서	188	김영식	분당서	235	김영진	부산청	426	김예준	순천서	367
김연지	인천서	284	김영문	의정부서	299	김영식	감사원	67	김영진	동울산서	446	김예준	거창서	451
김연진	울산서	449	김영미	기재부	79	김영신	마포서	178	김영찬	국회법제	61	김예지	중부청	222
김연진	조세심판	491	김영미	서울청	139	김영신	서대문서	184	김영찬	서울청	154	김예진	고양서	286
김연진	조세심판	491	김영미	마포서	178	김영신	중부서	210	김영찬	중부서	211	김예진	순천서	367
김연태	기재부	82	김영미	서초서	186	김영신	동청주서	337	김영찬	의정부서	299	김오곤	동작서	176
김연호	중부청	219	김영미	은평서	203	김영심	송파서	192	김영창	대전청	307	김오곤	역삼서	196
김연홍	서대문서	184	김영미	인천청	277	김영심	의정부서	298	김영창	북인천서	281	김오미	서초서	187
김연화	삼척서	258	김영미	광주청	349	김영아	도봉서	172	김영천	삼성서	182	김오순	북부산서	436
김연화	청주서	343	김영미	북광주서	358	김영아	역삼서	197	김영철	화성서	254	김오영	성동서	188
김연희	강동서	158	김영미	부산청	425	김영아	북인천서	280	김영철	충주서	345	김오중	서대문서	185
김연희	북대구서	396	김영미	울산서	449	김영아	예산서	330	김영철	군산서	373	김옥경	화성서	254
김연희	구미서	407	김영미	법무바른	1	김영아	안동서	412	김영춘	광교세무	37	김옥남	분당서	234
김연희	안동서	412	김영민	기재부	77	김영애	화성서	254	김영필	성동서	188	김옥단	잠실서	205
김연희	동래서	432	김영민	기재부	83	김영엽	수성서	400	김영필	안진회계	17	김옥동	기재부	79
김연희	수영서	440	김영민	국세청	108	김영오	광주청	349	김영하	국세청	113	김옥분	서울청	139
김열호	군산서	372	김영민	서울청	135	김영옥	기재부	71	김영하	종로서	207	김옥분	마포서	290
김영간	북대전서	314	김영민	마포서	178	김영옥	서울청	139	김영하	북광주서	359	김옥선	삼척서	258
김영건	국세청	120	김영민	성북서	190	김영옥	강서서	160	김영하	서광주서	360	김옥연	중부청	217
김영걸	세종서	327	김영민	동수원서	231	김영옥	도봉서	173	김영하	동대구서	394	김옥자	안동서	412
김영경	중부서	221	김영민	광주청	349	김영옥	삼일회계	20	김영한	국세청	108	김옥재	반포서	181
김영경	북부산서	437	김영민	진주서	459	김영우	부산세관	480	김영한	군산서	166	김옥진	중부청	221
김영곤	성북서	191	김영민	제주서	465	김영웅	기재부	71	김영현	기재부	76	김옥천	북광주서	359
김영관	감사원	66	김영보	해남서	370	김영웅	기재부	80	김영현	인천세관	478	김옥현	광주청	350
김영관	동수원서	230	김영복	동청주서	336	김영웅	금천서	166	김영혜	수원서	238	김옥현	포항서	419
김영교	충주서	345	김영빈	국세청	117	김영은	기재부	80	김영호	국회법제	62	김옥환	서울청	134
김영국	종로서	207	김영빈	서울청	134	김영은	동수원서	230	김영호	노원서	170	김옥희	광주청	349
김영국	김포서	291	김영빈	지방재정	488	김영은	인천서	285	김영호	남양주서	228	김온식	조세심판	490
김영권	부산진서	434	김영삼	이천서	250	김영은	대구청	389	김영호	연수서	297	김완	중부청	220
김영규	잠실서	204	김영삼	홍성서	334	김영은	서부산서	439	김영호	광산서	355	김완구	대전청	309
김영규	연수서	296	김영상	서울청	152	김영인	포항서	418	김영호	서광주서	360	김완범	강서서	160
김영규	군산서	372	김영석	서울청	144	김영일	강서서	161	김영호	지방재정	489	김완선	기재부	73
김영규	지방재정	488	김영석	동작서	176	김영일	성동서	189	김영화	종로서	207	김완섭	동대구서	395
김영균	서울청	134	김영석	삼성서	182	김영일	제천서	340	김영화	남대구서	393	김완수	기재부	85
김영균	예산서	331							김영화	진주서	459	김완수	서울청	154

510

이름	소속	페이지
김완조	서울세관	473
김완종	중부청	214
김완주	서산서	325
김완주	목포서	364
김완철	제주서	464
김완태	남대구서	392
김완희	조세재정	494
김왕성	중부청	219
김외숙	부산청	425
김외대	김앤장	49
김요수	서울서	140
김요왕	국세청	119
김요한	기재부	83
김요한	국세청	111
김요환	국세청	109
김용	반포서	181
김용거	분당서	234
김용곤	국세청	121
김용관	동대문서	175
김용국	남인천서	278
김용국	부산세관	481
김용균	서현이현	6
김용극	국세청	111
김용기	대전서	313
김용기	김천서	409
김용길	광주청	350
김용남	익산서	378
김용대	진주서	458
김용대	조세재정	493
김용덕	동수원서	231
김용련	청주서	342
김용례	익산서	378
김용만	서초서	186
김용문	부산진서	435
김용민	국회법제	62
김용민	서울청	148
김용민	성남서	237
김용민	파주서	300
김용배	감사원	66
김용배	마포서	179
김용백	창원서	461
김용범	기재부	69
김용범	기재부	70
김용범	기재부	71
김용범	정읍서	383
김용보	대전청	309
김용분	인천청	275
김용삼	마포서	179
김용상	인천청	272
김용석	북대전서	314
김용석	안동서	412
김용선	서울청	149
김용선	시흥서	240
김용선	용인서	249
김용선	전주서	381
김용섭	광주세관	486
김용수	금천서	166
김용수	전주서	381
김용수	우리회계	27
김용수	태평양	53
김용숙	안양서	246
김용승	서현이현	7
김용식	동대문서	174
김용식	관세청	468
김용오	마산서	454
김용우	국회법제	61
김용우	서울청	139
김용우	송파서	193
김용우	인천청	275
김용웅	연수서	296
김용원	잠실서	205
김용원	진주서	458
김용윤	우리회계	27
김용익	인천세관	476
김용일	분당서	234
김용일	해남서	370
김용재	국세상담	129
김용재	성동서	188
김용재	전주서	380
김용전	영동서	339
김용정	강서서	161
김용정	부산청	422
김용제	종로서	207
김용제	포항서	418
김용주	동청주서	337
김용주	광주청	351
김용주	북부산서	437
김용준	기재부	82
김용준	국세주류	126
김용준	삼성서	183
김용진	기재부	79
김용진	평택서	253
김용진	춘천서	267
김용진	공주서	318
김용진	제천서	340
김용진	거창서	450
김용진	부산세관	480
김용진	중부세무	32
김용찬	서울청	133
김용찬	서울청	136
김용찬	서울청	137
김용찬	서울청	138
김용철	강동서	159
김용철	경기광주	242
김용철	삼척서	258
김용철	인천서	285
김용철	대전청	307
김용태	광주청	353
김용태	부산청	426
김용택	법무화우	54
김용학	인천청	272
김용한	경주서	405
김용현	서울청	141
김용현	서울청	151
김용현	충주서	344
김용현	동래서	432
김용호	강남서	156
김용호	아산서	329
김용환	동안양서	233
김용훈	양천서	194
김용희	광명서	288
김용희	부천서	295
김우경	안산서	244
김우리	부천서	294
김우리	포항서	418
김우석	서초서	186
김우석	제주서	464
김우섭	기재부	85
김우성	강동서	158
김우성	광산서	354
김우성	지방재정	488
김우승	영등포서	199
김우신	해남서	371
김우정	강동서	159
김우정	중부서	210
김우정	순천서	367
김우정	구리서	224
김우진	강서서	161
김우찬	금감원	89
김우찬	금감원	95
김우태	기재부	71
김우현	김포서	290
김우현	조세재정	493
김우현	조세재정	493
김우호	송파서	193
김우환	인천서	284
김욱진	고양서	287
김운걸	중부청	223
김운기	광주청	349
김운섭	광교세무	38
김운주	대전청	306
김운중	속초서	260
김웅	기재부	75
김웅	영등포서	198
김웅정	익산서	378
김원경	중부청	214
김원경	제주서	464
김원규	잠실서	204
김원기	남인천서	278
김원기	예일세무	43
김원대	기재부	84
김원덕	충주서	345
김원만	서울청	153
김원명	삼척서	258
김원모	국세정무	63
김원석	서울세관	472
김원섭	인천세관	476
김원식	부산세관	480
김원욱	연수서	296
김원정	반포서	180
김원종	반포서	181
김원중	동안양서	233
김원철	감사원	66
김원철	기재부	74
김원필	북부산서	172
김원형	감사원	67
김원형	서울청	135
김원호	국회법제	62
김원호	서울청	138
김원호	동청주서	337
김원화	은평서	202
김원희	천안서	333
김원희	거창서	451
김월호	동수원서	230
김월하	포항서	418
김위정	기재부	73
김유경	기재부	80
김유경	중부청	214
김유경	중부청	217
김유경	부천서	295
김유군	금천서	167
김유나	국세청	111
김유나	서대문서	185
김유나	영등포서	199
김유나	구리서	225
김유나	동안양서	232
김유나	아산서	328
김유나	광주서	356
김유라	서대전서	316
김유라	충주서	344
김유리	국세상담	128
김유리	서대문서	185
김유리	성남서	236
김유리	용인서	248
김유리	의정부서	298
김유리	부산청	424
김유리	해운대서	444
김유림	세종서	326
김유미	기재부	79
김유미	기재부	83
김유미	서울청	145
김유미	동작서	177
김유미	삼성서	182
김유미	영등포서	198
김유미	수원서	238
김유미	인천청	272
김유빈	기재부	71
김유선	동안양서	232
김유선	여수서	368
김유성	화성서	255
김유식	영동서	338
김유신	국세청	125
김유신	서울청	152
김유신	창원서	461
김유영	삼척서	259
김유이	기재부	81
김유정	기재부	74
김유정	국세청	120
김유정	용인서	248
김유정	인천서	284
김유정	서산서	324
김유정	광산서	354
김유정	순천서	367
김유진	기재부	79
김유진	강서서	161
김유진	금천서	166
김유진	반포서	181
김유진	영등포서	198
김유진	용산서	201
김유진	수원서	238
김유진	시흥서	240
김유진	북인천서	280
김유진	영동서	339
김유진	정읍서	383
김유진	남대구서	392
김유진	김해서	453
김유찬	조세재정	492
김유창	남인천서	249
김유철	난인천서	278
김유철	제주서	464
김유태	서산서	325
김유학	국세청	118
김유현	수원서	239
김유현	조세재정	493
김유혜	서울청	140
김유환	이촌세무	45
김육곤	국세청	111
김윤	기재부	75
김윤	서울청	134
김윤	중부서	211
김윤경	서울청	139
김윤경	구로서	164
김윤경	고양서	286
김윤경	경주서	404
김윤경	양산서	456
김윤미	서울청	139
김윤미	서울청	143
김윤미	관악서	162
김윤상	기재부	70
김윤서	포천서	302
김윤석	시흥서	241
김윤선	역삼서	196
김윤선	은평서	203
김윤선	기재부	82
김윤식	인천세관	475
김윤식	인천세관	476
김윤영	구로서	164
김윤옥	대구청	386
김윤옥	조세재정	493
김윤완	금정서	430
김윤용	성남서	237
김윤용	세종서	327
김윤용	평택서	253
김윤이	성동서	188
김윤정	국세청	111
김윤정	국세청	116
김윤정	서울청	149
김윤정	서울청	150
김윤정	강남서	157
김윤정	관악서	162
김윤정	성북서	191
김윤정	성남서	237
김윤정	시흥서	240
김윤정	여수서	368
김윤정	안동서	413
김윤정	통영서	463
김윤정	제주서	464
김윤주	중부청	218
김윤주	의정부서	298
김윤주	서광주서	360
김윤주	동울산서	447
김윤지	조세재정	493
김윤진	마산서	454
김윤태	지방재정	489
김윤한	분당서	235
김윤호	역삼서	196
김윤호	대구청	388
김윤환	고양서	287
김윤환	예산서	330
김윤희	기재부	71
김윤희	기재부	81
김윤희	강동서	158
김윤희	기흥서	227
김윤희	분당서	234
김윤희	용인서	248
김윤희	화성서	254
김윤희	북인천서	280
김윤희	서대전서	317
김윤희	목포서	365
김윤희	강동서	159
김은경	금감원	98
김은경	국세상담	128
김은경	관악서	163
김은경	도봉서	173
김은경	시흥서	240
김은경	이천서	250
김은경	의정부서	298
김은경	북대전서	314
김은경	논산서	320
김은경	세종서	327
김은경	동청주서	336
김은경	대구청	388
김은경	남대구서	392
김은경	북대구서	397
김은경	경산서	403
김은경	부산청	426
김은경	부산진서	434
김은경	제주서	465
김은기	국세청	110
김은기	인천청	274
김은기	동청주서	336
김은덕	북대전서	314
김은령	구로서	164
김은령	기흥서	226
김은미	잠실서	204
김은미	종로서	207
김은미	종로서	207
김은미	광주청	351
김은미	전주서	380
김은석	중부청	210
김은선	마포서	179
김은성	안산서	245
김은성	지방재정	488
김은솔	정읍서	382
김은송	인천서	285
김은수	서초서	187
김은수	중부청	216
김은수	서광주서	360
김은수	수영서	441
김은숙	서울청	135
김은숙	서울청	143
김은숙	구로서	164
김은숙	동작서	176

이름	소속	쪽	이름	소속	쪽	이름	소속	쪽	이름	소속	쪽	이름	소속	쪽
김은숙	동수원서	231	김은진	국세청	110	김인경	수영서	440	김장필	삼성서	182	김재일	대구세관	484
김은숙	용인서	248	김은진	국세청	118	김인기	김포서	290	김장훈	기재부	74	김재준	원주서	265
김은숙	북광주서	358	김은진	강동서	158	김인덕	김천서	409	김재경	동안양서	233	김재준	포천서	303
김은숙	조세재정	493	김은진	서대문서	185	김인석	강남서	157	김재경	부천서	294	김재준	부산청	429
김은순	남양주서	228	김은진	서초서	186	김인성	연수서	296	김재경	광주서	356	김재준	진주서	459
김은실	마포서	178	김은진	중부청	215	김인수	서울청	138	김재경	북광주서	359	김재중	기재부	81
김은실	중부서	211	김은진	여수서	369	김인수	서울청	147	김재경	조세재정	493	김재중	중부청	216
김은실	용인서	249	김은진	동대구서	395	김인수	진주서	459	김재곤	양천서	195	김재중	인천청	277
김은실	지방재정	489	김은철	북대전서	314	김인숙	강동서	158	김재곤	안산서	245	김재중	부산청	426
김은아	기재부	84	김은태	인천청	276	김인숙	성동서	189	김재광	국세청	125	김재진	중기회	104
김은아	국세청	108	김우하	성동서	188	김인숙	영등포서	198	김재구	대전서	313	김재진	삼성서	182
김은아	서울청	134	김은하	동청주서	337	김인숙	중랑서	209	김재국	대구청	386	김재진	조세재정	493
김은아	서울청	137	김은향	인천서	284	김인숙	기흥서	227	김재권	고양서	287	김재집	기재부	82
김은아	익산서	379	김은혜	기재부	85	김인숙	인천청	275	김재권	광주세관	486	김재천	순천서	366
김은애	강남서	157	김은혜	금천서	166	김인숙	북부산서	436	김재규	용산서	201	김재천	조세심판	491
김은애	안산서	244	김은혜	마포서	179	김인승	북광주서	358	김재균	영등포서	199	김재철	국세청	108
김은애	동래서	433	김은혜	중부청	222	김인아	국회법제	62	김재년	거창서	450	김재철	국세교육	131
김은연	구미서	407	김은혜	수원서	238	김인아	북부산서	436	김재락	대구청	387	김재철	인천서	285
김은연	중부산서	442	김은혜	충주서	345	김인아	조세재정	492	김재련	영등포서	199	김재철	대전청	306
김은영	국세상담	128	김은혜	중부산서	443	김인애	해남서	370	김재만	전주서	380	김재철	북부산서	437
김은영	강동서	158	김은호	중부서	210	김인애	조세재정	493	김재만	정읍서	383	김재철	진주서	459
김은영	성북서	190	김은호	분당서	234	김인유	조세재정	493	김재미	국세청	119	김재춘	서광주서	360
김은영	송파서	193	김은호	경주서	404	김인자	남대구서	393	김재민	동수원서	230	김재하	역삼서	196
김은영	용산서	200	김은화	노원서	170	김인재	수영서	440	김재민	김포서	290	김재하	서울청	135
김은영	종로서	207	김은화	의정부서	298	김인정	서인천서	282	김재민	홍성서	335	김재현	기재부	79
김은영	중부청	223	김은희	서울청	146	김인제	북광주서	358	김재민	동대구서	395	김재현	국세청	110
김은영	인천청	275	김은희	금천서	166	김인중	서울청	146	김재민	울산서	448	김재현	국세청	114
김은영	부천서	294	김은희	서초서	187	김인중	광주서	356	김재민	조세재정	494	김재현	강서서	161
김은영	광주서	356	김은희	성동서	189	김인찬	의정부서	298	김재백	삼성서	183	김재현	남대문서	169
김은영	순천서	367	김은희	종로서	206	김인천	국세청	112	김재산	국세청	120	김재현	삼성서	182
김은영	군산서	372	김은희	남양주서	229	김인철	평택서	253	김재석	국세청	112	김재현	성동서	189
김은영	포항서	418	김은희	홍천서	269	김인태	대전청	306	김재석	인천청	276	김재현	양천서	194
김은영	동래서	432	김은희	대전청	307	김인혜	시흥서	240	김재석	부천서	295	김재현	서대전서	316
김은영	김해서	453	김은희	광주청	349	김인호	마포서	179	김재석	목포서	365	김재현	경주서	404
김은오	인천청	274	김은희	서대구서	399	김인호	청주서	343	김재석	목포서	365	김재형	국세청	110
김은옥	천안서	332	김은희	김해서	452	김인홍	경기광주	243	김재섭	대구청	386	김재형	서울청	150
김은옥	군산서	372	김을령	동고양서	293	김인화	성북서	190	김재성	서울청	154	김재형	강동서	158
김은자	국세교육	130	김웅남	공주서	318	김인화	북부산서	437	김재성	동대문서	175	김재형	중부청	221
김은자	서울청	143	김의구	상공회의	103	김인화	진주서	458	김재식	관세청	469	김재형	속초서	260
김은자	광주청	349	김의동	시흥서	241	김인환	부천서	295	김재신	감사원	67	김재형	영덕서	415
김은정	서울청	148	김의영	평택서	252	김인희	인천청	273	김재실	북전주서	377	김재형	부산청	423
김은정	서울청	155	김의주	조세재정	493	김일	기재부	73	김재연	수성서	400	김재호	삼성서	182
김은정	도봉서	173	김의축	도봉서	172	김일국	국세청	112	김재열	포항서	419	김재호	강릉서	257
김은정	성동서	189	김의철	정읍서	383	김일권	부산청	428	김재열	부산청	428	김재호	인천청	275
김은정	성북서	190	김의환	김앤장	49	김일규	김해서	452	김재영	기재부	72	김재호	청주서	342
김은정	용산서	201	김이규	부산청	426	김일도	국세청	114	김재영	춘천서	266	김재홍	이천서	251
김은정	종로서	206	김이동	삼정회계	24	김일동	종로서	206	김재영	정읍서	382	김재홍	대구청	389
김은정	평택서	252	김이레	대구서	387	김일석	순천서	366	김재예	지방재정	489	김재홍	관세청	468
김은정	북인천서	280	김이섭	북인천서	280	김일섭	광교세무	38	김재오	기재부	74	김재화	서울세관	472
김은정	광주서	356	김이수	청주서	343	김일용	고양서	286	김재완	중랑서	209	김재화	지방재정	488
김은정	나주서	362	김이영	제천서	340	김일우	영주서	416	김재완	세종서	327	김재환	중부청	222
김은정	북전주서	377	김이영	북전주서	377	김일우	영주서	417	김재용	속초서	260	김재환	광산서	354
김은정	조세재정	493	김이원	남대구서	392	김일하	강남서	156	김재우	서초서	186	김재환	서대구서	398
김은주	서울청	142	김이현	기재부	78	김일한	부산청	422	김재욱	국세청	111	김재환	진주서	458
김은주	마포서	179	김이현	기재부	71	김일환	국세청	119	김재욱	서울청	134	김재훈	중랑서	209
김은주	중부청	215	김이현	서대전서	317	김일희	중부청	214	김재욱	안산서	244	김재훈	포천서	303
김은주	수원서	238	김이회	수영서	440	김일희	동울산서	447	김재욱	파주서	301	김재휘	국세청	117
김은주	안산서	245	김익남	영등포서	198	김임경	삼성서	182	김재욱	남원서	374	김재희	용산서	200
김은주	안양서	246	김익상	부산청	429	김임년	제주서	465	김재웅	서울청	134	김재희	수원서	239
김은주	안양서	247	김익왕	구로서	164	김임순	순천서	366	김재웅	법무법장	50	김점창	북인천서	280
김은주	인천청	275	김익태	구미서	407	김자림	서인천서	282	김재원	기재부	79	김점동	안진회계	17
김은주	의정부서	299	김익태	세무회계	182	김자영	경주서	405	김재원	광산서	354	김점준	울산서	449
김은주	보령서	322	김익태	세무회계	203	김자현	수성서	400	김재윤	안양서	246	김정	기재부	74
김은주	서대구서	398	김익태	세무회계	287	김자현	구로서	165	김재윤	김포서	291	김정	관세청	468
김은주	금정서	430	김익태	세무회계	293	김자회	서광주서	361	김재윤	수성서	400	김정각	금융위	87
김은주	동울산서	446	김익헌	대구세관	484	김자희	광주서	356	김재율	예일회계	26	김정건	중부청	220
김은주	진주서	458	김익현	광주세관	486	김장관	통영서	463	김재융	대전청	307	김정관	중부청	218
김은중	삼성서	182	김익환	관악서	162	김장근	군산서	372	김재은	동대문서	175	김정국	북대구서	396
김은지	기재부	82	김인겸	종로서	207	김장년	국세청	110	김재은	광산서	355	김정국	창원서	461
김은지	마포서	179	김인겸	중부청	219	김장석	울산서	449	김재인	동수원서	230	김정근	송파서	192
김은지	중부서	210	김인경	중부서	210	김장수	천안서	333	김재일	분당서	235	김정근	서인천서	282
김은지	북전주서	376	김인경	안동서	412	김장수	포항서	419	김재일	시흥서	241	김정근	공주서	318
김은진	국세청	110	김인경	부산청	426				김재일	대구세관	483	김정근	포항서	418

이름	소속	쪽
김정기	서인천서	282
김정길	춘천서	267
김정남	국세청	110
김징남	ㅏ세싱	114
김정남	국세상담	129
김정남	부산청	425
김정대	국세청	111
김정대	인천청	275
김정대	서부산서	438
김정도	해운대서	444
김정동	송파서	193
김정동	남인천서	278
김정란	기재부	81
김정란	관악서	163
김정란	동대구서	394
김정래	중부청	221
김정륜	서울청	141
김정림	동수원서	231
김정만	광주세관	486
김정면	중부산서	442
김정명	금융위	88
김정명	동울산서	447
김정목	대구청	386
김정미	서울청	154
김정미	도봉서	173
김정미	동대문서	174
김정미	동대문서	175
김정미	성북서	191
김정미	김포서	290
김정미	수성서	401
김싱미	남성서	430
김정민	반포서	181
김정민	삼성서	183
김정민	분당서	235
김정민	부천서	295
김징범	구리서	224
김정범	보령서	322
김정분	마산서	455
김정삼	은평서	203
김정석	포항서	419
김정선	국세청	110
김정선	영등포서	199
김정선	북광주서	359
김정선	지방재정	488
김정섭	서울청	135
김정섭	파주서	300
김정섭	대전청	309
김정섭	경산서	402
김정수	기재부	73
김정수	기재부	80
김정수	국세청	109
김정수	홍천서	268
김정수	대전청	306
김정수	대전서	313
김정수	북대전서	315
김정수	김천서	408
김정수	북부산서	436
김정숙	서울청	135
김정숙	강서서	161
김정숙	금천서	167
김정숙	동수원서	230
김정숙	천안서	332
김정숙	서대구서	398
김정숙	수성서	400
김정숙	김천서	409
김정식	홍천서	269
김정식	고양서	287
김정식	진주서	458
김정실	국세상담	128
김정아	기재부	72
김정아	광주청	349
김정아	순천서	366
김정아	포항서	418
김정애	기재부	70
김정애	서대구서	399
김정연	강동서	158
김성연	마포서	179
김정열	국세청	120
김정열	구미서	406
김정엽	서초서	187
김정엽	영등포서	199
김정영	경주서	405
김정오	조세심판	491
김정옥	아산서	328
김정옥	북대구서	396
김정우	마포서	179
김정욱	북부산서	436
김정욱	부산세관	480
김정운	강남서	157
김정운	광주청	353
김정원	북인천서	280
김정원	북전주서	376
김정원	조세재정	492
김정윤	서울청	152
김정윤	서초서	186
김정은	강서서	160
김정은	동수원서	231
김정은	안양서	246
김정은	용인서	248
김정은	북광주서	358
김정은	전주서	380
김정은	동울산서	446
김정은	진주서	459
김정은	조세재정	493
김정은	조세재정	494
김정은	삼정회계	23
김정이	인천서	284
김정이	마산서	454
김정인	동대문서	175
김정인	수영서	440
김정일	홍성서	334
김정임	제천서	340
김정주	광주청	349
김정주	잠실서	204
김정주	부산청	426
김정준	시흥서	241
김정준	법무바른	1
김정중	국세청	114
김정진	기재부	71
김정진	중부청	221
김정진	광주청	353
김정진	광주서	356
김정철	대구청	387
김정태	국세청	113
김정태	중랑서	209
김정태	속초서	260
김정태	금천서	430
김정학	전주서	380
김정혁	파주서	301
김정현	강동서	158
김정현	중부청	222
김정현	제천서	341
김정현	순천서	367
김정현	서부산서	439
김정현	지방재정	488
김정현	조세재정	492
김정현	조세재정	494
김정혜	시흥서	241
김정혜	수영서	441
김정호	국세청	109
김정호	은평서	202
김정호	포천서	302
김정호	북광주서	359
김정호	부산청	428
김정호	북부산서	437
김정화	서울청	140
김정화	기흥서	226
김정화	목포서	364
김정화	서대구서	208
김정환	경주서	405
김정효	분당서	234
김정효	인천청	272
김정훈	기재부	83
김정훈	국세청	122
김정훈	국세교육	130
김정훈	강서서	161
김정훈	동안양서	233
김정훈	동고양서	293
김정훈	북대전서	314
김정훈	천안서	332
김정훈	북대구서	396
김정훈	지방재정	488
김정흠	서울청	155
김정희	국세청	112
김정희	성북서	190
김정희	송파서	193
김정희	종로서	206
김정희	동수원서	231
김정희	이천서	250
김정희	영월서	262
김정희	인천청	275
김정희	순천서	366
김정희	경주서	405
김제대	북대구서	396
김제민	국세청	118
김제봉	포천서	302
김제석	국세청	115
김제성	서울청	135
김제성	동래서	432
김제우	용산서	201
김제은	금천서	166
김제춘	국세상담	128
김제헌	부천서	294
김종각	국세청	124
김종갑	지방재정	488
김종곤	서울청	149
김종국	서울청	154
김종국	송파서	193
김종권	지방재정	489
김종근	대구청	386
김종기	대구세관	484
김종길	북부산서	437
김종대	청주서	343
김종덕	인천세관	476
김종두	양천서	194
김종락	기재부	76
김종률	남인천서	279
김종만	국세청	115
김종만	영등포서	198
김종만	중랑서	209
김종만	분당서	234
김종면	조세재정	493
김종명	광산서	354
김종명	울산서	449
김종명	이촌세무	45
김종묵	남인천서	278
김종묵	춘천서	267
김종문	서대문서	185
김종문	포천서	303
김종문	광주청	349
김종민	국회법제	62
김종민	금감원	89
김종민	금감원	90
김종민	이천서	250
김종민	동청주서	336
김종민	남대구서	393
김종배	서부산서	438
김종복	인천청	272
김종봉	더택스	40
김종빈	서산서	325
김종빈	동대구서	394
긲종나	긩등시	158
김종석	국회정무	64
김종석	기재부	73
김종석	이천서	251
김종석	경주서	404
김종석	상주서	410
김종선	분당서	235
김종선	수영서	441
김종성	기재부	83
김종성	서초서	187
김종성	보령서	322
김종수	기재부	73
김종수	국세청	115
김종수	성동서	189
김종수	대구청	387
김종수	법무바른	1
김종숙	광산서	354
김종식	강서서	161
김종식	마산서	454
김종영	분당서	234
김종오	울산서	449
김종완	기재부	75
김종완	의정부서	298
김종요	동울산서	447
김종우	분당서	234
김종욱	기재부	71
김종욱	국세청	125
김종욱	남내구서	393
김종운	감사원	67
김종운	중부청	221
김종운	남원서	375
김종웅	북부산서	436
김종웅	부산세관	481
김종원	조세재정	494
김종월	부산청	422
김종윤	국세청	114
김종윤	조세심판	490
김종율	순천서	367
김종의	국세청	118
김종인	북전주서	376
김종인	수성서	401
김종일	국세상담	128
김종일	대전청	306
김종일	세종서	327
김종일	해남서	370
김종임	기재부	80
김종주	국세청	113
김종주	고양서	287
김종진	서대문서	185
김종진	천안서	333
김종진	부산청	428
김종진	통영서	462
김종철	여수서	368
김종철	부산진서	434
김종철	북부산서	437
김종철	인천세관	476
김종태	상공회의	103
김종태	상공회의	103
김종태	동안양서	233
김종태	인천서	285
김종택	국세청	119
김종택	안동서	412
김종필	제천서	341
김종학	중기회	104
김종학	국세청	114
김종학	서초서	187
김종학	성동서	189
김종한	북대구서	397
김종헌	노원서	171
김종헌	부산청	426
김종혁	안동서	412
김종혁	조세재정	494
김종현	기재부	85
김쌍연	강남서	156
김종현	관악서	163
김종현	수원서	239
김종현	제천서	341
김종현	수성서	401
김종협	서울청	146
김종호	용인서	249
김종호	인천청	277
김종호	전주서	380
김종호	동래서	433
김종호	관세청	468
김종화	동고양서	293
김종화	광주청	348
김종훈	금융위	87
김종훈	중부청	215
김종훈	평택서	252
김종훈	인천청	274
김종훈	대구청	389
김종훈	속초서	260
김종희	기재부	79
김좌근	영주서	416
김주덕	삼일회계	20
김주란	용인서	249
김주란	화성서	255
김주미	동안양서	232
김주미	청주서	342
김주민	기재부	77
김주생	서울청	145
김주석	원주서	264
김주선	세종서	327
김주섭	남인천서	279
김주수	금천서	166
김주수	금정서	430
김주식	수원서	238
김주신	삼성서	183
김주아	반포서	180
김주아	서인천서	283
김주애	남대문서	169
김주애	동대문서	174
김주애	동작서	176
김주연	국회정무	64
김주연	국세청	113
김주연	중부청	219
김주연	남양주서	228
김주연	화성서	254
김주연	부천서	294
김주엽	반포서	180
김주영	국회재정	60
김주영	기재부	73
김주영	국세청	110
김주영	성동서	189
김주영	잠실서	205
김주영	동안양서	232
김주영	대구청	386
김주영	양산서	456
김주옥	잠실서	204
김주완	안산서	244
김주완	안동서	412
김주완	동안양서	233
김주원	부산청	423
김주원	기재부	84
김주원	중부청	215
김주원	동수원서	230
김주원	동대구서	395
김주원	수성서	400
김주일	기재부	79
김주일	광주서	356
김주찬	서울청	135
김주하	의정부서	299
김주헌	의정부서	299
김주현	국세상담	128
김주현	동작서	177

이름	소속	번호	이름	소속	번호	이름	소속	번호	이름	소속	번호	이름	소속	번호
김주현	성동서	188	김준호	법무바른	1	김지영	기재부	82	김지현	서산서	324	김진문	천안서	333
김주현	성북서	190	김준희	기재부	73	김지영	국세청	116	김지현	충주서	345	김진미	서울청	145
김주현	아산서	328	김준희	성남서	236	김지영	서울청	134	김지현	순천서	366	김진배	동청주서	337
김주현	북광주서	358	김중규	고양서	286	김지영	서울청	135	김지현	영주서	416	김진범	충주서	344
김주현	서광주서	360	김중규	대전청	308	김지영	서울청	135	김지현	부산청	425	김진삼	분당서	234
김주현	군산서	372	김중근	분당서	234	김지영	삼성서	182	김지현	동래서	432	김진삼	통영서	462
김주형	구리서	225	김중남	경산서	402	김지영	서대문서	184	김지현	동래서	432	김진석	국세청	112
김주혜	서울청	152	김중래	안진회계	17	김지영	양천서	195	김지현	북부산서	436	김진석	국세교육	131
김주호	서현이현	7	김중삼	중부청	216	김지영	영등포서	198	김지현	울산서	449	김진석	동작서	177
김주홍	삼성서	183	김중석	전주서	380	김지영	수원서	238	김지현	거창서	450	김진석	중부청	221
김주홍	김포서	291	김중영	안농서	413	김지영	용인서	248	김지현	진주서	459	김진석	부산청	428
김주홍	통영서	463	김중원	서울청	155	김지영	강릉서	256	김지현	안진회계	17	김진석	세무고시	34
김주환	평택서	253	김중화	영등포서	198	김지영	동고양서	292	김지혜	강동서	158	김진섭	의정부서	299
김주훈	해운대서	445	김중훈	마산서	454	김지영	부천서	295	김지혜	강동서	158	김진성	성북서	191
김주희	서초서	187	김중휘	군산서	372	김지영	순천서	366	김지혜	강서서	160	김진성	춘천서	267
김주희	성북서	191	김지동	인천서	284	김지용	양산서	456	김지혜	구로서	164	김진성	우리회계	27
김주희	평택서	252	김지만	송파서	192	김지우	연수서	297	김지혜	동작서	177	김진세	세무고시	34
김주희	남인천서	279	김지미	용산서	200	김지운	국세상담	128	김지혜	양천서	195	김진수	기재부	72
김주희	고양서	286	김지민	기재부	74	김지웅	대전청	306	김지혜	동안양서	233	김진수	기재부	79
김준	국세청	118	김지민	국세청	117	김지웅	포항서	418	김지혜	성남서	237	김진수	국세청	111
김준	금천서	166	김지민	국세청	121	김지원	기재부	80	김지혜	안양서	246	김진수	강서서	160
김준곤	서울청	144	김지민	국세교육	131	김지원	동작서	176	김지혜	북인천서	280	김진수	노원서	170
김준기	강남서	157	김지민	서울청	138	김지원	은평서	202	김지혜	서인천서	283	김진수	잠실서	205
김준동	서현이현	7	김지민	중부청	218	김지원	중랑서	208	김지혜	고양서	287	김진수	분당서	234
김준범	기재부	70	김지민	남원서	375	김지원	중부서	214	김지혜	광주청	352	김진수	춘천서	267
김준석	순천서	367	김지민	김천서	409	김지원	청주서	342	김지혜	울산서	448	김진수	김해서	452
김준석	북전주서	377	김지범	서울청	144	김지유	익산서	378	김지혜	창원서	461	김진수	창원서	461
김준섭	제주서	464	김지선	기재부	71	김지윤	국세청	120	김지호	국세청	110	김진수	삼덕회계	19
김준성	기재부	77	김지선	도봉서	172	김지윤	노원서	171	김지호	중부서	211	김진수	예일세무	43
김준성	북광주서	359	김지선	성동서	189	김지윤	역삼서	197	김지호	군산서	372	김진숙	중부청	220
김준성	조세재정	494	김지선	영등포서	198	김지윤	수원서	231	김지홍	전주서	380	김진숙	대구청	390
김준수	감사원	66	김지선	시흥서	241	김지윤	경기광주	242	김지훈	국세청	113	김진술	대전청	309
김준수	남대문서	169	김지선	인천서	285	김지윤	동청주서	336	김지훈	국세청	125	김진슬	예산서	330
김준수	해남서	371	김지선	파주서	300	김지윤	서대구서	399	김지훈	강서서	160	김진식	서울청	153
김준수	창원서	461	김지성	국회정무	64	김지윤	통영서	463	김지훈	경기광주	242	김진식	홍성서	335
김준식	구미서	407	김지성	구로서	164	김지은	기재부	83	김지훈	대전청	306	김진식	목포서	364
김준식	인천세무	33	김지수	국회재정	59	김지은	국세청	123	김지훈	부산청	427	김진아	강남서	157
김준연	송파서	192	김지수	기재부	71	김지은	서울청	140	김지훈	부산청	429	김진아	역삼서	197
김준연	용산서	201	김지수	기재부	77	김지은	성북서	191	김지희	기재부	77	김진아	동안양서	232
김준연	전주서	380	김지수	기재부	78	김지은	송파서	193	김지희	해남서	452	김진아	시흥서	240
김준연	포항서	418	김지수	양천서	194	김지은	은평서	202	김지희	창원서	460	김진아	포천서	303
김준엽	구미서	406	김지수	잠실서	205	김지은	안산서	244	김진	광주청	348	김진아	보령서	322
김준영	서울청	134	김지수	분당서	234	김지은	화성서	255	김진	진주서	459	김진아	서산서	325
김준영	동안양서	233	김지수	고양서	286	김지은	남인천서	279	김진갑	강릉서	256	김진아	창원서	460
김준영	부천서	294	김지수	나주서	362	김지은	인천서	285	김진갑	인천세관	476	김진아	조세재정	493
김준영	영동서	339	김지수	경주서	405	김지은	부천서	295	김진건	대구서	386	김진애	국회법제	62
김준오	이천서	250	김지숙	인천서	284	김지은	남대구서	393	김진경	서울청	147	김진언	부산진서	434
김준용	국세상담	129	김지숙	경산서	402	김지은	안동서	412	김진경	수성서	401	김진업	대구청	390
김준용	용인서	249	김지아	인천서	284	김지은	수영서	440	김진경	동래서	432	김진열	제주서	465
김준우	서울청	146	김지안	동래서	432	김지은	법무바른	1	김진곡	상공회의	103	김진영	기재부	77
김준우	동작서	176	김지암	동안양서	232	김지인	의정부서	299	김진곡	상공회의	103	김진영	서울청	147
김준우	종로서	207	김지애	북인천서	280	김지인	대구청	388	김진곤	강동서	159	김진영	마포서	179
김준우	서대구서	398	김지언	국세상담	129	김지태	고양서	287	김진관	삼척서	258	김진영	동수원서	231
김준익	아산서	328	김지언	동안양서	232	김지학	용산서	200	김진광	중부청	221	김진영	안양서	246
김준철	기재부	78	김지언	안산서	244	김지향	용인서	249	김진교	연수서	296	김진영	청주서	342
김준철	부천서	294	김지연	국세청	120	김지향	포항서	419	김진국	국회법제	61	김진영	목포서	364
김준태	안산서	244	김지연	서울청	136	김지현	기재부	79	김진국	감사원	65	김진영	남대구서	393
김준태	세무삼륭	41	김지연	서울청	138	김지현	노원서	170	김진규	서울청	154	김진영	부산청	422
김준평	부산청	422	김지연	서울청	139	김지현	반포서	181	김진규	동대구서	394	김진오	이천서	250
김준하	기재부	75	김지연	성동서	189	김지현	서초서	186	김진기	반포서	181	김진옥	영등포서	198
김준하	성동서	189	김지연	양천서	194	김지현	성동서	189	김진기	북인천서	281	김진옥	안산서	244
김준현	기재부	82	김지연	양천서	195	김지현	성북서	191	김진남	국회법제	62	김진우	서울청	154
김준현	안산서	245	김지연	은평서	203	김지현	송파서	193	김진달래	종로서	206	김진우	서울청	155
김준형	포천서	303	김지연	종로서	206	김지현	중부서	210	김진덕	용인서	249	김진우	중부청	216
김준호	구리서	224	김지연	중부청	220	김지현	중부청	219	김진도	연수서	297	김진우	인천청	276
김준호	시흥서	240	김지연	시흥서	240	김지현	구리서	224	김진도	북대구서	397	김진우	고양서	287
김준호	안산서	245	김지연	포천서	302	김지현	안산서	244	김진도	구미서	407	김진우	여수서	369
김준호	평택서	253	김지연	공주서	318	김지현	평택서	253	김진도	울산서	449	김진우	구미서	406
김준호	북인천서	281	김지연	홍성서	334	김지현	고양서	286	김진동	서울청	135	김진우	부산진서	434
김준호	부천서	295	김지연	서대구서	398	김지현	광명서	289	김진만	속초서	261	김진욱	예산서	331
김준호	울산서	448	김지엽	광명서	289	김지현	부천서	294	김진만	삼정회계	24	김진욱	기재부	73
김준호	진주서	459	김지영	기재부	81	김지현	의정부서	298	김진모	안동서	412	김진웅	강서서	161
						김지현	대전청	309	김진몽	종로서	206	김진웅	영주서	417

이름	소속	번호	이름	소속	번호	이름	소속	번호	이름	소속	번호	이름	소속	번호
김진원	고양서	286	김찬중	서부산서	439	김철호	남양주서	228	김태수	서울청	147	김태헌	안동서	413
김진원	부산진서	435	김찬태	안동서	413	김철호	동안양서	232	김태수	거창서	450	김태현	금융위	86
김진원	인천세관	477	김찬희	영덕시	415	김칠오	북광주서	358	김태수	마산서	455	김태현	국세청	124
김진재	광주청	350	김찬희	부산진서	435	김철호	목포서	365	김태수	우리회계	27	김태현	삼성서	183
김진주	국세상담	128	김창구	북대구서	397	김철홍	기재부	78	김태숙	마산서	454	김태현	역삼서	197
김진주	서대문서	184	김창권	반포서	181	김철홍	북인천서	280	김태순	기재부	76	김태현	화성서	255
김진주	역삼서	196	김창근	강서서	161	김청일	서초서	186	김태순	북인천서	280	김태형	기재부	85
김진주	성남서	236	김창기	국세청	118	김초혜	대전서	312	김태순	대전청	307	김태형	국세청	112
김진주	포천서	303	김창기	국세청	119	김초희	기흥서	226	김태순	수영서	441	김태형	국세청	113
김진주	충주서	344	김창명	서초서	186	김춘경	잠실서	204	김태승	김포서	290	김태형	송파서	193
김진철	전주서	381	김창미	서울청	138	김춘경	의정부서	298	김태식	진주서	458	김태형	중부청	220
김진태	성남서	236	김창미	대전청	309	김춘광	북전주서	376	김태언	서울청	149	김태형	파주서	300
김진태	부산청	423	김창민	조세재정	494	김춘기	논산서	320	김태연	기재부	76	김태형	대구청	386
김진택	서현이현	7	김창범	반포서	180	김춘동	동고양서	293	김태연	상공회의	103	김태형	경산서	403
김진한	남대구서	393	김창석	창원서	461	김춘례	삼성서	183	김태연	동대문서	174	김태형	법무지평	52
김진현	국세청	108	김창섭	서울청	149	김춘만	포항서	419	김태연	서대문서	185	김태호	기재부	82
김진현	국세청	109	김창섭	예일세무	43	김춘배	군산서	373	김태연	세종서	327	김태호	국세청	108
김진현	삼정회계	22	김창수	영등포서	198	김춘식	국회법제	62	김태열	광산서	354	김태호	국세청	109
김진형	시흥서	240	김창수	부산청	424	김춘화	안산서	245	김태영	국세주류	126	김태호	국세청	121
김진형	대전청	309	김창순	서대전서	316	김충국	신승회계	25	김태영	잠실서	204	김태호	국세청	122
김진호	남대문서	168	김창신	경산서	402	김충만	서울청	150	김태영	동수원서	230	김태호	삼성서	182
김진호	마포서	178	김창억	속초서	261	김충배	이천서	250	김태영	안산서	245	김태호	순천서	367
김진호	시흥서	240	김창연	정읍서	383	김충배	이천서	250	김태영	파주서	301	김태호	대구청	388
김진호	목포서	365	김창열	중부세무	32	김충상	잠실서	205	김태영	순천서	366	김태호	부산청	424
김진호	부산서	421	김창영	북대전서	315	김충섭	국회재정	59	김태영	경주서	405	김태호	마산서	455
김진호	부산청	423	김창영	통영서	462	김충일	의정부서	451	김태영	동래서	433	김태호	이안세무	44
김진호	제주서	465	김창오	국세청	113	김충현	기재부	71	김태영	관세청	468	김태환	중부서	210
김진호	삼일회계	20	김창우	기흥서	226	김충호	조세심판	491	김태오	서울청	152	김태환	대전청	306
김진홍	기재부	75	김창욱	연수서	296	김치헌	국세청	124	김태완	국세청	110	김태환	익산서	378
김진홍	금융위	88	김창윤	분당서	235	김시오	국세청	125	김태완	서인천서	283	김태환	북대구서	396
김진홍	서대문서	185	김창윤	마산서	454	김치호	인천청	276	김태완	김천서	408	김태환	제주서	464
김진홍	부산청	424	김창일	기재부	74	김칠규	이촌회계	28	김태용	동안양서	233	김태효	강릉서	256
김진화	예산서	331	김창주	중부청	214	김태건	청주서	342	김태용	서인천서	283	김태훈	기재부	85
김진환	서울청	152	김창진	남원서	375	김태겸	기재부	71	김태우	감사원	66	김태훈	국세청	112
김진환	동안양서	232	김창진	세림세무	167	김태겸	남대구서	393	김태우	서울청	140	김태훈	국세청	122
김진환	평택서	252	김창현	부천서	294	김태경	감사원	66	김태우	서울청	141	김태훈	관악서	162
김진환	평택서	252	김창현	여수서	368	김태경	기재부	74	김태우	성동서	189	김태훈	삼성서	183
김진환	북대전서	314	김창현	진주서	459	김태경	기재부	76	김태우	동안양서	232	김태훈	종로서	207
김진환	구미서	407	김창호	중부서	211	김태경	기재부	77	김태우	포천서	303	김태훈	중부청	215
김진환	우리회계	27	김창호	북인천서	281	김태경	기재부	77	김태우	남대구서	392	김태훈	원주서	264
김진환	세무고시	34	김창호	서인천서	283	김태경	강릉서	257	김태우	부산청	424	김태훈	충주서	345
김진희	국세교육	130	김창호	중부세무	32	김태경	춘천서	266	김태욱	국세교육	131	김태훈	광주청	348
김진희	반포서	180	김창환	홍성서	334	김태경	마산서	454	김태운	국세청	108	김태훈	영덕서	415
김진희	삼성서	183	김창환	상주서	410	김태경	법무광장	50	김태운	구미서	407	김태훈	영덕서	415
김진희	서초서	187	김창훈	광주청	349	김태곤	기재부	73	김태웅	기재부	78	김태훈	포항서	418
김진희	서초서	187	김창희	국세청	122	김태규	국세청	109	김태원	국세청	112	김태훈	부산청	427
김진희	잠실서	205	김창희	서대전서	317	김태균	서울청	152	김태원	인천청	277	김태홈	미래회계	18
김진희	중랑서	209	김채린	동청주서	336	김태균	동안양서	233	김태원	광주청	349	김태홈	국회재정	60
김진희	화성서	254	김채원	역삼서	197	김태균	마산서	454	김태원	순천서	366	김태희	서울청	153
김진희	강릉서	257	김채원	중랑서	208	김태균	창원서	460	김태원	부산청	427	김태희	북인천서	280
김진희	인천청	275	김채윤	기재부	83	김태균	태평양	53	김태윤	서울청	144	김태희	인천서	284
김진희	서인천서	282	김채윤	노원서	170	김태근	부산청	427	김태윤	강서서	161	김태희	포항서	419
김진희	서인천서	283	김채율	수성서	400	김태룡	동대구서	395	김태윤	동고양서	293	김태희	북부산서	437
김진희	천안서	332	김채현	반포서	180	김태류	국회정무	64	김태은	강동서	159	김택근	국세청	113
김진희	여수서	368	김채현	영주서	410	김태민	강릉서	257	김태은	성북서	191	김택범	서울청	141
김진희	경주서	404	김천섭	영주서	416	김태민	서부산서	438	김태은	분당서	234	김택우	국세청	120
김진희	안동서	413	김천수	중부청	219	김태범	이천서	250	김태은	청주서	342	김택창	서산서	325
김진희	광교세무	38	김천희	조세심판	491	김태범	영월서	263	김태은	조세재정	492	김판신	부산진서	435
김차남	강동서	159	김철	서울청	137	김태봉	서울세관	473	김태이	기재부	81	김판준	동작서	177
김찬	서울청	142	김철	부산청	422	김태서	청주서	342	김태인	국세상담	128	김평강	조세재정	493
김찬	시흥서	241	김철	EY한영	16	김태서	북광주서	358	김태인	김해서	452	김평섭	서울청	151
김찬규	영월서	263	김철권	동작서	176	김태석	감사원	67	김태정	부산청	429	김평섭	부산청	426
김찬규	예산서	331	김철민	서울청	142	김태석	국세청	108	김태주	기재부	74	김평섭	통영서	463
김찬규	삼일회계	20	김철민	서울청	150	김태석	서울청	138	김태주	삼정회계	23	김평호	반포서	181
김찬섭	중부청	219	김철수	포천서	302	김태선	김포서	291	김태준	국세청	115	김평화	제주서	464
김찬수	감사원	67	김철수	남원서	374	김태섭	평택서	252	김태준	북광주서	358	김푸른솔	김포서	291
김찬수	종로서	206	김철수	김천서	408	김태성	국세청	116	김태준	삼정회계	23	김푸름	삼성서	183
김찬수	경기광주	242	김철수	인천세관	477	김태성	목포서	364	김태중	기재부	85	김풍겸	김해서	452
김찬우	포항서	418	김철연	상주서	410	김태성	포항서	418	김태진	중부청	219	김필곤	수영서	440
김찬웅	강동서	135	김철웅	광주서	109	김태성	부산청	428	김태진	중부청	219	김필근	마산서	455
김찬일	서울청	138	김철태	제주서	465	김태성	진주서	459	김태진	인천청	276	김필선	삼척서	258
김찬일	김해서	452	김철현	기재부	74	김태성	삼일회계	21	김태진	북광주서	358	김필선	광산서	355
김찬주	반포서	180	김철현	마포서	178	김태수	서울청	145	김태철	마산서	454	김필수	서대전서	316
									김태헌	아산서	329			

이름	소속	쪽
김혜선	평택서	252
김혜성	삼성서	183
김혜선	북인천서	200
김혜성	광주청	350
김혜수	동작서	177
김혜수	포천서	302
김혜숙	강동서	159
김혜숙	마포서	178
김혜숙	고양서	286
김혜식	서초서	187
김혜연	마포서	178
김혜연	시흥서	240
김혜연	부천서	295
김혜연	의정부서	299
김혜연	서울청	155
김혜연	도봉서	173
김혜영	서대문서	185
김혜영	서대문서	185
김혜영	성북서	190
김혜영	양천서	194
김혜영	구리서	224
김혜영	대전서	313
김혜영	광주청	349
김혜영	북대구서	396
김혜영	서대구서	399
김혜영	부산청	426
김혜영	부산진서	435
김혜영	통영서	462
김혜원	강동서	158
김혜원	깅시시	161
김혜원	성동서	188
김혜원	시흥서	240
김혜원	대전청	307
김혜원	여수서	368
김혜원	마산서	455
김혜윤	구로서	164
김혜윤	연수서	297
김혜은	기재부	74
김혜은	인천서	284
김혜은	광명서	288
김혜은	광주서	356
김혜은	해운대서	444
김혜인	서인천서	282
김혜인	전주서	380
김혜정	국세청	109
김혜정	국세청	114
김혜정	국세상담	128
김혜정	서울청	135
김혜정	강서서	160
김혜정	강서서	161
김혜정	구로서	164
김혜정	구리서	225
김혜정	남인천서	278
김혜정	목포서	364
김혜정	순천서	366
김혜정	남대구서	393
김혜진	도봉서	172
김혜진	영등포서	199
김혜진	영등포서	199
김혜진	경기광주	242
김혜진	안산서	244
김혜진	인천청	272
김혜진	인천청	273
김혜진	대구청	388
김혜진	남대구서	393
김혜진	부산청	427
김혜진	울산서	449
김혜진	김해서	453
김혜진	조세재정	494
김혜현	성동서	189
김호	서초서	187
김호	부천서	294
김호	금정서	430
김호	중부산서	443
김호	울산서	448
김호극	포친시	207
김호복	중랑서	208
김호서	서대문서	185
김호승	서부산서	439
김호영	국세청	112
김호영	종로서	206
김호영	구리서	224
김호원	경산서	403
김호준	서울청	154
김호준	우리회계	27
김호진	강동서	159
김호진	금정서	430
김호현	중부청	222
김홍경	연수서	296
김홍경	경산서	403
김홍균	수원서	239
김홍근	대전청	307
김홍근	서대전서	316
김홍기	부산청	427
김홍남	중부청	217
김홍란	대전청	307
김홍래	남대문서	168
김홍렬	구로서	165
김홍석	김해서	452
김홍수	양산서	456
김홍식	국회재정	60
김홍식	부천서	295
김홍용	신인서	332
김홍주	예일세무	43
김홍태	남대구서	392
김홍현	삼일회계	20
김화도	성남서	236
김화선	시부신시	438
김화숙	서울청	135
김화숙	역삼서	197
김화숙	안동서	412
김화영	광주서	356
김화영	진주서	459
김화완	원주서	265
김화윤	기재부	83
김화은	동작서	176
김화정	인천청	274
김화준	동대문서	175
김환	안양서	246
김환	나주서	362
김환국	광산서	355
김환규	국세청	123
김환석	마포서	179
김환옥	전주서	380
김환중	부산청	426
김환진	동수원서	230
김환진	해운대서	445
김환희	기흥서	226
김황	남대구서	393
김황경	의정부서	298
김황경	천안서	333
김회광	전주서	381
김회연	북인천서	280
김회정	마산서	454
김회창	광산서	355
김효경	기재부	84
김효경	국세교육	131
김효경	남대구서	392
김효근	보령서	322
김효근	서광주서	360
김효남	조세심판	490
김효동	서울청	137
김효림	성동서	188
김효림	조세재정	493
김효미	정읍서	383
김효민	동울산서	446
김효빈	지방재정	489
김효삼	대구청	388
김효식	포항시	173
김효상	종로서	206
김효상	부천서	294
김효선	동작서	176
김효선	보령서	322
김효섭	서초서	187
김효수	역삼서	197
김효숙	안양서	246
김효숙	부산청	424
김효순	대전청	311
김효영	잠실서	205
김효영	화성서	254
김효영	북광주서	358
김효은	서인천서	282
김효은	조세재정	493
김효일	중부청	219
김효정	기재부	82
김효정	서울청	135
김효정	남대문서	168
김효정	동작서	176
김효정	동작서	177
김효정	반포서	180
김효정	잠실서	205
김효정	종로서	207
김효정	이천서	251
김효정	인천청	277
김효정	순천서	366
김효정	동울산서	447
김효정	지방재정	489
김효주	지방재정	489
김효진	국세청	111
김효진	관악서	163
김효진	구로서	164
김효진	중랑서	209
김효진	이천서	250
김효진	북인천서	281
김효진	익산서	378
김효진	해운대서	445
김효진	광주서	356
김후영	서부산서	439
김후희	부천서	294
김훈	중부청	214
김훈	인천청	272
김훈	광주청	350
김훈	경산서	402
김훈기	남양주서	228
김훈민	평택서	252
김훈석	서인천서	325
김훈중	예일세무	43
김훈태	분당서	234
김휘영	은평서	202
김휘태	인천서	284
김흥곤	서울청	145
김흥기	서초서	187
김흥주	서울세관	472
김희경	서울청	140
김희경	성동서	189
김희경	용산서	200
김희경	부천서	295
김희경	부산청	425
김희곤	국회정무	64
김희관	북광주서	358
김희대	제주서	464
김희락	종로서	207
김희란	아산서	328
김희련	북부산서	437
김희리	관세청	468
김희명	의정부서	298
김희문	창원서	460
김희범	수영서	440
김희봉	아산서	328
김희석	목포서	365
김희선	국세교육	130
김의신	심싱싱	182
김희선	잠실서	204
김희선	중부서	211
김희선	의정부서	299
김희수	양산서	456
김희수	양천서	195
김희숙	강동서	158
김희숙	중부청	214
김희숙	광주청	349
김희수	북전주서	376
김희애	강남서	156
김희애	해운대서	445
김희연	마포서	178
김희연	송파서	193
김희연	중부청	216
김희영	국세청	116
김희영	의정부서	299
김희영	대전청	309
김희원	기재부	71
김희윤	천안서	333
김희윤	강남서	157
김희재	국세청	112
김희정	서울청	135
김희정	서울청	138
김희정	서울청	139
김희정	서울청	154
김희정	강동서	158
김희성	노원서	171
김희정	성동서	189
김희정	중부서	211
김희정	의정부서	299
김희정	서광주서	360
김희정	내구청	391
김희정	양산서	457
김희정	대구세관	483
김희주	성동서	189
김희준	기재부	77
김희준	서초서	186
김희준	창원서	460
김희중	기재부	71
김희중	중기회	104
김희중	삼성서	182
김희지	노원서	171
김희진	마포서	178
김희진	중부서	210
김희진	인천청	273
김희진	김포서	291
김희진	남원서	374
김희진	북인천서	281
김희창	김포서	290
김희창	제천서	340
김희창	서광주서	361
김희철	세무고시	34
김희철	더택스	40
김희철	김앤장	49
김희태	기재부	73
김희태	세종서	327
김희태	북전주서	376
김희화	중부청	218
김희환	광명서	288

ㄴ

이름	소속	쪽
나경미	충주서	345
나경아	서울청	142
나경자	서울청	138
나경태	화성서	254
나경훈	포천서	303
나교석	동고양서	292
나기석	용인서	248
나기봉	시항새성	488
나길식	세무고시	34
나덕희	금천서	167
나동욱	원주서	264
나두영	대구세관	484
나명균	보령서	323
나명수	광교세무	39
나명호	역삼서	196
나미선	순천서	366
나민수	서울청	138
나민지	부천서	295
나병진	지방재정	488
나병탁	김포서	291
나상민	기재부	85
나상일	경주서	404
나석환	삼정회계	22
나선	수원서	238
나선영	북광주서	359
나선일	동고양서	292
나선회	의정부서	298
나소영	광주서	357
나송현	중부청	216
나수정	강서서	160
나승우	삼일회계	20
나승운	국세청	111
나승운	국세청	119
나승창	광주청	348
나양선	정읍서	382
나영	부천서	294
나영	조세재정	492
나영수	경기광주	243
나영주	강남서	157
나영희	정읍서	382
나예엽	이천서	251
나용선	제주서	465
나용호	충주서	345
나우영	송파서	192
나유림	김포서	291
나유민	북광주서	358
나유빈	화성서	255
나유선	나주서	362
나유숙	충주서	345
나유진	북대전서	314
나윤민	서광주서	361
나윤수	삼척서	258
나윤정	기재부	79
나은영	기재부	82
나은주	충주서	345
나인엽	광산서	355
나재섭	영등포서	198
나정만	삼성서	183
나정아	수원서	238
나정주	구로서	164
나정학	송파서	193
나정현	동청주서	336
나정희	대전서	313
나종선	순천서	367
나종엽	익산서	378
나종현	구로서	165
나주범	기재부	80
나진순	서울청	140
나진주	전주서	380
나진희	남대문서	168
나진희	북광주서	359
나진희	조세재정	494
나찬영	용산서	200
나찬주	인천청	274
나채용	광주청	353
나철호	재정회계	29
나태운	서인천서	283
나한결	금천서	166

이름	소속	번호	이름	소속	번호	이름	소속	번호	이름	소속	번호	이름	소속	번호
나한솔	기재부	72	남미숙	북대구서	396	남정술	포항서	418	노동영	북대구서	396	노은미	북대구서	396
나한태	북광주서	359	남미정	기흥서	226	남정식	북인천서	280	노동율	울산서	448	노은복	중부청	217
나향미	국세청	111	남민기	국세청	120	남정현	영등포서	199	노동호	익산서	379	노은실	기재부	71
나혁균	파주서	300	남보라	천안서	332	남정화	구로서	164	노명환	인천청	277	노은아	대전청	307
나현숙	서대구서	398	남보영	파주서	300	남정휘	안양서	247	노명희	성동서	189	노은영	의정부서	299
나형욱	중부청	216	남봉근	국세청	109	남주희	전주서	380	노미경	광주청	350	노은주	나주서	363
나형채	광주서	356	남상균	대전청	309	남중경	남양주서	229	노미란	양천서	194	노은지	구리서	225
나혜경	광주청	352	남상준	중부청	219	남중화	국세청	114	노미선	강남서	156	노은진	김천서	408
나혜영	분당서	234	남상진	순천서	367	남지연	서울서	136	노미해	마산서	454	노은호	금천서	166
나혜진	동고양서	293	남상헌	대구청	390	남지애	동대구서	394	노미향	양산서	456	노익환	인천서	284
나혜진	북대전서	315	남상호	북대구서	396	남지윤	분당서	234	노미헌	잠실시	205	노익훤	광교세무	30
나환영	삼척서	258	남상훈	광산서	354	남지은	통영서	462	노민경	북광주서	358	노인선	마포서	178
나환웅	서대문서	184	남석주	인천청	273	남지현	성동서	188	노민욱	동울산서	447	노인섭	강남서	156
나효훈	구미서	407	남선애	중부청	214	남지현	조세재정	494	노민정	종로서	207	노일도	인천청	277
나흥수	김포서	290	남성식	부산청	428	남찬현	영월서	263	노병근	국회정무	64	노일호	동작서	176
나희선	시흥서	241	남성우	예산서	331	남창현	부산청	425	노병필	서울세관	472	노재동	마산서	454
남가영	감사원	66	남성윤	서울청	135	남창현	한국세무	31	노병현	광명서	289	노재진	마산서	454
남건욱	지방재정	488	남성현	서부산서	438	남창환	서울청	154	노상우	인천서	284	노재현	이촌회계	28
남경	서대전서	317	남성훈	관세청	467	남창희	김해서	453	노상오	중기회의	104	노재호	관악서	162
남경민	마포서	179	남소정	지방재정	488	남칠현	삼성서	187	노석봉	성북서	191	노재훈	인천서	284
남경민	홍천서	268	남송이	서울청	155	남태연	김앤장	49	노석환	관세청	467	노재희	안산서	244
남경선	지방재정	489	남송이	창원서	460	남태호	서울청	147	노석환	관세청	468	노정림	경기광주	242
남경일	동작서	176	남수경	기재부	83	남택원	천안서	332	노성모	서초서	187	노정민	춘천서	267
남경자	양천서	195	남수빈	동래서	432	남택진	미래회계	18	노성은	남원서	375	노정민	제주서	464
남경철	기재부	79	남수진	강남서	156	남한샘	기재부	75	노성희	고양서	286	노정석	국세청	124
남경호	부산청	428	남수진	중부청	221	남해용	안동서	412	노세영	인천청	273	노정석	국세청	125
남경희	안양서	246	남수환	감사원	66	남현승	서울청	135	노세현	금정서	430	노정애	서울청	139
남경희	화성서	255	남숙경	안산서	245	남현우	동청주서	336	노소영	삼성서	183	노정운	광주청	351
남관길	울산서	448	남순옥	기재부	70	남현주	양천서	194	노수경	마포서	179	노정호	평택서	252
남관덕	인천서	284	남승규	서울청	141	남현철	연수서	296	노수경	조세재정	492	노정택	서울청	141
남광우	북대전서	315	남승민	조세재정	494	남현희	대전청	307	노수연	역삼서	196	노정하	부산진서	434
남궁서정	서울청	135	남승원	해남서	370	남형석	삼일회계	20	노수정	서울청	143	노정환	삼성서	182
남궁민	국세청	117	남승호	동작서	177	남형주	파주서	300	노수진	수원서	239	노정환	충주서	344
남궁재옥	노원서	171	남애숙	해남서	371	남형철	종로서	207	노수창	안산서	244	노종대	남인천서	279
남궁준	안산서	245	남연규	해남서	371	남혜경	청주서	342	노수현	중부서	210	노종영	포항서	418
남궁향	기재부	78	남연식	잠실서	204	남혜원	동안양서	233	노순정	광주서	356	노종옥	중랑서	208
남궁화순	북광주서	358	남연주	김해서	452	남호규	이천서	250	노승미	성남서	236	노주아	안양서	247
남궁훈	고양서	286	남연화	조세심판	491	남호성	서울청	149	노승옥	반포서	180	노주연	보령서	323
남권효	울산서	448	남영안	남대구서	392	남호진	구로서	164	노승진	중부청	218	노주호	분당서	234
남근	성동서	189	남영우	금천서	166	남호철	마포서	179	노승현	성북서	190	노준호	청주서	342
남기범	기재부	72	남영우	동고양서	292	남화영	은평서	203	노시교	광주세관	486	노중권	이천서	251
남기범	보령서	322	남영철	노원서	170	남효우	신한관세	47	노시열	여수서	369	노중현	기재부	79
남기석	국회법제	62	남영호	구미서	406	남효주	영주서	416	노시인	순천서	366	노지영	조세재정	492
남기선	이천서	250	남예나	해운대서	444	노강원	삼성서	182	노신남	중부청	221	노지원	창원서	460
남기은	북인천서	280	남옥희	포항서	418	노건호	아산서	328	노아령	인천청	275	노지형	서초서	187
남기인	기재부	77	남왕주	서광주서	360	노결현	조세재정	492	노아현	관악서	162	노지혜	서대문서	184
남기인	인천청	272	남용우	중부청	219	노경민	양천서	195	노아영	반포서	180	노지희	기재부	75
남기정	광산서	354	남용훈	EY한영	16	노경민	원주서	264	노아영	북부서	436	노진명	금정서	431
남기태	청주서	343	남용휘	고양서	286	노경수	서울청	146	노연섭	반포서	180	노진철	수성서	401
남기현	안산서	245	남용희	강남서	156	노경영	해운대서	444	노연숙	연수서	297	노충모	서울청	134
남기형	서대문서	184	남우창	국세청	110	노경환	부산세관	480	노영기	북부산서	436	노충환	서울청	138
남기홍	경주서	404	남원석	삼성서	183	노계연	서울청	150	노영래	기재부	73	노태건	동울산서	446
남기훈	서울청	140	남원우	기재부	75	노광래	지방재정	489	노영배	강남서	157	노태경	강릉서	257
남기훈	역삼서	197	남유승	중부청	220	노광수	중부청	214	노영석	삼일회계	20	노태석	금융위	88
남꽃별	반포서	181	남유진	국세청	120	노광환	포천서	303	노영숙	시흥서	240	노태송	북대전서	315
남다미	분당서	235	남윤석	부산진서	434	노구영	서울청	144	노영실	대전청	310	노태순	서울청	140
남덕현	광주청	349	남윤수	중랑서	208	노국래	기재부	74	노영예	조세재정	493	노태천	국세청	108
남덕희	수원서	238	남윤정	양천서	195	노규현	파주서	300	노영인	국세청	120	노파라	서울청	140
남도경	인천청	274	남윤종	서울청	147	노근석	수영서	441	노영일	부산서	422	노하나	잠실서	204
남도영	중부서	218	남윤현	이천서	251	노근홍	부산세관	481	노영희	대전청	310	노하진	은평서	202
남동국	더택스	40	남은현	남인천서	279	노금기	상공회의	103	노영훈	인천청	273	노학종	예산서	330
남동균	서울청	138	남은빈	인천서	285	노금기	상공회의	103	노영희	구로서	164	노한가람	경산서	403
남동오	기재부	74	남은숙	공주서	318	노기숙	국세상담	128	노예순	기재부	75	노한나	종로서	206
남동우	대구청	386	남은영	강동서	158	노기우	북대전서	315	노용래	대전청	308	노현민	안산서	245
남동진	삼일회계	20	남은영	남인천서	278	노기현	광교세무	37	노용승	강릉서	256	노현서	화성서	254
남동현	창원서	460	남은정	북인천서	280	노기향	강남서	157	노우성	북광주서	358	노현선	강동서	159
남만우	삼성서	182	남인제	울산서	448	노남규	인천청	275	노우정	국세청	114	노현숙	마포서	178
남명규	포천서	303	남인천	인천청	272	노남종	해남서	371	노운성	부산청	429	노현정	서울청	134
남명균	부천서	294	남일현	부천서	295	노덕수	인천세관	476	노원철	국세청	123	노현정	서광주서	360
남명기	기흥서	227	남자세	광주청	348	노도영	익산서	378	노유경	중부청	218	노현정	안동서	412
남명수	천안서	332	남재호	동작서	177	노동균	광주청	350	노유선	광주서	356	노현주	서인천서	282
남무정	국세청	124	남전우	강서서	160	노동렬	서울청	138	노윤주	양산서	456	노현진	서대구서	398
남미라	서대문서	184	남정근	동대구서	394	노동승	관악서	163	노윤희	부산진서	435	노현탁	광주청	350

이름	소속	쪽
문성호	국세청	110
문성호	수원서	239
문성환	인천세관	476
문성훈	지방재정	488
문성희	익산서	378
문세련	중부청	216
문소웅	인천서	285
문소원	수영서	441
문소진	양천서	195
문수영	조세심판	490
문숙미	마산서	455
문숙자	국세청	110
문순철	서울청	154
문승구	부산청	425
문승대	광교세무	39
문승덕	중부청	220
문승민	중랑서	209
문승식	해남서	370
문승준	창원서	461
문승진	서울청	153
문승현	서대문서	184
문시현	시흥서	240
문식	광주청	350
문여리	강동서	158
문영건	남인천서	278
문영권	광주청	352
문영규	광주서	357
문영미	부천서	294
문영미	마산서	454
문영수	제주서	464
문영순	국세상담	128
문영은	성동서	188
문영임	대전청	307
문영준	북전주서	376
문영한	국세청	119
문예슬	종로서	206
문예지	동울산서	446
문용식	마포서	179
문용원	북인천서	280
문유선	광명서	289
문윤진	광주청	352
문윤호	역삼서	197
문은성	광주서	357
문은수	군산서	372
문은진	송파서	193
문은진	북인천서	280
문은하	중부청	220
문은희	군산서	373
문을열	서울세관	472
문인섭	연수서	297
문일식	인천청	273
문재창	서울청	135
문재희	은평서	202
문전안	이천서	250
문정기	충주서	344
문정미	북전주서	376
문정오	서울청	143
문정우	인천청	274
문정혁	삼성서	182
문정현	서울서	141
문정현	천안서	332
문정희	강남서	156
문정희	화성서	254
문종구	인천서	285
문종빈	관악서	163
문주경	제주서	465
문주란	성동서	188
문주연	광주청	349
문주현	국회정무	64
문주호	인천서	284
문준규	북광주서	359
문준웅	국세주류	126
문지만	서대문서	185
문지민	김해서	452
문지선	중부청	214
문지선	용인서	248
문지영	영등포서	198
문지영	서인천서	283
문지영	조세재정	492
문지원	나주서	363
문지윤	상주서	411
문지혁	서울청	134
문지현	북인천서	280
문지현	상주서	410
문지혜	강남서	157
문지환	중부청	217
문진규	인천세관	477
문진선	북인천서	436
문진영	청주서	343
문진혁	서울청	137
문진희	남인천서	279
문진희	북인천서	281
문찬식	북대전서	315
문찬우	익산서	378
문찬웅	남인천서	278
문창규	동대구서	395
문창수	수원서	238
문창오	조세재정	494
문창오	조세재정	494
문창전	중부청	213
문창환	용인서	249
문철주	서대문서	185
문태범	수원서	238
문태웅	기재부	71
문태정	국세청	125
문태형	광주서	357
문태흥	삼성서	183
문하림	북인천서	280
문한별	제주서	464
문한솔	여수서	368
문해수	광산서	354
문행용	서울세관	472
문혁	수원서	238
문현	인천청	274
문현경	이천서	250
문현국	제주서	464
문현희	동대문서	174
문형미	서울청	138
문형민	광주청	352
문형민	나주서	362
문형빈	동대문서	174
문형일	순천서	367
문형정	서울청	356
문혜경	화성서	254
문혜령	동대구서	394
문혜리	북부산서	436
문혜림	서초서	187
문혜미	수원서	238
문혜정	노원서	171
문혜정	제주서	464
문호성	지방재정	489
문호정	보령서	323
문호영	구미서	406
문홍규	강남서	157
문홍배	남원서	374
문홍섭	양산서	457
문홍승	중부청	219
문효상	대구청	386
문흥호	부산세관	480
문희영	기재부	73
문희원	기재부	83
문희원	화성서	255
문희용	익산서	378
문희제	안산서	244
문희준	양산서	457
문희진	동래서	433
문희철	국세청	107
민갑승	북대구서	397
민강	국세청	120
민경률	조세재정	494
민경미	영월서	262
민경삼	서인천서	282
민경상	서초서	187
민경서	김앤장	49
민경석	구리서	225
민경성	조세재성	490
민경성	삼덕회계	19
민경옥	북광주서	359
민경원	북인천서	280
민경은	동작서	176
민경준	광명서	289
민경준	파주서	301
민경진	안산서	244
민경진	해운대서	444
민경하	서울청	138
민경화	서울청	138
민경훈	서울청	134
민경훈	익산서	379
민경희	서울청	140
민규홍	중부청	219
민근혜	동래서	432
민근혜	서울청	144
민기원	역삼서	196
민다연	북인천서	280
민덕기	안산서	244
민동준	광주청	350
민백기	남양주서	229
민병걸	서울청	141
민병기	양산서	457
민병덕	국회정무	64
민병란	부산청	426
민병웅	서울청	153
민병웅	동안양서	233
민병조	인천세관	478
민병준	대전청	307
민병찬	국회재정	59
민상원	서울청	138
민새울	서울청	152
민샘	국세청	113
민석기	기재부	79
민선희	부산진서	435
민성기	북인천서	280
민성원	평택서	252
민수지	중부서	210
민수진	고양서	286
민승기	광산서	354
민승기	영등포서	199
민승기	중부산서	442
민애희	용인서	249
민양기	천안서	333
민영규	춘천서	266
민영신	부산진서	434
민예지	남인천서	278
민옥자	천안서	332
민옥정	중부청	216
민용우	성북서	191
민우기	삼정회계	23
민윤기	안진회계	17
민윤선	고양서	286
민윤식	강서서	160
민으뜸	도봉서	172
민은규	종로서	207
민은연	대구청	391
민인녀	동안양서	232
민재영	이천서	251
민재영	남대구서	392
민정	금정서	431
민정기	의정부서	298
민정기	광주세관	486
민정대	서울청	139
민종권	인천청	276
민종인	서인천서	283
민주영	기재부	82
민준기	남원서	374
민준식	북대전서	314
민지홍	광산서	354
민진기	삼성서	183
민진기	역삼서	197
민차형	서울청	152
민천일	경기광주	242
민철기	기재부	70
민철기	북인천서	281
민태규	구미서	406
민택기	김천서	408
민필순	서부산서	438
민현석	중부청	214
민현순	강서서	161
민형배	국회정무	64
민혜민	광주청	353
민혜선	서초서	186
민혜수	기재부	79
민혜아	서울청	149
민호성	광산서	355
민호정	은평서	203
민회준	광주청	347
민회준	광주청	350
민훈기	국세청	125
민희경	기재부	85
민희망	서울청	150

ㅂ

이름	소속	쪽
박가영	익산서	379
박가영	부산진서	435
박가은	강서서	161
박가을	서울청	143
박가희	관악서	162
박강수	국세청	110
박건	금정서	430
박건규	동고양서	292
박건대	부산진서	435
박건영	김해서	452
박건우	성동서	189
박건웅	잠실서	204
박건준	중부청	221
박건태	중부산서	442
박건혜	북광주서	358
박경균	보령서	322
박경남	경주서	404
박경단	해남서	370
박경란	성동서	188
박경란	북광주서	359
박경련	대구청	388
박경렬	송파서	192
박경림	관악서	163
박경미	중기회	104
박경미	춘천서	266
박경미	광주서	357
박경미	대구청	388
박경민	이천서	250
박경민	해운대서	444
박경복	관악서	162
박경석	서부산서	439
박경수	감사원	66
박경수	강서서	160
박경수	이천서	251
박경수	나주서	362
박경수	금정서	431
박경숙	구로서	164
박경숙	북부산서	436
박경숙	지방재정	488
박경애	강남서	156
박경오	서울청	143
박경옥	경기광주	243
박경완	남인천서	278
박경용	안산서	245
박경원	금정서	430
박경은	국세청	120
박경은	송파서	193
박경은	북인천서	280
박경인	서울청	140
박경일	평택서	252
박경주	마산서	454
박경진	동수원서	230
박경진	우리회계	27
박경춘	마산서	455
박경태	동작서	177
박경호	포항서	419
박경화	강서서	161
박경화	동래서	433
박경훈	기재부	71
박경휘	시흥서	240
박경화	서울청	151
박경희	부산청	422
박고은	포항서	419
박관준	시흥서	240
박관중	중부청	219
박광	금융위	88
박광덕	강남서	156
박광룡	국세청	115
박광문	우리회계	27
박광석	안양서	247
박광수	국세교육	131
박광수	서산서	324
박광식	국세청	108
박광용	용산서	201
박광욱	인천서	285
박광전	대전청	308
박광종	국세청	118
박광진	포천서	302
박광천	순천서	366
박광춘	서울청	140
박광태	안산서	245
박구영	동작서	177
박국진	국세청	124
박권조	서울청	152
박권조	북광주서	358
박권준	금감원	89
박권추	금감원	97
박귀숙	순천서	367
박귀영	영덕서	414
박귀자	성남서	236
박귀자	광주청	349
박귀화	서울청	140
박규동	구미서	407
박규미	용산서	201
박규빈	부천서	295
박규아	예산서	330
박규송	강동서	159
박규진	구미서	406
박규창	대구세관	484
박규철	동대구서	395
박규훈	국세청	117
박균수	서울청	146
박근식	강서서	160
박근애	의정부서	298
박근열	경산서	402
박근엽	인천청	277
박근엽	은평서	203
박근용	용인서	248
박근우	조세재정	492

이름	소속	쪽	이름	소속	쪽	이름	소속	쪽	이름	소속	쪽	이름	소속	쪽
박근우	삼정회계	22	박다빈	동안양서	232	박명열	송파서	192	박미정	서울청	138	박범석	대전청	310
박근윤	대구청	391	박다솜	서대전서	316	박명우	서대구서	398	박미정	서울청	139	박범수	연수서	297
박근재	국세청	115	박다슬	양천서	194	박명워	부저주서	377	박미정	서울청	150	박범수	대전청	300
박근중	서대전서	316	박다영	북인천서	281	박명익	경산서	402	박미정	마포서	178	박범진	구로서	164
박금규	익산서	379	박다정	김해서	452	박명철	수영서	440	박미정	강릉서	257	박범진	삼성서	183
박금단	광주청	349	박달영	서울청	138	박명하	서울청	138	박미정	대전청	308	박병곤	인천서	284
박금배	국세상담	129	박대경	광주서	357	박명화	분당서	234	박미정	구미서	406	박병관	국세교육	131
박금비	조세재정	493	박대광	중부서	210	박명훈	성북서	190	박미주	중부서	210	박병관	평택서	253
박금세	국세청	120	박대순	의정부서	298	박명희	강남서	157	박미주	북대구서	396	박병권	동대구서	395
박금숙	국회정무	63	박대영	서울청	153	박모영	김해서	452	박미진	삼성서	182	박병규	국회재정	59
박금숙	은평서	202	박대윤	남대문서	168	박무성	대구청	386	박미진	송파서	192	박병규	진주서	459
박금숙	서대전서	316	박대은	대전청	309	박무수	광산서	354	박미진	인천청	275	박병남	홍성서	334
박금숙	광산서	354	박대중	서울청	147	박문구	삼정회계	24	박미진	북인천서	281	박병남	홍성서	335
박금아	서광주서	360	박대현	서울청	148	박문규	반포서	181	박미진	의정부서	299	박병문	대전청	309
박금옥	서울청	140	박대협	북인천서	281	박문상	광주서	356	박미진	대전청	309	박병민	이천서	250
박금옥	서광주서	360	박대희	국세청	111	박문수	서울청	140	박미진	세종서	326	박병민	인천청	275
박금지	강동서	158	박덕수	원주서	264	박문수	부천서	294	박미진	군산서	372	박병민	북광주서	358
박금지	신한관세	47	박도영	여수서	369	박문수	안동서	413	박미현	안양서	247	박병선	기재부	73
박금찬	남양주서	228	박도훈	시흥서	240	박문숙	마포서	179	박미현	천안서	333	박병선	수원서	238
박금철	기재부	70	박동규	대전서	312	박문영	서울청	139	박미혜	중부청	216	박병수	대전청	311
박금철	동안양서	233	박동규	한국세무	31	박문주	화성서	255	박미화	중기회	104	박병수	충주서	345
박금희	포항서	419	박동균	경기광주	242	박문철	중랑서	209	박미화	부산진서	435	박병수	세무지음	141
박기룡	김포서	291	박동균	춘천서	267	박문호	중부산서	442	박미회	부산청	426	박병수	세무지음	151
박기민	아산서	328	박동기	울산서	449	박미경	기재부	79	박미희	강동서	158	박병수	세무지음	183
박기범	종로서	207	박동기	관세사회	46	박미경	기재부	84	박민	여수서	368	박병언	이촌세무	45
박기봉	경기광주	243	박동민	상공회의	103	박미경	국세청	110	박민구	국회재정	60	박병연	남양주서	229
박기식	부산청	423	박동민	상공회의	103	박미경	분당서	234	박민국	순천서	366	박병영	서울청	140
박기영	국회재정	60	박동민	경기광주	242	박미경	김포서	291	박민규	기재부	73	박병옥	서울세관	473
박기영	포항서	419	박동수	서울청	153	박미경	예산서	331	박민규	남양주서	220	박병완	영덕서	415
박기우	기재부	77	박동열	북대구서	396	박미경	청주서	342	박민규	남인천서	278	박병응	인천세관	478
박기오	기재부	80	박동일	경기광주	243	박미나	남대문서	168	박민규	서인천서	283	박병익	동대구서	394
박기우	감사원	66	박동일	예산서	330	박미나	북인천서	281	박민기	부산청	426	박병인	강동서	158
박기우	중부청	222	박동진	군산서	372	박미라	안양서	246	박민기	서울청	135	박병일	남원서	374
박기운	삼일회계	20	박동진	부산진서	435	박미라	울산서	449	박민서	포천서	303	박병주	서울청	145
박기웅	기재부	73	박동진	우리회계	27	박미란	서울청	155	박민선	역삼서	197	박병주	북대전서	314
박기정	강남서	157	박동찬	서울청	134	박미란	논산서	321	박민수	동작서	176	박병진	국세청	120
박기정	보령서	323	박동철	남대문서	169	박미란	조세심판	490	박민수	세종서	326	박병진	관세사회	46
박기탁	구미서	406	박동철	부산진서	435	박미래	인천서	277	박민수	금정서	430	박병찬	중부산서	443
박기태	서울청	147	박동현	안산서	244	박미리	남양주서	228	박민영	금융위	87	박병철	북부산서	436
박기태	속초서	261	박동호	남대구서	392	박미리	북대전서	314	박민우	서울청	146	박병철	대구세관	484
박기택	동안양서	233	박동호	제주서	464	박미선	중랑서	208	박민우	도봉서	172	박병태	안동서	412
박기학	기재부	82	박동홍	창원서	460	박미선	화성서	254	박민우	대전청	308	박병태	부산진서	434
박기혁	목포서	364	박동훈	속초서	261	박미선	서인천서	283	박민우	양산서	457	박병헌	남양주서	228
박기현	안산서	244	박동희	김앤장	49	박미선	광주청	349	박민욱	이천서	250	박병화	서산서	324
박기호	광주청	353	박두순	서울청	145	박미선	남원서	374	박민원	서울청	145	박병환	국세청	117
박기호	구미서	406	박두용	청주서	343	박미선	남대구서	393	박민원	목포서	365	박병환	해남서	370
박기홍	목포서	365	박두원	부천서	295	박미성	금정서	430	박민정	기재부	73	박병훈	중부서	217
박기현	서울청	148	박두제	부산청	422	박미성	동안양서	232	박민정	금천서	166	박병훈	영덕서	414
박길대	중부청	222	박득란	중부청	214	박미소	연수서	297	박민정	송파서	192	박보경	서울청	147
박길동	우리회계	27	박득수	감사원	66	박미숙	국세청	112	박민정	동수원서	231	박보경	동고양서	293
박길우	국세주류	126	박득수	감사원	67	박미숙	동대문서	175	박민정	수성서	400	박보경	의정부서	299
박길원	보령서	323	박득연	나주서	363	박미숙	중부청	216	박민주	기재부	77	박보경	마산서	455
박길훈	제주서	464	박란수	삼성서	182	박미숙	북대전서	314	박민주	강동서	158	박보영	중부청	220
박꽃보라	기재부	85	박란영	광주청	348	박미숙	광주서	357	박민주	반포서	180	박보중	북부산서	436
박나영	구리서	225	박란희	원주서	264	박미숙	김천서	408	박민주	광주청	353	박보화	성동서	188
박나정	청주서	342	박래용	평택서	253	박미숙	마산서	454	박민주	구미서	407	박복수	북대구서	396
박남규	마포서	178	박래용	강릉서	257	박미애	목포서	365	박민주	김천서	409	박복순	용산서	201
박남규	삼척서	258	박래마	도봉서	173	박미연	서울청	141	박민주	동울산서	447	박복영	도봉서	173
박남규	홍성서	335	박만기	국세청	109	박미연	영등포서	199	박민준	파주서	301	박복자	동울산서	447
박남기	인천세관	477	박만지	영덕서	414	박미연	고양서	286	박민중	은평서	202	박복근	전주서	380
박남숙	화성서	254	박만용	상주서	410	박미연	광명서	289	박민지	서울청	140	박봉기	용산서	200
박남주	광주청	350	박만욱	서초서	186	박미연	부산청	422	박민채	국세상담	129	박봉선	광산서	355
박남진	동대구서	394	박만자	이안세무	44	박미연	남대문서	169	박민호	서대전서	317	박봉순	원주서	264
박노성	북부산서	436	박말남	안동서	412	박미영	성동서	188	박민호	남대구서	392	박봉용	기재부	79
박노승	북인천서	280	박매라	천안서	332	박미영	경기광주	242	박민후	대전서	312	박봉주	광주서	356
박노욱	상주서	411	박명규	신한관세	47	박미영	인천청	272	박민희	기재부	71	박봉철	평택서	253
박노욱	조세재정	493	박명균	남양주서	229	박미영	남인천서	279	박민희	동작서	177	박봉현	서광주서	360
박노욱	조세재정	493	박명수	안산서	244	박미영	포천서	302	박민희	북인천서	280	박부열	부산세관	480
박노준	의정부서	298	박명숙	중부서	217	박미영	부산청	424	박범계	국회법제	62	박삼범	지방재정	489
박노진	포항서	419	박명순	인천서	284	박미영	부산진서	434	박범규	용산서	200	박삼용	북광주서	358
박노헌	반포서	180	박명식	해남서	371	박미영	동울산서	446	박범석	동작서	176	박삼채	도봉서	172
박노훈	천안서	333	박명아	부천서	294	박미옥	원주서	264	박범석	시흥서	241	박상곤	천안서	333
박누리	여수서	368	박명애	김해서	453									

522

이름	소속	페이지
박수현	서울청	154
박수현	관악서	163
박수현	종로서	206
박수현	중부청	214
박수현	대구청	386
박수혜	조세심판	490
박수홍	안산서	245
박숙영	금천서	167
박숙정	국세청	110
박숙현	해운대서	445
박숙희	서초서	187
박숙희	광주청	353
박순	인천서	285
박순규	서산서	324
박순남	분당서	234
박순민	제주서	464
박순애	강동서	159
박순영	기흥서	227
박순영	인천청	273
박순웅	시흥서	240
박순임	대전서	312
박순정	천안서	332
박순주	서울청	145
박순준	광명서	289
박순찬	김해서	453
박순천	영월서	262
박순철	용인서	249
박순출	대구청	391
박순희	구로서	164
박수희	광주청	349
박슬기	성북서	191
박슬기	인천서	284
박승권	대전서	313
박승권	충주서	345
박승규	양천서	194
박승규	남양주서	228
박승문	노원서	171
박승민	국회재정	60
박승연	원주서	264
박승연	이촌세무	45
박승용	경산서	403
박승욱	중부청	216
박승욱	충주서	345
박승원	반포서	180
박승원	공주서	318
박승의	기재부	83
박승재	국세청	122
박승종	김해서	453
박승주	원주서	264
박승진	안양서	246
박승철	안산서	244
박승현	국세청	112
박승현	남양주서	228
박승현	대구청	388
박승혜	중부산서	443
박승호	금천서	167
박승호	노원서	171
박승호	김해서	452
박승환	기재부	81
박승효	안양서	247
박승훈	원주서	265
박승훈	전주서	380
박승희	동작서	177
박승희	북부산서	437
박시연	나주서	363
박시용	서울청	139
박시원	서광주서	360
박시윤	부산청	426
박시준	성북서	190
박시현	용인서	248
박시현	동대구서	395
박시현	경산서	402
박시현	북부산서	436
박시혁	제천서	340
박시후	국세청	112
박신아	북광주서	359
박신아	조세재정	493
박신애	성동서	188
박신영	기재부	74
박신영	의정부서	298
박신영	조세재정	492
박신우	연수서	296
박신정	대전청	308
박신해	노원서	171
박아름별	고양서	286
박아연	역삼서	197
박안나	삼성서	182
박안제라	서울청	153
박애경	서울청	139
박애련	북대구서	396
박애리	원주서	264
박애술	서울청	139
박애심	의정부서	298
박애자	도봉서	173
박애자	양천서	194
박양규	기재부	78
박양규	국세청	120
박양규	상주서	410
박양숙	안산서	244
박양운	포천서	303
박양희	이천서	250
박양희	포천서	302
박어중	부산세관	480
박엘리	천안서	332
박여경	기재부	78
박연	국세청	112
박연	동청주서	336
박연근	한국세무	31
박연기	중부세무	32
박연미	수원서	239
박연서	광주청	349
박연수	역삼서	196
박연수	춘천서	267
박연수	북대구서	396
박연숙	이천서	251
박연옥	마포서	179
박연우	용인서	249
박연주	금천서	166
박연주	동작서	177
박연주	고양서	286
박연주	제주서	464
박연진	예산서	331
박연희	아산서	329
박영	삼성서	182
박영건	중부청	220
박영건	북광주서	359
박영곤	해운대서	444
박영규	중부청	223
박영규	북부산서	436
박영기	김포서	291
박영기	법무광장	51
박영길	연수서	284
박영란	노원서	171
박영래	서울청	138
박영문	화성서	254
박영미	국회법제	62
박영미	서울청	170
박영민	대전청	306
박영민	익산서	379
박영병	서울청	147
박영석	익산서	379
박영선	경기광주	242
박영선	서산서	324
박영성	태평양	53
박영수	기재부	84
박영수	남인천서	279
박영수	순천서	366
박영수	익산서	378
박영숙	경기광주	242
박영순	수원서	239
박영식	기재부	74
박영식	남대문서	168
박영식	광명서	289
박영실	중부청	216
박영애	서초서	187
박영언	양산서	456
박영우	영덕서	414
박영욱	법무광장	50
박영웅	부천서	295
박영운	분당서	234
박영은	경기광주	242
박영인	중부청	223
박영일	서산서	324
박영일	김해서	452
박영임	관악서	162
박영임	제천서	341
박영자	공주서	318
박영종	경기광주	242
박영주	대전청	310
박영주	지방재정	489
박영준	서울청	150
박영준	관세사회	46
박영지	기재부	70
박영진	평택서	253
박영진	수성서	400
박영진	수영서	440
박영진	지방재정	489
박영철	중부산서	442
박영철	울산서	448
박영표	서초서	187
박영호	연수서	297
박영호	대구청	390
박영환	기흥서	226
박영훈	이천서	250
박영훈	금정서	431
박예나	청주서	343
박예나	기재부	70
박예람	인천청	274
박예린	인천청	277
박예비	반포서	181
박예은	동고양서	293
박옥균	강릉서	256
박옥길	세종서	327
박옥련	서울청	147
박옥임	역삼서	119
박옥주	구로서	164
박옥진	서울청	151
박옥희	강서서	160
박완기	감사원	66
박완국	경기광주	242
박외희	이촌세무	45
박외희	이촌세무	140
박요나	서울청	150
박요안나	동청주서	337
박요절	중부청	215
박용	동고양서	292
박용관	국세청	125
박용남	해남서	370
박용남	수영서	441
박용만	상공회의	103
박용만	중기회	104
박용문	순천서	367
박용범	광명서	288
박용석	삼성서	182
박용선	진주서	458
박용섭	울산서	448
박용수	삼정회계	24
박용업	노원서	170
박용우	금천서	166
박용우	영덕서	414
박용웅	부천서	206
박용원	의정부서	298
박용주	동고양서	292
박용준	감사원	66
박용진	국회정무	64
박용진	국세청	112
박용진	서울청	148
박용진	마산서	455
박용찬	인천세관	478
박용태	국세청	111
박용태	삼성서	183
박용현	경기광주	242
박용호	서인천서	283
박용훈	중부청	219
박용훈	김해서	452
박용희	목포서	364
박용희	통영서	462
박우순	대전청	306
박우영	의정부서	299
박우용	아산서	328
박우현	서울청	143
박욱상	마산서	455
박욱현	울산서	448
박운영	익산서	379
박웅	서울청	145
박웅	대전청	309
박웅종	부산진서	435
박인경	안산서	244
박원경	용인서	248
박원규	이천서	250
박원규	화성서	254
박원균	서울청	155
박원기	강릉서	256
박원돈	남대구서	393
박원서	수성서	400
박원석	기재부	84
박원석	광주서	356
박원열	영덕서	414
박원영	강서서	160
박원정	원주서	264
박원준	국세상담	128
박원준	천안서	333
박원진	은평서	202
박원진	아산서	328
박원호	시흥서	240
박원희	서울청	138
박월례	성남서	236
박유경	부산청	422
박유광	의정부서	299
박유나	중부산서	443
박유라	부천서	294
박유라	광주서	356
박유리	금천서	166
박유리	세무고시	34
박유림	양산서	456
박유미	강동서	158
박유미	은평서	203
박유미	남원서	374
박유미	조세재정	494
박유민	동대구서	395
박유신	시흥서	240
박유철	경주서	404
박유자	대전서	313
박유정	동작서	177
박유정	용인서	249
박유진	순천서	367
박유진	평택서	253
박윤경	고양서	287
박윤경	마산서	454
박윤규	익산서	379
박윤미	파주서	301
박윤배	수원시	238
박윤범	동울산서	446
박윤서	동안산서	222
박윤수	서울청	148
박윤수	동수원서	230
박윤우	기재부	70
박윤이	성남서	236
박윤정	서울청	146
박윤정	구로서	165
박윤정	경산서	403
박윤주	서울청	144
박윤주	북대전서	315
박윤지	인천청	276
박윤진	동작서	176
박윤진	조세재정	494
박윤하	고양서	286
박윤형	대구청	386
박윤희	용인서	248
박으뜸	은평서	202
박은경	강동서	158
박은경	강동서	158
박은경	마산서	455
박은경	용산서	201
박은미	고양서	286
박은비	화성서	255
박은서	노원서	171
박은선	강남서	156
박은수	보령서	323
박은숙	수원서	239
박은순	경남서	288
박은실	충주서	345
박은실	신한관세	47
박은심	기재부	83
박은아	경기광주	243
박은영	반포서	180
박은영	삼성서	183
박은영	홍성서	335
박은영	광주청	350
박은영	목포서	365
박은영	목포서	365
박은영	포항서	419
박은영	금정서	430
박은재	광주청	351
박은정	기재부	83
박은정	노원서	171
박은정	노원서	171
박은정	성동서	189
박은정	성남서	237
박은정	안양서	246
박은정	평택서	252
박은정	광명서	288
박은정	대전청	309
박은정	세종서	327
박은정	조세재정	494
박은주	강동서	158
박은주	마포서	178
박은주	기흥서	227
박은주	수원서	238
박은주	남인천서	278
박은주	양산서	456
박은지	강동서	158
박은지	역삼서	196
박은지	경기광주	243
박은지	고양서	286
박은지	순천서	366
박은지	관세청	467
박은진	성남서	236
박은형	지방재정	488
박은혜	강동서	158
박은혜	반포서	180
박은혜	지방재정	489
박은화	서울청	148
박은희	국세교육	130

이름	소속	번호
박은희	서울청	146
박은희	서울청	153
박은희	동작서	177
박은희	춘천서	267
박은희	부천서	294
박은희	홍성서	335
박을기	삼척서	258
박이진	여수서	368
박익상	제천서	340
박인	광주청	353
박인국	서울청	135
박인국	홍성서	334
박인규	서울청	143
박인배	포천서	302
박인선	부천서	294
박인선	북대전서	314
박인수	인천청	272
박인수	서산서	324
박인수	여수서	368
박인숙	군산서	372
박인숙	전주서	380
박인숙	지방재정	488
박인순	파주서	300
박인애	성남서	236
박인애	창원서	460
박인제	인천청	277
박인철	반포서	180
박인혁	동울산서	446
박인혜	조세심판	491
박인호	중부청	218
박인홍	은평서	203
박인홍	마산서	454
박인환	국세청	125
박인환	잠실서	205
박인연	나주서	362
박인희	강동서	158
박일규	중부서	211
박일동	동울산서	447
박일병	대전청	308
박일수	인천서	277
박일수	고양서	286
박일영	기재부	82
박일주	기흥서	226
박일찬	춘천서	266
박일호	서인천서	283
박일호	부산청	422
박일환	제천서	340
박자영	구로서	165
박자윤	수성서	401
박자임	대구청	387
박잠득	성북서	191
박장기	국세주류	126
박장미	성동서	189
박장수	서인천서	283
박장영	예산서	331
박장호	국회법제	61
박장훈	부산청	426
박재갑	상주서	410
박재곤	대전서	312
박재광	기재부	75
박재국	영월서	263
박재규	포항서	419
박재근	상공회의	103
박재근	국세청	110
박재석	기재부	75
박재석	김앤장	49
박재성	서울청	150
박재성	강남서	156
박재성	강서서	161
박재수	중부세무	32
박재숙	영등포서	198
박재신	국세청	121
박재영	기재부	70
박재영	서울청	146
박재영	태평양	53
박재완	서부산서	439
박재우	속초서	261
박재우	제천서	341
박재우	통영서	462
박재우	법무화우	54
박재욱	충주서	344
박재원	서울청	146
박재윤	용인서	249
박재은	기재부	77
박재정	지방재정	489
박재진	기재부	78
박재진	동대구서	394
박재찬	수성서	400
박재찬	김앤장	49
박재철	서부산서	439
박재춘	영등포서	199
박재한	금정서	431
박재혁	조세심판	490
박재현	기재부	73
박재현	기재부	83
박재현	강서서	160
박재현	잠실서	204
박재현	김포서	290
박재형	기재부	77
박재형	서울청	133
박재형	서울청	138
박재형	서울청	139
박재형	대구청	386
박재형	김해서	453
박재호	국세청	117
박재홍	기재부	80
박재홍	서울청	153
박재홍	이천서	250
박재홍	고양서	286
박재홍	김앤장	49
박재환	금융위	86
박재환	남원서	375
박재훈	평택서	252
박재희	서울청	139
박재희	부산청	428
박점룡	김해서	452
박점숙	북대구서	396
박정건	서울청	153
박정곤	노원서	170
박정국	평택서	252
박정권	서울청	153
박정기	서울청	134
박정기	더텍스	40
박정길	대구청	386
박정길	경산서	403
박정남	세종서	326
박정란	송파서	192
박정례	반포서	181
박정문	포천서	302
박정미	서울청	136
박정미	화성서	254
박정민	서울청	143
박정민	관악서	162
박정민	동작서	177
박정민	용산서	201
박정민	중부청	216
박정민	서산서	324
박정민	조세심판	491
박정민	조세재정	494
박정민	삼정회계	23
박정민	우리회계	27
박정배	안양서	246
박정분	서부산서	438
박정상	기재부	77
박정섭	서울청	150
박정성	수성서	400
박정수	속초서	260
박정수	충주서	345
박정수	서대구서	398
박정수	부산청	423
박정수	법무화우	54
박정숙	기재부	84
박정숙	역삼서	197
박정숙	대전청	308
박정숙	전주서	380
박정숙	김천서	408
박정숙	김천서	409
박정순	서울청	140
박정순	강서서	160
박정순	양천서	195
박정순	목포서	364
박정식	정읍서	382
박정신	중부산서	442
박정아	은평서	202
박정아	광주청	349
박정애	서광주서	361
박정언	노원서	171
박정연	관악서	163
박정연	금천서	167
박정연	대전서	312
박정연	울산서	448
박정열	기재부	78
박정열	국세청	125
박정오	국세상담	128
박정완	안양서	246
박정완	김포서	291
박정용	서울청	144
박정용	시흥서	241
박정용	서대구서	399
박정우	도봉서	172
박정우	동래서	432
박정우	인천세관	477
박정우	인천세무	33
박정욱	북광주서	359
박정웅	서부산서	438
박정원	서인천서	282
박정은	기재부	76
박정은	강동서	159
박정은	부천서	295
박정은	부산서	424
박정이	중부산서	442
박정인	국세상담	129
박정일	김앤장	49
박정임	강서서	160
박정임	관악서	162
박정재	군산서	372
박정주	기재부	78
박정주	지방재정	489
박정준	동수원서	231
박정준	인천청	277
박정준	남인천서	278
박정진	남인천서	278
박정태	동래서	433
박정하	제주서	465
박정한	동작서	177
박정현	서울세관	473
박정현	기재부	72
박정현	서울청	147
박정현	송파서	192
박정현	용인서	248
박정현	의정부서	299
박정현	경산서	403
박정현	김해서	453
박정현	중부세무	32
박정혜	안양서	246
박정혜	파주서	300
박정호	기재부	85
박정호	인천청	274
박정호	인천서	285
박정호	동래서	433
박정화	관악서	162
박정화	삼성서	182
박정화	동대구서	394
박정화	부산청	428
박정화	북부산서	437
박정환	북광주서	358
박정환	목포서	365
박정환	수성서	400
박정환	서현이현	7
박정훈	영동서	338
박정훈	영동서	339
박정훈	순천서	366
박정희	안산서	157
박정희	정읍서	382
박정희	경산서	402
박제린	분당서	234
박제상	평택서	252
박제영	천안서	333
박제웅	중부청	222
박제효	안산서	245
박조은	안산서	244
박종갑	국회정무	64
박종갑	상공회의	103
박종경	서울청	152
박종경	청주서	342
박종국	용인서	248
박종국	포항서	419
박종국	부산진서	435
박종군	창원서	460
박종규	동고양서	293
박종근	광주청	350
박종근	나주서	363
박종렬	서울청	148
박종렬	인천세무	33
박종률	파주서	301
박종무	해남서	370
박종무	금정서	430
박종민	서울청	146
박종민	북부산서	436
박종민	김해서	452
박종빈	청주서	343
박종석	기재부	84
박종석	중부청	219
박종석	인천청	275
박종석	천안서	332
박종성	국세청	108
박종성	북인천서	281
박종성	광교세무	37
박종수	인천청	273
박종수	광주서	356
박종수	동울산서	447
박종연	서대구서	399
박종연	아산서	328
박종오	도봉서	172
박종완	중부청	222
박종우	안진회계	17
박종욱	포항서	418
박종욱	서부산서	438
박종원	북인천서	281
박종원	전주서	380
박종원	대구청	391
박종익	동대문서	175
박종인	국세청	121
박종인	청주서	343
박종일	동안양서	232
박종일	인천세관	478
박종주	국세청	117
박종주	포천서	302
박종진	국회법제	62
박종진	고양서	286
박종찬	국세청	122
박종철	세무고시	34
박종태	서울청	138
박종태	강서서	160
박종필	보령서	322
박종헌	통영서	462
박종현	기재부	74
박종현	국세청	112
박종현	강남서	156
박종현	나주서	363
박종현	김앤장	49
박종현	서울청	134
박종호	구로서	164
박종호	중부청	218
박종호	안산서	244
박종호	보령서	322
박종호	동청주서	337
박종호	전주서	380
박종호	광주세관	486
박종화	잠실서	204
박종화	경기광주	242
박종환	구리서	224
박종훈	기재부	84
박종흠	수원서	238
박종희	서울청	135
박좌준	의정부서	298
박주담	노원서	170
박주리	분당서	234
박주미	안산서	244
박주민	국회법제	62
박주범	안산서	244
박주범	해운대서	444
박주선	기재부	73
박주성	안동서	413
박주아	양산서	457
박주연	기재부	78
박주연	수성서	400
박주연	국회정무	63
박주연	남대문서	169
박주연	수원서	239
박주연	연수서	297
박주연	포항서	419
박주열	서울청	145
박주열	성남서	236
박주열	성남서	237
박주열	금융위	88
박주영	마포서	178
박주영	서초서	186
박주영	김포서	291
박주영	거창서	451
박주오	아산서	329
박주원	국세청	117
박주일	서현이현	7
박주철	동작서	177
박주항	대전청	309
박주현	서울청	138
박주현	중부청	217
박주현	서인천서	282
박주현	수성서	400
박주현	경주서	405
박주현	부산청	426
박주현	부산진서	434
박주혜	용산서	200
박주호	북인천서	280
박주환	수성서	400
박주효	중부청	222
박주희	성동서	189
박주희	연수서	296
박주희	해운대서	445
박주희	동울산서	447
박주희	창원서	460
박주희	조세재정	492
박주희	삼일회계	20
박준	상공회의	103
박준규	동대문서	174

이름	소속	쪽
박준규	안양서	247
박준규	서대전서	317
박준규	북광주서	358
박준명	서울청	154
박준모	기재부	70
박준배	국세청	116
박준범	국세교육	130
박준범	남양주서	228
박준서	국세교육	130
박준서	노원서	171
박준석	기재부	82
박준석	서울청	142
박준선	광주청	351
박준선	북광주서	359
박준성	서울청	137
박준성	동울산서	447
박준수	기재부	82
박준식	기재부	85
박준식	인천청	274
박준영	기재부	75
박준영	기재부	80
박준영	강서서	160
박준영	중부청	214
박준영	부천서	294
박준영	포항서	418
박준영	북부산서	437
박준용	서울청	141
박준용	서울청	151
박준우	종로서	206
박준우	남대구서	302
박준원	국세청	119
박준원	이천서	250
박준태	진주서	458
박준하	기재부	81
박준현	수원서	238
박준현	부산청	426
박준형	기재부	71
박준형	중부청	215
박준형	대전청	307
박준호	기재부	70
박준호	기재부	72
박준호	중랑서	208
박준홍	서울청	140
박준홍	용산서	201
박준희	기흥서	226
박준희	부산세관	481
박중근	서울청	152
박중기	중부청	216
박중민	기재부	82
박중석	관세사회	46
박중억	영주서	417
박지명	군산서	372
박지민	부천서	295
박지민	수성서	401
박지선	동고양서	292
박지성	반포서	181
박지수	서울청	138
박지수	분당서	234
박지수	대전청	310
박지숙	국세청	114
박지숙	은평서	203
박지숙	잠실서	204
박지숙	구미서	406
박지암	인천청	274
박지애	원주서	264
박지언	수원서	239
박지언	광주청	349
박지연	노원서	171
박지연	광주서	357
박지연	지방재정	489
박지영	기재부	75
박지영	국세청	108
박지영	서울청	135
박지영	서울청	138
박지영	영등포서	198
박지연	용산서	201
박지영	중랑서	208
박지영	경기광주	243
박지영	순천서	367
박지영	중부산서	443
박지영	해운대서	444
박지영	관세청	469
박지예	동대문서	175
박지예	성남서	236
박지용	진주서	458
박지우	북부산서	437
박지우	조세재정	493
박지원	중부청	219
박지원	인천청	276
박지원	동고양서	292
박지원	전주서	380
박지윤	수원서	238
박지은	용산서	200
박지은	중부청	214
박지은	북인천서	281
박지은	부천서	294
박지은	세종서	326
박지은	아산서	329
박지은	북광주서	358
박지은	해남서	370
박지은	마산서	454
박지은	조세재정	492
박지철	포항시	419
박지해	광명서	289
박지현	기재부	78
박지현	성동서	189
박지현	송파서	193
박지현	구리서	224
박지현	경기광주	243
박지현	인천청	277
박지현	부천서	295
박지현	나주서	362
박지현	부산청	424
박지현	중부산서	442
박지현	안진회계	17
박지혜	기재부	81
박지혜	남대문서	169
박지혜	은평서	203
박지혜	기흥서	226
박지혜	동수원서	231
박지혜	수원서	238
박지혜	김포서	291
박지혜	대전청	308
박지혜	광주청	350
박지혜	광산서	354
박지혜	부산청	428
박지혜	서부산서	439
박지혜	제주서	465
박지혜	조세재정	493
박지호	광주청	349
박지환	삼성서	182
박지훈	기재부	72
박지훈	기재부	76
박지훈	도봉서	172
박지훈	종로서	206
박지훈	연수서	296
박지훈	부산서	428
박지희	남대문서	169
박지희	북광주서	358
박진갑	순천서	367
박진관	동울산서	447
박진규	중부청	214
박진규	군산서	372
박진서	고양서	287
박진석	인천청	276
박진석	진주서	458
박진선	서내구서	398
박진성	경기광주	243
박진솔	잠실서	205
박진수	경기광주	243
박진수	포천서	302
박진수	북대전서	314
박진수	북부산서	437
박진수	예일회계	26
박진숙	대전청	307
박진숙	대전청	310
박진숙	지방재정	488
박진순	우리회계	27
박진습	은평서	202
박진실	연수서	296
박진아	양천서	195
박진아	광명서	289
박진아	제주서	465
박진영	기재부	70
박진영	기재부	79
박진영	송파서	193
박진영	동수원서	230
박진영	용인서	248
박진영	구미서	406
박진영	부산청	429
박진영	북부산서	436
박진용	해운대서	444
박진용	예일회계	26
박진우	국회정무	64
박진우	국세청	112
박진우	강남시	156
박진우	남양주서	228
박진우	서대전서	317
박진우	창원서	460
박진웅	광주청	351
박진원	국세청	114
박진원	서울청	151
박진찬	서광주서	361
박진하	동대문서	174
박진하	부산진서	434
박진혁	국세청	109
박진혁	중부청	219
박진현	종로서	207
박진현	우리회계	27
박진호	기재부	76
박진호	중부청	218
박진호	광주서	356
박진호	김해서	453
박진홍	제주서	464
박진훈	기재부	73
박진훈	포천서	302
박진희	강서서	161
박진희	도봉서	172
박진희	용인서	248
박진희	대구청	389
박진찬	서울청	139
박찬	기재부	83
박찬규	동대문서	174
박찬노	남대구서	393
박찬만	해남서	370
박찬민	수영서	440
박찬민	서울청	138
박찬민	동안양서	232
박찬순	국세주류	126
박찬승	중부청	222
박찬열	국세청	122
박찬영	춘천서	266
박찬오	동청주서	337
박찬우	김포서	290
박찬욱	국세청	110
박찬욱	국세청	111
박찬욱	잠실서	205
박찬욱	중랑서	208
박찬웅	국세청	109
박찬웅	서울청	155
박찬익	중부청	216
박찬영	구리시	224
박찬주	국세청	109
박찬택	마포서	179
박찬효	기재부	78
박찬후	광산서	354
박찬희	국세청	121
박찬희	성동서	188
박찬희	동청주서	337
박창규	이촌세무	45
박창길	인천청	273
박창대	기재부	73
박창수	인천청	277
박창언	관세사회	46
박창열	해운대서	445
박창오	국세교육	131
박창용	국세청	114
박창용	해남서	371
박창우	의정부서	299
박창우	조세재정	493
박창준	수영서	440
박창현	잠실서	204
박창호	남대구서	393
박창호	기재부	72
박창환	인천청	273
박채웅	상공회의	103
박천수	조세심판	491
박천왕	중부청	214
박천호	조세심판	490
박철	기재부	84
박철	국세청	120
박철	진주서	459
박철규	송파서	193
박철민	서울청	135
박철성	목포서	364
박철수	중부서	211
박철순	서광주서	361
박철순	상주서	411
박철완	북광주서	358
박철우	서대문서	184
박철우	목포서	365
박철웅	광주세관	486
박철환	세종서	327
박철호	국회법제	61
박철호	기재부	73
박철호	기재부	84
박철희	기재부	79
박청진	경주서	404
박초롱	성동서	189
박초아	용산서	201
박추옥	북대전서	315
박춘규	기재부	81
박춘목	기재부	74
박춘석	춘천서	267
박춘성	중부청	216
박춘영	수성서	401
박춘자	세종서	326
박춘호	조세심판	491
박충열	성남서	237
박충원	한국세무	31
박치원	양천서	195
박치현	마포서	179
박치호	울산서	449
박칠군	기재부	72
박태구	강동서	158
박태구	서대전서	317
박태성	제주서	465
박태신	북전주서	376
박태완	인천청	273
박태완	정읍서	382
박태원	서부산서	439
박태윤	춘천서	267
박태의	조세심판	491
박태징	세종서	326
박태준	여수서	368
박태진	삼척서	259
박태진	삼일회계	20
박태호	성동서	189
박태훈	국회법제	62
박태훈	김포서	291
박태훈	북광주서	358
박태훈	김해서	453
박판기	서부산서	438
박판식	동대구서	394
박평식	서대문서	184
박필규	포항서	418
박필근	동래서	432
박필동	국회정무	64
박필성	기재부	76
박필승	조세재정	493
박하나	기재부	82
박하나	부산진서	434
박하늬	중부청	219
박하늬	종로서	206
박하니	부산진서	435
박하란	용산서	200
박하송	동대문서	174
박하양	조세재정	493
박하연	광명서	288
박하영	중부서	443
박하홍	안산서	245
박학일	세종서	327
박한나	노원서	171
박한상	역삼서	196
박한식	논산서	321
박한승	보령서	323
박한승	서초서	186
박한준	조세재정	494
박한중	북인천서	281
박해경	창원서	461
박해근	진주서	459
박해란	안양서	246
박해리	북인천서	280
박해연	광산서	354
박해영	동대구서	394
박해용	기재부	71
박해원	역삼서	196
박해정	남대구서	392
박해준	광주세관	486
박행복	광명서	288
박행진	광산서	354
박향기	국세청	109
박향미	서울청	143
박향숙	광주청	349
박향엽	서광주서	361
박헌	관세청	468
박혁	목포서	364
박현경	노원서	171
박현경	잠실서	204
박현경	북대구서	396
박현구	서인천서	282
박현규	서초서	186
박현규	중부세무	32
박현상	이촌세무	45
박현석	의정부서	299
박현선	서울청	134
박현수	국세청	118
박현수	국세청	121
박현수	삼성서	183
박현수	안양서	247
박현수	화성서	254
박현수	북전주서	377
박현숙	서울청	139

이름	관서	번호
박현숙	노원서	171
박현숙	수영서	441
박현순	울산서	448
박현신	서대구서	398
박현아	서대문서	185
박현아	양천서	195
박현아	보령서	322
박현애	기재부	74
박현영	중부서	211
박현옥	용인서	248
박현옥	조세재정	492
박현우	기재부	70
박현우	동안양서	233
박현우	남인천서	278
박현우	지방재정	489
박현욱	중부세무	32
박현자	마포서	178
박현정	강남서	156
박현정	반포서	181
박현정	중부서	211
박현정	분당서	234
박현정	안산서	244
박현정	부천서	294
박현정	서대전서	316
박현정	충주서	345
박현정	양산서	456
박현정	지방재정	488
박현종	관악서	163
박현주	국세청	111
박현주	서울청	143
박현주	성동서	189
박현주	원주서	265
박현주	여수서	368
박현주	남대구서	392
박현주	수성서	400
박현주	포항서	418
박현준	잠실서	205
박현준	중부청	220
박현준	북광주서	358
박현지	중부서	443
박현진	성동서	189
박현진	북전주서	377
박현창	기재부	74
박현하	서대구서	398
박현화	북광주서	358
박현희	동청주서	336
박형건	우리회계	27
박형국	지방재정	489
박형규	동안양서	232
박형기	안산서	245
박형민	기재부	73
박형민	국세청	119
박형민	인천서	285
박형민	광산서	354
박형선	송파서	193
박형수	국회재정	60
박형우	구로서	165
박형우	서대구서	398
박형주	중부청	218
박형주	원주서	264
박형주	우리회계	27
박형준	남인천서	278
박형준	김포서	290
박형지	서광주서	360
박형진	부천서	294
박형철	홍천서	269
박형호	마포서	179
박형호	북부산서	436
박형희	목포서	364
박혜강	기재부	85
박혜경	서울청	149
박혜경	구로서	165
박혜경	동안양서	232
박혜경	예산서	330
박혜경	부산청	426
박혜근	종로서	207
박혜란	서울청	143
박혜란	금정서	430
박혜림	동작서	176
박혜미	금천서	167
박혜민	송파서	193
박혜민	서광주서	361
박혜선	국세상담	128
박혜선	북인천서	281
박혜수	기재부	81
박혜숙	아산서	328
박혜숙	조세심판	491
박혜신	강남서	156
박혜영	평택서	253
박혜옥	종로서	207
박혜원	동래서	432
박혜인	서초서	187
박혜인	구리서	224
박혜인	인천서	285
박혜정	서울청	135
박혜정	원주서	265
박혜진	구로서	164
박혜진	도봉서	172
박혜진	송파서	192
박혜진	성남서	236
박혜진	강릉서	256
박혜진	고양서	286
박혜진	대전청	310
박혜현	광주청	348
박호갑	마산서	455
박호빈	부천서	295
박호성	기재부	73
박호용	거창서	451
박호일	송파서	192
박호철	중기회	104
박홍규	용인서	249
박홍균	광주청	350
박홍근	국회재정	60
박홍기	세종서	326
박홍립	국세교육	130
박홍배	의정부서	299
박홍범	광주청	348
박홍수	경주서	405
박홍일	순천서	366
박홍자	동안양서	233
박홍제	김해서	453
박화근	양산서	456
박화순	진주서	458
박화영	조세재정	494
박환	전주서	380
박환석	영등포서	199
박환택	서현이현	7
박환협	동대구서	394
박회경	의정부서	299
박회숙	중부청	217
박효근	부산진서	434
박효근	동부서	215
박효숙	송파서	193
박효신	세종서	326
박효은	기재부	83
박효은	서인천서	283
박효정	익산서	378
박효진	강동서	159
박효진	종로서	206
박효진	군산서	372
박효진	중부산서	443
박후진	광주청	350
박훈미	동안양서	233
박훈수	수원서	238
박흥수	김해서	452
박희경	중부청	221
박희경	경기광주	242
박희규	인천세관	478
박희근	성동서	188
박희달	서울청	135
박희도	동대문서	175
박희동	금융위	87
박희령	서부산서	439
박희상	영등포서	199
박희선	국세상담	129
박희수	마포서	178
박희수	조세심판	490
박희숙	강릉서	256
박희숙	창원서	460
박희술	부산청	424
박희영	성남서	237
박희원	해남서	370
박희윤	성동서	188
박희자	강남서	157
박희정	서울청	137
박희정	양천서	195
박희정	북대전서	314
박희정	서광주서	361
박희종	해운대서	444
박희진	강서서	160
박희진	해운대서	445
박희찬	국세교육	130
박희창	이천서	250
반병권	영월서	263
반승민	동수원서	230
반아성	경기광주	243
반장윤	익산서	379
반재욱	동울산서	446
반재훈	국세청	119
반정원	안산서	245
반종복	동대문서	175
방경선	세종서	326
방경섭	국세청	112
방귀섭	전주서	381
방기선	기재부	70
방기준	인천세관	478
방대성	부산세관	480
방래혁	지방재정	488
방문용	서대문서	184
방미경	남인천서	278
방미경	부천서	294
방미숙	중부청	216
방미주	동대구서	395
방민식	포천서	303
방민식	조세재정	494
방민주	원주서	264
방복순	수원서	238
방선미	구리서	225
방선아	국세청	117
방선우	반포서	181
방성자	인천청	272
방성훈	군산서	373
방송실	대전청	306
방아현	천안서	332
방양수	나주서	362
방영화	해남서	370
방예진	용산서	200
방용익	춘천서	267
방우리	기재부	76
방원석	영등포서	199
방유진	서부산서	438
방윤희	인천청	273
방은미	화성서	255
방은정	서울청	142
방은혜	해운대서	444
방재필	서산서	324
방정기	구리서	224
방정원	광주청	352
방준석	부산진서	434
방지연	성남서	236
방창률	상공회의	103
방춘식	기재부	71
방치권	광명서	288
방해준	광주서	356
방현정	역삼서	196
방형석	강서서	161
방혜경	동작서	176
방혜선	동고양서	293
배가야	경산시	402
배가영	지방재정	489
배건한	안동서	413
배경순	동대구서	394
배경은	기재부	72
배경희	의정부서	298
배경희	천안서	332
배광한	창원서	461
배국호	인천세관	477
배근호	조세재정	494
배금숙	대구서	387
배기득	김해서	453
배기연	익산서	378
배기윤	금정서	431
배달한	부산청	423
배대근	남대구서	393
배덕렬	국세청	112
배동노	안동서	413
배동희	부천서	295
배리라	경주서	404
배명선	고양서	286
배명우	목포서	365
배명한	북부산서	436
배문경	서울청	139
배문수	대전청	307
배미애	부산청	425
배미영	창원서	460
배미영	세무고시	34
배미일	서울청	146
배미현	기재부	84
배민경	대구청	391
배민규	서부산서	438
배민예	정읍서	382
배민정	마포서	179
배병석	국세청	113
배병식	기재부	78
배병윤	조세심판	490
배삼동	광산서	354
배상록	동울산서	446
배상미	노원서	170
배상원	경기광주	243
배상윤	중부서	211
배상진	광교세무	38
배상철	강서서	160
배상철	경산서	200
배서현	영덕서	415
배석	송파서	192
배석관	안동서	413
배석준	반포서	181
배선경	김해서	452
배선미	북부산서	436
배선미	김해서	452
배설희	강릉서	256
배성관	목포서	365
배성수	인천청	276
배성심	인천청	272
배성연	서울청	139
배성원	북부산서	436
배성진	노원서	171
배성철	은평서	203
배성혜	인천청	275
배성호	남대문서	169
배성효	인천세무	33
배세령	대구청	388
배세영	서울청	141
배소민	조세재정	493
배소영	구미서	407
배수민	경산서	403
배수영	영월서	263
배수일	서초서	186
배수지	화성서	255
배수진	영등포서	198
배숙희	순천서	367
배순출	서울청	136
배슬지	광주청	348
배승현	경주서	405
배시환	경산서	402
배영섭	국세청	117
배영애	부산청	428
배영옥	북대구서	397
배영은	진주서	458
배영진	중랑서	209
배영채	군산서	372
배영태	중부산서	443
배영호	부산청	423
배영환	영주서	416
배예빈	예일세무	43
배옥현	강남서	156
배용현	통영서	462
배우리	국세청	118
배우철	경산서	403
배욱환	포천서	303
배웅준	안동서	413
배원기	예일회계	26
배원만	서울청	147
배원준	중부청	214
배원희	중랑서	209
배유리	영주서	416
배유진	국세청	120
배윤숙	중부청	217
배윤정	인천서	285
배윤정	조세재정	492
배은경	영등포서	198
배은경	대전청	309
배은경	서대구서	398
배은상	인천청	273
배은선	광주청	349
배은아	국세청	201
배은율	서울청	151
배은주	강동서	159
배은호	중부서	210
배을주	성북서	191
배인화	마포서	179
배익준	대구청	387
배인성	해운대서	445
배인수	남대문서	168
배인수	남대문서	169
배인수	서인천서	283
배인수	법무광장	51
배인순	국세청	111
배인애	고양서	287
배인자	순천서	366
배인희	이천서	251
배일규	서울청	154
배일병	중기회	104
배자강	안양서	247
배장완	은평서	203
배재연	북부산서	437
배재일	감사원	67
배재철	서대전서	317
배재학	중부청	215
배재현	대구청	391
배재호	남인천서	279
배재호	남대구서	392
배재호	포항서	418
배재홍	역삼서	197

이름	소속	쪽	이름	소속	쪽	이름	소속	쪽	이름	소속	쪽	이름	소속	쪽
배재홍	서대구서	399	백경엽	남대구서	392	백승민	기재부	77	백정화	중부청	214	변문건	대전청	306
배정숙	동안양서	233	백경원	기재부	75	백승민	예산서	331	백정훈	서울청	149	변민석	부산청	422
배정우	익산서	370	백경은	수성서	400	백승연	등율신시	446	백징훈	싱동시	189	년민칭	북대구서	396
배정은	평택서	253	백경은	지방재정	488	백승옥	중부산서	442	백제흠	울산서	448	변민정	조세재정	494
배정인	남대구서	393	백경집	예일세무	43	백승우	중부청	222	백제흠	김앤장	49	변상권	천안서	333
배정주	해남서	370	백경훈	서울청	142	백승원	남대문서	168	백종갑	중부세무	32	변상덕	논산서	320
배정현	금천서	166	백계민	광주청	348	백승윤	관악서	162	백종규	북대구서	397	변상미	동대문서	175
배정현	구리서	225	백고은	세종서	327	백승윤	예일세무	43	백종덕	서울청	136	변상미	예산서	331
배정환	반포서	180	백관무	관악서	163	백승주	기재부	71	백종렬	양산서	456	변성경	북인천서	280
배정훈	기재부	74	백광민	수영서	440	백승주	기재부	72	백종민	남대구서	392	변성구	영등포서	199
배정훈	북전주서	376	백광호	해남서	370	백승학	서울청	144	백종복	부산청	426	변성근	금천서	166
배제섭	광주청	352	백귀숙	속초서	260	백승학	북전주서	377	백종선	조세재정	493	변성용	수원서	238
배종복	속초서	260	백귀순	논산서	320	백승한	광명서	289	백종섭	서울청	140	변성용	이촌회계	28
배종섭	노원서	171	백규현	안양서	247	백승현	성동서	189	백종열	대구청	386	변성욱	역삼서	196
배종일	순천서	367	백근허	광주청	349	백승현	삼정회계	23	백종욱	김해서	452	변성익	서울청	152
배종진	전주서	381	백금실	동안양서	232	백승혜	서울청	136	백종주	금정서	431	변수인	동작서	176
배주섭	성동서	189	백기량	성북서	190	백승호	서초서	186	백종준	군산서	372	변숙자	중부산서	442
배주애	광주청	351	백기호	순천서	366	백승화	안산서	244	백종찬	북대구서	396	변승철	국세청	118
배주원	서부산서	438	백기홍	조세재정	493	백승훈	수성서	401	백종철	기재부	76	변시철	제주서	464
배주헌	금천서	166	백남숙	속초서	260	백승희	성동서	155	백종현	북대구서	396	변영애	영동서	338
배주형	조세심판	491	백남현	동수원서	231	백시현	기재부	71	백종현	전주서	380	변영철	수성서	400
배주환	서울청	142	백남훈	성동서	189	백신기	부산청	424	백주현	국세청	114	변영한	감사원	67
배준	북대전서	314	백누리	기재부	71	백아름	울산서	449	백준호	영월서	262	변영환	기재부	73
배준용	연수서	296	백다정	인천서	285	백애숙	홍천서	268	백지선	서울청	153	변영훈	삼정회계	24
배준철	진주서	459	백도선	광주세관	486	백연미	익산서	378	백지원	순천서	367	변영호	국세청	115
배준혜	기재부	77	백동욱	서울청	137	백연심	서산서	324	백지원	포항서	419	변우환	서울청	146
배지민	고양서	286	백동훈	인천청	272	백연주	양천서	194	백지은	국세청	117	변월수	남대구서	392
배지영	서울청	142	백두산	의정부서	299	백연희	동대문서	174	백지혜	삼성서	183	변유경	금천서	166
배지영	순천서	366	백두열	강동서	158	백연규	중부산서	443	백지혜	대구청	386	변유솔	국세청	118
비지염	김룡시	236	백명균	관세사회	46	백명성	해운대서	445	백시혜	수싱서	400	면뉴오	기새무	76
배지현	창원서	461	백문순	이천서	250	백영신	의정부서	298	백지훈	대구청	386	변은진	기재부	81
배지호	조세재정	492	백미선	서현이현	7	백영신	동청주서	337	백지훈	북부산서	437	변은희	마산서	454
배지홍	마산서	455	백미주	서대구서	399	백영일	서울청	152	백진걸	지방재정	489	벼이슬	조세재정	492
배진	분당서	234	백민웅	화성서	254	백오숙	대전서	312	백진원	용인서	248	변인영	안산서	244
배진경	서울청	146	백민정	대전서	312	백오영	중부시	210	백진주	춘천서	266	변재만	서울청	151
배진교	국회정무	64	백봉준	삼일회계	21	백용태	서부산서	438	백진현	삼척서	258	변재완	남대구서	394
배진근	서울청	144	백상규	영월서	263	백우현	북인천서	281	백진화	파주서	300	변정	구로서	165
배진령	천안서	333	백상순	동래서	433	백우현	김앤장	49	백찬주	북인천서	280	변정기	강남서	156
배진만	부산청	424	백상엽	서울청	152	백운기	북부산서	436	백찬진	군산서	373	변정미	천안서	333
배진수	조세재정	494	백상인	안산서	456	백운영	군산서	372	백창선	중부세무	32	변정안	구미서	407
배진우	서광주서	361	백상준	국회법제	61	백운호	서산서	324	백창현	기재부	80	변제호	금융위	87
배진우	서대구서	399	백상현	중부산서	442	백원기	김앤장	49	백창현	관세사회	46	변종철	대전청	308
배진희	용산서	200	백상훈	마산서	455	백원길	북전주서	376	백채원	인천서	285	변종화	인천세무	33
배진희	대구청	389	백선기	해운대서	444	백유기	안동서	413	백철주	북광주서	359	변종환	기재부	85
배창경	구미서	406	백선안	서대전서	316	백유림	강서서	160	백태훈	강동서	158	변주섭	김해서	453
배창식	북대구서	397	백선우	통영서	462	백유영	영등포서	199	백하나	광명서	289	변지야	동작서	176
배철숙	서울청	138	백선자	서울청	139	백유정	포항서	419	백하나	파주서	301	변지현	도봉서	173
배태호	대구청	387	백선자	북대전서	314	백유진	삼성서	183	백해정	화성서	255	변지흠	대구서	387
배택현	중부세무	32	백선주	국세청	116	백윤용	원주서	265	백현기	강서서	160	변춘호	이촌세무	45
배택현	중부세무	32	백선주	노원서	170	백윤정	기재부	85	백현자	삼성서	182	변한준	이천서	250
배한국	김천서	409	백선희	지방재정	489	백윤현	삼성서	182	백형관	인천세관	477	변현수	충주서	345
배한빈	광교세무	37	백설희	강남서	156	백은경	마포서	179	백혜련	국회법제	62	변현영	국세상담	128
배항순	중부청	217	백성경	창원서	461	백은경	삼성서	182	백혜진	성동서	188	변현영	세무고시	34
배현경	부산진서	434	백성기	정읍서	382	백은경	성동서	188	백홍교	광주청	348	변혜림	강동서	159
배현서	남대구서	393	백성옥	천안서	333	백은미	서대전서	317	백효정	북대구서	396	변혜정	은평서	203
배현옥	해남서	370	백성종	국세청	124	백은실	남대문서	169	백희태	수성서	401	변혜정	울산서	448
배현우	구로서	165	백성철	상주서	410	백은주	동래서	433	범수만	반포서	181	변호준	대구청	390
배현정	중부서	210	백성태	강남서	157	백은혜	중부서	210	범정원	송파서	193	변환철	서부산서	439
배현호	조세재정	492	백성현	서초서	187	백은혜	중부청	214	범지호	북인천서	281	복경아	광명서	288
배형정	아산서	328	백세현	청주서	343	백인숙	광주서	357	변가림	금천서	166	복권과	기재부	84
배형수	포항서	418	백소이	동고양서	292	백인영	대전서	313	변경숙	조세재정	492	복권일	남대문서	169
배형은	고양서	286	백송이	서대전서	317	백인원	북전주서	376	변경숙	조세재정	493	복용근	서인천서	283
배형철	동래서	432	백송희	중부서	210	백인정	보령서	322	변경숙	조세재정	493	복은주	노원서	170
배혜진	북대구서	396	백수경	마포서	179	백인협	세무삼륭	41	변경옥	제주서	465	복지민	수원서	239
배효기	국세상담	128	백수빈	중부청	219	백인협	중부청	218	변관우	제주서	464	복지현	인천서	284
배홍기	서현이현	7	백수아	청주서	343	백일홍	중부청	219	변광호	동안양서	233	복현경	경주서	405
배효정	남인천서	278	백수진	동고양서	293	백자영	서울청	141	변금수	노원서	171	봉삼종	북전주서	376
배효창	북대전서	314	백수희	마포서	179	백장미	인천청	274	변다연	동청주서	337	봉선영	동고양서	292
배휘정	김포서	291	백순복	노원서	171	백재민	조세심판	491	변달수	조세재정	493	봉수현	영등포서	199
배희경	북인천서	280	백순옥	포항서	418	백정숙	부산진서	434	변대원	춘천서	266	봉재연	조세재정	494
백가영	조세재정	493	백순종	동래서	432	백정태	부산진서	435	변동석	금천서	166	봉재현	국회재정	60
백경모	분당서	234	백승권	국세청	116	백정하	서인천서	282	변명미	영덕서	415	봉준혁	강동서	158
백경미	서울청	153	백승목	삼정회계	23	백정현	중부세무	32						

이름	소속	쪽
손은태	서대문서	184
손은하	구리서	225
손을호	광주세관	486
손의철	파주서	300
손이슬	동울산서	447
손인권	수성서	401
손인준	경기광주	243
손장식	기재부	71
손장우	기재부	78
손재락	국세청	111
손재명	광주청	352
손재원	원주서	264
손재하	성동서	188
손정갑	국회재정	60
손정빈	서울청	147
손정숙	안산서	244
손정아	서울청	140
손정아	안양서	246
손정연	대전서	312
손정완	대구청	390
손정욱	강서서	161
손정은	서산서	324
손정준	기재부	78
손정혁	기재부	76
손정현	전주서	380
손정화	청주서	342
손정화	중부산서	442
손정훈	남대구서	393
손정흠	목포서	364
손정희	기흥서	226
손종대	인천청	276
손종욱	국세청	113
손종현	군산서	372
손종희	용산서	200
손주연	기재부	79
손주영	김포서	290
손주형	금융위	87
손주희	중부서	210
손주희	울산서	448
손준표	경주서	404
손준혁	의정부서	298
손준호	구미서	406
손증렬	안동서	413
손지나	송파서	192
손지선	송파서	193
손지아	성남서	237
손지혜	동울산서	446
손지훈	조세재정	493
손진락	해운대서	445
손진성	김해서	453
손진욱	서울서	151
손진이	천안서	333
손진호	국세청	119
손찬희	제주서	465
손창동	감사원	65
손창범	기재부	71
손창수	동작서	177
손창호	서울청	145
손채령	논산서	320
손채은	수영서	440
손춘희	남대구서	392
손충식	군산서	372
손태빈	대전서	312
손태영	동안양서	232
손태우	안동서	412
손태무	서대문서	184
손태욱	영덕서	414
손택영	동안양서	233
손필영	국세청	114
손한준	안산서	244
손해리	안산서	245
손해수	양산서	456
손해원	서울청	141
손해진	울산서	449
손해진	진주서	458
손현명	부천서	295
손현숙	영등포서	198
손현숙	북부산서	437
손현신	잠실서	204
손현정	청주서	342
손현주	전주서	380
손현지	남인천서	278
손현진	북인천서	281
손현태	남해서	374
손혜림	국세청	123
손혜자	구리서	224
손혜정	잠실서	205
손혜진	북인천서	280
손호익	인천청	273
손화승	천안서	332
손효정	남인천서	279
손효현	국세청	110
손희경	김포서	291
손희민	국세청	108
손희정	국세청	112
손희정	중부서	216
송경덕	아산서	329
송경령	고양서	286
송경선	대전서	313
송경원	서초서	187
송경주	조세심판	491
송경진	마포서	179
송경호	조세재정	492
송경호	조세재정	493
송경호	조세재정	493
송경희	광주청	351
송고운	송파서	192
송광선	서울청	134
송권수	기재부	73
송권호	국세교육	130
송규호	북대구서	397
송금란	안동서	412
송기동	삼성서	183
송기봉	광주청	347
송기봉	광주청	348
송기삼	김천서	408
송기선	기재부	77
송기선	남양주서	228
송기숙	성남서	239
송기영	조세심판	490
송기원	금천서	166
송기익	서대구서	399
송기헌	국회법제	62
송기홍	진주서	459
송기화	서초서	186
송기환	기재부	74
송남영	조세재정	494
송다성	김해서	452
송다은	관악서	162
송대근	제주서	465
송대섭	마산서	454
송도관	구로서	165
송도영	중랑서	209
송동복	광교세무	37
송동춘	기재부	71
송동훈	조세심판	490
송만수	북광주서	359
송명림	도봉서	173
송명섭	광주청	223
송명진	고양서	287
송명철	대구청	390
송문주	세종서	326
송미나	동안양서	233
송미나	서산서	324
송미소	광주청	349
송미연	이천서	250
송미연	마산서	454
송미원	성동서	188
송미원	기흥서	226
송미정	부산청	423
송미화	역삼서	196
송민경	화성서	255
송민국	마산서	455
송민섭	경기광주	242
송민수	구로서	165
송민숙	수원서	239
송민병	서울청	145
송민우	북대전서	315
송민익	기재부	71
송민정	부산청	428
송민준	서대구서	398
송민진	광명서	288
송민철	수원서	239
송바우	서울청	133
송바우	서울청	140
송바우	서울청	141
송바우	서울청	142
송방의	북전주서	376
송병섭	양천서	195
송병욱	국회재정	60
송병철	국회재정	59
송병호	서대문서	186
송병훈	제주서	465
송보경	북부산서	436
송보라	인천청	274
송보섭	구리서	224
송보철	안양서	246
송보화	성북서	191
송봉선	광주청	349
송상목	기재부	82
송상우	안산서	245
송상화	지방재정	488
송석중	청주서	342
송석진	대전청	308
송석창	삼덕회계	19
송석철	남인천서	278
송선경	북대전서	315
송선영	경기광주	243
송선영	파주서	300
송선용	서울청	137
송선주	동고양서	293
송선태	서울청	146
송설희	도봉서	172
송성권	안진회계	17
송성근	구미서	407
송성락	부산진서	435
송성심	남인천서	278
송성욱	중부산서	442
송성일	기재부	72
송성철	양천서	194
송성호	청주서	343
송성환	신한관세	47
송세미	북부산서	436
송송이	북전주서	377
송수빈	충주서	345
송수인	동청주서	336
송수연	서초서	186
송숙희	영등포서	199
송승리	진주서	458
송승미	서울청	149
송승용	인천서	285
송승재	수원서	238
송승철	중부서	211
송승한	안산서	244
송승한	파주서	300
송승호	서산서	325
송시율	구미서	407
송신애	인천청	276
송신호	성남서	236
송안나	서울청	150
송알이	도봉서	172
송연서	북대전서	315
송연주	반포서	180
송연진	기재부	79
송연호	제천서	340
송영기	서인천서	283
송영덕	중부세무	32
송영민	미래회계	18
송영석	서울청	147
송영석	남양주서	229
송영석	서현이현	7
송영아	부산청	425
송영우	인천청	272
송영욱	동고양서	293
송영인	인천청	272
송영주	국세청	110
송영진	국세청	115
송영진	서대구서	399
송영찬	청주서	342
송영채	서울청	151
송영춘	국세청	110
송영태	영등포서	199
송영화	대전청	310
송예진	울산서	449
송예체	영등포서	198
송옥연	반포서	180
송옥현	기재부	79
송용호	충주서	344
송우경	김포서	291
송우락	안산서	244
송우람	평택서	252
송우용	마산서	455
송우진	서부산서	439
송우진	광교세무	37
송우철	태평양	53
송우헌	우리회계	27
송웅호	인천세관	477
송원기	분당서	234
송원배	서울청	136
송원호	해남서	370
송유경	기재부	73
송유니	지방재정	488
송유란	성남서	237
송유민	기재부	74
송유석	용산서	200
송유승	강남서	157
송유진	국세청	111
송윤미	인천청	275
송윤미	광주청	352
송윤선	영덕서	415
송윤섭	북인천서	281
송윤식	구리서	224
송윤정	서울청	151
송윤정	의정부서	299
송윤주	기재부	81
송윤호	서울청	153
송윤화	예일회계	26
송윤희	수영서	440
송은성	광산서	354
송은영	수원서	239
송은영	서광주서	360
송은영	북부산서	436
송은주	서울청	137
송은주	광산서	354
송은주	조세재정	493
송은지	종로서	206
송은호	안양서	247
송은희	동안양서	233
송의미	영등포서	198
송이	동수원서	230
송익범	안동서	412
송인경	동울산서	447
송인광	대전서	313
송인규	인천청	274
송인범	부산청	424
송인석	삼덕회계	19
송인숙	북부산서	437
송인순	포항서	418
송인옥	관악서	163
송인용	대전청	310
송인우	중부청	218
송인우	영동서	338
송인춘	통작서	176
송인출	양산서	456
송인한	서대전서	317
송인형	서울청	139
송인희	대전서	307
송일훈	원주서	264
송재경	북부산서	436
송재민	북대구서	396
송재성	인천청	272
송재욱	인천세무	33
송재윤	대전서	308
송재윤	광주청	349
송재익	관세사회	46
송재준	대구청	388
송재중	광주청	350
송재천	안동서	413
송재하	천안서	332
송재호	국회정무	64
송재호	영동서	339
송정금	의정부서	299
송정빈	제주서	464
송정복	광교세무	39
송정선	광주서	357
송정숙	중부청	214
송정은	구리서	224
송정현	서울청	137
송정화	인천세무	33
송정희	성북서	190
송종민	동수원서	230
송종민	용인서	248
송종범	관악서	163
송종철	국세교육	130
송종호	구로서	164
송종훈	구로서	164
송주규	부천서	295
송주민	동작서	176
송주영	중부서	210
송주은	세종서	326
송주은	부산진서	435
송주현	평택서	252
송주형	서인천서	283
송주희	화성서	255
송준승	서울청	150
송준오	국세상담	129
송준우	기재부	85
송준현	인천서	285
송준호	수원서	238
송지미	동작서	177
송지선	성동서	188
송지선	구리서	224
송지아	강동서	158
송지연	서울청	138
송지영	서대전서	317
송지우	서대문서	184
송지원	국세청	116
송지원	국세청	125
송지원	연수서	297
송지윤	삼성서	183
송지은	서울청	146
송지은	동안양서	233
송지은	대전서	313
송지은	서대전서	317
송지현	기재부	76

이름	소속	쪽
송지현	남인천서	279
송지혜	강서서	161
송지훈	강동서	158
송지훈	북인천서	281
송진근	서울세관	473
송진미	서울청	154
송진민	조세재정	492
송진수	서대문서	185
송진영	영등포서	199
송진용	군산서	372
송진욱	통영서	463
송진호	송파서	192
송진호	부산청	422
송진희	서울청	155
송진희	해남서	371
송찬규	국세청	120
송찬미	역삼서	196
송찬빈	남인천서	278
송찬양	강서서	161
송찬주	강릉서	257
송창녕	순천서	366
송창식	양천서	195
송창언	동울산서	446
송창인	서인천서	282
송창호	광주청	348
송창훈	안산서	244
송창훈	부산청	425
송창희	부산청	426
송채선	논산서	321
송채영	인천서	284
송채자	서울청	154
송춘석	서대구서	398
송춘희	역삼서	197
송충종	인천서	284
송충호	인천청	272
송치호	금정서	431
송태정	예산서	330
송태준	국세청	113
송평근	국세청	108
송필재	서현이현	7
송하균	기재부	82
송하나	조세심판	490
송하늘	기재부	77
송해기	부산세관	481
송해숙	인천서	275
송해영	삼성서	183
송향희	대전청	307
송현	조세심판	491
송현남	부산세관	481
송현수	강남서	157
송현우	기재부	78
송현정	지방재정	489
송현종	안산서	245
송현주	삼성서	182
송현주	춘천서	266
송현주	양산서	456
송현지	기재부	83
송현철	분당서	234
송현탁	조세심판	490
송현호	서울청	141
송현화	중부서	211
송현희	대전서	312
송형희	대전청	306
송혜리	상주서	410
송혜림	조세심판	490
송혜림	조세심판	491
송혜영	기재부	77
송혜인	기흥서	226
송혜정	동대구서	394
송호근	국세교육	130
송호연	고양서	286
송호필	반포서	180
송화영	서울청	145
송환용	반포서	180
송효선	파주서	301
송효진	진주서	458
송휘종	강릉서	257
송흥철	용인서	249
송희라	지방재정	489
송희석	수원서	238
송희성	남대문서	169
송희정	홍천서	269
송희조	순천서	366
송희진	해남서	370
송희진	금정서	430
승채원	분당서	235
시종원	영등포서	199
시진기	김천서	408
시현기	부산청	423
신각성	부산세관	480
신갑상	목포서	365
신갑수	반포서	181
신거현	인천서	276
신건묵	상주서	410
신경섭	인천청	274
신경수	잠실서	204
신경식	국세상담	128
신경아	기재부	73
신경아	강서서	161
신경열	김천서	408
신경우	북대구서	396
시경희	천안서	332
신계희	서대전서	316
신관호	부산청	422
신광재	서대전서	317
신광철	대전서	313
신구호	성동서	188
신규만	광교세무	38
신규승	강릉서	257
신규용	군산서	372
신근수	북대구서	396
신기력	안진회계	17
신기룡	인천청	276
신기섭	서인천서	282
신기주	인천청	275
신기준	창원서	461
신기철	충주서	345
신기태	기재부	76
신기환	기재부	80
신나리	고양서	287
신나영	강릉서	256
신나혜	연수서	296
신남숙	강동서	158
신남희	서대구서	398
신다은	강남서	157
신담호	제주서	465
신대수	대전서	313
신대환	북대구서	397
신덕수	해남서	371
신도현	동래서	432
신동규	금천서	166
신동균	기재부	70
신동근	국회법제	62
신동근	마산서	454
신동림	국회정무	64
신동배	기재부	85
신동복	서현이현	6
신동선	기재부	78
신동식	남대구서	392
신동연	대구청	387
신동엽	김천서	408
신동영	의정부서	298
신동용	남원서	374
신동우	국세청	109
신동욱	김포서	291
신동윤	인천세관	477
신동익	국세청	116
신동주	천안서	332
신동준	북인천서	280
신동준	조세재정	493
신동진	북인천서	281
신동진	이촌회계	28
신동한	중랑서	209
신동혁	관악서	162
신동현	기재부	76
신동현	광주세관	486
신동호	서울청	134
신동훈	서울청	153
신동훈	남대문서	168
신동훈	파주서	301
신동훈	북부산서	436
신동희	성남서	237
신래철	서울청	143
신만호	양천서	195
신명곤	서광주서	360
신명도	반포서	180
신명록	기재부	77
신명섭	고양서	287
신명수	구로서	164
신명숙	기재부	82
신명식	양천서	195
신명식	대전청	307
신명진	강릉서	256
신명희	광주청	349
신무성	화성서	254
신문정	기흥서	227
신미경	중부서	210
신미경	부천서	294
신미경	김해서	452
신미라	서울청	155
신미라	세종서	327
신미란	기재부	80
신미리	분당서	234
신미선	남대문서	169
신미숙	광주청	349
신미순	금천서	166
신미식	시흥서	240
신미애	동수원서	231
신미영	성북서	190
신미영	대전서	312
신미옥	부산진서	435
신미자	북광주서	358
신미정	영월서	262
신미정	금정서	431
신민경	잠실서	205
신민규	시흥서	240
신민섭	국세청	108
신민수	우리회계	27
신민아	중부청	218
신민정	대전청	307
신민채	울산서	448
신민철	기재부	72
신민철	연수서	296
신민혜	부산청	428
신민호	삼척서	258
신민호	서대전서	316
신방인	제천서	340
신범하	국세청	118
신병전	북부산서	437
신병준	울산서	449
신봉식	서울청	138
신상덕	천안서	366
신상례	대전서	307
신상모	서울청	136
신상수	대전서	313
신상수	울산서	449
신상연	중랑서	208
신상우	서대구서	399
신상욱	서초서	187
신상은	서울청	141
신상일	서울청	154
신상설	서울청	135
신상현	보령서	322
신상화	조세재정	492
신상화	조세재정	493
신상훈	감사원	67
신상훈	기재부	82
신상훈	북인천서	280
신상훈	천안서	333
신상희	삼척서	259
신서연	국세청	115
신석균	군산서	372
신석주	동대구서	395
신선	동대문서	175
신선미	서울청	300
신선주	김포서	290
신선혜	대구청	387
신성근	대전청	307
신성만	서울청	138
신성봉	서초서	187
신성용	대구청	389
신성용	창원서	461
신성우	중부세무	32
신성일	창원서	461
신성일	통영서	463
신성철	종로서	207
신성호	세종서	327
신성환	인천청	276
신세용	북인천서	281
신소영	금정서	430
신소은	지방재정	488
신소희	제주서	464
신솔지	진주서	459
신수남	북대전서	314
신수령	중부청	217
신수미	부산청	426
신수미	조세재정	492
신수범	고양서	286
신수용	기재부	71
신수인	영동서	338
신수정	성남서	236
신수정	여수서	368
신수창	반포서	181
신수창	국회법제	62
신숙경	관세청	469
신숙희	금천서	167
신숙희	대전청	310
신순호	중부서	211
신승보	지방재정	488
신승수	중부청	216
신승수	안양서	247
신승애	송파서	192
신승연	삼성서	183
신승우	동정주서	337
신승일	삼일회계	21
신승철	삼일회계	21
신승태	대전청	310
신승헌	기재부	83
신승현	남양주서	229
신승현	북대구서	397
신승호	인천세관	476
신승환	금정서	430
신승훈	광주청	350
신아름	기흥서	226
신아영	광명서	288
신아영	서대구서	399
신안수	구로서	165
신언수	부산청	422
신연숙	충주서	345
신연숙	포항서	419
신연순	연수서	296
신연정	서부산서	438
신연주	중랑서	209
신년누	빔빈신시	279
신연준	화성서	254
신연희	김포서	290
신열석	대전청	309
신영걸	부산세관	480
신영규	의정부서	299
신영남	북광주서	358
신영두	안산서	244
신영미	경산서	402
신영민	동수원서	230
신영빈	은평서	202
신영선	부천서	294
신영섭	송파서	192
신영승	시흥서	241
신영승	강릉서	257
신영승	김해서	453
신영심	양천서	194
신영아	서광주서	360
신영애	서울청	153
신영일	감사원	66
신영재	서대구서	398
신영주	기재부	83
신영주	서울청	150
신영주	광주청	348
신영주	중랑서	209
신영준	북대구서	397
신영진	동대구서	395
신녕천	논산서	321
신녕철	남양주서	229
신영철	조세재정	492
신영호	화성서	255
신영화	시흥서	240
신영화	평택서	252
신영미	서울청	143
신예민	중부서	210
신예슬	속초서	260
신예원	남인천서	278
신옥미	금천서	166
신옥희	경산서	402
신요한	시흥서	240
신용규	포천서	303
신용대	해운대서	445
신용도	동울산서	446
신용범	고양서	286
신용범	EY한영	16
신용석	반포서	180
신용석	수성서	401
신용섭	김포서	290
신용순	기재부	71
신용수	청주서	342
신용정	인천청	276
신용직	아산서	328
신용철	부산세관	481
신용후	동래서	433
신용현	중부산서	443
신용호	전주서	381
신우교	춘천서	266
신우열	천안서	332
신우영	광산서	354
신우용	남대구서	393
신우현	예일세무	43
신웅기	부산청	422
신원경	안동서	413
신원철	대전서	312
신원철	충주서	345
신유경	구로서	165
신유라	고양서	286
신유미	분당서	234
신유미	수원서	238
신유하	동안양서	232
신유환	안동서	412

이름	소속	번호
안동섭	강동서	159
안동섭	동작서	177
안동숙	시흥서	154
안동주	국세상담	128
안래본	광산서	354
안만식	서현이현	7
안만식	세무대학	35
안명순	시흥서	240
안명환	지방재정	488
안모세	노원서	170
안무혁	동고양서	292
안문철	경기광주	243
안문철	부산세관	480
안미경	시흥서	241
안미경	북대구서	396
안미나	서울청	141
안미라	강남서	157
안미선	양서서	195
안미수	서대문서	244
안미숙	대구청	386
안미영	서울청	143
안미영	파주서	301
안미진	광명서	288
안미혜	마포서	179
안민규	중부청	216
안민숙	순천서	366
안민주	법무바른	1
안민지	구리서	224
안민희	김포서	290
안병수	내수성	387
안병숙	세종서	326
안병옥	노원서	170
안병용	시흥서	240
안병윤	부산세관	480
안병일	서울청	149
안병주	기재부	84
안병진	중부청	221
안병철	북인천서	280
안병태	송파서	192
안병태	송파서	193
안병현	서울청	143
안복수	잠실서	204
안부환	부산청	424
안상민	EY한영	16
안상숙	조세재정	492
안상순	서대문서	185
안상언	광산서	354
안상영	강릉서	257
안상욱	은평서	202
안상원	국세청	111
안상재	양산서	456
안상진	서울청	140
안상춘	서현이현	7
안상현	대전청	309
안상현	양천서	195
안새롬	조세재정	494
안선	인천청	277
안선미	부천서	294
안선일	서대전서	316
안선표	용인서	248
안선희	영등포서	198
안성경	인천청	274
안성덕	수성서	401
안성민	구로서	164
안성민	전주서	380
안성선	동안양서	232
안성엽	서대구서	398
안성은	구로서	165
안성준	서초서	186
안성진	양천서	195
안성진	북인천서	281
안성태	기흥서	226
안성호	서초서	186
안성호	중부청	222
안성희	기재부	79
안성희	용인시	201
안세식	대전청	309
안세연	인천청	277
안세영	예산서	330
안세은	연수서	296
안세희	통영서	463
안소라	서울청	152
안소연	서대문서	184
안소연	서인천서	283
안소연	목포서	364
안소영	송파서	193
안소영	영등포서	199
안소정	국세상담	128
안소진	서울청	153
안소현	안양서	247
안수경	안동서	412
안수림	국세청	110
안수만	부산청	424
안수민	서울청	151
안수민	삼성서	183
안수민	영월서	263
안수아	국세청	124
안수연	울산서	448
안수용	보령서	322
안수정	강남서	157
안수정	구로서	164
안수지	서인천서	282
안수신	구미서	406
안수진	창원서	460
안수진	지방재정	488
안순주	중부청	217
안순호	삼성서	182
안슬기	청주서	336
안슬비	고양서	286
안승연	천안서	332
안승용	서울청	154
안승우	국세청	111
안승진	중부서	210
안승현	기재부	78
안승현	성동서	189
안승현	속초서	260
안승현	서대전서	316
안승현	북부산서	436
안승호	대전서	313
안승화	중랑서	208
안승훈	마산서	455
안승희	서대전서	317
안신영	강남서	157
안애선	부천서	294
안양순	홍천서	269
안양후	동래서	432
안연환	부산진서	434
안연광	경기광주	243
안연숙	잠실서	205
안연찬	강서서	160
안영길	북대구서	397
안영나	북부산서	437
안영선	구로서	164
안영준	수영서	440
안영채	용산서	200
안영환	기재부	79
안영훈	기재부	85
안영희	논산서	320
안영희	지방재정	488
안예지	국세교육	130
안요한	나주서	363
안용	삼척서	258
안용수	삼척서	259
안용희	양산서	457
안우형	대구청	388
안원기	진주서	458
안유라	종로서	207
안유미	용인서	249
안유정	용인시	201
안유진	성남서	237
안유현	서울청	153
안유희	서울청	139
안윤미	동고양서	293
안윤섭	전주서	381
안윤정	기재부	71
안은경	강서서	160
안은경	대전서	312
안은경	논산서	320
안은영	북광주서	359
안은정	서울청	144
안은정	인천서	285
안은주	도봉서	173
안은주	울산서	448
안은향	대전청	307
안응석	속초서	261
안의진	동수원서	231
안이슬	정읍서	383
안인기	강릉서	256
안인엽	양천서	195
안일환	기재부	69
안일환	기재부	71
안자영	광산서	354
안장열	기흥서	227
안재근	서대구서	399
안재문	북대전서	315
안새영	세종서	326
안재용	지방재정	488
안재욱	천안서	332
안재원	부산청	427
안재진	대전청	308
안재칠	성북서	191
안재필	부산진서	435
안재학	파주서	300
안재혁	김앤장	49
안재현	중부청	221
안재현	시흥서	241
안재현	마산서	455
안재형	여수서	369
안재홍	고양서	287
안재훈	영주서	417
안재희	성남서	197
안정미	강동서	158
안정민	서울청	149
안정민	동수원서	230
안정민	수영서	440
안정섭	역삼서	197
안정우	종로서	206
안정심	광주청	349
안정은	익산서	379
안정호	의정부서	299
안정환	인천서	408
안정훈	강서서	161
안정희	김해서	453
안제은	서광주서	361
안종규	창원서	460
안종근	인천서	284
안종석	조세재정	492
안종은	춘천서	266
안종일	기재부	78
안종임	잠실서	204
안종호	양천서	194
안주영	동작서	176
안주영	동작서	176
안주환	기재부	82
안주훈	세종서	326
안주희	파주서	300
안준	고양서	287
안준	인천세관	478
안준건	부산청	426
안준수	국세청	112
안준식	수성서	400
안준연	홍기회	104
안준영	기재부	74
안준철	국회법제	62
안중관	조세심판	490
안중우	국회법제	62
안중현	시흥서	241
안중호	국세청	113
안중훈	송파서	192
안지민	남대구서	392
안지선	고양서	287
안지섭	여수서	369
안지연	국세청	111
안지연	부산서	422
안지영	국세교육	130
안지영	중랑서	208
안지영	중부청	215
안지영	남양주서	229
안지영	대전청	307
안지윤	의정부서	299
안지은	성북서	191
안지은	중부청	216
안지은	경기광주	243
안지은	화성서	254
안지은	파주서	300
안지현	서울청	145
안지현	안산서	244
안지현	동울산서	447
안시혜	김서서	161
안지혜	광산서	355
안지훈	수원서	239
안진경	양천서	195
안진경	원주서	264
안진모	국회법제	62
안진모	강남서	156
안진성	노원서	171
안진수	서울청	152
안진숙	충주서	344
안진술	강남서	157
안진아	서울청	138
안진영	서울청	153
안진영	의정부서	299
안진영	북광주서	359
안진영	해운대서	444
안진용	구미서	406
안진우	북대구서	397
안진환	서울청	155
안진흥	중부청	216
안진희	성남서	236
안진희	대구청	386
안창국	금융위	87
안창모	기재부	72
안창한	김해서	453
안창환	국회정무	
안창현	양산서	457
안창희	용인서	248
안초희	경주서	404
안춘자	전주서	380
안치익	남원서	375
안태균	부천서	294
안태길	삼척서	258
안태동	인천서	284
안태명	부산청	428
안태수	역삼서	196
안태유	중부산서	443
안태유	부천서	295
안태유	예산서	331
안태일	분당서	235
안태진	동수원서	231
안태진	서울청	149
안태훈	국세청	116
안택순	조세심판	490
안해송	동대문서	174
안해찬	대구청	389
안향록	남대문서	100
안현수	중부청	219
안현아	순천서	366
안현자	안산서	245
안현정	영동서	339
안현준	안산서	244
안형민	국세청	123
안형선	부천서	295
안형수	국세청	111
안형숙	북전주서	376
안형식	대전서	312
안형자	기재부	81
안형진	강서서	160
안형태	국세청	125
안혜령	중부산서	442
안혜숙	도봉서	173
안혜영	서울청	139
안혜영	고양서	286
안혜영	김해서	453
안혜은	국세청	110
안혜정	국세청	117
안혜정	동대문서	174
안혜정	해남서	371
안혜진	인천서	284
안혜진	파주서	301
안호전	국세청	116
안호정	전주서	381
한오진	에산시	331
안종갑	의정부서	298
안홍갑	상주서	411
안효진	서울청	143
안희석	성동서	189
인희식	창원서	461
양강진	김포서	291
양경렬	인천청	273
양경모	기재부	74
양경숙	국회재정	60
양경애	인천서	284
양경영	마포서	178
양경화	국회재정	59
양고운	기재부	71
양광식	국세청	122
양광준	서울청	147
양구철	경기광주	242
양국현	성동서	189
양규복	부산진서	434
양규원	김앤장	49
양근성	성동서	189
양근우	동안양서	233
양금영	중부청	222
양기정	역삼서	196
양기혁	동래서	432
양기현	강남서	157
양기화	금정서	431
양길호	북광주서	358
양나연	경기광주	243
양다희	용인서	249
양덕열	경기광주	243
양동구	국세청	120
양동구	구리서	225
양동규	강남서	157
양동규	서초서	186
양동길	동안양서	232
양동석	동안양서	233
양동원	도봉서	172
양동준	서초서	186
양동혁	서광주서	361
양동현	예산서	330
양동호	고양서	286
양동훈	중부청	213

이름	소속	번호
양동훈	중부청	222
양동훈	중부청	223
양동희	국세상담	128
양두열	부산세관	480
양명숙	삼성서	182
양명지	마포서	178
양명호	중부청	220
양명희	나주서	362
양문석	해운대서	444
양미경	서초서	186
양미경	안동시	412
양미덕	남대문서	168
양미례	동울산서	446
양미선	서울청	144
양미선	관악서	162
양미선	평택서	253
양미숙	도봉서	172
양미영	도봉서	172
양병권	금융위	86
양병문	대전서	312
양병열	경산서	402
양병택	광주세관	486
양봉규	서부산서	438
양상원	양천서	194
양상원	아산서	329
양서영	기재부	75
양서영	서부산서	439
양서진	동수원서	231
양석범	국세청	118
양석재	서울청	142
양석재	제주서	464
양석진	마포서	179
양선미	국세청	111
양선미	안산서	245
양선미	부산진서	434
양선숙	대전서	312
양선욱	반포서	180
양성국	광주세관	486
양성민	국회법제	61
양성봉	중부청	214
양성욱	중부청	220
양성직	인천세무	33
양성철	인천청	277
양성철	연수서	296
양성철	전주서	381
양세현	태평양	53
양세희	예산서	330
양소라	아산서	328
양소라	부산청	424
양소영	강동서	158
양소영	서대전서	317
양송이	동대문서	174
양수미	충주서	344
양수영	인천세관	478
양수원	수원서	238
양수정	성동서	188
양숙진	인천서	284
양순관	부산청	429
양순석	인천청	274
양순영	송파서	193
양순필	기재부	75
양순희	삼성서	182
양술	광주세관	486
양승규	반포서	180
양승민	안양서	247
양승민	해운대서	444
양승범	북광주서	358
양승복	삼성서	183
양승용	예일세무	43
양승우	경기광주	242
양승정	주천청	351
양승종	김앤장	49
양승철	북부산서	436
양승혁	관세청	468
양승혜	종로서	207
양승훈	인천청	272
양승희	화성서	254
양시범	중부청	222
양시온	북광주서	359
양시준	중부청	223
양신	의정부서	299
양심영	마포서	178
양아라	서초서	186
양아름	정읍서	382
양아열	잠실서	205
양연화	양천서	195
양영경	서울청	136
양영규	광명서	289
양영동	영등포서	198
양영선	울산서	448
양영준	관세청	468
양영진	서울청	150
양영진	구리서	224
양영진	보령서	322
양영철	서초서	186
양영혁	제주서	464
양영훈	전주서	381
양예람	수원서	238
양예진	통영서	462
양옥서	서울청	139
양옥석	중기회	104
양옥철	광주서	356
양용산	대전청	307
양용석	제주서	464
양용선	중부청	221
양용환	국세청	124
양용환	남원서	374
양용희	광주청	351
양웅	성북서	191
양원석	중부서	210
양원선	평택서	253
양원철	제주서	464
양월늬	중부청	222
양유나	수성서	401
양유니	북대전서	314
양유미	북대전서	314
양윤모	관악서	162
양윤선	영등포서	198
양윤성	순천서	367
양은수	동래서	433
양은영	역삼서	197
양은영	잠실서	205
양은정	성북서	191
양은주	중부산서	443
양은지	진주서	459
양은진	북광주서	358
양을수	인천세관	478
양응석	논산서	320
양이건	북인천서	280
양이지	중부청	218
양인경	마포서	178
양인병	삼일회계	20
양인영	서울청	149
양일환	분당서	234
양재영	용산서	201
양재영	창원서	460
양재우	중부청	221
양재준	기흥서	226
양재중	중부서	211
양재호	의정부서	299
양재훈	광산서	354
양재흥	안산서	244
양전묵	북대전서	315
양정미	남인천서	279
양정숙	광산서	354
양정아	대전청	308
양정인	서인천서	282
양정일	북부산서	437
양정주	중부청	216
양정필	남대문서	168
양정화	마포서	179
양정화	경주서	404
양정희	광주서	356
양정희	익산서	379
양제문	제주서	464
양종렬	의정부서	298
양종명	진주서	380
양종선	반포서	181
양종열	성북서	190
양종원	창원서	461
양종천	중부세무	32
양종혁	대전청	309
양종훈	중부청	221
양주원	부천서	294
양주희	청주서	342
양준권	서초서	187
양준모	강릉서	257
양준석	안양서	246
양준호	기재부	81
양준호	수성서	401
양지상	강서서	160
양지선	인천서	285
양지연	북전주서	376
양지영	조세재정	493
양지윤	인천청	276
양지현	구리서	224
양지현	북대전서	314
양지혜	포항서	419
양진근	잠실서	204
양진철	관세청	469
양진혁	제주서	465
양진호	광주청	348
양찬영	양천서	194
양찬회	중기회	104
양창헌	광주서	356
양창혁	안양서	246
양창호	국세청	122
양천일	군산서	373
양철근	북부산서	436
양철민	정읍서	383
양철승	구미서	407
양철원	서울청	149
양철호	국세청	109
양충모	기재부	71
양태식	남대문서	169
양태용	삼척서	258
양태호	인천서	285
양필수	지방재정	488
양필희	북대구서	397
양하섭	나주서	362
양한철	용산서	201
양해만	대전청	309
양해숙	서대전서	316
양해준	금천서	167
양행준	목포서	364
양향구	북광주서	359
양향임	포천서	303
양향자	국회재정	60
양현근	김해서	453
양현덕	중부청	222
양현숙	서울청	148
양현식	서인천서	282
양현아	서울청	134
양현열	인천서	284
양현정	기재부	78
양현정	동작서	177
양현정	서부산서	438
양현준	성동서	188
양현진	순천서	367
양현진	지방재정	488
양현태	우리회계	27
양현황	서광주서	438
양형란	국세상담	129
양혜령	안산서	244
양혜민	분당서	234
양혜선	삼성서	183
양혜성	정읍서	383
양혜진	대구청	388
양호징	동래서	433
양홍석	서울청	142
양홍수	서울청	137
양홍철	부천서	294
양환준	서광주서	361
양회수	공주서	318
양회종	해운대서	444
양효진	해운대서	445
양희국	서울청	142
양희상	대구청	195
양희석	삼성서	183
양희석	동고양서	293
양희승	삼성서	183
양희연	대전청	308
양희옥	서울청	145
양희재	국세상담	129
양희정	노원서	170
양희정	동대구서	394
양희현	세종서	326
어경윤	북대전서	314
어기선	서울청	142
어명진	노원서	170
어영준	화성서	254
어우주	기재부	81
어용경	김포서	291
어윤제	수원서	238
어윤필	마산서	454
어이슬	춘천서	267
어장규	동대문서	174
어재경	삼성서	182
어정아	북인천서	281
어지환	기재부	82
어태룡	인천세관	477
어혜경	서울청	139
엄경애	대구청	387
엄경학	성동서	188
엄기동	울산서	448
엄기범	북대구서	396
엄기봉	청주서	343
엄기종	조세재정	494
엄기황	국세청	124
엄남식	안산서	244
엄동욱	조세재정	493
엄명주	서울청	139
엄미라	북부산서	436
엄병섭	동래서	433
엄봉준	홍천서	269
엄상섭	법무지평	52
엄상원	금정서	431
엄상헌	감사원	66
엄상혁	국세청	123
엄새얀	동울산서	446
엄선호	중부청	221
엄성용	상공회의	103
엄세종	지방재정	488
엄세영	영주서	416
엄소정	대전서	313
엄송미	북부산서	436
엄수민	경산서	403
엄수민	울산서	448
엄수용	기재부	71
엄승욱	기재부	80
엄애화	북부산서	437
엄연희	남인천서	278
엄영석	기흥서	227
엄영옥	서울청	139
엄영진	강동서	158
엄유섭	대구청	387
엄은주	영월서	262
엄의성	북인천서	281
엄익춘	도봉서	172
엄인성	서부산서	439
엄인영	평택서	252
엄인산	중부성	219
엄일선	서울청	135
엄일해	부천서	294
엄장원	남인천서	279
엄정상	서울청	153
엄정임	서울청	155
엄제현	동울산서	447
엄종덕	홍천서	269
엄주원	남양주서	229
엄준호	포항서	419
엄준희	서울청	143
엄지명	수영서	441
엄지원	기재부	77
엄지섭	수영서	441
엄지수	논산서	320
엄지환	동래서	432
엄지희	중부청	218
엄채연	충주서	344
엄청분	강동서	158
엄태선	국세청	125
엄태성	대전청	307
엄태영	중부청	220
엄태자	중부서	210
엄태준	동울산서	446
엄태진	천안서	333
엄태환	속초서	260
엄형태	성북서	191
엄호만	광산서	354
엄황용	청주서	342
엄희권	동청주서	336
엄희승	기재부	71
엄희진	광명서	288
여경숙	서울청	139
여경준	국회재정	60
여길동	구리서	225
여동구	서대구서	398
여동준	김앤장	49
여리화	진주서	458
여명철	진주서	459
여미라	대전청	308
여민호	성동서	188
여선	동고양서	293
여세영	대구서	386
여소정	북대구서	396
여수련	북부산서	436
여수민	서인천서	282
여우주	중부청	214
여원모	강남서	156
여유수	대전청	310
여은수	동작서	177
여의주	연수서	296
여인순	대전청	306
여인훈	국세청	124
여정민	진주서	458
여정재	양천서	195
여정주	중부서	211
여제현	남대구서	392
여종구	고양서	286
여종엽	서초서	186
여주연	영등포서	198
여주희	종로서	207
여중구	대전서	313
여지수	기흥서	226

이름	소속	페이지
여지온	부산청	426
여지현	동고양서	293
여지둘	아양서	246
여진임	서울청	154
여진혁	안산서	245
여창숙	동대구서	394
여태환	서울청	152
여현정	남인천서	279
여혜진	양천서	194
여호종	강서서	160
여호철	서울청	147
여환준	인천세관	477
여효정	성동서	188
여효정	북부산서	437
연경태	대전청	306
연규천	용인서	248
연근영	수원서	238
연덕현	국세청	114
연명희	동수원서	230
연상훈	남대구서	392
연소정	대전청	309
연송이	동안양서	232
연순흠	화성서	254
연정은	기재부	77
연정현	부천서	294
연제민	관악서	163
연제석	동청주서	336
연제열	기흥서	227
연지연	서울청	154
연태서	동청주서	337
연혜정	기재부	71
염경윤	세종서	326
염경진	국세청	109
염관진	안산서	244
염귀남	서울청	148
염기분	서대전서	316
염길선	경산서	402
염나래	충주서	345
염대성	광주청	352
염문환	대전청	307
염미숙	천안서	332
염미정	은평서	202
염보규	기재부	80
염보희	삼성서	183
염삼열	광주청	348
염상미	잠실서	204
염선경	남양주서	229
염성희	서울청	135
염세환	국세청	117
염승열	인천세관	476
염승훈	삼정회계	24
염시웅	국세청	110
염예나	잠실서	205
염왕기	중부산서	443
염유섭	중부청	218
염인균	거창서	451
염정식	동수원서	230
염정은	김포서	290
염주선	홍성서	334
염준호	국세청	111
염지영	광주청	349
염지훈	강서서	161
염진옥	서대문서	184
염철민	기재부	83
염철웅	인천청	274
염태섭	예산서	331
염현주	광주청	349
염호열	감사원	66
염환이	부산청	425
염훈선	금천서	166
예동희	경주서	405
예미석	서울청	139
예민희	김포서	290
예병친	지방재정	488
예성미	부산청	425
예성미	평택서	253
예종옥	북부산서	436
예찬순	서초서	186
오가영	조세재정	494
오건우	대전청	310
오경미	남양주서	228
오경민	중랑서	208
오경석	지방재정	488
오경선	중부청	218
오경선	서인천서	282
오경애	반포서	181
오경자	구로서	165
오경택	기흥서	226
오경택	인천청	272
오경화	동작서	177
오경환	안산서	244
오경훈	서울청	140
오고은	동고양서	292
오관택	의정부서	298
오관택	대전청	309
오광윤	동청주서	336
오광선	용산서	201
오광철	국세청	123
오광현	분당서	235
오규성	서광주서	360
오규명	포항서	419
오규용	국세청	118
오규진	서인천서	202
오규철	동울산서	446
오근님	나주서	362
오근선	동대문서	174
오금선	안산서	362
오금탁	목포서	365
오금홍	북광주서	358
오기남	기재부	72
오기범	광주청	348
오기일	대전청	247
오기철	김포서	290
오기형	국회정무	64
오길재	나주서	363
오길춘	국세청	116
오나현	중부청	222
오남교	삼일회계	20
오남임	동작서	177
오다은	기재부	76
오다혜	서울청	153
오대규	해남서	370
오대석	통영서	462
오대성	양천서	195
오대창	영등포서	199
오대필	남대문서	168
오덕근	국세청	110
오덕근	국세청	111
오덕근	국세청	112
오덕희	국세청	162
오도열	서울청	138
오도영	기재부	72
오도훈	반포서	180
오동구	포천서	302
오동기	광교세무	38
오동문	서울청	150
오동석	서울청	150
오동석	이천서	250
오동재	부산세관	481
오동화	목포서	365
오두현	기재부	71
오두환	광산서	355
오명준	서울청	140
오명진	서울청	153
오문수	대전청	310
오문탁	광주청	353
오미경	군산서	372
오미람	기재부	95
오미선	포항서	418
오미숙	서대구서	398
오미순	대전청	305
오미순	대전청	310
오미순	대전청	311
오미영	기재부	74
오미영	기재부	76
오미정	부천서	295
오미화	기재부	73
오민경	대전청	310
오민서	예일세무	43
오민석	서울청	138
오민선	중부청	221
오민수	광산서	354
오민숙	서울청	134
오민철	중부청	214
오배설	구로서	165
오백진	대전청	310
오병걸	평택서	252
오병관	동수원서	231
오병권	지방재정	488
오병태	파주서	301
오병환	진주서	459
오보람	부산진서	435
오봉신	서초서	186
오부성	대전서	313
오산범	삼정회계	23
오상식	기재부	72
오상엽	파주서	301
오상욱	김해서	453
오상영	광주청	348
오상은	동청주서	337
오상준	김포서	291
오상택	동수원서	231
오상현	파주서	300
오상훈	국세청	112
오상훈	잠실서	204
오상훈	서울세관	472
오상훈	부산세관	481
오상휴	국세청	122
오서영	중부산서	443
오서주	잠실서	204
오서진	전주서	381
오선경	수원서	239
오선주	남원서	375
오선진	남대문서	168
오성실	목포서	364
오성철	서울청	155
오성태	기재부	78
오성택	서울청	134
오성필	중부청	219
오성현	거창서	450
오성현	진주서	459
오세덕	충주서	345
오세두	제주서	465
오세룡	대전청	307
오세민	인천청	273
오세민	동청주서	337
오세민	대구청	389
오세열	대전서	312
오세운	대전청	310
오세은	마산서	454
오세정	국세청	117
오세산	강남서	157
오세철	광주서	356
오세혁	서울청	154
오세현	인천세관	476
오소라	홍천서	269
오소연	조세재정	493
오소진	충주서	345
오쇄행	부산청	423
오수경	중부청	215
오수기	남인천서	270
오수복	대전서	313
오수빈	용인서	249
오수류	국세류	126
오수연	동안양서	233
오수연	북대전서	315
오수정	조세재정	493
오수지	국세청	108
오수진	은평서	202
오수진	부천서	294
오수진	부천서	294
오수진	대전서	311
오수진	광주청	351
오수현	서울청	141
오승민	조세재정	492
오승상	기재부	83
오승섭	북광주서	359
오승연	국세상담	129
오승연	성동서	189
오승연	시흥서	240
오승준	서울청	145
오승준	금천서	167
오승진	예산서	331
오승찬	동안양서	233
오승철	남양주서	229
오승필	동작서	177
오승현	부산진서	435
오승호	대전청	307
오승훈	북대전서	315
오승훈	북대구서	396
오승희	대전서	312
오승희	창원서	461
오시원	양천서	194
오신영	북전주서	376
오신형	파주서	301
오아람	성남서	237
오애란	김해서	452
오양선	안산서	245
오연경	동수원서	230
오연관	삼일회계	20
오연균	경기광주	242
오연우	용산서	201
오연호	인천청	272
오영	지방재정	488
오영곤	진주서	458
오영권	동고양서	292
오영빈	남대구서	393
오영석	국세청	123
오영우	정읍서	382
오영은	서울청	141
오영주	부산서	442
오영진	인천세관	478
오영철	화성서	254
오예정	조세재정	494
오용규	예일세무	43
오용락	천안서	332
오용주	포천서	303
오용호	여수서	368
오우진	의정부서	299
오원균	청주서	342
오원화	대전청	308
오유나	동안양서	233
오뉴미	광병서	288
오유빈	중부서	211
오유빈	포천서	302
오유석	양천서	194
오유식	우리회계	27
오유정	기재부	82
오유진	전주서	380
오윤경	분당서	235
오윤미	조세재정	494
오윤섭	가나인	67
오윤이	서울청	139
오윤정	해남서	371
오윤화	서울청	138
오은경	동대문서	174
오은경	중부청	214
오은비	구미서	406
오은실	기재부	84
오은영	익산서	378
오은정	국세청	111
오은주	광주청	350
오은주	마산서	455
오은지	강서서	161
오은혜	조세재정	493
오은희	구리서	224
오은희	부천서	294
오이탁	서부산서	439
오익수	부산청	424
오익환	삼정회계	23
오인석	기재부	79
오인섭	관악서	162
오인자	광주청	349
오인택	순천서	367
오인택	화성서	255
오인화	북인천서	281
오임순	종로서	206
오자영	강남서	157
오지창	광산시	354
오잔디	국세청	108
오재경	남인천서	278
오재구	서현이현	6
오재길	남대구서	393
오재란	광산서	354
오재성	기재부	81
오재억	경산서	403
오재우	기재부	82
오재헌	동작서	176
오재헌	국세청	118
오재홍	충주서	344
오재환	남대구서	393
오정근	서울청	155
오정민	마산서	454
오정식	파주서	301
오정열	지방재정	489
오정은	인천서	284
오정의	지방재정	488
오정일	연수서	297
오정임	부산청	423
오정탁	대전청	306
오정현	분당서	234
오정환	서울청	134
오정환	기흥서	227
오정훈	포항서	418
오조섭	영주서	416
오종민	고양서	286
오종민	부산진서	435
오종수	광주서	356
오종식	나주서	363
오종진	삼일회계	21
오종현	조세재정	492
오종현	조세재정	493
오종호	광주서	356
오종화	안진회계	17
오종희	상공회의	103
오주경	서대구서	399
오주석	서대구서	399
오주영	국세상담	129
오주영	관악서	163
오주영	동래서	433
오주원	상공회의	103
오주원	성동서	188

이름	소속	쪽
유동원	동작서	177
유동준	동래서	432
유동선	심복회계	19
유동훈	기재부	73
유두현	강남서	157
유득렬	수원서	239
유래경	파주서	301
유래연	서울청	145
유로아	반포서	181
유명옥	금천서	166
유명재	부산세관	480
유명한	안산서	245
유명훈	국세청	108
유문희	금정서	430
유미경	기재부	71
유미경	삼성서	182
유미나	서초서	187
유미나	서대구서	399
유미라	송파서	192
유미선	마포서	179
유미성	고양서	286
유미숙	서산서	324
유미숙	예산서	330
유미연	북인천서	281
유미영	중부청	214
유미영	부산청	425
유미정	북인천서	280
유민설	전주서	380
유민수	영등포서	199
뉴민자	서부산서	438
유민정	서울청	134
유민호	진주서	458
유민희	종로서	206
유민희	광주서	356
유범상	아산서	328
유병관	광교세무	39
유병길	대구청	390
유병립	중부세무	32
유병모	대구청	387
유병민	대전서	312
유병서	기재부	80
유병선	중부청	222
유병성	북대구서	396
유병욱	인천서	275
유병임	서울청	139
유병창	중부서	211
유병철	국세청	116
유병현	수영서	440
유병호	감사원	66
유병호	감사원	67
유병호	충주서	345
유보아	북대구서	396
유봉석	강남서	156
유부형	청주서	342
유상명	지방재정	488
유상범	국회법제	62
유상선	부산청	429
유상욱	서울청	142
유상원	나주서	362
유상윤	서울청	139
유상학	EY한영	16
유상호	인천청	277
유상호	우리회계	27
유상화	중부청	218
유상화	구리서	225
유상화	법무바른	1
유서진	동작서	176
유석모	동청주서	336
유선아	평택서	252
유선영	연수서	296
유선영	연수서	296
유선우	대전청	309
유선정	연수서	297
유선종	영등포서	198
유선화	중부서	211
유신희	기재부	70
유선희	상주서	410
유성두	중랑서	208
유성만	포항서	419
유성문	국세청	114
유성안	성북서	191
유성엽	남대문서	168
유성영	구로서	165
유성욱	부산청	429
유성운	홍성서	334
유성주	수원서	239
유성진	남원서	375
유성춘	영주서	416
유성현	국세상담	128
유성훈	인천서	285
유성희	서초서	186
유세곤	북대전서	314
유세명	동래서	433
유세열	태평양	53
유세용	북전주서	377
유세은	구미서	406
유소열	강남서	156
유소영	기재부	76
유소정	도봉서	172
유소진	동작서	177
유솔리	포천서	302
유송화	마산서	454
뉴쑹의	충수서	345
유수권	금천서	167
유수정	국세청	112
유수정	동작서	177
유수지	예산서	331
유수진	고양서	286
유수진	중부세무	32
유수향	대전청	307
유수현	영등포서	198
유수현	남대구서	393
유수현	광주서	356
유수호	울산서	448
유순복	강서서	160
유순희	도봉서	172
유승남	서산서	324
유승명	부산청	428
유승아	논산서	320
유승우	기재부	74
유승우	화성서	255
유승원	청주서	342
유승정	인천세관	476
유승주	울산서	449
유승천	화성서	255
유승철	목포서	364
유승현	중부청	223
유승현	남인천서	278
유승현	조세재정	494
유승환	서울청	134
유승희	삼정회계	23
유시은	평택서	252
유신아	동안양서	233
유아람	서울청	135
유양현	대전청	312
유연숙	북부산서	437
유연우	서산서	324
유연정	기재부	80
유연진	서울청	153
유연찬	예일세무	43
유연혁	관세사회	46
유엽	삼일회계	21
유영	영덕서	414
유영구	우리회계	27
유영근	기흥서	226
유영근	남원서	374
유영복	북인천서	280
유영복	대전청	308
유영섭	기재부	01
유영숙	서초서	186
유영숙	춘천서	266
유영숙	수성서	400
유영욱	서울청	144
유영은	북전주서	377
유영조	중부세무	32
유영주	대전청	308
유영준	송파서	192
유영진	부산청	427
유영찬	조세재정	494
유영한	관세청	468
유영준	남원서	375
유영희	서대문서	185
유예림	국세청	110
유예림	국세청	117
유예림	서초서	186
유예림	남양주서	228
유옥근	수영서	440
유완	남양주서	229
유요덕	정읍서	382
유용근	서울청	155
유용환	서울청	137
유운홍	북대전서	314
유원숙	춘천서	266
유원재	성동서	189
유윤상	인천세무	33
유윤호	남양주서	229
유은경	기재부	79
유은선	고양서	287
유은숙	강남서	156
유은순	한국세무	31
유은애	북전주시	376
유은영	기흥서	227
유은정	성남서	236
유은주	서울청	136
유은주	남대문서	168
유은주	역삼서	196
유은주	북인천서	280
유은주	고양서	286
유은주	영동서	338
유은지	동작서	176
유은진	삼성서	183
유은혜	논산서	321
유은희	영등포서	198
유의동	국회정무	64
유의상	김포서	290
유이슬	기재부	74
유이슬	용산서	200
유인성	서초서	186
유인숙	국세상담	128
유인숙	대전청	306
유인식	이천서	251
유인용	동작서	177
유인재	감사원	66
유인철	관악서	162
유인혜	서울청	144
유인호	속초서	261
유일찬	대전청	309
유장혁	노원서	170
유장현	북대전서	314
유장현	청주서	343
유재곤	정읍서	383
유재군	거창서	451
유재남	홍성서	334
유재랑	안동서	412
유재룡	군산서	372
유재만	법무광장	51
유재민	조세재정	492
유재복	중부청	219
유재상	의정부서	299
유재석	서초서	187
유재식	부천서	294
유재연	서울청	143
유재웅	국세상담	128
유재원	대전청	310
유재은	의정부서	299
유재준	국세청	115
유재철	의정부서	298
유재학	거창서	451
유재현	경주서	404
유정곤	안진회계	17
유정림	송파서	193
유정미	기재부	73
유정미	서울청	137
유정분	국회법제	61
유정선	역삼서	196
유정식	파주서	301
유정아	기재부	79
유정아	연수서	297
유정우	창원서	460
유정욱	해운대서	444
유정은	동안양서	233
유정현	도봉서	172
유정화	용산서	200
유정환	서울세관	472
유정훈	강남서	157
유정훈	인천서	285
유정훈	EY한영	16
유정희	서대문서	185
유정희	총부청	218
유제근	종로서	206
유제석	북전주서	376
유제연	수원서	239
유제희	서울청	139
유종선	전주서	381
유종일	서울청	135
유종현	고양서	286
유종호	대구청	389
유주만	강동서	159
유주미	북광주서	358
유주민	서울청	138
유주상	대구청	386
유주연	국세청	118
유주희	반포서	181
유주희	기흥서	226
유준	해남서	371
유준상	제주서	464
유준영	용산서	201
유준호	서울청	138
유준호	평택서	252
유지민	광명서	289
유지수	동작서	176
유지수	용산서	200
유지숙	양천서	194
유지영	노원서	170
유지영	영등포서	199
유지은	동작서	177
유지향	창원서	460
유지현	국세청	114
유지현	안산서	284
유지현	제천서	340
유지현	부산청	424
유지혜	기재부	71
유지혜	서부산서	438
유지화	안산서	244
유지화	전주서	380
유지환	이천서	250
유지희	북대전서	315
유진	종로서	207
유진선	수원서	238
유진선	삼척서	258
유진선	북전주서	376
유진아	금천서	166
유진영	북인천서	280
유진우	서울청	150
유재언	선부서	100
유진우	의정부서	299
유진호	동수원서	230
유진호	진주서	458
유진희	도봉서	173
유진희	성동서	189
유진희	구리서	224
유진희	울산서	448
유창경	부산진서	434
유창규	삼성서	183
유창석	대구청	389
유창성	서울청	140
유창수	고양서	286
유창인	안산서	244
유창현	종로서	206
유채연	기재부	83
유철	구리서	225
유철형	태평양	53
유춘선	광주서	357
유치현	북부산서	437
유탁	삼성서	183
유탁균	은평서	203
유태수	관세청	468
유태우	양천서	194
유태웅	대전서	313
유태정	광주청	350
유태호	영덕시	415
유핑칭	종로서	216
유하선	대전청	306
유하수	강서서	161
유한나	포천서	302
유한순	서울청	143
유한영	강서서	160
유한진	서울청	134
유항수	전주서	380
유행철	정읍서	382
유향란	구로서	164
유현	서울청	153
유현경	북광주서	358
유현상	시흥서	241
유현석	고양서	286
유현수	인천청	273
유현수	관산서	354
유현숙	대구청	387
유현순	전주서	380
유현아	의정부서	298
유현인	국세청	116
유현정	삼성서	182
유현정	중부청	222
유현정	춘천서	266
유현종	서대구서	399
유현종	광주세관	486
유현진	의정부서	298
유형래	반포서	181
유형선	기재부	73
유형준	중기회	104
유형철	경기광주	243
유형철	기재부	80
유형철	기재부	81
유혜경	국세청	109
유혜경	서초서	187
유혜란	금천서	166
유혜리	국세청	125
유혜리	수원서	238
유혜림	포천서	303
유혜영	안산서	245
유혜영	기재부	77
유혜지	중부서	211
유호영	동대문서	174
유호영	국세상담	128
유호정	홍천서	269

성명	소속	번호	성명	소속	번호	성명	소속	번호	성명	소속	번호	성명	소속	번호
유홍선	평택서	252	윤낙중	동청주서	337	윤병진	강서서	161	윤세영	금융위	86	윤영식	양천서	195
유홍재	시흥서	241	윤난영	강서서	161	윤병현	이천서	250	윤세영	창원서	461	윤영식	법무바른	1
유홍주	중부산서	443	윤남식	부산진서	434	윤보람	영주서	416	윤세정	성북서	191	윤영우	안산서	245
유화윤	부산진서	434	윤노영	부산진서	435	윤보배	천안서	332	윤세진	노원서	170	윤영우	부산청	422
유화리	중부청	221	윤다솜	조세재정	494	윤봉원	창원서	461	윤소라	구로서	165	윤영원	남원서	374
유화진	안산서	244	윤다영	인천청	276	윤봉한	김해서	452	윤소영	국세청	111	윤영일	국세청	120
유환동	북인천서	280	윤다희	광산서	354	윤상건	성북서	190	윤소영	노원서	170	윤영일	용인서	248
유환문	금천서	167	윤다희	인천세관	475	윤상기	금융위	88	윤소월	마산서	455	윤영자	울산서	449
유환성	노원서	170	윤달영	부산청	424	윤상동	국세청	115	윤소순	남대문서	168	윤영재	천안서	332
유환일	김포서	290	윤대열	금융위	86	윤상동	부산청	426	윤소희	국세청	115	윤영준	보령서	323
유효정	조세재정	494	윤대이	중부서	210	윤상락	춘천시	266	윤솔	역삼서	196	윤영진	중부청	219
유효진	안동서	413	윤대호	중부청	215	윤상목	중부청	216	윤송희	중부청	214	윤영진	성남서	237
유후양	도봉서	172	윤덕원	통영서	462	윤상봉	부산청	427	윤수경	기흥서	227	윤영택	안산서	244
유훈식	남원서	374	윤덕희	부산청	425	윤상섭	국세청	108	윤수빈	구리서	224	윤영현	인천서	284
유훈주	북광주서	358	윤도란	동안양서	233	윤상아	역삼서	197	윤수연	광산서	354	윤영호	북전주서	377
유휘곤	중부서	211	윤도식	남양주서	229	윤상용	송파서	193	윤수열	금천서	166	윤영훈	관악서	162
유희경	광주청	348	윤도현	김포서	291	윤상욱	서울청	153	윤수정	세무고시	34	윤옥현	상공회의	103
유희경	광주청	349	윤동규	서울청	151	윤상탁	대전청	307	윤수향	종로서	207	윤용	중랑서	208
유희근	부천서	294	윤동규	삼척서	258	윤상필	김해서	453	윤수환	대전청	309	윤용구	중부서	211
유희상	감사원	65	윤동규	천안서	332	윤상호	서대전서	317	윤숙현	북부산서	437	윤용구	송파서	192
유희수	논산서	321	윤동규	인천세관	477	윤상호	우리회계	27	윤순녀	동대문서	174	윤용일	안양서	247
유희정	남대문서	169	윤동석	노원서	170	윤상환	경산서	402	윤순상	서울청	142	윤용준	삼정회계	23
유희준	서울청	145	윤동수	국세청	122	윤서영	성동서	188	윤순영	영동서	339	윤용호	용인서	249
유희태	구리서	224	윤동수	중부세무	32	윤서진	역삼서	197	윤순옥	강서서	160	윤용화	대전서	313
육강일	삼척서	258	윤동수	서울청	134	윤석	서울청	138	윤슬기	용산서	201	윤용훈	국세청	125
육경아	천안서	333	윤동주	광주세관	486	윤석규	기재부	80	윤승갑	대전청	311	윤우규	파주서	301
육규한	국세청	114	윤동준	국회재정	59	윤석길	광주청	353	윤승기	감사원	66	윤우찬	양천서	195
육영란	서울청	139	윤동현	반포서	180	윤석란	논산서	320	윤승철	서울청	152	윤웅희	구미서	406
육영찬	대전서	312	윤동형	기재부	73	윤석미	수영서	441	윤승철	광주청	352	윤원정	동대구서	394
육재하	대전서	313	윤동호	중부청	214	윤석백	서울청	150	윤승출	국세청	124	윤유라	연수서	296
육정섭	충주서	345	윤동환	서대문서	185	윤석숙	중부청	217	윤승호	통영서	463	윤유선	여수서	369
육현수	기재부	73	윤두현	국회정무	64	윤석신	전주서	380	윤승호	통영서	463	윤윤숙	동수원서	230
육현수	경기광주	243	윤만성	국세상담	128	윤석주	서울청	140	윤승희	조세심판	490	윤윤식	국세청	124
윤가연	서인천서	282	윤만식	은평서	203	윤석준	서울청	134	윤승희	조세심판	491	윤윤오	북대구서	397
윤가영	중부산서	442	윤명덕	서울청	134	윤석중	울산서	448	윤아름	화성서	255	윤은	북인천서	280
윤간오	마산서	454	윤명로	성남서	236	윤석창	천안서	332	윤애림	인천청	272	윤은미	송파서	193
윤강로	포항서	419	윤명준	서울청	155	윤석천	북대구서	396	윤양호	고양서	286	윤은미	분당서	234
윤건	전주서	381	윤명한	예산서	331	윤석태	국세상담	129	윤여관	광주청	349	윤은미	의정부서	298
윤경	중부청	219	윤명희	관악서	163	윤석환	성동서	189	윤여배	대전청	308	윤은미	광주청	353
윤경림	중부청	216	윤명희	대전청	307	윤석환	조세심판	491	윤여용	대전청	308	윤은미	중부산서	442
윤경선	파주서	300	윤문구	이안세무	44	윤선기	동대문서	174	윤여중	대전청	313	윤은숙	노원서	170
윤경옥	서초서	186	윤문수	서대문서	317	윤선덕	인천세관	476	윤여진	서울청	150	윤은지	성북서	191
윤경주	인천청	277	윤미	서초서	186	윤선민	남대문서	168	윤여진	조세재정	492	윤은지	잠실서	205
윤경출	동래서	433	윤미경	강서서	160	윤선영	서울청	150	윤여진	조세재정	492	윤은택	대전청	307
윤경현	경기광주	242	윤미경	경기광주	242	윤선영	파주서	300	윤여진	조세재정	492	윤인경	중부청	217
윤경호	광주청	352	윤미경	인천서	284	윤선용	반포서	181	윤여찬	해남서	370	윤인자	성남서	236
윤경희	서초서	187	윤미경	상주서	410	윤선익	노원서	171	윤연갑	진주서	458	윤인철	부산세관	480
윤경희	중부서	210	윤미라	인천서	285	윤선중	안진회계	17	윤연소	동청주서	336	윤인형	기재부	74
윤경희	중부청	214	윤미성	송파서	192	윤선태	부산청	426	윤연원	조세심판	490	윤일교	대구청	391
윤경희	여수서	369	윤미숙	부천서	173	윤선화	강동서	159	윤연자	순천서	367	윤일주	동수원서	230
윤관석	국회정무	63	윤미영	도봉서	172	윤선희	서울청	140	윤연주	화성서	254	윤일한	경기광주	242
윤관석	국회정무	64	윤미영	서울청	135	윤선희	의정부서	299	윤영경	구로서	165	윤일호	반포서	180
윤광섭	중부청	216	윤미영	수원서	239	윤설진	서울청	155	윤영광	화성서	254	윤장원	용산서	200
윤광진	인천청	277	윤미은	구미서	406	윤성귀	은평서	202	윤영규	영등포서	199	윤장원	안산서	244
윤광철	부산서	429	윤미자	서울청	143	윤성규	예산서	330	윤영근	부산청	427	윤장현	중부청	214
윤광현	고양서	287	윤미자	포천서	303	윤성기	동울산서	446	윤영길	송파서	192	윤재갑	서울청	143
윤권욱	용산서	201	윤미정	서인천서	282	윤성두	광주서	356	윤영랑	중랑서	208	윤재길	서울청	145
윤권현	삼정회계	24	윤미진	평택서	252	윤성아	수성서	401	윤영민	성북서	190	윤재두	서산서	324
윤규섭	삼일회계	21	윤미혜	국회재정	60	윤성양	연수서	297	윤영배	북광주세관	473	윤재량	원주서	264
윤근희	대구청	389	윤미희	남대문서	168	윤성열	서울청	155	윤영복	인천세무	33	윤재분	창원서	461
윤근희	조세심판	490	윤민수	도봉서	172	윤성욱	북대구서	397	윤영상	중부청	222	윤재복	대구청	389
윤금남	금정서	431	윤민숙	서광주서	361	윤성조	중부산서	442	윤영석	중부청	213	윤재연	안양서	247
윤기성	성동서	188	윤민아	은평서	203	윤성주	조세재정	493	윤영석	중부청	220	윤재옥	국회정무	64
윤기송	보령서	323	윤민오	서울청	147	윤성주	조세재정	493	윤영석	중부청	221	윤재웅	중부청	215
윤기숙	잠실서	205	윤민정	서울청	142	윤성준	영등포서	198	윤영선	법무광장	50	윤재웅	인천청	275
윤기순	중부청	215	윤민정	종로서	207	윤성준	김천서	408	윤영섭	고양서	286	윤재철	구미서	407
윤기영	국회재정	59	윤민지	중부서	210	윤성중	동고양서	293	윤영수	거창서	450	윤재헌	서초서	187
윤기찬	국세청	112	윤민혜	송파서	192	윤성태	인천청	277	윤영숙	성북서	190	윤재현	인천청	277
윤기철	서울청	139	윤민호	성동서	188	윤성혜	진주서	459	윤영순	국세청	114	윤점희	남대문서	168
윤기철	동안양서	233	윤민희	울산서	449	윤성호	국세청	117	윤영순	서울청	139	윤정도	원주서	265
윤길성	서울청	155	윤범일	서울청	136	윤성호	조세재정	494	윤영순	삼성서	183	윤정무	국세상담	128
윤길성	광주청	352	윤병용	해운대서	444	윤성환	북부산서	436	윤영승	국회재정	60	윤정미	강서서	161
윤나래	경기광주	243	윤병원	금융위	88	윤성훈	금정서	431				윤정미	마산서	454
			윤병준	정읍서	382									

이름	소속	쪽	이름	소속	쪽	이름	소속	쪽	이름	소속	쪽	이름	소속	쪽
윤정민	강남서	157	윤진	기재부	82	윤현화	국세상담	128	이가영	김해서	452	이경상	제주서	465
윤정민	반포서	180	윤진고	역삼서	197	윤형길	해남서	370	이가향	서울청	142	이경석	인천청	275
윤정민	천안서	333	윤진면	창원서	160	윤현서	서울천	140	이가혜	북전주서	376	이경선	국세청	124
윤정배	국회정무	64	윤진우	용산서	200	윤형식	고양서	286	이가희	대전청	306	이경선	서초서	187
윤정선	마포서	178	윤진일	창원서	460	윤혜경	부산진서	434	이가희	공주서	319	이경선	천안서	333
윤정식	기재부	85	윤진주	동대문서	174	윤혜미	동대문서	174	이갑수	관세청	469	이경선	전주서	381
윤정아	창원서	461	윤진한	성동서	188	윤혜미	연수서	296	이갑수	대구세관	484	이경섭	국세청	124
윤정욱	인천서	284	윤진희	강서서	160	윤혜민	국세청	118	이강경	서초서	187	이경수	국세청	108
윤정원	마산서	455	윤찬균	영월서	262	윤혜수	마포서	178	이강구	성동서	188	이경수	영등포서	198
윤정은	영등포서	198	윤찬섭	지방재정	488	윤혜숙	강서서	161	이강무	용인서	248	이경수	종로서	206
윤정익	광주청	351	윤창규	삼정회계	24	윤혜숙	관악서	163	이강미	춘천서	266	이경수	중부청	217
윤정인	기재부	82	윤창복	국세청	124	윤혜순	조세재정	493	이강민	상공회의	103	이경수	지방재정	488
윤정재	역삼서	197	윤창식	안양서	246	윤혜순	조세재정	494	이강산	성동서	189	이경수	지방재정	489
윤정필	북광주서	358	윤창용	강서서	160	윤혜영	김포서	290	이강석	중부청	220	이경숙	기재부	75
윤정현	인천청	272	윤창인	국세청	111	윤혜원	구리서	224	이강석	기흥서	226	이경숙	서울청	137
윤정호	국세청	119	윤창중	중부산서	442	윤혜원	화성서	254	이강석	대구서	390	이경숙	마포서	178
윤정호	대전서	312	윤창현	국회정무	64	윤혜원	남양주서	229	이강식	부산청	422	이경숙	중부청	216
윤정화	동작서	176	윤창호	금융위	87	윤혜정	포항서	418	이강신	조세재정	494	이경숙	대전청	309
윤정훈	김해서	453	윤채린	서광주서	360	윤혜진	수원서	239	이강연	구로서	164	이경숙	서대전서	317
윤정희	전주서	380	윤채원	지방재정	488	윤호연	중부청	216	이강영	광주청	350	이경숙	서대구서	399
윤조아	동수원서	230	윤철민	상공회의	103	윤호현	통영서	463	이강오	세무고시	34	이경순	중부청	218
윤종건	중부청	214	윤철민	잠실서	204	윤호중	국회법제	61	이강우	김해서	453	이경순	대전청	306
윤종근	수원서	238	윤철수	관세사회	46	윤호현	경산서	403	이강욱	해운대서	444	이경순	청주서	342
윤종상	노원서	171	윤철원	홍성서	334	윤홍규	부산청	427	이강욱	김해서	452	이경순	경산서	402
윤종식	부산청	427	윤철연	역삼서	197	윤홍기	기재부	74	이강원	안산서	245	이경식	이천서	250
윤종우	국회법제	62	윤청운	부산세관	480	윤홍덕	대전청	308	이강원	충주서	344	이경식	이천서	251
윤종율	중부청	221	윤태경	도봉서	173	윤홍분	서울청	141	이강윤	금천서	166	이경심	수원서	238
윤종철	기재부	73	윤태경	대전청	308	윤환	동수원서	230	이강은	부천서	295	이경아	기재부	70
윤종현	서울청	149	윤태식	기재부	83	윤효석	고양서	286	이강일	서울청	153	이경아	기재부	79
윤종천	중부청	222	윤태식	기재부	77	윤효준	경기광주	243	이징일	포진시	303	이경아	서울청	143
윤종현	구미서	406	윤태식	기재부	78	윤후덕	국회재정	59	이강주	북전주서	377	이경아	노원서	170
윤종훈	서대문서	185	윤태영	대구청	389	윤후덕	국회재정	60	이강혁	동고양서	292	이경아	안산서	244
윤종훈	대구청	389	윤태영	제주서	465	윤후덕	국회법제	62	이강현	국세청	111	이경아	예산서	331
윤주련	북부산서	437	윤태요	예일회계	26	윤휘연	기재부	81	이강현	동울산서	446	이경아	홍성서	334
윤주영	구로서	164	윤태요	영동서	339	윤희겸	광주서	349	이강훈	포항서	419	이경아	포항서	419
윤주영	은평서	203	윤태우	금정서	430	윤희경	성남서	236	이강희	동수원서	230	이경애	동대문서	174
윤주영	기흥서	226	윤태인	고양서	287	윤희경	화성서	254	이건구	잠실서	204	이경애	양천서	194
윤주영	경기광주	243	윤태준	서울청	145	윤희경	광주청	349	이건도	양천서	195	이경연	기재부	78
윤주영	파주서	301	윤태훈	마포서	178	윤희관	노원서	170	이건도	인천서	285	이경열	중부청	218
윤주영	이촌세무	45	윤태희	서대구서	398	윤희만	구리서	224	이건석	구리서	224	이경옥	강동서	159
윤주호	송파서	193	윤판호	남대구서	393	윤희문	지방재정	489	이건술	서울청	135	이경옥	동작서	177
윤주휘	평택서	253	윤하영	고양서	286	윤희민	대전청	311	이건옥	영덕서	414	이경옥	경산서	402
윤준식	성동서	188	윤하정	삼척서	258	윤희범	남대구서	392	이건우	서대전서	316	이경옥	상주서	411
윤준웅	이천서	250	윤학섭	삼정회계	22	윤희상	중부청	222	이건웅	기재부	85	이경옥	충주서	345
윤준호	동안양서	233	윤한	울산서	449	윤희선	고양서	286	이건일	잠실서	204	이경원	기재부	78
윤준호	화성서	255	윤한미	성남서	237	윤희수	의정부서	299	이건일	원주서	264	이경원	충주서	344
윤중해	진주서	458	윤한수	삼척서	258	윤희숙	국회재정	60	이건주	광주청	348	이경은	강동서	159
윤중호	북대구서	396	윤한철	원주서	264	윤희영	서울청	134	이건준	국세상담	128	이경자	반포서	181
윤지수	서초서	186	윤한필	마산서	454	윤희정	성동서	188	이건호	서울청	149	이경자	홍천서	268
윤지수	경기광주	243	윤한홍	국회법제	62	윤희리	북대구서	396	이건호	천안서	332	이경자	충주서	345
윤지연	파주서	301	윤해욱	광주세관	486	윤희창	충주서	345	이건호	북광주서	359	이경재	금정서	430
윤지연	북대구서	397	윤혁	은평서	202	윤희철	화성서	254	이건홍	대전청	306	이경주	영등포서	198
윤지연	북부산서	437	윤혁진	서대구서	399	은경례	서대구서	399	이견희	김포서	290	이경준	서대구서	398
윤지영	기재부	83	윤현경	구로서	165	은기남	금정서	431	이겸신	북광주서	358	이경진	서울청	148
윤지영	국세청	114	윤현경	중부서	210	은성수	금융위	86	이경	서울청	147	이경진	군산서	372
윤지영	중부청	214	윤현경	동수원서	230	은성수	금융위	87	이경구	진주서	458	이경진	수영서	441
윤지영	수영서	440	윤현곤	기재부	77	은종온	안동서	413	이경권	포천서	303	이경진	법무화우	54
윤지영	세무고시	34	윤현미	기재부	74	은지현	강동서	159	이경근	이안세무	44	이경진	세무화우	55
윤지원	기재부	73	윤현미	마포서	176	은진수	광교세무	37	이경노	아산서	328	이경철	포항서	419
윤지원	금천서	167	윤현미	역삼서	197	은진용	용산서	201	이경달	기재부	70	이경태	서울청	136
윤지원	상주서	410	윤현상	신한관세	47	은하안	송파서	192	이경란	송파서	192	이경표	동대문서	175
윤지윤	마포서	178	윤현숙	서울청	135	은희도	목포서	364	이경록	북인천서	281	이경하	영등포서	198
윤지은	시흥서	241	윤현숙	동대문서	174	은희훈	조세심판	490	이경모	서울청	141	이경한	국세청	112
윤지현	국세상담	129	윤현숙	북대전서	314	음지영	광산서	355	이경미	서울청	153	이경헌	국세청	112
윤지현	성동서	188	윤현식	성동서	189	음홍식	구리서	225	이경미	창원서	461	이경현	동안양서	233
윤지현	연수서	297	윤현식	해운대서	445	의정부	인천청	272	이경민	서초서	187	이경혜	영등포서	198
윤지현	의정부서	298	윤현아	부산청	426	이가령	용산서	201	이경민	성북서	190	이경호	국회재정	60
윤지현	목포서	365	윤현웅	광주서	353	이가연	국세청	110	이경민	동안양서	232	이경호	종로서	206
윤지혜	강남서	157	윤현자	인천세무	33	이가연	도봉서	173	이경민	대구청	387	이경화	기재부	82
윤지혜	중부청	216	윤현자	인천세무	33	이가연	공주서	318	이경민	동래서	433	이경환	서울청	154
윤지환	국세청	123	윤현재	수성서	400	이가영	동작서	176	이경분	서울청	139	이경환	여수서	368
윤지희	인천청	274	윤현정	김포서	290	이가영	대구청	386	이경빈	동고양서	292	이경환	남원서	375
윤지희	세종서	326				이가영	동대구서	395	이경상	상공회의	103	이경훈	동래서	432

이름	관서	No.	이름	관서	No.	이름	관서	No.	이름	관서	No.	이름	관서	No.
이경훈	서부산서	439	이귀병	은평서	202	이기로	안산서	244	이남헌	중부세무	32	이도현	경주서	404
이경희	기재부	80	이귀영	성동서	189	이기병	인천청	274	이남헌	중부세무	32	이도현	포항서	419
이경희	서울청	139	이규	광주청	348	이기복	삼일회계	21	이남형	서초서	187	이도형	인천서	284
이경희	평택서	252	이규림	천안서	332	이기석	기재부	74	이남호	삼척서	258	이도혜	서울청	145
이경희	북광주서	358	이규미	성동서	188	이기섭	구리서	225	이남호	울산서	449	이도화	기재부	74
이경희	북대구서	396	이규본	관세청	469	이기수	서인천서	283	이남희	기재부	79	이도희	광명서	288
이경희	김해서	452	이규석	부천서	295	이기수	대전서	312	이남희	목포서	364	이돈구	기재부	74
이경희	미래회계	18	이규석	파주서	300	이기수	EY한영	16	이내길	영주서	416	이돈변	인천세관	477
이계봉	제주서	464	이규선	평택서	252	이기숙	송파서	192	이노을	동안양서	232	이돈일	기재부	71
이계숙	안산서	244	이규성	국세청	114	이기순	국세상담	129	이다경	서대문서	184	이동각	기재부	79
이계승	은평시	202	이규수	서울청	140	이기순	흥성서	334	이다미	광산서	354	이동건	삼성서	182
이계승	동고양서	292	이규열	인천청	276	이기순	광주서	356	이다민	광명서	288	이동건	세종서	326
이계자	평택서	252	이규완	국세청	116	이기언	용인서	248	이다빈	아산서	328	이동곤	서울청	136
이계호	종로서	207	이규완	천안서	333	이기업	국세청	110	이다솔	충주서	344	이동곤	경주서	405
이계홍	세종서	327	이규웅	서울청	140	이기연	성남서	236	이다솜	수원서	231	이동관	이천서	251
이계훈	서부산서	439	이규원	용산서	200	이기연	북대구서	396	이다솜	울산서	448	이동광	강서서	161
이고운	서초서	186	이규은	종로서	206	이기영	용산서	201	이다연	경기광주	243	이동구	노원서	171
이고은	기재부	79	이규의	포천서	303	이기영	창원서	460	이다연	아산서	329	이동구	대전청	306
이고은	해운대서	444	이규종	인천청	274	이기영	삼덕회계	19	이다영	국세청	124	이동규	감사원	67
이고훈	삼성서	182	이규진	서울청	125	이기용	울산서	449	이다영	마포서	179	이동규	국세청	121
이공후	천안서	332	이규철	영등포서	198	이기웅	기재부	72	이다영	인천서	285	이동규	국세청	121
이관노	서울청	148	이규태	금천서	166	이기웅	전주서	380	이다운	동안양서	233	이동규	노원서	171
이관범	삼정회계	22	이규태	북대구서	397	이기원	전주서	380	이다운	성남서	236	이동규	북인천서	280
이관석	지방재정	488	이규현	성동서	188	이기원	서현이현	7	이다원	천안서	333	이동규	김포서	290
이관수	아산서	328	이규형	삼성서	182	이기정	김포서	291	이다은	용인서	248	이동규	제천서	340
이관순	북대전서	314	이규형	영등포서	198	이기정	울산서	448	이다일	지방재정	489	이동규	수성서	401
이관열	남양주서	229	이규형	부산청	429	이기주	국세청	125	이다현	익산서	379	이동규	통영서	462
이관재	연수서	297	이규호	인천청	274	이기주	서울청	144	이다혜	연수서	297	이동균	서대문서	185
이관희	안양서	246	이규호	양산서	456	이기진	인천세무	33	이다훈	관악서	162	이동균	남대구서	393
이광	영주서	416	이규호	김앤장	49	이기철	북인천서	281	이단비	동청주서	337	이동근	중기회	104
이광무	구미서	407	이규화	국세청	112	이기철	광교세무	39	이대건	서울청	138	이동근	파주서	301
이광민	북대구서	397	이규환	남인천서	278	이기태	해운대서	445	이대구	수성서	400	이동근	북대전서	315
이광선	군산서	373	이규활	김천서	409	이기태	조세심판	490	이대규	한국세무	31	이동기	남양주서	228
이광섭	세종서	327	이규흥	동청주서	336	이기헌	금천서	167	이대균	제주서	465	이동기	청주서	343
이광섭	동래서	433	이균진	거창서	451	이기혁	분당서	234	이대근	성동서	188	이동기	세무고시	34
이광수	잠실서	205	이근선	구로서	165	이기현	양천서	195	이대근	은평서	203	이동남	관악서	162
이광수	동대구서	394	이근선	국세청	111	이기현	남양주서	228	이대식	강동서	159	이동락	인천청	275
이광순	영등포서	198	이근수	논산서	321	이기현	서현이현	7	이대연	서산서	324	이동목	통영서	462
이광식	동작서	177	이근애	남대구서	393	이기환	북대구서	396	이대영	영주서	416	이동민	북대구서	396
이광연	관악서	163	이근영	인천세관	477	이기활	영동서	338	이대용	남양주서	229	이동민	북대구서	396
이광열	군산서	372	이근우	성동서	189	이기훈	기재부	72	이대일	인천청	274	이동민	김해서	452
이광영	지방재정	488	이근우	진주서	458	이길녀	화성서	254	이대정	삼성서	182	이동백	서울청	138
이광오	경산서	403	이근우	삼정회계	22	이길만	이천서	250	이대중	기재부	82	이동범	남대구서	393
이광용	인천청	272	이근웅	서울청	150	이길석	영덕서	415	이대현	마산서	454	이동복	삼일회계	20
이광용	경산서	403	이근재	정읍서	382	이길용	연수서	296	이대호	동대구서	394	이동석	기재부	80
이광원	서부산서	439	이근행	조세재정	494	이길자	의정부서	298	이대훈	동수원서	230	이동석	북인천서	280
이광은	역삼서	197	이근혁	포항서	418	이길채	동대문서	174	이대훈	수원서	239	이동석	삼정회계	24
이광의	국세청	117	이근호	인천청	277	이길형	서울청	135	이대희	기재부	71	이동선	이안세무	44
이광일	지방재정	488	이근호	포천서	302	이길호	경기광주	243	이대희	기재부	72	이동수	송파서	193
이광자	대전청	307	이근호	남대구서	393	이나래	역삼서	196	이대희	인천서	250	이동수	안양서	247
이광재	국회재정	60	이근환	북부산서	437	이나래	구리서	224	이대희	화성서	255	이동수	서울세관	473
이광재	구로서	165	이근후	부산세관	480	이나래	동수원서	230	이덕순	서산서	324	이동연	영등포서	199
이광재	대구청	387	이근희	남대문서	169	이나미	세종서	326	이덕원	서대구서	398	이동열	강남서	157
이광재	김해서	452	이금대	양산서	456	이나연	화성서	255	이덕재	EY한영	16	이동열	서인천서	283
이광전	국회법제	61	이금동	기흥서	226	이나영	구로서	165	이덕주	강릉서	257	이동열	삼일회계	20
이광정	영덕서	415	이금란	관악서	162	이나영	북인천서	280	이덕주	국세청	117	이동엽	금융위	86
이광철	연수서	297	이금석	기재부	80	이나영	부산청	426	이덕형	충주서	344	이동엽	중부청	215
이광태	기재부	76	이금숙	중부서	211	이나원	기재부	77	이덕화	남대문서	169	이동엽	광주서	356
이광호	서울청	135	이금순	동대구서	394	이나현	동대구서	394	이도경	서울청	155	이동영	전주서	380
이광호	부산서	424	이금연	홍천서	268	이나현	동안양서	232	이도경	성동서	188	이동우	종로서	207
이광환	남인천서	279	이금옥	마포서	179	이낙영	중부청	222	이도경	대구청	387	이동우	북대구서	397
이광희	동수원서	230	이금자	양천서	195	이난영	강남서	156	이도경	부산청	422	이동우	경산서	402
이광희	인천청	274	이금조	동대문서	174	이난희	삼성서	183	이도경	부산청	428	이동우	동래서	432
이광희	서대구서	398	이금주	인천세무	33	이난희	고양서	286	이도령	기재부	85	이동욱	춘천서	266
이교진	중부청	218	이금희	동작서	176	이남경	서울청	138	이도연	국세청	124	이동욱	동청주서	337
이구수	중기회	104	이기	동대구서	395	이남기	서울청	146	이도영	용인서	248	이동욱	포항서	418
이국근	서울청	145	이기각	국세청	112	이남길	기흥서	226	이도영	서대구서	398	이동욱	부산청	424
이국성	화성서	254	이기덕	국세청	124	이남범	북부산서	436	이도원	지방재정	489	이동운	국세교육	130
이권명	익산서	379	이기돈	구미서	406	이남영	대전서	312	이도은	안산서	244	이동운	중부청	213
이권승	강남서	156	이기돈	조세재정	494	이남정	동청주서	336	이도헌	국세상담	129	이동운	중부청	216
이권식	성북서	191	이기동	대구청	391	이남주	동수원서	231	이도헌	구리서	224	이동운	중부청	217
이권형	서울청	136	이기동	안동서	412	이남주	조세재정	494	이도현	기흥서	226	이동운	중부청	218
이권희	동고양서	292	이기련	인천청	273	이남진	중부청	214	이도현	서대구서	399	이동원	중부서	210

이름	소속	쪽
이동원	포항서	419
이동윤	마산서	454
이동은	천안서	333
이동인	지방재정	488
이동일	성북서	191
이동일	대구청	388
이동일	한국세무	31
이동주	송파서	193
이동준	중부청	215
이동준	청주서	342
이동준	수성서	401
이동준	김해서	452
이동준	창원서	461
이동진	국세교육	130
이동진	화성서	255
이동진	북광주서	358
이동진	양산서	457
이동찬	고양서	286
이동찬	대구청	385
이동찬	대구청	387
이동철	부산진서	434
이동출	서울청	142
이동하	서대구서	398
이동한	금천서	166
이동혁	부산청	422
이동혁	지방재정	489
이동현	국세청	116
이동현	국세상담	128
이동현	노원서	171
이동협	구리서	224
이동현	순천서	366
이동현	서울세관	472
이동형	부산청	429
이동호	중부청	223
이동호	남대구서	392
이동화	속초서	260
이동환	대전서	312
이동훈	기재부	71
이동훈	기재부	78
이동훈	중부청	221
이동훈	인천청	272
이동훈	의정부서	298
이동훈	나주서	362
이동훈	대구청	386
이동훈	대구청	387
이동훈	거창서	450
이동훈	부산세관	481
이동훈	지방재정	489
이동희	서울청	150
이동희	서인천서	282
이동희	대구청	389
이동희	김천서	408
이동희	포항서	418
이동희	진주서	459
이두근	광명서	289
이두열	우리회계	27
이두원	경기광주	243
이두원	대전청	307
이두원	지방재정	489
이득규	고양서	286
이득근	성남서	237
이득수	관세청	469
이래경	서울청	144
이래하	서울청	135
이련주	상공회의	103
이령조	안산서	245
이루리	북인천서	280
이루안	청주서	342
이류기	강서서	160
이만구	기재부	74
이만식	이천서	251
이만준	세종서	326
이만호	창원서	460
이명건	강남서	156
이명구	반포서	180
이명구	서울세관	471
이명구	서울세관	472
이명규	국세청	123
이명규	광주청	353
이명기	서울청	142
이명길	시흥서	240
이명례	국세상담	129
이명문	국세청	114
이명미	마산서	454
이명석	보령서	322
이명선	기재부	78
이명선	성북서	190
이명섭	노원서	170
이명수	구로서	164
이명수	경기광주	242
이명수	구미서	406
이명숙	평택서	252
이명순	금융위	87
이명식	신한관세	47
이명용	성동서	189
이명용	금정서	430
이명완	송파서	192
이명인	조세재정	494
이명자	남인천서	278
이명자	포항서	419
이명재	서울청	141
이명주	대구청	389
이명주	인천세무	33
이명준	북전주서	377
이명진	기재부	82
이명진	서울청	152
이명하	안산서	245
이명하	익산서	378
이명한	대전서	313
이명해	대전청	310
이명행	도봉서	172
이명호	북부산서	436
이명환	서대전서	316
이명훈	연수서	296
이명희	서울청	135
이명희	서울청	145
이명희	서대문서	185
이명희	포천서	303
이명희	서대구서	399
이모성	천안서	332
이묘금	북부산서	436
이묘진	금천서	167
이묘환	강서서	160
이무황	아산서	328
이무훈	국세청	110
이문미	잠실서	205
이문배	지방재정	488
이문수	강남서	157
이문숙	춘천서	266
이문영	상공회의	103
이문행	파주서	301
이문원	국세청	121
이문원	동안양서	232
이문태	대구청	387
이문한	안동서	412
이문현	원주서	264
이문형	충주서	344
이문호	북부산서	436
이문환	서울청	141
이문희	중부청	215
이문희	동수원서	231
이문희	춘천서	266
이미경	국회법제	61
이미경	서울청	139
이미경	강남서	156
이미경	노원서	170
이미경	서초서	187
이미결	송파서	192
이미경	인천서	275
이미경	남인천서	278
이미경	북인천서	281
이미경	대전청	309
이미경	수영서	441
이미나	중부서	215
이미남	북대구서	397
이미녀	종로서	206
이미라	국세청	110
이미라	서울청	154
이미라	종로서	207
이미란	김포서	291
이미령	남양주서	229
이미림	경기광주	243
이미선	국회재정	59
이미선	관악서	163
이미선	영등포서	199
이미선	안산서	245
이미선	서대전서	316
이미선	익산서	378
이미선	수성서	400
이미선	구미서	406
이미선	포항서	419
이미선	통영서	463
이미소	의정부서	298
이미숙	기재부	73
이미숙	서대문서	185
이미숙	서초서	187
이미숙	서대전서	317
이미숙	대구청	387
이미숙	서부산서	438
이미승	서울청	137
이미애	국세청	118
이미애	남인천서	278
이미애	동고양서	293
이미애	북부산서	436
이미연	안산서	245
이미연	울산서	449
이미영	서울청	146
이미영	강동서	158
이미영	노원서	170
이미영	인천청	277
이미영	남인천서	278
이미영	북대전서	315
이미영	서대전서	316
이미영	남대구서	393
이미영	서부산서	439
이미자	기재부	70
이미자	광산서	354
이미자	영주서	416
이미정	노원서	171
이미정	송파서	193
이미정	은평서	202
이미정	종로서	207
이미정	기흥서	227
이미정	서대전서	316
이미정	제천서	341
이미주	대전서	312
이미주	부산청	423
이미진	구로서	165
이미진	중부청	221
이미진	동안양서	233
이미진	인천청	276
이미진	서인천서	282
이미진	울산서	449
이미항	김해서	452
이미현	동작서	176
이미현	수원서	238
이미현	북대전서	314
이미형	성북서	190
이미혜	동대문서	174
이미화	성북서	191
이미희	기재부	82
이미희	경기광주	242
이미희	서대전서	316
이민경	서울청	135
이민경	양천서	195
이민경	북대전서	314
이민경	서부산서	439
이민구	서대문서	185
이민규	중부서	211
이민규	시흥서	240
이민규	파주서	301
이민규	보령서	322
이민근	관세청	468
이민병	동수원서	230
이민선	중부청	217
이민수	기흥서	226
이민수	부산청	426
이민순	관악서	162
이민아	파주서	301
이민영	강서서	161
이민영	이천서	250
이민영	해운대서	444
이민영	해운대서	444
이민용	예일세무	43
이민용	서울청	146
이민우	경기광주	242
이민우	대구청	389
이민우	부산청	420
이민욱	중부서	211
이민의	분당서	235
이민재	구로서	165
이민정	기재부	84
이민정	성동서	189
이민정	수영서	441
이민주	이천서	250
이민지	강서서	160
이민지	남대문서	169
이민지	남인천서	279
이민지	부천서	294
이민지	남대구서	393
이민지	진주서	458
이민지	지방재정	489
이민창	서울청	141
이민철	중부서	210
이민철	남인천서	279
이민철	서인천서	283
이민표	남인천서	279
이민호	구미서	407
이민호	중부청	218
이민호	군산서	372
이민훈	북인천서	280
이민희	중부청	222
이민희	용인서	249
이민희	이천서	250
이민희	서광주서	360
이민희	부산청	422
이방무	지방재정	488
이방원	서울청	152
이방훈	동수원서	230
이배삼	동래서	433
이배인	서울청	140
이백용	서광주서	360
이백춘	남대구서	393
이범구	수원서	238
이범구	영주서	416
이범규	성북서	191
이범락	대구청	387
이범상	중부세무	32
이범석	서울청	142
이범수	동수원서	231
이범주	중부청	219
이밤주	화성서	254
이범주	파주서	300
이법주	인천세관	478
이범준	서울청	149
이범철	남대구서	392
이범한	기재부	80
이범희	시흥서	240
이법진	수원서	238
이병곤	종로서	206
이병관	마산서	454
이병규	마산서	454
이병국	이촌세무	45
이병국	이촌세무	140
이병국	이촌세무	143
이병권	세종서	327
이병권	지방재정	489
이병규	춘천서	267
이병기	부산세관	480
이병길	서울청	137
이병노	인천서	285
이병덕	동작서	177
이병두	기재부	84
이병두	서초서	187
이병로	김포서	290
이병만	강서서	161
이병만	구로서	165
이병수	강동서	159
이병숙	진주서	458
이병억	기재부	78
이병영	남대구시	392
이병오	중부청	221
이병용	인천청	272
이병용	천안서	333
이병용	서울세관	473
이병우	포항서	419
이병욱	세종서	326
이병욱	구미서	406
이병원	기재부	77
이병인	부천서	295
이병재	군산서	373
이병주	서울청	141
이병주	중랑서	209
이병주	대구청	386
이병주	영주서	417
이병주	기재부	76
이병준	금천서	167
이병준	창원서	460
이병진	경기광주	242
이병진	부산진서	435
이병철	강서서	160
이병철	삼성서	183
이병철	북대전서	315
이병철	부산청	427
이병탁	국세청	116
이병현	서울청	146
이병호	동청주서	336
이병호	관세청	468
이병훈	거창서	451
이병희	동안양서	233
이병희	경주서	405
이보라	국세청	123
이보라	영등포서	198
이보라	수원서	239
이보라	고양서	286
이보라	서대구서	399
이보라	진주서	458
이보람	목포서	364
이보람	지방재정	488
이보름	역삼서	197
이보배	도봉서	172
이보상	법무바른	1
이보영	기재부	77
이보영	국세상담	129

이보영	군산서	373	이상묵	서대문서	185	이상재	예산서	330	이서현	조세재정	493	이선우	서울청	138
이보영	경산서	402	이상묵	부산청	428	이상조	서대문서	184	이서홍	지방재정	488	이선우	대전청	307
이보은	창원서	460	이상묵	김앤장	49	이상조	부산진서	434	이서희	마포서	179	이선우	제주서	464
이보인	기재부	83	이상문	서초서	187	이상준	국세청	115	이서희	남인천서	278	이선육	상주서	411
이보현	남대문서	169	이상미	노원서	171	이상준	광주청	348	이서희	조세재정	492	이선의	중부서	216
이보화	조세재정	494	이상미	서초서	187	이상준	양산서	457	이석규	국세청	125	이선이	울산서	449
이복남	영주서	416	이상미	의정부서	299	이상진	국세상담	128	이석규	안진회계	17	이선자	동래서	432
이복순	종로서	207	이상미	서대구서	398	이상진	서초서	186	이석균	기재부	84	이선재	양천서	194
이복식	의정부서	299	이상미	창원서	461	이상진	제주서	464	이석기	아산서	328	이선정	서울청	139
이복자	서울청	139	이상민	기재부	81	이상천	강동서	158	이석동	남대문서	168	이선정	충주서	345
이복제	부산청	425	이상민	기재부	85	이산철	감사원	66	이석란	금융위	87	이선주	국세상담	128
이봉근	서울청	138	이상민	국세청	125	이상철	광주청	351	이석문	관세청	468	이선주	영등포서	199
이봉근	서울청	139	이상민	서울청	135	이상표	부산진서	434	이석봉	서울청	134	이선주	중부청	218
이봉기	북부산서	437	이상민	종로서	206	이상필	동고양서	293	이석아	동안양서	233	이선주	예일세무	43
이봉남	마포서	178	이상민	중부청	216	이상학	기재부	77	이석원	기재부	75	이선진	서울청	152
이봉림	수원서	239	이상민	남양주서	228	이상학	기재부	78	이석원	연수서	297	이선철	동울산서	446
이봉선	수영서	441	이상민	인천청	273	이상학	청주서	342	이석원	북대전서	314	이선태	서대전서	316
이봉숙	중부서	210	이상민	아산서	328	이상헌	상공회의	103	이석임	이천서	251	이선하	강남서	156
이봉숙	광명서	288	이상민	상주서	410	이상헌	상공회의	103	이석채	서울청	155	이선엽	인천청	277
이봉열	서울청	145	이상민	동래서	433	이상헌	동대문서	174	이석재	종로서	206	이선호	기재부	74
이봉원	인천세관	478	이상민	창원서	460	이상헌	양천서	194	이석재	서대전서	317	이선호	구미서	407
이봉철	창원서	461	이상배	중기회	104	이상헌	구미서	407	이석정	세무고시	34	이선호	서부산서	438
이봉현	대전청	308	이상범	동수원서	230	이상헌	부산서	428	이석준	동작서	177	이선화	대전서	312
이봉형	기흥서	226	이상복	금융위	86	이상헌	조세심판	490	이석중	부산청	428	이선화	목포서	364
이봉화	마산서	454	이상봉	제천서	340	이상혁	감사원	67	이석진	상주서	410	이선화	동울산서	446
이봉훈	원주서	265	이상봉	충주서	345	이상현	서초서	187	이석한	기재부	70	이선희	국회정무	63
이봉희	성동서	189	이상석	예산서	330	이상현	안양서	247	이석화	분당서	234	이선희	구로서	165
이부경	마산서	454	이상선	동고양서	292	이상현	평택서	253	이선	양천서	195	이선희	분당서	234
이부열	금정서	430	이상섭	기재부	85	이상현	화성서	255	이선	인천서	285	이선희	북대구서	396
이부자	원주서	264	이상엽	부산세관	481	이상현	서산서	324	이선경	동대문서	174	이설라	포천서	302
이부창	종로서	206	이상수	국세청	119	이상현	진주서	459	이선경	동대문서	174	이설이	서대전서	316
이부형	제주서	464	이상수	광명서	288	이상협	기재부	80	이선경	익산서	378	이설희	진주서	458
이비아	부천서	294	이상수	북대전서	314	이상협	대구청	387	이선경	지방재정	488	이섭	서울청	134
이빛나	시흥서	240	이상수	전주서	381	이상호	성동서	189	이선교	북대전서	315	이성	도봉서	173
이사영	익산서	378	이상수	인천세관	476	이상호	대구청	387	이선구	잠실서	204	이성	광주청	349
이삼기	중부청	216	이상수	예일세무	43	이상호	부산진서	434	이선규	김해서	452	이성	광주청	350
이삼만	감사원	67	이상숙	잠실서	204	이상호	마산서	454	이선기	부천서	294	이성경	남대문서	168
이삼문	종로서	206	이상순	전주서	381	이상홍	기재부	76	이선림	대전서	313	이성관	파주서	300
이삼섭	화성서	255	이상식	서울청	150	이상후	기재부	82	이선림	북전주서	376	이성구	마포서	178
이상건	경주서	404	이상아	기재부	78	이상후	기재부	73	이선미	도봉서	173	이성국	기재부	72
이상걸	노원서	170	이상언	국세청	124	이상훈	서울청	143	이선미	마포서	178	이성규	서초서	186
이상걸	남대구서	392	이상언	서부산서	438	이상훈	강동서	158	이선미	반포서	181	이성규	영등포서	198
이상경	북대구서	397	이상열	마포서	179	이상훈	도봉서	173	이선미	반포서	181	이성규	진주서	458
이상곤	인천청	277	이상엽	조세재정	492	이상훈	서초서	187	이선미	용산서	201	이성근	구리서	224
이상곤	연수서	297	이상영	기재부	80	이상훈	수원서	239	이선미	안양서	247	이성근	광주청	351
이상곤	김해서	452	이상영	중부청	222	이상훈	서대전서	317	이선미	서인천서	282	이성글	국세청	125
이상관	관세사회	46	이상옥	광산서	354	이상훈	서광주서	360	이선미	논산서	320	이성기	영동서	339
이상국	안산서	244	이상왕	서인천서	282	이상훈	남대구서	393	이선미	동대구서	394	이성도	대전서	312
이상규	국회법제	62	이상요	북대전서	314	이상훈	포항서	419	이선민	서울청	147	이성락	동울산서	446
이상규	기재부	78	이상용	기재부	77	이상훈	부산청	427	이선민	금천서	167	이성률	광주서	356
이상규	수원서	238	이상용	중부청	219	이상훈	동래서	433	이선민	동작서	177	이성만	시흥서	241
이상근	이천서	250	이상용	서인천서	282	이상훈	중부산서	443	이선민	충주서	344	이성묵	광주서	356
이상근	울산서	448	이상용	천안서	333	이상훈	동울산서	447	이선민	광산서	354	이성민	기재부	72
이상금	북대전서	315	이상우	국세청	110	이상희	기재부	72	이선아	서울청	138	이성민	경기광주	242
이상기	삼성서	183	이상우	김앤장	49	이상희	남양주서	228	이선아	서대문서	185	이성민	대전청	306
이상기	법무광장	50	이상욱	감사원	66	이상희	서인천서	282	이선아	잠실서	204	이성민	광주청	350
이상길	국세청	107	이상욱	기재부	83	이상희	구미서	406	이선아	김포서	290	이성민	북부산서	437
이상길	서울청	138	이상욱	안산서	245	이상희	제주서	464	이선아	부천서	294	이성배	이촌세무	45
이상길	삼정회계	22	이상욱	논산서	320	이샘나	기재부	82	이선영	동작서	176	이성복	국세청	108
이상덕	서울청	148	이상욱	충주서	344	이서구	국세청	111	이선영	동작서	177	이성복	서울청	134
이상덕	기흥서	226	이상욱	대구청	387	이서아	송파서	192	이선영	성동서	188	이성삼	춘천서	266
이상덕	해운대서	445	이상욱	울산서	448	이서연	역삼서	196	이선영	역삼서	197	이성수	금천서	166
이상도	삼일회계	20	이상욱	관세청	468	이서연	김포서	291	이선영	영등포서	198	이성수	춘천서	266
이상두	평택서	252	이상욱	지방재정	488	이서연	의정부서	298	이선영	잠실서	204	이성숙	서대구서	398
이상락	고양서	287	이상운	부산청	426	이서원	성북서	191	이선영	대전서	312	이성식	북전주서	377
이상락	경주서	405	이상원	기재부	78	이서재	북전주서	377	이선영	대전서	312	이성실	순천서	367
이상로	지방재정	489	이상원	대구청	386	이서정	순천서	367	이선영	청주서	342	이성애	서울청	150
이상만	부산진서	434	이상윤	중랑서	208	이서진	강릉서	256	이선영	대구청	386	이성애	성북서	190
이상명	부산청	424	이상윤	동수원서	230	이서진	전주서	381	이선영	남대구서	393	이성엽	경기광주	243
이상목	서초서	187	이상윤	분당서	235	이서행	의정부서	298	이선영	수성서	400	이성영	부천서	294
이상목	인천세관	478	이상은	평택서	252	이서현	서울청	135	이선옥	중부청	221	이성영	대전서	313
이상무	국세교육	130	이상익	서울청	155	이서현	영등포서	198	이선우	국세청	125	이성옥	중부서	210
이상무	분당서	235	이상일	수원서	239	이서현	이천서	250	이선우	국세청	125	이성용	해남서	370

이름	소속	쪽
이성우	상공회의	103
이성우	우리회계	27
이성욱	국세청	110
이성욱	싱숭서	159
이성욱	삼정회계	23
이성웅	김해서	453
이성원	기재부	73
이성원	기재부	85
이성원	중부서	211
이성윤	보령서	322
이성은	성북서	191
이성은	북전주서	377
이성은	울산서	448
이성인	동고양서	292
이성일	서울청	146
이성재	금감원	89
이성재	금감원	94
이성재	중부청	219
이성재	부산대	422
이성재	동래서	433
이성재	안진회계	17
이성종	종로서	207
이성주	김포서	290
이성주	대전청	309
이성준	종로서	206
이성준	의정부서	298
이성준	전주서	380
이성준	동래서	433
이성진	서울청	153
이성진	서초서	187
이성신	영능포서	198
이성진	용산서	201
이성진	기흥서	226
이성창	순천서	367
이성창	김앤장	49
이성설	포항서	418
이성태	삼정회계	22
이성택	기재부	73
이성필	구리서	225
이성한	기재부	79
이성한	영덕서	414
이성현	삼성서	182
이성현	조세재정	493
이성협	춘천서	267
이성혜	구로서	164
이성혜	의정부서	299
이성혜	마산서	454
이성호	금융위	86
이성호	국세청	110
이성호	국세청	123
이성호	서울청	154
이성호	구로서	165
이성호	중부청	215
이성호	천안서	332
이성호	여수서	368
이성호	경주서	405
이성호	중부산서	443
이성호	김해서	453
이성호	조세심판	490
이성환	마포서	178
이성환	남대구서	392
이성환	구미서	406
이성환	구미서	407
이성효	수성서	401
이성훈	감사원	66
이성훈	도봉서	172
이성훈	중부청	217
이성훈	남인천서	279
이성훈	군산서	372
이성훈	대구청	387
이성훈	김해서	452
이성훈	마산서	455
이성희	기재부	83
이성희	성북서	191
이성희	속초서	261
이세나	국세청	111
이세라	순천서	366
이세란	남양주서	228
이세리	원주서	264
이세미	기재부	81
이세미	기흥서	226
이세미	조세재정	494
이세민	마포서	179
이세연	서울청	154
이세열	법무광장	51
이세영	서대문서	185
이세영	부산진서	435
이세정	도봉서	173
이세정	분당서	235
이세주	관악서	163
이세진	삼성서	183
이세진	영등포서	199
이세진	종로서	207
이세풍	서울청	135
이세협	안산서	244
이세호	제천서	340
이세호	중부산서	443
이세환	기재부	83
이세환	서울청	153
이세훈	금융위	87
이세훈	김해서	453
이세희	예일세무	43
이소라	속초서	261
이소면	대구세관	484
이소민	삼성서	182
이소애	창원서	461
이소연	수원서	231
이소연	경기광주	243
이소연	광주서	356
이소영	기재부	71
이소영	중부청	222
이소영	안양서	246
이소영	인천서	285
이소영	여수서	369
이소영	북대구서	397
이소영	울산서	448
이소영	울산서	448
이소원	국세청	111
이소원	동수원서	231
이소은	익산서	379
이소은	창원서	460
이소정	강남서	157
이소정	구로서	164
이소정	은평서	202
이소정	금정서	430
이소정	조세재정	494
이소진	북전주서	303
이소현	종로서	207
이소형	평택서	252
이솔	삼성서	183
이솔	용산서	200
이솔지	평택서	252
이송미	보령서	323
이송연	광주서	356
이송우	김해서	452
이송이	동안양서	233
이송이	인천서	250
이송이	인천청	275
이송자	춘천서	266
이송하	포천서	302
이송향	관악서	162
이송화	서울청	154
이송희	원주서	264
이송희	북광주서	359
이수경	용산서	201
이수경	종로서	206
이수경	김포서	290
이수경	동래서	432
이수경	제주서	464
이수경	법무바른	1
이수길	김해서	453
이수덕	인천서	284
이수라	광주서	357
이수락	서대문서	184
이수란	금천서	167
이수란	도봉서	172
이수련	강서서	160
이수미	국세청	111
이수미	국세청	121
이수미	서울청	143
이수미	서대전서	317
이수미	상주서	410
이수미	양산서	456
이수민	서울청	135
이수민	삼성서	183
이수민	용산서	200
이수민	북인천서	281
이수민	천안서	333
이수복	익산서	379
이수빈	중부청	222
이수빈	시흥서	241
이수빈	원주서	265
이수빈	서대전서	316
이수빈	부산진서	434
이수아	부천서	294
이수아	강남서	156
이수연	국세청	110
이수연	국세청	113
이수연	서울청	145
이수연	마포서	178
이수연	구리서	225
이수연	동수원서	230
이수연	포천서	303
이수연	대전서	312
이수연	북대전서	315
이수연	북광주서	359
이수연	조세재정	493
이수영	금융위	87
이수영	수원서	239
이수영	북대전서	314
이수영	충주서	345
이수영	서대구서	398
이수영	금정서	430
이수영	서부산서	439
이수용	용인서	249
이수용	울산서	449
이수원	반포서	180
이수원	양산서	457
이수인	노원서	170
이수인	부산진서	435
이수정	국세청	114
이수정	서울청	150
이수정	서울청	155
이수정	관악서	163
이수정	금천서	167
이수정	의정부서	299
이수정	양산서	456
이수종	경기광주	242
이수지	기재부	80
이수지	양천서	194
이수지	수원서	239
이수진	국세청	108
이수진	서초서	186
이수진	역삼서	197
이수진	북인천서	280
이수진	광명서	288
이수진	부천서	295
이수진	연수서	297
이수진	대전청	309
이수진	북광주서	358
이수진	북광주서	359
이수지	금정서	431
이수진	지방재정	489
이수창	목포서	364
이수철	반포서	180
이수현	기재부	77
이수현	국세청	118
이수현	송파서	192
이수현	경기광주	243
이수현	김포서	290
이수현	군산서	373
이수현	전주서	380
이수현	예일회계	26
이수형	국세청	125
이수형	중부청	218
이수호	지방재정	488
이수화	영등포서	199
이숙	서울청	150
이숙경	북광주서	358
이숙영	서울청	153
이숙정	분당서	235
이숙희	논산서	321
이숙희	남대구서	392
이순기	상주서	410
이순길	서산서	325
이순모	북인천서	281
이순민	국세청	124
이순민	순천서	366
이순복	중부청	220
이순성	포천서	303
이순아	수원서	238
이순엽	반포서	181
이순영	성동서	189
이순영	성남서	236
이순영	대전서	312
이순영	북부산서	436
이순옥	홍천서	269
이순옥	마산서	454
이순임	중부청	218
이순임	구미서	407
이순정	영월서	263
이순주	부산청	424
이순철	중부청	222
이순화	조세재정	492
이순화	서울청	139
이순희	종로서	206
이슬	서울청	138
이슬	서울청	148
이슬	남대구서	393
이슬	조세재정	494
이슬기	동작서	177
이슬기	서초서	187
이슬기	역삼서	197
이슬기	동고양서	293
이슬기	조세재정	492
이슬기	조세재정	493
이슬린	서울청	143
이슬비	홍천서	269
이슬비	인천청	272
이슬비	연수서	296
이슬이	평택서	252
이승걸	해운대서	444
이승곤	익산서	379
이승괄	포항서	418
이승구	관악서	163
이승규	중부청	215
이승규	창원서	460
이승근	평택서	253
이승도	기재부	74
이승래	국세교육	130
이승록	통영서	463
이승리	인천서	284
이승명	동대구서	395
이승모	영덕서	415
이수미	경기광주	242
이승민	기재부	79
이승민	기재부	85
이승민	도봉서	172
이승민	잠실서	205
이승민	해운대서	444
이승배	안양서	246
이승범	의정부서	298
이승석	천안서	332
이승수	국세청	108
이승수	중부청	214
이승신	중부청	217
이승아	동대구서	394
이승언	지방재정	488
이승연	기재부	71
이승연	송파서	192
이승연	관세청	469
이승연	동대구서	395
이승엽	구미서	406
이승완	북전주서	376
이승용	수원서	238
이승용	정읍서	382
이승우	북인천서	281
이승욱	기재부	71
이승원	기재부	78
이승원	기재부	79
이승원	강동서	158
이승요	북부산서	437
이승	수성서	401
이승일	송파서	193
이승일	익산서	378
이승재	경기광주	242
이승재	의정부서	298
이승재	충주서	345
이승재	서광주서	360
이승재	포항서	419
이승재	서울청	146
이승종	국세상담	128
이승주	노원서	171
이승주	광주서	357
이승준	서울청	135
이승준	마포서	178
이승준	광산서	354
이승준	정읍서	382
이승준	북대구서	397
이승준	동울산서	447
이승준	미래회계	18
이승진	대구청	449
이승진	양산서	456
이승찬	국세상담	128
이승찬	중부청	219
이승철	서울청	147
이승철	경기광주	243
이승철	부산청	424
이승철	해운대서	444
이승택	용인서	249
이승택	동청주서	336
이승택	대구청	388
이승필	도봉서	173
이승필	대구세관	484
이승하	성동서	189
이승학	성동서	189
이승현	국회정무	64
이승현	강서서	160
이승현	영등포서	199
이승현	중랑서	209
이승현	중부청	218
이승현	남양주서	229
이승현	순천서	367
이승현	금정서	430
이승형	서인천서	282

이름	소속	쪽	이름	소속	쪽	이름	소속	쪽	이름	소속	쪽	이름	소속	쪽
이승호	서울청	140	이양래	중부청	222	이영수	동울산서	447	이영태	광주서	356	이용수	금정서	431
이승호	서울청	150	이양로	천안서	333	이영수	창원서	461	이영태	해운대서	445	이용수	지방재정	489
이승호	강남서	156	이양우	서울청	144	이영숙	기재부	79	이영하	감사원	66	이용식	구로서	164
이승호	영등포서	199	이양원	춘천서	267	이영숙	기재부	82	이영학	광명서	289	이용안	기재부	85
이승호	기흥서	227	이양원	북광주서	358	이영숙	인천청	274	이영호	국세청	108	이용안	중부청	215
이승호	북인천서	280	이양호	천안서	333	이영숙	부천서	295	이영호	영등포서	199	이용연	광교세무	37
이승환	국세청	112	이양희	안산서	244	이영숙	대전서	312	이영호	남인천서	279	이용우	국회정무	64
이승환	분당서	234	이언양	마포서	178	이영숙	통영서	463	이영호	대전서	312	이용우	강동서	158
이승환	성남서	236	이언종	양천서	194	이영숙	제주서	465	이영호	동청주서	336	이용우	김포서	290
이승환	인천청	277	이여경	동고양서	293	이영순	중부청	215	이영화	대전청	306	이용욱	경기광주	242
이승환	부천서	295	이여성	시흥서	240	이영순	대전서	312	이영환	마포서	179	이용욱	순천서	367
이승환	여수서	368	이여울	서울청	154	이영순	아산서	328	이영환	안산서	245	이용재	기재부	73
이승환	북대구서	396	이여진	강남서	156	이영신	마포서	178	이영환	중부서	443	이용재	중부청	217
이승환	삼일회계	21	이연경	중부서	210	이영신	부산청	425	이영회	반포서	180	이용재	인천청	276
이승훈	국세청	116	이연경	서대구서	398	이영신	삼일회계	20	이영훈	기재부	72	이용정	부산청	422
이승훈	서울청	142	이연경	경산서	403	이영아	안산서	244	이영훈	용산서	201	이용제	성동서	188
이승훈	강서서	161	이연미	서울청	139	이영애	서대구서	398	이영훈	광주청	350	이용주	부천서	294
이승훈	서대문서	184	이연서	인천서	284	이영옥	국세상담	128	이영휘	국세청	121	이용준	국회정무	63
이승훈	양천서	195	이연석	안산서	245	이영옥	금천서	167	이영휘	인천서	285	이용준	기재부	81
이승훈	남양주서	228	이연선	중부청	214	이영옥	김포서	290	이영희	관악서	163	이용진	잠실서	204
이승훈	이천서	250	이연수	인천서	284	이영옥	북부산서	437	이영희	북부산서	436	이용진	성남서	237
이승훈	광산서	354	이연숙	서대구서	398	이영우	서울청	150	이예담	서산서	324	이용진	전주서	381
이승훈	군산서	372	이연숙	금정서	430	이영우	반포서	181	이예림	중부청	219	이용진	부산청	427
이승훈	북전주서	376	이연실	구로서	165	이영우	구미서	406	이예미	남인천서	278	이용찬	안진회계	17
이승훈	서대구서	399	이연정	도봉서	172	이영욱	기재부	71	이예솔	기재부	71	이용철	서대전서	317
이승훈	울산서	448	이연주	원주서	265	이영욱	김포서	291	이예솔	반포서	180	이용철	여수서	368
이승훈	조세심판	491	이연주	인천서	285	이영웅	감사원	67	이예솔	남인천서	279	이용출	익산서	378
이승휘	동대구서	394	이연주	영동서	338	이영은	안산서	245	이예슬	구미서	407	이용혁	광주청	349
이승희	구로서	165	이연지	수원서	239	이영은	용인서	249	이예영	양산서	456	이용현	안진회계	17
이승희	성북서	190	이연호	국세청	114	이영은	나주서	363	이예지	서초서	187	이용형	조세심판	491
이승희	수원서	239	이연호	관악서	162	이영은	광교세무	39	이예지	중부청	220	이용호	기재부	73
이승희	서대전서	316	이연화	중부청	219	이영일	북부산서	436	이예지	영월서	263	이용호	기재부	82
이승희	광주청	349	이연희	공주서	318	이영임	기재부	77	이예지	구미서	406	이용호	성동서	189
이승희	서부산서	438	이연희	양주서	360	이영자	의정부서	298	이예진	국세청	112	이용화	여수서	369
이승희	조세심판	491	이염휘	관세사회	46	이영자	충주서	344	이오나	서울청	144	이용환	서대전서	316
이시성	국회정무	64	이영	국회정무	64	이영재	국세청	125	이오령	상주서	410	이용후	공주서	319
이시연	중부청	223	이영	남양주서	229	이영재	중부청	220	이오섭	중부청	219	이용후	지방재정	488
이시은	강남서	157	이영	공주서	319	이영재	북인천서	281	이오혁	이천서	251	이용희	연수서	296
이시형	기재부	73	이영경	남대문서	168	이영재	대전서	313	이오형	화성서	255	이용희	의정부서	298
이시형	광주청	348	이영구	대전청	307	이영재	경산서	403	이옥녕	서울청	138	이우경	남양주서	228
이시호	수영서	440	이영권	남인천서	278	이영재	서부산서	438	이옥선	서울청	152	이우근	구로서	165
이시화	국세청	110	이영규	이천서	251	이영정	청주서	342	이옥임	동래서	432	이우남	부천서	294
이신규	북인천서	281	이영균	원주서	264	이영조	서대구서	398	이옥재	서울세관	472	이우람	공주서	318
이신숙	성남서	188	이영근	서부산서	438	이영주	기재부	75	이옥진	남구서	374	이우복	중부세무	32
이신숙	의정부서	298	이영기	남양주서	228	이영주	기재부	76	이옥현	광산서	354	이우석	기재부	83
이신애	동래서	433	이영길	인천청	276	이영주	서울청	134	이옥희	영등포서	198	이우석	서울청	151
이신열	논산서	320	이영길	동대구서	395	이영주	서울청	151	이옥희	시흥서	240	이우석	강동서	159
이신영	기재부	74	이영도	대구세관	484	이영주	강남서	156	이온유	고양서	286	이우석	부산청	422
이신영	대전청	308	이영득	광교세무	37	이영주	강동서	159	이완배	양천서	194	이우섭	분당서	234
이신정	속초서	261	이영락	서대전서	316	이영주	용산서	200	이완식	남대구서	392	이우성	관악서	163
이신정	청주서	343	이영란	부산진서	434	이영주	종로서	207	이완주	동대문서	175	이우성	거창서	450
이신혜	의정부서	298	이영례	광명서	289	이영주	중부청	216	이완표	대전청	308	이우영	남인천서	278
이신호	안진회계	17	이영미	기재부	73	이영주	보령서	322	이완희	국세청	121	이우용	대전청	307
이신호	우리회계	27	이영미	국세청	110	이영주	구미서	407	이왕수	서대전서	317	이우재	서대문서	184
이신화	반포서	181	이영미	잠실서	204	이영주	부산청	426	이왕재	연수서	297	이우재	광명서	289
이신화	중부청	220	이영미	종로서	207	이영준	대전청	306	이요섭	논산서	320	이우정	경기광주	243
이신희	이촌세무	45	이영미	경기광주	242	이영준	더택스	40	이용	삼일회계	20	이우정	북부산서	436
이아라	광주서	356	이영미	영월서	262	이영중	삼성서	182	이용광	국세청	114	이우준	성동서	188
이아름	중부청	219	이영민	성북서	191	이영지	동대구서	394	이용관	남대구서	394	이우진	서울청	138
이아름	순천서	367	이영민	종로서	207	이영지	이촌세무	45	이용규	동작서	176	이우철	기재부	71
이아름	포항서	419	이영민	연수서	296	이영직	충주서	344	이용규	통영서	463	이우철	송파서	192
이아름	창원서	461	이영민	광산서	354	이영진	동대문서	175	이용균	충주서	345	이우태	기재부	78
이아림	광주서	356	이영민	북전주서	377	이영진	마포서	179	이용균	동대구서	394	이우현	성남서	236
이아영	부천서	294	이영빈	금천서	166	이영진	삼성서	183	이용만	도봉서	173	이우현	원주서	264
이안나	서울청	155	이영석	서울청	138	이영진	인천청	276	이용모	삼덕회계	19	이우형	김해서	453
이안섭	서대구서	398	이영석	서울청	143	이영진	서부산서	438	이용문	기재부	84	이욱배	제주서	465
이안수	아산서	329	이영석	송파서	192	이영진	창원서	461	이용문	평택서	253	이운한	북대전서	315
이안희	대전서	312	이영선	기재부	80	이영찬	예산서	330	이용배	포천서	302	이운형	강남서	157
이애경	서울청	144	이영선	마포서	179	이영채	진주서	459	이용범	서울청	138	이웅주	수원서	238
이애님	광주서	356	이영선	북인천서	280	이영철	대구서	388	이용석	강서서	160	이웅진	부산청	428
이애란	서울청	134	이영수	국세청	121	이영철	포항서	418	이용석	이촌회계	28	이원	북대구서	396
이애랑	구로서	164	이영수	양천서	195	이영태	중부청	221	이용성	동안양서	232	이원경	북대전서	314
이애신	노원서	170	이영수	서대구서	398	이영태	부천서	295	이용수	양천서	194	이원경	제주서	465

이름	소속	쪽	이름	소속	쪽	이름	소속	쪽	이름	소속	쪽	이름	소속	쪽
이원교	북전주서	376	이유진	경산서	402	이은규	국세청	109	이은정	구미서	406	이인숙	동작서	176
이원구	중부청	222	이유진	조세심판	490	이은규	국세청	121	이은정	부산청	423	이인숙	중부청	218
이원규	논산서	320	이유겸	강남서	157	이은규	춘천서	267	이은전	서부산서	439	이인숙	서대전서	316
이원근	대전청	311	이윤경	역삼서	197	이은길	북인천서	280	이은제	구로서	165	이인숙	광주서	356
이원기	영등포서	198	이윤경	영등포서	199	이은길	중랑서	209	이은종	동양서	233	이인우	국세청	121
이원나	노원서	171	이윤경	안산서	245	이은미	서울청	146	이은주	서울청	137	이인우	북대구서	396
이원남	국세청	109	이윤경	삼척서	258	이은미	동작서	177	이은주	서울청	139	이인욱	금융위	88
이원도	강서서	160	이윤경	순천서	366	이은미	안양서	247	이은주	중부청	220	이인원	경주서	404
이원만	서대문서	184	이윤금	북부산서	437	이은미	의정부서	298	이은주	중부청	221	이인이	김포서	290
이원명	남대구서	392	이윤기	EY한영	16	이은미	창원서	460	이은주	남대구서	392	이인자	마포서	178
이원복	성북서	190	이윤미	강동서	158	이은배	중랑서	209	이은주	동래서	433	이인자	동청주서	336
이원복	수성서	401	이윤미	창원서	461	이은비	서울청	155	이은주	창원서	461	이인재	마포서	179
이원상	수성서	400	이윤상	우리회계	27	이은상	서울청	139	이은지	서초서	186	이인재	진주서	459
이원상	부산세관	481	이윤서	동래서	433	이은상	거창서	451	이은지	북인천서	280	이인하	성북서	190
이원섭	중부청	221	이윤석	인천청	276	이은서	안동서	412	이은지	부천서	294	이인하	종로서	206
이원섭	부산청	424	이윤선	수원서	238	이은석	국회정무	64	이은지	대전서	312	이인혁	마산서	454
이원우	양천서	195	이윤선	경주서	405	이은선	관악서	163	이은지	서대전서	317	이인형	법무광장	50
이원욱	국회정무	64	이윤수	김포서	290	이은선	경기광주	242	이은지	북대구서	396	이인호	경산서	402
이원익	강서서	161	이윤숙	중부청	217	이은선	공주서	318	이은진	동작서	177	이인희	국세청	109
이원일	국세청	110	이윤숙	천안서	332	이은설	북인천서	281	이은진	구리서	224	이일구	서부산서	439
이원일	법무바른	1	이윤애	북인천서	281	이은섭	인천청	274	이은진	인천청	277	이일생	서울청	130
이원자	수원서	239	이윤영	의정부서	298	이은성	중부청	221	이은진	광주서	357	이일성	국세교육	130
이원재	기재부	79	이윤옥	시흥서	241	이은성	시흥서	240	이은진	여수서	369	이일영	성북서	190
이원재	기재부	81	이윤우	김포서	291	이은성	파주서	300	이은진	경주서	404	이일재	광주청	348
이원정	종로서	206	이윤우	대전청	309	이은송	인천청	276	이은진	부산진서	434	이일환	인천서	284
이원종	충주서	345	이윤의	분당서	235	이은수	국세상담	128	이은창	경기광주	242	이임동	중부청	219
이원주	국세청	122	이윤재	도봉서	173	이은수	구리서	225	이은하	조세심판	490	이임순	성동서	188
이원주	이천서	251	이윤정	기재부	78	이은수	화성서	254	이은행	창원서	460	이자연	구로서	165
이원준	기재부	75	이윤정	구로서	164	이은수	인천서	285	이은형	중부청	221	이자원	동래서	433
이워주	국세청	111	이윤절	성동서	189	이은숙	기재부	74	이온혜	서울청	142	이장근	광주시	356
이원준	국세청	119	이윤정	중부청	217	이은숙	서울청	150	이은혜	청주서	342	이장영	서울청	145
이원진	중부청	222	이윤정	기흥서	226	이은숙	대전청	307	이은호	포항서	418	이장원	광주청	350
이원형	국세청	109	이윤정	전주서	381	이은숙	대전청	309	이은호	부산세관	481	이장호	마산서	455
이원형	동대구서	394	이윤정	수성서	401	이은숙	북대전서	314	이은화	기재부	73	이장환	중부청	221
이원호	수영서	441	이윤주	서울청	145	이은순	진주서	458	이은희	강동서	159	이장환	금정서	431
이원희	역삼서	197	이윤주	강서서	160	이은실	삼성서	182	이은희	금천서	167	이장훈	강동서	158
이원희	영월서	263	이윤주	반포서	180	이은실	서초서	187	이은희	삼성서	183	이재각	대전서	312
이원희	서대구서	399	이윤주	삼성서	183	이은실	중부청	214	이은희	서초서	186	이재갑	순천서	366
이위형	동울산서	446	이윤주	용인서	249	이은아	노원서	170	이은희	대전청	310	이재강	관악서	163
이유강	서울청	138	이윤주	안동서	413	이은아	서광주서	360	이은희	대전청	311	이재강	논산서	320
이유경	중부서	211	이윤태	기재부	78	이은아	조세재정	494	이은희	경주서	405	이재경	삼성서	182
이유근	광산서	354	이윤태	김천서	408	이은애	성남서	237	이은희	금정서	430	이재경	동대구서	395
이유라	분당서	235	이윤택	대구세관	484	이은영	기재부	76	이은희	동울산서	447	이재경	경주서	405
이유리	서울청	150	이윤하	용산서	200	이은영	서울청	139	이응구	천안서	333	이재경	삼덕회계	19
이유리	중부청	221	이윤형	강서서	161	이은영	강동서	158	이응기	서울청	144	이재곤	용인서	248
이유만	김해서	452	이윤호	김포서	291	이은영	서대문서	184	이응봉	대구청	385	이재관	기흥서	227
이유미	평택서	253	이윤호	남원서	374	이은영	중랑서	208	이응봉	대구청	389	이재관	창원서	461
이유미	인천청	276	이윤희	국세교육	131	이은영	안양서	246	이응봉	대구청	390	이재규	동안양서	232
이유민	구리서	224	이윤희	서울청	135	이은영	파주서	301	이응석	중기회	104	이재균	포천서	302
이유빈	구로서	165	이윤희	서울청	139	이은영	대전청	307	이응석	남대문서	169	이재균	조세심판	490
이유상	서초서	186	이윤희	동작서	176	이은영	대구청	389	이응선	중부서	210	이재근	마포서	178
이유상	경주서	404	이윤희	송파서	192	이은영	포항서	419	이응수	국세교육	130	이재근	동대구서	394
이유선	구로서	165	이윤희	종로서	207	이은영	서부산서	439	이응준	국회정무	64	이재남	시흥서	241
이유선	동작서	177	이윤희	포천서	302	이은옥	동고양서	292	이응찬	남대문서	169	이재남	광산서	355
이유영	양천서	194	이윤희	우리회계	27	이은용	강서서	160	이응찬	중부청	216	이재락	안동서	412
이유영	은평서	203	이율배	국세청	116	이은용	기재부	81	이의상	인천세관	477	이재락	춘천서	266
이유영	김포서	290	이융건	송파서	192	이은자	중부세무	32	이의신	천안서	332	이재면	기재부	75
이유원	구로서	165	이융희	동작서	177	이은장	천안서	332	이의태	송파서	192	이재명	대전청	309
이유정	서울청	141	이은	종로서	206	이은정	국세청	111	이이네	구로서	164	이재명	대전청	310
이유정	잠실서	205	이은경	서울청	135	이은정	국세상담	129	이아자	김포서	290	이재민	서인천서	282
이유정	분당서	234	이은경	강남서	157	이은정	서울청	134	이익재	부산세관	481	이재민	부천서	294
이유정	남인천서	279	이은경	중부청	214	이은정	서울청	155	이익진	인천청	277	이재민	나주서	363
이유정	김해서	452	이은경	중부청	215	이은정	노원서	170	이익훈	영등포서	198	이재민	예일회계	26
이유조	북대구서	397	이은경	동수원서	230	이은정	송파서	192	이인권	은평서	203	이재복	관악서	163
이유지	구미서	407	이은경	안양서	246	이은정	송파서	192	이인권	동래서	432	이재복	경주서	405
이유진	기재부	76	이은경	부천서	295	이은정	양천서	195	이인근	서대전서	317	이재상	강서서	160
이유진	노원서	170	이은경	목포서	365	이은정	역삼서	196	이인기	서산서	324	이재상	반포서	181
이유진	반포서	180	이은경	북전주서	376	이은정	영등포서	198	이인기	예일세무	43	이재석	기재부	81
이유진	서초서	187	이은경	조세재정	493	이은정	종로서	207	이인기	예일세무	205	이재석	용산서	200
이유진	영등포서	198	이은경	조세재정	493	이은정	중부청	217	이인선	서울청	143	이재석	부산청	427
이유진	동수원서	230	이은경	조세재정	494	이은정	동수원서	230	이인수	상주서	411	이재석	관세사회	46
이유진	평택서	252	이은광	해남서	371	이은정	북인천서	281	이인수	법무광장	51	이재선	북부산서	437
이유진	서대전서	316	이은국	부천서	294	이은정	동대구서	394	이인숙	서울청	137	이재선	조세재정	493

이름	소속	번호
이재성	서울청	145
이재성	서울청	155
이재성	잠실서	205
이재성	중부청	218
이재성	평택서	252
이재성	천안서	332
이재성	북광주서	359
이재성	안동서	412
이재성	중부산서	443
이재성	김해서	452
이재수	파주서	301
이재수	수영서	440
이재숙	삼성서	183
이재숙	영동서	338
이재승	대전청	307
이재식	국세청	117
이재식	서인천서	282
이재식	부산청	422
이재아	서광주서	361
이재연	삼성서	183
이재연	영등포서	198
이재열	강서서	160
이재열	대전서	312
이재열	수영서	441
이재열	울산서	449
이재영	서울청	145
이재영	남대문서	168
이재영	안산서	244
이재영	안산서	245
이재영	연수서	296
이재영	경주서	405
이재영	부산청	428
이재영	김해서	453
이재영	조세재정	493
이재영	예일회계	26
이재완	기재부	71
이재완	동대문서	175
이재용	서울청	152
이재우	기재부	81
이재우	기재부	81
이재우	남인천서	279
이재우	고양서	286
이재우	지방재정	489
이재우	안진회계	17
이재욱	강서서	160
이재욱	동안양서	233
이재욱	세종서	326
이재욱	남대구서	393
이재운	여수서	368
이재웅	마산서	454
이재원	중기회	104
이재원	국세상담	129
이재원	강서서	161
이재원	관악서	162
이재원	성남서	237
이재원	북대전서	314
이재원	경산서	403
이재원	금정서	431
이재은	국세청	114
이재일	은평서	202
이재일	서산서	325
이재준	평택서	252
이재준	의정부서	299
이재진	평택서	253
이재철	기재부	81
이재철	서울청	124
이재철	서울청	144
이재철	금정서	431
이재춘	수영서	440
이재택	중부청	221
이재평	통영서	463
이재학	역삼서	196
이재학	기재부	79
이재향	강동서	158
이재혁	송파서	193
이재혁	중부청	216
이재혁	용인서	248
이재혁	대구청	390
이재혁	삼일회계	21
이재현	기재부	83
이재현	기흥서	226
이재현	인천서	284
이재현	대전청	310
이재현	익산서	378
이재현	수성서	401
이재현	삼정회계	24
이재호	국회정무	64
이재호	종로서	207
이재호	중부서	211
이재호	지방재정	489
이재홍	기재부	77
이재홍	시흥서	241
이재홍	서대구서	398
이재홍	지방재정	489
이재홍	이촌회계	28
이재화	기재부	81
이재환	기재부	72
이재환	의정부서	299
이재훈	마포서	178
이재훈	평택서	252
이재훈	인천청	277
이재훈	포항서	419
이재훈	부산서	426
이재훈	EY한영	16
이재흥	관세사회	46
이재희	화성서	254
이재희	북대전서	314
이재희	익산서	379
이재희	영주서	417
이재희	예일세무	43
이전봉	역삼서	197
이전승	진주서	458
이점례	부천서	294
이점수	통영서	463
이점순	보령서	322
이점순	창원서	461
이점희	해남서	370
이정	중부청	218
이정	북광주서	359
이정걸	서울청	142
이정걸	용인서	249
이정걸	동울산서	446
이정관	광주청	353
이정관	강서서	456
이정구	경기광주	242
이정국	동대구서	394
이정규	동울산서	446
이정균	동고양서	293
이정근	충주서	345
이정기	국회정무	64
이정기	의정부서	298
이정기	포천서	302
이정기	북대전서	315
이정기	EY한영	16
이정길	북대전서	314
이정길	정읍서	383
이정남	대구청	389
이정노	동작서	176
이정노	서대구서	398
이정례	진주서	458
이정로	서울청	137
이정로	금천서	166
이정룡	논산서	321
이정림	영등포서	199
이정묵	동대문서	174
이정문	국회정무	64
이정미	강동서	159
이정미	성동서	189
이정미	기흥서	226
이정미	대전청	307
이정미	광주서	356
이정미	양산서	457
이정미	조세재정	494
이정민	국세청	114
이정민	국세청	125
이정민	서울청	139
이정민	서울청	147
이정민	강서서	161
이정민	마포서	179
이정민	남인천서	279
이정민	파주서	301
이정민	광주청	349
이정민	부산진서	434
이정범	국세청	119
이정복	목포서	365
이정상	광명서	288
이정선	대전청	308
이정선	서대전서	317
이정선	영주서	417
이정섭	세무삼릉	41
이정수	중부청	223
이정수	익산서	378
이정숙	서울청	135
이정숙	서울청	139
이정숙	삼성서	183
이정숙	부산서	428
이정순	성북서	191
이정순	영등포서	199
이정순	대전청	310
이정식	시흥서	240
이정식	파주서	301
이정식	서대구서	398
이정아	기재부	81
이정아	국세청	120
이정아	서울청	146
이정아	이천서	250
이정아	대전청	307
이정애	중부청	217
이정애	익산서	379
이정애	부산청	425
이정애	동울산서	446
이정언	수원서	239
이정연	기재부	77
이정연	서울청	139
이정영	북대구서	396
이정옥	반포서	180
이정옥	삼척서	258
이정옥	삼척서	258
이정옥	마산서	455
이정우	북대전서	315
이정우	천안서	333
이정우	서울세관	472
이정우	지방재정	489
이정욱	반포서	180
이정욱	부천서	294
이정운	대전서	306
이정운	전주서	380
이정웅	종로서	206
이정웅	김해서	453
이정원	국회법제	62
이정원	이천서	250
이정원	부천서	295
이정윤	노원서	170
이정윤	양천서	195
이정윤	중부청	220
이정윤	경기광주	243
이정은	기재부	85
이정은	서울청	139
이정은	서울청	152
이정은	동작서	176
이정은	중부서	210
이정은	동청주서	337
이정은	북부산서	436
이정은	수영서	441
이정은	울산서	449
이정은	통영서	463
이정은	조세재정	493
이정인	영등포서	199
이정인	세종서	326
이정인	조세재정	493
이정일	대전청	310
이정임	동청주서	337
이정자	반포서	180
이정주	국세청	108
이정주	마포서	179
이정주	대전서	313
이정철	순천서	366
이정태	인천서	272
이정표	영등포서	199
이정표	익산서	379
이정필	동래서	432
이정하	안양서	246
이정학	기재부	71
이정학	동대문서	174
이정현	서울청	135
이정현	성동서	188
이정현	중부청	219
이정현	동안양서	232
이정현	파주서	301
이정형	남양주서	228
이정호	남원서	374
이정호	북전주서	376
이정호	수성서	401
이정호	북부산서	437
이정호	양산서	457
이정호	법무바른	1
이정화	국세청	110
이정화	강남서	156
이정화	서대문서	185
이정화	동안양서	232
이정화	광주청	350
이정화	창원서	461
이정환	청주서	342
이정환	광주서	356
이정훈	기재부	70
이정훈	구로서	164
이정훈	마포서	178
이정훈	중부청	222
이정훈	대전청	306
이정훈	대전청	311
이정훈	해남서	370
이정훈	북대구서	396
이정훈	동래서	433
이정훈	마산서	454
이정훈	통영서	463
이정훈	삼일회계	21
이정희	국회재정	60
이정희	서울청	141
이정희	도봉서	172
이정희	동대문서	174
이정희	종로서	207
이정희	원주서	265
이정희	연수서	297
이정희	아산서	329
이정희	경주서	404
이정희	서울세관	472
이정희	조세심판	490
이제연	김해서	452
이제욱	김앤장	49
이제욱	남대구서	392
이제현	대전청	309
이제훈	기재부	80
이조은	역삼서	196
이조은	예일세무	43
이존열	도봉서	173
이종건	부산청	422
이종경	서초서	187
이종관	북인천서	281
이종광	김앤장	49
이종국	포항서	418
이종국	수영서	441
이종국	김앤장	49
이종권	삼성서	183
이종근	안양서	247
이종기	부천서	295
이종길	서대전서	317
이종남	분당서	234
이종록	분당서	235
이종룡	성북서	190
이종률	제주서	464
이종만	금융위	87
이종면	김해서	452
이종명	상공회의	103
이종명	상공회의	103
이종명	김앤장	49
이종민	기재부	76
이종민	상공회의	103
이종민	국세청	122
이종민	잠실서	205
이종민	원주서	264
이종민	영덕서	415
이종배	해운대서	445
이종범	인천세관	476
이종복	동안양서	232
이종석	김포서	291
이종석	관세사회	46
이종섭	북인천서	280
이종성	기재부	71
이종성	잠실서	204
이종수	기재부	84
이종숙	수성서	400
이종숙	삼성서	182
이종신	충주서	345
이종영	국세청	115
이종영	용인서	248
이종완	안산서	244
이종우	서울청	154
이종우	화성서	255
이종우	인천청	277
이종우	대구청	386
이종우	관세청	468
이종우	기재부	78
이종욱	기재부	79
이종욱	통영서	462
이종욱	인천세관	476
이종운	서광주서	360
이종원	진주서	458
이종윤	서울청	147
이종인	서현이현	7
이종준	국세교육	131
이종철	국세청	125
이종철	조세심판	490
이종탁	세무원쿼	42
이종태	국회정무	64
이종태	공주서	319
이종필	남원서	374
이종필	부산세관	480
이종하	구리서	224
이종학	나주서	362
이종헌	중부세무	32
이종혁	기재부	80
이종현	양천서	194
이종현	종로서	207
이종현	김포서	291
이종현	김포서	291

이름	소속	번호
이종현	전주서	381
이종현	북대구서	397
이종현	금정서	430
이종녕	삼일회계	20
이종호	홍천서	268
이종호	대전청	311
이종호	전주서	381
이종호	부산청	426
이종호	인천세관	476
이종호	관세사회	46
이종환	국회법제	62
이종훈	기재부	83
이종훈	서울청	137
이종훈	원주서	264
이종훈	남인천서	279
이종훈	대구청	391
이종휘	서대구서	399
이종희	동청주서	336
이주경	노원서	171
이주경	서부산서	439
이주경	조세재정	494
이주광	국회재정	59
이주나	은평서	202
이주미	종로서	206
이주미	안양서	247
이주미	구미서	406
이주빈	서초서	187
이주석	국세청	123
이주석	마산서	455
이주선	금천서	166
이수선	도봉서	173
이주성	서대전서	317
이주안	춘천서	267
이주안	인천세관	475
이주연	대전청	308
이주연	서산서	324
이주연	부산청	425
이주영	반포서	181
이주영	용산서	200
이주영	중부청	222
이주영	동수원서	231
이주영	동안양서	232
이주영	대전청	310
이주영	대전청	310
이주영	부산청	422
이주용	인천청	277
이주우	국세상담	129
이주원	서울청	151
이주윤	기재부	75
이주은	서인천서	282
이주은	전주서	380
이주일	인천청	272
이주하	서대구서	399
이주한	금천서	167
이주한	서인천서	283
이주한	대전청	309
이주한	천안서	332
이주한	조세심판	490
이주혁	국회정무	63
이주현	기재부	76
이주현	양천서	194
이주현	양천서	195
이주현	종로서	206
이주현	동수원서	230
이주현	파주서	301
이주현	광산서	354
이주현	서부산서	438
이주현	김해서	453
이주협	구로서	164
이주형	국세청	108
이주형	서산서	324
이주형	동청주서	337
이주형	전주서	381
이주형	경주서	404
이주형	김천서	409
이주혜	울산서	449
이수호	기재부	80
이주화	수원서	238
이주환	서울청	141
이주환	강남서	156
이주환	인천서	284
이주환	포항서	419
이주희	국세청	114
이주희	동대문서	174
이주희	동작서	176
이주희	영등포서	198
이주희	중부청	221
이주희	부천서	295
이준	중부청	222
이준건	남대구서	393
이준규	구로서	165
이준규	이천서	251
이준길	수영서	441
이준년	김포서	290
이준무	중부청	218
이준배	양천서	195
이준범	기재부	76
이준서	금융위	86
이준서	이천서	250
이준석	강동서	158
이준석	서산서	325
이준석	영주서	416
이준성	기흥서	226
이준성	조세재정	492
이준식	마산서	454
이준식	지방재정	489
이준영	국세청	124
이준영	동수원서	230
이준영	고양서	286
이준영	고양서	286
이준오	중부청	213
이준오	중부청	214
이준용	경기광주	243
이준우	기재부	76
이준우	금천서	167
이준우	시흥서	240
이준우	부산청	422
이준익	대구청	389
이준재	감사원	66
이준탁	천안서	333
이준표	노원서	170
이준표	경기광주	242
이준학	마포서	179
이준혁	강남서	157
이준혁	서인천서	283
이준혁	지방재정	488
이준혁	충주서	344
이준형	인천서	284
이준호	서울청	134
이준호	동래서	433
이준호	동울산서	447
이준호	지방재정	488
이준홍	용인서	249
이준홍	부산청	422
이준희	국세청	120
이준희	남대문서	168
이준희	서초서	187
이준희	화성서	255
이준희	인천청	274
이준희	거창서	450
이중건	중부세무	32
이중구	대구청	389
이중승	서울청	155
이중재	성남서	236
이중진	기재부	76
이중한	분당서	234
이중헌	기재부	81
이중헌	삼일회계	20
이중호	금천서	167
이중호	창원서	460
이지민	국세청	112
이지민	국세청	123
이지민	용산서	201
이지민	평택서	252
이지민	북대구서	397
이지민	경주서	405
이지민	부산청	428
이지백	국회재정	60
이지상	국세청	114
이지선	국회법제	61
이지선	서울청	138
이지선	강남서	157
이지선	도봉서	172
이지선	동대문서	174
이지선	인천청	276
이지수	서울청	150
이지수	강남서	156
이지수	도봉서	173
이지수	구리서	224
이지수	경기광주	243
이지수	안산서	244
이지수	영월서	263
이지수	조세재정	493
이지수	김앤장	49
이지숙	국세청	115
이지숙	성동서	189
이지숙	역삼서	196
이지숙	남인천서	278
이지안	남인천서	279
이지안	남대구서	392
이지연	국세청	114
이지연	서울청	140
이지연	서울청	146
이지연	남대문서	168
이지연	노원서	170
이지연	서대문서	184
이지연	성동서	189
이지연	중부청	223
이지연	분당서	234
이지연	분당서	235
이지연	연수서	297
이지연	공주서	318
이지연	나주서	362
이지연	부산청	423
이지영	기재부	80
이지영	서울청	134
이지영	강동서	158
이지영	동작서	177
이지영	서대문서	184
이지영	동고양서	292
이지영	광주청	351
이지영	광산서	355
이지영	경산서	403
이지영	구미서	406
이지영	김해서	452
이지예	서울청	139
이지우	기재부	79
이지우	성동서	188
이지우	성남서	236
이지웅	감사원	67
이지원	국세청	108
이지원	서울청	152
이지원	기흥서	226
이지원	평택서	252
이지원	동고양서	292
이지원	김해서	452
이지윤	반포서	181
이지윤	역삼서	196
이지윤	동청주서	336
이지윤	충주서	344
이지은	기재부	79
이지은	국세청	109
이지은	금천서	167
이지은	노원서	170
이지은	송파서	192
이지은	역삼서	197
이지은	동고양서	292
이지은	청주서	343
이지은	광주서	357
이지은	부산서	427
이지은	부산진서	434
이지은	해운대서	444
이지웅	서울청	134
이지하	부산서	422
이지헌	국세청	110
이지헌	역삼서	197
이지헌	평택서	253
이지현	기재부	70
이지현	서울청	142
이지현	노원서	171
이지현	성동서	188
이지현	역삼서	196
이지현	영등포서	199
이지현	은평서	202
이지현	용인서	248
이지현	화성서	254
이지현	영주서	416
이지현	수영서	440
이지형	마산서	454
이지형	서울청	135
이지혜	기재부	81
이지혜	기재부	83
이지혜	기재부	84
이지혜	기재부	85
이지혜	국세청	117
이지혜	강서서	160
이지혜	노원서	171
이지혜	은평서	202
이지혜	중랑서	208
이지혜	이천서	250
이지혜	평택서	252
이지혜	조세재정	492
이지호	중부서	211
이지호	영동서	338
이지환	동래서	433
이지훈	기재부	74
이지훈	종로서	207
이지훈	인천청	275
이지훈	동고양서	293
이지훈	조세심판	491
이지희	국세청	108
이지희	남대문서	168
이지희	마포서	179
이지희	북전주서	377
이지희	서대문서	184
이진	잠실서	205
이진	시흥서	240
이진	부산청	423
이진경	기재부	78
이진경	서울청	142
이진경	부천서	294
이진경	부산청	425
이진경	중부산서	443
이진경	진주서	459
이진관	조세재정	494
이진규	동수원서	231
이진규	수성서	401
이진규	더택스	40
이진균	강동서	158
이진례	부천서	294
이진명	경기광주	242
이진문	노원서	170
이진서	평택서	252
이진석	금감원	89
이진서	금감원	91
이진석	북대전서	314
이진석	법무화우	54
이진석	기재부	76
이진선	인천청	277
이진선	제주서	464
이진섭	김해서	453
이진수	기재부	74
이진수	서울청	144
이진수	북대전서	314
이진수	충주서	344
이진수	동울산서	446
이진숙	국세청	120
이진숙	연수서	296
이진실	삼성서	183
이진아	구로서	165
이진아	구로서	165
이진아	동작서	177
이진아	인천청	272
이진열	감사원	67
이진영	서울청	135
이진영	구로서	165
이진영	시흥서	240
이진영	춘천서	267
이진영	북인천서	280
이진영	양산서	457
이진용	관세사회	46
이진우	서울청	136
이진우	서울청	137
이진우	금천서	167
이진우	분당서	234
이진우	북인천서	280
이진우	의정부서	298
이진우	순천서	367
이진욱	남대구서	393
이진재	용산서	200
이진재	광주청	352
이진주	남대문서	168
이진주	서대전서	316
이진택	광주청	351
이진하	영등포서	199
이진혁	서울청	137
이진호	강서서	160
이진호	마포서	179
이진호	분당서	235
이진호	안산서	244
이진호	인천서	285
이진호	창원서	460
이진홍	북부산서	437
이진화	반포서	181
이진화	부산청	427
이진환	국세청	114
이진환	부산청	428
이진희	강남서	157
이진희	동수원서	230
이진희	용인서	249
이진희	대전청	309
이진희	홍성서	334
이진희	울산서	449
이진희	제주서	465
이진희	관세청	469
이진희	지방재정	488
이차웅	기재부	77
이찬	관악서	162
이찬	은평서	203
이찬기	관세청	467
이찬무	도봉서	172
이찬미	기재부	85
이찬민	상공회의	103
이찬섭	부산세관	481
이찬송	원주서	264

이름	소속	번호	이름	소속	번호	이름	소속	번호	이름	소속	번호	이름	소속	번호
이찬수	북인천서	280	이창훈	금천서	167	이충구	국세청	108	이하경	청주서	343	이헌배	상공회의	103
이찬우	구미서	406	이창훈	역삼서	196	이충근	천안서	332	이하경	부산진서	434	이헌석	남양주서	228
이찬주	관악서	162	이창훈	동수원서	230	이충섭	관악서	163	이하나	기흥서	227	이헌식	분당서	235
이찬형	종로서	206	이창훈	북광주서	358	이충원	서초서	186	이하나	성남서	236	이헌종	파주서	301
이찬호	기재부	76	이창훈	울산서	448	이충원	남인천서	278	이하나	용인서	249	이혁섭	부산청	422
이찬희	성북서	191	이창훈	창원서	460	이충인	평택서	252	이하나	춘천서	266	이혁섭	광주청	348
이찬희	인천청	277	이창훈	조세심판	490	이충일	국세주류	126	이하림	제주서	464	이현	남대문서	169
이찬희	동울산서	447	이창흠	노원서	171	이충형	서대구서	398	이하섬	종로서	206	이현규	국세교육	130
이창건	용산서	201	이창희	기재부	79	이충호	대구청	389	이하연	남인천서	279	이현규	중부청	218
이창곤	강남서	156	이창희	중기회	104	이충환	중부청	223	이하은	전주서	380	이현규	고양서	287
이창관	포항시	419	이창희	남대문서	168	이치권	수영서	440	이하철	대구청	386	이현규	경주서	404
이창권	영동서	339	이창희	분당서	234	이치욱	북대구서	396	이하현	광주청	353	이현균	이천서	250
이창규	대구청	389	이창희	창원서	460	이치웅	중부청	218	이학곤	서울청	149	이현기	북전주서	377
이창근	광주서	356	이채곤	마포서	179	이치원	서울청	151	이학보	관세청	469	이현기	동래서	433
이창근	남대구서	392	이채령	안산서	244	이치현	금융위	87	이학승	중부청	221	이현도	국세청	110
이창기	EY한영	16	이채린	국세청	117	이치훈	제주서	464	이학승	북전주서	376	이현도	김해서	453
이창기	금천서	166	이채민	대전서	313	이탁수	노원서	171	이한결	기재부	77	이현동	부산청	424
이창남	서울청	146	이채민	대전서	313	이탁신	여수서	369	이한경	양산서	457	이현란	안동서	413
이창남	양천서	195	이채아	중부서	211	이탁희	서부산서	438	이한기	천안서	333	이현무	중부청	214
이창남	공주서	318	이채연	강서서	161	이태경	기재부	82	이한나	동대문서	174	이현문	성동서	188
이창렬	수영서	440	이채영	기재부	81	이태경	기재부	83	이한나	천안서	332	이현민	인천청	274
이창림	제주서	464	이채원	서초서	186	이태경	서울청	146	이한나	동청주서	336	이현민	김포서	290
이창민	기재부	85	이채원	영월서	262	이태경	서대문서	185	이한나	안진회계	17	이현범	인천청	272
이창민	서대문서	185	이채윤	대전청	307	이태경	예일회계	26	이한동	부산청	425	이현상	서대전서	317
이창민	포천서	302	이채윤	대구청	389	이태곤	남인천서	278	이한라	동울산서	447	이현상	천안서	333
이창민	경주서	404	이채은	김해서	453	이태균	화성서	255	이한배	서울청	135	이현석	반포서	181
이창석	서울청	146	이채현	광주서	348	이태상	서인천서	283	이한빈	부산청	423	이현석	은평서	203
이창선	기재부	82	이재호	해운대서	445	이태순	동작서	176	이한상	삼성서	182	이현선	부천서	294
이창수	기재부	74	이철	서울청	135	이태연	국세청	124	이한샘	대구청	386	이현성	서울청	153
이창수	국세주류	126	이철	용산서	200	이태용	부천서	294	이한선	부산세관	481	이현수	종로서	206
이창수	중부청	216	이철	목포서	365	이태우	조세재정	492	이한선	이촌회계	28	이현수	대구청	391
이창수	중부청	220	이철경	서울청	147	이태욱	중부청	214	이한성	대전청	307	이현수	동대구서	395
이창수	안산서	245	이철규	기재부	81	이태욱	우리회계	27	이한솔	안양서	247	이현숙	역삼서	197
이창수	천안서	332	이철균	광교세무	38	이태윤	기재부	76	이한솔	예산서	330	이현숙	이천서	250
이창수	포항서	419	이철민	중부청	222	이태진	부산청	422	이한승	부산진서	443	이현숙	삼척서	258
이창식	세무고시	34	이철민	부산서	442	이태한	파주서	300	이한송	중랑서	208	이현순	서울청	139
이창언	노원서	171	이철수	국세상담	128	이태혁	세무고시	34	이한승	대전청	310	이현승	부산진서	434
이창언	해남서	370	이철수	서초서	186	이태현	중랑서	208	이한아	북부산서	436	이현실	동래서	433
이창언	제주서	464	이철승	목포서	365	이태형	부산진서	434	이한임	국세청	110	이현애	서울청	154
이창열	중부청	221	이철승	진주서	458	이태호	국세상담	129	이한종	세무화우	55	이현애	남인천서	278
이창오	서울청	142	이철영	기재부	70	이태호	구로서	164	이한준	부산청	425	이현영	서울청	135
이창용	부산청	423	이철옥	서울세관	472	이태호	동래서	432	이한진	금융위	88	이현영	대구청	389
이창우	서울청	141	이철용	제주서	465	이태호	북부산서	437	이한철	기재부	74	이현영	조세재정	492
이창우	홍천서	269	이철우	평택서	253	이태호	양산서	457	이한택	파주서	301	이현우	국세청	111
이창우	서대구서	399	이철우	인천서	285	이태환	서울청	144	이한희	시흥서	240	이현우	국세청	119
이창욱	국세청	110	이철우	대전청	310	이태훈	기재부	76	이해나	광명서	288	이현우	잠실서	205
이창원	중부청	218	이철원	해남서	371	이태훈	금융위	87	이해남	용인서	248	이현우	김해서	453
이창인	금정서	430	이철원	중부청	217	이태훈	금융위	87	이해미	잠실서	205	이현우	진주서	459
이창일	부산청	422	이철원	이천서	250	이태훈	국세청	111	이해봉	서대구서	398	이현우	조세심판	490
이창일	지방재정	488	이철재	서울청	152	이태훈	충주서	345	이해석	삼성서	183	이현욱	마포서	179
이창주	고양서	286	이철재	인천세관	477	이태훈	순천서	366	이해섭	강남서	156	이현이	중부청	217
이창주	남원서	374	이철주	제천서	340	이태훈	지방재정	488	이해영	시흥서	241	이현익	안산서	245
이창준	기재부	72	이철형	강릉서	256	이태희	중기회	104	이해옥	파주서	300	이현일	서울청	138
이창준	서울청	148	이철형	파주서	301	이태희	대전청	310	이해운	송파서	192	이현임	군산서	373
이창준	서울청	154	이철호	삼성서	182	이태희	경주서	404	이해운	중부세무	32	이현재	충주서	345
이창준	고양서	286	이철호	광주청	348	이택건	중부산서	442	이해웅	부산청	424	이현재	통영서	463
이창학	김포서	290	이철호	동울산서	447	이택근	대전청	307	이해인	기재부	78	이현정	서초서	186
이창한	삼성서	183	이철환	화성서	254	이택민	기재부	82	이해인	반포서	180	이현정	용산서	201
이창한	분당서	234	이청룡	대전청	305	이택수	인천서	285	이해인	경주서	404	이현정	중부청	221
이창한	김천서	409	이청룡	대전청	306	이택호	춘천서	267	이해자	평택서	252	이현정	동안양서	232
이창현	중부청	219	이청림	해운대서	445	이판식	중부청	215	이해장	서초서	186	이현정	용인서	248
이창현	인천청	273	이초롱	평택서	252	이평년	서울청	150	이해중	구리서	224	이현정	화성서	254
이창현	고양서	287	이춘근	관악서	163	이평재	경기광주	242	이해진	국세청	110	이현정	화성서	254
이창현	서광주서	361	이춘복	상주서	410	이평재	김앤장	49	이해진	중부청	217	이현정	북전주서	376
이창현	북대구서	396	이춘식	서울청	135	이평호	강동서	158	이해진	관세청	469	이현정	북대구서	396
이창호	국세청	121	이춘우	포항서	418	이평희	동청주서	337	이해창	지방재정	488	이현정	김해서	452
이창호	원주서	264	이춘주	인천서	285	이푸르미	수원서	238	이향규	성동서	188	이현정	창원서	460
이창호	금정서	431	이춘하	성동서	189	이푸른	대전청	306	이향석	영덕서	414	이현정	제주서	465
이창호	조세재정	492	이춘형	광산서	354	이풍훈	국세청	114	이향선	수원서	239	이현정	지방재정	488
이창홍	예산서	331	이춘호	원주서	265	이필	종로서	206	이향우	국회법제	61	이현종	대구청	390
이창환	제주서	464	이춘희	대구청	388	이필곤	성남서	237	이향주	삼성서	183	이현종	지방재정	489
이창훈	국세상담	128	이춘희	서대구서	399	이필용	광주청	348	이향화	광주청	349	이현종	삼일회계	20
이창훈	서울청	140				이하경	의정부서	298				이현주	기재부	79

이름	소속	쪽
이현주	기재부	81
이현주	시흥시	187
이현주	역삼서	197
이현주	강남시	204
이현주	종로서	207
이현주	분당서	235
이현주	경기광주	242
이현주	안양서	247
이현주	용인서	249
이현주	부천서	294
이현주	파주서	301
이현주	군산서	372
이현주	익산서	378
이현주	통영서	462
이현주	서울세관	473
이현준	기재부	83
이현준	서초서	186
이현준	경기광주	243
이현준	고양서	286
이현지	기재부	82
이현지	반포서	180
이현지	용산서	200
이현지	용산서	201
이현지	중부서	210
이현지	화성서	254
이현지	수영서	440
이현진	국세청	110
이현진	동안양서	233
이현진	분당서	235
이현진	경기광주	242
이현진	인신시	245
이현진	대전청	311
이현진	부산청	426
이현진	동래서	432
이현진	양산서	457
이현찬	서대전서	317
이현채	남인천서	278
이현철	의정부서	299
이현탁	서대구서	399
이현태	기재부	78
이현태	우리회계	27
이현택	화성서	254
이현혜	중부청	215
이현호	국세청	110
이현화	서울청	140
이현화	이천서	251
이현희	국세청	108
이현희	금천서	166
이현희	서초서	187
이현희	동고양서	292
이현희	청주서	342
이현희	동래서	432
이현희	창원서	461
이형경	안산서	244
이형구	국세상담	129
이형권	영등포서	198
이형근	원주서	264
이형근	울산서	448
이형민	영월서	263
이형민	조세재정	493
이형배	부천서	295
이형봉	부천서	294
이형석	속초서	261
이형석	동울산서	447
이형섭	노원서	170
이형섭	서산서	324
이형오	중부산서	442
이형용	광산서	354
이형우	대구청	386
이형욱	수성서	400
이형원	구로서	165
이형원	부산청	426
이형일	기재부	76
이형일	기재부	77
이영순	북대구서	397
이형진	광교세무	38
이영훈	세광서	326
이혜경	부천서	294
이혜경	북대전서	315
이혜경	광주청	349
이혜경	광산서	354
이혜경	서대구서	398
이혜경	금정서	430
이혜경	창원서	460
이혜규	시흥서	240
이혜란	남대문서	169
이혜란	동수원서	230
이혜란	대구청	388
이혜란	부산청	425
이혜령	김해서	452
이혜리	서대문서	184
이혜리	용인서	249
이혜린	송파서	193
이혜린	양천서	195
이혜림	중부청	218
이혜림	김해서	452
이혜림	지방재정	488
이혜미	서초서	290
이혜미	천안서	332
이혜미	북부산서	436
이혜미	조세재정	494
이혜미	기재부	85
이혜민	남대문서	168
이혜빈	역삼서	196
이혜민	동안양서	233
이혜민	안양서	246
이혜민	청주서	343
이혜선	남인천서	279
이혜성	농작서	176
이혜슬	조세재정	492
이혜승	강남서	156
이혜승	서울청	134
이혜연	경기광주	242
이혜영	천안서	332
이혜영	서울청	140
이혜영	인천서	284
이혜영	동고양서	293
이혜영	북대구서	396
이혜옥	고양서	287
이혜원	동수원서	230
이혜은	남대문서	169
이혜은	기재부	80
이혜인	기재부	84
이혜인	구로서	164
이혜인	은평서	203
이혜인	평택서	253
이혜인	종로서	207
이혜정	기재부	71
이혜정	서초서	186
이혜정	부산청	422
이혜정	부산진서	435
이혜정	창원서	461
이혜정	잠실서	205
이혜지	목포서	364
이혜지	제주서	464
이혜진	기재부	74
이혜진	서울청	141
이혜진	송파서	192
이혜진	영등포서	198
이혜진	동안양서	232
이혜진	논산서	320
이혜진	충주서	345
이혜진	부산청	424
이호	국세청	112
이호	대전청	306
이호	대전청	310
이호	광주청	352
이호	경산서	403
이호경	국세청	125
이호관	국세청	115
이호광	평택서	252
이호규	삼성서	182
이호근	기재부	75
이호근	원주서	264
이호길	분당서	235
이호남	광주청	348
이호동	기재부	79
이호범	영동서	338
이호상	창원서	461
이호석	서광주서	361
이호석	안진회계	17
이호섭	기재부	76
이호성	통영서	462
이호수	중부청	220
이호승	국세주류	126
이호승	여수서	368
이호연	노원서	170
이호연	순천서	366
이호열	대구청	389
이호열	서대전서	316
이호영	해운대서	444
이호용	은평서	203
이호은	마포서	179
이호인	안동서	413
이호재	중랑서	209
이호정	영등포서	199
이호정	동고양서	292
이호제	영동서	338
이호준	서초서	186
이호준	삼정회계	22
이호중	대전서	313
이호찬	지방재정	489
이호철	순천서	367
이호태	법무광장	51
이호필	국세청	117
이홍구	중부청	217
이홍규	서대구서	399
이홍명	국세청	117
이홍범	조세재정	493
이홍석	기재부	82
이홍섭	기흥서	69
이홍순	북대전서	315
이홍욱	중랑서	208
이홍조	국세청	111
이홍환	동울산서	446
이화령	평택서	252
이화령	조세재정	493
이화명	국세청	108
이화범	북부산서	436
이화석	창원서	460
이화섭	은평서	202
이화섭	광주서	356
이화영	관악서	162
이화영	통영서	462
이화영	지방재정	488
이화용	예산서	330
이화용	예산서	331
이화자	대전청	307
이화진	동대문서	175
이화진	수원서	238
이화진	북대전서	314
이화진	지방재정	489
이환	광주서	356
이환구	법무광장	50
이환규	아산서	328
이환선	진주서	459
이환성	나주서	362
이환수	남대문서	168
이환운	구리서	225
이활운	조세재정	404
이환재	김포서	291
이화히	잠실서	204
이황용	파주서	301
이효경	중부청	218
이효나	수원서	238
이효선	동청주서	337
이효선	정읍서	383
이효성	성남서	236
이효연	서대전서	316
이효연	광교세무	38
이효영	마산서	454
이효은	기재부	76
이효재	인천청	273
이효정	국세교육	131
이효정	노원서	170
이효정	도봉서	172
이효정	시흥서	240
이효정	파주서	301
이효주	강동서	158
이효진	서울청	135
이효진	포천서	303
이효진	북대전서	314
이효진	서대구서	398
이효진	부산대서	434
이효진	울산서	448
이효철	국세상담	128
이효현	금정서	431
이후건	중부서	210
이후경	기재부	73
이후림	송파서	192
이후인	천안서	333
이훈	동대문서	174
이훈	익산서	378
이훈기	성남서	237
이훈용	기재부	70
이훈희	기흥서	226
이훈희	남대구서	392
이훈희	서부산서	438
이휴련	북대전서	314
이희걸	구미서	406
이희경	기재부	75
이희경	관악서	163
이희동	국회정무	64
이희라	성동서	188
이희령	안산서	245
이희령	해운대서	445
이희범	국세청	117
이희복	조세심판	490
이희섭	고양서	287
이희수	시흥서	240
이희수	조세재정	492
이희열	서울청	151
이희영	서울청	136
이희영	관악서	162
이희영	양천서	195
이희영	파주서	300
이희영	북대구서	397
이희옥	구미서	407
이희정	성남서	236
이희정	김포서	290
이희정	울산서	448
이희정	제주서	464
이희종	아산서	328
이희진	구로서	164
이희진	창원서	461
이희창	성동서	189
이희태	삼성서	183
이희행	양천서	194
이희현	중랑서	208
이희환	송파서	193
인경훈	수원서	238
인금주	인천서	284
인길성	홍주서	344
인길식	시흥서	241
인변춘	법무광장	30
인영수	안진회계	17
인윤경	인천청	273
인윤희	송파서	193
인정덕	남양주서	228
인찬웅	중부청	221
인한용	동안양서	233
임강욱	서울청	155
임강혁	광산서	354
임거성	서울청	135
임건아	시흥서	241
임경남	삼성서	183
임경란	제천서	340
임경미	성북서	190
임경미	잠실서	205
임경석	동고양서	293
임경선	북광주서	358
임경섭	역삼서	197
임경수	국세청	120
임경수	이천서	250
임경숙	서대전서	317
임경순	서인천서	283
임경욱	서초서	187
임경주	부산청	423
임경준	삼성서	183
임경태	서울청	135
임경택	부산청	427
임경환	국세청	117
임경현	서울청	134
임경훈	감사원	67
임경희	포항서	419
임관수	중부청	216
임광섭	북인천서	280
임광열	성동서	189
임광준	나주서	363
임광혁	포천서	302
임광현	서울청	133
임광현	서울청	134
임교진	화성서	254
임국빈	대전서	312
임권택	북인천서	281
임규만	서울청	149
임규빈	김해서	452
임규성	천안서	167
임규한	우리회계	27
임근구	삼정회계	24
임근재	국회재정	60
임근재	국세청	111
임근재	서울청	143
임금자	도봉서	172
임기근	기재부	80
임기근	기재부	81
임기문	인천서	285
임기성	인천청	276
임기양	잠실서	204
임기완	남대구서	392
임기준	익산서	378
임기준	세무화우	55
임기향	국세청	110
임길묵	반포서	181
임길수	영등포서	199
임길호	대구세관	484
임나경	북부산서	436
임나영	울산서	448
임남숙	상주서	410
임남순	지방재정	488
임남옥	서광주서	360
임다혜	아산서	328
임달순	영동서	339
임담윤	반포서	180
임대근	성남서	236

이름	소속	쪽	이름	소속	쪽	이름	소속	쪽	이름	소속	쪽	이름	소속	쪽
임대룡	인천세관	477	임상혁	감사원	66	임순이	평택서	252	임유화	인천서	285	임정희	삼성서	182
임대승	태평양	53	임상현	부산진서	435	임순종	양천서	195	임윤섭	천안서	333	임종권	조세재정	494
임대한	기재부	72	임상현	마산서	454	임순하	고양서	286	임윤영	울산서	449	임종근	통영서	463
임덕수	인천청	274	임상훈	중부청	215	임슬기	서산서	325	임윤정	조세심판	491	임종민	강동서	159
임도성	기재부	84	임샘터	서울청	152	임승룡	가현택스	187	임은란	평택서	71	임종수	서울청	134
임도훈	중부산서	443	임서현	국세청	116	임승명	중부서	210	임은미	서부산서	438	임종수	충주서	345
임돈희	영동서	338	임석규	서울청	135	임승모	순천서	367	임은식	광명서	289	임종순	안양서	246
임동구	김앤장	49	임석봉	용산서	201	임승빈	중부청	219	임은영	북인천서	280	임종안	서광주서	360
임동범	기재부	71	임석원	연수서	296	임승섭	중부청	218	임은주	성북서	190	임종윤	더택스	40
임동섭	예산서	331	임석준	이천서	251	임승수	안산서	245	임은철	영등포서	199	임종진	서울청	142
임동영	남대문서	169	임석현	인천청	275	임승순	법무회우	54	임은형	영등포서	198	임종진	부산청	423
임동옥	기재부	73	임석호	인천청	272	임승용	평택서	252	임은화	용산서	200	임종산	충주서	345
임동욱	국세청	112	임선기	부산진서	435	임승원	이천서	250	임은효	국세청	108	임종철	대구청	387
임동욱	양산서	456	임선미	광주청	352	임승주	감사원	67	임의순	종로서	207	임종철	안동서	412
임동혁	감사원	66	임선영	동대문서	175	임승하	동작서	176	임인섭	거창서	451	임종필	창원서	460
임동현	기재부	71	임선옥	북인천서	280	임승혁	예일회계	26	임인수	국세청	124	임종헌	동작서	176
임동호	서대전서	316	임선자	동작서	176	임승화	시흥서	240	임인정	서울청	140	임종혁	충주서	345
임득균	북부산서	437	임선희	기재부	85	임승환	예일세무	43	임인택	대전서	312	임종호	북대전서	314
임명규	인천청	275	임선희	기흥서	226	임시형	남양주서	228	임인택	청주서	343	임종호	북대구서	396
임명숙	북인천서	280	임성근	남인천서	279	임식용	국세청	115	임인혁	평택서	252	임종호	충주서	345
임명진	용인서	249	임성도	서울청	144	임신욱	안산서	244	임인혜	남인천서	278	임종훈	서대문서	184
임명훈	기재부	85	임성도	동래서	432	임신희	중랑서	208	임일택	서광주서	361	임종훈	울산서	449
임무일	삼척서	258	임성민	광주청	350	임아련	군산서	372	임일훈	제천서	341	임종희	마포서	179
임문숙	잠실서	204	임성빈	기재부	73	임아름	중랑서	208	임자혁	연수서	296	임주경	부산청	424
임미라	역삼서	197	임성빈	부산청	421	임아사	동수원서	231	임장섭	중부청	222	임주리	순천서	367
임미란	광주청	351	임성빈	부산청	422	임양건	서울청	137	임재국	상공회의	103	임주연	관세청	469
임미선	은평서	203	임성애	서울청	152	임양록	김앤장	49	임재규	기재부	75	임주영	양산서	457
임미선	부산청	425	임성연	용인서	248	임양주	정읍서	382	임재범	강남서	157	임주현	국회법제	61
임미송	금천서	167	임성영	은평서	202	임여경	국세청	110	임재석	남인천서	279	임주현	기재부	72
임미숙	속초서	261	임성옥	청주서	342	임여울	삼성서	183	임재성	북전주서	376	임주현	안산서	244
임미애	은평서	203	임성재	삼일회계	21	임엽	강서서	160	임재승	중부청	222	임주환	북대구서	396
임미영	도봉서	172	임성준	제주서	464	임영교	동수원서	230	임재영	홍천서	268	임준	수성서	400
임미영	중부서	211	임성찬	서울청	147	임영미	국세청	123	임재욱	기재부	78	임준빈	서울청	138
임미정	국세재정	111	임성혁	이천서	250	임영선	송파서	192	임재은	동고양서	292	임준민	인천청	275
임미화	조세재정	494	임성훈	안동서	413	임영섭	부산서	422	임재주	국세교육	131	임준택	더택스	40
임미희	광산서	354	임세실	동수원서	231	임영수	성남서	237	임재철	보령서	322	임준홍	국회정무	64
임민경	평택서	253	임세창	종로서	207	임영수	영월서	262	임재학	서대구서	398	임중균	안동서	412
임민철	국세청	119	임세혁	인천청	276	임영신	서울청	138	임재혁	구리서	224	임지남	잠실서	205
임백환	기재부	73	임세희	논산서	321	임영신	서울청	139	임재현	기재부	74	임지민	강남서	156
임병국	국회정무	64	임소미	북전주서	377	임영신	대전청	310	임재현	기재부	75	임지민	시흥서	240
임병국	잠실서	204	임소연	노원서	170	임영아	양천서	194	임재현	기재부	76	임지산	삼일회계	21
임병복	부산세관	480	임소영	구리서	224	임영운	서울청	142	임재현	서울청	134	임지숙	서초서	187
임병석	익산서	379	임소영	양천서	194	임영은	서울청	141	임정관	김천서	409	임지순	동청주서	336
임병섭	마산서	454	임소영	시흥서	240	임영주	기재부	79	임정근	삼성서	183	임지아	국세청	125
임병수	강남서	157	임소영	조세재정	494	임영주	양산서	457	임정미	동대문서	174	임지영	서울청	140
임병일	종로서	207	임송금	김앤장	49	임영진	기재부	73	임정미	서대전서	316	임지영	서울청	141
임병일	평택서	252	임송빈	세종서	327	임영현	서초서	187	임정미	순천서	366	임지원	경주서	404
임병주	서대구서	399	임수경	광주청	348	임영휘	기재부	72	임정민	목포서	364	임지은	세종서	326
임병훈	국세청	124	임수경	서대구서	399	임영희	울산서	449	임정석	서울청	147	임지은	경주서	404
임병훈	김해서	453	임수기	마포서	179	임옥경	서울청	136	임정섭	부산청	422	임지효	부산청	422
임보라	서울청	134	임수미	광산서	354	임옥규	국세청	125	임정숙	기재부	74	임지혁	고양서	286
임보라	세종서	327	임수민	강남서	157	임완률	국세청	110	임정숙	서울청	135	임지현	잠실서	204
임보람	영등포서	199	임수민	동청주서	337	임완진	북전주서	377	임정아	남대구서	393	임지현	상주서	411
임보미	지방재정	488	임수봉	광산서	355	임완진	김해서	453	임정아	부산주류	126	임지형	영등포서	199
임보영	감사원	66	임수연	노원서	171	임용걸	동작서	176	임정완	인천세무	33	임지혜	분당서	235
임보현	잠실서	204	임수연	서대문서	184	임용견	부산세관	480	임정은	송파서	192	임지혜	마산서	455
임보화	중부청	215	임수연	경산서	402	임용규	수성서	401	임정은	용인서	249	임지훈	천안서	332
임봉숙	반포서	180	임수정	강동서	159	임용주	인천청	274	임정일	서울청	150	임지훈	북전주서	376
임부돌	경주서	405	임수정	중부서	221	임용택	김앤장	49	임정진	수영서	440	임진규	북대전서	315
임부선	구리서	225	임수정	충주서	344	임우영	동안양서	232	임정혁	감사원	67	임진덕	강릉서	257
임부은	평택서	252	임수정	마산서	454	임우철	해운대서	445	임정혁	평택서	253	임진아	광주청	353
임상규	포천서	302	임수정	통영서	462	임욱	인천청	272	임정혁	조세재정	494	임진연	파주서	300
임상균	기재부	73	임수진	강서서	160	임원경	동수원서	231	임정현	포천서	302	임진영	대전서	312
임상록	광명서	288	임수진	동고양서	292	임원아	화성서	254	임정혜	예산서	330	임진욱	서울청	135
임상만	진주서	459	임수혁	법무광장	50	임원희	국세청	124	임정호	구로서	165	임진정	북광주서	358
임상미	조세재정	492	임수현	국세청	110	임원희	진주서	458	임정호	시흥서	240	임진혁	인천청	277
임상민	기재부	73	임수현	화성서	255	임유란	논산서	320	임정환	삼척서	259	임진호	강남서	157
임상민	국세청	112	임수현	포천서	302	임유리	대전서	313	임정환	부산서	422	임진화	구로서	165
임상빈	대전청	308	임수현	군산서	372	임유선	서대구서	398	임정훈	국세상담	128	임찬우	감사원	65
임상조	마산서	455	임숙현	서울청	135	임유숙	기재부	71	임정훈	대구청	386	임창관	목포서	364
임상진	서울청	144	임숙자	광주청	349	임유정	서울청	134	임정훈	동래서	432	임창규	서울청	153
임상진	수성서	401	임순길	남인천서	278	임유진	구로서	164	임정희	반포서	181	임창범	반포서	180
임상헌	국세청	109	임순묵	기재부	77	임유화	강서서	160				임창빈	서울청	134

이름	관서	쪽
임창섭	서울청	135
임창섭	부산청	427
임창수	북대전서	314
임청수	북내구서	396
임창수	마산서	454
임창현	영월서	263
임채동	남인천서	279
임채동	광산청	355
임채두	서울청	146
임채문	상공회의	103
임채문	영월서	263
임채수	가현택스	140
임채수	가현택스	151
임채수	가현택스	197
임채수	가현택스	205
임채영	순천서	366
임채일	마산서	455
임채준	국세청	111
임채현	경산서	402
임채홍	대구청	388
임철	상공회의	103
임철우	중부청	219
임철진	북광주서	359
임춘호	중기회	104
임춘희	대전서	312
임충현	상공회의	103
임치성	남양주서	229
임치수	대구청	388
임치영	목포서	364
임칠성	포천서	303
님태수	신수서	458
임태순	부산청	425
임태윤	금천서	166
임태일	서울청	150
임태호	강서서	160
임태호	인선청	272
임하나	서울청	153
임한균	역삼서	197
임한섭	이천서	250
임한솔	정읍서	383
임한영	김해서	452
임한준	대전청	308
임해숙	인천청	275
임행완	포천서	303
임향숙	순천서	366
임향원	수성서	400
임향자	중부청	218
임헌정	기재부	70
임헌진	동청주서	337
임현구	구리서	225
임현민	기재부	73
임현석	영등포서	199
임현수	동청주서	337
임현수	이촌회계	28
임현숙	국회재정	59
임현숙	국회재정	59
임현영	서울청	146
임현우	은평서	202
임현정	성동서	189
임현정	광명서	288
임현정	조세재정	493
임현지	조세재정	494
임현진	서울청	143
임현진	통영서	462
임현철	대전청	308
임현철	대전서	313
임현철	관세청	468
임현택	여수서	368
임형걸	중부산서	443
임형빈	서대전서	316
임형수	양천서	195
임형수	고양서	286
임형수	조세재정	494
임형우	의정부서	298
임형은	아산서	328
임형순	송파서	193
임형철	구로서	164
임형태	국세청	120
임혜경	김해서	453
임혜란	중부청	221
임혜령	서울청	146
임혜미	평택서	253
임혜빈	동작서	176
임혜연	성동서	188
임혜영	기재부	77
임혜옥	구리서	225
임혜정	울산서	448
임혜진	서울청	153
임혜진	중랑서	208
임호진	청주서	342
임홍구	조세심판	490
임홍기	기재부	76
임홍남	안진회계	17
임홍래	조세재정	494
임홍숙	삼성서	182
임홍철	서울청	138
임화춘	국세청	110
임활규	인천세관	478
임효선	강서서	160
임효신	김천서	408
임효정	마포서	178
임훈	경기광주	243
임흥식	인천청	275
임희경	안산서	245
임희영	조세재정	494
임희원	서울청	146
임희원	양천서	195
임희인	북대구서	397
임희정	역삼서	196
임희정	중부청	221
임희택	마산서	455

ㅈ

이름	관서	쪽
장강혁	지방재정	488
장건수	동작서	177
장건식	송파서	192
장건형	천안서	333
장건후	포천서	303
장경란	영등포서	199
장경림	지방재정	489
장경수	대전청	309
장경숙	광명서	289
장경순	중기회	104
장경애	안양서	246
장경일	중부청	214
장경주	마포서	179
장경호	국세청	112
장경호	부산세관	480
장경화	국세청	121
장경화	서광주서	360
장경희	평택서	252
장경희	화성서	254
장경희	경주서	405
장광남	조세재정	494
장광범	동대구서	394
장광석	국세청	110
장광순	광교세무	39
장광식	안양서	247
장광웅	부산진서	435
장광택	동울산서	446
장광현	인천세관	477
장권철	제주서	464
장규복	은평서	202
장근식	고양서	286
장근철	영덕서	414
장기승	인천서	285
장기엽	성북서	190
장기영	광주서	356
장기웅	서울청	154
장기원	제천서	340
장기현	광주서	356
장길엽	분당서	234
장나혜	분당서	235
장낙원	조세재정	494
장난주	감사원	67
장남식	안양서	246
장남운	EY한영	16
장남홍	광교세무	37
장노기	부산청	426
장대식	중부청	220
장대안	국세청	134
장덕구	공주서	318
장덕윤	서초서	187
장덕진	영주서	417
장덕희	부산청	424
장도현	기재부	82
장동규	북광주서	359
장동은	광명서	288
장동주	서울청	154
장동환	서울청	148
작독화	춘천주서	337
장동훈	마포서	179
장두영	도봉서	172
장두진	양산서	456
장말순	포천서	302
장명업	안산서	245
장명수	마산서	454
장명숙	마포서	178
장명자	영덕서	415
장명화	대전서	312
장문규	중부청	217
장문근	서울청	145
장문석	조세재정	494
장문수	대전서	312
장미랑	북광주서	359
장미선	감사원	150
장미숙	성동서	189
장미영	논산서	321
장미영	익산서	378
장미자	북전주서	376
장미진	울산서	448
장미향	파주서	300
장민	동작서	177
장민경	강남서	156
장민근	서울청	141
장민기	경기광주	243
장민석	광주서	352
장민영	구로서	165
장민우	서초서	186
장민재	중부청	219
장민혜	조세재정	493
장민환	논산서	320
장바름	서부산서	439
장백용	마산서	454
장병수	성북서	190
장병원	감사원	67
장병재	서울청	143
장병호	구미서	406
장보영	기재부	73
장보원	세무고시	34
장상기	관세청	469
장상록	안진회계	17
장상우	안양서	247
장상원	수영서	440
장서리	시울청	155
장서영	남대문서	168
장서율	금천서	167
장서현	반포서	181
장서환	세무고시	34
장석립	국회정무	63
장석만	중부청	215
장석문	부산청	425
장석안	아산서	328
장석오	국세청	111
장석원	국회재정	60
장석준	중부청	216
장석진	중부청	220
장석현	울산서	449
장선엽	서인천서	282
장선정	김포서	290
장선우	북부산서	437
장선정	고양서	286
장선희	강남서	157
장선희	부천서	295
장설희	파주서	300
장성근	부산청	426
장성근	양산서	456
장성기	국세청	116
장성일	태평양	53
장성민	동청주서	336
장성민	안산서	245
장성우	국세청	114
장성우	서대문서	184
잔선숙	춘부한산세	442
장성재	의정부서	299
장성주	상주서	410
장성진	인천청	277
장성필	순천서	367
장성환	용인서	248
장성훈	우리회계	27
장세리	용인서	248
장세철	창원서	460
장소연	시흥서	240
장소연	강남서	156
장소영	경기광주	242
장소영	부천서	294
장소영	천안서	332
장소영	홍성서	335
장송이	서초서	187
장수경	대전서	312
장수안	서울청	135
장수연	평택서	253
장수연	북광주서	358
장수연	수성서	400
장수연	부산진서	434
장수영	인천청	275
장수원	삼성서	182
장수은	기재부	84
장수임	예일세무	43
장수정	중부청	218
장수정	동대구서	394
장수진	중랑서	209
장수진	보령서	322
장수환	양천서	195
장수은	정읍서	382
장순남	법무광장	51
장슬미	광주청	350
장승대	기재부	81
장승연	태평양	53
장승원	파주서	300
장승일	진주서	458
장승훈	국회법제	61
장승희	중부청	215
장승희	신한관세	47
장승희	신한관세	469
장시열	기재부	79
장시원	광주청	348
장시원	내구성	387
장시찬	동청주서	336
참신애	서인천시	283
장신영	용인서	249
장아름미	역삼서	196
장엄지	고양서	287
장연경	포천서	302
장연근	강동서	158
장연숙	화성서	254
장연숙	영주서	417
장연주	구로서	164
장연택	용인서	248
장연호	법무광장	51
장연화	서인천서	283
장영	기재부	74
장영규	기재부	74
장영란	노원서	171
장영림	삼성서	183
장영문	서대구서	398
장영민	서울세관	472
장영삼	제주서	465
장영서	서초서	186
장영석	대전청	307
장영수	광주청	351
장영애	강동서	158
장영열	중부청	223
장영주	군산서	372
장영진	국세주류	126
장영진	은평서	203
징영길	펑텍시	253
장영철	삼덕회계	19
장영태	국세상담	128
장영호	기재부	85
장영호	부산청	424
장영환	반포서	180
장영훈	기재부	73
장영훈	서울청	153
장영희	부천서	294
장영희	순천서	367
장예원	서인천서	283
장예미	구로서	164
장완재	북전주서	376
장외자	경산서	402
장용각	남원서	375
장용자	중부청	217
장용준	북전주서	377
장용태	지방재정	488
장용희	기재부	80
장용희	익산서	378
장우석	파주서	300
장우영	천안서	332
장우인	경기광주	243
장우정	국세청	114
장우현	조세재정	493
장운길	한국세무	31
장웅정	조세재정	493
장웅요	서울세관	472
장원국	대구청	391
장원규	우리회계	27
장원대	부산청	423
장원미	광명서	289
장원석	인천청	277
장원석	조세재정	494
장원식	삼성서	182
장원식	군산서	373
장원일	안산서	245
장원일	경주서	404
장원주	삼성서	182
장원창	국세교육	130
장유민	포항서	418
장유석	기재부	79
장유용	광주세관	486
장유정	수원서	239

이름	소속	쪽	이름	소속	쪽	이름	소속	쪽	이름	소속	쪽	이름	소속	쪽
전승현	경주서	404	전은영	중부청	216	전진권	한국세무	31	진효진	기재부	73	정규진	부산서	423
전승훈	송파서	192	전은정	중부청	222	전진무	안산서	245	전후영	국세상담	128	정규호	강서서	161
전시영	대전서	312	저은지	구리서	224	접집수	동대문서	175	전훈회	강남서	156	정규초	수성서	400
전아라	강남서	156	전은지	성남서	236	전진우	시흥서	241	전희경	남대문서	168	정균영	기재부	79
전양호	구미서	407	전은지	순천서	367	전진철	중부청	222	전희석	북대전서	314	정균호	익산서	378
전연주	중부서	210	전은현	영덕서	414	전진하	북부산서	437	전희원	부산진서	435	정근	대전청	309
전연주	인천청	276	전은혜	남대구서	392	전진향	국회법제	61	전희재	이촌세무	45	정근영	북인천서	281
전연진	조세심판	491	전이나	전주서	381	전진효	서초서	186	정갑성	삼덕회계	19	정근우	반포서	181
전영	대전서	313	전익선	국세청	120	전찬석	김천서	409	정강미	강동서	158	정근욱	서인천서	282
전영균	반포서	181	전익성	구미서	407	전창석	창원서	461	정강영	안산서	245	정금미	서울청	152
전영수	김해서	452	전익표	동안양서	232	전창선	서인천서	282	정거성	성북서	190	정금산	우리회계	27
전영신	예산서	330	전인경	영등포서	199	전창수	지방재정	489	정건제	송파서	192	정금자	군산서	372
전영심	부산청	423	전인복	대전서	312	전창우	예산서	331	정건철	서광주서	360	정금희	아산서	328
전영우	북부산서	436	전인식	서부산서	438	전창훈	북대구서	397	정건화	북부산서	437	정기선	구로서	164
전영욱	부산진서	434	전인식	상공회의	103	전채환	기흥서	226	정경돈	경주서	405	정기선	구로서	164
전영의	서울청	136	전인영	동작서	177	전충선	부산청	426	정경란	인천서	284	정기선	연수서	296
전영종	기재부	70	전인용	기재부	85	전치성	보령서	323	정경미	노원서	170	정기섭	관세청	468
전영준	중부청	214	전인향	동대문서	174	전태규	파주서	300	정경미	양산서	457	정기숙	국세청	111
전영지	동수원서	231	전일권	국세청	110	전태병	동대문서	175	정경민	분당서	235	정기열	북인천서	280
전영진	감사원	66	전일수	국세청	125	전태복	대전청	307	정경민	진주서	459	정기열	국세청	110
전영철	진주서	458	전재달	국세청	125	전태수	한국세무	31	정경순	도봉서	172	정기은	해남서	370
전영출	인천서	285	전재령	영동서	338	전태영	국세청	110	정경순	송파서	193	정기종	북광주서	358
전영현	대구청	386	전재수	국회정무	64	전태원	동작서	177	정경순	조세재정	492	정기주	북인천서	280
전영현	북부산서	437	전재형	분당서	234	전태현	북광주서	358	정경식	순천서	366	정기중	광주청	349
전영호	국세청	110	전재희	남양주서	228	전태화	고양서	286	정경옥	기재부	69	정기철	기재부	84
전영호	서대구서	399	전정영	서울청	147	전태호	서부산서	439	정경일	중기회	104	정기호	수원서	231
전영훈	원주서	264	전정원	성동서	189	전태회	마산서	454	정경일	광주청	350	정기환	국세청	110
전예원	조세재정	493	전정일	경주서	404	전태훈	서울청	134	정경일	서대구서	398	정길채	기재부	82
전예슬	광명서	288	전정호	대전서	312	전필숙	구미서	406	정경임	동울산서	446	정길호	논산서	320
전우영	법무하우	54	전전하	잠신서	201	전하ᆞ	해운대서	445	정경평	광주청	351	정낙열	삼일회계	21
전옥선	대전청	307	전정훈	도봉서	172	전하돈	안산서	244	정경주	국세상담	128	정난영	구로서	165
전완규	법무화우	54	전제간	송파서	193	전하윤	서부산서	439	정경주	부산청	427	정남숙	도봉서	173
전왕기	서울청	134	전제범	지방재정	488	전하현	성남서	236	정경진	서대문서	184	정남희	기재부	83
전요섭	금융위	86	전제영	수영서	440	전학심	서울청	136	정경진	중부청	218	정년숙	국세청	116
전요찬	군산서	372	전종경	수성서	401	전한식	삼성서	182	정경철	중부청	218	정다솔	수원서	238
전용두	국회법제	62	전종근	서울청	134	전한준	김앤장	49	정경택	성동서	188	정다연	기흥서	226
전용수	종로서	207	전종상	서울청	140	전해철	나주서	362	정경화	구로서	164	정다연	종로서	206
전용원	서울청	134	전종상	의정부서	299	전현명	마산서	454	정경화	중부청	220	정다운	기재부	82
전용준	제주서	464	전종선	성동서	188	전현숙	제천서	340	정경화	평택서	253	정다운	안산서	244
전용진	북부산서	437	전종순	광명서	288	전현영	서울청	148	정경화	조세재정	494	정다운	광명서	288
전용찬	역삼서	196	전종원	통영서	462	전현욱	인천청	276	정경훈	한국세무	31	정다운	대구청	391
전용한	삼덕회계	19	전종태	광주청	350	전현정	서대전서	316	정경희	북대구서	397	정다운	창원서	460
전용현	광산서	354	전종태	북부산서	437	전현정	대구청	388	정계승	북대전서	314	정다운	조세재정	492
전용훈	중부서	217	전종호	김해서	452	전현주	동청주서	336	정고명	순천서	367	정다운	조세재정	493
전우승	감사원	66	전종희	구리서	224	전현주	부산청	423	정관성			정다운	조세재정	493
전우식	중랑서	209	전주석	북인천서	280	전현진	북대구서	396	정관용	상공회의	103	정다원	서울청	136
전우식	부천서	294	전주현	안양서	247	전현혜	국세청	120	정광륜	서울청	140	정다윗	수영서	440
전우정	영주서	417	전주혜	국회법제	62	전형국	이촌세무	45	정광명	감사원	66	정다은	남양주서	229
전우찬	구로서	164	전주화	익산서	378	전형민	서대문서	184	정광석	대전청	310	정다은	화성서	254
전우현	거창서	451	전준고	기재부	71	전형용	기재부	73	정광용	중부청	219	정다혜	파주서	300
전운	동수원서	230	전준일	영등포서	199	전형용	중부청	214	정광일	노원서	171	정다희	순천서	367
전원석	국세청	111	전준희	국세청	116	전형수	화성서	254	정광조	북부산서	437	정대교	김해서	452
전원실	안산서	244	전중원	국세청	116	전형주	김천서	408	정광주	국회법제	61	정대길	삼정회계	22
전원엽	삼일회계	20	전중엽	국회정무	63	전형진	조세재정	494	정광준	서울청	145	정대석	포항서	418
전원진	부천서	295	전지민	서울청	146	전형철	감사원	66	정광진	동안양서	232	정대섭	수성서	400
전유광	남인천서	279	전지민	마산서	455	전혜숙	기재부	76	정광진	김앤장	49	정대아	서초서	186
전유나	중랑서	208	전지선	군산서	372	전혜숙	중기회	104	정광채	우리회계	27	정대영	남대문서	168
전유리	국세청	125	전지연	중랑서	209	전혜연	조세재정	494	정광현	화성서	254	정대영	충주서	345
전유림	성남서	236	전지연	의정부서	298	전혜영	송파서	192	정광호	대전서	313	정대영	은평서	202
전유민	동작서	176	전지영	기재부	74	전혜영	동수원서	231	정교민	성동서	188	정대혁	동대문서	174
전유석	기재부	77	전지영	포천서	302	전혜영	대전청	307	정교필	마포서	178	정대화	남대문서	168
전유영	북인천서	280	전지영	서대구서	398	전혜윤	고양서	287	정구수	북인천서	281	정대환	수원서	238
전유완	부천서	295	전지용	부산청	423	전혜정	인천청	275	정구휘	인천청	275	정대희	창원서	461
전유진	예일세무	43	전지율	구로서	165	전혜정	서대전서	316	정국교	영덕서	414	정덕영	기재부	77
전윤석	서대문서	185	전지원	북인천서	281	전혜진	대구청	389	정국일	대구청	389	정덕주	제주서	465
전윤아	남양주서	229	전지은	제천서	340	전호남	예산서	331	정권	북부산서	437	정도식	부산청	422
전윤지	김해서	452	전지현	서울청	149	전호순	대전청	306	정권술	수영서	441	정도연	인천서	284
전윤현	포항서	418	전지현	논산서	321	전홍규	기재부	69	정규남	동안양서	232	정도영	북부산서	436
전윤희	대전청	306	전지현	해운대서	444	전홍근	고양서	286	정규명	서울청	154	정도희	삼성서	182
전은미	구미서	407	전지혜	해운대서	445	전홍미	마산서	455	정규민	북대전서	315	정동기	화성서	255
전은상	반포서	180	전지희	구미서	406	전홍석	광주서	356	정규삼	대구청	391	정동명	기재부	73
전은상	서광주서	360	전진	국세청	108	전확	은평서	203	정규석	삼덕회계	19	정동욱	인천청	277
전은수	성남서	237				전효선	기재부	74	정규식	서초서	186	정동원	한국세무	31
												정동재	국세청	111

이름	소속	쪽	이름	소속	쪽	이름	소속	쪽	이름	소속	쪽	이름	소속	쪽
정동주	국세청	114	정미향	목포서	365	정삼근	부천서	294	정성영	고양서	286	정수인	송파서	193
정동준	김천서	408	정미현	기재부	83	정상근	동작서	176	정성오	광주서	357	정수일	동수원서	231
정동진	예일회계	26	정미현	서대전서	317	정상기	조세재정	493	정성용	서부산서	439	정수자	광주서	356
정동철	남대구서	392	정미현	공주서	318	정상남	청주서	342	정성우	중부청	215	정수진	기재부	71
정동혁	국세청	120	정미현	거창서	450	정상덕	관악서	162	정성우	마산서	455	정수진	서울청	150
정동현	기재부	82	정미화	구로서	165	정상미	여수서	369	정성욱	창원서	461	정수진	잠실서	205
정동화	지방재정	489	정미화	제천서	340	정상민	서울청	148	정성웅	금감원	89	정수진	부산청	423
정동환	국세상담	128	정미희	중랑서	209	정상배	구리서	224	정성웅	금감원	98	정수진	통영서	462
정동환	도봉서	172	정민경	부산청	426	정상범	전주서	380	정성원	기재부	72	정수현	국회정무	63
정동훈	은평서	203	정민구	성동서	189	정상봉	양산서	457	정성원	진주서	459	정수현	나주서	363
정두레	구리서	224	정민기	기재부	74	정상수	서울청	140	정성윤	안동서	412	정수현	수성서	400
정두식	예일세무	43	정민기	서울청	140	정상술	도봉서	173	정성윤	김해서	452	정수호	동대구서	395
정두영	중기회	104	정민석	마산서	455	정상아	동수원서	231	정성은	성동서	188	정수환	마산서	455
정두영	서산서	325	정민선	지방재정	489	정상암	동대구서	395	정성은	용인서	249	정수희	울산서	448
정란	광주서	356	정민섭	남양주서	228	정상열	노원서	170	정성은	인천청	274	정숙경	목포서	364
정록환	기재부	73	정민수	서울청	137	정상오	성남서	237	정성의	광주서	356	정숙자	익산서	378
정류빈	홍성서	334	정민수	원주서	264	정상우	감사원	65	정성익	인천청	274	정숙희	서울청	139
정리나	서광주서	361	정민수	삼일회계	20	정상우	감사원	67	정성일	서인천서	283	정숙희	북부산서	436
정만복	광주서	348	정민숙	서울세관	473	정상원	동작서	177	정성일	순천서	367	정순남	안산서	244
정만성	국회정무	64	정민순	용산서	200	정상원	논산서	320	정성주	삼척서	259	정순도	수성서	400
정맹헌	국세청	122	정민양	구미서	407	정상진	국세청	112	정성주	중부산서	443	정순범	중부청	215
정명교	관악서	163	정민영	논산서	321	정상천	대전서	313	정성진	영동서	338	정순범	중부청	216
정명근	해남서	370	정민영	동울산서	446	정상화	기흥서	226	정성택	익산서	379	정순삼	서울청	135
정명기	시흥서	241	정민우	마포서	178	정상훈	북부산서	437	정성한	남양주서	229	정순애	금정서	430
정명수	기재부	71	정민재	안양서	247	정새하	광주서	356	정성현	성북서	191	정순연	기재부	85
정명수	익산서	379	정민주	의정부서	298	정서빈	광주서	357	정성호	국회재정	60	정순욱	양천서	195
정명숙	국세청	111	정민주	반포서	180	정서연	전주서	380	정성호	중부청	221	정순원	경주서	405
정명숙	충주서	345	정민주	서대구서	399	정서영	성동서	188	정성호	대구청	386	정순임	서울청	148
정명숙	서광주서	360	정민철	기재부	73	정서진	강동서	158	정성호	창원서	460	정순재	영덕서	414
정명순	안양서	246	정민철	삼성서	196	정석규	서울청	155	정성화	부산청	428	정순찬	태평양	53
정명주	중부서	211	정민형	기재부	80	정석용	이촌회계	28	정성훈	국세청	125	정슬기	원주서	265
정명지	기재부	79	정민혜	부천서	295	정석우	부산청	426	정성훈	국세상담	128	정슬기	동고양서	292
정명하	반포서	181	정민호	잠실서	204	정석주	중부산서	442	정성훈	역삼서	197	정슬아	화성서	255
정명하	동청주서	336	정민화	용인서	248	정석철	구미서	406	정성훈	대전서	305	정승갑	성동서	188
정명환	울산서	448	정방현	삼성서	182	정석현	기재부	73	정성훈	대전청	308	정승기	평택서	252
정명훈	서울청	148	정범식	상공회의	103	정석현	기흥서	227	정성훈	금정서	431	정승기	인천청	276
정문수	동울산서	446	정병관	전주서	381	정석호	구미서	406	정성훈	해운대서	445	정승렬	노원서	171
정문제	수성서	401	정병록	도봉서	172	정석환	춘천서	266	정성희	국세상담	128	정승복	인천청	277
정문현	국세교육	130	정병문	김앤장	49	정석훈	구로서	164	정성희	대구청	388	정승식	마포서	179
정문희	양천서	194	정병수	진주서	459	정석훈	중부서	210	정세미	평택서	252	정승오	창원서	461
정미경	서울청	135	정병숙	연수서	297	정선경	부산진서	434	정세미	동울산서	447	정승오	국세청	119
정미경	서울청	153	정병식	기재부	85	정선균	국세청	111	정세연	강남서	157	정승우	남대구서	393
정미경	강남서	156	정병완	기재부	73	정선두	동울산서	446	정세영	국세청	112	정승우	부산청	428
정미경	관악서	163	정병욱	기재부	73	정선례	동고양서	292	정세영	서울청	155	정승원	국세청	124
정미경	노원서	170	정병주	목포서	365	정선미	동안양서	232	정소라	청주서	343	정승원	강남서	156
정미경	반포서	181	정병진	남양주서	229	정선아	남인천서	278	정소연	서울청	141	정승재	서산서	324
정미경	인천청	275	정병진	지방재정	489	정선애	춘천서	267	정소연	남대문서	168	정승철	부천서	295
정미경	동래서	432	정병찬	중부세무	32	정선영	동작서	177	정소연	구리서	224	정승태	국세청	120
정미금	서대구서	398	정병창	중부청	217	정선영	연수서	296	정소영	용인서	248	정승태	동대문서	175
정미라	안양서	293	정병철	남대구서	371	정선옥	목포서	364	정소영	기재부	85	정승태	예산서	331
정미란	국세청	123	정병춘	법무광장	50	정선이	기흥서	226	정소영	양천서	194	정승현	울산서	448
정미란	서울청	144	정병호	국세청	112	정선인	금융위	88	정소영	잠실서	205	정승호	성동서	189
정미래	동작서	176	정병호	원주서	264	정선재	서울청	139	정소영	북광주서	359	정승환	부천서	295
정미리	부산청	425	정보경	안산서	245	정선재	인천청	274	정소영	해남서	371	정승훈	인천청	277
정미선	강남서	157	정보근	서울청	138	정선태	정읍서	382	정소영	대구청	389	정승희	강남서	156
정미선	북광주서	358	정보선	서대문서	185	정선현	중부청	218	정소영	수성서	400	정시영	EY한영	16
정미선	나주서	362	정보길	인천서	284	정선호	이촌회계	28	정소영	진주서	458	정시온	남양주서	229
정미선	목포서	364	정보람	서울청	142	정선화	서울청	135	정소윤	동래서	433	정시온	광산서	354
정미선	동래서	432	정보령	영등포서	199	정선홍	삼일회계	20	정소정	파주서	300	정신수	인천세관	477
정미선	김해서	453	정보름	조세재정	493	정설아	울산서	448	정소현	삼정회계	23	정아가다	인천서	284
정미애	수원서	238	정복석	삼일회계	20	정성곤	화성서	254	정솔희	지방재정	488	정아람	서울청	145
정미애	경주서	404	정복순	중부청	217	정성관	기재부	70	정수경	국세청	114	정아름	용산서	200
정미연	북광주서	358	정봉균	서울청	137	정성관	영동서	338	정수명	북전주서	376	정아봉	기재부	85
정미연	북부산서	436	정봉석	용인서	248	정성구	기재부	82	정수미	종로서	207	정아영	분당서	235
정미연	서울청	142	정봉수	삼척서	258	정성만	마산서	454	정수빈	삼성서	182	정안석	금천서	166
정미영	은평서	202	정봉철	역삼서	197	정성무	서대전서	317	정수연	서초서	186	정애라	중부청	220
정미영	잠실서	204	정봉훈	관악서	163	정성무	동청주서	336	정수연	포항서	419	정애리	전주서	380
정미영	인천청	275	정부섭	창원서	460	정성문	여수서	369	정수연	김해서	453	정애정	서울청	148
정미영	북대전서	314	정부영	부산진서	434	정성민	송파서	193	정수엽	성북서	190	정애진	서울청	150
정미원	관악서	162	정부용	산청서	410	정성민	평택서	252	정수영	영등포서	198	정양기	지방재정	489
정미정	북전주서	376	정부원	해운대서	444	정성민	김천서	409	정수용	서대문서	184	정여명	역삼서	196
정미진	동수원서	230	정빛나	조세재정	492	정성수	순천서	367	정수인	서울청	150	정여원	용산서	201
정미진	광주청	350	정사랑	기재부	73	정성실	지방재정	488				정연경	동작서	176

이름	소속	페이지
성연경	청수서	342
정연교	광주세관	486
정연곤	진주서	450
정연득	수원서	238
정연선	동대문서	175
정연선	광산서	354
정연섭	부천서	295
정연수	서초서	186
정연오	부산세관	481
정연옥	남대구서	393
정연우	기재부	76
정연욱	통영서	462
정연웅	서울청	153
정연재	은평서	203
정연조	조세심판	490
정연주	성동서	189
정연주	성남서	236
정연주	삼척서	258
정연철	동고양서	292
정연형	이촌세무	45
정연호	국회재정	59
정연훈	경주서	405
정영건	국세청	108
정영곤	여수서	369
정영균	금천서	166
정영달	성동서	189
정영덕	해운대서	445
정영록	동울산서	446
정영민	김앤장	49
정영배	부신청	425
정영석	평택서	252
정영석	서대전서	317
정영석	안진회계	17
정영선	영등포서	199
정영숙	대전청	309
정영숙	광주청	349
정영순	국세청	115
정영순	청주서	343
정영식	서울서	134
정영욱	중부청	216
정영운	국세교육	130
정영웅	천안서	333
정영은	청주서	343
정영일	남대구서	393
정영주	기재부	76
정영주	구미서	406
정영진	금천서	167
정영진	북대구서	397
정영채	감사원	66
정영천	해남서	370
정영철	청주서	342
정영현	경기광주	243
정영현	광주서	357
정영혜	국세청	122
정영호	부산청	423
정영화	삼성서	183
정영화	중부청	216
정영화	의정부서	299
정영훈	이천서	251
정영훈	의정부서	299
정영희	서울청	135
정영희	안산서	244
정영희	부산진서	434
정예린	동안양서	233
정예슬	논산서	320
정예슬	조세재정	494
정예원	동안양서	233
정예은	화성서	254
정예지	이천서	250
정오영	순천서	366
정오현	강남서	156
정옥상	진주서	458
정옥순	대전청	306
정옥신	북광주서	359
정완기	목포서	364
정인수	역삼서	196
정용관	성동서	188
정용구	영주서	416
정용대	인천청	274
정용대	인천청	275
정용민	부산청	429
정용민	진주서	458
정용석	구리서	224
정용석	의정부서	298
정용선	기흥서	226
정용섭	통영서	462
정용섭	통영서	462
정용수	중부청	214
정용승	성동서	189
정용주	전주서	380
정용찬	부산진서	435
정용호	부천서	294
정용협	대전청	307
정용호	서울청	142
정용환	대구세관	484
정용효	남양주서	229
정우도	은평서	202
정우선	역삼서	196
정우성	전주서	381
정우수	울산서	448
정우영	수영서	440
정우윤	국회법제	62
정우진	진주시	551
정우철	광산서	354
정욱조	중기회	104
정운몽	국회법제	62
정운섭	삼덕회계	19
정운숙	삼성서	182
정운월	대구청	387
정운형	강서서	161
정웅교	북부산서	436
정원대	부산청	424
정원미	부산진서	434
정원석	북대전서	315
정원석	부산청	427
정원영	동대문서	174
정원영	종로서	207
정원일	서울세관	472
정원철	국회재정	60
정원호	국세청	110
정원호	강동서	159
정원희	기재부	85
정월선	김해서	453
정유경	목포서	364
정유경	조세재정	494
정유나	서대구서	398
정유리	기재부	73
정유리	강동서	158
정유리	세종서	326
정유미	동대문서	175
정유빈	군산서	372
정유성	북전주서	377
정유숙	부천서	422
정유영	창원서	461
정유정	국세상담	128
정유정	중부서	211
정유진	구로서	164
정유진	서대문서	185
정유진	성동서	188
정유진	안산서	244
정유진	춘천서	266
정유진	수영서	441
정유진	마산서	454
정유진	진주서	458
정유진	지방재정	488
정유철	경주서	404
정유현	기재부	85
정윤경	부천서	294
정윤기	남대구서	332
정윤길	중부청	216
정윤미	구로서	164
정윤석	중부청	219
정윤선	수원서	239
정윤성	관세청	469
정윤옥	금정서	431
정윤정	강남서	241
정윤정	북대전서	314
정윤주	춘천서	267
정윤철	의정부서	298
정윤철	대구청	389
정윤회	중부청	72
정윤희	중부청	217
정윤희	경기광주	243
정은경	조세재정	492
정은미	경기광주	242
정은선	강남서	156
정은성	울산서	449
정은솔	중부청	222
정은수	국세청	124
정은숙	인천청	277
정은숙	강남서	232
정은아	서대문서	184
정은아	동안양서	232
정은아	인천서	284
정은아	포천서	302
정은연	해미시	371
정은영	서광주서	361
정은영	구미서	406
정은영	부산청	422
정은이	서대문서	184
정은이	남원서	452
정은재	시흥서	240
정은정	영등포서	199
정은정	중랑서	209
정은정	인천서	277
정은정	서대구서	398
정은정	동래서	433
정은주	기재부	71
정은주	기재부	80
정은주	국세청	123
정은주	안양서	247
정은주	파주서	300
정은주	대구청	389
정은지	국세청	125
정은지	보령서	322
정은진	북대구서	396
정은진	창원서	460
정은하	반포서	180
정은하	은평서	202
정은화	지방재정	488
정은희	북부산서	436
정을영	수원서	238
정의극	서울청	144
정의남	영월서	262
정의론	기재부	76
정의범	강남서	210
정의숙	춘천서	266
정의웅	진주서	458
정의재	서울청	137
정의종	감사원	66
정의주	성북서	191
정의지	부산청	425
정의진	국세청	110
정의철	서울청	147
정의탁	감사원	66
정이성	우리회계	27
정이열	경산서	403
정이준	국세청	108
정이천	서대구서	398
정인경	수원서	239
정인교	평택서	253
정인구	김해서	452
정인기	지방재정	489
정인례	서현이현	7
정인선	서울서	138
정인선	인천서	285
정인선	동고양서	292
정인성	세무삼륭	41
정인수	역삼서	196
정인숙	대전청	307
정인식	EY한영	16
정인애	북대전서	315
정인영	아산서	328
정인영	순천서	17
정인월	용산서	200
정인지	역삼서	196
정인철	동울산서	446
정인태	국세교육	130
정인택	역삼서	441
정인현	수성서	400
정인형	북대전서	315
정인회	경산서	402
정일	상공회의	103
정일	순천서	366
정일범	노원서	170
정일상	서광주서	361
정일선	서울청	155
정일영	국회재정	60
정경일	시흥시	120
정일영	EY한영	16
정자단	반포서	180
정장호	광주청	353
정재경	서대전서	316
정재권	광교세무	39
정재기	구미서	407
정재남	홍성서	334
정재록	거창서	450
정재상	중부청	214
정재성	기재부	79
정재성	수성서	400
정재수	서울청	133
정재수	서울청	143
정재수	서울청	144
정재수	서울청	145
정재양	동안양서	232
정재영	강동서	159
정재영	중랑서	209
정재영	원주서	264
정재영	홍천서	269
정재용	서대구서	399
정재욱	안산서	245
정재웅	법무화우	54
정재윤	잠실서	204
정재윤	중부서	210
정재윤	성남서	236
정재일	국세청	110
정재임	서초서	186
정재조	국세상담	128
정재철	북부산서	436
정재필	안진회계	17
정재하	관세청	469
정재학	청주서	343
정재현	기재부	71
정재현	동대구서	394
정재현	동울산서	446
정재현	조세재정	492
정재현	조세재정	493
정재호	북대구서	397
정재호	조세재정	492
정재호	부산청	423
정재훈	국세청	114
정재훈	서울청	140
정재훈	용인서	249
정재훈	원주서	264
정재훈	법무광장	51
정재희	잠실서	204
정정	용산서	201
정정민	국세청	110
정정민	양산서	456
정정복	광교세무	38
정정섭	인천서	285
정정애	해운대서	444
정정우	인천청	276
정정자	강서서	160
정정제	용산서	200
정정하	포항서	419
정정화	의정부서	299
정정화	북대전서	315
정정화	조세심판	490
정정훈	기재부	75
정정희	동작서	176
정정희	부산청	425
정종국	서울청	134
정종권	수성서	401
정종근	양산서	456
정종대	순천서	367
정종룡	국세청	128
정종만	삼일회계	20
정종석	국회재정	60
정종오	인천청	272
정종우	연수서	297
정종원	국세상담	120
정종원	중부청	221
정종원	분당서	235
정종천	인천청	272
정종철	군산서	373
정종필	정읍서	382
정종화	법무화우	54
정주연	서울청	146
정주연	공주서	318
정주영	서울청	140
정주영	성동서	189
정주영	양천서	195
정주영	영등포서	199
정주인	서울청	149
정주현	기재부	73
정주현	노원서	171
정주희	서울청	154
정주희	반포서	181
정주희	동울산서	446
정준	동수원서	231
정준	남원서	374
정준갑	순천서	366
정준기	부산청	424
정준모	서울청	134
정준모	북부산서	436
정준영	평택서	252
정준용	전주서	380
정준용	부산진서	434
정준채	동대문서	174
정준호	서울청	138
정준호	서울청	139
정준희	동청주서	336
정중원	영등포서	199
정중현	대구청	386
정중호	서울청	139
정중호	부산세관	480
정지나	수원서	239
정지문	노원서	171
정지석	충주서	344
정지선	국세청	120
정지수	역삼서	238
정지수	시흥서	240
정지숙	평택서	253
정지숙	미래회계	18

성명	소속	쪽	성명	소속	쪽	성명	소속	쪽	성명	소속	쪽	성명	소속	쪽
정지양	대구청	388	정찬효	기재부	85	정한록	정읍서	382	정현호	광주청	349	정환수	기재부	84
정지연	고양서	286	정찬국	창원서	461	정한술	국회정무	63	정형	기재부	74	정환주	상주서	410
정지연	의정부서	298	정찬근	관악서	163	정한신	구로서	165	정형범	광명서	288	정환철	국회정무	63
정지영	국회법제	61	정찬근	이천서	250	정한영	대전청	311	정형준	동대문서	174	정회영	부산청	429
정지영	국세청	110	정찬근	경주서	405	정한옥	서초서	187	정형준	서광주서	360	정회창	평택서	252
정지영	구로서	164	정찬기	지방재정	488	정한청	파주서	300	정형진	강서서	160	정회훈	용산서	201
정지영	수원서	238	정찬모	삼덕회계	19	정해경	서초서	187	정형태	순천서	366	정효경	기재부	76
정지영	북인천서	281	정찬성	중부산서	442	정해동	국세청	124	정형필	순천서	367	정효근	홍성서	334
정지영	고양서	287	정찬수	강릉서	256	정해란	중부청	216	정혜경	정읍서	382	정효근	경산서	403
정지예	중랑서	209	정찬수	북대구서	397	정해룡	기흥서	226	정혜경	울산서	449	정효민	중부서	216
정지용	국세주류	126	정찬우	서울청	153	정해룡	금정서	431	정혜린	남인천서	278	정효상	기재부	73
정지용	중부서	214	정찬원	부산청	423	정해리	홍천서	269	정혜림	구로서	164	정효성	인천서	284
정지우	안산서	244	정찬재	부산청	426	정해빈	조세심판	491	정혜미	서초서	187	정효숙	역삼서	196
정지운	기재부	77	정찬후	부산진서	435	정해성	지방재정	489	정혜미	광주서	356	정효영	성북서	190
정지운	광명서	289	정창훈	북대전서	315	정해시	광명서	288	정혜미	수영서	441	정효주	송파서	192
정지운	서광주서	360	정채규	광산서	355	정해연	국세상담	128	정혜수	북인천서	281	정효주	동래서	432
정지원	동대문서	174	정채환	기재부	74	정해연	김해서	452	정혜영	서울청	139	정효주	북부산서	436
정지원	영주서	416	정철	기재부	74	정해주	기재부	71	정혜영	구로서	165	정효중	수원서	239
정지윤	동울산서	447	정철	강동서	159	정해진	남대문서	168	정혜영	용산서	200	정훈	용인서	248
정지은	강남서	156	정철	인천서	285	정해진	구미서	406	정혜영	경기광주	242	정훈	북부산서	437
정지은	서인천서	283	정철교	기재부	77	정해천	관악서	162	정혜영	평택서	253	정훈	조세재정	492
정지인	포항서	418	정철규	동래서	433	정향우	기재부	80	정혜영	부산청	427	정훈	조세재정	493
정지헌	경주서	404	정철기	광주청	348	정헌미	서울청	136	정혜영	지방재정	489	정훈	삼일회계	20
정지현	용인서	248	정철식	중부세무	32	정헌호	대전청	311	정혜영	서울청	134	정휘섭	동안양서	233
정지현	서부산서	438	정철우	국세청	116	정현	중부청	214	정혜원	삼성서	183	정휘언	구미서	406
정지현	김해서	453	정철우	국세청	117	정현경	기재부	83	정혜원	충주서	344	정휘영	기재부	71
정지혜	서울청	138	정철우	국세청	118	정현규	남대구서	392	정혜원	동대구서	394	정휴진	중부청	219
정지혜	인천서	284	정철우	서울청	134	정현대	인천청	276	정혜원	금정서	430	정흥기	전주서	381
정지홍	분당서	234	정철화	인천청	272	정현덕	용인서	249	정혜윤	산서	167	정흥식	양천서	195
정지환	성남서	237	정철환	세무화우	55	정현모	서대구서	399	정혜윤	영등포서	199	정흥엽	북전주서	377
정지환	경주서	405	정철운	목포서	365	정현미	기재부	80	정혜윤	동울산서	446	정흥자	성북서	190
정지훈	국세청	111	정초희	북광주서	359	정현미	여수서	368	정혜인	부천서	294	정흥진	경기광주	243
정지훈	광명서	288	정준영	부산진서	434	정현민	천안서	333	정혜정	은평서	202	정희	중부청	215
정직한	기흥서	227	정충우	세무화우	55	정현민	남대구서	392	정혜정	동수원서	230	정희경	안산서	245
정진걸	국세청	125	정치권	중부청	223	정현석	조세재정	494	정혜정	수원서	238	정희교	남광주서	358
정진곤	안진회계	17	정태경	서울청	153	정현수	수원서	239	정혜지	양천서	194	정희남	청주서	342
정진미	북전주서	377	정태경	남대문서	168	정현숙	서울청	139	정혜진	기재부	79	정희도	충주서	344
정진방	평택서	252	정태민	김포서	290	정현숙	강서서	161	정혜진	서울청	154	정희라	성동서	188
정진범	서울청	136	정태상	마포서	178	정현숙	도봉서	173	정혜진	광산서	354	정희문	제주서	464
정진성	대전서	310	정태언	이촌세무	45	정현아	광주청	348	정혜진	서광주서	360	정희봉	통영서	462
정진숙	김포서	291	정태영	이천서	251	정현옥	북부산서	436	정혜진	남대구서	393	정희상	광교세무	39
정진아	기재부	80	정태옥	북부산서	437	정현우	구로서	164	정혜진	양산서	456	정희석	국세청	119
정진영	서울청	139	정태윤	삼성서	183	정현우	통영서	462	정혜진	조세재정	494	정희선	역삼서	197
정진영	성동서	188	정태윤	평택서	252	정현원	대전청	309	정혜화	순천서	366	정희선	금정서	431
정진오	전주서	380	정태형	수원서	405	정현위	이천서	250	정호근	원주서	264	정희섭	서울청	134
정진우	제주서	464	정태호	북광주서	359	정현정	성동서	189	정호석	기재부	73	정희섭	광주청	350
정진욱	국세청	109	정태호	남대구서	393	정현정	동수원서	230	정호선	남대구서	393	정희숙	용산서	200
정진욱	서울청	141	정태환	서울청	139	정현정	수원서	238	정호성	동안양서	233	정희연	종로서	207
정진욱	지방재정	489	정태환	거창서	451	정현정	인천청	274	정호성	수원서	462	정희은	서울청	153
정진욱	조세심판	490	정택주	남양주서	228	정현정	북대구서	397	정호식	남양주서	228	정희정	중부청	217
정진웅	조세재정	494	정판균	청주서	342	정현조	경산서	403	정호연	북광주서	358	정희정	구리서	224
정진원	중부청	214	정평조	광교세무	39	정현종	서대구서	398	정호영	연수서	296	정희정	제천서	340
정진원	순천서	367	정필규	서울청	140	정현주	국세청	125	정호영	광주서	357	정희정	경산서	403
정진주	역삼서	197	정필규	인천청	272	정현주	서울청	139	정호용	삼성서	401	정희종	제주서	464
정진주	수영서	440	정필섭	광주청	350	정현주	반포서	181	정호원	중부산서	443	정희주	기재부	83
정진학	서울청	134	정필영	대전청	306	정현주	중부청	215	정호진	기재부	75	정희진	은평서	203
정진학	동래서	433	정하나	평택서	252	정현주	동수원서	231	정호진	중부산서	443	정희진	충주서	344
정진혁	서울청	142	정하나	속초서	261	정현주	화성서	254	정호창	인천세관	478	정희철	기재부	77
정진형	안양서	246	정하늘	구로서	164	정현주	부산청	424	정호태	안양서	398	제갈음	노원서	170
정진호	북대전서	315	정하덕	역삼서	196	정현준	중부청	215	정호형	서울청	144	제갈영	북부산서	436
정진호	울산서	448	정하미	남양주서	228	정현준	포항서	418	정홍균	삼성서	183	제갈희진	서울청	143
정진호	광주세관	486	정하석	기재부	75	정현중	관악서	162	정홍도	국세교육	130	제민지	광산서	354
정진화	익산서	378	정하용	국세교육	130	정현중	서대구서	399	정홍선	삼척서	259	제범모	동울산서	447
정진환	서울청	138	정하정	진주서	458	정현지	송파서	193	정홍섭	광주청	348	제병인	북인천서	281
정진희	동청주서	337	정학관	광주청	347	정현지	인천서	284	정홍주	인천청	275	제상윤	부산청	422
정진희	이촌세무	45	정학관	광주청	349	정현진	서울청	152	정화선	중랑서	209	제영광	부산세관	479
정찬성	평택서	253	정학관	광주청	350	정현진	도봉서	173	정화순	익산서	378	제영광	부산세관	480
정찬영	조세재정	492	정학기	수성서	401	정현진	동대문서	175	정화영	마포서	178	제일한	부산청	425
정찬일	여수서	369	정학순	서울청	136	정현철	국세청	112	정화영	성동서	188	제재호	동울산서	446
정찬조	광주청	350	정학식	국세청	119	정현철	국세청	118	정화자	남인천서	278	제정임	북부산서	436
정찬진	서대서	186	정학식	부산청	425	정현철	반포서	181	정환동	서대구서	399	제현종	잠실서	204
정찬호	통영서	463	정한	기재부	80	정현태	광산서	354				제홍주	수영서	441
정찬호	법무바른	1	정한길	북전주서	376	정현표	화성서	255				조가람	관악서	162

이름	소속	페이지
조가람	부천서	295
조가영	파주서	300
조가을	양천서	195
조강래	거창서	451
조강식	서울세관	473
조강우	평택서	253
조강호	상주서	411
조강훈	기재부	74
조강훈	마산서	454
조강희	부천서	294
조강희	대전청	306
조건희	포천서	303
조경민	은평서	202
조경배	부산청	429
조경숙	영주서	417
조경윤	해남서	371
조경제	광주청	348
조경진	김해서	453
조경혜	통영서	462
조경호	중부청	223
조경화	이천서	250
조경화	북인천서	281
조관운	김해서	452
조광덕	광주청	352
조광덕	중부세무	32
조광래	성동서	188
조광래	조세심판	490
조광석	잠실서	205
조광제	분당서	234
조광진	국세청	110
조광호	성북서	190
조구영	동작서	176
조국환	인천청	273
조규범	안진회계	17
조규봉	광주서	356
조규상	중부청	218
조규창	삼성서	183
조규현	지방재정	488
조근비	여수서	368
조근식	삼성서	183
조근호	익산서	378
조근희	국회재정	60
조금식	중부청	215
조금옥	포항서	419
조기문	기재부	73
조기정	정읍서	382
조기현	진주서	459
조기호	국회정무	64
조길현	영등포서	198
조길현	전주서	381
조나래	남양주서	228
조남건	서울청	143
조남규	서대구서	399
조남명	서인천서	283
조남옥	국세상담	129
조남웅	청주서	343
조남철	동작서	176
조남철	남대구서	392
조남훈	국회재정	60
조다인	인천서	285
조다현	종로서	206
조다혜	의정부서	298
조대규	고양서	286
조대서	서대전서	316
조대연	천안서	333
조대현	국세청	108
조대회	이천서	251
조대훈	금천서	167
조덕봉	공주서	318
조덕상	동수원서	230
조덕휘	서산서	325
조덕희	세무고시	34
조동규	삼일회계	21
조동석	중기회	104
조동진	동대문서	175
조동표	여산서	197
조동혁	서울청	135
조라경	동대구서	395
조래성	북대구서	397
조래혁	기재부	80
조래현	국세청	108
조만식	서대전서	317
조만호	목포서	364
조명관	서광주서	361
조명기	성북서	190
조명상	은평서	202
조명상	천안서	332
조명석	구미서	407
조명석	광교세무	39
조명순	국세청	112
조명신	분당서	235
조명익	서부산서	438
조명준	아산서	329
조명희	부천서	294
조무연	태평양	53
조문균	기재부	75
조문희	금융위	87
조미겸	청주서	337
조미경	서대구서	399
조미경	진주서	458
조미란	동울산서	447
조미숙	금정서	430
조미애	남대문서	100
조미애	북부산서	436
조미영	남대문서	168
조미영	동수원서	231
조미옥	서산서	325
조미옥	성남서	236
조미옥	전주서	380
조미자	홍성서	334
조미주	수영서	441
조미진	중부청	219
조미현	서인천서	283
조미화	국세청	112
조미희	상주서	411
조미희	마산서	455
조민경	국세청	112
조민경	속초서	261
조민경	마산서	454
조민국	대구청	386
조민규	기재부	70
조민래	창원서	460
조민래	북광주서	358
조민석	남대문서	169
조민성	종로서	207
조민성	동안양서	232
조민성	청주서	342
조민숙	마포서	178
조민영	국세청	124
조민영	안산서	244
조민영	인천청	276
조민재	김포서	290
조민정	대전청	306
조민지	은평서	202
조민지	중부산서	442
조민현	은평서	202
조민민	북인천서	281
조민희	성남서	236
조민희	북부산서	436
조범기	강남서	156
조범래	역삼서	197
조범제	대구청	386
조병규	기재부	73
조병길	북대구서	396
조병녕	서부산서	438
조병덕	고양서	286
조병래	포항서	418
조병만	양천서	195
조변민	구세청	117
조병섭	시흥서	240
조병성	역삼서	196
조병순	세무삼릉	41
조병옥	중부청	218
조병주	국세청	115
조병준	서울청	153
조병철	국세상담	129
조병호	예일세무	43
조병환	김해서	452
조보연	서대문서	185
조복환	대전청	306
조상래	북부산서	437
조상미	강릉서	257
조상미	광주청	350
조상연	서울청	137
조상연	서울청	138
조상옥	광주청	350
조상운	수영서	440
조상윤	구로서	164
조상현	국세청	114
조상현	강남서	157
조상현	북광주서	358
조상현	삼정회계	23
조상훈	서울청	150
조상희	이천서	251
조서미	양천서	194
조서이	성남서	237
조서혜	성동서	188
조석권	수영서	440
조석균	김포서	290
조석보	경주서	404
조석전	북대전서	315
조석주	동울산서	447
조석훈	감사원	66
조석훈	지방재정	488
조선경	나주서	362
조선미	중부청	222
조선영	역삼서	196
조선영	남양주서	229
조선영	대전청	309
조선영	부산청	423
조선영	지방재정	488
조선제	김해서	452
조선형	기재부	78
조선희	기재부	83
조선희	도봉서	172
조선희	반포서	181
조성경	성남서	236
조성곤	우리회계	27
조성광	영등포서	198
조성구	홍천서	269
조성권	김앤장	49
조성균	북전주서	377
조성덕	인천청	272
조성래	국세청	121
조성래	금정서	431
조성래	광산서	449
조성목	강서서	161
조성문	중랑서	209
조성문	춘천서	266
조성민	경산서	402
조성범	지방재정	489
조성빈	천안서	332
조성수	국세청	119
조성수	노원서	171
조성수	동안양서	233
조성식	삼성서	183
조성아	기재부	77
조성애	북광주서	358
조성오	송파서	193
조성용	서울청	141
조성용	서울청	146
조성용	부산청	423
조성우	국세청	125
조성우	익산서	378
조성욱	삼일회계	20
조성원	삼성서	183
조성원	동안양서	232
조성익	감사원	67
조성익	남대문서	168
조성인	중부청	219
조성재	북광주서	359
조성주	성동서	188
조성준	서부산서	438
조성철	국세교육	131
조성철	중부청	215
조성태	우리회계	27
조성택	대전청	305
조성택	대전청	307
조성택	대전청	308
조성현	기재부	74
조성현	익산서	378
조성호	서울청	143
조성훈	국세청	108
조성훈	분당서	235
조성훈	성남서	237
조성훈	북전주서	376
조성희	국세청	112
조세영	역삼서	197
조세영	동래서	432
조세홍	제천서	341
조세흠	동청주서	337
조소연	영등포서	199
조소윤	안산서	244
조소현	서초서	187
조소현	평택서	252
조소현	서부산서	438
조소희	용산서	200
조송화	김포서	291
조송희	서울청	140
조수길	서대구서	399
조수동	김해서	453
조수빈	국세청	123
조수빈	영등포서	199
조수양	남대구서	393
조수연	중부청	217
조수영	안양서	246
조수영	김포서	291
조수영	부산진서	435
조수진	국회법제	62
조수진	중부청	223
조수진	삼정회계	22
조수현	강남서	157
조숙연	관악서	162
조숙연	중부청	222
조숙영	동수원서	230
조숙의	수원서	238
조숙현	울산서	448
조순행	안동서	413
조승연	서부산서	439
조승욱	서초서	187
조승현	대구청	387
조승호	서울청	147
조승희	해남서	371
조식	서산서	325
조식관	삼성서	183
조아라	서초서	187
조아라	성동서	188
조아라	동수원서	230
조아라	분당서	234
조아라	용인서	248
조아라	남인천서	278
조아라	의정부서	298
조아라	지방재정	488
조아름	서울청	155
조아름	구리서	225
조아연	대전서	313
조안나	은평서	203
조애정	마포서	178
조애정	동래서	432
조양선	파주서	300
조연	서산서	325
조연상	종로서	206
조연수	양산서	456
조연숙	대전청	306
조연우	구리서	225
조연정	금천서	166
조연주	강동서	159
조연화	남인천서	279
조영경	삼척서	258
조영규	국세청	112
조영기	연수서	296
조영두	광산서	355
조영란	광산서	354
조영래	평택서	252
조영록	동수원서	230
조영문	인천세무	33
조영미	반포서	180
조영미	분당서	235
조영미	삼척서	259
조영빈	국세청	120
조영삼	기재부	73
조영수	남양주서	228
조영수	경주서	405
조영수	중부산서	443
조영숙	북광주서	358
조영숙	익산서	378
조영순	강동서	159
조영순	파주서	301
조영심	제주서	464
조영우	보령서	322
조영욱	기재부	77
조영웅	화성서	254
조영익	금감원	89
조영익	금감원	99
조영일	부산청	428
조영자	대전청	307
조영재	삼일회계	20
조영종	보령서	322
조영주	마포서	178
조영주	대전서	313
조영준	상공회의	103
조영준	분당서	234
조영진	인천청	276
조영진	의정부서	298
조영진	수영서	441
조영탁	서울청	149
조영탁	강남서	157
조영태	대구청	386
조영혁	반포서	180
조영혁	대전청	311
조영현	잠실서	204
조영호	파주서	300
조영환	삼정회계	24
조예림	성동서	188
조예현	강릉서	257
조완석	진주서	459
조완정	정읍서	382
조완철	지방재정	488
조외숙	부산청	425
조외영	기재부	85
조용감	기재부	83
조용권	인천청	277
조용길	구미서	407
조용대	정읍서	382
조용도	조세심판	491

이름	소속	쪽
조용래	기재부	74
조용립	우리회계	27
조용만	서초서	186
조용문	제주서	465
조용민	조세심판	490
조용석	서울청	153
조용석	강남서	156
조용수	기재부	71
조용수	서울청	155
조용식	인천청	277
주용식	북전주서	377
조용식	지방재정	488
조용재	중부청	214
조용진	중부청	222
조용진	부천서	295
조용택	부산청	427
조용한	금융위	87
조용현	창원서	460
조용호	김포서	290
조용호	김해서	452
조용호	김앤장	49
조용환	기재부	72
조용희	국세상담	128
조용희	삼덕회계	19
조우리	조세재정	492
조우숙	강서서	160
조우영	경주서	405
조우진	동청주서	336
조운학	삼성서	183
조웅규	창원서	461
조원덕	삼정회계	23
조원덕	삼정회계	24
조원석	인천청	276
조원석	파주서	301
조원영	중부서	211
조원영	구미서	406
조원준	강서서	161
조원철	서울청	153
조원희	중부청	219
조원희	김해서	452
조원희	지방재정	489
조위영	북대전서	315
조유영	연수서	297
조유정	북광주서	358
조유진	영동서	338
조유흠	강남서	157
조윤경	인천청	276
조윤경	남인천서	279
조윤경	북광주서	359
조윤기	기재부	78
조윤미	국세상담	128
조윤민	북대전서	315
조윤방	속초서	261
조윤서	서울청	154
조윤서	제주서	465
조윤석	국세청	122
조윤아	동작서	177
조윤영	남양주서	229
조윤영	분당서	234
조윤영	서인천서	282
조윤정	감사원	67
조윤정	삼성서	183
조윤정	남대구서	392
조윤주	인천청	276
조윤주	영덕서	414
조윤주	통영서	463
조윤호	시흥서	241
조윤희	전주서	380
조은경	대구서	388
조은비	성북서	190
조은비	동수원서	231
조은빈	안양서	246
조은빛	남인천서	278
조은빛	조세재정	492
조은상	분당서	235
조은서	중부산서	443
조은수	남양주서	229
조은아	경주서	405
조은애	아산서	328
조은애	영동서	338
조은영	남대구서	392
조은영	제주서	465
조은용	안양서	247
조은정	노원서	170
조은정	관세청	469
조은지	국세청	110
조은지	정읍서	382
조은하	김해서	452
조은해	해운대서	445
조은효	동작서	177
조은희	서울청	143
조은희	서초서	186
조은희	역삼서	197
조은희	영등포서	199
조은희	서인천서	282
조은희	김포서	290
조익수	포항서	418
조익현	지방재정	488
조인국	금정서	431
조인묵	중부세무	32
조인순	해운대서	444
조인영	남대문서	168
조인옥	용산서	200
조인정	서울청	145
조인찬	국세청	122
조인태	강릉서	256
조인혁	서울청	150
조인호	남인천서	278
조일성	남인천서	279
조일숙	서울청	139
조일영	태평양	53
조일제	기흥서	227
조일형	수원서	239
조일훈	중부청	218
조작실	국세주류	126
조재규	대전청	311
조재량	부천서	295
조재박	삼정회계	24
조재범	서울청	144
조재범	반포서	180
조재범	남대구서	392
조재빈	금융위	86
조재성	북부산서	437
조재성	해운대서	445
조재승	부산청	426
조재연	북광주서	358
조재영	서대문서	184
조재완	안양서	247
조재우	조세재정	494
조재웅	서인천서	282
조재원	구미서	406
조재웅	광명서	289
조재일	대전청	309
조재일	대구청	389
조재천	동울산서	447
조재평	강남서	157
조재형	거창서	451
조재화	해운대서	445
조재훈	영덕서	414
조재희	인천청	273
조정국	기재부	77
조정국	기재부	78
조정목	국세청	123
조정민	서부산서	439
조정민	금정서	431
조정원	삼성서	183
조정은	동수원서	230
조정은	고양서	286
조정은	고양서	287
조정후	동청주서	337
조정진	강남서	157
조정진	대전서	312
조정혜	동대구서	394
조정화	노원서	170
조정환	평택서	252
조정환	삼일회계	20
조정효	광주청	350
조정훈	구로서	165
조정희	중부청	217
조종수	인천서	284
조종식	서인천서	283
조종연	대전서	312
조종필	서광주서	360
조종필	대구세관	484
조종흠	성남서	231
조종호	국세청	111
조주현	평택서	252
조주호	창원서	460
조주환	통영서	462
조주희	서울청	146
조준	구로서	164
조준구	국세청	114
조준기	춘천서	267
조준모	동대문서	174
조준서	수성서	401
조준섭	서울청	154
조준수	공주서	318
조준식	익산서	378
조준영	포천서	303
조준영	대전서	452
조준우	제주서	465
조준익	광교세무	39
조준철	북전주서	376
조준호	중기회	104
조준호	양천서	236
조준환	북대구서	397
조중연	국회재정	60
조중연	기재부	79
조중현	국세상담	128
조지영	국세청	110
조지영	의정부서	298
조지원	역삼서	196
조지윤	목포서	364
조지현	경기광주	243
조지현	인천청	274
조지훈	세종서	326
조지훈	예산서	331
조진동	인천청	274
조진숙	국회법제	61
조진숙	양천서	194
조진용	국세청	112
조진용	인천세관	477
조진한	한국세무	31
조진형	중기회	104
조진희	기재부	75
조찬우	기재부	76
조창권	용인서	249
조창상	기재부	84
조창우	국세청	117
조창일	안양서	246
조창현	국세청	117
조창호	삼일회계	20
조채영	영등포서	198
조천령	종로서	206
조철	대구세관	484
조철호	동대구서	395
조춘옥	광명서	288
조춘원	성동서	189
조치상	예산서	330
조치원	세종서	327
조태복	법무광장	51
조태성	동울산서	447
조태욱	포천서	302
조태익	인천청	276
조태희	기재부	79
조태희	동청주서	336
조판규	도봉서	173
조풍연	수영서	440
조하나	강서서	160
조하나	동대문서	175
조하나	기흥서	226
조하나	인천청	285
조하람	기재부	83
조하연	금정서	431
조하영	서대전서	316
조학래	동래서	432
조학래	태평양	53
조한경	성남서	188
조한규	천안서	332
조한규	안동서	413
조한덕	마포서	179
조한민	예산서	330
조한솔	국세청	112
조한식	잠실서	204
조한아	중부서	210
조한영	금천서	167
조한용	동대문서	175
조한우	안산서	244
조한정	수원서	238
조한철	삼일회계	20
조항진	보령서	322
조해동	남인천서	278
조해리	분당서	234
조해영	도봉서	172
조해원	속초서	261
조해윤	강릉서	257
조해일	중부청	218
조해정	동수원서	231
조해정	목포서	365
조해진	국회재정	60
조행순	화성서	254
조헌일	삼성서	183
조헌	기재부	81
조현	부산청	424
조현경	동작서	176
조현경	안양서	246
조현경	북대전서	315
조현관	인천청	273
조현관	법무바른	1
조현구	국세교육	130
조현구	논산서	320
조현국	김포서	290
조현국	광주서	356
조현덕	대구청	388
조현석	우리회계	27
조현선	서울청	139
조현성	수원서	238
조현수	마포서	179
조현수	경기광주	243
조현숙	삼척서	258
조현승	국세청	123
조현아	창원서	461
조현엽	진주서	459
조현우	원주서	264
조현은	성북서	190
조현종	북인천서	280
조현주	의정부서	299
조현준	국세청	114
조현준	대전청	310
조현준	경산서	402
조현지	인천청	277
조현진	기재부	70
조현진	남대문서	168
조현진	북대구서	397
조현진	안동서	412
조현진	부산청	428
조현진	동래서	432
조현진	김해서	453
조현희	대전청	309
조형구	성남서	237
조형근	국회법제	61
조형나	부산청	424
조형래	부산청	422
조형래	마산서	455
조형래	세무화우	55
조형석	금천서	166
조형석	양산서	456
조형오	북전주서	376
조형주	부산청	427
조형진	지방재정	489
조혜경	대구청	389
조혜리	성북서	191
조혜리	은평서	202
조혜민	동안양서	232
조혜민	서대전서	317
조혜선	광산서	354
조혜연	마포서	179
조혜영	북전주서	376
조혜원	서초서	187
조혜원	경기광주	242
조혜윤	서부산서	439
조혜윤	은평서	203
조혜정	분당서	234
조혜정	김포서	291
조혜정	아산서	328
조혜정	조세심판	490
조혜진	강동서	159
조혜진	북인천서	281
조혜진	순천서	366
조혜진	조세재정	493
조호령	용인서	249
조호연	광산서	355
조호철	북대구서	396
조호철	서울청	153
조호형	광주청	353
조호형	신한관세	47
조홍규	동래서	433
조홍기	서울청	155
조홍섭	통영서	462
조홍수	익산서	378
조홍우	서부산서	438
조홍준	성동서	189
조화영	구미서	406
조환연	중부청	221
조효숙	기재부	73
조효신	구리서	224
조효진	연수서	296
조효진	성북서	190
조흥기	분당서	234
조희근	성남서	237
조희선	남대구서	393
조희선	북부산서	436
조희성	서울청	150
조희성	나주서	362
조희숙	용인서	248
조희원	서울청	152
조희정	경기광주	242
조희정	화성서	254
조희정	부산청	428
조희주	삼성서	183
조희리	해남서	370
조희진	종로서	207
조희진	용인서	249
조희평	조세재정	493
종만	논산서	320

이름	소속	번호
좌용준	제주서	464
좌종훈	제주서	465
좌현미	화성서	254
주경관	분당서	235
주경섭	삼성서	183
주경탁	구로서	165
주경희	동고양서	292
주관종	대전서	312
주광수	부산청	428
주구종	북대전서	315
주기영	동수원서	231
주기환	구로서	164
주나라	서초서	187
주동철	남대문서	168
주란	천안서	332
주맹식	부산청	424
주명오	대구청	389
주명진	서산서	324
주명진	북부산서	436
주명화	서울청	139
주미균	부산진서	435
주미영	국세청	111
주미영	전주서	381
주미진	이천세무	45
주민규	서울청	153
주민희	부천서	295
주범준	서울청	145
주병욱	기재부	81
주보영	연수서	296
주보은	부산청	422
주상욱	순천서	367
주상철	예일회계	26
주상희	기재부	73
주선경	기재부	75
주선규	강릉서	257
주선돈	울산서	449
주선영	성북서	191
주선영	서광주서	361
주선영	북부산서	437
주선정	인천청	275
주성렬	인천세관	477
주성민	부산청	423
주성숙	고양서	286
주성옥	서울청	139
주성용	강남서	156
주성재	양천서	194
주성준	태평양	53
주성진	역삼서	197
주성태	국세청	108
주세림	은평서	202
주세정	강동서	159
주세훈	기재부	76
주승현	여수서	368
주수미	반포서	180
주승연	서울청	137
주승연	인천청	274
주승윤	원주서	265
주시경	관세청	468
주아라	군산서	372
주아람	남대문서	169
주아름	용산서	200
주애란	동고양서	293
주에나	중부청	216
주연섭	서대전서	317
주연신	수영서	440
주영상	송파서	192
주영석	강남서	156
주영욱	지방재정	488
주영진	인천세무	33
주오식	서부산서	439
주온슬	광산서	354
주용석	중부청	214
주용태	서울청	135
주용호	관악서	163
주우성	수성서	400
주원숙	분당서	234
주유미	국세청	111
주윤숙	성동서	189
주윤정	성북서	191
주윤정	동청주서	337
주은경	청주서	342
주은미	성남서	236
주은영	부천서	294
주은영	남원서	375
주은진	제주서	465
주은화	서울청	136
주인규	김포서	290
주자환	북부산서	437
주재관	송파서	192
주재명	분당서	234
주재민	조세재정	493
주재정	여수서	369
주재철	국세청	110
주재현	중부청	216
주정권	세종서	326
주정숙	구로서	164
주정일	삼일회계	20
주정희	서울청	139
주종기	부산청	423
주종휘	김해서	452
주지홍	부산청	425
주지휴	통영서	463
주진광	지방재정	488
주진선	경기광주	243
주진수	대전서	312
주진아	울산서	240
주철우	부산진서	434
주충용	동수원서	230
주태경	서울청	139
주태영	원주서	264
주태현	기재부	76
주평식	기재부	83
주평하	평택서	253
주해인	기재부	78
주해진	세무고시	34
주향미	남양주서	228
주현경	국세상담	128
주현경	은평서	203
주현민	청주서	342
주현민	지방재정	489
주현철	용산서	200
주현아	국세청	110
주현아	종로서	207
주현정	구미서	407
주현준	기재부	81
주현진	동래서	458
주현철	서울청	152
주형석	동래서	433
주형열	홍성서	334
주혜령	마포서	179
주혜영	서대문서	184
주혜진	기재부	82
주혜진	마산서	454
주홍민	금융위	87
주홍준	수성서	400
주환욱	동청주서	337
주효종	관악서	162
주휘택	기재부	73
주희정	중랑서	208
주희진	서울청	141
지경덕	영월서	262
지광민	부산청	423
지광철	기재부	82
지규택	기재부	70
지대진	김포서	291
지대현	대전청	306
지만	부산청	423
지민경	수원서	238
지상균	인천세관	478
지상근	중랑서	208
지상금	경기광주	242
지상선	경기광주	242
지상수	서울청	135
지상수	아산서	329
지상용	역삼서	196
지상준	국세청	125
지서연	동작서	177
지석란	동수원서	231
지선영	중부청	222
지성	국세청	112
지성근	인천세관	476
지성수	마포서	179
지성은	금천서	167
지소영	세종서	327
지수	남인천서	279
지슬찬	대전청	306
지승남	시흥서	241
지승룡	전주서	381
지승환	국세청	110
지신영	서대문서	184
지연우	서초서	187
지연주	해운대서	445
지영근	조세심판	490
지영미	기재부	81
지영주	동고양서	293
지영진	논산서	321
지영한	강남서	157
지영환	중부청	222
지영환	시흥서	240
지용찬	광교세무	39
지우석	평택서	252
지윤서	기재부	82
지은섭	노원서	170
지은정	아산서	328
지은호	서광주서	361
지임구	부산청	423
지장근	국세상담	128
지장근	조세심판	490
지재기	서부산서	439
지재홍	국세청	117
지점숙	서울청	139
지정국	북광주서	358
지정인	중부청	217
지준각	중부세무	32
지창환	우리회계	27
지출과	기재부	80
지충환	천안서	332
지행주	해남서	370
지현민	북부산서	436
지현배	영등포서	198
지현철	제주서	464
지혜림	목포서	365
지혜조	기재부	78
진강렬	기재부	71
진경	남인천서	278
진경숙	익산서	378
진경준	전주서	381
진경천	상공회의	103
진경진	상공회의	103
진경철	인천서	284
진경화	성북서	191
진경희	제주서	465
진관수	성북서	191
진근식	관악서	162
진나현	평택서	252
진남석	우리회계	27
진남식	광주청	349
진누리	인천서	284
진다래	동수원서	231
진덕용	상공회의	103
진독권	익산서	379
진동범	기재부	85
진동욱	평택서	252
진동훈	은평서	203
진명구	국회정무	64
진문수	광산서	355
진미란	남대구서	392
진민정	강남서	156
진민혜	남대구서	394
진민희	반포서	181
진병환	서울청	144
진보람	삼성서	182
진봉균	춘천서	267
진봉재	삼일회계	21
진상철	안산서	245
진선미	울산서	448
진선엽	금융위	88
진선조	서울청	155
진선호	동대문서	175
진선홍	기재부	73
진성구	세무고시	34
진성민	남대문서	169
진성욱	성동서	188
진성은	해운대서	445
진성환	수성서	400
진성희	마포서	178
진소영	아산서	328
진수영	마산서	454
진솔	안산서	244
진수미	서울청	149
진수민	시흥서	241
진수민	북대전서	314
진수성	광주서	356
진수영	익산서	378
진수정	서울청	152
진수진	평택서	253
진수환	영등포서	199
진순자	동청주서	336
진승우	기재부	76
진승은	국세상담	128
진승철	인천청	272
진승호	기재부	76
진승호	시흥서	241
진승환	논산서	320
진승환	김앤장	49
진언지	안산서	245
진영근	연수서	296
진영범	기재부	72
진영숙	부산진서	435
진영한	남양주서	228
진영희	동청주서	336
진용범	광주서	350
진우영	금정서	431
진우형	국세청	123
진운용	광주세관	486
진유신	부산청	423
진윤용	국세청	117
진윤지	송파서	192
진은남	속초서	260
진은주	동울산서	446
진인수	서울청	138
진일현	서부산서	438
진재경	강서서	160
진재화	중부청	216
진정	여수서	369
진정록	서울청	149
진정욱	동청주서	336
진정호	강남서	156
진종범	원주서	264
진종호	반포서	181
진종희	북부산서	436
진주연	이천서	250
진주원	남양주서	228
진주희	김포서	290
진준식	남대구서	392
진중기	목포서	365
진채영	수영서	440
진태호	조세재정	494
진한일	서울청	138
진향미	수원서	239
진혁환	광산서	354
진혁덕	창원서	461
진현서	용산서	200
진현정	아산서	328
진현탁	진주서	458
진현호	마산서	455
진형석	양천서	194
진혜경	영등포서	198
진혜정	서울청	148
진혜진	광명서	288
진호근	통영서	462
진호범	고양서	287
진홍탁	송파서	193
진효영	동울산서	447
진훈미	금정서	431
진휘철	삼일회계	21
진희성	서울청	153

ㅊ

이름	소속	번호
차건수	대전청	307
차경진	목포서	365
차경하	역삼서	196
차광섭	국세청	124
차국진	삼덕회계	19
차규상	김해서	452
차기숙	울산서	448
차동희	동작서	177
차무중	은평서	203
차무환	동래서	433
차미선	서울청	135
차미정	신한관세	47
차민식	창원서	460
차보미	아산서	328
차상두	서울세관	473
차상윤	전주서	380
차상진	부산청	421
차상훈	국세청	124
차선영	서울청	154
차선주	중부청	222
차성수	수원서	239
차세빈	조세재정	492
차수빈	영등포서	199
차수빈	인천청	272
차수빈	부천서	294
차순초	동작서	177
차순화	분당서	234
차양호	삼성서	183
차연아	부천서	295
차연주	서대문서	185
차연호	기재부	71
차영석	동수원서	231
차영준	군산서	373
차영철	동작서	176
차용철	대전청	308
차원영	강서서	160
차유경	성동서	189
차유곤	순천서	367
차유라	서울청	155
차유미	영등포서	198
차유해	마포서	179

이름	소속	쪽
차윤주	동래서	432
차윤중	남양주서	229
차은규	보령서	323
차은실	남대구서	392
차은영	중부청	219
차은정	서광주서	360
차인혜	광명서	288
차일규	삼일회계	20
차일현	부천서	295
차정은	구리서	224
차정환	대전서	313
차종언	포항서	419
차중협	서대문서	184
차지연	양천서	194
차지연	김포서	290
차지연	여수서	369
차지원	세종서	326
차지현	남대문서	169
차지훈	삼척서	258
차지훈	광산서	355
차진선	서울청	138
차한원	기재부	81
차현근	서초서	187
차현숙	정읍서	383
차현종	기재부	74
차혜진	은평서	203
차호현	국세상담	129
차회윤	청주서	343
차효정	조세재정	492
창보라	수원서	238
채거환	안산서	244
채경수	제주서	465
채경식	관세청	469
채경연	마산서	454
채규당	우리회계	27
채규욱	해운대서	445
채규일	국세청	115
채규홍	서울청	144
채남기	광주청	348
채명신	대구청	388
채명훈	인천서	284
채문석	포천서	303
채미연	남대구서	392
채미옥	부천서	294
채민정	고양서	287
채민호	동대문서	175
채백희	중부세무	32
채병호	이안세무	44
채봉규	관세청	469
채상윤	동안양서	233
채상조	이천서	251
채상철	국세청	115
채상희	세종서	327
채성운	수성서	401
채성호	분당서	234
채성희	동수원서	230
채송화	강서서	161
채수정	기재부	83
채수정	군산서	373
채수필	국세주류	126
채수향	용산서	200
채숙경	남원서	374
채승아	창원서	461
채승완	태평양	53
채승훈	경산서	402
채아름	전주서	381
채양숙	국세청	123
채여정	마산서	455
채연기	용산서	200
채연식	강릉서	256
채용문	강동서	159
채용찬	노원서	171
채우리	광산서	355
채웅길	전주서	381
채원혁	기재부	81
채유진	부천서	294
채재덕	인천청	275
채정균	인천세관	476
채정석	의정부서	299
채정현	국회정무	63
채정환	서대문서	185
채정훈	수원서	239
채종철	마포서	178
채종희	영등포서	199
채주희	대구청	387
채준기	기재부	73
채준석	정읍서	382
채중석	중부청	220
채지원	인천세무	33
채진병	부천서	294
채진우	국세교육	131
채충석	우리회계	27
채충우	포항서	418
채칠용	중부청	222
채한기	서부산서	439
채한석	서울청	149
채현욱	지방재정	489
채혜숙	김포서	291
채혜숙	강남서	156
채혜인	국세상담	129
채혜정	서울청	138
채호정	김천서	409
채홍선	대전서	307
채화영	삼성서	182
채희문	부천서	294
채희영	북전주서	376
채희의	더택스	40
채희준	평택서	252
책임원	조세재정	493
책임원	조세재정	493
책임원	조세재정	493
천경식	남광주서	358
천경필	강서서	160
천공순	양산서	457
천광진	의정부서	299
천근영	서울청	153
천금미	서울청	139
천기문	포항서	418
천만진	중부청	214
천명길	아산서	328
천명선	강서서	160
천명일	국세상담	128
천문희	송파서	192
천미영	인천서	284
천미진	동안양서	232
천민자	기재부	73
천병선	중부청	214
천병희	여수서	369
천상수	구미서	407
천상현	안양서	246
천선경	국세상담	129
천선희	서대전서	316
천세훈	국세상담	129
천소진	동청주서	337
천소현	용인서	249
천승리	진주서	458
천승민	진주서	458
천승범	구로서	164
천승현	강릉서	256
천영수	강남서	157
천영익	예일세무	43
천영현	성동서	188
천영환	성동서	188
천용욱	부산청	427
천우남	광주청	353
천원철	동래서	432
천은영	대전청	307
천재도	인천청	275
천재호	기재부	77
천정도	기재부	84
천정희	구미서	406
천종강	김해서	452
천주석	국세청	123
천지연	기재부	71
천지은	순천서	366
천진해	용산서	200
천진호	중부청	214
천태근	금정서	431
천해자	경산서	403
천행관	이촌세무	45
천현식	북인천서	280
천현창	북인천서	281
천혜란	천안서	332
천혜령	시흥서	240
천혜미	기재부	72
천혜미	중부청	219
천혜미	울산서	449
천혜빈	서초서	187
천혜영	세무고시	34
천혜원	지방재정	489
천혜정	경산서	402
천혜진	성남서	236
천호철	김해서	453
천효순	중부산서	442
최가람	서울청	140
최갑수	북부산서	437
최갑진	대전서	313
최강식	국세교육	131
최강원	중부청	218
최강인	서울청	142
최강현	인천청	276
최건희	북전주서	377
최경남	기재부	73
최경락	강릉서	256
최경미	서울청	134
최경미	수성서	401
최경민	조세심판	491
최경배	북전주서	376
최경수	제주서	465
최경순	기재부	71
최경식	경기광주	242
최경아	남인천서	279
최경애	대구청	390
최경원	서울청	155
최경은	울산서	449
최경인	대전서	312
최경준	홍천서	269
최경진	동안양서	232
최경진	조세재정	493
최경숙	중랑서	208
최경초	동수원서	230
최경하	대전청	308
최경호	잠실서	205
최경화	동고양서	292
최경화	목포서	364
최경화	수성서	400
최경희	중부서	210
최경희	창원서	460
최계옥	동대구서	394
최고은	북광주서	359
최고은	관악서	162
최고은	중부청	216
최고진	울산서	449
최관수	기재부	76
최광기	기재부	85
최광민	인천청	275
최광백	태평양	53
최광석	수원서	238
최광식	국세청	111
최광식	제천서	341
최광신	영등포서	198
최광진	이촌세무	45
최교신	지방재정	488
최교학	중부청	222
최국주	안진회계	17
최권호	광주청	353
최규숙	서울청	145
최규철	기재부	84
최규태	서울청	136
최규태	서인천서	282
최규환	평택서	252
최근수	국세청	119
최근식	북부산서	437
최근영	화성서	254
최근창	삼성서	183
최근형	평택서	252
최근호	국세청	110
최근호	홍성서	335
최금년	대전청	307
최금란	서울서	139
최금주	조세재정	494
최금해	송파서	193
최기남	은평서	202
최기봉	역삼서	197
최기상	국회법제	62
최기순	아산서	328
최기영	국세청	109
최기영	서산서	123
최기영	중부청	222
최기영	대구청	386
최기옥	김포서	290
최기용	대구청	387
최기웅	양산서	158
최기웅	노원서	170
최기원	서부산서	438
최기환	마포서	179
최기환	북광주서	358
최길만	금천서	125
최길상	대전서	313
최길숙	서울청	136
최나연	광명서	289
최나영	분당서	234
최나임	기재부	83
최낙상	수영서	441
최남규	북전주서	376
최남숙	대구청	386
최남오	기재부	84
최남식	금천서	166
최남철	서울청	153
최누리	평택서	252
최능하	관세청	468
최다영	안양서	246
최다예	동안양서	233
최다혜	서인천서	282
최다혜	북광주서	358
최달영	감사원	65
최달영	감사원	67
최대규	신한관세	47
최대영	통영서	463
최대림	국세청	125
최대선	기재부	78
최대웅	북광주서	359
최대현	해운대서	445
최덕근	중부세무	32
최덕선	삼척서	258
최덕희	기재부	71
최도석	용산서	200
최도영	남대구서	396
최돈섭	강릉서	256
최돈순	원주서	264
최돈희	안산서	245
최동균	서인천서	282
최동근	평택서	252
최동기	중부청	218
최동락	화성서	254
최동석	울산서	448
최동수	성북서	191
최동일	기재부	85
최동일	북전주서	376
최동주	중부청	214
최동진	인천청	273
최동찬	대전청	310
최동혁	서울청	151
최동호	기재부	73
최동훈	서대전서	316
최두이	잠실서	204
최두환	북부산서	436
최락진	중부청	221
최린	반포서	181
최만석	부산청	424
최말숙	구미서	406
최면호	국회정무	64
최명	동안양서	232
최명길	부산청	429
최명상	시흥서	241
최명선	인천청	275
최명선	의정부서	275
최명숙	중부청	217
최명순	인천청	275
최명식	분당서	234
최명일	서산서	325
최명자	북대구서	396
최명준	서울청	154
최명진	국세청	108
최명현	국세청	108
최명호	안양서	247
최명화	안양서	247
최명화	화성서	254
최명환	통영서	462
최문기	법무바른	1
최문석	동대문서	174
최문석	광주청	350
최문자	목포서	364
최문희	국회정무	64
최미경	반포서	180
최미경	중랑서	208
최미경	중부청	217
최미경	고양서	287
최미경	익산서	378
최미경	중부산서	442
최미녀	서부산서	438
최미란	반포서	180
최미란	동안양서	232
최미란	북전주서	377
최미란	영주서	416
최미르	해운대서	444
최미리	반포서	180
최미리	역삼서	197
최미선	서울청	152
최미선	조세재정	494
최미숙	수성서	141
최미숙	서대문서	184
최미숙	북인천서	281
최미숙	논산서	320
최미순	관악서	162
최미애	포항서	419
최미영	성동서	189
최미영	동안양서	232
최미영	인천청	272
최미영	북광주서	358
최미영	조세재정	493
최미영	조세재정	493
최미영	조세재정	494
최미옥	강남서	156
최미옥	중부청	216

이름	관서	쪽
최미자	서대문서	185
최미자	지방재정	489
최미정	화성서	255
최미진	대전서	312
최미혜	나주서	362
최미희	인천청	273
최민	대전청	308
최민경	서울청	140
최민교	기재부	76
최민규	양천서	195
최민서	화성서	255
최민석	서울청	150
최민석	중부청	214
최민석	대구청	387
최민수	송파서	192
최민식	서부산서	438
최민애	동대문서	174
최민애	공주서	318
최민정	역삼서	197
최민정	논산서	321
최민준	동래서	432
최민지	삼성서	182
최민지	아산서	328
최민혜	기흥서	226
최민혜	동고양서	292
최민희	서울청	152
최방석	남원서	374
최범식	도봉서	172
최병곤	인천세무	33
최벽구	국세청	114
최병구	경주서	404
최병국	강서서	161
최병국	시흥서	241
최병규	조세재정	492
최병기	국세청	118
최병달	경산서	402
최병분	제천서	341
최병석	기재부	83
최병석	서울청	148
최병석	중랑서	208
최병열	광교세무	38
최병완	기재부	74
최병용	삼척서	258
최병용	홍천서	268
최병우	안양서	247
최병웅	부산세관	481
최병윤	순천서	367
최병재	인천청	274
최병준	경주서	404
최병철	기재부	79
최병철	부산청	426
최병태	통영서	463
최병하	익산서	379
최병한	신한관세	47
최병화	기흥서	226
최보경	김해서	452
최보라	동고양서	293
최보람	광주청	348
최보문	서울서	142
최보미	구리서	225
최보미	부천서	295
최보선	서울청	138
최보영	분당서	234
최보영	해남서	370
최보윤	마포서	178
최보윤	동고양서	293
최보학	서대구서	398
최복기	평택서	252
최복례	광산서	355
최복희	중기회	104
최봉렬	강남서	156
최봉석	기재부	82
최봉섭	아산서	328
최봉수	청주서	343
최봉순	동울산서	446
최봉순	중부세무	32
최봉순	광교세무	39
최삼영	중부청	214
최상	서울청	141
최상구	기재부	73
최상권	서현이현	7
최상규	김천서	408
최상대	기재부	72
최상덕	수영서	441
최상림	경기광주	243
최상미	수원서	238
최상복	대구청	388
최상선	충주서	344
최상연	서울청	138
최상연	연수서	296
최상연	서광주서	360
최상영	순천서	367
최상운	중부청	214
최상원	세무삼릉	41
최상재	중부청	214
최상채	동작서	177
최상혁	관악서	162
최상형	대전청	307
최상호	마산서	454
최상훈	감사원	67
최새록	경기광주	242
최서나	서울청	138
최서연	부산세관	479
최서영	대전서	313
최서우	삼성서	183
최서윤	삼성서	182
최서윤	김포서	290
최서윤	통영서	462
최서진	의정부서	298
최서진	청주서	342
최서진	청주서	342
최서현	북대전서	314
최석	서광주서	361
최석률	서인천서	283
최석승	서광주서	361
최석운	남인천서	279
최석열	천안서	332
최석은	우리회계	27
최선	안산서	245
최선경	경기광주	242
최선경	동울산서	446
최선균	잠실서	205
최선미	중부청	220
최선미	청주서	343
최선숙	중부서	210
최선우	서울청	147
최선우	창원서	462
최선욱	대전청	308
최선이	용산서	201
최선이	홍성서	335
최선재	조세심판	491
최선주	양천서	194
최선학	영등포서	199
최선호	동작서	176
최선희	서울청	135
최선희	노원서	171
최설희	금천서	167
최성관	군산서	372
최성국	지방재정	489
최성규	서울청	134
최성균	서울청	138
최성도	중부청	221
최성례	화성서	254
최성미	강서서	160
최성민	기재부	79
최성민	수원서	238
최성민	김해서	452
최성배	목포서	364
최석수	서울청	146
최성식	관세사회	46
최성실	북대구서	396
최성열	광명서	288
최성영	중부청	221
최성용	중부청	214
최성욱	동고양서	293
최성은	조세재정	493
최성일	금감원	89
최성일	금감원	93
최성일	서울청	152
최성일	화성서	255
최성일	예일세무	43
최성임	해운대서	444
최성준	국회법제	62
최성준	부산청	427
최성진	기재부	84
최성찬	국회재정	59
최성찬	충주서	344
최성한	동청주서	337
최성혁	국세청	110
최성혁	감사원	65
최성호	국세청	108
최성호	서울청	138
최성호	대전청	310
최성화	동대문서	174
최성환	부천서	294
최설희	중부청	223
최성희	동래서	432
최세라	서대문서	184
최세미	역삼서	197
최세영	이천서	250
최세영	부산청	426
최세영	세무고시	34
최세운	연수서	296
최세은	동안양서	233
최세훤	서울청	150
최세영	양천서	194
최세희	종로서	207
최소라	홍성서	334
최소람	강남서	157
최소영	동안양서	232
최소영	시흥서	240
최소영	평택서	252
최소윤	제주서	465
최솔	서초서	186
최송아	송파서	192
최송엽	평택서	253
최수미	중부서	210
최수민	순천서	367
최수빈	서울청	154
최수식	창원서	461
최수아	해운대서	444
최수연	서울청	145
최수연	도봉서	173
최수영	국세청	111
최수인	금천서	167
최수정	분당서	235
최수정	북인천서	280
최수정	수성서	401
최수종	북대전서	315
최수지	포천서	303
최수진	국세청	117
최수진	중부서	211
최수진	분당서	234
최수진	김천서	409
최수진	서부산서	438
최수현	춘천서	266
최수현	광주청	349
최수현	부산청	422
최숙경	김해서	453
최숙현	반포서	180
최숙희	동수원서	230
최숙히	경주서	405
최순동	제천서	341
최순봉	수영서	440
최순옥	남원서	374
최순용	강서서	161
최순희	금천서	167
최순희	전주서	380
최슬기	국세청	124
최슬기	남인천서	279
최승규	인천서	284
최승복	경기광주	242
최승식	대전청	310
최승영	역삼서	197
최승오	북대전서	314
최승웅	안진회계	17
최승원	국회정무	64
최승원	수원서	238
최승재	국세청	114
최승재	광산서	354
최승철	속초서	261
최승택	구로서	164
최승필	김천서	409
최승혁	역삼서	197
최승호	용산서	200
최승훈	중부청	214
최승훈	진주서	458
최승훈	조세재정	493
최승희	전주서	300
최시영	기재부	75
최시온	대전청	306
최시헌	대구청	385
최시헌	대구청	386
최신애	원광서	461
최신호	북광주서	359
최아라	북인천서	281
최아라	서부산서	438
최아현	서울청	151
최안나	분당서	235
최안옥	거창서	451
최여은	강동서	159
최연규	기재부	72
최연덕	부산청	424
최연선	조세재정	494
최연수	서울청	154
최연수	광주서	353
최연옥	영동서	338
최연우	원주서	264
최연욱	중부청	214
최연재	대구세관	484
최연정	성동서	189
최연정	북대전서	314
최연주	중부청	215
최연주	파주서	301
최연지	북인천서	280
최연평	군산서	373
최연하	국세청	111
최연희	도봉서	172
최연희	영등포서	198
최연희	중부청	215
최연희	광주청	351
최연희	광주서	356
최영	청주서	342
최영권	대전청	308
최영근	익산서	378
최영돌	대전청	307
최영락	기재부	85
최영란	조세재정	492
최영미	국세청	110
최영미	대전서	312
최영봉	서울청	146
최영석	동래서	433
최영선	북부산서	437
최영수	서울청	154
최영숙	영등포서	100
최영숙	북대전서	315
최영실	영등포서	199
최영우	국세청	110
최영우	중부세무	32
최영윤	안양서	247
최영윤	대구청	390
최영은	서초서	187
최영일	시흥서	241
최영임	이천서	251
최영임	광주서	356
최영임	서광주서	360
최영자	포천서	302
최영전	기재부	78
최영조	경기광주	242
최영주	중부청	218
최영주	광주서	356
최영주	대구세관	484
최영준	국세청	114
최영준	남대문서	169
최영준	중부청	222
최영준	예산서	330
최영준	조세심판	491
최영지	삼성서	183
최영진	기재부	79
최영진	국세청	112
최영진	종로서	207
최영진	평택서	252
최영철	국세청	109
최영철	정읍서	382
최영철	수영서	440
최영학	강동서	159
최영현	국세교육	131
최영현	관악서	163
최영혜	분당서	234
최영호	국세청	108
최영호	서울청	139
최영호	구로서	164
최영호	구로서	165
최영호	해운대서	445
최영호	지방재정	488
최영환	동작서	177
최영환	반포서	180
최영환	남인천서	278
최영환	연수서	296
최영환	세무고시	34
최영훈	국세청	117
최예린	인천세관	476
최예숙	서광주서	360
최예영	인천서	284
최예영	중부산서	442
최예주	북인천서	280
최오동	서울청	135
최옥구	용인서	248
최옥미	부천서	294
최완규	구로서	165
최완숙	나주서	362
최용	남양주서	229
최용국	부산진서	435
최용규	금천서	167
최용근	서울청	138
최용민	관악서	162
최용복	강동서	159
최용복	충주서	344
최용선	서인천서	283
최용섭	대전청	310
최용세	국세청	116
최용우	강서서	161
최용준	시흥서	240
최용진	중랑서	209
최용진	의정부서	298

이름	소속	번호	이름	소속	번호	이름	소속	번호	이름	소속	번호	이름	소속	번호
최용철	국세청	120	최윤선	세종서	326	최은창	용인서	248	최재우	동래서	432	최종선	목포서	365
최용태	동수원서	231	최윤섭	통영서	463	최은태	김해서	452	최재원	기재부	81	최종수	마포서	178
최용택	이촌세무	45	최윤성	용인서	248	최은혜	서울청	155	최재원	관세청	467	최종숙	영등포서	198
최용화	평택서	253	최윤실	부산서	425	최은혜	공주서	318	최재일	군산서	373	최종열	서울청	155
최용훈	경산서	403	최윤실	북부산서	436	최은혜	조세재정	494	최재진	구리서	225	최종욱	인천서	284
최용훈	김천서	408	최윤아	진주서	458	최은호	마산서	454	최재천	이천서	251	최종운	대구청	390
최용훈	부산청	422	최윤영	서울청	153	최은호	진주서	458	최재철	구로서	165	최종인	은평서	202
최우경	세종서	326	최윤영	관악서	163	최은화	서울청	136	최재혁	감사원	66	최종일	남인천서	279
최우녕	파주서	300	최윤영	대구청	389	최은희	용인서	248	최재혁	기재부	83	최종태	서울청	155
최우석	중부청	222	최윤영	남대구서	392	최은희	청주서	342	최재혁	동고양서	292	최종혁	이촌회계	28
최우석	삼척서	258	최윤용	조세재정	492	최을선	이천서	250	최재혁	광주서	357	최종현	영동서	339
최우성	중부서	211	최윤정	용산서	201	최이규	이촌세무	45	최재혁	대구청	386	최종호	기재부	75
최우성	중부청	216	최윤정	안산서	245	최이환	서울청	148	최재혁	통영서	462	최종호	강동서	159
최우성	지방재정	488	최윤정	남인천서	278	최익환	감사원	67	최재현	서울청	149	최종호	군산서	249
최우영	남양주서	228	최윤정	동청주서	336	최익성	서울청	153	최재현	서울청	155	최종환	국세청	125
최우영	대전서	312	최윤정	해운대서	445	최익수	아산서	329	최재협	포항서	419	최종훈	동수원서	230
최우영	북대구서	397	최윤정	통영서	463	최익영	강서서	160	최재형	감사원	65	최주광	고양서	286
최우영	서부산서	438	최윤주	남원서	374	최인	상공회의	103	최재형	감사원	66	최주연	역삼서	196
최우일	양천서	194	최윤혁	마산서	455	최인경	화성서	254	최재형	잠실서	204	최주연	구미서	407
최우임	기재부	83	최윤형	경주서	404	최인광	북광주서	358	최재호	의정부서	298	최주영	울산서	448
최우정	김포서	291	최윤호	용산서	200	최인귀	마포서	178	최재호	부산진서	434	최주영	법무바른	1
최우진	충주서	345	최윤호	세종서	327	최인규	강남서	156	최재화	대구청	387	최주희	부천서	294
최우현	춘천서	266	최윤회	용인서	249	최인규	남양주서	229	최재훈	광주서	356	최준	송파서	192
최욱경	통영서	462	최윤희	국회재정	59	최인범	동수원서	231	최재훈	제주서	465	최준기	관악서	162
최욱진	중부청	214	최윤희	삼성서	183	최인석	관악서	162	최전환	목포서	365	최준서	연수서	296
최운식	도봉서	173	최은경	기재부	82	최인섭	성북서	191	최점식	수성서	400	최준영	청주서	342
최운환	서울청	146	최은경	국세청	117	최인수	감사원	66	최정규	삼성서	183	최준완	중부청	220
최웅	강서서	161	최은경	관악서	163	최인순	국세청	113	최정림	성북서	191	최준우	금융위	86
최웅	종로서	207	최은경	북인천서	280	최인식	금정서	431	최정령	인천청	276	최준욱	조세재정	493
최원규	순천서	367	최은경	파주서	301	최인실	부산청	429	최정미	동대구서	395	최준웅	역삼서	197
최원모	서울청	147	최은경	마산서	454	최인아	강남서	157	최정민	강동서	158	최준재	파주서	300
최원미	중부서	211	최은경	통영서	462	최인아	창원서	461	최정빈	기재부	77	최준호	동대구서	395
최원봉	반포서	180	최은경	이안세무	44	최인애	홍성서	334	최정식	진주서	459	최준환	수원서	239
최원석	성동서	189	최은락	상공회의	103	최인영	동수원서	230	최정심	양산서	246	최중갑	조세재정	494
최원석	김포서	290	최은미	국세상담	129	최인영	화성서	254	최정애	창원서	460	최중진	원주서	264
최원선	나주서	363	최은미	서울청	138	최인영	마산서	454	최정연	용인서	248	최지선	김포서	290
최원수	대구청	388	최은미	화성서	254	최인옥	서울청	148	최정연	익산서	378	최지선	대전청	308
최원열	화성서	255	최은복	의정부서	298	최인옥	대전청	307	최정열	진주서	458	최지선	군산서	372
최원영	서초서	186	최은비	수원서	238	최인우	대구서	389	최정열	서울청	148	최지선	김천서	408
최원우	울산서	448	최은선	구미서	407	최인우	광주서	356	최정영	구로서	164	최지수	강서서	160
최원익	홍천서	269	최은성	국세청	110	최인혜	강남서	157	최정욱	여수서	369	최지숙	대구청	386
최원정	광주청	348	최은성	국세청	117	최일	반포서	181	최정욱	법무지평	52	최지아	서울청	154
최원준	강남서	156	최은수	서울청	153	최일동	감사원	67	최정운	감사원	66	최지안	동대구서	394
최원진	북부산서	436	최은수	동수원서	230	최일암	동안양서	232	최정운	부산청	425	최지연	동안양서	233
최원태	수영서	441	최은숙	국세청	110	최일환	국세교육	131	최정웅	울산서	449	최지연	북대전서	314
최원현	국세청	109	최은숙	마포서	179	최임규	대전서	312	최정원	중랑서	208	최지연	서대구서	398
최원화	종로서	207	최은숙	안동서	413	최임선	서부산서	439	최정원	중랑서	209	최지영	기재부	82
최원희	고양서	286	최은아	조세재정	493	최임정	김앤장	49	최정원	강릉서	256	최지영	기재부	83
최유건	삼성서	183	최은애	노원서	170	최자연	원주서	264	최정윤	대구서	399	최지영	반포서	181
최유나	고양서	287	최은애	대전청	307	최장규	서광주서	360	최정은	기재부	85	최지영	공주서	318
최유리	청주서	342	최은애	서대구서	398	최장영	서인천서	282	최정은	국세상담	129	최지영	보령서	322
최유림	관악서	162	최은영	기재부	70	최장원	서울청	153	최정은	중부청	216	최지영	북전주서	376
최유미	인천청	271	최은영	서울청	138	최재관	부산세관	480	최정이	광주청	349	최지영	북대구서	396
최유미	조세심판	490	최은영	강동서	158	최재광	동수원서	230	최정인	분당서	234	최지영	부산청	428
최유삼	금융위	88	최은영	강서서	160	최재광	안동서	412	최정인	세무고시	34	최지영	김해서	452
최유성	강릉서	256	최은영	삼성서	183	최재규	서초서	187	최정임	성동서	188	최지영	조세재정	494
최유성	의정부서	298	최은영	남인천서	279	최재규	익산서	378	최정헌	중부청	219	최지웅	인천서	285
최유연	동수원서	230	최은영	연수서	296	최재균	국세청	108	최정현	서산서	324	최지원	남양주서	229
최유영	시흥서	240	최은영	광산서	354	최재덕	서울청	140	최정현	서울청	404	최지윤	서부산서	438
최유원	국세교육	131	최은영	대구청	388	최재림	도봉서	172	최정호	우리회계	27	최지은	안양서	246
최유정	아산서	328	최은영	삼정회계	22	최재명	국세청	109	최정화	경주서	404	최지은	용인서	249
최유진	대구청	388	최은옥	북인천서	280	최재범	삼정회계	23	최정훈	국세청	114	최지은	세종서	326
최유철	남대구서	392	최은유	고양서	287	최재봉	중부청	213	최정훈	서부산서	438	최지은	북대구서	396
최유철	삼일회계	20	최은정	중랑서	208	최재봉	중부청	218	최정훈	양산서	457	최지인	전주서	381
최윤겸	양산서	457	최은정	북인천서	281	최재봉	중부청	219	최정희	강남서	157	최지현	영등포서	198
최윤경	서대전서	316	최은정	부천서	295	최재석	안진회계	17	최정희	안산서	245	최지현	동안양서	233
최윤미	국세청	110	최은주	서울청	134	최재섭	남원서	374	최제범	동안양서	232	최지현	파주서	301
최윤미	강서서	160	최은주	평택서	252	최재성	중부청	217	최제환	동울산서	447	최지현	북광주서	358
최윤미	부산청	424	최은지	대전청	307	최재성	청주서	343	최제후	목포서	364	최지현	북전주서	376
최윤미	조세재정	494	최은진	광주서	288	최재영	금천서	167	최제희	부산진서	435	최지혜	목포서	364
최윤석	강남서	156	최은진	광명서	288	최재영	김천서	408	최종기	서대구서	398	최지혜	해운대서	445
최윤석	인천서	284	최은진	창원서	460	최재우	남대구서	393	최종묵	연수서	296	최지훈	국회정무	64
최윤선	북대전서	314	최은진	안진회계	17				최종미	서울청	139	최지훈	기재부	76

이름	부서	번호
하원경	부산청	424
하원근	서대구서	398
하유정	동수원서	231
하유정	관세청	468
하윤경	삼성서	182
하윤정	북인천서	281
하윤희	분당서	234
하은미	부산청	426
하은석	남대구서	393
하은선	기재부	71
히으주	역삼서	197
하은지	국세청	119
하은혜	서초서	186
하은혜	서울세관	471
하이레	부산청	424
하인선	금정서	431
하재봉	중부청	214
하재분	구리서	225
하재현	마산서	455
하정란	부산서	422
하정란	부산진서	435
하정민	춘천서	267
하정영	서대전서	316
하정우	대전청	311
하정욱	연수서	296
하정욱	부산진서	434
하종대	법무바른	1
하종목	지방재정	489
하종수	용인서	249
하주희	북전주서	376
하준찬	중부청	214
하지경	창원서	461
하지민	포항서	418
하진우	부산서	426
하진호	국세상담	128
하창경	국세청	111
하창균	춘천서	266
하창길	포항서	418
하창수	국세청	125
하철수	목포서	365
하철수	남대구서	392
하철호	진주서	459
하치석	국세교육	131
하치승	기재부	73
하태상	삼성서	183
하태상	서울청	143
하태연	도봉서	172
하태영	동울산서	446
하태완	인천청	273
하태욱	기흥서	226
하태운	포항서	418
하태준	익산서	378
하태훈	예일회계	26
하태흥	김앤장	49
하태희	서울청	143
하필태	김해서	453
하한울	평택서	252
하행수	중랑서	208
하헌욱	경산서	403
하현균	서대전서	316
하현정	인천서	285
하형철	기재부	77
하회성	김해서	453
하효연	기흥서	226
하효준	대구청	391
하희완	분당서	234
한겨레	전주서	380
한경덕	서울청	139
한경란	용인서	248
한경석	잠실서	205
한경선	국세청	124
한경수	대전청	310
한경진	조세재정	494
한경태	중부청	222
한경현	서산서	324
한경호	기재부	79
한경화	서울청	154
한경희	안양서	246
한관수	서울청	136
한광우	북대전서	315
한광인	시흥서	241
한광일	서초서	186
한광희	서대구서	390
한교정	충주서	344
한구환	광주서	356
한국일	군산서	372
한권수	여수서	368
한귀숙	남양주서	229
한규정	광주서	356
한규종	국세청	115
한규진	관세청	469
한구휘	안산서	244
한그루	평택서	253
한근자	한국세무	31
한근찬	대전청	310
한기룡	부천서	295
한기석	서울서	149
한기준	여수서	369
한기철	광주청	350
한길완	의정부서	299
한길택	광산서	354
한나라	조세심판	490
한나리	서울청	139
한나영	동작서	176
한누리	화성서	254
한다은	목포서	364
한다정	동울산서	446
한대섭	동수원서	230
한대희	중부세무	32
한덕우	남인천서	279
한덕윤	영등포서	198
한도순	대전청	307
한동석	광주청	348
한동숙	조세재정	494
한동숙	조세재정	494
한동환	광산서	354
한동훈	용인서	249
한동훈	부산청	427
한동희	천안서	333
한란	서산서	324
한만수	김앤장	49
한만준	성남서	148
한만훈	성북서	190
한면기	부산청	427
한명민	마포서	178
한명수	이천서	250
한명수	북대전서	315
한명여	원주서	264
한명주	조세재정	492
한명진	통영서	462
한무현	김포서	290
한문식	포천서	303
한미경	서울청	146
한미영	국세상담	128
한미영	시흥서	240
한미자	중부청	214
한미정	예산서	330
한미현	용산서	201
한미현	서대전서	316
한민구	기재부	76
한민규	용인서	249
한민수	국세상담	129
한민수	기흥서	226
한민우	이천서	250
한민지	양천서	195
한민희	기재부	74
한민희	종로서	207
한범희	화성서	254
한병민	북전주서	377
한보경	관악서	162
한보미	중부청	220
한복수	서인천서	282
한봉수	경기광주	243
한비룡	수원서	238
한사교	동대문서	174
한상국	영덕서	415
한상룡	목포서	365
한상명	금정서	431
한상민	국세청	108
한상민	도봉서	173
한상민	북전주서	377
한상배	대전청	306
한상배	동청주서	336
한상범	중부서	211
한상범	성남서	236
한상수	시흥서	240
한상수	부산청	422
한상영	중부청	215
한상원	대전청	308
한상윤	동수원서	230
한상익	김앤장	49
한상일	삼정회계	23
한상재	부천서	294
한상정	지방재정	489
한상춘	해남서	371
한상현	국세청	124
한상현	우리회계	27
한상화	동수원서	231
한상훈	동작서	176
한상희	부천서	295
한석복	부산청	428
한석영	역삼서	196
한석진	구로서	164
한석희	논산서	320
한선기	영주서	417
한선배	서울청	146
한선화	기재부	77
한선희	화성서	254
한성일	경기광주	242
한성민	국세상담	129
한성삼	국세청	122
한성옥	중부청	215
한성욱	대구청	390
한성일	관악서	163
한성일	지방재정	489
한성일	서현이현	7
한성주	순천서	367
한성호	서울청	138
한성호	북전주서	376
한세영	김포서	291
한세온	국세청	113
한세훈	안산서	245
한세희	서울청	135
한소라	구로서	164
한소연	시흥서	241
한소영	조세재정	494
한송이	기재부	79
한송이	서울청	154
한송이	고양서	286
한송이	광주서	356
한송이	광주서	357
한송희	인천청	273
한송희	통영서	462
한송희	지방재정	488
한수길	남인천서	279
한수덕	지방재정	488
한수연	성동서	188
한수연	조세재정	492
한수은	강동서	158
한수이	청주서	342
한수정	역삼서	196
한수정	동수원서	230
한수지	광명서	288
한수철	화성서	254
한수현	삼성서	183
한수현	용산서	200
한수현	안양서	246
한수현	서광주서	361
한수홍	목포서	365
한숙란	대전청	308
한숙향	마포서	178
한숙희	북전주서	376
한순국	구미서	406
한순규	서울청	140
한순근	중부청	219
한승구	김포서	290
한승기	구리서	225
한승만	중랑서	208
한승민	연수서	297
한승범	동고양서	292
한승수	서초서	187
한승운	노원서	170
한승욱	도봉서	172
한승욱	예일세무	43
한승일	원주서	264
한승철	경기광주	243
한승협	부천서	294
한승훈	반포서	181
한승희	김포서	290
한시윤	해운대서	444
한아름	구로서	165
한아름	양천서	195
한아름	동안양서	233
한아름	광주청	349
한아림	나주서	363
한연옥	기재부	78
한연주	인천청	275
한연지	기재부	83
한영규	역삼서	196
한영수	잠실서	204
한영임	수원서	239
한영준	남양주서	228
한예숙	동대문서	174
한예슬	관악서	163
한예환	강남서	156
한완상	인천서	285
한용	송천서	366
한용균	조세재정	492
한용석	동수원서	231
한용섭	동대구서	394
한용우	서울세관	473
한용섭	북광주서	358
한용희	여수서	369
한원석	국세청	113
한원식	삼정회계	22
한원윤	북전주서	376
한원주	청주서	343
한원찬	부천서	294
한위수	태평양	53
한유경	서울청	135
한유미	조세재정	492
한유빈	기재부	85
한유정	중부청	221
한유진	부천서	295
한유현	광주청	348
한윤숙	영등포서	199
한윤숙	용산서	201
한윤정	구로서	165
한윤주	해운대서	445
한윤희	중부청	216
한윤희	목포서	365
한은라	대구청	387
한은미	조세재정	494
한은섭	삼정회계	22
한은숙	동고양서	292
한은숙	부산진서	434
한은우	중부청	221
한은정	서초서	186
한은정	화성서	254
한은정	여수서	368
한은정	남원서	374
한은주	서울청	147
한은표	국세교육	130
한이수	서울청	150
한인성	기재부	72
한인수	충주서	345
한인정	인천서	284
한인철	동수원서	230
한인표	인천청	274
한일수	국세청	122
한일용	북광주서	358
한임철	거창서	450
한자람	북광주서	358
한장혁	서울청	134
한장정	영등포서	198
한재갑	전주서	381
한재령	전주서	380
한재식	용산서	201
한재영	국세청	122
한재영	춘천서	266
한재영	북인천서	280
한재용	기재부	73
한재원	전주서	381
한재일	삼성서	182
한재진	북대구서	397
한재희	은평서	202
한정관	남원서	375
한정규	광산서	355
한정미	국세청	117
한정민	대전서	313
한정민	양산서	456
한정수	국세청	117
한정식	마포서	178
한정식	역삼서	197
한정영	금천서	167
한정예	북부산서	436
한정용	광주청	348
한정준	청주서	342
한정필	창원서	460
한정호	해운대서	445
한정홍	북부산서	437
한정환	서대구서	399
한정희	서울청	150
한정희	서울청	154
한정희	공주서	318
한종건	조세심판	490
한종관	포항서	418
한종문	용인서	248
한종범	성동서	189
한종성	조세재정	492
한종엽	삼일회계	21
한종우	동수원서	231
한종창	동울산서	447
한종태	예산서	330
한종현	서울청	140
한종훈	동수원서	231
한종훈	영월서	263
한주성	광산서	355
한주성	대구청	387
한주연	동대문서	175
한주연	서울청	141
한주희	남양주서	228
한준영	역삼서	196

이름	소속	쪽
한준혁	성동서	189
합준희	동수원서	230
한준희	동래서	432
한지민	중부서	211
한지숙	노원서	170
한지영	마포서	179
한지예	영등포서	199
한지운	삼성서	183
한지웅	국세청	122
한지원	인천청	277
한지은	국회재정	59
한지혜	마포서	179
한지호	순천서	366
한지희	진주서	458
한진선	안산서	245
한진아	용인서	248
한진옥	중랑서	208
한진혁	성동서	189
한창규	노원서	170
한창균	광주청	352
한창림	제주서	464
한창목	조세재정	493
한창수	서대구서	399
한창용	김해서	453
한창우	도봉서	172
한창희	안산서	245
한채모	대구청	391
한채윤	북광주서	359
한철승	역삼서	197
한철희	고양서	286
한철용	중부청	216
한청희	대구청	391
한초롱	군산서	373
한춘우	춘천서	266
한충열	구로서	164
한태임	국세청	115
한헌국	부산청	427
한헌춘	한국세무	31
한현섭	국세청	113
한현숙	송파서	192
한혜경	동안양서	232
한혜란	도봉서	172
한혜란	조세재정	493
한혜미	세종서	326
한혜빈	구로서	164
한혜선	성남서	236
한혜영	춘천서	267
한혜은	성동서	189
한혜진	연수서	297
한호성	삼일회계	21
한홍석	안진회계	17
한효경	세종서	327
한효숙	화성서	254
한훈	기재부	73
한휘	경주서	404
한희석	공주서	319
한희석	부산청	425
한희수	포천서	302
한희자	구리서	225
한희정	의정부서	298
함광수	북인천서	280
함광주	금천서	166
함귀옥	춘천서	266
함다정	역삼서	196
함두화	마포서	179
함명자	중부청	216
함미란	예산서	330
함민규	홍성서	334
함상봉	국세상담	129
함상율	남대문서	168
함상현	인천서	284
함석광	양천서	194
함선주	국세교육	130
함영록	삼척서	258
함영삼	강서서	160
함영수	안산서	245
함영은	의정부서	298
함예원	예일회계	26
함용식	수원서	239
함윤선	안산서	244
함은정	중부청	223
함인한	삼척서	258
함주석	춘천서	266
함지영	남대문서	168
함지훈	강동서	159
함진우	기재부	80
함태희	광주청	352
함태희	이천서	250
함희원	구미서	406
허경란	북전주서	376
허경선	조세재정	493
허경선	조세재정	494
허경숙	정읍서	382
허경필	조세재정	494
허곤	춘천서	267
허광규	인천서	276
허광욱	조세심판	490
허규식	동울산서	447
허기우	중부세무	32
허남승	국세청	119
허남주	서대전서	316
허납현	부산청	424
허노운	영덕서	415
허덕무	인천세무	33
허덕재	춘천서	266
허도곤	북부산서	437
허두열	북대구서	396
허두영	분당서	234
허명화	울산서	448
허문옥	익산서	379
허문정	종로서	206
허미경	홍천서	268
허미나	순천서	367
허미림	안산서	245
허미혜	조세재정	494
허민영	조세재정	494
허병덕	평택서	253
허병조	국회법제	61
허비은	서울청	138
허상엽	서산서	324
허석룡	삼성서	183
허선	중랑서	208
허선덕	북광주서	358
허성구	이안세무	44
허성길	북대구서	397
허성민	김포서	290
허성민	충주서	345
허성용	기재부	73
허성원	경기광주	242
허성은	북대구서	397
허성은	부산청	422
허성준	부산청	422
허성훈	기흥서	226
허세미	고양서	286
허세욱	강서서	161
허소미	남대문서	169
허송	잠실서	204
허송이	대구청	175
허수범	국세청	118
허수정	수원서	238
허수정	부산청	425
허수진	기재부	77
허수진	중랑서	208
허숙영	세종서	327
허순미	부산진서	435
허순영	제천서	340
허승	성남서	237
허승열	대전청	309
어낭설	기새부	74
허승호	의정부서	298
허양원	중부청	214
허영락	기재부	74
허영렬	경기광주	243
허영미	조세재정	494
허영섭	중부청	216
허영수	중랑서	209
허영수	부산청	427
허영인	서광주서	360
허오영	평택서	253
허옥란	홍천서	268
허용	중부청	219
허원갑	서산서	324
허원석	부천서	295
허유경	군산서	372
허유미	고양서	287
허유정	부산청	422
허윤봉	북전주서	377
허윤숙	제주서	464
허윤영	광주세관	486
허윤영	조세재정	493
허윤재	잠실서	204
허윤재	삼일회계	20
허윤지	조세재정	493
허윤진	부산청	425
허윤태	북부산서	436
허윤형	금정서	431
허은석	서울청	144
허은성	인천서	285
허은영	지방재정	488
허인규	고양서	286
허인범	국세청	125
허인순	동안양서	233
허인영	해운대서	444
허일한	국세청	110
허장	기재부	70
허재연	삼성서	183
허재영	인천서	285
허재옥	여수서	368
허재혁	북대전서	315
허재호	구미서	406
허재호	해운대서	444
허재훈	대구청	389
허정	지방재정	488
허정미	북대구서	396
허정윤	성북서	190
허정인	서인천서	282
허정태	기재부	71
허정필	충주서	344
허정환	국회재정	60
허정희	중부서	211
허종	부산청	429
허종구	창원서	461
허종주	마산서	454
허준영	국세청	116
허준영	이천서	250
허준영	부산청	423
허준용	인천청	277
허준원	송파서	193
허준호	성북서	190
허지연	강서서	161
허지연	남대문서	169
허지영	포천서	302
허지원	잠실서	204
허지윤	부산진서	435
허지은	안산서	244
허지혜	동청주서	336
허지희	중부서	210
허진	기재부	71
허진	서울청	151
허진	서울청	152
허진성	광주청	348
여민수	성동서	188
허진이	화성서	255
허진주	분당서	234
허진혁	구리서	225
허진호	통영서	463
허진화	관악서	163
허채연	안양서	246
허천일	충주서	344
허천희	성북서	191
허춘도	통영서	462
허충회	대전서	313
허치환	통영서	463
허태구	해운대서	444
허태민	부산청	422
허태욱	마포서	179
허필주	부천서	294
허현	전주서	381
허현	금정서	430
허현정	조세재정	493
허형철	노원서	170
허혜정	구로서	164
허효선	잠실서	205
현경	순천서	366
현경민	부산서	427
현경석	진주서	459
현경훈	울산서	448
현근수	부천서	294
현기수	소세심판	491
현명기	서현이현	7
현미선	수원서	239
현미정	국세상담	128
현민웅	부천서	295
현병연	시흥서	241
현보훈	조세재정	494
현복희	금천서	166
현상권	국세상담	128
현상필	국세청	118
현서린	국회법제	61
현석	현석세무	196
현선영	인천청	274
현소정	서울청	154
현소형	기재부	71
현승철	국세교육	130
현승철	관악서	163
현양미	동고양서	292
현완교	감사원	66
현완교	감사원	66
현우정	관악서	163
현원석	기재부	77
현은식	부산청	429
현은영	수원서	239
현재민	서울청	154
현정아	세종서	327
현정용	의정부서	298
현종원	서인천서	282
현주호	천안서	333
현지용	조세재정	494
현지희	반포서	181
현진호	안양서	246
현진희	경기광주	243
현창훈	영월서	262
현창훈	제주서	464
현하영	조세재정	492
현한길	더택스	40
현혜은	국세상담	129
협업부	중기회	104
형만수	통영서	463
형병창	천안서	333
형비오	삼척서	259
형성우	서울청	155
형신애	광산서	354
형유경	부천서	295
효긴기	기재부	85
홍가영	기재부	83
홍강표	화성서	254
홍강훈	도봉서	173
홍건택	동작서	176
홍경	평택서	252
홍경란	경산서	403
홍경옥	중부서	211
홍경원	동작서	177
홍경은	서부산서	439
홍경일	중부청	220
홍경표	구미서	406
홍경헌	삼성서	182
홍경의	동안양서	233
홍고은	창원서	460
홍광식	용산서	201
홍광원	중부서	211
홍광표	기재부	82
홍국희	강서서	160
홍규선	강남서	156
홍규표	기재부	71
홍근기	익산서	378
홍근배	동수원서	230
홍근표	북인천서	281
홍근화	양천서	194
홍기남	중부청	222
홍기범	원주서	265
홍기식	**북진주시**	**377**
홍기선	중랑서	209
홍기성	김해서	453
홍기연	삼성서	182
홍기오	대전청	311
홍나경	성동서	189
홍남기	기재부	69
홍남기	기재부	70
홍다영	포천서	303
홍다예	영등포서	198
홍다원	평택서	252
홍다인	안양서	246
홍단기	기재부	73
홍덕표	영덕서	414
홍덕표	영덕서	415
홍덕희	창원서	461
홍동기	서대전서	316
홍동훈	남대구서	392
홍두선	기재부	83
홍명숙	청주서	343
홍명자	서울청	136
홍명하	제주서	464
홍문기	노원서	170
홍문선	국세청	121
홍문희	분당서	235
홍미라	강동서	158
홍미라	여수서	368
홍미숙	강남서	156
홍미숙	여수서	368
홍미영	성북서	191
홍민기	서울청	143
홍민기	역삼서	196
홍민석	기재부	76
홍민옥	조세재정	493
홍민정	마산서	455
홍민지	동울산서	446
홍민표	북진산서	435
홍범교	조세재정	492
홍범식	역삼서	197
홍보희	기흥서	227
홍삼기	지방재정	488
홍상기	역삼서	197
홍상우	대전청	306
홍상우	서광주서	361

1등 조세회계 경제신문

조세일보

www.joseilbo.com

2020년 9월 9일 현재

2020 재무인명부

발   행   2020년 9월 9일
발 행 인   황춘섭
발 행 처   조세일보(주)
주   소   서울시 서초구 사임당로 32
전   화   02-737-7004
팩   스   02-737-7037
조 세 일 보   www.joseilbo.com
정   가   25,000원
I S B N   978-89-98706-21-0